Deutsche Reichs- u. Preußische Gesetze

Die Guttentagsche Sammlung von Textausgaben mit Anmerkungen im Taschenformat enthält in mehr als 230 Bänden alle wichtigeren Gesetze in unbedingt zuverlässigem Abdruck und mustergültiger Erläuterung

+

Ausführliches Verzeichnis befindet sich hinter dem Sachregister

Guttentagsche Sammlung
Nr. 156 Deutscher Reichsgesetze Nr. 156
Textausgaben mit Anmerkungen

Mietrecht
und
Wohnungsmangelgesetzgebung

im Reiche, in Preußen und in Berlin, einschl. Hauszinssteuer, Kostenwesen und Rechtsentscheiden des Kammergerichts und des Obersten Landesgerichts

Vierte Auflage

Zusammengestellt und mit ausführlichem Schlagwortregister versehen von

Landgerichtsdirektor O. Krieg

Berlin und Leipzig 1928
Walter de Gruyter & Co.
vormals G. J. Göschen'sche Verlagshandlung — J. Guttentag, Verlagsbuchhandlung — Georg Reimer — Karl J. Trübner — Veit & Comp.

Vorwort.

Die Fülle der Gesetze, Verordnungen und Verfügungen des Reichs, der Länder und der Gemeinden auf dem Gebiete des Zwangsmietrechts ist selbst für denjenigen kaum noch zu überblicken, der sich dauernd mit dieser Materie zu beschäftigen hat, viel weniger für denjenigen, der dieses Recht nur gelegentlich anzuwenden hat. Hier will das vorliegende Buch helfen. Es will und kann nicht Kommentare ersetzen, aber es will ein zuverlässiger Führer sein, wenn es gilt, zunächst einmal zu ermitteln, welches Recht für eine bestimmte Frage zu einem bestimmten Zeitpunkt überhaupt gegolten hat. Gerade in Prozessen ist, wie die jahrelange Erfahrung des Verfassers gezeigt hat, in unzähligen Fällen auf dasjenige Recht zurückzugreifen, das vor längerer Zeit gegolten hat. Dieses Recht auch nur wiederzufinden, ist oft nur sehr schwer möglich, jedenfalls mit außerordentlichen Zeitopfern verbunden. Diese sollen dem Benutzer erspart werden, indem das gesamte Mietrecht seit der Stabilisierung unserer Währung, und vielfach noch das davor liegende, möglichst lückenlos zusammengetragen ist. Manchem mag dabei die Darstellung des Vergangenen als zu weitgehend erscheinen. Ich kann aber versichern, daß die an mich jetzt und gelegentlich der früheren Auflagen gerichteten Anregungen immer nur bezweckten, den Kreis der aufzunehmenden Rechtsnormen noch viel weiter auszudehnen. Ich hoffe, hier eine angemessene Mitte gefunden zu haben. Soweit die Einsicht noch älteren Rechtes nötig erscheint, dürften die Übersichten und Tabellen, die ich S. 165 und 310 gebracht habe, genügen.

Das Buch schließt mit dem 15. Juni 1928. Alle bis dahin ergangenen Gesetze usw. und Rechtsentscheide sind aufgenommen.

Dem Schlagwortregister habe ich besondere Sorgfalt zugewandt. Es bezieht sich nicht mit auf die Rechtsentscheide. Da diese aber systematisch mit zahlreichen Überschriften geordnet sind, so wird sich leicht ermitteln lassen, ob zu einer bestimmten Frage ein Rechtsentscheid bereits vorliegt.

Berlin, den 15. Juni 1928.

Krieg.

Inhaltsverzeichnis.

III. Berliner Recht.

N. Mietzinsbildung.

O. Steuerrecht.

P. Instandsetzungen.

I.
Reichsrecht.

A. Mietzinsbildung.

Aa.
Reichsmietengesetz.

Vom 24. März 1922 (RGBl. I 273).

In Kraft in Preußen seit 1. 7. 22 (VO. v. 12. 6. 22, GS. 129).
(Aufgegangen in die Neufassung v. 20. 2. 28, unten zu Ae.)

Ab.
Gesetz
zur Abänderung des Mieterschutzgesetzes.

Vom 29. Juni 1926 (RGBl. I 317).

Art. II. Dieses Gesetz tritt am 1. Juli 1926 in Kraft.

Art. VIII. Das Reichsmietengesetz wird wie folgt geändert:

a) Im § 16 Abs. 1 Satz 1 . . .
(Unten in Ae aufgenommen.)

b) Im § 24 Abs. 2 tritt an Stelle der Jahreszahl „1926" die Jahreszahl „1927"[1].

[1]) Die Geltungsdauer wurde über den 30. 6. 27 hinaus verlängert: bis 31. 12. 27 durch Ges. v. 30. 6. 27 (RGBl. I 131) und sodann bis 15. 2. 28 durch Ges. v. 24. 12. 27 (RGBl. I 513).

Ac.

Gesetz zur Änderung des Reichsmietengesetzes.

Vom 10. Juli 1926 (RGBl. I 403).

Art. I. Das Reichsmietengesetz vom 24. März 1922 (Reichsgesetzbl. I S. 273) wird wie folgt geändert:

1. § 1 letzter Satz . . .
(Unten in Ae aufgenommen.)
2. Im § 2 Abs. 4 Satz 1 . . .
(Unten in Ae aufgenommen.)
3. Als § 13 a wird folgende Bestimmung eingefügt:
(Unten in Ae aufgenommen.)

Art. II. Dieses Gesetz tritt am 15. Juli 1926 in Kraft.

Ad.

Gesetz zur Änderung des Reichsmietengesetzes.

Vom 14. Februar 1928 (RGBl. I 21).

Art. I. Das Reichsmietengesetz (Reichsgesetzbl. 1922 I S. 273, 1926 I S. 320 Artikel VIII und S. 403) wird wie folgt geändert:

a) Im § 1 . . .

(Unten in Ae aufgenommen.)

b) Im § 10 . . .

(Unten in Ae aufgenommen.)

c) Im § 16 . . .

(Unten in Ae aufgenommen.)

d) Hinter § 22 wird folgende Vorschrift als § 22 a eingestellt: . . .

(Unten in Ae aufgenommen.)

e) Im § 24 Abs. 2 treten an Stelle der Worte „1. Juli 1927" die Worte „31. März 1930".

Art. II. Die Reichsregierung wird ermächtigt, den Wortlaut des Reichsmietengesetzes und des Gesetzes über Mieterschutz und Mieteinigungsämter in der nunmehr geltenden Fassung bekanntzumachen[1].

[1]) Geschehen unten zu Ae.

Art. III. Dieses Gesetz tritt am 16. Februar 1928 in Kraft.

Ae.

Reichsmietengesetz.

Fassung der Bekanntmachung des Reichsministers der Justiz vom 20. Februar 1928 (RGBl. I 38) *).

Gesetzliche Miete

§ 1. Der Vermieter wie der Mieter eines Gebäudes oder Gebäudeteils kann jederzeit dem anderen Vertragsteil gegenüber erklären, daß die Höhe des Mietzinses nach

*) Ermächtigung dazu oben zu Ad Art. II.

den Vorschriften dieses Gesetzes berechnet werden soll (gesetzliche Miete). Die Erklärung bedarf der schriftlichen Form. Sie hat die Wirkung, daß die gesetzliche Miete von dem ersten Termin ab, für den die Kündigung nach § 565 des Bürgerlichen Gesetzbuchs[1] zulässig sein würde, an die Stelle des vereinbarten Mietzinses tritt; *wird die Erklärung von dem Mieter nach dem 15. Juli 1926 abgegeben, so hat sie ferner die Wirkung, daß der Vertrag* **auf Verlangen des Vermieters**[2] *als auf unbestimmte Zeit geschlossen gilt*[2]. **Diese Vorschriften finden keine Anwendung auf Mietverträge, die über frei gewordene oder frei werdende Räume nach dem 31. März 1928 auf mehr als zwei Jahre neu abgeschlossen werden und sich entweder ausschließlich auf Geschäftsräume oder auf solche Wohnungen beziehen, die, abgesehen von Küche, Nebengelaß und Mädchenkammer, mindestens sechs Wohnräume mit mindestens hundert Quadratmeter Wohnfläche haben; dies gilt nicht im Falle des Tausches, wenn die Mieter in die beiderseitigen Mietverträge eintreten**[3].

Kommt ein Einverständnis über die Höhe der gesetzlichen Miete nicht zustande, so entscheidet auf Antrag eines Vertragsteils das Mieteinigungsamt.

Auf Verlangen der Gemeindebehörde hat das Mieteinigungsamt Mietzinsvereinbarungen über Gebäude oder Gebäudeteile nachzuprüfen und, wenn der vereinbarte Mietzins im Vergleiche zu der gesetzlichen Miete für einen Vertragsteil eine schwere Unbilligkeit darstellt, an Stelle des vereinbarten Mietzinses die gesetzliche Miete festzusetzen.

Die oberste Landesbehörde kann für das ganze Land oder für bestimmte Gemeinden oder Gemeindeteile anordnen, daß das Mieteinigungsamt die Nachprüfung und

Festsetzung auch von Amts wegen vornehmen kann; sie kann weiter anordnen, daß Vereinbarungen über die Höhe des Mietzinses der Gemeindebehörde oder dem Mieteinigungsamt anzuzeigen sind.

Diese Vorschriften finden auch Anwendung, wenn der bisherige Mietzins durch das Mieteinigungsamt festgesetzt oder auf Grund landesrechtlicher Vorschriften zu berechnen war.

---

[1]) „Bei Grundstücken ist die Kündigung nur für den Schluß eines Kalendervierteljahrs zulässig; sie hat spätestens am dritten Werktage des Vierteljahrs zu erfolgen. Ist der Mietzins nach Monaten bemessen, so ist die Kündigung nur für den Schluß eines Kalendermonats zulässig; sie hat spätestens am fünfzehnten des Monats zu erfolgen. Ist der Mietzins nach Wochen bemessen, so ist die Kündigung nur für den Schluß einer Kalenderwoche zulässig; sie hat spätestens am ersten Werktage der Woche zu erfolgen.

(Abs. 3:) Ist der Mietzins für ein Grundstück . . . nach Tagen bemessen, so ist die Kündigung an jedem Tage für den folgenden Tag zulässig."

§ 580: „Die Vorschriften über die Miete von Grundstücken gelten auch für die Miete von Wohnräumen und anderen Räumen."

[2]) Die gesperrten Worte sind hinzugefügt durch Ges. v. 10. 7. 26, oben zu Ac.

[3]) Die fett gedruckten Worte sind hinzugefügt durch Ges. v. 14. 2. 28, oben zu Ad.

Berechnung der gesetzlichen Miete

§ 2. Bei Berechnung der gesetzlichen Miete ist von dem Mietzins auszugehen, der für die mit dem 1. Juli 1914 beginnende Mietzeit vereinbart war (Friedensmiete). Der in der Friedensmiete für Betriebs- und Instandsetzungskosten enthaltene Betrag ist abzurechnen. Das gleiche gilt für Vergütungen, die in der Friedensmiete für die Heizstoffe für Sammelheizung oder Warmwasserversorgung oder für andere von der obersten Landesbehörde bestimmte Nebenleistungen (z. B. Glasversicherung) enthalten sind. Die oberste Landesbehörde hat für die abzurechnenden Beträge Hundertsätze der Friedensmiete festzusetzen. Der sich nach Abzug dieser Hundertsätze ergebende Betrag bildet die Grundmiete.

Der Vermieter hat dem Mieter auf Verlangen Auskunft über die Höhe der Friedensmiete zu geben. Insbesondere hat der Vermieter einen in seinem Besitze befindlichen Mietvertrag über die Räume, aus dem die Höhe der Friedensmiete hervorgeht, dem Mieter auf Verlangen vorzulegen.

Besteht über die Höhe der Friedensmiete Streit, so ist sie auf Antrag eines Vertragsteils von dem Mieteinigungsamte festzustellen.

War eine Friedensmiete nicht vereinbart oder läßt sie sich nicht mehr feststellen, oder weicht sie aus besonderen Gründen[1] in außergewöhnlichem Umfang von dem damaligen ortsüblichen Mietzins ab, so hat das Mieteinigungsamt auf Antrag eines Vertragsteils als Friedensmiete den ortsüblichen Mietzins festzusetzen. Das gleiche gilt für Gebäude und Gebäudeteile, die nach dem 1. Juli 1914 bezugsfertig geworden oder in erheblicher Weise baulich verändert sind oder zu wesentlich anderen Zwecken verwendet werden, sofern diese Umstände einen abweichenden Mietzins rechtfertigen. Als ortsüblich ist der Mietzins anzusehen, der für die mit dem 1. Juli 1914 beginnende Zeit in der Gemeinde für Räume gleicher Art und Lage regelmäßig vereinbart war. Bei Bauten, deren Fertigstellung in der Zeit vom 1. Juli 1914 bis zum 30. Juni 1918 erfolgte, hat das Mieteinigungsamt die

Friedensmiete in der Höhe festzusetzen, welche den gegen die Friedenszeit erhöhten Baukosten entspricht.

Stehen in einem Gebäude die Friedensmieten der einzelnen Wohnungen oder Räume in einem offenbaren Mißverhältnisse zueinander, so hat das Mieteinigungsamt auf Antrag eines Vertragsteils die Friedensmieten innerhalb ihres Gesamtbetrags gegeneinander auszugleichen. Für das Wertverhältnis ist die Ortsüblichkeit am 1. Juli 1914 maßgebend.

Der ortsübliche Mietzins ist nach Abs. 4 auch dann festzusetzen, wenn eine Festsetzung des ortsüblichen Mietzinses auf Grund landesrechtlicher Vorschriften erfolgt war.

---

[1]) Früher hieß es: „aus besonderen, in der damaligen Beschaffenheit des Raumes oder den damaligen Verhältnissen der Vertragsteile liegenden Gründen". Die Streichung beruht auf dem Ges. v. 10. 7. 26, oben zu Ac.

§ 3. Zu der Grundmiete (§ 2 Abs. 1) treten Zuschläge für

1. die Steigerung der Zinsen einer in der Vorkriegszeit vorhandenen Belastung des damaligen Grundstückswerts, soweit die Belastung in dem Bezirke, für den der Zuschlag festgesetzt wird, allgemein üblich war, und die Steigerung der Kosten für die Erneuerung dieser Belastung,
2. die Betriebskosten,
3. die Kosten für laufende Instandsetzungsarbeiten.

Die Zuschläge zu 2 und 3 müssen der jeweiligen Höhe der Betriebskosten und der Kosten für laufende Instandsetzungsarbeiten Rechnung tragen. Sie sind in Hundertsätzen der Grundmiete festzusetzen und können nach Gruppen und Klassen von Mieträumen abgestuft werden.

§ 4. Betriebskosten sind für das Haus zu entrichtende Steuern, öffentliche Abgaben, Versicherungsgebühren, Verwaltungskosten und ähnliche Unkosten.

Die Kosten der Heizstoffe für Sammelheizung und Warmwasserversorgung und die von der obersten Landesbehörde nach § 2 Abs. 1 Satz 3 bestimmten Nebenleistungen sind nicht zu berücksichtigen.

§ 5. Als laufende Instandsetzungsarbeiten gelten nicht die vollständige Erneuerung der Dachrinnen und Ablaufrohre, das Umdecken des Daches, der Abputz oder Anstrich des Hauses im Äußeren, der Neuanstrich des ganzen Treppenhauses im Innern, die Erneuerung der Heizanlage bei Sammelheizung und Warmwasserversorgung (große Instandsetzungsarbeiten). Die oberste Landesbehörde kann bestimmen, daß auch ähnliche außerordentliche, einen größeren Kostenaufwand erfordernde Instandsetzungsarbeiten, soweit sie zur ordnungsmäßigen Erhaltung des Hauses als solchen erforderlich sind, als große Instandsetzungsarbeiten gelten sollen.

§ 6. Der Instandsetzungszuschlag (§ 3) ist von dem Vermieter für die erforderlichen laufenden Instandsetzungsarbeiten sachgemäß zu verwenden. Der Vermieter hat der Mietervertretung auf Antrag die Verwendung der Gelder nachzuweisen.

Hat der Vermieter die Ausführung notwendiger laufender Instandsetzungsarbeiten unterlassen oder die Gelder nicht sachgemäß verwendet, so hat eine von der obersten Landesbehörde zu bestimmende Stelle auf Antrag des Mieters oder von Amts wegen die sachgemäße Ausführung der Instandsetzungsarbeiten durch geeignete Anordnungen zu sichern. Sie kann insbesondere anordnen, daß die Mieter einen entsprechenden Teil des Mietzinses nicht an den Vermieter, sondern an die Stelle selbst oder eine andere Stelle zu entrichten haben; der hiernach zu zahlende Betrag darf nicht höher sein als der Instandsetzungszuschlag (§ 3). Ist eine solche Anordnung getroffen, so erlischt insoweit der Anspruch des Vermieters auf Zahlung des Mietzinses; nicht verwendete Beträge sind dem Vermieter herauszugeben.

Vor einer Anordnung nach Abs. 2 sind beide Vertragsteile zu hören. Handelt es sich dabei um schwierigere heiztechnische Fragen für Heizanlagen größeren Umfanges, so soll vor der Entscheidung eine geeignete sachverständige Stelle gehört werden.

Die oberste Landesbehörde regelt das Verfahren im einzelnen; sie kann insbesondere anordnen, daß die Beträge von den Mietern wie Gemeindeabgaben beigetrieben werden können[1].

[1]) Preußen: unten zu Hf § 11.

Große Instandsetzungsarbeiten

§ 7. Zur Schaffung von Mitteln für große Instandsetzungsarbeiten ist von den Mietern ein weiterer Zuschlag in einem Hundertsatze der Grundmiete zu zahlen, der von der obersten Landesbehörde festzusetzen ist. Dieser Zuschlag ist von dem Vermieter auf ein für sein Haus oder seinen Hausbesitz besonders einzurichtendes Hauskonto einzuzahlen und lediglich für große Instandsetzungsarbeiten an den Gebäuden des Vermieters zu verwenden. Eine Verfügung des Vermieters über das Hauskonto bedarf der Zustimmung der Mieter. Wird die Zustimmung verweigert, so kann sie auf Antrag des Vermieters durch eine von der obersten Landesbehörde zu bestimmende Stelle ersetzt werden. Die oberste Landesbehörde trifft nähere Anordnungen über die Zustimmung der Mieter sowie über die Einrichtung sowie die Verwendung des Hauskontos. Sie kann insbesondere anordnen, daß die Mieter den Zuschlag nicht an den Vermieter, sondern unmittelbar auf das Hauskonto einzuzahlen haben. Ist eine solche Anordnung getroffen, so erlischt insoweit der Anspruch des Vermieters auf Zahlung des Zuschlags. § 6 Abs. 4 findet Anwendung.

Die oberste Landesbehörde kann ferner anordnen, daß der Vermieter für nicht vermietete Räume sowie für Räume, für welche nicht die gesetzliche Miete zu zahlen ist, den entsprechenden Betrag auf das Hauskonto einzuzahlen hat. § 6 Abs. 4 findet Anwendung.

Gemeinden und Gemeindeverbände können mit Zustimmung der obersten Landesbehörde einen Ausgleichsfonds einrichten, aus dem für große Instandsetzungsarbeiten, die mit den im Abs. 1 bestimmten Zuschlägen nicht gedeckt werden können, an wirtschaftlich Schwache Beihilfen nach billigem Ermessen gewährt werden. Die Mittel hierzu sind durch einen besonderen Zuschlag zu dem nach den §§ 6, 9 des Gesetzes über die Erhebung einer Abgabe zur Förderung des Wohnungsbaues vom 26. Juni 1921 (Reichsgesetzbl. S. 773)[1] den Gemeinden (Gemeindeverbänden) zufließenden Zuschlag zu der Abgabe zur Förderung des Wohnungsbaues zu schaffen. Die oberste Landesbehörde kann die Höhe des Zuschlags bestimmen, sie kann ferner nähere Vorschriften über die Verwaltung und Verwendung der Mittel erlassen. Über einen Antrag auf Gewährung von Mitteln aus dem Ausgleichsfonds ist unter Hinzuziehung von Vermieter- und Mietervertretern zu entscheiden. Sind örtliche Vermieter- und Mietervereinigungen vorhanden, so sind die von diesen benannten Vertreter zu hören. Der Ausgleichsfonds ist steuerfrei.

Mit Zustimmung des Reichsarbeitsministers kann die oberste Landesbehörde Ausnahmen von dem Grundsatz des

Abs. 1 zulassen. Soweit eine solche Ausnahme zugelassen ist, ist auf Antrag eines Vertragsteils vom Mieteinigungsamt ein Zuschlag unter Berücksichtigung der Bedürfnisse des Gebäudes für eine im Einzelfalle seit Oktober 1920 ausgeführte oder in den nächsten zwölf Monaten erforderlich werdende große Instandsetzungsarbeit zu bestimmen.

¹) Aufgehoben durch § 61 der Dritten Steuernotverordnung v. 14. 2. 24, unten zu Ba.

§ 8. Läßt der Vermieter trotz Aufforderung durch die Gemeindebehörde eine notwendige große Instandsetzungsarbeit innerhalb einer angemessenen, von der Gemeindebehörde bei der Aufforderung zu bestimmenden Frist nicht ausführen, so ist die Gemeindebehörde berechtigt, die Arbeit selbst vorzunehmen. Im Falle des § 7 Abs. 1 kann die Gemeindebehörde die erforderlichen Mittel von dem Hauskonto in Anspruch nehmen. Im Falle des § 7 Abs. 4 ist sie zur Stellung des Antrags bei dem Mieteinigungsamte berechtigt. Das Mieteinigungsamt kann anordnen, daß die Mieter den Zuschlag nicht an den Vermieter, sondern an die Gemeindebehörde zu entrichten haben; ist eine solche Anordnung getroffen, so erlischt insoweit der Anspruch des Vermieters auf Zahlung des Betrags. Die Gemeindebehörde kann die Beträge von den Mietern wie Gemeindeabgaben beitreiben lassen.

§ 9. Hat der Vermieter das Gebäude erst nach dem 1. Januar 1920 erworben oder erwirbt er es erst nach dem Inkrafttreten dieses Gesetzes, so kann er die Gewährung von Mitteln für große Instandsetzungsarbeiten zur Beseitigung solcher Mängel nicht verlangen, die beim Erwerbe des Gebäudes bereits vorhanden waren und die er gekannt hat oder kennen mußte.

Soweit der Vermieter mit Bezug auf das Gebäude Versicherungssummen, Vergütungen für Bergschäden oder Zuwendungen aus anderen Gründen zur Wiederherstellung des früheren Zustandes erhält, sind Mittel für große Instandsetzungsarbeiten nach § 7 nicht zu zahlen.

Gewerbliche Betriebe

§ 10. Sind Räume an den Unternehmer eines gewerblichen Betriebs vermietet, so **hat** das Mieteinigungsamt auf Antrag des Vermieters einen besonderen Zuschlag zu der gesetzlichen Miete **festzusetzen**[1], wenn und soweit infolge der Eigenart des Betriebs besonders hohe Betriebs- und Instandsetzungskosten entstehen und die nach § 3 Abs. 1 Nr. 2 und 3 festgesetzten Zuschläge zur Deckung dieser Kosten nicht ausreichen.

Für Räume, die zu gewerblichen Zwecken (§ 1 der Reichsgewerbeordnung) hergestellt sind oder mit Zustimmung der Gemeindebehörde für gewerbliche Zwecke verwendet werden, kann ein weiterer Zuschlag in Hundertsätzen der Grundmiete festgesetzt werden. Bei seiner Festsetzung ist auf die allgemeine Lage der Gewerbe sowie darauf Rücksicht zu nehmen, daß wirtschaftlich schwache Betriebe nicht in ihrer Existenz gefährdet werden. Der Zuschlag kann nach Klassen abgestuft werden.

---

[1]) Früher hieß es: „„kann festsetzen". Die jetzige Fassung beruht auf dem Ges. v. 14. 2. 28, oben zu Ad.

Festsetzung der Hundertsätze

§ 11. Die oberste Landesbehörde kann die in den §§ 2, 3, 7, 10 bezeichneten Hundertsätze für das Land oder für bestimmte Gemeinden oder Gemeindeteile selbst festsetzen oder die Festsetzung der Gemeindebehörde übertragen.

Vor der Festsetzung der Hundertsätze sind Vermieter- und Mietervertreter zu hören; sind örtliche Vermieter- oder Mieterorganisationen vorhanden, so sind die von diesen benannten Vertreter zu hören. Eine Änderung der Hundertsätze ist zulässig; ist die Festsetzung durch die Gemeindebehörde erfolgt, so kann auch die oberste Landesbehörde die Sätze ändern. Die Änderung wirkt von dem auf den Zeitpunkt der Bekanntgabe folgenden nächsten Monatsersten oder von dem bei der Bekanntgabe bestimmten späteren Zeitpunkt. Das Nähere über das Verfahren bestimmt die oberste Landesbehörde.

Sammelheizung, Warmwasserversorgung und Nebenleistungen

§ 12. Die Kosten der Heizstoffe für Sammelheizung und Warmwasserversorgung sowie für andere von der obersten Landesbehörde nach § 2 Abs. 1 Satz 3 bestimmte Nebenleistungen sind getrennt von der gesetzlichen Miete zu berechnen. Soweit derartige Nebenleistungen (z. B. Glasversicherung) nur bei einzelnen Mietern entstehen, haben nur diese Mieter sie zu tragen.

Die oberste Landesbehörde bestimmt, wie die Kosten der Heizstoffe für Sammelheizung und Warmwasserversorgung und die nach § 2 Abs. 1 Satz 3 bestimmten sonstigen Nebenleistungen auf die Mieter umzulegen sind. Sie kann anordnen, daß der Vermieter verpflichtet ist, dem Mieter Auskunft über die Höhe der Kosten der Heizstoffe oder der Nebenleistungen zu geben und die erforderlichen Belege vorzulegen.

§ 13. Das Mieteinigungsamt kann, gleichviel ob ein Mietzins vereinbart oder die gesetzliche Miete zu zahlen ist, auf Antrag eines Vertragsteils anordnen, daß der Vermieter berechtigt oder verpflichtet ist, die Sammelheizung oder Warmwasserversorgung in gewissen Fällen ganz oder teilweise einzustellen.

Ist eine solche Anordnung getroffen, so tritt eine entsprechende Minderung der für die Heizstoffe für Sammelheizung oder Warmwasserversorgung zu leistenden Vergütung ein.

§ 13a[1]. Sind an einem Gebäude oder Gebäudeteile nach dem 1. Juli 1926 mit Zustimmung des Mieters oder der Mehrheit der beteiligten Mieter bauliche Veränderungen vorgenommen, die den Gebrauchswert erhöhen und nicht als Instandsetzungsarbeiten anzusehen sind, auch nicht aus der gesetzlichen Miete ohne Beeinträchtigung der ordnungsmäßigen Bewirtschaftung bezahlt werden können, und ist die Friedensmiete nach § 2 Abs. 4 Satz 2 nicht erhöht worden, so kann der Vermieter die zur angemessenen Verzinsung und Tilgung des zweckmäßig aufgewandten angemessenen Kapitals erforderlichen Beträge nach dem Verhältnis der Friedensmieten auf die Mieter umlegen, für die der Gebrauchswert der gemieteten Räume erhöht wird (Zusatzmiete). Wird der Gebrauchswert in verschiedenem Umfang erhöht, so hat die Umlegung nach dem Verhältnis der Erhöhung zu erfolgen.

Im Streitfall entscheidet das Mieteinigungsamt.

Die oberste Landesbehörde kann eine

Zusatzmiete festsetzen, soweit die baulichen Veränderungen auf Grund behördlicher Anordnung im öffentlichen Interesse vorgenommen worden sind[2].

[1]) § 13 a ist hinzugefügt durch Ges. v. 10. 7. 26, oben zu Ac.
[2]) Für Preußen nicht geschehen.

Untermiete

§ 14. Ist ein Mietraum weitervermietet, so muß der hierfür zu entrichtende Mietzins unter Berücksichtigung etwaiger Nebenleistungen, wie Überlassung von Einrichtungsgegenständen und Leistung von Diensten, in einem angemessenen Verhältnis zu dem auf den Raum entfallenden Teile des Hauptmietzinses stehen. Die oberste Landesbehörde hat nähere Bestimmungen über die Berechnung der Untermiete zu treffen. § 1 gilt entsprechend.

Abs. 1 gilt auch, wenn ein Hauseigentümer oder jemand, der ein Grundstück auf Grund eines Erbbaurechts, Nießbrauchs oder eines ähnlichen Rechtsverhältnisses innehat, einen Teil des von ihm selbst im Hause benutzten Raumes vermietet.

Entscheidungen des Mieteinigungsamts

§ 15. Die auf Grund dieses Gesetzes vom Mieteinigungsamte getroffenen Entscheidungen gelten als vereinbarte Bestimmungen des Mietvertrags.

Ausnahmebestimmungen

§ 16. Die Vorschriften dieses Gesetzes finden auf Neubauten oder durch Um- oder Einbauten neugeschaffene Räume, wenn sie nach dem 1. Juli 1918 bezugsfertig geworden sind oder künftig bezugsfertig werden, sowie auf Wohnungen, die in den Fällen der §§ 33a, 33b des Gesetzes über Mieterschutz und Mieteinigungsämter[1] neu gewonnen sind[2], keine Anwendung. Das gleiche gilt für Räume in Gebäuden, die im Eigentume des Reichs, eines Landes oder einer sonstigen Körperschaft des öffentlichen Rechtes stehen und entweder öffentlichen Zwecken oder zur Unterbringung von Angehörigen der Verwaltung des Reichs, des Landes oder der Körperschaft dienen oder diesen Zwecken, falls die Gebäude bereits vor dem 1. Oktober 1918 im Eigentume der genannten Körperschaften standen, zu dienen bestimmt sind. Die Vorschriften des Gesetzes finden ferner keine Anwendung auf die Abgabe von Räumen solcher Gesellschaften und Genossenschaften, deren Zweck ausschließlich darauf gerichtet ist, minderbemittelten Familien oder Personen gesunde und zweckmäßig eingerichtete Wohnungen in eigens erbauten oder angekauften Häusern zu billigen Preisen zu verschaffen, und bei denen die unter Ziffer 1 des Abschnitts „Befreiungen" der Nr. 1 des Tarifs zum Reichsstempelgesetze vom 3. Juli 1913 (Reichsgesetzbl. S. 639) in der Fassung des Gesetzes zur Änderung des Reichsstempelgesetzes vom 26. Juli 1918 (Reichsgesetzbl. S. 799) aufgeführten Voraussetzungen[3] vorliegen; **das Vorliegen dieser Erfordernisse wird durch eine Bescheinigung der obersten Landesbehörde nachgewiesen**[4].

Auf Neubauten, die mit Zuschüssen aus den für die Wiederherstellung der während des Krieges zerstörten Gebiete bereitgestellten Mitteln errichtet sind, finden die Vorschriften dieses Gesetzes Anwendung[5].

---

[1]) Unten zu Eg.

[2]) Die gesperrten Worte sind hinzugefügt durch Ges. v. 29. 6. 26, oben zu Ab.

[3]) Reichsstempelgesetz Tarif-Nr. 1, Befreiungen zu 1, lautet: „Von der Stempelabgabe befreit sind inländische Gesellschaften und Genossenschaften, wenn ihr Zweck ausschließlich gemeinnützig ist und wesentlich der Förderung der minderbemittelten Volksklassen dient, der Reingewinn satzungsmäßig auf eine höchstens fünfprozentige Verzinsung der Kapitaleinlagen beschränkt, auch bei Auslosungen, Ausscheiden eines Gesellschafters oder für den Fall der Auflösung der Gesellschaft nicht mehr als der Nennwert des Anteils zugesichert und bei der Auflösung der etwaige Rest des Gesellschaftsvermögens für gemeinnützige Zwecke bestimmt ist. Die Entscheidung darüber, ob die vorbezeichneten Voraussetzungen vorliegen, erfolgt im Einverständnisse mit dem Reichskanzler durch die oberste Landesfinanzbehörde.

Diese ist ermächtigt, im Einverständnisse mit dem Reichskanzler die Befreiung auch dann zu bewilligen, wenn die Gesellschaft satzungsmäßig eine höchstens sechsprozentige Verzinsung der Kapitaleinlagen gewährt."

[4]) Die fett gedruckten Worte sind durch Ges. v. 14. 2. 28, oben zu Ad, an die Stelle folgendes Satzes getreten: „soweit derartige Gesellschaften und Genossenschaften einem Revisionsverbande nicht angehören, entscheidet die oberste Landesbehörde, ob die in dem ersten Halbsatz genannten Voraussetzungen zutreffen".

[5]) Vgl. weiter Art. II Nr. 2 VO. v. 24. 12. 23, unten zu Eb: „Die mit Unterstützung des Hilfswerkes Oppau errichteten Räume unterliegen den Vorschriften ... des Reichsmietengesetzes vom 24. März 1922."

Mietervertretung

§ 17. Die Mieter eines Hauses sind berechtigt, einen oder mehrere von ihnen mit ihrer Vertretung in Mietangelegenheiten zu beauftragen (Mietervertretung, Vertrauensmann der Mieter, Mieterausschuß).

Die Mietervertretung soll das Einvernehmen zwischen den Mietern und dem Vermieter fördern. Jeder Beteiligte soll sich in Streitfällen, insbesondere vor Anrufung des Mieteinigungsamts, zunächst an die Mietervertretung, soweit eine solche vorhanden, wenden; diese soll den Sachverhalt nach Möglichkeit klären und eine gütliche Einigung herbeizuführen suchen. Die Mietervertretung ist ferner befugt, die nach § 6 zulässigen Anträge neben dem Mieter oder an seiner Stelle zu stellen. In den Fällen des § 7 Abs. 1 Satz 4 und Abs. 4 soll vor der Entscheidung über einen Antrag des Vermieters die Mietervertretung gehört werden. Im Falle des § 7 Abs. 3 kann die oberste Landesbehörde bestimmen, daß die Mietervertretung die Auszahlung von Mitteln beantragen kann. Für Mieträume mit Sammelheizung und Warmwasserversorgung kann von der obersten Landesbehörde bestimmt werden, daß der Vermieter die Kosten der Heizstoffe einer zu diesem Zwecke nach näherer Anordnung der obersten Landesbehörde zu bildenden Mietervertretung nachzuweisen hat und daß dieser ein Mitwirkungs- und Aufsichtsrecht bei Beschaffung, Lagerung und Verwendung der Heizstoffe zusteht.

Bei der Wahrnehmung ihrer Aufgaben hat die Mietervertretung dahin zu wirken, daß die Vertragsteile Forderungen und Maßnahmen unterlassen, welche die gemeinsamen Interessen der Vertragsteile oder das Gemeininteresse schädigen.

Mietenverzeichnis

§ 18. Die oberste Landesbehörde kann allgemein oder für bestimmte Gemeinden anordnen, daß der Vermieter der Gemeindebehörde binnen einer bestimmten Frist anzuzeigen hat, was ihm über die Höhe der das Haus betreffenden Friedensmieten (§ 2 Abs. 1 Satz 1) bekannt ist. In den Fällen des § 2 Abs. 3, 4 und 5 hat das Mieteinigungsamt die von ihm festgestellte oder festgesetzte Friedensmiete der Gemeindebehörde mitzuteilen.

Die Gemeindebehörden haben die Anzeigen zu sammeln und nach näherer Bestimmung der obersten Landesbehörde aufzubewahren. Die oberste Landesbehörde bestimmt auch die Form und den Inhalt der von dem Vermieter zu erstattenden Anzeige.

Schlußbestimmungen

§ 19. Auf die nach diesem Gesetze den Vertragsteilen zustehenden Rechte kann nicht verzichtet werden. Eine Vereinbarung, nach der einem Vertragsteile bei Ausübung der Rechte besondere Nachteile erwachsen sollen, ist unwirksam.

Die Vorschriften dieses Gesetzes finden auch auf Verträge Anwendung, die unter Umgehung oder zum Zwecke der Umgehung des Gesetzes abgeschlossen sind.

§ 20. Tritt die gesetzliche Miete an die Stelle des vereinbarten Mietzinses, so richtet sich die Verpflichtung zur Tragung der Betriebskosten und zur Instandhaltung des Mietraums nach den Vorschriften des Bürgerlichen Gesetzbuchs; außerdem erlischt jede vom Vermieter oder Mieter übernommene, ihm nach den Vorschriften des Bürgerlichen Gesetzbuchs über den Mietvertrag nicht obliegende Verpflichtung, sofern sie auf die Festsetzung der Höhe des Mietzinses offenbar von Einfluß war. Im übrigen bleiben die auf Gesetz oder Vertrag beruhenden Rechte und Pflichten der Vertragsteile unberührt.

§ 21. Die Reichsregierung kann mit Zustimmung des Reichsrats Vorschriften zur Ausführung dieses Gesetzes erlassen[1]. Soweit sie von dieser Befugnis keinen Gebrauch macht, kann die oberste Landesbehörde die Ausführungsvorschriften erlassen[2].

---

[1]) Nicht geschehen.

[2]) Für Preußen unten zu Ha ff.

§ 22. Die oberste Landesbehörde kann die in diesem Gesetz ihr selbst oder der Gemeindebehörde zugewiesenen Befugnisse allgemein oder in bestimmten Fällen anderen Stellen übertragen. Sie kann anordnen, daß die Berechnung der gesetzlichen Zuschläge in bestimmten Gemeinden oder Gemeindeteilen nach anderen Grundsätzen erfolgen soll, als im Gesetze vorgesehen ist, insbesondere, daß die Zuschläge für einzelne Mieträume besonders zu berechnen sind. Sie kann nach Anhörung des Reichsarbeitsministers weiter anordnen, daß bestimmte Gemeinden oder Gemeindeteile oder bestimmte Arten von Mieträumen[1] von den Bestimmungen dieses Gesetzes auszunehmen sind; sie kann nach Anhörung des Reichsarbeitsministers ferner anordnen, daß für das Land oder für bestimmte Gemeinden oder Gemeindeteile die gesetzliche Miete für alle Mietverhältnisse gelten soll.

---

[1]) In Preußen: unten zu G a ff.

§ 22 a[1]. Für ein Mietverhältnis, auf das sich eine nach dem 16. Februar 1928 auf Grund des § 22 Satz 3 Halbsatz 1 erlassene Anordnung bezieht, gelten folgende Vorschriften:

1. Galt vor dem Inkrafttreten der Anordnung für ein Mietverhältnis die gesetzliche Miete oder war der Mietzins nach den Vorschriften über die gesetzliche Miete zu berechnen, so ist, wenn der Mietvertrag für den Fall der landesrechtlichen Außerkraftsetzung des Reichsmietengesetzes eine Regelung nicht vorsieht und auch nachträglich keine Vereinbarung erfolgt, der bisherige Mietzins weiterzuzahlen, auch bleibt die Verpflichtung zur Tragung der Betriebs- und Instandsetzungskosten unberührt; Änderungen der in dem Lande festgesetzten gesetzlichen Miete gelten auch für diese Mietverhältnisse.

Der Vermieter wie der Mieter kann jederzeit dem anderen Vertragsteile gegenüber erklären, daß die Regelung des Vertrags gelten soll. Die Erklärung bedarf der schriftlichen Form. Sie wirkt von dem ersten Termin ab, für den die Kündigung nach § 565 des Bürgerlichen Gesetzbuchs[2] zulässig sein würde. War der Mietzins in Mark oder einer anderen nicht mehr geltenden inländischen Währung bestimmt oder läßt er sich nicht feststellen, so gilt der angemessene Mietzins; bei seiner Bemessung sind die Verhältnisse zur Zeit des Vertragsabschlusses, insbesondere die damalige Beschaffenheit der Mieträume und die damaligen Verhältnisse der Vertragsteile, zu berücksichtigen.

Diese Vorschriften finden auf Mietverhältnisse der im § 14 bezeichneten Art keine Anwendung.

2. Die oberste Landesbehörde kann, soweit die bestehenden landesrechtlichen Vorschriften nicht genügen, bestimmen, daß die Vorschriften des § 6 Abs. 2 bis 4 mit der Maßgabe gelten, daß der Teil des Mietzinses, der für laufende Instandsetzungsarbeiten in Anspruch genommen werden darf, von ihr festgesetzt wird.

---

[1]) § 22 a ist eingefügt durch Ges. v. 14. 2. 28, oben zu Ad.

[2]) § 565 BGB. ist abgedruckt in Anm. 1 zu § 1.

§ 23. Ein Vermieter, der eine ihm nach § 1 Abs. 4 oder § 18 obliegende Anzeige vorsätzlich nicht oder nicht rechtzeitig erstattet oder wissentlich unrichtige oder unvollständige Angaben macht, wird mit Geldstrafe[1] oder mit Haft bestraft.

---

[1]) Die Worte: „Geldstrafe bis zu 100 000 Mark" sind in der Neubekanntmachung des Textes v. 20. 2. 28 fortgelassen. Jetzt gilt § 29 StGB. in der Fass. der VO. über Vermögensstrafen und Bußen v. 6. 2. 24 (RGBl. I 44).

§ 24. Dieses Gesetz tritt zu dem von der obersten Landesbehörde bestimmten Tage[1], spätestens am 1. Juli 1922 in Kraft; gleichzeitig tritt die Verordnung über Sammelheizung und Warmwasserversorgungsanlagen in Mieträumen vom 22. Juni 1919 (Reichsgesetzbl. S. 595) / 29. Oktober 1920 (Reichsgesetzbl. S. 1846) außer Kraft. Ein auf Grund der bisherigen Vorschriften festgesetzter Mietzins gilt als vereinbart.

Das Gesetz tritt mit dem **31. März 1930**[2] außer Kraft.

---

[1]) In Preußen: 1. 7. 22 gemäß VO. v. 12. 6. 22 (GS. 129).

[2]) Älteste Fass.: 1. 7. 26; Ges. v. 29. 6. 26, oben zu Ab: 1. 7. 27; Ges. v. 30. 6. 27 (RGBl. I 131): 31. 12. 27; Ges. v. 24. 12. 27 (RGBl. I 513): 15. 2. 28; Ges. v. 14. 2. 28, oben zu Ad: 31. 3. 30.

Af.

Verordnung über Festsetzung einer Mindesthöhe der gesetzlichen Miete.

Vom 11. März 1927 (RGBl. I 72).

Auf Grund des § 3 Abs. 1 Satz 1 des Gesetzes über den Geldentwertungsausgleich bei bebauten Grundstücken in der Fassung der Bekanntmachung vom 1. Juni 1926 (Reichsgesetzbl. I S. 251)[1] wird hiermit nach Zustimmung des Reichsrats verordnet:

Die gesetzliche Miete beträgt vom 1. April 1927 ab mindestens 110 vom Hundert und vom 1. Oktober 1927 ab mindestens 120 vom Hundert der Friedensmiete.

Berlin, den 11. März 1927.

Der Reichsarbeitsminister.
Dr. Brauns.

---

[1]) Unten zu Bd.

B. Steuerrecht.

Ba.

Dritte Steuernotverordnung.

Vom 14. Februar 1924 (RGBl. I 74).

In Kraft seit 14. 2. 24.

Auf Grund des Ermächtigungsgesetzes vom 8. Dezember 1923 (Reichsgesetzbl. I S. 1179) wird nach Anhörung eines Ausschusses des Reichstags und eines Ausschusses des Reichsrats von der Reichsregierung folgendes verordnet: *)

§§ 1 bis 16. [Ersetzt durch das Aufwertungsgesetz v. 16. 7. 25, RGBl. I 117.]

§ 26¹. (1) Die Länder und nach näherer Bestimmung des Landesrechts die Gemeinden (Gemeindeverbände) er-

---

*) Wegen der Zweifelhaftigkeit der Rechtslage ist ergangen die

Verordnung zur einstweiligen Regelung der Aufwertung.

Vom 4. Dez. 1924 (RGBl. I 765, ausgegeben 9. 12. 24.)

Auf Grund des Artikels 48 der Reichsverfassung wird folgendes verordnet:

Art. I. Bis zur Regelung im Wege der ordentlichen Gesetzgebung sind die Vorschriften der Dritten Steuernotverordnung vom 14. Februar 1924 (Reichsgesetzbl. I S. 74) . . . für die Aufheben im Zusammenhange mit der Regelung des Mietwesens von dem bebauten Grundbesitz eine Steuer.

---

[1]) Geändert durch § 11 Ges. v. 10. 8. 25, unten zu Bb.

§ 27. (1) Die Länder werden ermächtigt, die Mietzinsbildung abweichend von den Vorschriften des Reichsmietengesetzes vom 24. März 1922 (Reichsgesetzbl. I S. 273)[1] zu regeln[2].

(2) Wollen die Länder bei einer solchen Regelung vom bürgerlichen Rechte in anderer Weise abweichen, als dies im Reichsmietengesetze vorgesehen ist, so bedarf es der Zustimmung der Reichsregierung; die Reichsregierung kann insoweit mit Zustimmung des Reichsrats Grundsätze aufstellen[3].

(3)[4] Die Länder haben von der ihnen durch Abs. 1 erteilten Ermächtigung in der Weise Gebrauch zu machen, daß die Mieten allmählich gemäß der Entwicklung der all-

---

wertung und die übrigen in diesen Verordnungen behandelten Gegenstände maßgebend.

Art. II. [Hier ohne Interesse.]

Berlin, den 4. Dezember 1924.

Der Reichspräsident.
Ebert.

Der Reichskanzler.
Zugleich für den Reichsminister des Innern.
Marx.

Der Reichsminister der Finanzen.
Dr. Luther.

Der Reichsminister der Justiz.
In Vertretung.
Dr. Joel.

gemeinen Wirtschaftslage den Friedensmieten angenähert werden. Dabei sind neben den steuerlichen Bedürfnissen der Länder und Gemeinden auch die allgemeinen Interessen, insbesondere an der ordnungsmäßigen Unterhaltung und Instandsetzung der Häuser und die Leistungsfähigkeit der als Mieter in Betracht kommenden Bevölkerungskreise zu berücksichtigen. Als Friedensmiete gilt der Goldmarkbetrag des Mietzinses, der für die mit dem 1. Juli 1914 beginnende Mietzeit vereinbart war; die Länder treffen über die Festsetzung der Friedensmiete für besondere Fälle Bestimmung.

[1]) Oben zu Ac.

[2]) Für Preußen unten zu IIf ff.

[3]) Nicht geschehen.

[4]) Geändert durch § 11 Ges. v. 10. 8. 25, unten zu Bb.

§ 28[4]. (1) Die Besteuerung kann in Form einer besonderen Aufwertungssteuer oder einer Steuer vom Grundvermögen erfolgen; im zweiten Falle muß eine getrennte Berechnung der auf Grund dieser Verordnung erhobenen Grundsteuer und der allgemeinen Grundsteuer vorgesehen sein.

(2) Die Steuer soll so bemessen sein, daß durch die Miete mindestens die Betriebs- und Instandsetzungskosten gedeckt werden, die nach den bestehenden Verhältnissen zur Erhaltung des Gebäudes erforderlich sind. Die dem Eigentümer hiernach verbleibenden Beträge müssen am 1. April 1924 30 vom Hundert der Friedensmiete erreicht haben.

(3) Soweit vor dem Inkrafttreten dieser Verordnung auf einem Grundstück eine privatrechtliche wertbeständige Last gemäß der Verordnung über die Eintragung von Hypotheken in ausländischer Währung vom 13. Februar 1920 (Reichsgesetzbl. S. 231) oder dem Gesetz über wert-

beständige Hypotheken vom 23. Juni 1923 (Reichsgesetzbl. I S. 407) eingetragen ist, vermindert sich auf Antrag die Steuer um den Wert der aus der Last sich ergebenden laufenden Geldverpflichtung. Das gleiche gilt für die auf Grund des Gesetzes über das Zusatzabkommen zum Abkommen vom 6. Dezember 1920 zwischen dem Deutschen Reiche und der Schweizerischen Eidgenossenschaft, betreffend schweizerische Goldhypotheken in Deutschland und gewisse Arten von Frankenforderungen an deutsche Schuldner, vom 23. Juni 1923 (Reichsgesetzbl. II S. 284) aus der Umwandlung einer schweizerischen Goldhypothek entstandenen Frankengrundschulden. Zu den laufenden Geldverpflichtungen gehören in diesem Falle auch Tilgungsbeträge, die zur Abtragung der Frankengrundschuld angesammelt werden. Die näheren Bestimmungen darüber, in welcher Höhe Tilgungen als angemessen anzusehen sind, treffen die Landesregierungen. Soweit eine nicht wertbeständige privatrechtliche Last aufgewertet ist, vermindert sich auf Antrag die Steuer um den Wert der aus einer Aufwertung bis zu 15 vom Hundert des Nennbetrags in Goldmark sich ergebenden laufenden Geldverpflichtung; dies gilt nicht, soweit die Verpflichtungen den im § 5 Abs. 2 vorgesehenen Zinsbetrag [2] übersteigen.

(4) Für den Fall, daß die hiernach erhobene Miete 70 vom Hundert der Friedensmiete übersteigt, vermindert sich auf Antrag des Eigentümers die Steuer im Verhältnis des Wertes seines Eigenkapitals zum Gesamtwert des Grundstücks, wobei der Betrag des Eigenkapitals um ein Drittel zu kürzen ist. Dem Antrag ist insoweit nicht zu entsprechen, als der Betrag der Steuer gegenüber dem Zustand bei einer 70prozentigen Friedensmiete gekürzt werden würde. Für die Berechnung des Gesamtwerts und des Eigenkapitals ist der Stand vom 1. Juli 1914 maßgebend

oder bei späterer Fertigstellung des Gebäudes der Stand im Zeitpunkt der Fertigstellung.

(5) Bei Grundstücken, die zu dem im vorstehenden Absatz bezeichneten Zeitpunkt entweder unbelastet waren oder deren dingliche privatrechtliche Belastung nicht mehr als 20 vom Hundert des Gesamtwerts betrug, ist der Betrag der Steuer auf Antrag des Eigentümers unabhängig von der Überschreitung der 70prozentigen Friedensmiete so weit herabzusetzen, daß er nicht mehr als 20 vom Hundert der Friedensmiete ausmacht. Soweit es sich hierbei um Gebäude handelt, die nicht vermietet sind (Eigenhaus, Eigenwohnung), können die Länder eine weitere Minderung der Steuer eintreten lassen.

(6) Soweit nach den Bestimmungen eines Landes über die Mietzinsbildung die Steuer nicht in der gesetzlichen Miete enthalten, der Vermieter aber berechtigt ist, sie auf die Mieter umzulegen, bleibt der Vermieter auch im Falle der Befreiung oder Minderung der Steuer gemäß Abs. 3, 4 und 5 zur Umlegung eines der vollen Steuer entsprechenden Betrags berechtigt.

---

[1]) Geändert durch § 11 Ges. v. 10. 8. 25, unten zu Bb.

[2]) Vom 1. 1. 25 ab 2 v. H., steigend in jedem weiteren Jahre um 1 v. H. bis höchstens 5 v. H.

§ 29[1]. Von der Besteuerung sind auszuschließen Neubauten oder durch Um- oder Einbauten neugeschaffene Gebäudeteile, wenn der Bau erst nach dem 1. Juli 1918 bezugsfertig geworden ist, es sei denn, daß die Neubauten, Um- oder Einbauten mit Beihilfen aus öffentlichen Mitteln ausgeführt worden sind. Die aus der Besteuerung dieser Neubauten aufkommenden Steuerbeträge sind ausschließlich zur Förderung des Wohnungsbaues zu verwenden. . . .

---

[1]) Geändert durch Art. 11 Ges. v. 10. 8. 25, unten zu Bb.

§ 31[1]. Die nach §§ 26 bis 30 erforderlichen Bestimmungen erlassen die Landesregierungen.

[1]) Geändert durch Art. 11 Ges. v. 10. 8. 25, unten zu Bb.

§ 32[1]. (1) Die Bestimmungen der §§ 26 bis 31 gelten so lange, als eine gesetzliche Miete in den betreffenden Landesteilen festgesetzt ist, jedoch nicht über den 31. März 1926 hinaus. Die Reichsregierung kann mit Zustimmung des Reichsrats die Bestimmungen zu einem früheren Zeitpunkt außer Kraft setzen.

[1]) Geändert durch Art. 11 Ges. v. 10. 8. 25, unten zu Bb.

§ 61. Das Reichsgesetz über die Erhebung einer Abgabe zur Förderung des Wohnungsbaues in der Fassung der Bekanntmachung vom 28. März 1923 (Reichsgesetzbl. I S. 238) tritt mit dem Ablauf des 31. März 1924 außer Kraft. Den Ländern bleibt es überlassen, die Veranlagung und Erhebung der Wohnungsbauabgabe schon für eine frühere Zeit einzustellen.

§ 65. Diese Verordnung tritt, soweit nicht ein anderer Zeitpunkt bestimmt ist, mit dem Tage der Verkündung in Kraft[1].

[1]) Die die VO. enthaltende Nr. 11 des RGBl. ist am 14. 2. 24 ausgegeben.

Berlin, den 14. Februar 1924.

Der Reichskanzler.
Marx.

Der Reichsminister der Finanzen.
Dr. Luther.

Der Reichsminister der Justiz.
Emminger.

Bb.

Gesetz über Änderungen des Finanzausgleichs zwischen Reich, Ländern und Gemeinden.

Vom 10. August 1925 (RGBl. I 254; wegen des Inkrafttretens der einzelnen Bestimmungen vgl. § 19).

§ 11. Die Dritte Steuernotverordnung[1] wird wie folgt geändert:

1. (Hier ohne Interesse.)
2. § 26 erhält folgende Fassung:

(Wörtlich unten zu Bd als § 1.)

3. Im § 27 erhält Abs. 3 folgende Fassung:

(Wörtlich unten zu Bd als § 2 Abs. 3.)

4. Als § 27 a wird folgende neue Vorschrift eingestellt:

(1) Die Reichsregierung setzt mit Zustimmung des Reichsrats die Mindesthöhe der gesetzlichen Miete im Reiche einheitlich fest. Am 1. April 1926[2] müssen die Mieten 100 vom Hundert der Friedensmiete erreicht haben[3].

(2) Als Friedensmiete gilt der Goldmarkbetrag des Mietzinses, der für die mit dem 1. Juli 1914 beginnende Mietzeit vereinbart war. Die Länder treffen über die Festsetzung der Friedensmiete für besondere Fälle Bestimmung; als besonderer Fall im Sinne dieser Vorschrift gilt auch die Erhebung des Geldentwertungsausgleichs in der Form einer Steuer vom Grundvermögen.

5. Im § 28 . . .

(Wörtlich unten zu Bd als § 4.)

6. Im § 29 . . .

(Wörtlich unten zu Bd als § 5, jedoch mit einem Zusatz des Ges. v. 27. 5. 26, RGBl. I 249.)

7. Als § 29 a wird folgende neue Vorschrift eingestellt:
(Wörtlich unten zu Bd als § 6.)

8. Im § 30 erhält die Nr. 1 folgenden Zusatz:
(Wörtlich unten zu Bd als § 7.)

9. § 31 erhält . . .
(Wörtlich unten zu Bd als § 8.)

10. § 32 erhält folgende Fassung:
(Wörtlich unten zu Bd als § 9.)

---

[1]) Oben zu Ba.

[2]) Geändert in „1. Juli 1926" durch Ges. v. 18. 3. 26 (RGBl. I 175).

[3]) Weiterer Zusatz unten Bc.

§ 12. Der Reichsminister der Finanzen wird ermächtigt, die den Geldentwertungsausgleich bei bebauten Grundstücken regelnden Vorschriften der Dritten Steuernotverordnung unter Berücksichtigung der durch dieses Gesetz getroffenen Änderungen in fortlaufender Paragraphenfolge als besonderes Gesetz über den Geldentwertungsausgleich bei bebauten Grundstücken neu bekanntzumachen[1].

---

[1]) Unten zu Bd.

Bc.

Gesetz über Steuermilderungen zur Erleichterung der Wirtschaftslage.

Vom 31. März 1926 (RGBl. I 185).

In Kraft seit 1. 4. 26.

§ 1. . . . werden dem § 27 a Abs. 1[1] folgende neue Sätze hinzugefügt:

Die Miete von 100 vom Hundert der Friedensmiete darf bis zum 31. März 1927 nicht überschritten werden. Ausnahmen sind nur zulässig, soweit die Festsetzung einer höheren Miete erforderlich ist, um die in dem § 26 Abs. 3, 4 vorgesehenen Zuweisungsbeträge sicherzustellen. Soweit die Miete für die Zeit nach dem 1. April 1926 bereits höher festgesetzt ist oder die im § 26 Abs. 3, 4 vorgesehenen Zuweisungsbeträge bereits überschritten sind, bleiben die getroffenen Bestimmungen unberührt.

[1]) Oben zu Bc.

§ 32. Dieses Gesetz tritt . . . mit dem Tage in Kraft, der auf die Verkündung im Reichsgesetzblatt folgt[1].

[1]) Die das Ges. enthaltende Nr. 18 des RGBl. ist am 31. 3. 26 ausgegeben.

Bd.

Gesetz über den Geldentwertungsausgleich bei bebauten Grundstücken.

Fassung der Bekanntmachung des Reichsministers der Finanzen vom 1. Juni 1926 (RGBl. I 251)*).

§ 1. (1) Die Länder[1] und nach näherer Bestimmung des Landesrechts die Gemeinden (Gemeindeverbände)[2] erheben von dem bebauten Grundbesitz eine Steuer. Zu dem bebauten Grundbesitz im Sinne dieser Vorschrift gehören auch gewerblich genutzte sowie landwirtschaftliche

*) Ermächtigung dazu oben zu Bc § 12.

Gebäude. Die Länder treffen Bestimmung darüber, ob und inwieweit landwirtschaftliche Gebäude von der Besteuerung auszunehmen sind.

(2) Das Aufkommen der Steuer soll zur Deckung des allgemeinen Finanzbedarfs der Länder und Gemeinden (Gemeindeverbände) einschließlich des Aufwandes, der ihnen durch die Erfüllung der gemäß § 42 Abs. 1 der Dritten Steuernotverordnung vom 14. Februar 1924 (Reichsgesetzbl. I S. 74) zu selbständiger Regelung überlassenen Aufgaben erwächst, sowie zur Förderung der Bautätigkeit auf dem Gebiete des Wohnungswesens dienen.

(3) Der Deckung des allgemeinen Finanzbedarfs dürfen bis zur Erreichung der vollen Friedensmiete nicht weniger als 20 vom Hundert und nicht mehr als 30 vom Hundert der Friedensmiete vorbehalten werden. Erhöht sich die Miete über die Friedensmiete hinaus, so darf von dem Mehrbetrage der Miete höchstens ein Fünftel für den allgemeinen Finanzbedarf beansprucht werden.

(4) Soweit die Steuer nicht gemäß Abs. 3 der Deckung des allgemeinen Finanzbedarfs vorbehalten ist, ist sie zur Förderung der Bautätigkeit auf dem Gebiete des Wohnungswesens zu verwenden. Für diese Zwecke müssen zunächst in den zwei Jahren vom 1. April 1926 bis 31. März 1928 vor Inanspruchnahme gemäß Abs. 3 Satz 2 jährlich mindestens 15 bis 20 vom Hundert der Friedensmiete — unbeschadet der Vorschrift des § 5 — zur Verfügung gestellt werden; für die spätere Zeit wird der Mindestsatz für diese Zwecke von der Reichsregierung mit Zustimmung des Reichsrats festgesetzt. Die Reichsregierung kann mit Zustimmung des Reichsrats den Mindestsatz allgemein oder für einzelne Länder ermäßigen, wenn es die allgemeinen wirtschaftlichen Verhältnisse oder die besonderen Verhältnisse eines Landes dringend erfordern[3]. Die Länder

können bestimmen, daß dieser Teil der Steuer gesondert festzustellen und zu erheben ist; zu diesem Teile der Steuer können auch Gebäude, die auf Grund des Abs. 1 Satz 3 von der Besteuerung ausgenommen sind, herangezogen werden. An Stelle des Teiles der Steuer, der für die Bautätigkeit zu verwenden ist, können die Länder auch eine andere von der Steuer nach diesem Gesetz unabhängige Steuer erheben.

(5) Das Aufkommen für den Wohnungsbau ist insbesondere zum Bau von Kleinwohnungen für die minderbemittelte Bevölkerung und kinderreiche Familien sowie zur Erhaltung dieser Art Altwohnungen zu verwenden. Desgleichen sind solche Gläubiger und Sparer zu berücksichtigen, welche durch die Inflation ihr Vermögen verloren haben.

(6) Aus dem für den Wohnungsbau zu verwendenden Teile der Steuer können die Länder Darlehen an unbemittelte kinderreiche Familien und an Schwerkriegsbeschädigte, insbesondere auch an Kriegsblinde, bis zur vollen Höhe der Baukosten gewähren.

---

[1]) Preußen: unten zu Ja ff.

[2]) Berlin: unten zu Oa ff.

[3]) Bisher nicht geschehen.

§ 2. (1) Die Länder werden ermächtigt, die Mietzinsbildung abweichend von den Vorschriften des Reichsmietengesetzes vom 24. März 1922 (Reichsgesetzbl. I S. 273)[1] zu regeln[2].

(2) Wollen die Länder bei einer solchen Regelung vom bürgerlichen Rechte in anderer Weise abweichen, als dies im Reichsmietengesetze vorgesehen ist, so bedarf es der Zustimmung der Reichsregierung; die Reichsregierung kann insoweit mit Zustimmung des Reichsrats Grundsätze aufstellen[3].

(3) Die Länder haben von der ihnen durch Abs. 1 erteilten Ermächtigung in der Weise Gebrauch zu machen, daß die Mieten allmählich gemäß der Entwicklung der allgemeinen Wirtschaftslage erhöht werden. Dabei sind neben den steuerlichen Bedürfnissen der Länder und Gemeinden auch die allgemeinen Interessen, insbesondere an der ordnungsgemäßen Unterhaltung und Instandsetzung der Häuser, und die Leistungsfähigkeit der als Mieter in Betracht kommenden Bevölkerungskreise zu berücksichtigen. Durch die Mieten müssen außer der Steuer (§ 1 Abs. 2 bis 4) mindestens die Betriebs- und Instandsetzungskosten, die nach den bestehenden Verhältnissen zur Erhaltung des Gebäudes erforderlich sind, einschließlich der Verwaltungskosten gedeckt werden. Den Eigentümern ist ferner in der Miete zur Verzinsung aufgewerteter Hypotheken und des Eigenkapitals der Betrag zu belassen, mit dem eine vor dem 1. Januar 1918 eingetragene, nach dem Grundsatz des § 4 des Aufwertungsgesetzes vom 16. Juli 1925 (Reichsgesetzbl. I S. 117) aufgewertete Papiermarkhypothek zu verzinsen wäre, deren Nennbetrag dem Friedenswerte des Grundstücks entspricht; für die Höhe der Verzinsung gilt der im § 28 des Aufwertungsgesetzes vorgeschriebene Zinssatz; die Länder setzen für diesen Betrag einen bestimmten Hundertsatz der Friedensmiete in der Miete fest.

---

[1]) Oben zu Ae.

[2]) Für Preußen: Buch Hf ff.

[3]) Bisher nicht geschehen.

§ 3. (1) Die Reichsregierung setzt mit Zustimmung des Reichsrats die Mindesthöhe der gesetzlichen Miete im Reiche einheitlich fest[1]. Am 1. Juli 1926 müssen die Mieten 100 vom Hundert der Friedensmiete erreicht haben. Die

Miete von 100 vom Hundert der Friedensmiete darf bis zum 31. März 1927 nicht überschritten werden[2]. Ausnahmen sind nur zulässig, soweit die Festsetzung einer höheren Miete erforderlich ist, um die in dem § 1 Abs. 3, 4 vorgesehenen Zuweisungsbeträge sicherzustellen. Soweit die Miete für die Zeit nach dem 1. April 1926 bereits höher festgesetzt ist oder die im § 1 Abs. 3, 4 vorgesehenen Zuweisungsbeträge bereits überschritten sind, bleiben die getroffenen Bestimmungen unberührt.

(2) Als Friedensmiete gilt der Goldmarkbetrag des Mietzinses, der für die mit dem 1. Juli 1914 beginnende Mietzeit vereinbart war. Die Länder treffen über die Festsetzung der Friedensmiete für besondere Fälle Bestimmung; als besonderer Fall im Sinne dieser Vorschrift gilt auch die Erhebung des Geldentwertungsausgleichs in der Form einer Steuer vom Grundvermögen.

[1]) Oben zu Af.

[2]) Dazu Preußen: Erl. des Min. für Volkswohlfahrt v. 22. 1. 27 (Volkswohlfahrt 155), wonach mit dem 100 v. H. nur die festen Mietsätze gemeint sein sollen, so daß daneben Umlagen zulässig seien.

§ 4. (1) Die Besteuerung kann in Form einer besonderen Aufwertungssteuer oder einer Steuer vom Grundvermögen erfolgen; im zweiten Falle muß eine getrennte Berechnung der auf Grund dieses Gesetzes erhobenen Grundsteuer und der allgemeinen Grundsteuer vorgesehen sein; dabei sind insbesondere auch die Bestimmungen des § 2 Abs. 3 Satz 3 und 4 zu beachten.

(2) Soweit vor dem Inkrafttreten der Dritten Steuernotverordnung auf einem Grundstück eine privatrechtliche wertbeständige Last gemäß der Verordnung über die Ein-

tragung von Hypotheken in ausländischer Währung vom 13. Februar 1920 (Reichsgesetzbl. S. 231) oder dem Gesetz über wertbeständige Hypotheken vom 23. Juni 1923 (Reichsgesetzbl. I S. 407) eingetragen ist, ist der dem Werte der aus der Last sich ergebenden laufenden Geldverpflichtung entsprechende Geldbetrag dem Grundstückseigentümer auf seinen Antrag zu erstatten. Das gleiche gilt für die auf Grund des Gesetzes über das Zusatzabkommen zum Abkommen vom 6. Dezember 1920 zwischen dem Deutschen Reiche und der Schweizerischen Eidgenossenschaft, betreffend schweizerische Goldhypotheken in Deutschland und gewisse Arten von Frankenforderungen an deutsche Schuldner, vom 23. Juni 1923 (Reichsgesetzbl. II S. 284) aus der Umwandlung einer schweizerischen Goldhypothek entstandenen Frankengrundschulden sowie für solche Hypotheken in in- oder ausländischer Währung, die der Grundstückseigentümer zur Ablösung dieser Frankengrundschuld aufnimmt. Zu den laufenden Geldverpflichtungen gehören in diesem Falle auch Tilgungsbeträge, die zur Abtragung der Frankengrundschuld angesammelt werden. Die näheren Bestimmungen darüber, in welcher Höhe Tilgungen als angemessen anzusehen sind, treffen die Landesregierungen.

(3) Bei Grundstücken, die am 31. Dezember 1918 entweder unbelastet waren oder deren dingliche privatrechtliche Belastung nicht mehr als 30 vom Hundert des Friedenswerts betrug, ist der Betrag der Steuer auf Antrag des Eigentümers so weit herabzusetzen, daß er

bei unbelasteten Grundstücken nicht mehr als 10 vom Hundert der Friedensmiete,

bei einer Belastung bis zu 10 vom Hundert des Friedenswerts nicht mehr als 15 vom Hundert der Friedensmiete, bei einer Belastung bis zu 20 vom Hundert des Friedenswerts nicht mehr als 20 vom Hundert der Friedensmiete,

bei einer Belastung bis zu 30 vom Hundert des Friedenswerts nicht mehr als 25 vom Hundert der Friedensmiete

ausmacht. Die Länder können diese Sätze zum Zwecke der Angleichung aneinander oder an die allgemeinen Sätze erhöhen oder herabsetzen; sie können im Interesse einer angemessenen Verteilung der Steuerlast weitere Belastungsstufen mit besonderen Steuersätzen belegen sowie bestimmen, daß die Vergünstigung des Satzes 1 insoweit nicht eintritt, als die Steuer auf den Teil der Miete entfällt, der 100 vom Hundert der Friedensmiete übersteigt. Wird die Steuer nicht von der Friedensmiete berechnet, so tritt an die Stelle des Hundertsatzes der Friedensmiete ein entsprechender, von dem Lande zu bestimmender Teil des nach dem Landesgesetze für die Besteuerung maßgebenden Wertes. Hypotheken der in den §§ 1187, 1190 BGB.[1] bezeichneten Art gelten nicht als dingliche privatrechtliche Belastung im Sinne dieser Vorschrift.

(4) Soweit es sich in den Fällen des Abs. 3 um Wohngebäude (Eigenhäuser) handelt, die nicht oder nur auf Grund behördlicher Maßnahmen vermietet sind, können die Länder eine weitere Minderung der Steuer eintreten lassen.

(5) Die Länder können Bestimmung darüber treffen, inwieweit die Vergünstigung der Abs. 3 und 4 sich auf Grundstücke erstreckt, die in der Zeit vom 1. August 1914 bis zum 31. Dezember 1918 belastet worden sind.

(6) Soweit nach den Bestimmungen eines Landes über die Mietzinsbildung die Steuer nicht in der gesetzlichen Miete enthalten, der Vermieter aber berechtigt ist, sie auf die Mieter umzulegen, bleibt der Vermieter auch im Falle der Befreiung oder Minderung der Steuer gemäß Abs. 2,

3 und 4 zur Umlegung eines der vollen Steuer entsprechenden Betrags berechtigt.

[1]) § 1187: Sicherungshypothek für die Forderung aus einer Schuldverschreibung auf den Inhaber, aus einem Wechsel oder aus einem anderen Papiere, das durch Indossament übertragen werden kann. § 1190: Höchstbetrags-Sicherungshypothek.

§ 5. (1) Von der Besteuerung sind auszuschließen Neubauten oder durch Um- oder Einbauten neugeschaffene Gebäudeteile, wenn der Bau erst nach dem 1. Juli 1918 bezugsfertigt geworden ist, es sei denn, daß die Neubauten, Um- oder Einbauten mit Beihilfen aus öffentlichen Mitteln ausgeführt worden sind. Die aus der Besteuerung dieser Neubauten aufkommenden Steuerbeträge sind ausschließlich zur Förderung des Wohnungsbaues zu verwenden. An Stelle dieser Steuer können die Landesregierungen Grundstücke mit Gebäuden, die mit Beihilfen aus öffentlichen Mitteln errichtet worden sind, zur Förderung des Wohnungsbaues mit einer Grundschuld bis zu 25 vom Hundert des in Goldmark umgerechneten Wertes der Beihilfe oder bis zu einem entsprechenden Hundertsatze des Friedenswerts des Grundstücks belasten. Diese Belastung geht allen bisherigen Belastungen vor, mit Ausnahme der Belastung zugunsten der Deutschen Rentenbank. Soweit auf dem Grundstück wertbeständige Beihilfehypotheken eingetragen oder soweit Beihilfebeträge zurückgezahlt worden sind, vermindert sich die Grundschuld um den entsprechenden Goldmarkwert. Die näheren Bestimmungen über die Berechnung des Goldmarkwerts der Beihilfen aus öffentlichen Mitteln oder über die Berechnung des Friedenswerts der Grundstücke, ferner über die Verzinsung und Ablösung der Last, über die Anrechnung eingetragener wertbeständiger Beihilfehypotheken und zurückgezahlter Beihilfebeträge und über die Verwendung der Gelder werden von den obersten Landesbehörden erlassen. Der Goldmarkwert darf auf keinen höheren Betrag festgesetzt werden, als er sich bei entsprechender Anwendung des § 2 des Aufwertungsgesetzes vom 16. Juli 1925 (Reichsgesetzbl. I S. 117) errechnet *)[1].

(2) Als Neubauten im Sinne des Abs. 1 gelten nicht Bauten, die als Ersatz für kriegsbeschädigte oder kriegszerstörte Gebäude ganz oder größtenteils aus öffentlichen Mitteln nach Maßgabe des Gesetzes über die Feststellung von Kriegsschäden im Reichsgebiete vom 3. Juli 1916 (Reichsgesetzbl. S. 675) errichtet worden sind.

---

[1]) Dieser letzte Satz beruht auf Art. 1 des Ges. v. 27. 5. 26 (RGBl. I 249), in Kraft nach seinem Art. 4 rückwirkend seit 1. 4. 26.

§ 6. Einfamilienhäuser, die vor dem 1. Juli 1918 bezugsfertig hergestellt und zu diesem Zeitpunkt mit nicht mehr als 20 vom Hundert des Friedenswerts belastet waren, sind auf Antrag von der Steuer freizustellen, sofern sie ausschließlich vom Eigentümer und seiner Familie bewohnt werden und die Wohnfläche nicht mehr als 70 Quadratmeter beträgt. Die Freistellung wird nicht dadurch ausgeschlossen, daß das Einfamilienwohnhaus zum geringen Teile auf Grund behördlicher Maßnahmen vermietet worden ist. Die näheren Bestimmungen, insbesondere über die Grundsätze, nach denen die Wohnfläche zu berechnen ist, trifft die Reichsregierung mit Zustimmung des Reichsrats[1]. Dabei ist den besonderen Verhältnissen kinderreicher Familien Rechnung zu tragen.

---

*) Zu § 5 Abs. 1 zu vergleichen das Gesetz zur Änderung der Dritten Steuernotverordnung vom 27. Mai 1926 (Reichsgesetzbl. I S. 249). (Amtl. Anm.)

[1]) VO. über die Berechnung der Wohnflächen in Einfamilienhäusern v. 24. 7. 26 (RMinBl. 841).

§ 7. Erfolgt die Erfassung in Form einer besonderen Aufwertungssteuer, so gelten folgende Grundsätze:

1. Die Steuer ist in einem von den Ländern zu bestimmenden Hundertsatze der Friedensmiete zu erheben. Sie ist bei der den Ländern vorbehaltenen Regelung der Mietzinsbildung auf den Mieter zu überwälzen. Die von den Mietern gezahlten Beträge sind vom Eigentümer in voller Höhe abzuführen. Die Friedensmiete für die vom Eigentümer selbst benutzten Räume ist erforderlichenfalls vom Mieteinigungsamte festzustellen.
2. Die Überlassung des Gebrauchs eines Gebäudes (Gebäudeteils) auf andere Weise als durch Mietvertrag (Pacht, Nießbrauch usw.) steht der Miete gleich.
3. Folgende Befreiungen sind vorzusehen:
   a) öffentliche Körperschaften für die in ihrem Eigentume stehenden und von ihnen für öffentliche Zwecke benutzten Gebäude;
   b) inländische Personenvereinigungen und Vermögensmassen, die nach der Satzung, Stiftung oder sonstigen Verfassung ausschließlich gemeinnützigen, mildtätigen, ethischen oder religiösen Zwecken dienen, für die in ihrem Eigentume stehenden und von ihnen für diese Zwecke benutzten Gebäude;
   c) Botschaften, Gesandtschaften und Konsulate für die im Eigentume des Entsendestaats stehenden und von ihnen für ihre Zwecke benutzten Gebäude, sofern Gegenseitigkeit gewährt wird.

Liegen nur für einen Teil des Gebäudes die vorstehenden Voraussetzungen vor, so bezieht sich die Befreiung nur auf diesen Teil.

§ 8. (1) Die nach §§ 1 bis 7 erforderlichen Bestimmungen erlassen die Landesregierungen; sie stellen Grundsätze über die Berechnung des Friedenswerts der Grundstücke auf.

(2) Sie können für Fälle, in denen die getroffene Regelung zu besonderen Härten oder zu besonderen Begünstigungen führt, eine von den Vorschriften dieses Gesetzes abweichende Regelung treffen.

(3) Die Länder bestimmen, in welcher Weise und in welchem Umfang hilfsbedürftige Personen, die dauernd oder vorübergehend eine Mieterhöhung nicht tragen können und eine entsprechende Wohnungsänderung vorzunehmen nicht in der Lage sind, unter Mitwirkung der Fürsorgeverbände zu unterstützen und entsprechende Mittel den Fürsorgeverbänden sicherzustellen sind.

§ 9. Vor dem 1. April 1928 ist rechtzeitig zu prüfen, ob die Steuer von diesem Zeitpunkt ab weiter zu erheben ist. Bei der Prüfung ist dem allgemeinen Finanzbedarfe der Länder und Gemeinden (Gemeindeverbände) einschließlich des Aufwandes, der ihnen durch die Erfüllung der gemäß § 42 Abs. 1 der Dritten Steuernotverordnung zu selbständiger Regelung überlassenen Aufgaben erwächst, sowie den Bedürfnissen der Wohnungswirtschaft, insbesondere des Wohnungsneubaues, ebenso der Wertsteigerung der Grundstücke sowie dem daraus entstandenen Vermögenszuwachse Rechnung zu tragen. Rechtzeitig vor diesem Zeitpunkt ist Reichstag und Reichsrat eine Vorlage zu machen.

C. Wohnungsmangel.

Ca.

Wohnungsmangelgesetz.

Vom 26. Juli 1923 (RGBl. I 751).

Fassung der Bekanntmachung des Reichsarbeitsministers vom 28. Juli 1923 (RGBl. I 754) *).

In Kraft in dieser Fassung seit 1. 9. 23 (Art. 5 RGes. v. 26. 7. 23, RGBl. I 751).

§ 1. Die oberste für das Wohnungswesen zuständige Landesbehörde kann Gemeindebehörden zu den nach diesem Gesetze zulässigen Anordnungen und Maßnahmen ermächtigen oder verpflichten. Sie kann die Anordnungen und Maßnahmen auch unmittelbar treffen oder die Berechtigung hierzu einer ihr unterstellten Behörde übertragen. Sie führt die Aufsicht über die Durchführung der Anordnungen oder Maßnahmen und erteilt die erforderlichen Anweisungen.

§ 2. Ohne vorherige Zustimmung der Gemeindebehörde dürfen

a) Gebäude oder Teile von Gebäuden nicht abgebrochen,

b) mehrere Wohnungen zu einer nicht vereinigt werden.

---

*) Wegen zeitweiliger Fortbauer des alten Rechtes siehe unten zu Eb Art. III und Kg.

Räume, die bis zum 1. Oktober 1918 zu Wohnzwecken bestimmt oder benutzt waren, dürfen zu anderen Zwecken, insbesondere als Fabrik-, Lager-, Werkstätten-, Dienst- oder Geschäftsräume nicht verwendet werden. In besonderen Fällen kann die Gemeindebehörde Ausnahmen zulassen, wenn für den beanspruchten Raum neuer Wohnraum erstellt wird.

§ 3. Der Verfügungsberechtigte hat der Gemeindebehörde

a) unverzüglich Anzeige zu erstatten, sobald eine Wohnung oder Fabrik-, Lager-, Werkstätten-, Dienst-, Geschäftsräume oder sonstige Räume unbenutzt sind,
b) ihrem Beauftragten über die unbenutzten Wohnungen und Räume sowie über deren Vermietung Auskunft zu erteilen und ihm die Besichtigung zu gestatten.

Als unbenutzt gelten Wohnungen und Räume der bezeichneten Art, wenn sie völlig leerstehen oder nur zur Aufbewahrung von Sachen dienen, sofern dem Verfügungsberechtigten eine andere Aufbewahrung ohne Härte zugemutet werden kann, oder wenn der Verfügungsberechtigte seinen Wohnsitz dauernd oder zeitweilig in das Ausland verlegt hat.

§ 4. Die Gemeindebehörde kann für eine unbenutzte Wohnung oder andere unbenutzte Räume, die zu Wohnzwecken geeignet sind, von dem Verfügungsberechtigten verlangen, daß er mit einem der ihm bezeichneten Wohnungsuchenden innerhalb einer angemessenen Frist einen Mietvertrag abschließt. Kommt ein Mietvertrag nicht zustande, so setzt auf Anrufen der Gemeindebehörde das Mieteinigungsamt, falls für den Verfügungsberechtigten kein unverhältnismäßiger Nachteil aus der Vermietung an sich oder aus der Art des Mieters zu besorgen ist, einen Mietvertrag fest. Der Vertrag gilt als geschlossen, wenn der Wohnungsuchende[1] nicht innerhalb einer vom Mieteinigungsamte zu bestimmenden Frist bei diesem Widerspruch erhebt. Der Inhalt des Vertrags gilt den Parteien gegenüber als vereinbart.

Das Mieteinigungsamt kann dabei anordnen, daß die Gemeinde an Stelle des Wohnungsuchenden als Mieter gilt und berechtigt ist, die Mieträume dem Wohnungsuchenden weiterzuvermieten.

Stellt der Verfügungsberechtigte der Gemeindebehörde Wohnräume, die eine abgeschlossene Wohnung nicht darstellen, oder abgeschlossene Wohnungen, die durch Teilung oder Ausbau einer Wohnung gewonnen werden, bevor eine Beschlagnahme erfolgt ist, freiwillig zur Verfügung, so genügt der Nutzungsberechtigte den Vorschriften des Abs. 1, wenn er mit einem der auf der Wohnungsliste der Gemeindebehörde eingezeichneten Wohnungsuchenden, die vor dem 1. Januar 1914 in Deutschland ihren Wohnsitz hatten oder zu den im § 14 dieses Gesetzes bezeichneten Personen gehören, einen Mietvertrag innerhalb der Frist abschließt. Die Gemeindebehörde ist verpflichtet, dem Verfügungsberechtigten Einblick in die Wohnungsliste zu gewähren.

Die Vorschriften des Abs. 3 gelten auch für den Fall, daß zur Verfügung gestellter Wohnraum durch Aufhebung des Mietvertrags wieder frei wird.

---

[1]) Die folgenden Worte: „oder der Verfügungsberechtigte" sind gestrichen durch Art. II Nr. 1 VO. v. 24. 12. 23, unten zu Eb.

§ 5. Auf Anfordern der Gemeindebehörde hat der Verfügungsberechtigte der Gemeinde unbenutzte Fabrik-, Lager-, Werkstätten-, Dienst-, Geschäftsräume oder sonstige Räume (auch Dachgeschosse) zur Errichtung als Wohnräume gegen Vergütung zu überlassen. Das Mieteinigungsamt bestimmt die Höhe der Vergütung und die Zahlungsbedingungen, wenn eine Einigung hierüber nicht zustande kommt. Die Gemeindebehörde ist berechtigt, den Gebrauch der hergerichteten Räume einem Dritten zu überlassen, insbesondere sie zu vermieten.

Die Anordnung baulicher Veränderungen soll nur nach Anhörung des Verfügungsberechtigten erfolgen und nach Möglichkeit die Schaffung eines dauernd verwertbaren Zustandes anstreben.

Nach Fortfall der der Gemeindebehörde erteilten Ermächtigung sind dem Verfügungsberechtigten die Räume in angemessener Frist zurückzugewähren. Die Frist bestimmt, wenn eine Einigung nicht zustande kommt, das Mieteinigungsamt. Auf Verlangen des Berechtigten hat die Gemeinde den der früheren Zweckbestimmung und Ausstattung entsprechenden Zustand der Räume wieder herzustellen, es sei denn, daß ein schriftliches Einvernehmen über die vorgenommenen Änderungen erzielt war.

§ 6. Machen sich nach dem Ermessen der obersten Landesbehörde infolge besonders starken Mangels an Wohnungen außergewöhnliche Mißstände geltend, so kann die oberste Landesbehörde mit Zustimmung des Reichsarbeitsministers Gemeindebehörden auch zu anderen als den in den §§ 2 bis 5 bezeichneten Anordnungen und Maßnahmen, insbesondere zu Eingriffen in die Freizügigkeit sowie die Unverletzlichkeit der Wohnung und des Eigentums, desgleichen zu Beschränkungen der Zwangsvollstreckung, soweit solche Eingriffe und Beschränkungen zur Behebung oder Milderung der Wohnungsnot dringend erforderlich sind, ermächtigen oder verpflichten oder mit Zustimmung des Reichsarbeitsministers solche Anordnungen und Maßnahmen unmittelbar treffen oder die Berechtigung hierzu einer ihr unterstellten Behörde übertragen. Eingriffe sollen nur erfolgen, nachdem der Versuch einer gütlichen Einigung erfolglos geblieben ist. Soweit für Eingriffe in Privatrechte Entschädigung zu gewähren ist, haftet für die Zahlung der Entschädigung die Stelle, welche die Verfügung trifft.

Für den Fall, daß Umbauten zur Durchführung des Abs. 1 vorgenommen sind, gelten § 5 Abs. 2 und 3 entsprechend.

§ 7. Die Inanspruchnahme von Gebäuden oder Räumen, die im Eigentum oder in der Verwaltung des Reichs oder eines Landes oder im Eigentum oder in der Verwaltung einer Körperschaft des öffentlichen Rechts stehen und öffentlichen Zwecken oder zur Unterbringung von Angehörigen der Verwaltung des Reichs, des Landes oder der Körperschaft zu dienen bestimmt sind, ist nur zulässig, wenn von der zuständigen Reichs- oder Landesbehörde kein Einspruch erhoben wird. Diese Behörden entscheiden auch, ob die im Satz 1 erwähnten Voraussetzungen im Einzelfalle vorliegen. Ist Einspruch erhoben, so entscheidet bei Gebäuden oder Räumen, die zur Verfügung des Reichs stehen, die Reichsregierung, im übrigen die Landesregierung.

Die Bestimmungen des Abs. 1 finden auf Gebäude und Räume, die im Eigentum oder in der Verwaltung gemeinnütziger Anstalten und Stiftungen sowie gemeinnütziger, nicht auf Erwerb gerichteter Organisationen stehen, oder die religiösen oder anerkannt gemeinnützigen oder mildtätigen Zwecken dienen, entsprechend Anwendung.

Die Bestimmungen der Abs. 1 und 2 gelten auch für andere Anordnungen und Maßnahmen, die auf Grund dieses Gesetzes getroffen sind. Das Recht der Gemeindebehörden aus §§ 2 und 3 bleibt jedoch unberührt. Die Versagung nach § 2 ist unzulässig, wenn gleichwertiger neuer Wohnraum hergestellt wird.

Verträge der im Abs. 1 und 2 genannten Stellen über die Ermietung von Gebäuden oder Gebäudeteilen zu öffentlichen Zwecken dürfen nicht der Genehmigung der Gemeindebehörden unterstellt werden.

§ 8. Wollen Personen, die vor dem 1. Januar 1914 in Deutschland ihren Wohnsitz hatten, oder Personen, bei denen die im § 14[1] genannten Voraussetzungen vorliegen, ihre selbständigen benutzten Wohnungen innerhalb des Reichsgebiets miteinander tauschen, so sind sie verpflichtet, die Genehmigung der beteiligten Gemeindebehörden unter Beifügung der schriftlich gegebenen Zustimmung der Vermieter vor Durchführung des Tausches einzuholen. Wird die Zustimmung versagt, so entscheidet das Mieteinigungsamt. Unter diesen Voraussetzungen ist die Genehmigung innerhalb einer Frist von 14 Tagen zu erteilen; bei Überschreitung dieser Frist gilt die Genehmigung als erteilt. Die Vorschriften über die zulässige Belegung und Benutzung behalten Gültigkeit.

---

[1]) Hier liegt eine Ungenauigkeit der Bek. vor: Art. I Ziff. 9 des RGes. zur Änderung der Bek. über Maßnahmen gegen Wohnungsmangel v. 26. 7. 23 (RGBl. I 751) sagt „im § 9 c" und bestimmt in Ziff. 19 (jetziger § 18, siehe unten), daß insoweit die bisherige Fassung maßgebend bleibt. Es hätte deshalb in der Neufassung des Gesetzes statt „im § 14" heißen müssen „im § 9 c der Bekanntmachung über Maßnahmen gegen Wohnungsmangel vom 23. September 1918 in der Fassung des Gesetzes über Maßnahmen gegen Wohnungsmangel vom 11. Mai 1920 (RGBl. S. 949)".

Dieser alte, danach fortgeltende § 9 c lautet:

„Deutsche, die unter den Einwirkungen des Krieges aus dem Auslande oder aus einem vom Feinde besetzten oder infolge des Friedensschlusses aus dem Reichsgebiet ausscheidenden oder einer anderen Verwaltung unterstehenden Landesteile geflüchtet oder vertrieben worden sind, sowie Deutsche, die zur Erfüllung einer Wehrpflicht aus dem Ausland nach Deutschland zurückgekehrt sind und denen jetzt von der ausländischen Regierung die Rückkehr nach ihrem Wohnort verboten oder erschwert wird, sind von den Gemeindebehörden bei der Unterbringung der Wohnungsuchenden vorzugsweise zu berücksichtigen."

§ 9. Die obersten Landesbehörden können Ausführungsbestimmungen zu diesem Gesetz erlassen[1].

[1]) Unten zu Ka ff.

§ 10. Die obersten Landesbehörden können die von ihnen erteilten Ermächtigungen zurücknehmen und die Gemeindebehörden zur Aufhebung der von ihnen auf Grund der Ermächtigung getroffenen Anordnungen und Maßnahmen anhalten.

§ 11. Die zur Bekämpfung des Wohnungsmangels getroffenen Verfügungen sind mit schriftlicher, tatsächlicher und rechtlicher Begründung dem Betroffenen zuzustellen. Sie können im Wege unmittelbaren polizeilichen Zwanges durchgeführt werden. Gegen Reich und Land ist die Anwendung derartiger Zwangsmaßnahmen unzulässig; das gleiche gilt für die Reichsbank.

§ 12. Die Vorschriften dieses Gesetzes finden auf Neubauten oder durch Um- oder Einbauten neu geschaffene Räume keine Anwendung, wenn sie nach dem 1. Juli 1918 bezugsfertig geworden sind oder künftig bezugsfertig werden.

Auf Neubauten, die mit Zuschüssen aus den für die Wiederherstellung der während des Krieges zerstörten Gebiete bereitgestellten Mitteln errichtet sind, finden die Vorschriften dieses Gesetzes dagegen Anwendung.

Die mit Unterstützung des Hilfswerkes Oppau errichteten Räume unterliegen den Vorschriften dieses Gesetzes sowie des Reichsmietengesetzes vom 24. März 1922 (Reichsgesetzbl. I S. 273)[1] und des Gesetzes über Mieterschutz und Mieteinigungsämter[2] vom 1. Juni 1923 (Reichsgesetzbl. I S. 353)[3].

---

[1]) Oben zu Aa, Ac.

[2]) Unten zu Ea, Eg.

[3]) Abs. 3 ist zugefügt durch Art. II Nr. 2 VO. v. 24. 12. 23, unten zu Eb.

§ 13. Werden vor dem 1. Juli 1918 bezugsfertig gewordene Räume, die im Eigentume von Gesellschaften oder Genossenschaften der im § 16 Abs. 1 Satz 3 des Reichsmietengesetzes[1] bezeichneten Art stehen, von der Gemeindebehörde zur Unterbringung von Wohnungsuchenden in Anspruch genommen, so ist die Gemeindebehörde zur Bezeichnung der aufzunehmenden Wohnungsuchenden erst dann berechtigt, wenn die Gesellschaft oder Genossenschaft die Räume nicht innerhalb der ihr gestellten Frist an einen Wohnungsuchenden vergibt, der bereits seit mindestens einem Jahre der Gesellschaft oder der Genossenschaft als Mitglied angehört.

---

[1]) Oben zu Ac.

§ 14. Deutsche, die aus dem Ausland oder aus einem besetzten oder infolge des Friedensschlusses aus dem Reichsgebiet ausgeschiedenen oder einem einer anderen Verwaltung unterstehenden Landesteile vertrieben worden sind, sind von den Gemeinden bei der Unterbringung der Wohnungsuchenden vorzugsweise zu berücksichtigen.

Als vertrieben im Sinne des Abs. 1 gelten nur

1. diejenigen, welche infolge Ausweisungsbefehls der fremden Macht das Gebiet verlassen mußten,

2. diejenigen, denen der Aufenthalt in den Gebieten durch sonstige Maßnahmen der Behörde oder andere gleichzwingende Gründe unmöglich gemacht worden ist,
3. diejenigen, welche bei Ausbruch oder während des Krieges in den Gebieten gewohnt, sie alsdann verlassen haben und infolge von Maßnahmen der dortigen Behörden nicht zurückkehren konnten.

Als ein gleichzwingender Grund im Sinne des Abs. 2 Nr. 2 ist der allgemeine Verfall des Wirtschaftslebens in diesen Gebieten nicht anzusehen.

Die Eigenschaft als Vertriebener ist durch eine amtliche Bescheinigung festzustellen. Die obersten Landesbehörden bestimmen die Stellen, welche zur Ausstellung der Bescheinigung berechtigt sind. Von der Beibringung der amtlichen Bescheinigung sind befreit alle Deutschen, die beim Inkrafttreten dieses Gesetzes im Besitze von amtlichen Flüchtlingspapieren waren.

Der Anspruch nach Abs. 1 erlischt, sobald der Vertriebene eine Wohnung bezogen hat, sofern es sich nicht lediglich um eine Notwohnung handelt.

Familien mit drei oder mehr in der häuslichen Gemeinschaft lebenden Kindern sind ebenfalls als „vorzugsweise zu berücksichtigende" anzusehen[1].

---

[1]) Preußen: Bezüglich der Wohnungslisten im allgemeinen und der Berücksichtigung früherer Eintragungen in anderen Gemeinden vgl. Erl. des Volkswohlfahrtsministers v. 31. 5. 26 (Volkswohlfahrt 611) und 24. 12. 27 (Volkswohlfahrt 1928 S. 105).

§ 15. Auf Räume, die zur Unterbringung von Angehörigen eines Betriebs von dem Inhaber des Betriebs errichtet oder vor dem 1. Juli 1918 zu Eigentum erworben oder gemietet sind, finden die Vorschriften der §§ 3 bis 5 nur dann Anwendung, wenn solche Räume länger als vier Wochen nicht benutzt sind und keine sichere Aussicht auf die Benutzung innerhalb der nächsten vier Wochen besteht.

Soweit es sich um die Unterbringung von Personen handelt, die vor dem 1. Januar 1914 ihren Wohnsitz in Deutschland nicht hatten oder zu den im § 14[1] genannten Personen nicht gehören, bedarf der Inhaber des Betriebes der Zustimmung der Gemeindebehörde, es sei denn, daß es sich um die Belegung von Räumen handelt, die für die besonderen Zwecke der Unterbringung von Wanderarbeitern oder ähnlichen Personen errichtet sind.

---

[1]) Hier gilt nach Art. I Ziff. 14 RGes. v. 26. 7. 23 (RGBl. I 751) dasselbe wie bei § 8; vgl. oben Anm. 1 zu § 8.

§ 16. Gegen eine auf Grund dieser Verordnung[1] im Einzelfalle getroffene Verfügung steht dem unmittelbar Betroffenen die Beschwerde zu. Das Nähere regelt die oberste Landesbehörde[2].

---

[1]) Muß jetzt heißen „dieses Gesetzes".
[2]) Für Preußen: unten zu Ka, Kb.

§ 17. Mit Geldstrafe von mindestens 20000 Mark[1] und mit Gefängnis oder mit einer dieser Strafen wird bestraft:

1. wer einem gemäß § 2 erlassenen Verbote zuwiderhandelt,
2. wer einer gemäß § 3 erlassenen Anordnung zuwider vorsätzlich eine Anzeige oder Auskunft nicht oder nicht rechtzeitig erstattet oder wissentlich unrichtige oder unvollständige Angaben macht oder eine Besichtigung nicht gestattet,
3. wer einer Anordnung zuwiderhandelt, die auf Grund des § 6 erlassen worden ist.

[1]) Jetzt § 29 StGB. in der Fass. der VO. über Vermögensstrafen und Bußen v. 6. 2. 24 (RGBl. I 44).

§ 18. In Gesetzen, Verordnungen oder Anordnungen, in denen auf Vorschriften der Bekanntmachung über Maßnahmen gegen Wohnungsmangel verwiesen ist, treten die entsprechenden Vorschriften dieses Gesetzes an ihre Stelle. Soweit jedoch im § 35 des Gesetzes über Mieterschutz und Mieteinigungsämter vom 1. Juni 1923 (Reichsgesetzbl. I S. 353)[1] sowie in den §§ 8 und 15 dieses Gesetzes auf § 14[2] Bezug genommen ist, bleibt die bisherige Fassung maßgebend. Diese gilt auch weiterhin für Personen, die zur Zeit des Inkrafttretens dieses Gesetzes auf Grund der bisherigen Fassung des § 14[3] bei einer Gemeindebehörde als Wohnungsuchende zur vorzugsweisen Berücksichtigung eingetragen waren.

[1]) Unten zu Ea, Eg.

[2]) Auch hier heißt es im eigentlichen Gesetzestext „auf § 9 e"; vgl. oben die Anm. zu §§ 8, 15.

[3]) „des § 9 e"; s. vorige Anm.

Cb.

Verordnung zur Abänderung . . . des Wohnungsmangelgesetzes.

Vom 24. Dezember 1923 (RGBl. I 1247).

In Kraft seit 28. 12. 23.

(Abgedruckt unten zu Eb.)

D. Notrecht.

D.

Notgesetz.

Vom 24. Februar 1923 (RGBl. I 147).

In Kraft seit 27. 2. 23.

Art. V. Die oberste Landesbehörde kann anordnen, daß die aus den besetzten rheinischen Gebieten oder dem Einbruchsgebiet ausgewiesenen oder durch unmittelbaren Zwang entfernten deutschen Reichsangehörigen und ihre Familien vor allen anderen Wohnungsuchenden unterzubringen sind[1]. Die oberste Landesbehörde kann für diese Fälle die Zuständigkeit zur Unterbringung abweichend von den allgemeinen Vorschriften regeln.

Ist eine Anordnung nach Abs. 1 Satz 1 getroffen, so findet gegen die Zuweisung der Räume eine Beschwerde nicht statt. Mit der Zuweisung gilt ein Mietvertrag zwischen den Verfügungsberechtigten und dem Zugewiesenen als abgeschlossen. Das Nähere über den Inhalt des Vertrags bestimmt im Streitfall auf Anrufen eines der Vertragsteile das Mieteinigungsamt.

Die oberste Landesbehörde kann[2] Räume, die zu gesetzwidrigen Zwecken verwendet werden, sowie Räumlichkeiten für Gast- oder Schankwirtschaft oder für den Kleinhandel mit Branntwein oder Spiritus, wenn der Betrieb der Wirtschaft oder des Kleinhandels nach Artikel I § 3 Abs. 1 bis 3[3] geschlossen oder verboten wird, beschlagnahmen und wohnungsuchenden Personen, die nach den bestehenden Vorschriften bevorzugt unterzubringen sind, oder, falls es sich um Räume handelt, die nicht für Wohnzwecke geeignet sind, Gewerbetreibenden zuweisen; sie kann die Berechtigung zu diesen Maßnahmen einer ihr unterstellten Behörde übertragen. Die Freimachung der Räume kann durch polizeilichen Zwang erfolgen. Gegen die Maßnahmen der obersten Landesbehörde oder der ihr unterstellten Behörde[4] findet eine Beschwerde nicht statt. Die Vorschriften des Abs. 2 Satz 2 und 3 finden Anwendung. Der Reichsarbeitsminister kann Grundsätze für die Durchführung aufstellen.

[1]) Für Preußen: unten zu La.

[2]) Für Preußen: unten zu Lb.

[3]) „Die zuständige Behörde kann die Fortsetzung des Betriebes einer Gast- oder Schankwirtschaft und des Kleinhandels mit Branntwein oder Spiritus durch unmittelbaren oder mittelbaren Zwang verhindern, wenn der Betrieb ohne Erlaubnis begonnen oder die Erlaubnis erloschen oder endgültig zurückgenommen ist.

Erhellt aus Handlungen oder Unterlassungen des Inhabers einer Gast- oder Schankwirtschaft oder eines Kleinhändlers mit Branntwein oder Spiritus klar, daß er die zum Betriebe seines Gewerbes erforderliche Zuverlässigkeit nicht besitzt (§ 1), so kann die zuständige Behörde den Betrieb vorläufig schließen. Sie hat in diesem Falle unverzüglich bei der hierfür zuständigen Behörde die Zurücknahme der Erlaubnis zu beantragen. Diese Behörde hat über die Schließung vorab zu entscheiden.

Die Erlaubnis kann durch die zuständige Behörde zurückgenommen werden, wenn Tatsachen eintreten, welche die Versagung der Erlaubnis nach § 1 Abs. 3 Nr. 1 rechtfertigen würden."

[4]) Vgl. die PrVO. v. 18. 5. 23, unten zu Lb.

Art. VII. (1) Dieses Gesetz tritt mit dem Tage der Verkündung in Kraft[1].

[1]) Die das Gesetz enthaltende Nr. 15 des RGBl. ist am 27. 2. 23 ausgegeben.

E. Mieterschutz.

Ea.

Gesetz über Mieterschutz und Mieteinigungsämter.

Vom 1. Juni 1923 (RGBl. I 353).

In Kraft seit 1. 10. 23.

(Aufgegangen zunächst in die Neufassung v. 30. 6. 26 (RGBl. I 347), alsdann in die Neufassung v. 17. 2. 28, unten zu Eg, wo die zeitlichen Änderungen im einzelnen kenntlich gemacht sind.

Wegen zeitweiliger Fortdauer des früheren Rechtes siehe unten zu Eb Art. III und Kg.)

Eb.

Verordnung zur Änderung des Mieterschutzgesetzes und des Wohnungsmangelgesetzes.

Vom 24. Dezember 1923 (RGBl. 1923 I 1247; 1924 I 56).

In Kraft seit 28. 12. 23.

Auf Grund des Ermächtigungsgesetzes vom 8. Dezember 1923 (Reichsgesetzbl. I S. 1179) verordnet die Reichsregierung nach Anhörung eines Ausschusses des Reichsrats und eines aus 15 Mitgliedern bestehenden Ausschusses des Reichstags:

Art. I. Das Gesetz über Mieterschutz und Mieteinigungsämter vom 1. Juni 1923 (Reichsgesetzbl. I S. 353) wird wie folgt geändert:

1. § 30 Abs. 2 erhält folgende Fassung:

(Unten in Eg aufgenommen.)

2. § 33 erhält folgende Absätze 3 und 4:

(Unten in Eg aufgenommen.)

Art. II. Das Wohnungsmangelgesetz vom 26. Juli 1923 (Reichsgesetzbl. I S. 754)[1] wird wie folgt geändert:

1. Im § 4 Abs. 1 Satz 3 werden die Worte „oder der Verfügungsberechtigte" gestrichen.

2. § 12 erhält folgenden Abs. 3:

„Die mit Unterstützung des Hilfswerkes Oppau errichteten Räume unterliegen den Vorschriften dieses Gesetzes sowie des Reichsmietengesetzes vom 24. März 1922 (Reichsgesetzbl. I S. 273)[2] und des Gesetzes über Mieterschutz und Mieteinigungsämter vom 1. Juni 1923 (Reichsgesetzbl. I S. 353)[3]."

---

[1]) Oben zu Ca.

[2]) Oben zu Ac, Zusatz zu § 16.

[3]) Unten zu Eg, Zusatz zu § 33.

Art. III. Die oberste Landesbehörde kann mit Zustimmung des Reichsarbeitsministers für Teile des Landes, in denen die Durchführung des Gesetzes über Mieterschutz und Mieteinigungsämter vom 1. Juni 1923 (Reichsgesetzbl. I S. 353) und des Wohnungsmangelgesetzes vom 26. Juli 1923 (Reichsgesetzbl. I S. 754) aus tatsächlichen Gründen nicht möglich oder besonders erschwert ist, anordnen, daß die bisherigen Vorschriften bis auf weiteres Geltung haben.

[1]) Preußen: unten zu Kg.

Art. IV. Diese Verordnung tritt mit dem Tage der Verkündung in Kraft[1].

[1]) Die die VO. enthaltende Nr. 133 des RGBl. ist am 28. 12. 23 ausgegeben.

Berlin, den 24. Dezember 1923.

Der Reichskanzler.
Marx.

Der Reichsminister der Justiz.
Emminger.

Für den Reichsarbeitsminister
Der Reichsminister des Innern.
Dr. Jarres.

Ec.

Verordnung zur Änderung des Mieterschutzgesetzes.

Vom 14. Februar 1924 (RGBl. I 111).

In Kraft seit 29. 2. 24.

Auf Grund des Ermächtigungsgesetzes vom 8. Dezember 1923 (Reichsgesetzbl. I S. 1179) verordnet die Reichsregierung nach Anhörung eines Ausschusses des Reichsrats und des Reichstags:

Art. I. Das Gesetz über Mieterschutz und Mieteinigungsämter vom 1. Juni 1923 (Reichsgesetzbl. I S. 353)[1] wird wie folgt geändert:

1. Im § 13 Abs. 4 Satz 2 treten an die Stelle der Worte „tausend Mark" die Worte „dreißig Goldmark".
2. § 36 Abs. 2 erhält folgenden Zusatz:

   „oder wenn in den Fällen des § 32 die Zwangsvollstreckung von der Sicherung eines Ersatzraums abhängig ist".

[1]) Oben zu Ea, unten zu Eg.

Art. II. Art. I Nr. 1 findet keine Anwendung auf Entscheidungen, die vor dem Inkrafttreten[1] der Verordnung ergangen sind.

Art. I Nr. 2 gilt auch für Vollstreckungstitel, die vor dem Inkrafttreten[1] der Verordnung erlassen sind.

[1]) Die die VO. enthaltende Nr. 12 des RGBl. ist am 15. 2. 24 ausgegeben, sie ist also am 29. 2. 24 in Kraft getreten.

Berlin, den 14. Februar 1924.

Der Reichskanzler.
Marx.

Der Reichsminister der Justiz.
Emminger.

Der Reichsarbeitsminister.
Dr. Brauns.

Ed.

Gesetz zur Abänderung des Mieterschutzgesetzes.

Vom 29. Juni 1926 (RGBl. I 317, 368).

In Kraft seit 1. 7. 26

Art. I. Das Gesetz über Mieterschutz und Mieteinigungsämter vom 1. Juni 1923 (Reichsgesetzbl. I S. 353)[1] in der Fassung der Verordnungen vom 24. Dezember 1923 (Reichsgesetzbl. I S. 1247)[2] und vom 14. Februar 1924 (Reichsgesetzbl. I S. 111)[3] wird wie folgt geändert:

(Die neue Fassung der abgeänderten §§ 2, 3, 4, 5, 6, 9, 10, 12, 14, 16, 20, 22, 23, 24, 27, 29, 32, 36, 40, 51, 52, 54 und die neu hinzugefügten §§ 33 a, 33 b, 49 a, 49 b sind unten zu Eg ersichtlich.)

---

[1]) Oben zu Ea.
[2]) Oben zu Eb.
[3]) Oben zu Ec.

Art. II. Dieses Gesetz tritt am 1. Juli 1926 in Kraft.

Art. III. Durch die Vorschrift des Artikels I Nr. 16[1] wird die Wirkung einer vor dem Inkrafttreten dieses Gesetzes von dem Mieteinigungsamte nach § 29 erteilten Erlaubnis nicht berührt.

---

[1]) Betr. Änderung des § 29 MSchG., alter und neuer Text unten zu Eg.

Art. IV. In den Fällen einer auf Grund des § 52[1] vor dem Inkrafttreten dieses Gesetzes ergangenen Anordnung bleibt, soweit nicht die oberste Landesbehörde ein anderes bestimmt, die Befugnis des Gerichts, einen Ersatzraum zuzubilligen, in dem bisherigen Umfang bestehen.

[1]) Unten zu Eg.

Art. V. Ein vor dem Inkrafttreten dieses Gesetzes anhängig gewordener Rechtsstreit, welcher die Herausgabe eines vermieteten oder sonst zum Gebrauch überlassenen Raumes zum Gegenstande hat, ist unbeschadet des § 536 der Zivilprozeßordnung[1] nach den neuen Vorschriften zu erledigen. Hinsichtlich der Rechtsmittel gegen Urteile, die vor dem Inkrafttreten erlassen sind, finden jedoch die bisherigen Vorschriften Anwendung.

[1]) „Das Urteil erster Instanz darf nur insoweit abgeändert werden, als eine Abänderung beantragt ist."

Art. VI. Für Urteile und Vergleiche, in denen die Zwangsvollstreckung von der Sicherung eines Ersatzraums abhängig gemacht ist, bestimmt sich die Erteilung der Vollstreckungsklausel nach § 16[1] in der Fassung dieses Gesetzes auch dann, wenn das Urteil vor dem Inkrafttreten des Gesetzes oder einer nach § 52[1] erlassenen Anordnung ergangen oder wenn der Vergleich vor diesem Zeitpunkt geschlossen ist.

Soweit in einem solchen Vergleiche die Sicherung eines Ersatzraums als vereinbart gilt (§ 27 Abs. 3)[1], behält es hierbei sein Bewenden.

[1]) Unten zu Eg.

Art. VII. Der Reichsminister der Justiz wird ermächtigt, den Wortlaut des Gesetzes über Mieterschutz und Mieteinigungsämter in der nunmehr geltenden Fassung im Reichsgesetzblatt bekanntzumachen[1], und zwar unter Weglassung des § 50, des § 51 Abs. 4 und des § 53 sowie mit der Maßgabe, daß im § 13 Abs. 3[2] Satz 2 das Wort „Goldmark“ durch „Reichsmark“ ersetzt wird und im § 51

a) im Abs. 1 die Worte „dieses Gesetzes“ durch „des Gesetzes vom 1. Juni 1923 (Reichsgesetzbl. I S. 353)“ ersetzt und im Abs. 2 hinter „Gesetzes“ die Worte „vom 1. Juni 1923“ eingefügt werden,

b) in den Abs. 1, 2 an Stelle des Wortes „bisherigen“ jedesmal die Worte treten: „bis dahin in Geltung gewesenen“.

---

[1]) Geschehen am 30. 6. 26 (RGBl. I 347); inzwischen ersetzt durch die Neufassung vom 17. 2. 28, unten zu Eg. Dort sind die zeitlich erfolgten Änderungen kenntlich gemacht.

[2]) Redaktionsfehler; es muß heißen „Abs. 4“.

Art. VIII. Das Reichsmietengesetz wird wie folgt geändert:

(Abgedruckt oben zu Ab, Ac.)

Ee.

Gesetz zur Abänderung des Gesetzes über Mieterschutz und Mieteinigungsämter.

Vom 17. März 1927 (RGBl. I 71).

In Kraft seit 19. 3. 27.

Art. I. In dem Gesetz über Mieterschutz und Mieteinigungsämter in der Fassung der Bekanntmachung vom 30. Juni 1926 (Reichsgesetzbl. I S. 347) wird

a) dem § 52 folgender dritter Absatz angefügt:
(Unten in Eg aufgenommen.)

b) folgende Vorschrift als § 52 a eingestellt:
(Unten in Eg aufgenommen.)

Art. II. Dieses Gesetz tritt mit dem Tage der Verkündung in Kraft[1].

---

[1]) Die das Ges. enthaltende Nr. 13 des RGBl. ist am 19. 3. 27 ausgegeben.

Ef.

Gesetz zur Änderung des Mieterschutzgesetzes.

Vom 13. Februar 1928 (RGBl. I 17).

Art. I. Das Gesetz über Mieterschutz und Mieteinigungsämter (Reichsgesetzbl. 1926 I S. 347, 1927 I S. 71) wird wie folgt geändert:

(Die neue Fassung der abgeänderten §§ 1, 3, 4, 5, 10, 22, 52 54 und die neu hinzugefügten §§ 1 a bis p, 23 a, 52 b bis e sind unten zu Eg ersichtlich.)

Art. II. Dieses Gesetz tritt am 1. April 1928 in Kraft. Bis dahin bleibt das Gesetz über Mieterschutz und Mieteinigungsämter in seiner derzeitigen Fassung in Geltung; diese Vorschrift tritt mit ihrer Verkündung in Kraft.

Eg.

Gesetz über Mieterschutz und Mieteinigungsämter.

Fassung der Bekanntmachung des Reichsministers der Justiz vom 17. Februar 1928 (RGBl. I 25) *).

1. Abschnitt

Mieterschutz

a) Beendigung von Mietverhältnissen durch Kündigung oder Zeitablauf.

§ 1[1]. Mietverhältnisse über Gebäude oder Gebäudeteile können vom Vermieter unter den Voraussetzungen gekündigt[2] werden, unter denen nach den §§ 2 bis 4 auf Aufhebung eines Mietverhältnisses geklagt werden kann. Dem Vermieter steht gleich, wer nach dem Abschluß des Mietvertrags das Eigentum an dem Grundstück erwirbt. Für die Beendigung des gekündigten Mietverhältnisses gilt der § 5 Abs. 1 entsprechend.

Ohne Vorliegen der im Abs. 1 bezeichneten Voraussetzungen kann der Vermieter die Beendigung eines Mietverhältnisses durch Kündigung nur in den Fällen herbeiführen, in denen es nach den §§ 19 bis 26, 32 bis 34 für die Beendigung des Verhältnisses der Erhebung einer Aufhebungsklage nicht bedarf.

---

[1]) Zugefügt durch Ges. v. 13. 2. 28, oben zu Ef. Bis zum 31. 3. 28 lauteten § 1 und die Überschrift vor § 1:

---

*) Ermächtigung dazu oben zu Ad Art. II. — Wegen zeitweiliger Fortdauer des früheren Rechtes siehe oben zu Eb Art. III und unten zu Kg.

„a) Beschränkung der Aufhebung von Mietverhältnissen.

§ 1. Mietverhältnisse über Gebäude oder Gebäudeteile können, vorbehaltlich der §§ 19 bis 26, auf Verlangen des Vermieters gegen den Willen des Mieters nur aus den in den §§ 2 bis 4 bezeichneten Gründen aufgehoben werden. Die Aufhebung erfolgt auf Klage des Vermieters durch gerichtliches Urteil.

Ist das Mietverhältnis für eine bestimmte Zeit eingegangen, so wird es nach dem Ablauf der Mietzeit fortgesetzt, wenn nicht der Mieter spätestens zu dem Zeitpunkt, zu dem nach § 565 des Bürgerlichen Gesetzbuchs eine für den Ablauf der Mietzeit zulässige Kündigung zu erfolgen haben würde, sich auf die Beendigung des Mietverhältnisses beruft. Ein vertraglich vorbehaltenes Rücktrittsrecht kann vom Vermieter nicht gegen den Willen des Mieters ausgeübt werden.

Dem Vermieter steht gleich, wer nach dem Abschluß des Mietvertrags das Eigentum an dem Grundstück erwirbt."

[2]) Dazu Preußen: AllgJMVfg., betr. Herstellung einer Statistik in Mieterschutzsachen, v. 17. 3. 28 (JMBl. 195).

§ 1 a[1]. Auf die im § 1 Abs. 1 bezeichnete Kündigung und das weitere Verfahren finden die besonderen Vorschriften der §§ 1 b bis 1 m Anwendung.[2]

Für die in diesen Vorschriften bezeichneten gerichtlichen Maßnahmen ist das Amtsgericht ausschließlich zuständig, in dessen Bezirk sich der Mietraum befindet.

[1]) Zugefügt durch Ges. v. 13. 2. 28, oben zu Ef.

[2]) Dazu Preußen: AllgJMVfg., betr. die geschäftliche Behandlung der Kündigungssachen nach dem MietSchG., v. 7. 3. 28 (JMBl. 134).

§ 1 b[1]. Die Kündigung erfolgt durch Zustellung eines vom Vermieter unterzeichneten Kündigungsschreibens an den Mieter. Es ist bei dem Amtsgericht (§ 1 a Abs. 2) einzureichen. Die Zustellung wird auf Gesuch des Ver-

mieters von dem Urkundsbeamten der Geschäftsstelle angeordnet. Die Einreichung des Kündigungsschreibens gilt als Gesuch um Zustellung.

Das Kündigungsschreiben muß enthalten:

1. die Bezeichnung der Vertragsteile,
2. die Bezeichnung des Mietraums nach Lage und Art,
3. die bestimmte Angabe der Tatsachen, auf welche die Kündigung gestützt wird; bei einer auf Zahlungsverzug gestützten Kündigung ist der rückständige Betrag sowie der für einen Monat zu entrichtende Mietzins anzugeben; ist der Mietzins in vierteljährigen oder längeren Zeitabschnitten zu entrichten, so ist auch dies unter Angabe des für ein Vierteljahr zu entrichtenden Mietzinses zu vermerken,
4. die Angabe des Zeitpunkts, in dem das Mietverhältnis enden soll.

Für das Kündigungsschreiben ist ein Vordruck zu verwenden, dessen Inhalt von der Reichsregierung mit Zustimmung des Reichsrats und eines Ausschusses des Reichstags bestimmt wird[2].

Der Vermieter soll dem Gesuche die für die Zustellung erforderliche Zahl von Abschriften des Kündigungsschreibens beifügen.

Entspricht das Kündigungsschreiben nicht den Vorschriften des Abs. 2 oder ergibt sich aus seinem Inhalt, daß die Kündigung überhaupt oder für den angegebenen Zeitpunkt nicht zulässig ist, so weist der Urkundsbeamte der Geschäftsstelle das Gesuch zurück. Gegen die Zurückweisung ist binnen einer Woche Erinnerung an das Gericht zulässig; dieses entscheidet endgültig.

---

[1] Zugefügt durch Ges. v. 13. 2. 28, oben zu Ef.

[2] VO. v. 3. 3. 28, unten zu Fb.

§ 1c[1]. Die Zustellung des Kündigungsschreibens erfolgt von Amts wegen.

Von einer auf Zahlungsverzug gestützten Kündigung eines auf Wohnraum bezüglichen Mietverhältnisses ist bei der Anordnung der Zustellung der Fürsorgebehörde Mitteilung zu machen[2]. Der § 10 Abs. 2 Satz 1, 2 gilt entsprechend.

Die Geschäftsstelle hat den Vermieter von der an den Mieter erfolgten Zustellung in Kenntnis zu setzen.

---

[1]) Zugefügt durch Ges. v. 13. 2. 28, oben zu Ef.

[2]) Dazu für Preußen: AllgVfg. des JustMin. über Mitteilungen der Amtsgerichte an die Fürsorgebehörden bei Mietaufhebungsklagen v. 29. 6. 26 (JMBl. 239) und 28. 7. 26 (JMBl. 272) und RdErl. des VolkswMin. v. 30. 7. 26 (VMBl. 811). Fürsorgebehörden sind in Preußen nach der AusfVO. v. 17. 4. 24 (GS. 210) zu der ReichsVO. über die Fürsorgepflicht v. 13. 2. 24 (RGBl. I 100) die Stadt- und Landkreise (in Hohenzollern die Amtsbezirke) und die Stadtgemeinde Berlin.

§ 1d[1]. Der Mieter kann gegen die Kündigung bei dem Gerichte schriftlich oder zu Protokoll der Geschäftsstelle Widerspruch erheben.

Bei der Zustellung des Kündigungsschreibens ist der Mieter unter Mitteilung der gesetzlichen Kündigungsgründe darauf hinzuweisen, daß, wenn er nicht binnen zwei Wochen seit der Zustellung Widerspruch erhebt, gegen ihn ein gerichtlicher Räumungsbefehl (§ 1f) erlassen werden kann.

Ein nach dem Ablauf der Widerspruchsfrist erhobener Widerspruch ist noch zu berücksichtigen, solange der Räumungsbefehl nicht verfügt ist.

---

[1]) Zugefügt durch Ges. v. 13. 2. 28, oben zu Ef.

§ 1e[1]. Erhebt der Mieter rechtzeitig Widerspruch, so hat die Geschäftsstelle den Vermieter hiervon unverzüg-

lich zu benachrichtigen und dem Mieter auf Verlangen eine Bescheinigung darüber zu erteilen, daß er rechtzeitig Widerspruch erhoben habe.

Bis zum Ablauf zweier Wochen seit der Zustellung der Nachricht kann der Vermieter die Anberaumung eines Termins zur Güteverhandlung über die Aufhebung des Mietverhältnisses (§ 1 p) beantragen. Geschieht dies, so gilt der Inhalt des Kündigungsschreibens als Güteantrag. Andernfalls verliert die Kündigung ihre Kraft.

[1]) Zugefügt durch Ges. v. 13. 2. 28, oben zu Ef.

§ 1f[1]. Erhebt der Mieter nicht rechtzeitig Widerspruch, so ist auf Gesuch des Vermieters dem Mieter aufzugeben, den Mietraum zu dem in dem Kündigungsschreiben bezeichneten Zeitpunkt an den Vermieter herauszugeben, auch die Kosten des Verfahrens zu tragen (Räumungsbefehl).

Ein Räumungsbefehl wegen Zahlungsverzugs darf nicht vor dem Ablauf der im § 3 Abs. 3 bezeichneten Fristen erlassen werden.

Der Räumungsbefehl wird von dem Urkundsbeamten der Geschäftsstelle erlassen. Er ist auf die Urschrift des Kündigungsschreibens zu setzen und verbleibt bei den Akten. Die Zustellung erfolgt auf Betreiben des Vermieters. Der Urkundsbeamte der Geschäftsstelle hat die Zustellung zu vermitteln, sofern nicht der Vermieter erklärt hat, selbst einen Gerichtsvollzieher mit der Zustellung beauftragen zu wollen.

Gegen die Ablehnung des Gesuchs um Erlassung des Räumungsbefehls ist die sofortige Beschwerde zulässig. Der § 577 Abs. 4 und der § 576 der Zivilprozeßordnung[2] gelten entsprechend.

¹) Zugefügt durch Ges. v. 13. 2. 28, oben zu Ef.

²) § 576: „Wird die Änderung einer Entscheidung des . . . Urkundsbeamten der Geschäftsstelle verlangt, so ist die Entscheidung des Prozeßgerichts nachzusuchen.

Die Beschwerde findet gegen die Entscheidung des Prozeßgerichts statt."

§ 577: „Für die Fälle der sofortigen Beschwerde gelten die nachfolgenden besonderen Bestimmungen:

Die Beschwerde ist binnen einer Notfrist von zwei Wochen, welche mit der Zustellung . . . beginnt, einzulegen. Die Einlegung bei dem Beschwerdegerichte genügt zur Wahrung der Notfrist, auch wenn der Fall für dringlich nicht erachtet wird. Liegen die Erfordernisse der Nichtigkeits- oder der Restitutionsklage vor, so kann die Beschwerde auch nach Ablauf der Notfrist innerhalb der für diese Klagen geltenden Notfristen erhoben werden.

Das Gericht ist zu einer Änderung seiner der Beschwerde unterliegenden Entscheidung nicht befugt.

In den Fällen des § 576 muß auf dem für die Einlegung der Beschwerde vorgeschriebenen Wege die Entscheidung des Prozeßgerichts binnen der Notfrist nachgesucht werden. Das Prozeßgericht hat das Gesuch, wenn es demselben nicht entsprechen will, dem Beschwerdegerichte vorzulegen."

§ 1 g¹. Der Räumungsbefehl steht einem auf eine Aufhebungsklage (§ 1 p) ergangenen Versäumnisurteile gleich. Im Falle seiner Erlassung gilt der Anspruch auf Aufhebung des Mietverhältnisses als im Zeitpunkt der Kündigung im Streitverfahren rechtshängig geworden. Der § 13 Abs. 3 findet entsprechende Anwendung.

Der Mieter ist in dem Räumungsbefehl über die Zulässigkeit des Einspruchs sowie über Form und Frist seiner Einlegung zu belehren.

¹) Zugefügt durch Ges. v. 13. 2. 28, oben zu Ef.

§ 1 h[1]. Ist der Räumungsbefehl ordnungsmäßig erlassen, so ist in dem weiteren Verfahren eine Nachprüfung der im Kündigungsschreiben geltend gemachten Aufhebungsgründe nur zulässig, wenn die Versäumung des rechtzeitigen Widerspruchs nicht auf einem Verschulden des Mieters beruht, oder wenn der Mieter innerhalb der Widerspruchsfrist dem Vermieter erklärt hat, daß er die Herausgabe des Mietraums ablehne.

Wird bis zum Ablauf der Widerspruchsfrist von dem Mieter ein im Kündigungsschreiben angegebener Mietzinsrückstand durch Zahlung getilgt oder eine gegenüber der Mietzinsforderung zulässige Aufrechnung erklärt, so verliert eine lediglich auf § 3 gestützte Kündigung ihre Kraft.

---

[1]) Zugefügt durch Ges. v. 13. 2. 28, oben zu Ef.

§ 1 i[1]. Auf die Vollstreckung des Räumungsbefehls finden die für die Vollstreckung von Urteilen geltenden Vorschriften entsprechende Anwendung.

Einwendungen, welche den Anspruch selbst betreffen, sind nur insoweit zulässig, als die Gründe, auf denen sie beruhen, erst nach Zustellung des Räumungsbefehls entstanden sind und durch Einspruch nicht mehr geltend gemacht werden können.

---

[1]) Zugefügt durch Ges. v. 13. 2. 28, oben zu Ef.

§ 1 k[1]. Beantragt der Mieter, ohne gegen die Kündigung Widerspruch zu erheben, vor der Verfügung des Räumungsbefehls die Gewährung einer zeitlich bestimmten Räumungsfrist, so ist dem Vermieter Abschrift des Antrags zur Erklärung binnen zwei Wochen zuzustellen.

Erklärt sich der Vermieter innerhalb der Frist mit dem Antrag einverstanden, so erläßt der Urkundsbeamte der Geschäftsstelle von Amts wegen den Räumungsbefehl mit der Maßgabe, daß die Vollstreckung von dem Ablauf der beantragten Räumungsfrist abhängig gemacht wird. Die Frist beginnt mit dem Tage, für den die Kündigung erfolgt ist; wird der Befehl nach diesem Tage erlassen, so läuft die Frist von der Zustellung des Befehls ab.

Verweigert der Vermieter innerhalb der Frist die Zustimmung oder gibt er eine Erklärung nicht ab, so gilt der Antrag des Mieters als Widerspruch gegen die Kündigung; das Gericht bestimmt in diesem Falle von Amts wegen Termin zur Güteverhandlung (§ 1 e). Das gleiche gilt, wenn der Mieter eine Räumungsfrist ohne bestimmte Bezeichnung ihrer Dauer beantragt oder wenn er erklärt hat, den Mietraum nur bei Sicherung eines Ersatzraums herausgeben zu wollen.

---

[1]) Zugefügt durch Ges. v. 13. 2. 28, oben zu Ef.

§ 1 l[1]. Wird im Falle des § 1 k die Erlassung des Räumungsbefehls nicht binnen einer einmonatigen Frist, die mit dem Ablauf der Widerspruchsfrist beginnt, nachgesucht, so verliert die Kündigung ihre Kraft. Das gleiche gilt, wenn die Erlassung des Räumungsbefehls rechtzeitig nachgesucht, das Gesuch aber zurückgewiesen wird.

---

[1]) Zugefügt durch Ges. v. 13. 2. 28, oben zu Ef.

§ 1 m[1]. Des Nachweises einer Vollmacht bedarf es nicht, wenn für den Vermieter die Anordnung der Zustellung eines Kündigungsschreibens nachgesucht oder für den Mieter Widerspruch gegen die Kündigung erhoben wird.

---

[1]) Zugefügt durch Ges. v. 13. 2. 28, oben zu Ef.

§ 1 n[1]. Ein für eine bestimmte Zeit eingegangenes Mietverhältnis wird nach dem Ablauf der Mietzeit fortgesetzt, wenn nicht der Vermieter oder der Mieter spätestens in dem Zeitpunkt, in dem nach § 565 des Bürgerlichen Gesetzbuchs[2] eine für den Ablauf der Mietzeit zulässige Kündigung zu erfolgen haben würde, sich auf die Beendigung des Mietverhältnisses beruft. Die Berufung des Vermieters ist nur unter den Voraussetzungen zulässig, unter denen nach § 1 Abs. 1 der Vermieter ein Mietverhältnis kündigen kann; auf die Form der Berufung sowie auf das weitere Verfahren finden die für eine solche Kündigung geltenden Vorschriften entsprechende Anwendung.

Ein vertraglich vorbehaltenes Rücktrittsrecht kann vom Vermieter nicht gegen den Willen des Mieters ausgeübt werden.

---

1) Zugefügt durch Ges. v. 13. 2. 28, oben zu Ef.

2) Abgedruckt oben zu Ae § 1 Anm. 1.

§ 1 o[1]. Für das in den vorstehenden Vorschriften bezeichnete Verfahren wird die Hälfte der Gebühr des § 8 des Gerichtskostengesetzes[2] erhoben. Die Gebühr wird nicht erhoben, wenn vor Anordnung der Zustellung des Kündigungsschreibens das Gesuch zurückgenommen wird.

Der Rechtsanwalt erhält in dem Verfahren die Sätze des § 9 der Gebührenordnung für Rechtsanwälte[3].

Für die Wertberechnung ist der im § 13 Abs. 5 bezeichnete Betrag maßgebend.

Bei rechtzeitiger Einlegung des Widerspruchs oder Einspruchs werden die Gebühren auf die im Aufhebungsstreit entstehenden Gebühren angerechnet.

Auf Grund des Räumungsbefehls kann der Vermieter nur die Erstattung von Gerichtskosten verlangen.

[1]) Zugefügt durch Ges. v. 13. 2. 28, oben zu Ef.
[2]) Unten zu Ra.
[3]) Unten zu Rb.

b) Aufhebung von Mietverhältnissen durch Urteil

§ 1 p[1]. Außer durch Kündigung oder Zeitablauf (Unterabschnitt a) kann ein Mietverhältnis der im § 1 bezeichneten Art, vorbehaltlich der §§ 19 bis 26, 32 bis 34, auf Verlangen des Vermieters nur im Wege der Klage durch gerichtliches Urteil aufgehoben werden. Die Aufhebung ist nur aus den in den §§ 2 bis 4 bezeichneten Gründen zulässig. § 1 Abs. 1 Satz 2 findet Anwendung.

[1]) Zugefügt durch Ges. v. 13. 2. 28, oben zu Ef.

§ 2. Der Vermieter kann auf Aufhebung des Mietverhältnisses klagen, wenn der Mieter oder eine Person, die zu seinem Hausstand oder Geschäftsbetriebe gehört, oder der er den Gebrauch des Mietraums überlassen hat, sich einer erheblichen Belästigung des Vermieters oder eines Hausbewohners schuldig macht oder durch unangemessenen Gebrauch des Mietraums oder Vernachlässigung der gebotenen Sorgfalt den Mietraum oder das Gebäude erheblich gefährdet, oder wenn der Mieter einem Dritten den Gebrauch des Mietraums beläßt, obwohl er zur Überlassung nicht befugt ist. Die angemessene Wahrnehmung der Befugnisse eines Mietervertreters ist als Belästigung nicht anzusehen.

Die Aufhebung ist nur zulässig, wenn der Mieter ungeachtet einer Abmahnung des Vermieters das Verhalten fortsetzt oder es unterläßt, eine ihm mögliche Abhilfe zu schaffen, oder wenn das Verhalten des Mieters oder einer der im Abs. 1 bezeichneten Personen ein solches war, daß dem Vermieter die Fortsetzung des Mietverhältnisses nicht zugemutet werden kann. Hatte der Vermieter oder eine zu seinem Hausstand oder Geschäftsbetriebe gehörige oder mit seiner Vertretung in Mietangelegenheiten betraute[1] Person die Belästigung (Abs. 1) durch eigenes Verschulden veranlaßt, so findet eine Aufhebung nicht statt.

Der Vermieter muß die Klage binnen sechs Monaten von dem Zeitpunkt an erheben, in dem er von dem Aufhebungsgrunde Kenntnis erlangt hat. Die Klage ist ausgeschlossen, wenn seit dem Entstehen des Aufhebungsgrundes ein Jahr verstrichen ist.

[1]) Die gesperrten Worte sind zugefügt durch Ges. v. 29. 6. 26, oben zu Ed.

§ 3. Der Vermieter kann auf Aufhebung des Mietverhältnisses klagen, wenn der Mieter, welcher den Mietzins in kürzeren als vierteljährigen Zeitabschnitten zu entrichten hat, mit einem Betrag im Verzug ist, welcher den für die Dauer eines Monats zu entrichtenden Mietzins übersteigt; bei einem den Betrag für zwei Monate nicht erreichenden Rückstand ist die Erhebung der Klage erst zwei Wochen nach der Fälligkeit zulässig[1]. Ist der Mietzins in vierteljährigen oder längeren Zeitabschnitten zu entrichten, so kann die Aufhebungsklage erhoben werden, wenn der Mieter mit einem Betrag im Verzug ist, welcher den für die Dauer eines Vierteljahrs zu entrichtenden Mietzins erreicht; bei nur einmaligem Rückstand ist die Erhebung der Klage erst zwei Wochen[2] nach der Fälligkeit zulässig. Bezieht sich der Rückstand auf mehrere Zeitabschnitte, so ist für die Berechnung des nach

Satz 1, 2 maßgebenden Betrags der Mietzins des Zeitabschnitts zugrunde zu legen, hinsichtlich dessen der Mieter zuerst in Verzug geraten ist.

[2]Der Anspruch besteht nicht, wenn der Verzug auf Unkenntnis des Mieters über den Betrag oder den Zeitpunkt der Fälligkeit des Mietzinses oder auf irrige Annahme eines Aufrechnungs-, Minderungs- oder Zurückbehaltungsrechts zurückzuführen ist, es sei denn, daß die Unkenntnis oder der Irrtum auf Fahrlässigkeit beruht.

[3]Die Aufhebung ist nicht mehr zulässig, wenn bis zum Ablauf von zwei Wochen seit Erhebung der Klage[4] der Mieter den Vermieter befriedigt oder eine gegenüber der Mietzinsforderung zulässige Aufrechnung erklärt. **Geht innerhalb der Frist dem Gerichte die Erklärung der Fürsorgebehörde (§ 10 Abs. 2) zu, daß sie zur Befriedigung des Vermieters bereit sei, so verlängert sich die Frist um weitere zwei Wochen[5].** Beantragt in diesen Fällen der Vermieter alsbald, den Rechtsstreit in der Hauptsache für erledigt zu erklären, so hat der Mieter die Kosten des Rechtsstreits zu tragen.

---

[1]) Die gesperrten Worte sind durch Ges. v. 29. 6. 26, oben zu Ed, gesetzt an die Stelle der Worte: „von zwei Monaten zu entrichtenden Mietzins erreicht".

[2]) Die gesperrten Worte sind durch Ges. v. 29. 6. 26, oben zu Ed, gesetzt an die Stelle der Worte: „wenn Vorauszahlung vereinbart war, erst vier Monate, im übrigen erst einen Monat".

[3]) Die jetzige Fassung (vgl. aber Anm. 4, 5) der Abs. 2 und 3 beruht auf dem Ges. v. 29. 6. 26, oben zu Ed. Früher lauteten sie:

„(2) Der Anspruch besteht nicht, wenn der Verzug auf eine nicht auf Fahrlässigkeit beruhende Unkenntnis des Mieters über den Betrag oder den Zeitpunkt der Fälligkeit des Mietzinses zurückzuführen ist.

(3) Die Aufhebung ist nicht mehr zulässig, wenn der Mieter den Vermieter vor dem Erlasse des Urteils befriedigt oder wenn sich der Mieter von seiner Schuld durch Aufrechnung befreien kann und bis zum Erlasse des Urteils die Aufrechnung erklärt."

[4]) Die hinter „Klage" stehenden Worte „spätestens jedoch bis zum Schlusse derjenigen mündlichen Verhandlung erster Instanz, auf welche das Urteil ergeht" sind durch Ges. v. 13. 2. 28, oben zu Ef, mit Wirkung vom 1. 4. 28 gestrichen.

[5]) Die fett gedruckten Worte sind zugefügt durch Ges. v. 13. 2. 28, oben zu Ef.

§ 4. Der Vermieter kann auf Aufhebung des Mietverhältnisses klagen, wenn für ihn aus besonderen Gründen ein so dringendes Interesse an der Erlangung des Mietraums besteht, daß auch bei Berücksichtigung der Verhältnisse des Mieters die Vorenthaltung eine schwere Unbilligkeit für den Vermieter darstellen würde. Zugunsten des Mieters ist dabei der Umstand mit zu berücksichtigen, daß der Mieter im Einverständnis mit dem Vermieter in dem Mietraum bauliche, mit einem erheblichen Kostenaufwande verbundene Arbeiten hat vornehmen lassen. Bei gewerblichen Räumen ist es zugunsten eines Mieters, der keine weitere Betriebsstätte als den herauszugebenden Raum besitzt, mit zu berücksichtigen, wenn der Vermieter außer einer Hauptbetriebsstätte mehrere Zweigstellen in demselben Gemeindebezirk inne hat und den Mietraum lediglich zur Vergrößerung seines Betriebs verwenden will[1]. Bei der Abwägung der beiderseitigen Interessen sind zugunsten des Vermieters die

Zahl und das Lebensalter der zu seinem Hausstande gehörigen Abkömmlinge **sowie der Umstand** mit zu berücksichtigen, **daß der Vermieter den Mietraum aus beruflichen Gründen dringend braucht.**

Liegen die im Abs. 1 bezeichneten Gründe nur für einen Teil des Mietraums vor, so kann die Aufhebung hinsichtlich dieses Teiles, insbesondere auch eines Hausgartens, verlangt werden. Auch kann das Gericht die Aufhebung auf einen Teil des Mietraums beschränken, insbesondere, wenn der Vermieter Nebenräume, welche nicht Wohnräume sind, oder entbehrliche Teile des Mietraums zur Herstellung selbständigen Wohnraums braucht. Bei teilweiser Aufhebung des Mietverhältnisses ist, sofern ein vereinbarter Mietzins zu zahlen ist, auf Antrag in der Urteilsformel auszusprechen, um welchen Betrag sich der Mietzins für den verbleibenden Teil des Mietraums mindert; gilt die gesetzliche Miete, so wird der verbleibende Teil des Mietzinses nach § 2 Abs. 4 des Reichsmietengesetzes[2] von dem Mieteinigungsamte festgesetzt[3].

Wird das Mietverhältnis lediglich auf Grund des Abs. 1 aufgehoben, so kann das Gericht auf Antrag des Mieters den Vermieter verpflichten, dem Mieter die für den Umzug innerhalb des Gemeindebezirkes erforderlichen Kosten ganz oder teilweise zu ersetzen, wenn dies nach Lage der Sache, insbesondere nach den Vermögens- und Erwerbsverhältnissen der Vertragsteile, der Billigkeit entspricht. Die oberste Landesbehörde kann bestimmen, daß benachbarte Gemeinden als eine Gemeinde im Sinne dieser Vorschrift anzusehen sind. Für Gemeinden, die verschiedenen Ländern angehören, kann auf Antrag der beteiligten obersten

Landesbehörden der Reichsarbeitsminister die Bestimmung treffen.

Soweit die Ersatzpflicht ausgesprochen wird, ist auf Antrag des Mieters die Zwangsvollstreckung von der Hinterlegung eines in der Urteilsformel zu bezeichnenden, die Umzugskosten oder den zugebilligten Teil mutmaßlich deckenden Geldbetrags abhängig zu machen.

Der Mieter ist über die Zulässigkeit der in den Abs. 3, 4 bezeichneten Anträge zu belehren. Wird das Urteil nur wegen der Umzugskosten angefochten, so erfolgt die Anfechtung durch sofortige Beschwerde.

Auf Antrag des Mieters kann durch einstweilige Verfügung die Hinterlegung des im Abs. 4 bezeichneten Betrags angeordnet werden, wenn der Mieter mit der erforderlichen behördlichen Genehmigung (§ 31) einen Ersatzraum gemietet oder wenn das Mieteinigungsamt einen Mietvertrag über einen Ersatzraum festgesetzt hat. Zum Erlasse der einstweiligen Verfügung ist nicht erforderlich, daß eine Gefährdung des Anspruchs glaubhaft gemacht wird.

Das Gericht kann in dem das Mietverhältnis aufhebenden Urteil aussprechen, daß eine Beschlagnahme des Mietraums durch die Gemeindebehörde unter bestimmten, im Urteil zu bezeichnenden Voraussetzungen ausgeschlossen ist. Eine Anfechtung des Urteils findet insoweit nicht statt.

---

[1]) Bis hierhin ist Abs. 1 durch alle Fassungen unverändert geblieben. Die älteste Fassung v. 1. 6. 23 fuhr fort:

„Die Absicht des Vermieters, den Raum selbst in Gebrauch zu nehmen oder ihn Angehörigen zum Gebrauche zu überlassen, rechtfertigt allein die Aufhebung nicht."

Durch Ges. v. 29. 6. 26, oben zu Ed, wurde dem folgendes angefügt:

„es sei denn, daß der Eigentümer eines vor mehr als drei Jahren erworbenen Grundstücks einen zu gewerblichen Zwecken vermieteten Raum für eigene gewerbliche Zwecke dringend braucht. Bei der Abwägung der beiderseitigen Interessen sind zugunsten des Vermieters die Zahl und das Lebensalter der zu seinem Hausstande gehörigen Abkömmlinge mit zu berücksichtigen".

Die jetzige Fassung, insbesondere die Zufügung der fett gedruckten Worte, beruht auf dem Ges. v. 13. 2. 28, oben zu Ef.

²) Oben zu Ae.

³) Die jetzige Fassung des Abs. 2 beruht auf dem Ges. v. 29. 6. 26, oben zu Ed. Früher lautete Abs. 2:

„Das Gericht kann die Aufhebung auf einen Teil des Mietraums beschränken, insbesondere wenn der Vermieter Nebenräume, welche nicht Wohnräume sind, oder entbehrliche Teile des Mietraums zur Herstellung selbständigen Wohnraums braucht. In diesem Falle ist, sofern ein vereinbarter Mietzins zu zahlen ist, auf Antrag in der Urteilsformel auszusprechen, um welchen Betrag sich der Mietzins für den verbleibenden Teil des Mietraums mindert; gilt die gesetzliche Miete, so wird der verbleibende Teil des Mietzinses nach § 2 Abs. 4 des Reichsmietengesetzes von dem Mieteinigungsamte festgesetzt."

§ 5. In den Fällen der §§ 2 bis 4 ist das Mietverhältnis für den Zeitpunkt aufzuheben, für den eine zur Zeit der Klageerhebung erfolgende Kündigung nach dem Vertrag oder beim Mangel einer Vertragsbestimmung nach § 565 des Bürgerlichen Gesetzbuchs[1] zulässig sein oder an dem die vereinbarte Mietzeit ablaufen würde. In den Fällen der §§ 2, 3 kann auf Antrag des Vermieters das Mietverhältnis mit sofortiger Wirkung aufgehoben werden.

Der Zeitpunkt, für den die Aufhebung erfolgt, ist in der Urteilsformel festzustellen.

In der Urteilsformel ist ferner zu bestimmen, daß der Mieter den Mietraum zu dem im Abs. 1 bezeichneten Zeitpunkt an den Vermieter herauszugeben hat[2].

§ 721 der Zivilprozeßordnung[3] bleibt, vorbehaltlich des § 6 Abs. 3 Satz 2, unberührt; er gilt entsprechend, wenn das Urteil die Herausgabe von Räumen zum Gegenstande hat, die nicht Wohnräume sind[4]. **Auf Antrag des Mieters kann das Gericht erster Instanz zur Vermeidung von Härten die Räumungsfrist einmal verlängern, es sei denn, daß hierdurch unbillige Nachteile für den Vermieter oder einen Dritten entstehen würden; die Nachfrist kann bis auf drei Monate bemessen werden. Der Antrag ist spätestens zwei Wochen vor dem Ablauf der Räumungsfrist zu stellen. Die Entscheidung erfolgt durch Beschluß nach Anhörung des Vermieters; gegen den Beschluß findet sofortige Beschwerde statt**[5].

---

[1]) Abgedruckt oben zu Ae § 1 Anm. 1.

[2]) In der ältesten Fassung v. 1. 6. 23 endete § 5 hierhinter mit den Worten: „§ 721 der Zivilprozeßordnung bleibt unberührt."

[3]) „Wird auf Räumung einer Wohnung erkannt, so kann das Gericht auf Antrag dem Schuldner eine den Umständen nach angemessene Frist zur Räumung gewähren.

Auf den Antrag finden die Vorschriften der §§ 714 (Antragstellung vor Schluß der letzten mündlichen Verhandlung), 716 (Urteilsergänzung nach § 321 ZPO. — unten Anm. 3 zu § 40 — bei Übergehung des Antrags) entsprechende Anwendung."

[4]) Der gesperrte Satz war früher Abs. 3 Satz 2. Er ist zugefügt durch Ges. v. 29. 6. 26, oben zu Ed.

[5]) Die fett gedruckten Sätze sind zugefügt durch Ges. v. 13. 2. 28, oben zu Ef.

§ 6. [1] Wird ein Mietverhältnis, das sich ausschließlich oder zum Teil auf Wohnraum bezieht, lediglich nach § 4 Abs. 1 aufgehoben, so ist die Zwangsvollstreckung durch Ausspruch in der Urteilsformel davon abhängig zu machen, daß hinsichtlich des Wohnraums für den Mieter ausreichender Ersatzraum gesichert ist; der Ausspruch kann unterbleiben, wenn die Versagung des Ersatzraums keine unbillige Härte für den Mieter darstellt. Wird ein Mietverhältnis der bezeichneten Art nach § 2 lediglich deshalb, weil der Mieter einem Dritten den Gebrauch des Mietraums unbefugt belassen hat, oder nach § 3 aufgehoben, so kann die Zwangsvollstreckung von der Sicherung ausreichenden Ersatzwohnraums abhängig gemacht werden, wenn dies zur Vermeidung unbilliger Härten erforderlich erscheint. Das gleiche gilt, wenn ein teilweise auf Wohnraum bezügliches Mietverhältnis nach § 4 Abs. 2 hinsichtlich des Wohnraums aufgehoben wird.

Wird ein Mietverhältnis, das sich ausschließlich oder zum Teil auf anderen als Wohnraum bezieht, lediglich nach § 4 aufgehoben, so ist, soweit es sich um Raum handelt, der nicht Wohnraum ist, die Zwangsvollstreckung von der Sicherung des für die Berufs- oder Geschäftsbedürfnisse des Mieters ausreichenden

Ersatzraums abhängig zu machen, wenn der Mieter beweist, daß bei Versagung des Ersatzraums dringende öffentliche Interessen gefährdet werden würden. Hat das Reich, ein Land, ein Gemeindeverband oder eine Gemeinde Räume der bezeichneten Art zu öffentlichen Zwecken oder Wohnräume, in denen gleichzeitig Dienstgeschäfte wahrgenommen werden, mietweise inne, so gilt Satz 1 mit der Maßgabe, daß der Nachweis durch eine Erklärung der Behörde geführt wird, welche der den Raum benutzenden Behörde vorgesetzt ist[2].

Hat in den Fällen der Abs. 1, 2 der Mieter den Ausspruch beantragt und ist der Antrag im Urteil übergangen, so ist das Urteil zu ergänzen. Auf das Verfahren finden die Vorschriften des § 319 Abs. 2, 3 der Zivilprozeßordnung[3] entsprechende Anwendung; das gleiche gilt, wenn ein Antrag auf Gewährung einer Räumungsfrist übergangen ist. Wird das Urteils nur wegen der Gewährung oder Versagung eines Ersatzraums oder einer Räumungsfrist angefochten, so erfolgt die Anfechtung durch sofortige Beschwerde.

Solange in den Fällen der Abs. 1, 2 der Ersatzraum nicht gesichert ist, jedoch nicht über den Zeitpunkt der Herausgabe des Mietraums hinaus, haben die Beteiligten in Ansehung dieses Raumes die aus dem Mietverhältnisse sich ergebenden Rechte und Pflichten.

[4]Enthält das Urteil eine Beschränkung der Zwangsvollstreckung nach den Abs. 1, 2 oder nach § 4 Abs. 4 und treten nach Ablauf der Beschwerdefrist (Abs. 3 Satz 3, § 4 Abs. 5) Tatsachen ein, welche die Aufhebung des Mietverhältnisses nach den §§ 2, 3 rechtfertigen würden, oder vereitelt der Mieter böswillig die Sicherung eines Ersatzraums, so kann der Vermieter die Aufhebung der Beschränkung verlangen. Über den Antrag des Vermieters wird auf Grund mündlicher Verhandlung durch Urteil entschieden; gegen das Urteil findet sofortige Beschwerde statt. § 25 Abs. 2 des Gerichtskostengesetzes[5] gilt entsprechend.

---

[1]) Die jetzigen Abs. 1 bis 3 sind durch Ges. v. 29. 6. 26, oben zu Ed, gesetzt an die Stelle der früheren Abs. 1 und 2, welche lauteten:

„(1) Wird ein Mietverhältnis lediglich auf Grund des § 4 Abs. 1 aufgehoben, so ist die Zwangsvollstreckung durch Ausspruch in der Urteilsformel davon abhängig zu machen, daß für den Mieter ein unter Berücksichtigung seiner Wohn- oder Geschäftsbedürfnisse angemessener Ersatzraum gesichert ist. Enthält das Urteil den Ausspruch nicht, so ist es zu ergänzen; auf das Verfahren finden die Vorschriften des § 319 Abs. 2, 3 der Zivilprozeßordnung entsprechende Anwendung.

(2) Erfolgt die Aufhebung aus einem anderen Grunde oder ist sie auf einen Teil des Mietraums beschränkt (§ 4 Abs. 2), so kann die Zwangsvollstreckung von der Sicherung eines ausreichenden Ersatzraums abhängig gemacht werden, wenn dies zur Vermeidung unbilliger Härten erforderlich erscheint. Abs. 1 Satz 2 gilt entsprechend, wenn der Mieter den Ausspruch beantragt hatte. Wird das Urteil nur wegen des Ausspruchs oder wegen des Mangels eines solchen angefochten, so erfolgt die Anfechtung durch sofortige Beschwerde."

[2]) Dazu RdErl. d. MdJ. v. 16. 9. 26 (JnnMBl. 870).

[3]) Abgedruckt unten bei § 40 Anm. 2.

[4]) Die jetzige Fassung des Abs. 5 beruht auf dem Ges. v. 29. 6. 26, oben zu Ed. Früher lautete er als damaliger Abs. 4:

„Enthält das Urteil eine Beschränkung der Zwangsvollstreckung nach den Abs. 1, 2 oder nach § 4 Abs. 4 und treten nach der Rechtskraft des Urteils Tatsachen ein, welche die Aufhebung des Mietverhältnisses nach den §§ 2, 3 rechtfertigen würden, so kann der Vermieter die Aufhebung der Beschränkung verlangen. Über den Antrag des Vermieters wird auf Grund mündlicher Verhandlung durch Urteil entschieden; gegen das Urteil findet sofortige Beschwerde statt. § 25 Abs. 2 des Gerichtskostengesetzes gilt entsprechend."

[5]) Unten zu Ra.

§ 7. Über die Aufhebungsklage entscheidet das Amtsgericht unter Zuziehung von Beisitzern. Ausschließlich zuständig ist das Amtsgericht, in dessen Bezirk sich der Mietraum befindet. Die Vereinbarung der schiedsgerichtlichen Erledigung ist unwirksam.

Die Beisitzer müssen zur Hälfte Vermieter aus dem Kreise der Hausbesitzer, zur Hälfte Mieter sein. Die Bestellung erfolgt auf Grund von Vorschlagslisten, die von örtlichen Hausbesitzer- und Mietervereinen zu erfordern sind, auf die Dauer von mindestens einem Jahre. Die Beisitzer erhalten für ihre Tätigkeit eine Vergütung[1].

Für die Auswahl der Beisitzer darf nur maßgebend sein[2], daß von ihnen eine gewissenhafte und unparteiische Ausübung des Amtes zu erwarten ist; nach der Zugehörigkeit zu bestimmten Berufsarten oder Bevölkerungskreisen darf ein Unterschied nicht gemacht werden. Personen, die gleichzeitig Vermieter und Mieter sind, sollen nicht zu Beisitzern bestellt werden. Das gleiche gilt für Mitglieder und Vertreter von Gesellschaften und Genossenschaften, die ihren Mitgliedern satzungsgemäß Wohnungen verschaffen, soweit diese Personen Wohnungen innehaben, die nicht den Vorschriften dieses Gesetzes unterliegen, es sei denn, daß sie von einem örtlichen Hausbesitzer- oder Mietervereine vorgeschlagen sind. Die Beisitzer dürfen nicht zugleich mit dem Vollzuge der Maßnahmen gegen Wohnungsmangel betraut sein. Sie dürfen nur bestellt werden, wenn sie sich verpflichten, für Dritte keine berufliche oder ehrenamtliche Tätigkeit auszuüben, die sich auf Mietverhältnisse über Gebäude oder Gebäudeteile bezieht; im Falle ihrer Geschäftsvereinigung mit anderen müssen auch diese sich verpflichten, keine solche Tätigkeit im Bezirke des Gerichts gegen Vergütung auszuüben. Als Tätigkeit dieser Art gelten nicht die Verwaltung eines Hauses für Mitberechtigte, die Wahrnehmung der Mieterinteressen von Hausgenossen und die ehrenamtliche Tätigkeit in einem Hausbesitzer- oder Mietervereine. Im übrigen finden für die Berufung und deren Ablehnung sowie für die Verhältnisse, die bei der Ausübung des Amtes in Betracht kommen, die für Schöffen geltenden Vorschriften der §§ 31 bis 35, 51, 52, 54, 56 des Gerichtsverfassungsgesetzes[3] entsprechende Anwendung; jedoch kann die Zahl der im § 35 Nr. 2 bezeichneten Sitzungstage anderweit gemäß Abs. 7 bestimmt werden[4].

Die Beisitzer sind in bestimmter Reihenfolge zu den Sitzungen heranzuziehen.

Wer eine Verpflichtung nach Abs. 3 Satz 5 übernommen hat, darf nicht dieser Verpflichtung zuwider vor einem Gericht, einem Mieteinigungsamt oder einer Beschwerdestelle (§ 42) als Bevollmächtigter oder Beistand in Angelegenheiten auftreten, die sich auf Mietverhältnisse über Gebäude oder Gebäudeteile beziehen.

Für jeden Beisitzer ist mindestens ein Stellvertreter zu bestellen. Die Vorschriften der Abs. 2 bis 5 gelten auch für die Stellvertreter.

Das Nähere über die Bestellung der Beisitzer regelt die oberste Landesbehörde[5].

---

[1]) Preußen: unten zu Ma § 11.

[2]) Dazu Preußen: unten zu Ma § 5 Anm. 1.

[3]) § 31: Schöffenamt ist Ehrenamt für Deutsche. § 32: Unfähigkeitsgründe. §§ 33 und 34: Wer nicht berufen werden soll. § 35: Wer die Berufung ablehnen darf. § 51: Beeidigung (Wortlaut unten zu Fa bei § 1). § 52: Nachträgliche Streichung. § 54: Nachträgliche Entbindung. § 56: Bestrafung.

[4]) Preußen: § 4 VO. v. 15. 8. 23, unten zu Ma.

[5]) Unten zu Ma §§ 1 bis 12.

§ 8. Die nicht auf Grund einer mündlichen Verhandlung ergehenden Beschlüsse und Verfügungen werden von dem Amtsrichter allein erlassen.

Im übrigen sind für die Befugnisse des Amtsrichters und der Beisitzer die Vorschriften über das landgerichtliche Verfahren maßgebend. Das Gericht kann anordnen, daß ein Augenschein durch die Beisitzer oder, wo mehr als zwei Beisitzer tätig sind, durch je einen Beisitzer aus dem Kreise der Vermieter und der Mieter eingenommen wird; andere Beweiserhebungen können Beisitzern nicht übertragen werden. Die Entscheidungen bedürfen nicht der Unterschrift durch die Beisitzer.

In bezug auf die Beratung und Abstimmung finden die §§ **192 bis 198** des Gerichtsverfassungsgesetzes[1] entsprechende Anwendung. Die Vorschriften der Zivilprozeßordnung über die Ausschließung und Ablehnung der Gerichtspersonen[2] gelten sinngemäß; die Entscheidung über die Ausschließung oder Ablehnung eines Beisitzers erfolgt durch den Amtsrichter.

---

[1]) Fassung v. 22. 3. 24. Inhalt, soweit hier von Interesse: § 192: Zulässigkeit von Ergänzungsrichtern und Beisitzern.

§ 193: Niemand sonst darf bei der Beratung anwesend sein. § 194: Leitung der Beratung durch den Vorsitzenden. § 195: Auch der Überstimmte muß weiter mitstimmen. § 196: Mehrheit entscheidet; bei Summen gilt die höchste Zahl, für die eine Mehrheit vorhanden ist. § 197: Reihenfolge der Abstimmung: erst der jüngere, dann der ältere Beisitzer, dann der Vorsitzende. § 198: Stillschweigen über Beratung und Abstimmung. — In der älteren Fassung des GVG. waren es §§ 194 bis 200.

²) §§ 41 bis 49 ZPO.

§ 9[1]. Die Bestimmung eines Termins zur Güteverhandlung[2] kann auch von dem Mieter beantragt werden, der eine Aufhebungsklage befürchtet.

---

¹) Die jetzige Fassung des § 9 beruht auf dem Ges. v. 29. 6. 26, oben zu Ed. Früher lautete § 9:

„Die Bestimmung eines Termins zum Zwecke eines gerichtlichen Sühneversuchs kann auch von dem Mieter beantragt werden, der eine Aufhebungsklage befürchtet. § 510 c der Zivilprozeßordnung gilt entsprechend."

²) §§ 495 a ff. ZPO.

§ 10. Jede Ladung einer Partei zur mündlichen Verhandlung über die Aufhebungsklage soll den Hinweis darauf enthalten, daß gegen die Partei Versäumnisurteil ergehen kann, wenn sie im Termine nicht erscheint oder sich nicht ordnungsmäßig vertreten läßt.

Von dem Eingang einer Klage, mit welcher die Aufhebung eines auf Wohnraum bezüglichen Mietverhältnisses auf Grund des § 3 verlangt wird, hat **die Geschäftsstelle** der Fürsorgebehörde unter Hinweis auf die Fürsorgepflicht gemäß den Reichsgrundsätzen über Voraussetzung, Art und Maß der öffentlichen Fürsorge unverzüglich Mitteilung zu machen[1]. **Der Vermieter hat für die Mitteilung eine weitere Abschrift der Klage einzureichen. Diese wird der Fürsorgebehörde zugestellt[2,3].**

Eine Aufhebung des Mietverhältnisses wegen Zahlungsverzugs darf nicht vor dem Ablauf der im § 3 Abs. 3 bezeichneten Fristen erfolgen[3].

---

[1]) Abs. 2 Satz 1 ist Zusatz des Ges. v. 29. 6. 26, oben zu Ed. Er lautete damals:

„Von dem Eingang einer Klage, mit welcher die Aufhebung eines auf Wohnraum bezüglichen Mietverhältnisses auf Grund des § 3 verlangt wird, hat der Gerichtsschreiber der Fürsorgebehörde unter Angabe des rückständigen Mietbetrags und unter Hinweis auf die Fürsorgepflicht gemäß den Reichsgrundsätzen über Voraussetzung, Art und Maß der öffentlichen Fürsorge unverzüglich Mitteilung zu machen."

[2]) Wegen der Nachrichten an die Fürsorgebehörden siehe oben § 1 c Anm. 2.

[3]) Abs. 2 Satz 2, 3 und Abs. 3 sind zugefügt durch Ges. v. 13. 2. 28, oben zu Ef.

§ 11. In dem ersten auf die Klage angesetzten Termine kann die Zuziehung der Beisitzer unterbleiben.

Erscheint in dem Termine nur eine der Parteien, so erläßt auf ihren Antrag der Amtsrichter das Versäumnisurteil.

Erscheinen beide Parteien und kommt ein Vergleich nicht zustande, so hat der Amtsrichter die Entscheidung zu erlassen, wenn sie sofort erfolgen kann und beide Parteien es beantragen. Andernfalls ist ein neuer Verhandlungstermin, zu dem die Beisitzer zuzuziehen sind, anzusetzen und sofort zu verkünden. Zeugen und Sachverständige, deren Vernehmung der Amtsrichter für erforderlich erachtet, sind zu diesem Termine zu laden.

§ 12. Wird vor einem nach § 7 Abs. 1 besetzten Gericht oder vor dem Amtsrichter eine Partei, die einer Vereinigung der Hausbesitzer, der Mieter, der Arbeitgeber oder der Arbeitnehmer angehört, von einem Beauftragten der Vereinigung vertreten, so findet § 157 Abs. 1 der Zivilprozeßordnung[1] insoweit keine Anwendung. Als Beauftragte gelten alle mit Vertretungsausweis der Vereinigung versehenen Personen[2].

[1]) „Das Gericht kann Bevollmächtigte und Beistände, welche das mündliche Verhandeln vor Gericht geschäftsmäßig betreiben, zurückweisen."

[2]) Die gesperrten Worte sind zugefügt durch Ges. v. 29. 6. 26, oben zu Ed.

§ 13. Bis zum Schlusse der mündlichen Verhandlung, auf die das Urteil ergeht, können andere als die in der Klage vorgebrachten Klagegründe geltend gemacht werden. In der Berufungsinstanz gilt dies nur, wenn glaubhaft gemacht wird, daß der Vermieter ohne sein Verschulden außerstande gewesen sei, jene Gründe im ersten Rechtszug vorzubringen, oder wenn der Mieter zu der Änderung der Klage seine Einwilligung erteilt hat.

Die Leistung eines Eides ist durch Beweisbeschluß anzuordnen.

Erfolgt die Aufhebung des Mietverhältnisses lediglich nach § 4, so ist das Urteil nicht für vorläufig vollstreckbar zu erklären. Ein Urteil, das auf einem anderen Grunde beruht, darf nur dann für vorläufig vollstreckbar erklärt werden, wenn glaubhaft gemacht wird, daß die Aussetzung der Vollstreckung dem Vermieter einen nicht zu ersetzenden Nachteil bringen würde.

Die Kosten des Rechtsstreits können, wenn die Aufhebung lediglich nach § 4 erfolgt, dem Vermieter ganz oder teilweise auferlegt werden, sofern dies nach Lage der Sache, insbesondere nach den Vermögens- und Erwerbsverhältnissen der Vertragsteile, der Billigkeit entspricht. Die Entscheidung über die Kosten kann in diesem Falle selbständig angefochten werden, sofern der Wert des Beschwerdegegenstandes den Betrag von dreißig Reichsmark[1] übersteigt; die Anfechtung erfolgt durch sofortige Beschwerde.

Für die Wertberechnung bei der Aufhebungsklage ist der Betrag des für die Dauer eines Vierteljahrs zu entrichtenden Mietzinses maßgebend.

[1]) Alte Fassung: „tausend Mark". Dafür „dreißig Goldmark" durch Art. I Nr. 1 VO. v. 14. 2. 24, oben zu Ec; vgl. dazu Art. II das. wegen des Übergangsrechtes. Jetzt „dreißig Reichsmark" durch Ges. v. 29. 6. 26, oben zu Ed.

§ 14. Gegen ein Urteil, durch das ein Mietverhältnis aufgehoben oder eine Aufhebungsklage abgewiesen ist, finden die Berufung und in den Fällen des § 6 Abs. 3, 5[1] auch die sofortige Beschwerde ohne Rücksicht auf den Wert des Beschwerdegegenstandes statt.

[2] In den Fällen des § 4 Abs. 5, des § 6 Abs. 3 und des § 13 Abs. 4 findet die sofortige Beschwerde auch dann statt, wenn mehrere Beschwerdegründe nebeneinander geltend gemacht werden.

[3] Wird ein Urteil mit der Berufung und der sofortigen Beschwerde angefochten, so ist über beide Rechtsmittel von derselben Kammer des Landgerichts zu entscheiden.

Jedes auf eine Aufhebungsklage ergehende Urteil soll einen Hinweis auf den zulässigen Rechtsbehelf sowie auf die Form und Frist seiner Einlegung enthalten.

---

[1]) Die Worte „§ 6 Abs. 3, 5" sind durch Ges. v. 29. 6. 26, oben zu Ed, gesetzt an die Stelle der Worte „§ 6 Abs. 2 Satz 3, Abs. 4".

[2]) Die Abs. 2, 3 sind eingefügt durch das in Anm. 1 genannte Gesetz.

§ 15. Der Vermieter kann in der Klage neben dem Aufhebungsanspruch auch andere Ansprüche erheben, sofern sie das gleiche Mietverhältnis betreffen und das Gericht auch für sie zuständig ist.

Die Erhebung einer Widerklage ist nur statthaft, sofern der Gegenanspruch des Mieters das gleiche Mietverhältnis betrifft.

Wird mit der Aufhebungsklage ein Anspruch anderer Art verbunden, so ist auf Antrag des Beklagten anzuordnen, daß der Anspruch in getrenntem Prozesse verhandelt werde. Die Anordnung kann auch von Amts wegen getroffen werden. In entsprechender Weise ist zu verfahren, wenn eine Widerklage anderer Art erhoben wird. Die Abtrennung der Widerklage ist auf Antrag auch dann anzuordnen, wenn der mit ihr erhobene Anspruch die sachliche Zuständigkeit des Amtsgerichts übersteigt.

Der Antrag auf Abtrennung ist nur vor der Verhandlung des Antragstellers zur Hauptsache zulässig. Die Abtrennung von Amts wegen darf nur erfolgen, solange nicht eine Verhandlung zur Hauptsache stattgefunden hat und darauf ein Beschluß verkündet ist.

§ 16. Enthält das Urteil einen Ausspruch nach § 6 Abs. 1, 2, so darf von demjenigen Teile des Urteils, welcher die Herausgabe des Mietraums zum Gegenstande hat, eine vollstreckbare Ausfertigung nur auf Anordnung des Vorsitzenden erteilt werden. Die Anordnung ist erst zulässig, wenn durch eine Bescheinigung der Gemeindebehörde oder durch andere öffentliche oder öffentlich beglaubigte Urkunden nachgewiesen ist, daß der Ersatzraum für den Mieter gesichert ist und daß entweder der Mieter sich mit dem Ersatzraum einverstanden erklärt oder binnen einer Woche seit der Zuweisung des Ersatzraums Einwendungen beim Mieteinigungsamt nicht erhoben hat oder daß die Einwendungen vom Mieteinigungsamte, das hierüber endgültig entscheidet, für unbegründet erklärt worden sind. Der Zuweisung eines Ersatzraums steht es gleich, wenn der Vermieter dem Mieter durch eine nach § 132 des Bürgerlichen Gesetzbuchs[1] zuzustellende Erklärung einen Ersatzraum anbietet, über den der Vermieter oder ein dem Angebote zustimmender Dritter nach den wohnungsrechtlichen Vorschriften verfügungsberechtigt ist. Bei der Zuweisung oder dem Angebote soll der Mieter auf die Zulässigkeit von Einwendungen, auf die Form und Frist ihrer Geltendmachung sowie auf die Folgen des Fristablaufs hingewiesen werden[2]. Hat der Mieter gegenüber der Gemeindebehörde auf die Zuweisung eines Ersatzraums verzichtet, so genügt eine Bescheinigung der Gemeindebehörde über den Verzicht. Ist die Vollstreckung nach § 4 von der Hinterlegung eines Geldbetrags abhängig gemacht, so muß in gleicher Weise nachgewiesen sein, daß die Hinterlegung erfolgt und daß dem Mieter eine beglaubigte Abschrift der Hinterlegungserklärung zugestellt ist.

Die Anordnung des Vorsitzenden ist in der Vollstreckungsklausel zu erwähnen.

Die Vollstreckung darf erst beginnen, wenn die vollstreckbare Ausfertigung mindestens sieben Tage[3] vorher zugestellt ist. Auf Antrag des Mieters kann der Vorsitzende eine längere Frist bestimmen.

Die vorstehenden Vorschriften finden keine Anwendung, wenn die Beschränkung der Zwangsvollstreckung nach § 6 Abs. 5[4] aufgehoben ist.

---

[1]) „Eine Willenserklärung gilt auch dann als zugegangen, wenn sie durch Vermittelung eines Gerichtsvollziehers zugestellt worden ist. Die Zustellung erfolgt nach den Vorschriften der Zivilprozeßordnung.

Befindet sich der Erklärende über die Person desjenigen, welchem gegenüber die Erklärung abzugeben ist, in einer nicht auf Fahrlässigkeit beruhenden Unkenntnis oder ist der Aufenthalt dieser Person unbekannt, so kann die Zustellung nach den für die öffentliche Zustellung einer Ladung geltenden Vorschriften der Zivilprozeßordnung erfolgen. Zuständig für die Bewilligung ist im ersteren Falle das Amtsgericht, in dessen Bezirke der Erklärende seinen Wohnsitz oder in Ermangelung eines inländischen Wohnsitzes seinen Aufenthalt hat, im letzteren Falle das Amtsgericht, in dessen Bezirke die Person, welcher zuzustellen ist, den letzten Wohnsitz oder in Ermangelung eines inländischen Wohnsitzes den letzten Aufenthalt hatte."

[2]) Die gesperrten Sätze sind zugefügt durch Ges. v. 29. 6. 26, oben zu Ed.

[3]) Früher: „drei Tage". Jetzige Fassung durch Ges. v. 29. 6. 26, oben zu Ed.

[4]) Früher: „§ 6 Abs. 4". Jetzige Fassung durch Ges. v. 29. 6. 26, oben zu Ed.

§ 17. Der Vermieter, der mit der Aufhebungsklage abgewiesen ist, kann das Recht, die Aufhebung zu verlangen, nicht mehr auf Tatsachen gründen, die er in einem früheren Rechtsstreit geltend gemacht hat oder geltend machen konnte. Tatsachen, auf die aus diesem Grunde oder wegen § 2 Abs. 3 eine Aufhebungsklage nicht mehr begründert werden kann, dürfen zur Unterstützung einer auf andere Tatsachen gegründeten Aufhebungsklage geltend gemacht werden.

§ 18. Im Wege der einstweiligen Verfügung darf die Herausgabe eines Mietraums nicht angeordnet werden.

c) Besondere Mietverhältnisse Sonstige Vorschriften

§ 19. Das beim Tode des Mieters dem Vermieter wie dem Erben nach § 569 des Bürgerlichen Gesetzbuchs[1] zustehende Kündigungsrecht wird durch dieses Gesetz nicht berührt; entgegenstehende Bestimmungen des Mietvertrags kommen nicht in Betracht. Der Vermieter kann jedoch nicht kündigen, wenn der Erbe der Ehegatte des Mieters oder ein volljähriger Verwandter bis zum zweiten Grade ist und beim Tode des Mieters zu dessen Hausstand gehört hat.

Kündigt der Vermieter oder der Erbe nach der im Abs. 1 bezeichneten Vorschrift, so treten Familienangehörige des Mieters, bei denen die im Abs. 1 Satz 2 bezeichneten Voraussetzungen vorliegen, in die Rechte und Pflichten des Mieters ein. Gibt ein Angehöriger unverzüglich, nachdem er von der Kündigung Kenntnis erlangt hat, dem Vermieter gegenüber die Erklärung ab, daß er das Mietverhältnis nicht fortsetzen wolle, so gilt hinsichtlich dieses Angehörigen der Eintritt als nicht erfolgt.

Ist der Erbe nicht ein Familienangehöriger des Mieters, so kann er von Familienangehörigen, die beim Tode des Mieters zu dessen Hausstand gehört haben, die Herausgabe des Mietraums nur nach den für die Aufhebung eines Mietverhältnisses geltenden Vorschriften verlangen. Die für die weitere Überlassung des Raumes zu entrichtende Vergütung wird auf Antrag eines Vertragsteils von dem Mieteinigungsamte festgesetzt.

Auf Mietverhältnisse, die sich lediglich auf Geschäftsräume beziehen, finden die Vorschriften des Abs. 1 Satz 2 sowie der Abs. 2, 3 keine Anwendung. Abs. 1 Satz 1 gilt mit der Maßgabe, daß der Vermieter nicht kündigen kann, wenn der Erbe das Geschäft fortführt.

---

[1]) „Stirbt der Mieter, so ist sowohl der Erbe als der Vermieter berechtigt, das Mietverhältnis unter Einhaltung der gesetzlichen Frist zu kündigen. Die Kündigung kann nur für den ersten Termin erfolgen, für den sie zulässig ist."

§ 20. Ist der Raum nur mit Rücksicht auf ein zwischen den Vertragsteilen bestehendes Dienst- oder Arbeitsverhältnis vermietet, so gelten die §§ 1 bis 19 auch über die Dauer des Dienst- oder Arbeitsverhältnisses hinaus. Dies gilt nicht, wenn der Mieter durch sein Verhalten dem Vermieter gesetzlich begründeten Anlaß zur Auflösung des Dienst- oder Arbeitsverhältnisses gegeben hatte oder wenn der Mieter das Verhältnis aufgelöst hat, ohne daß ihm vom Vermieter ein solcher Anlaß gegeben war. Ist streitig, ob ein begründeter Anlaß zur Auflösung des Dienst- oder Arbeitsverhältnisses vorlag, und ist für die Entscheidung die Zuständigkeit einer anderen Stelle begründet, so ist die Verhandlung bis zur endgültigen Erledigung des Streites auszusetzen. Die Entscheidung der anderen Stelle ist für das Gericht bindend, das über den Mietstreit entscheidet.

Gewerkschaftliche Betätigung, insbesondere eine Beteiligung *an Bestrebungen zur Erhaltung oder Verbesserung von Lohn- oder Ar-*

beitsbedingungen[1], rechtfertigen die Aufhebung des Mietverhältnisses nicht.

---

[1]) Die gesperrten Worte sind durch Ges. v. 29. 6. 26, oben zu Ed, gesetzt an die Stelle der Worte: „Gesamtstreitigkeiten über Lohn- oder Arbeitsbedingungen".

§ 21. Ist ein Raum nur mit Rücksicht auf ein zwischen den Vertragsteilen bestehendes Dienst- oder Arbeitsverhältnis überlassen und stellt die Überlassung einen Teil der für die Leistung der Dienste zu gewährenden Vergütung dar, so finden die Vorschriften des § 20 nach der Auflösung des Dienst- oder Arbeitsverhältnisses entsprechende Anwendung. Der für die weitere Überlassung des Raumes zu entrichtende Mietzins wird auf Antrag eines Vertragsteils von dem Mieteinigungsamte festgesetzt.

§ 22. Gelten in den Fällen der §§ 20, 21 die §§ 1 bis 19 auch nach der Beendigung des Dienst- oder Arbeitsverhältnisses, so genügt es an Stelle des im § 4 bezeichneten Aufhebungsgrundes, daß der Vermieter den Mietraum aus besonderen Gründen dringend braucht; **dies ist namentlich der Fall, wenn der Vermieter den Mietraum für einen Nachfolger des Mieters in dem Dienst- oder Arbeitsverhältnis oder im Betriebsinteresse für einen anderen Angehörigen des Betriebs braucht, insbesondere bei Einstellung neuer Arbeitskräfte oder um einen Arbeitnehmer in der Nähe seiner Arbeitsstelle unterzubringen**[1]. Der Vermieter wie der Mieter kann verlangen, daß die Zwangsvollstreckung statt von der im § 6 bezeichneten Sicherung eines Ersatzraums davon abhängig gemacht wird, daß der Vermieter an den Mieter einen angemessenen Geldbetrag für den Umzug und die Unterkunftsbeschaffung zahlt: § 6 Abs. 3, § 14, § 16 gelten entsprechend[2].

---

[1]) Abs. 1 Satz 1 lautete in der ursprünglichen Fassung:

„Gelten in den Fällen der §§ 20, 21 die §§ 1 bis 19 auch nach der Beendigung des Dienst- oder Arbeitsverhältnisses, so genügt es an Stelle des im § 4 bezeichneten Aufhebungsgrundes, daß der Vermieter den Mietraum aus besonderen Gründen, insbesondere für den Nachfolger des Mieters in dem Dienst- oder Arbeitsverhältnis, dringend braucht."

Die jetzige Fassung beruht auf dem Ges. v. 13. 2. 28, oben zu Ef.

[2]) Die gesperrten Worte sind durch Ges. v. 29. 6. 26, oben zu Ed, gesetzt an die Stelle der Worte: „Geldbetrag zahlt: § 6 Abs. 2 Satz 2, 3, § 14, § 16 gelten entsprechend."

§ 23. Sind Räume in Gebäuden, die von dem Inhaber eines Betriebs zur Unterbringung von Angehörigen des Betriebs errichtet oder vor dem 1. Juli 1918 zu Eigentum erworben oder gemietet[1] sind, an einen Betriebsfremden überlassen, so kann der Vermieter die Aufhebung des Mietverhältnisses verlangen, wenn er den Raum für einen Angehörigen des Betriebs dringend braucht. § 22 findet mit der Maßgabe entsprechende Anwendung, daß der Geldbetrag nur zuzuerkennen ist, wenn die Versagung eine unbillige Härte darstellen würde.

---

[1]) Die gesperrten Worte sind zugefügt durch Ges. v. 29. 6. 26, oben zu Ed.

§ 23 a[1]. Ist in Gebäuden, die von dem Inhaber eines Betriebs zur Unterbringung von Angehörigen des Betriebs errichtet und vor dem 1. Juli 1918 erworben oder gemietet sind, ein Raum nur mit Rücksicht auf ein zwischen den Vertragsteilen bestehendes Dienst- oder Arbeits-

verhältnis vermietet, oder hat ihn ein Betriebsfremder mietweise inne, so kann der Vermieter auf Aufhebung des Mietverhältnisses klagen, wenn der Raum im Verhältnis zu der Zahl der Bewohner übermäßig groß ist; als Bewohner kommen nur der Mieter und seine Familienangehörigen in Betracht. Der Anspruch besteht nur, wenn der Vermieter mit dem Betriebsrat, dem Betriebsobmann oder einem im Betriebe für Wohnungssachen gebildeten Ausschuß über die Angelegenheit verhandelt hat. § 6 Abs. 1 Satz 1 findet mit der Maßgabe Anwendung, daß der Ersatzraum auch in einer anderen Gemeinde liegen kann, es sei denn, daß die Verlegung des Wohnsitzes zu schweren wirtschaftlichen Nachteilen für den Mieter führen würde.

[1]) § 23 a ist zugefügt durch Ges. v. 13. 2. 28, oben zu Ef.

§ 24. Die Vorschriften der §§ 1 bis 19 finden auf ein Untermietverhältnis nur Anwendung, wenn es sich ausschließlich auf Wohnraum bezieht, in dem der Untermieter eine eigene Wirtschaft oder Haushaltung führt[1].

Einem Untermietverhältnis steht es gleich, wenn ein Hauseigentümer oder jemand, der einen Raum auf Grund eines Erbbaurechts, Nießbrauchs oder eines ähnlichen Rechtsverhältnisses inne hat, einen Teil des von ihm selbst im Hause benutzten Raumes vermietet.

[1]) Die jetzige Fassung des Abs. 1 beruht auf dem Ges. v. 29. 6. 26, oben zu Ed. Früher lautete Abs. 1:

„Die Vorschriften der §§ 1 bis 19 finden auch auf Untermietverhältnisse Anwendung. An Stelle des im § 4 bezeichneten Aufhebungsgrundes genügt es jedoch, daß der Untervermieter ein begründetes Interesse an der Erlangung des Raumes hat, insbesondere wenn er diesen für sich selbst oder wenn er einen Teil des Raumes zur Herstellung selbständigen Wohnraums braucht; an Stelle des § 6 Abs. 1 findet § 6 Abs. 2 Anwendung. Diese Einschränkung gilt nicht, wenn der Untermieter in dem Mietraum eine eigene Wirtschaft oder Haushaltung führt oder fortsetzt."

§ 25. Ist ein Raum für besondere Zwecke zu vorübergehendem Gebrauche vermietet oder untervermietet, so finden, unbeschadet des § 27, die §§ 1 bis 19 keine Anwendung.

§ 26. Das dem Vermieter nach § 19 der Konkursordnung[1] zustehende Kündigungsrecht wird durch dieses Gesetz nicht berührt.

[1]) „War dem Gemeinschuldner ein von ihm gemieteter ... Gegenstand vor der Eröffnung des Verfahrens überlassen, so kann ... (der Vermieter) das Mietverhältnis kündigen. Die Kündigungsfrist ist, falls nicht eine kürzere Frist bedungen war, die gesetzliche. ..."

§ 27. Die für die Aufhebungsklage geltenden Vorschriften über die Zuziehung von Beisitzern finden auch in einem Rechtsstreit Anwendung, der die Herausgabe eines Mietraums zum Gegenstande hat, ohne daß eine Aufhebung des Mietverhältnisses im Sinne dieses Gesetzes verlangt wird. Im übrigen bestimmt sich das Verfahren nach den §§ 7 bis 12, § 13 Abs. 2, Abs. 3 Satz 2, §§ 14, 15, 18. Dem Mieter kann auf seinen Antrag eine den Umständen nach angemessene Frist zur Räumung auch dann gewährt werden, wenn das Urteil die Herausgabe von Räumen zum Gegenstande hat, die nicht Wohnräume sind; die Vorschriften des § 721 der Zivilprozeßordnung[1] in Verbindung mit § 6 Abs. 3 Satz 2, 3 gelten entsprechend[2].

Die Vorschriften des Abs. 1 gelten auch, soweit der Vermieter oder der Erbe des Mieters von dessen Familienangehörigen die Herausgabe eines Raumes verlangen kann (§ 19). Das gleiche gilt für Räume, die nur mit Rücksicht auf ein bestehendes Dienst- oder Arbeitsverhältnis vermietet oder überlassen sind[3].

Die Vorschriften des § 6 Abs. 4, 5 und des[4] § 16 gelten auch, wenn in einem gerichtlichen Vergleiche die Aufhebung eines Mietverhältnisses oder in den Fällen der Abs. 1, 2 die Herausgabe eines Raumes mit der Bestimmung vereinbart ist, daß die Zwangsvollstreckung aus dem Vergleiche von der Sicherung eines Ersatzraums für den Mieter abhängig sein soll. Enthält der Vergleich eine solche Bestimmung nicht, so gilt sie, falls die Klage lediglich auf § 4 Abs. 1[5] gestützt war, als dahin vereinbart, daß ein ausreichender Ersatzwohnraum gesichert sein soll.

---

[1]) Abgedruckt oben § 5 Anm. 3.

[2]) Die jetzige Fassung des Abs. 1 beruht auf dem Ges. v. 29. 6. 26, oben zu Ed. Früher lautete Abs. 1:

„Die für die Aufhebungsklage geltenden Vorschriften über die Zuziehung von Beisitzern finden auch in einem Rechtsstreit Anwendung, der die Herausgabe eines Mietraums zum Gegenstande hat, ohne daß eine Aufhebung des Mietverhältnisses im Sinne dieses Gesetzes verlangt wird. Die Zwangsvollstreckung kann von der Sicherung eines ausreichenden Ersatzraums abhängig gemacht werden, wenn dies zur Vermeidung unbilliger Härten erforderlich erscheint; § 6 Abs. 2 bis 4, § 16 mit Ausnahme von Abs. 1 Satz 3 finden Anwendung.

Im übrigen bestimmt sich das Verfahren nach den §§ 7 bis 12, § 13 Abs. 2, Abs. 3 Satz 2, §§ 14, 15, 18."

³) Die jetzige Fassung des Abs. 2 Satz 2 beruht auf dem Ges. v. 29. 6. 26, oben zu Ed. Früher lautete der Satz:

„Für Räume, die nur mit Rücksicht auf ein bestehendes Dienst- oder Arbeitsverhältnis vermietet oder überlassen sind, findet Abs. 1 Satz 1, 3 Anwendung."

⁴) Die Worte „§ 6 Abs. 4, 5 und des" sind zugefügt durch das Ges. v. 29. 6. 26, oben zu Ed.

⁵) Die Worte „Abs. 1" sind zugefügt durch Ges. v. 29. 6. 26, oben zu Ed.

§ 28. Auf eine Verpflichtung des Mieters, eine ihm nach § 538 Abs. 2 des Bürgerlichen Gesetzbuchs[1] gegenüber dem Vermieter zustehende Ersatzforderung nicht gegen eine Mietzinsforderung aufzurechnen, kann sich der Vermieter nicht berufen. Hat jedoch der Mieter die gesetzliche Miete zu zahlen, so kann er eine solche Forderung nur aufrechnen, soweit die im § 6 Abs. 2 des Reichsmietengesetzes[2] bezeichnete Stelle vor der Vornahme der Arbeit die Vornahme einer laufenden Instandsetzungsarbeit (§ 5 jenes Gesetzes)[3] für erforderlich erklärt hat.

---

¹) § 537. „(1) Ist die vermietete Sache zur Zeit der Überlassung an den Mieter mit einem Fehler behaftet, der ihre Tauglichkeit zu dem vertragsmäßigen Gebrauch aufhebt oder mindert, oder entsteht im Laufe der Miete ein solcher Fehler . . .

(2) Das gleiche gilt, wenn eine zugesicherte Eigenschaft fehlt oder später wegfällt. Bei der Vermietung eines Grundstücks steht die Zusicherung einer bestimmten Größe der Zusicherung einer Eigenschaft gleich."

§ 538. „(1) Ist ein Mangel der im § 537 bezeichneten Art bei dem Abschlusse des Vertrags vorhanden oder entsteht ein solcher Mangel später infolge eines Umstandes, den der Vermieter zu vertreten hat, oder kommt der Vermieter mit der Beseitigung eines Mangels in Verzug, so kann der Mieter, statt die im § 537 bestimmten Rechte geltend zu machen, Schadensersatz wegen Nichterfüllung verlangen.

(2) Im Falle des Verzugs des Vermieters kann der Mieter den Mangel selbst beseitigen und Ersatz der erforderlichen Aufwendungen verlangen."

§ 580. „Die Vorschriften über die Miete von Grundstücken gelten auch für die Miete von Wohnräumen und anderen Räumen."

[2]) Oben zu Ae und unten zu Hf § 11, früher Hc Nr. XXI.

[3]) d. h. des RMietG., oben zu Ae.

§ 29. Die Erlaubnis des Vermieters, den Gebrauch des Wohnraums einem Dritten zu überlassen, insbesondere ihn unterzuvermieten (§ 549 Abs. 1 des Bürgerlichen Gesetzbuchs), wird durch die Erlaubnis des Mieteinigungsamts ersetzt. Das Mieteinigungsamt soll die Erlaubnis versagen, wenn der Vermieter sie aus einem wichtigen Grunde verweigert hat.

Auf die Untervermietung von Räumen, in denen eine eigene Wirtschaft oder Haushaltung nicht geführt werden soll, finden die Vorschriften des Abs. 1 keine Anwendung[1, 2].

[1]) Abs. 2 ist zugefügt durch Ges. v. 29. 6. 26, oben zu Ed.

[2]) Wegen des Übergangsrechtes vgl. Art. III des Ges. v. 29. 6. 26, oben zu Ed.

§ 30. Ist in Fällen, in denen die gesetzliche Miete zu zahlen ist, der Mietzins nach einem längeren Zeitabschnitt als einem Vierteljahr bemessen, so kann der Vermieter verlangen, daß der Mieter den Mietzins in vierteljährigen Zeitabschnitten entrichtet.

Die oberste Landesbehörde kann anordnen, daß in Fällen, in denen die gesetzliche Miete gilt, der Vermieter wie der Mieter berechtigt ist, zu verlangen, daß der Mietzins wöchentlich oder monatlich[1] gezahlt wird.

[1]) Alte Fassung: „in Monatsabschnitten", jetzige Fassung gemäß Art. I Nr. 1 VO. v. 24. 12. 23, oben zu Eb. Preußen vgl. § 1 VO. v. 25. 9. 23, unten zu Mc.

§ 31. Bestehen in einer Gemeinde Anordnungen, nach denen der Abschluß von Mietverträgen über Gebäude oder Gebäudeteile anzuzeigen oder zur Genehmigung mitzuteilen ist[1], so können aus einem dieser Anordnung zuwider nicht angezeigten oder nicht genehmigten Mietvertrage Rechte weder einem Vertragsteil noch einem Dritten noch einer Behörde gegenüber geltend gemacht werden; insbesondere finden die Vorschriften über die Aufhebung des Mietverhältnisses sowie die Vorschriften des § 27 keine Anwendung.

Ist die Anzeige erstattet oder die Genehmigung erteilt, so kann der Mieter die Herausgabe des Mietraums von demjenigen verlangen, der den Raum ohne Abschluß eines Vertrags oder auf Grund eines nicht angezeigten oder nicht genehmigten Mietvertrags inne hat.

[1]) Berlin: unten zu Qa § 3, Qb § 16, Qc § 16, Qd § 15.

§ 32. Hat jemand mietweise oder auf Grund eines sonstigen Rechtsverhältnisses ein Gebäude oder den Teil eines Gebäudes inne, das im Eigentum oder in der Verwaltung des Reichs oder eines Landes steht und entweder öffentlichen Zwecken oder zur Unterbringung von Angehörigen der Verwaltung des Reichs oder des Landes zu dienen bestimmt ist oder bestimmt wird, so finden, vorbehaltlich des Abs. 2, die §§ 1 bis 31 keine Anwendung[1].

Die Zwangsvollstreckung aus einem Urteil, welches die Herausgabe eines vermieteten oder überlassenen Raumes zum Gegenstande hat, ist durch Ausspruch in der Urteilsformel davon abhängig zu machen, daß ein ausreichender Ersatzraum gesichert ist[2]; an Stelle der Zubilligung des Ersatzraums kann auf Antrag des Reichs oder Landes die Gewährung eines angemessenen Geldbetrags treten. Über Einwendungen gegen den Ersatzraum entscheidet die Behörde, welche der über den Raum verfügungsberechtigten Behörde vorgesetzt ist. Im übrigen gelten die Vorschriften des § 6 Abs. 3 bis 5, des § 16 mit Ausnahme von Abs. 1 Satz 6 und des § 27 Abs. 3 Satz 1 mit der Maßgabe entsprechend, daß die im § 16 Abs. 1 Satz 2 bezeichnete Bescheinigung von der über den Raum verfügungsberechtigten Behörde ausgestellt wird und daß Einwendungen gegen den Ersatzraum bei dieser oder der ihr vorgesetzten Behörde zu erheben sind. Der Mieter oder derjenige, dem der Gebrauch überlassen ist, kann vom Reiche oder vom Lande den Ersatz der erforderlichen Umzugskosten verlangen, es sei denn, daß ihm bereits nach den Dienstvorschriften angemessene Umzugskosten zustehen. Über die Ersatzpflicht ist auf Antrag des Berechtigten in der Urteilsformel Bestimmung zu treffen[3].

Abs. 2 gilt nicht, wenn Tatsachen vorliegen, welche die Aufhebung des Mietverhältnisses nach den §§ 2, 3 rechtfertigen würden, oder wenn der Raum für besondere Zwecke zu vorübergehendem Gebrauch überlassen ist.

Die Vorschriften der Abs. 1 bis 3 sowie des § 23 finden auf Gemeinden, Körperschaften des öffentlichen Rechtes, gemeinnützige Anstalten und Stiftungen sowie auf gemeinnützige, nicht auf Erwerb gerichtete Organisationen, soweit sie die Räume für eigene Zwecke dringend benötigen, entsprechende Anwendung.

---

[1]) Die jetzige Fassung des Abs. 1 beruht auf dem Ges. v. 29. 6. 26, oben zu Ed. Früher lautete Abs. 1:

„Hat das Reich oder ein Land Gebäude oder Gebäudeteile vermietet oder zum Gebrauch überlassen, die in seinem Eigentum oder in seiner Verwaltung stehen und entweder öffentlichen Zwecken oder zur Unterbringung von Angehörigen der Verwaltung des Reichs oder des Landes zu dienen bestimmt sind, so finden die §§ 1 bis 31 keine Anwendung."

[2]) Dazu Preußen: Erl. des Volkswohlfahrtsministers v. 20. 12. 24 — II 7. 1808 —: „Ein solcher Ersatzraum ... ist beschleunigt zuzuweisen. Die Durchführung des einem Eingreifen der Gemeindebehörde notwendig vorausgehenden Räumungsverfahrens verursacht den Beteiligten Kosten und Zeitverlust. Im öffentlichen und fiskalischen Interesse liegt es aber, daß Dienstwohnungen von dem augenblicklichen Wohnungsinhaber möglichst auch zu dem Zeitpunkte der Kündigung tatsächlich geräumt werden. Ich ersuche deshalb, die Wohnungsämter anzuweisen, in den Fällen des § 32 Abs. 1 des MSchG. fortan nicht erst die Einleitung des gerichtlichen Räumungs- und Zwangsvollstreckungsverfahrens abzuwarten, sondern für Bereitstellung eines Ersatzraums im Sinne des § 36 MSchG. schon dann ernstlich bemüht zu sein, wenn durch eine amtliche Bescheinigung der betreffenden Behörde nachgewiesen wird, daß sie im besonderen öffentlichen Interesse von dem Wohnungsinhaber die Herausgabe seiner Räume verlangen und evtl. das gerichtliche Räumungsverfahren alsbald einleiten muß."

[2]) Die jetzige Fassung des Abs. 2 beruht auf dem Ges. v. 29. 6. 26, oben zu Ed. Früher lautete Abs. 2:

„Die Zwangsvollstreckung aus einem Urteil, welches die Herausgabe eines vermieteten oder überlassenen Raumes zum Gegenstande hat, ist durch Ausspruch in der Urteilsformel davon abhängig zu machen, daß ein ausreichender Ersatzraum gesichert ist. Über Einwendungen gegen den Ersatzraum entscheidet die Behörde, welche der über den Raum verfügungsberechtigten Behörde vorgesetzt ist. Der Mieter oder derjenige, dem der Gebrauch überlassen ist, kann vom Reiche oder vom Lande den Ersatz der erforderlichen Umzugskosten verlangen, es sei denn, daß ihm bereits nach den Dienstvorschriften angemessene Umzugskosten zustehen. Über die Ersatzpflicht ist auf Antrag des Berechtigten in der Urteilsformel Bestimmung zu treffen."

§ 33. Die Vorschriften der §§ 1 bis 31 finden ferner keine Anwendung auf Neubauten oder durch Um- oder Einbauten neugeschaffene Räume, wenn sie nach dem 1. Juli 1918 bezugsfertig geworden sind oder künftig bezugsfertig werden. Das gleiche gilt für Räume solcher Gesellschaften und Genossenschaften, deren Zweck ausschließlich darauf gerichtet ist, minderbemittelten Familien oder Personen gesunde und zweckmäßig eingerichtete Wohnungen in eigens erbauten oder angekauften Häusern zu billigen Preisen zu verschaffen, und bei denen die unter Ziffer 1 des Abschnitts „Befreiungen" der Nr. 1 des Tarifs zum Reichsstempelgesetze vom 3. Juli 1913 (Reichsgesetzbl. S. 639) in der Fassung des Gesetzes zur Änderung des Reichsstempelgesetzes vom 26. Juli 1918 (Reichsgesetzbl. S. 799)[1] aufgeführten Voraussetzungen vorliegen; **das Vorliegen dieser Erfordernisse wird durch eine Bescheinigung der obersten Landesbehörde nachgewiesen[2].**

Auf Neubauten, die mit Zuschüssen aus den für die Wiederherstellung der während des Krieges zerstörten Gebiete bereitgestellten Mitteln errichtet sind, finden die Vorschriften dieses Gesetzes Anwendung[3].

Die oberste Landesbehörde kann anordnen, daß die Vorschriften der §§ 1 bis 31 auf Neubauten oder durch Um- oder Einbauten neugeschaffene Räume Anwendung finden, die nach dem 1. Juli 1918 bezugsfertig geworden sind oder künftig bezugsfertig werden und für die Zuschüsse aus öffentlichen Mitteln gegeben sind[4]. **Als Zuschüsse gelten Darlehen, die auf Grund der Dritten Steuernotverordnung[5] und der Vorschriften über den Geldentwertungsausgleich bei bebauten Grundstücken[6] gegeben sind. Im übrigen bestimmt die oberste Landesbehörde, welche Zuwendungen aus öffentlichen Mitteln als Zuschüsse anzusehen sind[7, 8].**

Für die Erledigung eines Rechtsstreits, der vor dem Inkrafttreten einer Anordnung nach Abs. 3 anhängig geworden ist, gilt § 51 Abs. 1. Die Zwangsvollstreckung aus einem vor dem Inkrafttreten der Anordnung erlassenen Urteil erfolgt nach den vor dem Inkrafttreten **des Gesetzes vom 1. Juni 1923 (Reichsgesetzbl. I S. 353)** in Geltung gewesenen Vorschriften; Anordnungen, nach denen die Vollstreckung von der Genehmigung des Mieteinigungsamts abhängig war, finden Anwendung[9].

---

[1]) Oben zu Ae § 16 RMietG. Anm. 1.

[2]) Die fett gedruckten Worte sind durch Ges. v. 13. 2. 28, oben zu Ef, gesetzt an die Stelle der Worte: „soweit derartige Gesellschaften und Genossenschaften einem Revisionsverbande nicht angehören, entscheidet die oberste Landesbehörde, ob die Voraussetzungen zutreffen."

[3]) Vgl. weiter Art. II Nr. 2 VO. v. 24. 12. 23, oben zu Eb:

„Die mit Unterstützung des Hilfswerkes Oppau errichteten Räume unterliegen den Vorschriften . . . des Gesetzes über Mieterschutz und Mieteinigungsämter vom 1. Juni 1923."

4) Preußen: unten zu Md, Ml.
5) Oben zu Ba.
6) Oben zu Bd.
7) Die fett gedruckten Sätze sind durch Ges. v. 13. 2. 28, oben zu Ef, zugefügt.
8) Wegen des Begriffs der „öffentlichen Mittel" vgl. auch die Erlasse des Reichsarbeitsministers v. 2. 7. 24 (RArbBl. 322), 23. 9. 24 (RArbBl. 376), 22. 9. 25 (RArbBl. 486) und des Preuß. Ministers für Volkswohlfahrt v. 2. 8. 24 (Volkswohlfahrt 1925 S. 77) sowie jetzt unten zu Ml.
9) Abs. 3 und 4 sind Zusätze der VO. v. 24. 12. 23, oben zu Eb.

§ 33a[1]. **Wird durch Teilung einer unbenutzten Wohnung von fünf oder mehr Wohnräumen eine neue räumlich und wirtschaftlich selbständige Wohnung gewonnen, so findet auf die neue Wohnung der erste Abschnitt dieses Gesetzes keine Anwendung. Das gleiche gilt, wenn im Einverständnis mit dem Mieter durch Teilung einer benutzten Wohnung der gleichen Größe eine neue räumlich und wirtschaftlich selbständige Wohnung hergestellt wird. Als neue Wohnung gilt der Teil der bisherigen Wohnung, in dem eine Küche nicht vorhanden war.**

Die Gemeindebehörde hat von der Anordnung oder Durchführung einer Beschlagnahme abzusehen, wenn der Verfügungsberechtigte sich verpflichtet, innerhalb einer von der Gemeindebehörde zu bestimmenden Frist von mindestens vier Wochen die Teilung einer Wohnung der im Abs. 1 bezeichneten Art

vorzunehmen, und innerhalb der Frist die Arbeiten ausführt.

Eine Beschlagnahme der neuen Wohnung ist nicht zulässig. Der Mietvertrag bedarf der Genehmigung der Gemeindebehörde. Die Genehmigung darf nur versagt werden, wenn der Mieter in der Gemeinde nicht als dringlich Wohnungsuchender eingetragen ist; eine Versagung aus anderen Gründen ist nicht zulässig.

Abs. 3 gilt auch, wenn die neue Wohnung durch Beendigung des Mietvertrags wieder frei wird.

[1]) § 33a ist zugefügt durch Ges. v. 29. 6. 26, oben zu Ed.

§ 33b[1]. Wird aus unbenutzten gewerblichen Räumen oder im Einverständnis mit dem Mieter aus benutzten gewerblichen Räumen durch Ausbau eine räumlich und wirtschaftlich selbständige Wohnung gewonnen, so finden die Vorschriften des § 33a entsprechende Anwendung. Dies gilt nicht, wenn die Räume bis zum 1. Oktober 1918 zu Wohnzwecken bestimmt oder benutzt waren.

[1]) § 33b ist zugefügt durch Ges. v. 29. 6. 26, oben zu Ed.

§ 34. Die oberste Landesbehörde kann mit Zustimmung des Reichsarbeitsministers für bestimmte Gemeinden, insbesondere Grenzgemeinden, anordnen, daß die §§ 1 bis 31 oder ein Teil dieser Vorschriften keine Anwendung finden, wenn der Mieter im Ausland eine seine Arbeitskraft ganz oder überwiegend in Anspruch nehmende Beschäftigung ausübt, ohne zu einem deutschen Arbeitgeber in einem Dienst- oder Arbeitsverhältnis zu stehen. Die Anordnung kann auf einzelne Gruppen von Mietern beschränkt werden.

§ 35. Hatte der Mieter am 1. Januar 1914 seinen Wohnsitz nicht im Inland, so genügt es an Stelle des im § 4 bezeichneten Aufhebungsgrundes, daß der Vermieter ein begründetes Interesse an der Erlangung des Mietraums hat; die Vorschriften über den Ersatz von Umzugskosten und die Sicherung eines Ersatzraums finden keine Anwendung.

Abs. 1 gilt nicht, wenn die dort bezeichneten Voraussetzungen auch auf seiten des Vermieters vorliegen oder wenn der Mieter zu den im § 9c der Bekanntmachung über Maßnahmen gegen Wohnungsmangel vom 23. September 1918 (Reichsgesetzbl. S. 1143) in der Fassung des Gesetzes über Maßnahmen gegen Wohnungsmangel vom 11. Mai 1920 (Reichsgesetzbl. S. 949)[1] bezeichneten Personen gehört.

---

[1]) Hier ist § 9c in dieser alten Fassung gemeint, nicht in der jetzigen des § 14 Wohnungsmangelgesetzes; so ausdrücklich dessen § 18, oben zu Ca. Dort bei dessen § 8 ist der Wortlaut des alten § 9c abgedruckt.

§ 36. Ist die Zwangsvollstreckung aus einem Urteil nach § 6[1] von der Sicherung eines Ersatzraums abhängig, so hat die Gemeindebehörde dem zur Herausgabe Verpflichteten einen entsprechenden Ersatzraum beschleunigt zuzuweisen, es sei denn, daß der Verpflichtete gegenüber der Gemeindebehörde auf die Zuweisung eines Ersatzraums verzichtet hat. Dies gilt auch im Falle eines gerichtlichen Vergleichs, wenn das Gericht die beschleunigte Zuweisung eines

Ersatzraums angeordnet hat; eine Anfechtung der Entscheidung findet nicht statt. Die Gemeindebehörde hat den bisherigen Vermieter von dem Zeitpunkt der Zuweisung zu benachrichtigen.

Ein Ersatzraum ist auch beschleunigt zuzuweisen, wenn der Mieter in den Fällen der §§ 22, 23, 32[2] den Mietraum gegen Zahlung eines Geldbetrags hat herausgeben müssen oder wenn in den Fällen des § 32 die Zwangsvollstreckung von der Sicherung eines Ersatzraums abhängig ist[3].

Wer gemäß den Vorschriften dieses Gesetzes[4] zur Herausgabe eines Raumes verpflichtet ist, darf von der Gemeindebehörde nicht in den gleichen Raum wieder eingewiesen werden[5].

---

1) Jetzige Fassung: „nach § 6" auf Grund des Ges. v. 29. 6. 26, oben zu Ed. Frühere Fassung: „nach §§ 6, 27".

2) „§ 32" ist zugefügt durch Ges. v. 29. 6. 26, oben zu Ed.

3) Von „oder" ab Zusatz gemäß Art. I Nr. 1 VO. v. 14. 2. 24, oben zu Eb; vgl. dazu Art. II das. wegen des Übergangsrechtes.

4) Fassung des Ges. v. 29. 6. 26, oben zu Ed. Frühere Fassung: „Wer gemäß Abs. 1, 2".

5) Wegen der polizeilichen Unterbringung Obdachloser vgl. aber in Preußen die Erlasse der Minister des Innern und für Volkswohlfahrt v. 22. 9. 25 (InnMBl. 985), 20. 11. 25 (InnMBl. 1197) und 25. 2. 26 (InnMBl. 210).

2. Abschnitt

Mieteinigungsämter

§ 37. Die in diesem Gesetze, dem Reichsmietengesetz[1] und **dem Wohnungsmangelgesetze**[2] den Mieteinigungsämtern übertragenen Aufgaben sind durch Mieteinigungsämter wahrzunehmen, die dem § 38 entsprechen.

Die oberste Landesbehörde kann Gemeinden, Gemeindeverbände und weitere Kommunalverbände zur Errichtung von Mieteinigungsämtern anhalten. Sie kann die Aufgaben einer anderen Stelle übertragen, wenn deren Zusammensetzung dem § 38 entspricht, insbesondere auch einem mit Beisitzern besetzten Gerichte; soweit die Übertragung an ein Gericht erfolgt, kann auch bestimmt werden, daß die Feststellung der Sicherung eines Ersatzraums (§§ 6, 16) schon im Verfahren über die Aufhebung des Mietverhältnisses getroffen werden kann. Für das Verfahren bleiben die für das Mieteinigungsamt geltenden Vorschriften maßgebend[3].

---

[1]) Oben zu Ae.

[2]) Oben zu Ca. Die Worte „dem Wohnungsmangelgesetze“ sind bei der Neubekanntmachung des Textes v. 17. 2. 28 gesetzt an die Stelle der folgenden eigentlichen Gesetzesworte: „in der Bekanntmachung über Maßnahmen gegen Wohnungsmangel vom 23. September 1918 (Reichsgesetzbl. S. 1143) in der Fassung des Gesetzes über Maßnahmen gegen Wohnungsmangel vom 11. Mai 1920 (Reichsgesetzbl. S. 949) und des Gesetzes über Verlängerung der Geltungsdauer des Gesetzes über Maßnahmen gegen Wohnungsmangel vom 11. Juli 1921 (Reichsgesetzbl. S. 933)“.

[3]) Dazu unten Fa § 29, Mb § 3 und Me.

§ 38. Das Mieteinigungsamt besteht aus einem Vorsitzenden und mehreren Beisitzern. Für jedes Mitglied ist mindestens ein Stellvertreter zu bestellen.

Der Vorsitzende muß zum Richteramte befähigt sein oder die Prüfung zum höheren Verwaltungsdienst abgelegt haben. Während seiner Amtszeit, die mindestens ein Jahr betragen soll, darf er gegen seinen Willen nur nach den für die Entlassung eines nichtrichterlichen Beamten geltenden Vorschriften aus dem Amte entfernt werden, es sei denn, daß er vorher aus der Gemeindeverwaltung ausscheidet.

Auf die Beisitzer finden die Vorschriften des § 7 Abs. 2 bis 6 entsprechende Anwendung. Die Vorschriften des § 7 Abs. 3 Satz 1, 4 bis 6, Abs. 4 bis 6 gelten entsprechend auch für den Vorsitzenden.

In bezug auf die Beratung und Abstimmung sowie auf die Ausschließung und Ablehnung des Vorsitzenden und der Beisitzer gilt § 8 Abs. 3 mit der Maßgabe, daß an Stelle des Landgerichts die Beschwerdestelle (§ 42) tritt.

Das Nähere über die Besetzung des Mieteinigungsamts regelt die oberste Landesbehörde[1].

---

[1]) Preußen: unten zu Mc.

§ 39. Das Mieteinigungsamt entscheidet in der Besetzung von einem Vorsitzenden und mindestens zwei Beisitzern. Die Beisitzer müssen zur Hälfte Vermieter, zur Hälfte Mieter sein; ihre Zahl bestimmt die oberste Landesbehörde.

Die oberste Landesbehörde kann zulassen, daß der Vorsitzende[1] oder die Beisitzer (Abs. 1 Satz 2) oder, wenn die Aufgaben des Mieteinigungsamts einem Gericht übertragen sind[2], der **Urkundsbeamte der Geschäftsstelle**[2,1] Vorverhandlungen abhalten, insbesondere einen Augenschein einnehmen, und daß, falls nicht ein Vergleich zustande kommt, der Vorsitzende eine Entscheidung trifft, wenn sie sofort erfolgen kann und die Beteiligten es beantragen.

Gegen die Entscheidungen des Vorsitzenden kann innerhalb der Notfrist von einer Woche das Mieteinigungsamt angerufen werden.

[1]) Preußen: unten zu Mc § 7.

[2]) Preußen: unten zu Me.

[3]) In der Neubekanntmachung an die Stelle von „Gerichtsschreiber" gesetzt.

[4]) Preußen: unten zu Mb § 3.

§ 40. Die Beteiligten sind zu einem Termine, der nicht in ihrer Anwesenheit anberaumt ist, schriftlich zu laden; § 10 gilt entsprechend. Die Ladungsfrist beträgt drei Tage; eine Abkürzung der Frist ist zulässig. Das Mieteinigungsamt muß in der Lage sein, festzustellen, daß die Ladungsschrift den Beteiligten rechtzeitig zugegangen ist.

Sind die Beteiligten ordnungsgemäß geladen und ist die Sache zu einer Entscheidung reif, so kann das Mieteinigungsamt auch in Abwesenheit eines Beteiligten entscheiden. Wird die Verhandlung vertagt, so hat der säumige Teil die den anderen Beteiligten durch das Ausbleiben verursachten notwendigen Kosten zu ersetzen. Erscheint der Säumige auch in dem zweiten Termine nicht, so darf eine weitere Vertagung nur mit Zustimmung der anderen Beteiligten stattfinden.

Die Entscheidung (§ 39) erfolgt im Rahmen der im § 37 bezeichneten Vorschriften und der dazu erlassenen Anordnungen nach billigem Ermessen. Sie darf nur erlassen werden, wenn den Beteiligten Gelegenheit gegeben worden ist, sich zur Sache und über das Ergebnis einer Beweisaufnahme zu äußern und der Erhebung der Beweise beizuwohnen.

Die Entscheidung ist schriftlich zu begründen. Sind die Beteiligten im Termin anwesend, so kann die Begründung mündlich erfolgen; jeder Beteiligte kann jedoch innerhalb der Notfrist (§ 39 Abs. 3, § 41 Abs. 1) die schriftliche Mitteilung der Gründe beantragen. Die Beteiligten sind auf die zulässigen Rechtsbehelfe hinzuweisen; § 14 Abs. 4[1] gilt entsprechend.

Vor der Entscheidung kann eine einstweilige Anordnung erlassen werden.

Die §§ 319[2], 321[3] der Zivilprozeßordnung gelten entsprechend. Ist die Entscheidung vom Vorsitzenden erlassen, so erfolgt die Berichtigung oder die Ergänzung durch das Mieteinigungsamt.

---

[1]) Die ursprüngliche Fassung: „§ 14 Abs. 2" ist durch Ges. v. 29. 6. 26, oben zu Ed, in „§ 14 Abs. 4" geändert worden, weil in § 14 zwei neue Absätze eingeschoben wurden.

[2]) „Schreibfehler, Rechenfehler und ähnliche offenbare Unrichtigkeiten, welche in dem Urteil vorkommen, sind jederzeit von dem Gericht auch von Amts wegen zu berichtigen.

Über die Berichtigung kann ohne vorgängige mündliche Verhandlung entschieden werden. Der Beschluß, welcher eine Berichtigung ausspricht, wird auf dem Urteil und den Ausfertigungen bemerkt.

Gegen den Beschluß, durch welchen der Antrag auf Berichtigung zurückgewiesen wird, findet kein Rechtsmittel, gegen den Beschluß, welcher eine Berichtigung ausspricht, findet sofortige Beschwerde statt."

[3]) „Wenn ein nach dem ursprünglich festgestellten oder nachträglich berichtigten Tatbestande von einer Partei geltend gemachter Haupt- oder Nebenanspruch oder wenn der Kostenpunkt bei der Endentscheidung ganz oder teilweise übergangen ist, so ist auf Antrag das Urteil durch nachträgliche Entscheidung zu ergänzen.

Die nachträgliche Entscheidung muß binnen einer einwöchigen Frist, welche mit der Zustellung des Urteils beginnt, durch Zustellung eines Schriftsatzes beantragt werden.

Der Schriftsatz muß den Antrag auf Ergänzung und die Ladung des Gegners zur mündlichen Verhandlung enthalten.

Die mündliche Verhandlung hat nur den nicht erledigten Teil des Rechtsstreits zum Gegenstande."

§ 41. Gegen die Entscheidung des Mieteinigungsamts findet innerhalb der Notfrist von zwei Wochen die Rechtsbeschwerde statt. § 16 Abs. 1 Satz 2 bleibt unberührt.

Die Rechtsbeschwerde kann nur darauf gestützt werden, daß die Entscheidung auf einer Verletzung des Gesetzes beruhe. Dies ist stets anzunehmen, wenn § 40 Abs. 3 Satz 2 nicht beachtet ist; das gleiche gilt, wenn die Voraussetzungen vorliegen, unter denen nach § 551 Nr. 1 bis 5 der Zivilprozeßordnung[1] eine gerichtliche Entscheidung als auf einer Verletzung des Gesetzes beruhend anzusehen ist. Ebenso liegt eine Gesetzesverletzung vor, wenn **§ 7 des Wohnungsmangelgesetzes**[2] unbeachtet geblieben ist; die endgültige Entscheidung hierüber hat bei Gebäuden, die zur Verfügung des Reichs stehen, die Reichsregierung, im übrigen die Landesregierung. Die §§ 550[3], 563[4] der Zivilprozeßordnung finden Anwendung. Die Entscheidung über die Kosten (§ 46) kann nur zugleich mit der Entscheidung in der Hauptsache angefochten werden.

Die Beschwerdestelle ist befugt, in Fällen, in denen es ihr notwendig erscheint, von Amts wegen die Nachprüfung oder Vornahme einzelner tatsächlicher Feststellungen anzuordnen.

Der Gegner des Beschwerdeführers kann sich der Rechtsbeschwerde anschließen. Die §§ 521 Abs. 1[5], 522[6] der Zivilprozeßordnung gelten entsprechend.

---

[1]) „1. wenn das erkennende Gericht nicht vorschriftsmäßig besetzt war;

2. wenn bei der Entscheidung ein Richter mitgewirkt hat, welcher von der Ausübung des Richteramts kraft Gesetzes ausgeschlossen war, sofern nicht dieses Hindernis mittels eines Ablehnungsgesuchs ohne Erfolg geltend gemacht ist;

3. wenn bei der Entscheidung ein Richter mitgewirkt hat, obgleich derselbe wegen Besorgnis der Befangenheit abgelehnt und das Ablehnungsgesuch für begründet erklärt war;

4. wenn das Gericht seine Zuständigkeit oder Unzuständigkeit mit Unrecht angenommen hat;
5. wenn eine Partei in dem Verfahren nicht nach Vorschrift der Gesetze vertreten war, sofern sie nicht die Prozeßführung ausdrücklich oder stillschweigend genehmigt hat."

[2]) Oben zu Ca.

[3]) „Das Gesetz ist verletzt, wenn eine Rechtsnorm nicht oder nicht richtig angewendet worden ist."

[4]) „Ergeben die Entscheidungsgründe zwar eine Gesetzesverletzung, stellt die Entscheidung selbst aber aus anderen Gründen sich als richtig dar, so ist die Revision zurückzuweisen."

[5]) „Der Berufungsbeklagte kann sich der Berufung anschließen, selbst wenn er auf die Berufung verzichtet hat oder wenn die Berufungsfrist verstrichen ist."

[6]) „Die Anschließung verliert ihre Wirkung, wenn die Berufung zurückgenommen oder als unzulässig verworfen wird. Hat der Berufungsbeklagte innerhalb der Berufungsfrist sich der erhobenen Berufung angeschlossen, so wird es so angesehen, als habe er die Berufung selbständig eingelegt."

§ 42. Erachtet das Mieteinigungsamt die Rechtsbeschwerde für begründet, so hat es ihr abzuhelfen; andernfalls ist die Beschwerde der Beschwerdestelle vorzulegen.

Die Beschwerdestelle entscheidet in einer Besetzung von mindestens drei Mitgliedern; der Vorsitzende und mindestens ein Beisitzer müssen zum Richteramte befähigt sein oder die Prüfung zum höheren Verwaltungsdienst abgelegt haben. Werden Hausbesitzer und Mieter bestellt, so dürfen sie nur in gleicher Zahl herangezogen werden. Die Mitglieder der Beschwerdestelle dürfen nicht Mitglieder eines Mieteinigungsamts sein; § 7 Abs. 5 gilt entsprechend.

Das Nähere über die Besetzung der Beschwerdestelle bestimmt die oberste Landesbehörde. Sie kann die Aufgaben der Beschwerdestelle einer Verwaltungsbehörde, dem Landgericht oder einem höheren Gericht übertragen[1].

[1]) Preußen: unten zu Ma § 13.

§ 43. Die Beschwerdestelle kann in der Sache selbst entscheiden oder sie zur nochmaligen Verhandlung und Entscheidung an das Mieteinigungsamt zurückverweisen. Die Zurückverweisung kann an eine andere Abteilung des Mieteinigungsamts erfolgen. Das Mieteinigungsamt, an das die Sache zurückverwiesen wird, hat die rechtliche Beurteilung, die der Aufhebung der Entscheidung zugrunde liegt, auch seiner Entscheidung zugrunde zu legen.

Eine Entscheidung, die der Beschwerde unterliegt, wird erst endgültig, wenn die Beschwerdefrist abgelaufen ist, ohne daß eine Beschwerde eingelegt worden ist, oder wenn die Beschwerde nach Ablauf der Beschwerdefrist zurückgenommen oder von der Beschwerdestelle zurückgewiesen wird.

§ 44. Wer mit einem Antrag endgültig abgewiesen ist, kann den gleichen Antrag nicht mehr auf Tatsachen gründen, die er in einem früheren Verfahren geltend gemacht hat oder geltend machen konnte. Tatsachen, auf die der Antrag nicht mehr gegründet werden kann, dürfen zur Unterstützung eines auf andere Tatsachen gegründeten Antrags geltend gemacht werden.

§ 45. Aus Vergleichen, die vor dem Mieteinigungsamte, dem Vorsitzenden des Mieteinigungsamts oder der Beschwerdestelle zwischen dem Vermieter, dem Mieter oder einem Dritten abgeschlossen sind, findet die gerichtliche Zwangsvollstreckung statt.

Die oberste Landesbehörde kann bestimmen, daß auch aus Vergleichen, die in einem vor Beisitzern oder vor dem **Urkundsbeamten der Geschäftsstelle**[1] stattfindenden Verfahren (§ 39 Abs. 2) abgeschlossen sind, die gerichtliche Zwangsvollstreckung stattfindet[2].

---

[1]) In der Neubekanntmachung an die Stelle von „Gerichtsschreiber" gesetzt.

[2]) Preußen: unten zu Mb § 3 Nr. 3.

§ 46. Für das Verfahren vor dem Mieteinigungsamt und der Beschwerdestelle werden Gebühren erhoben. Die Höhe der Gebühren bestimmt die oberste Landesbehörde[1]. Der Gesamtbetrag der Gebühren darf das Dreifache, im Verfahren vor der Beschwerdestelle das Fünffache der vollen Gebühr des § 8 des Gerichtskostengesetzes[2] nicht übersteigen; der Berechnung darf kein höherer Wert zugrunde gelegt werden als der Jahresbetrag der gesetzlichen Miete (§ 1 des Reichsmietengesetzes)[3].

Neben den Gebühren kann die Erstattung der in dem Verfahren entstandenen baren Auslagen verlangt werden[4].

Die Kosten (Abs. 1, 2) hat der unterliegende Teil zu tragen. Die §§ 92[5], 93[6], 97[7] der Zivilprozeßordnung gelten entsprechend. Kosten, die hiernach einer Gemeinde, einem Gemeindeverband oder einem weiteren Kommunalverbande zur Last fallen würden, bleiben außer Ansatz. Das Mieteinigungsamt kann die Kosten dem obsiegenden Teile auferlegen, soweit dies nach Lage der Sache, insbesondere nach den Vermögens- und Erwerbsverhältnissen der Beteiligten, der Billigkeit entspricht.

Von der Verpflichtung zur Kostentragung ist befreit, wer ohne Beeinträchtigung des für ihn und seine Familie notwendigen Unterhalts hierzu außerstande ist, es sei denn, daß die beabsichtigte Rechtsverfolgung oder Rechtsverteidigung mutwillig oder aussichtslos erscheint. Bessern sich die Verhältnisse des Kostenschuldners, so ist er zur Nachzahlung verpflichtet.

Die Körperschaften des öffentlichen Rechtes sowie gemeinnützige Anstalten und Stiftungen genießen Gebühren- und Stempelfreiheit und sind von der Erstattung von Auslagen (Abs. 2) befreit.

---

[1]) Preußen: unten zu Mb § 3, Mc § 8.

[2]) Unten zu Ra.

[3]) Oben zu Ac.

[4]) Wegen der außergerichtlichen Kosten vgl. unten zu Fa § 15.

[5]) „Wenn jede Partei teils obsiegt, teils unterliegt, so sind die Kosten gegeneinander aufzuheben oder verhältnismäßig zu teilen. Sind die Kosten gegeneinander aufgehoben, so fallen die Gerichtskosten jeder Partei zur Hälfte zur Last.

Das Gericht kann der einen Partei die gesamten Prozeßkosten auferlegen, wenn die Zuvielforderung der anderen Partei eine verhältnismäßig geringfügige war und keine besonderen Kosten veranlaßt hat, oder wenn der Betrag der Forderung der anderen Partei von der Festsetzung durch richterliches Ermessen, von der Ausmittelung durch Sachverständige oder von einer gegenseitigen Berechnung abhängig war."

[6]) „Hat der Beklagte nicht durch sein Verhalten zur Erhebung der Klage Veranlassung gegeben, so fallen dem Kläger die Prozeßkosten zur Last, wenn der Beklagte den Anspruch sofort anerkennt."

[7]) „Die Kosten eines ohne Erfolg eingelegten Rechtsmittels fallen der Partei zur Last, welche dasselbe eingelegt hat.

Die Kosten der Berufungsinstanz sind der obsiegenden Partei ganz oder teilweise aufzuerlegen, wenn sie auf Grund eines neuen Vorbringens obsiegt, welches sie nach freiem Ermessen des Gerichts in erster Instanz geltend zu machen imstande war. . . ."

§ 47. Im übrigen wird das Verfahren vor dem Mieteinigungsamt und der Beschwerdestelle von der Reichsregierung mit Zustimmung des Reichsrats geregelt[1].

---

[1]) Unten zu Fa.

3. Abschnitt
Schluß- und Übergangsvorschriften

§ 48. Die oberste Landesbehörde kann die ihr nach diesem Gesetze zustehenden Befugnisse einer anderen Behörde übertragen. Sie kann die Übertragung widerrufen und die Behörde zur Aufhebung einer auf Grund der Befugnis getroffenen Anordnung oder Maßnahme anhalten, auch eine solche Anordnung oder Maßnahme selbst aufheben.

§ 49. Auf die nach diesem Gesetze den Beteiligten zustehenden Rechte kann nicht verzichtet werden. Eine Vereinbarung, nach der einem Beteiligten bei Ausübung der Rechte besondere Nachteile erwachsen sollen, ist unwirksam.

Die Vorschriften dieses Gesetzes finden auch auf Verträge Anwendung, die unter Umgehung oder zum Zwecke der Umgehung des Gesetzes abgeschlossen sind.

§ 49a[1]**.** Wer für die mietweise oder auf Grund eines sonstigen Rechtsverhältnisses erfolgende Überlassung von Räumen oder im Zusammenhange damit für sich oder einen anderen einen Mietzins oder eine sonstige Vergütung fordert, annimmt oder sich versprechen läßt, die unter Berücksichtigung der gesamten Verhältnisse als unangemessen anzusehen sind, wird wegen Wuchers mit Räumen mit Geldstrafe oder mit Gefängnis bestraft. Ist die Tat fahrlässig begangen, so ist auf Geldstrafe oder Gefängnis bis zu einem Jahre zu erkennen.

Ebenso wird bestraft, wer für die Vermittlung eines Rechtsgeschäfts der im Abs. 1 Satz 1 bezeichneten Art eine Vergütung fordert, annimmt oder sich versprechen läßt, die unter Berücksichtigung der gesamten Verhältnisse als unangemessen anzusehen ist.

[1]) § 49a ist Zusatz des Ges. v. 29. 6. 26, oben zu Ed.

§ 49b[1]. Die Vorschriften des § 49a finden auch auf die von Behörden sowie von der Deutschen Reichsbahn-Gesellschaft überlassenen Räume Anwendung.

[1]) § 49b ist Zusatz des Ges. v. 29. 6. 26, oben zu Ed.

§ 50[1].

[1]) § 50 ist nicht gestrichen; er ist aber als zurzeit nicht mehr bedeutsame Übergangsbestimmung gemäß Anordnung in Art. VII des Ges. v. 29. 6. 26, oben zu Ed, in die Neubekanntmachungen des Gesetzestextes v. 30. 6. 26 und 17. 2. 28 nicht mehr aufgenommen. § 50 lautet:

„Dieses Gesetz tritt, unbeschadet des § 53 Abs. 2, am 1. Oktober 1923 in Kraft. Bis dahin bleiben die Bekanntmachung zum Schutze der Mieter vom 23. September 1918 (Reichsgesetzbl. S. 1140) / 22. Juni 1919 (Reichsgesetzbl. S. 591) in der Fassung von Nr. II des Gesetzes über Maßnahmen gegen Wohnungsmangel vom 11. Mai 1920 (Reichsgesetzbl. S. 949) und des Gesetzes über Verlängerung der Geltungsdauer des Gesetzes über Maßnahmen gegen Wohnungsmangel vom 11. Juli 1921 (Reichsgesetzbl. S. 933) sowie die dazu erlassenen Anordnungen in Geltung; diese Vorschrift tritt mit der Verkündung in Kraft.

Anordnungen, die auf Grund der Bekanntmachung über Maßnahmen gegen Wohnungsmangel vom 23. September 1918 (Reichsgesetzbl. S. 1143) in der Fassung des Gesetzes über Maßnahmen gegen Wohnungsmangel vom 11. Mai 1920 (Reichsgesetzbl. S. 949) und des Gesetzes über Verlängerung der Geltungsdauer des Gesetzes über Maßnahmen gegen Wohnungsmangel vom 11. Juli 1921 (Reichsgesetzbl. S. 933) erlassen sind, treten insoweit außer Kraft, als die Vorschriften dieses Gesetzes entgegenstehen."

§ 51. Ein vor dem Inkrafttreten des Gesetzes vom 1. Juni 1923 (Reichsgesetzbl. I S. 353) anhängig gewordener Rechtsstreit, der die Herausgabe eines vermieteten oder sonst zum Gebrauch überlassenen Raumes zum Gegenstande hat, ist nach den bis dahin in Geltung gewesenen Vorschriften zu erledigen. Die Zwangsvollstreckung kann von der Sicherung eines ausreichenden Ersatzraums abhängig gemacht werden, wenn dies zur Vermeidung unbilliger Härten erforderlich erscheint; § 6 Abs. 3 bis 5[1], § 12, § 13 Abs. 2, Abs. 3 Satz 2, § 14, § 16 mit Ausnahme von Abs. 1 Satz 6[2] und § 36 finden entsprechende Anwendung.

Die Zwangsvollstreckung aus einem vor dem Inkrafttreten des Gesetzes vom 1. Juni 1923 erlassenen Urteil erfolgt nach den bis dahin in Geltung gewesenen Vorschriften. Anordnungen, nach denen die Vollstreckung von der Genehmigung des Mieteinigungsamts abhängig ist, bleiben insoweit unberührt.

Die Vorschriften des Abs. 1 Satz 2 und des Abs. 2 Satz 2 gelten nicht für die in den §§ 32, 33 bezeichneten Gebäude und Gebäudeteile[3].

---

1) Die Worte „§ 6 Abs. 3 bis 5" sind durch Ges. v. 29. 6. 26, oben zu Ed, gesetzt an die Stelle der Worte „§ 6 Abs. 2 bis 4".

[2]) Die Worte „Abs. 1 Satz 6" sind durch Ges. v. 29. 6. 26, oben zu Ed, gesetzt an die Stelle der Worte „Abs. 1 Satz 3". Damit ist zugleich ein Redaktionsfehler beseitigt; es hatte früher schon „Abs. 1 Satz 4" heißen müssen.

[3]) Wegen der Fortlassung des Abs. 4 vgl. § 50 Anm. 1; hier gilt dasselbe. Abs. 4 lautet:

„Ist bei Inkrafttreten des Gesetzes dem Vermieter die nach den bisherigen Vorschriften erforderliche Zustimmung zur Kündigung für einen nach dem Inkrafttreten liegenden Zeitpunkt, für den sie nur vor dem Inkrafttreten erfolgen konnte, lediglich vorläufig erteilt, so kann spätestens am dritten Werktag nach dem Inkrafttreten eine Klage auf Aufhebung des Mietverhältnisses für den Zeitpunkt erhoben werden, für den die Kündigung erfolgt war. Bedarf es in einem solchen Falle zur Erlangung des Mietraums einer Aufhebungsklage nicht, so kann der Vermieter für den bezeichneten Zeitpunkt die Herausgabe des Mietraums verlangen."

§ 52[1]. Die oberste Landesbehörde kann mit Zustimmung des Reichsarbeitsministers anordnen, daß bestimmte Gemeinden oder Gemeindeteile oder bestimmte Arten von Mieträumen von den Vorschriften des ersten Abschnitts ausgenommen werden[2]. Das Gericht kann jedoch auch in diesen Fällen die Zwangsvollstreckung aus Urteilen oder Vergleichen, welche die Herausgabe eines Mietraums zum Gegenstande haben, von der Sicherung eines ausreichenden Ersatzraums abhängig machen, wenn dies zur Vermeidung unbilliger Härten erforderlich erscheint und die Zubilligung eines Ersatzraums nach den Vorschriften des ersten Abschnitts zulässig sein würde; § 6 Abs. 3 bis 5, **§ 9, § 10 Abs. 1, § 12**[3], § 13 Abs. 2, Abs. 3 Satz 2, § 14, § 16 mit Ausnahme von Abs. 1 Satz 6[4], §§ 18, 36 gelten entsprechend. Auch von den Vorschriften des zweiten Satzes sind Ausnahmen im Wege einer nach Satz 1 ergehenden Anordnung zulässig.

Die oberste Landesbehörde kann, soweit sie es mit Rücksicht auf eine Lockerung oder Aufhebung der öffentlichen Raumbewirtschaftung für erforderlich hält, mit Zustimmung des Reichsarbeitsministers anordnen, daß in bestimmten Gemeinden oder Gemeindeteilen oder hinsichtlich bestimmter Arten von Mieträumen die Zwangsvollstreckung aus einem nach der Anordnung ergehenden Urteil, das die Herausgabe eines Mietraums zum Gegenstande hat, nicht von der Sicherung eines Ersatzraums abhängig zu machen ist[5].

Die oberste Landesbehörde stellt für Räume, die nach Abs. 1 von den Vorschriften des ersten Abschnitts ausgenommen sind, allgemeine Grundsätze über die Gesichtspunkte auf, die unter Berücksichtigung der örtlichen Verhältnisse für die Beurteilung der Angemessenheit des Mietzinses im Sinne des § 49a von Bedeutung sind[6].

---

[1]) Die jetzige Fassung von Abs. 1 und 2 beruht auf dem Ges. v. 29. 6. 26, oben zu Ed. Abs. 3 ist Zusatz des Ges. v. 17. 3. 27, oben zu Ee. In der ältesten Fassung hatte § 52 nur einen Absatz und lautete:

„Die oberste Landesbehörde kann mit Zustimmung des Reichsarbeitsministers anordnen, daß bestimmte Gemeinden oder Gemeindeteile oder bestimmte Arten von Mieträumen von den Vorschriften des ersten Abschnitts ausgenommen werden. Das Gericht kann jedoch auch in diesen Fällen die Zwangsvollstreckung aus Urteilen oder Vergleichen, welche die Herausgabe eines Mietraums zum Gegenstande haben, von der Sicherung eines ausreichenden Ersatzraums abhängig machen, wenn dies zur Vermeidung unbilliger Härten erforderlich erscheint; § 6 Abs. 2 bis 4, §§ 9, 10, 12, § 13 Abs. 2, Abs. 3 Satz 2, § 14, § 16 mit Ausnahme von Abs. 1 Satz 3, §§ 18, 36 gelten entsprechend."

[2]) Preußen: unten zu Ga ff.

[3]) Die Worte „§ 9, § 10 Abs. 1, § 12" sind durch Ges. v. 13. 2. 28, oben zu Ef, gesetzt an die Stelle der Worte „§§ 9, 10, 12".

[4]) Die Worte „Abs. 1 Satz 6" sind durch Ges. v. 29. 6. 26, oben zu Ed, gesetzt an die Stelle der Worte „Abs. 1 Satz 3". Damit ist zugleich ein Redaktionsfehler beseitigt; es hatte früher schon „Abs. 1 Satz 4" heißen müssen.

[5]) Wegen des Übergangsrechtes vgl. oben zu Ed Art. IV, VI.

[6]) Preußen: unten zu Mk.

§ 52a[1]. Die oberste Landesbehörde kann anordnen[2], daß einer Klage, mit der die Herausgabe eines nach § 52 von den Vorschriften des ersten Abschnitts ausgenommenen Raumes verlangt wird, ein Schiedsverfahren vor dem Mieteinigungsamte vorauszugehen hat. Wird eine solche Anordnung getroffen, so gelten folgende Vorschriften:

1. Ein Termin zur mündlichen Verhandlung über die Räumungsklage darf erst bestimmt werden, wenn

der Vermieter eine Bescheinigung des Mieteinigungsamts darüber beibringt, daß in einem Termin, in dem der Vermieter oder ein von ihm zum Vergleichsabschluß ermächtigter Vertreter erschienen war, ein gütlicher Ausgleich zwischen den Parteien erfolglos versucht oder daß der Mieter in dem Termin ausgeblieben ist.

2. Ein bei dem Prozeßgericht angebrachter Güteantrag ist an das Mieteinigungsamt zu verweisen.
3. Die Entscheidung auf eine vor dem Inkrafttreten der Anordnung erhobene Räumungsklage ist bis zur Erledigung des Schiedsverfahrens auszusetzen.
4. Ein Schiedsverfahren kann auch von dem Mieter beantragt werden, der eine Räumungsklage befürchtet.

---

[1]) § 52 a ist Zusatz des Ges. v. 17. 3. 27, oben zu Ee.

[2]) Preußen: unten zu Mh. Mi.

§ 52 b[1]. Auf Grund einer Kündigung, die zwischen der Bekanntgabe einer Anordnung gemäß § 52 Abs. 1 Satz 1 und ihrem Inkrafttreten vom Vermieter erklärt ist, kann die Herausgabe des Mietraums verlangt werden, jedoch frühestens für den Zeitpunkt des Inkrafttretens; für die Kündigung gilt der § 565 Abs. 1 Satz 1 des Bürgerlichen Gesetzbuchs[2], sofern nicht eine längere Kündigungsfrist vereinbart ist. Der Vermieter kann schon vor dem Inkrafttreten auf künftige Räumung klagen. Soweit in

einer vor dem 1. April 1928 erlassenen Anordnung ein anderes bestimmt ist, behält es hierbei sein Bewenden.

Eine vor der Bekanntgabe vom Vermieter erklärte Kündigung berechtigt nicht zum Verlangen auf Herausgabe des Mietraums.

---

[1]) § 52 b ist Zusatz des Ges. v. 13. 2. 28, oben zu Ef.

[2]) Abgedruckt oben zu Ae § 1 Anm. 1.

§ 52 c[1]. Nach der Bekanntgabe einer Anordnung gemäß § 52 Abs. 1 Satz 1 kann der Vermieter von der Aufhebungsklage zur Räumungsklage übergehen.

Mit dem Inkrafttreten der Anordnung ist der Aufhebungsstreit in der Hauptsache erledigt. Jede Partei trägt die ihr entstandenen außergerichtlichen Kosten; die Gerichtskosten werden niedergeschlagen. Das gleiche gilt bei dem Übergang zur Räumungsklage (Abs. 1) bezüglich der durch das Aufhebungsverfahren verursachten besonderen Kosten.

---

[1]) § 52 c ist Zusatz des Ges. v. 13. 2. 28, oben zu Ef.

§ 52 d[1]. Ist in rechtskräftigen Urteilen oder Vergleichen, welche die Herausgabe eines Mietraums zum Gegenstande haben, die Zwangsvollstreckung von der Sicherung eines Ersatzraums abhängig gemacht und unterliegt nach späteren Gesetzen oder Anordnungen das Mietverhältnis, auf das sich das Urteil oder der Vergleich bezieht, nicht mehr den Vorschriften über die Aufhebungsklage und die Zubilligung von Ersatzraum, so kann der Vermieter die Aufhebung der Vollstreckungsbeschränkung verlangen. Dem Mieter ist in diesem Falle eine den Umständen nach angemessene Frist zur Räumung zu gewähren, wenn dies zur Vermeidung unbilliger Härten erforderlich erscheint. Auf das Verfahren finden die Vorschriften des § 6 Abs. 5 Satz 2, 3 entsprechende Anwendung.

Soweit ein Mietverhältnis sich auf Räume bezieht, die nicht Wohnräume sind, finden die Vorschriften des Abs. 1 auf alle vor dem 1. Juli 1926 ergangenen Urteile und Vergleiche Anwendung. Sie gelten nicht, wenn der Mieter beweist, daß durch den Wegfall der Vollstreckungsbeschränkung dringende öffentliche Interessen gefährdet werden würden.

Einem Mietraum im Sinne dieser Vorschriften steht ein Raum gleich, der in anderer Weise als auf Grund eines Mietvertrags überlassen ist.

---

[1]) § 52d ist Zusatz des Ges. v. 13. 2. 28, oben zu Ef.

§ 52e[1]. Für ein Mietverhältnis, auf das sich eine Anordnung gemäß § 52 Abs. 1 Satz 1 bezieht, gelten folgende Vorschriften:

1. Der § 27 Abs. 1 Satz 3 findet Anwendung.
2. Der § 28 Satz 1 gilt mit der Maßgabe, daß der Mieter nur aufrechnen kann, wenn er dem Vermieter die Absicht der Aufrechnung mindestens einen Monat vor der Fälligkeit des Mietzinses in schriftlicher Form angezeigt hat. Auf den vertraglichen Ausschluß eines Minderungs- oder Zurückbehaltungsrechts oder eines Rechtes auf Aufrechnung mit einem Schadenersatzanspruche nach § 538 Abs. 1 des Bürgerlichen Gesetzbuchs[2] findet diese Vorschrift entsprechende Anwendung.
3. Der § 30 gilt entsprechend.
4. Der Vermieter kann das Mietverhältnis ohne Einhaltung einer Kündigungsfrist nur nach den §§ 553[3],

554[4] des Bürgerlichen Gesetzbuchs sowie unter den Voraussetzungen kündigen, unter denen nach § 2 die Aufhebung eines Mietverhältnisses wegen erheblicher Belästigung verlangt werden kann. Geringfügige Mietzinsrückstände berechtigen nicht zu einer fristlosen Kündigung. Eine auf Grund des § 554[4] erfolgte Kündigung ist unwirksam, wenn der Mieter bis zum Ablauf von zwei Wochen seit der Fälligkeit des Mietzinses den Vermieter befriedigt, eine gegenüber der Mietzinsforderung zulässige Aufrechnung erklärt oder ein ihm zustehendes Minderungs- oder Zurückbehaltungsrecht geltend macht. Der § 3 Abs. 2, 3 findet entsprechende Anwendung; das gleiche gilt von § 10 Abs. 2, 3 für Mietverhältnisse über Wohnräume.

5. Ist der Mietzins nach Monaten bemessen, so gilt für die Kündigung des Vermieters der § 565 Abs. 1 Satz 1 des Bürgerlichen Gesetzbuchs[5]. Hiervon werden Mietverhältnisse der im § 24 bezeichneten Art nicht berührt.

Auf eine Vereinbarung, die den Vorschriften des Abs. 1 Nr. 4 entgegensteht, kann sich der Vermieter nicht berufen. Das gleiche gilt für eine Vereinbarung, wonach die Kündigung des Mietverhältnisses zuungunsten des Mieters abweichend vom § 565 des Bürgerlichen Gesetzbuchs[5] und von Abs. 1 Nr. 5 geregelt ist.

Die oberste Landesbehörde kann mit Zustimmung des Reichsarbeitsministers für ein Mietverhältnis, auf das sich eine Anordnung gemäß § 52 Abs. 1 Satz 1 bezieht, zur Vermeidung von Härten

a) die Kündigung des Vermieters von der Einhaltung einer die Grenzen des § 565 des Bürgerlichen Ge-

setzbuchs[5] oder des Abs. 1 Nr. 5 überschreitenden Kündigungsfrist abhängig machen,

b) bestimmen, daß eine dem Mieter nach § 721 der Zivilprozeßordnung[6] für Wohnräume oder nach Abs. 1 Nr. 1 für sonstige Räume gewährte Räumungsfrist auf seinen Antrag vom Gericht gemäß § 5 Abs. 4 verlängert werden kann.

---

[1]) § 52e ist Zusatz des Ges. v. 13. 2. 28, oben zu Ef.

[2]) Abgedruckt oben bei § 28 Anm. 1.

[3]) „Der Vermieter kann ohne Einhaltung einer Kündigungsfrist das Mietverhältnis kündigen, wenn der Mieter oder derjenige, welchem der Mieter den Gebrauch der gemieteten Sache überlassen hat, ungeachtet einer Abmahnung des Vermieters einen vertragswidrigen Gebrauch der Sache fortsetzt, der die Rechte des Vermieters in erheblichem Maße verletzt, insbesondere einem Dritten den ihm unbefugt überlassenen Gebrauch beläßt, oder die Sache durch Vernachlässigung der dem Mieter obliegenden Sorgfalt erheblich gefährdet."

[4]) „Der Vermieter kann ohne Einhaltung einer Kündigungsfrist das Mietverhältnis kündigen, wenn der Mieter für zwei aufeinanderfolgende Termine mit der Entrichtung des Mietzinses oder eines Teiles des Mietzinses im Verzug ist. Die Kündigung ist ausgeschlossen, wenn der Mieter den Vermieter befriedigt, bevor sie erfolgt.

Die Kündigung ist unwirksam, wenn sich der Mieter von seiner Schuld durch Aufrechnung befreien konnte und unverzüglich nach der Kündigung die Aufrechnung erklärt."

[5]) Abgedruckt oben zu Ac § 1 Anm. 1.

[6]) Abgedruckt oben bei § 5 Anm. 3.

§ 53[1].

---

[1]) § 53 ist nicht gestrichen; er ist aber als zurzeit nicht mehr bedeutsame Übergangsbestimmung gemäß Anordnung in Art. VII

des Ges. v. 29. 6. 26, oben zu Ed, in die Neubekanntmachungen des Gesetzestextes v. 30. 6. 26 und 17. 2. 28 nicht mehr aufgenommen. § 53 lautet:

„In Ländern, in denen vor dem Inkrafttreten des Reichsmietengesetzes *) auf Grund der Bekanntmachung zum Schutze der Mieter eine Höchstgrenze für Mietzinssteigerungen vorgeschrieben war und im Einzelfall ein Zuschlag für unverschuldete Zubußen gewährt werden konnte, sind die obersten Landesbehörden befugt, mit Zustimmung des Reichsarbeitsministers zur Beseitigung von Härten anzuordnen, daß

a) ein bereits bewilligter Zuschlag neben der gesetzlichen Miete des Reichsmietengesetzes weiterzuzahlen ist,

b) falls ein Zuschlag vor dem Inkrafttreten noch nicht bewilligt war, auf Antrag des Vermieters ein solcher Zuschlag unter den gleichen Voraussetzungen zugebilligt werden kann, wie dies nach den früheren Vorschriften zulässig gewesen wäre, jedoch nicht für die vor dem 1. Januar 1922 liegende Zeit. Der Antrag auf Bewilligung des Zuschlags ist nur binnen zwei Monaten nach dem Erlasse der landesrechtlichen Anordnung zulässig **).

Diese Vorschrift tritt mit der Verkündung in Kraft ***). Die Anordnungen der obersten Landesbehörden müssen spätestens binnen drei Monaten erlassen werden."

§ 54. Dieses Gesetz tritt am 31. März 1930 außer Kraft[1].

[1]) Älteste Fassung: 1. 7. 26; Ges v. 29. 6. 26, oben zu Ed: 1. 7. 27; Ges. v. 30. 6. 27 (RGBl. I 131): 31. 12. 27; Ges. v. 24. 12. 27 (RGBl. I 513): 15. 2. 28; Ges. v. 13. 2. 28, oben zu Ef: 31. 3. 30.

*) Oben zu Ae.

**) Preußen: VO. v. 29. 6. 23, unten zu Hb.

***) RGBl. Nr. 41, ausgegeben am 15. 6. 23.

F. Verfahrensrecht.

Fa.

Anordnung der Reichsregierung für das Verfahren vor dem Mieteinigungsamt und der Beschwerdestelle.

Fassung der Bekanntmachung des Reichsministers der Justiz und des Reichsarbeitsministers vom 19. September 1923 (RGBl. I 889) *).

In Kraft in dieser Fassung seit 1. 10. 23 (Art. II VO. v. 19. 9. 23, RGBl. I 885).

Auf Grund des § 47 des Gesetzes über Mieterschutz und Mieteinigungsämter vom 1. Juni 1923 (Reichsgesetzbl. I S. 353) wird mit Zustimmung des Reichsrats folgendes verordnet:

§ 1. Der Vorsitzende des Mieteinigungsamts ist vor seinem Amtsantritte zu treuer und gewissenhafter Führung seines Amtes eidlich zu verpflichten. Soweit eine Verpflichtung nach den bisherigen Vorschriften stattgefunden hat, behält es dabei sein Bewenden.

Die eidliche Verpflichtung der Beisitzer bestimmt sich nach § 51 des Gerichtsverfassungsgesetzes[1].

---

[1]) „Die Beeidigung der Schöffen erfolgt bei ihrer ersten Dienstleistung in öffentlicher Sitzung. Sie gilt für die Dauer des Geschäftsjahres.

---

*) Vorangegangen war die „Anordnung für das Verfahren vor den Einigungsämtern" v. 23. 9. 18 (RGBl. 1146), die auf Grund der Ermächtigung in § 47 MSchG., oben zu Eg, durch AnO. v. 19. 9. 23 (RGBl. I 885) die obige Fassung erhielt und am gleichen Tage neu bekanntgemacht wurde.

Der Vorsitzende richtet an die zu Beeidigenden die Worte: „Sie schwören bei Gott dem Allmächtigen und Allwissenden, die Pflichten eines Schöffen getreulich zu erfüllen und Ihre Stimmen nach bestem Wissen und Gewissen abzugeben."

Die Schöffen leisten den Eid, indem jeder einzeln die Worte spricht:

„Ich schwöre es, so wahr mir Gott helfe."

Der Schwörende soll bei der Eidesleistung die rechte Hand erheben.

Ist ein Schöffe Mitglied einer Religionsgesellschaft, welcher das Gesetz den Gebrauch gewisser Beteuerungsformeln an Stelle des Eides gestattet, so wird die Abgabe einer Erklärung unter der Beteuerungsformel dieser Religionsgesellschaft der Eidesleistung gleichgeachtet.

Über die Beeidigung wird von dem Protokollführer ein Protokoll aufgenommen."

§ 2. Die Mitglieder des Mieteinigungsamts sind zur Amtsverschwiegenheit verpflichtet.

§ 3. Für das Verfahren vor dem Mieteinigungsamte gelten die Vorschriften über die Gerichtssprache entsprechend[1].

[1]) §§ 184 bis 191 des Gerichtsverfassungsgesetzes in der Fassung v. 22. 3. 24 (RGBl. I 299).

§ 4. Der Antrag ist an das Mieteinigungsamt zu richten, in dessen Bezirk sich die Mietsache befindet. Im Falle des § 16 Abs. 1 Satz 2 des Gesetzes über Mieterschutz und Mieteinigungsämter (Mieterschutzgesetz)[1] und in den Fällen der §§ 2, 4, 5, 6, 8 des Wohnungsmangelgesetzes vom 26. Juli 1923 (Reichsgesetzbl. I S. 754)[2] ist der Antrag an das Mieteinigungsamt zu richten, in dessen Bezirk die Gebäude oder die Räume belegen sind.

Der Antrag an das Mieteinigungsamt ist schriftlich oder zu Protokoll des Schriftführers des Mieteinigungsamts zu stellen. Er soll unter Darlegung der Sachlage und Angabe der Beweismittel kurz begründet werden; der Antragsteller soll die ihm zugänglichen Beweisurkunden, insbesondere Vertragsurkunden und Briefe, beifügen.

[1]) Oben zu Eg. [2]) Oben zu Ca.

§ 5. Das Mieteinigungsamt verhandelt und entscheidet in nichtöffentlicher Sitzung.

Vor der Entscheidung ist der Gegner des Antragstellers zu hören. Betrifft das Verfahren eine der in den §§ 2, 4, 5, 6, 8 des Wohnungsmangelgesetzes[1] bezeichneten Angelegenheiten, so ist vor der Entscheidung auch der zur Verfügung über die Gebäude oder die Räume Berechtigte und in den Fällen des § 4 dieses Gesetzes auch der Wohnungsuchende zu hören.

Über Einwendungen des Mieters nach § 16 Abs. 1 Satz 2 des Mieterschutzgesetzes[2] ist die Gemeindebehörde, und wenn der Ersatzraum von dem obsiegenden Vermieter angeboten war, auch dieser zu hören. Hat der zur Verfügung über den Ersatzraum Berechtigte gegen die Zuweisung des Mieters Beschwerde erhoben, so soll das Mieteinigungsamt, falls es zur Entscheidung über die Beschwerde berufen ist, hierüber und über die Einwendungen des Mieters tunlichst in demselben Verfahren entscheiden, dabei gegebenenfalls auch den neuen Mietvertrag festsetzen.

[1]) Oben zu Ca. [2]) Oben zu Eg.

§ 6. Der Antrag und die sonstigen Erklärungen eines Beteiligten sind den übrigen Beteiligten von Amts wegen mitzuteilen. Die Beteiligten haben die für die Mitteilung erforderliche Zahl von Abschriften einzureichen, soweit nicht der Vorsitzende hiervon Befreiung gewährt.

Das Mieteinigungsamt kann von der Mitteilung absehen, wenn das mitzuteilende Schriftstück lediglich Wiederholungen früherer Angaben oder Ausführungen enthält.

§ 7. Das Mieteinigungsamt kann anordnen, daß eine mündliche Verhandlung mit den Beteiligten stattfindet. Es kann das persönliche Erscheinen der Beteiligten anordnen. Gegen die trotz dieser Anordnung nicht erschienenen Beteiligten kann wie gegen einen im Vernehmungstermine nicht erschienenen Zeugen verfahren werden; auf Haft darf nicht erkannt werden. Das Mieteinigungsamt kann andere Personen, die ein rechtliches Interesse an der Entscheidung haben, zu der Verhandlung zulassen.

Das Mieteinigungsamt soll in jeder Lage des Verfahrens auf eine gütliche Einigung der Beteiligten hinwirken.

§ 8. Die Beteiligten können sich durch eine mit schriftlicher Vollmacht versehene Person vertreten lassen. Ist eine schriftliche Vollmacht[1] beigebracht, so sind Ladungen und sonstige Mitteilungen an den Bevollmächtigten zu richten. Ist das persönliche Erscheinen eines Beteiligten angeordnet, so ist neben dem Bevollmächtigten auch der Beteiligte zu laden.

Der Mangel der Vollmacht kann unberücksichtigt bleiben. Ein Vergleich, der von einer nicht mit schriftlicher Vollmacht versehenen Person geschlossen ist, wird erst wirksam, wenn die Vollmacht beigebracht wird; hierfür ist dem Vertreter eine angemessene Frist zu bestimmen. Von dem fruchtlosen Ablauf der Frist ist den anderen Beteiligten Mitteilung zu machen; auch kann alsbald eine Entscheidung erlassen werden.

Gegenüber Bevollmächtigten und Beiständen, die nicht Rechtsanwälte sind, hat das Mieteinigungsamt die Befugnisse, die dem Amtsgericht im Verfahren über die Aufhebungsklage zustehen (§ 157 der Zivilprozeßordnung[2], § 12 des Mieterschutzgesetzes).

[1]) Wegen der Stempelfreiheit unten zu Ra § 2 Anm. 1.

[2]) „Das Gericht kann Bevollmächtigte und Beistände, welche das mündliche Verhandeln vor Gericht geschäftsmäßig betreiben, zurückweisen.

Das Gericht kann Parteien, Bevollmächtigten und Beiständen, denen die Fähigkeit zum geeigneten Vortrage mangelt, den weiteren Vortrag untersagen. . . .

Eine Anfechtung dieser Anordnungen findet nicht statt.

Die Vorschriften der Abs. 1, 2 finden auf Rechtsanwälte, die Vorschrift des Abs. 1 auf Personen, denen das mündliche Verhandeln vor Gericht durch eine seitens der Justizverwaltung getroffene Anordnung gestattet ist, keine Anwendung. . . .“

§ 9. Das Mieteinigungsamt kann den Beteiligten aufgeben, binnen einer bestimmten Frist Tatsachen zur weiteren Aufklärung des Sachverhalts anzugeben und Beweismittel, insbesondere Urkunden, vorzulegen oder Zeugen zu stellen.

Bei Versäumung der Frist kann das Mieteinigungsamt nach Lage der Sache ohne Berücksichtigung der nicht beigebrachten Beweismittel entscheiden.

§ 10. Das Mieteinigungsamt kann auf Antrag oder von Amts wegen Beweise erheben, insbesondere Zeugen und Sachverständige eidlich vernehmen sowie Versicherungen an Eides Statt entgegennehmen. Zeugen und Sachverständige, die in dem Antrag oder in sonstigen Erklärungen der Beteiligten benannt sind, sollen zu der nächstfolgenden Verhandlung geladen werden, soweit ihre Vernehmung zur Aufklärung des Sachverhältnisses dienlich erscheint.

Auf die Erledigung des Zeugen- und Sachverständigenbeweises finden die Vorschriften der Zivilprozeßordnung entsprechende Anwendung. Ein Augenschein kann nur durch Beisitzer aus dem Kreise der Vermieter und Mieter gemeinschaftlich erfolgen. Die Zeugen und Sachverständigen erhalten Gebühren nach Maßgabe der Gebührenordnung für Zeugen und Sachverständige[1].

Die Gerichts- und Verwaltungsbehörden haben innerhalb ihrer Zuständigkeit dem Ersuchen der Mieteinigungsämter um Aufnahme von Beweisen zu entsprechen. Auf die von den Gerichten zu leistende Rechtshilfe finden die Vorschriften des dreizehnten Titels des Gerichtsverfassungsgesetzes[2] entsprechende Anwendung.

[1]) Letzte Fassung v. 21. 12. 25 (RGBl. I 471).

[2]) §§ 156 bis 168 des Gerichtsverfassungsgesetzes in der Fassung v. 22. 3. 24 (RGBl. I 299).

§ 11. Die Befugnisse aus § 6 Abs. 2, § 7, § 8 Abs. 3, §§ 9, 10 sowie aus § 40 Abs. 1 Satz 2, Abs. 5 des Mieterschutzgesetzes stehen außerhalb der Sitzungen dem Vorsitzenden zu.

§ 12. Zu der Verhandlung wird ein Schriftführer zugezogen. Er ist bei der ersten Dienstleistung vom Vorsitzenden durch Handschlag an Eides Statt zu treuer und gewissenhafter Führung seines Amts zu verpflichten und hat Amtsverschwiegenheit zu beobachten. Ein Schriftführer ist auch bei einer Vorverhandlung mit den Beteiligten zuzuziehen, wenn ein Vergleich geschlossen wird. Der Zuziehung eines Schriftführers bedarf es nicht, wenn die Vorverhandlung vor dem Urkundsbeamten der Geschäftsstelle (§ 39 Abs. 2 des Mieterschutzgesetzes) abgehalten wird.

Über die Verhandlung (Abs. 1 Satz 1, 3, 4) wird eine Niederschrift aufgenommen, die von dem Vorsitzenden, in den Fällen des § 39 Abs. 2 des Mieterschutzgesetzes von zwei Beisitzern oder dem Urkundsbeamten der Geschäftsstelle und, wenn ein Schriftführer zugezogen wird, auch von diesem zu unterschreiben ist. Sie soll Ort und Tag der Verhandlung, die Bezeichnung der mitwirkenden Personen und der Beteiligten sowie das Ergebnis der Verhandlung enthalten.

Kommt ein Vergleich zustande, so ist er in der Niederschrift festzustellen. Die Niederschrift ist insoweit, als sie einen Vergleich enthält, den Beteiligten vorzulesen oder zur Durchsicht vorzulegen. In der Niederschrift ist zu bemerken, daß dies geschehen und die Genehmigung erfolgt ist.

§ 13. Die Aufrechterhaltung der Ordnung in der Sitzung liegt dem Vorsitzenden ob.

Das Mieteinigungsamt kann gegen Beteiligte, Bevollmächtigte und Beistände sowie gegen Zeugen, Sachverständige und sonstige Personen, die sich in der Sitzung einer Ungebühr schuldig machen, vorbehaltlich der strafgerichtlichen oder disziplinaren Verfolgung, eine Ordnungsstrafe bis zu dem in dem Verfahren vor den ordentlichen Gerichten für Ungebührstrafen zulässigen Geldbetrag[1] oder bis zu drei Tagen Haft festsetzen, auch diese Personen aus dem Sitzungszimmer entfernen lassen. § 158 Satz 1 der Zivilprozeßordnung[2] gilt entsprechend. Auf Rechtsanwälte, die als Bevollmächtigte oder Beistände auftreten, finden diese Vorschriften keine Anwendung.

Gegen die Festsetzung einer Ordnungsstrafe findet binnen einer Frist von drei Tagen nach der Bekanntgabe Beschwerde statt. Über die Beschwerde entscheidet die Beschwerdestelle. Die Beschwerde hat keine aufschiebende Wirkung. Das Mieteinigungsamt ist befugt, die Strafe aufzuheben oder zu ermäßigen.

Die Befugnisse aus den Abs. 2, 3 stehen bei einer Verhandlung vor dem Vorsitzenden diesem allein zu.

---

[1]) § 178 des Gerichtsverfassungsgesetzes: jetzt mindestens 1 und höchstens 1000 RM.

²) „Ist eine bei der Verhandlung beteiligte Person zur Aufrechterhaltung der Ordnung von dem Orte der Verhandlung entfernt worden, so kann auf Antrag gegen sie in gleicher Weise verfahren werden, als wenn sie freiwillig sich entfernt hätte."

§ 14. Die Entscheidung erfolgt durch Beschluß. Der Beschluß enthält die Namen der Mitglieder, die bei der Entscheidung mitgewirkt haben, und ist von dem Vorsitzenden zu unterschreiben.

Von einer schriftlichen Begründung der Entscheidung soll nur abgesehen werden, wenn die anwesenden Beteiligten oder deren Bevollmächtigte nach mündlicher Mitteilung der Gründe (§ 40 Abs. 4 des Mieterschutzgesetzes) auf die Einlegung der Rechtsbeschwerde und auf die Mitteilung einer schriftlichen Begründung verzichten.

§ 15. In der Entscheidung kann bestimmt werden, daß und in welchem Betrag ein Beteiligter anderen Beteiligten Ersatz der baren Auslagen sowie Entschädigung für eine durch notwendige Reisen oder durch die notwendige Wahrnehmung von Terminen entstandene Zeitversäumnis zu gewähren hat. Die für die Entschädigung von Zeugen geltenden Vorschriften[1] sowie § 41 Abs. 2 Satz 5 des Mieterschutzgesetzes gelten entsprechend.

---

¹) Oben zu § 10 Anm. 1.

§ 16. Die Beschlüsse (§ 14) und die Anordnungen auf Grund des § 40 Abs. 5 des Mieterschutzgesetzes sind von dem Schriftführer auszufertigen; er bescheinigt die Übereinstimmung mit der Urschrift.

Die Beschlüsse sind den Beteiligten oder deren Bevollmächtigten (§ 8), soweit sie nicht in deren Gegenwart verkündet sind, in der im § 40 Abs. 1 Satz 3 des Mieterschutzgesetzes vorgeschriebenen Weise mitzuteilen; von einer Mitteilung der Gründe kann, unbeschadet des § 40 Abs. 4

Satz 2 des Mieterschutzgesetzes, abgesehen werden, wenn der Beteiligte zu dem Termin, in dem der Beschluß ergangen ist, geladen, aber weder erschienen noch ordnungsgemäß vertreten war.

§ 17. Die Vollstreckungsklausel zu einem Vergleich ist vom Vorsitzenden oder, sofern die Aufgaben des Mieteinigungsamts dem Gericht übertragen sind (§ 37 Abs. 2 des Mieterschutzgesetzes), von dem Urkundsbeamten der Geschäftsstelle zu erteilen und mit dem Siegel des Mieteinigungsamts oder der Gemeindebehörde zu versehen. Ist der Vergleich von einem Bevollmächtigten geschlossen (§ 8 Abs. 2 Satz 2), so darf eine vollstreckbare Ausfertigung nur erteilt werden, wenn eine schriftliche Vollmacht vorliegt.

In den Fällen des § 726 Abs. 1, der §§ 727 bis 729, 738, 742, 744, des § 745 Abs. 2 und des § 749 der Zivilprozeßordnung[1] ist die vollstreckbare Ausfertigung nur auf Anordnung des Amtsgerichts zu erteilen, in dessen Bezirk das Mieteinigungsamt seinen Sitz hat.

Das im Abs. 2 bezeichnete Amtsgericht ist zuständig für die Entscheidung über Einwendungen, welche die Zulässigkeit der Vollstreckungsklausel betreffen, sowie für die Entscheidung über Erteilung einer weiteren vollstreckbaren Ausfertigung, die ausdrücklich als solche zu bezeichnen ist.

Der § 797 Abs. 5 der Zivilprozeßordnung[2] findet Anwendung.

---

[1]) § 726: Urteile, deren Vollstreckbarkeit von besonderen Tatsachen abhängt. Klauselumschreibung gegen: § 727 Rechtsnachfolger, § 728 Nacherben, § 729 Vermögensübernehmer, § 738 Nießbraucher, § 742 Ehemann, § 744 Ehefrau nach beendigter Gütergemeinschaft, § 745 Kinder nach beendigter fortgesetzter Gütergemeinschaft, § 749 Testamentsvollstrecker.

[2]) Zuständigkeit bei Klagen auf Vollstreckungsklausel und gegen den Anspruch selbst.

§ 18. Die Entscheidung ist, soweit sie Gebühren und Auslagen oder die einem Beteiligten zu ersetzenden Kosten (§ 15) betrifft, vollstreckbar. Das gleiche gilt von einem Beschlusse, durch den eine Ordnungsstrafe festgesetzt wird.

Die Vollstreckung richtet sich wegen der einem Beteiligten zu ersetzenden Kosten nach den Vorschriften der Zivilprozeßordnung, im übrigen nach den Vorschriften über die Beitreibung von Gemeindeabgaben.

§ 19. Auf Befreiung von der Kostenlast (§ 46 Abs. 4 des Mieterschutzgesetzes) haben Angehörige solcher Staaten keinen Anspruch, in denen einem Deutschen das Armenrecht in bürgerlichen Rechtsstreitigkeiten versagt wird.

§ 20. Im Falle des § 39 Abs. 3 des Mieterschutzgesetzes beginnt die Frist für die Anrufung des Mieteinigungsamts mit der Bekanntgabe der Entscheidung (§ 16 Abs. 2).

Durch die Anrufung des Mieteinigungsamts wird die Wirksamkeit des angefochtenen Beschlusses gehemmt.

Ist die Anrufung verspätet erfolgt, so spricht das Mieteinigungsamt aus, daß es bei der Entscheidung sein Bewenden behalte. Gegen die Versäumung der Notfrist findet Wiedereinsetzung in den vorigen Stand statt; § 233 Abs. 1[1], §§ 234[2], 237[3], § 238 Abs. 1, 2[4] der Zivilprozeßordnung gelten mit der Maßgabe entsprechend, daß die im § 234 Abs. 1[2] bestimmte Frist eine Woche beträgt.

---

[1]) „Einer Partei, welche durch Naturereignisse oder andere unabwendbare Zufälle verhindert worden ist, eine Notfrist ... einzuhalten, ist auf Antrag die Wiedereinsetzung in den vorigen Stand zu erteilen."

[2]) „Die Wiedereinsetzung muß innerhalb einer zweiwöchigen (hier einwöchigen) Frist beantragt werden.

Die Frist beginnt mit dem Tage, an welchem das Hindernis gehoben ist.

Nach Ablauf eines Jahres, von dem Ende der versäumten Frist an gerechnet, kann die Wiedereinsetzung nicht mehr beantragt werden."

[3]) „Über den Antrag auf Wiedereinsetzung entscheidet das Gericht, welchem die Entscheidung über die nachgeholte Prozeßhandlung zusteht."

[4]) „Das Verfahren über den Antrag auf Wiedereinsetzung ist mit dem Verfahren über die nachgeholte Prozeßhandlung zu verbinden. Das Gericht kann jedoch das Verfahren zunächst auf die Verhandlung und Entscheidung über den Antrag beschränken.

Auf die Entscheidung über die Zulässigkeit des Antrags und auf die Anfechtung der Entscheidung finden die Vorschriften Anwendung, welche in diesen Beziehungen für die nachgeholte Prozeßhandlung gelten. Der Partei, welche den Antrag gestellt hat, steht jedoch der Einspruch nicht zu."

§ 21. Die Rechtsbeschwerde (§ 41 des Mieterschutzgesetzes) ist beim Mieteinigungsamte schriftlich oder zu Protokoll des Schriftführers einzulegen. Die Einlegung bei der Beschwerdestelle genügt zur Wahrung der Notfrist. Der Beschwerdeführer soll die Beschwerde begründen und einen bestimmten Antrag stellen.

Das Mieteinigungsamt hat von Amts wegen zu prüfen, ob die Beschwerde an sich statthaft und ob sie rechtzeitig eingelegt ist. Mangelt es an einem dieser Erfordernisse, so ist die Beschwerde vom Mieteinigungsamt als unzulässig zu verwerfen. Der Beschwerdeführer kann binnen einer Woche nach der Mitteilung des Beschlusses des Mieteinigungsamts die Entscheidung der Beschwerdestelle beantragen. In diesem Falle sind die Akten der Beschwerdestelle vorzulegen.

Will das Mieteinigungsamt der Beschwerde abhelfen, so hat es vor der Entscheidung den Beschwerdegegner zu hören.

Wird der Beschwerde nicht abgeholfen, so ist sie mit den Akten, die den mit Gründen versehenen Beschluß zu enthalten haben, binnen drei Tagen der Beschwerdestelle vorzulegen.

In den Fällen der Abs. 1, 2 gilt § 20 Abs. 1, 2, Abs. 3 Satz 2 entsprechend.

§ 22. Die Beteiligten können auf das Recht der Beschwerde verzichten.

Auf den Verzicht sowie die Zurücknahme der Beschwerde finden § 514[1] und § 515 Abs. 3[2] der Zivilprozeßordnung entsprechende Anwendung.

---

[1]) „Die Wirksamkeit eines nach Erlassung des Urteils erklärten Verzichts auf das Recht der Berufung ist nicht davon abhängig, daß der Gegner die Verzichtleistung angenommen hat."

[2]) „Die Zurücknahme hat den Verlust des Rechtsmittels und die Verpflichtung zur Folge, die durch das Rechtsmittel entstandenen Kosten zu tragen. Auf Antrag des Gegners sind diese Wirkungen durch Urteil auszusprechen."

§ 23. Für die Beschwerdestelle sind, unbeschadet des § 41 Abs. 3 des Mieterschutzgesetzes, die tatsächlichen Feststellungen der angefochtenen Entscheidung bindend, soweit nicht neue Tatsachen zur Begründung eines wesentlichen Mangels des Verfahrens vorgebracht werden.

§ 24. Hat die oberste Landesbehörde die Aufgaben der Beschwerdestelle dem Landgericht oder einer Verwaltungsbehörde übertragen, so kann sie anordnen[1], daß die Beschwerdestelle die Sache einem höheren Gericht oder einer höheren Verwaltungsbehörde zur Vorabentscheidung über eine Rechtsfrage (Rechtsentscheid) vorzulegen hat oder vorlegen kann, wenn

a) die Beschwerdestelle von der ihr bekannten Entscheidung einer anderen Beschwerdestelle oder des höheren Gerichts (der höheren Verwaltungsbehörde) abweichen will,

b) es sich um eine von dem höheren Gericht (der höheren Verwaltungsbehörde) noch nicht entschiedene Rechtsfrage von grundsätzlicher Bedeutung handelt.

Der Rechtsentscheid ist in der Sache verbindlich.

---

[1]) Preußen: unten zu Mb § 1.

§ 25. Die Beschlüsse der Beschwerdestelle sind schriftlich zu begründen.

§ 26. Ist die Beschwerdestelle mit einer geraden Zahl von Mitgliedern besetzt, so entscheidet bei Stimmengleichheit die Stimme des Vorsitzenden.

§ 27. Im übrigen gelten für das Verfahren vor der Beschwerdestelle die Vorschriften über das Verfahren vor dem Mieteinigungsamt entsprechend[1].

---

[1]) Wegen Akteneinsicht s. unten zu Mg.

§ 28. Auf Verlangen eines Beteiligten hat der Schriftführer des Mieteinigungsamts auf der Ausfertigung der Entscheidung zu bescheinigen, daß die Entscheidung endgültig geworden ist.

§ 29. Soweit die Aufgaben des Mieteinigungsamts oder der Beschwerdestelle einem Gericht übertragen sind, finden die Vorschriften dieser Anordnung mit folgenden Maßgaben Anwendung:

1. An die Stelle des Schriftführers tritt der Urkundsbeamte der Geschäftsstelle.
2. Eine besondere Verpflichtung des Vorsitzenden und des Urkundsbeamten (§§ 1, 12) findet nicht statt.
3. An die Stelle des § 8 Abs. 2 treten die §§ 88 Abs. 2, 89 der Zivilprozeßordnung, an die Stelle des § 13 die §§ 177 bis 185 des Gerichtsverfassungsgesetzes[1].

4. Die Vollstreckungsklausel zu einem Vergleiche (§ 17) ist mit dem Gerichtssiegel zu versehen.
5. Die Beitreibung von Gebühren, baren Auslagen des Verfahrens und Ordnungsstrafen (§ 18) bestimmt sich nach den Vorschriften über die Beitreibung von Gerichtskosten.

---

[1]) Jetzt §§ 176 bis 183 des Gerichtsverfassungsgesetzes in der Fassung v. 22. 3. 24 (RGBl. I 299).

Fb.

Verordnung über das Kündigungsschreiben nach § 1b des Mieterschutzgesetzes.

Vom 3. März 1928 (RGBl. I 54).

Auf Grund des § 1b des Gesetzes über Mieterschutz und Mieteinigungsämter in der Fassung der Bekanntmachung vom 17. Februar 1928 (RGBl. I S. 25) wird von der Reichsregierung mit Zustimmung des Reichsrats und eines Ausschusses des Reichstags folgendes verordnet:

Für das im § 1b des Mieterschutzgesetzes vorgesehene Kündigungsschreiben nebst der dem Mieter bei der Zustellung zu erteilenden Rechtsbelehrung ist der anliegende Vordruck*) in der Blattgröße 29,7:21 cm zu verwenden.

Berlin, den 3. März 1928.

Der Reichsminister der Justiz.
Hergt.

Der Reichsarbeitsminister.
Dr. Brauns.

---

*) Siehe S. 146—153.

[Seite 1]

Dieser Raum ist frei zu lassen.

Kündigung eines Mietverhältnisses auf Grund des Mieterschutzgesetzes.

Kündigungsschreiben*)

des/der ....

in ...., ... Straße/Platz Nr. ....

des/der ....

in ...., ... Straße/Platz Nr. ....

(Vor- und Zuname, Wohnort und Wohnung des Vermieters oder der Vermieter)

an

den/die ....

in ...., ... Straße/Platz Nr. ....

den/die ....

in ...., ... Straße/Platz Nr. ....

(Vor- und Zuname, Wohnort und Wohnung des Mieters oder der Mieter)

Hierdurch **kündige(n)** **) ich/wir das Mietverhältnis über die im Hause

.............................., ... Straße/Platz Nr. ...., im ....

(Ort) (Stockwerk, Vorder- oder Hintergebäude u. dergl.)

belegenen **Wohnräume** — **Geschäftsräume** — **Wohn- und Geschäftsräume**.

(Richtzutreffendes durchstreichen.)

Wenden!

---

*) Dieses Kündigungsschreiben ist vom Vermieter gemäß § 1a Abs. 2 des Mieterschutzgesetzes bei dem **Amtsgericht** einzureichen, in dessen Bezirk sich der Mietraum befindet. Vgl. auch § 1b des **Gesetzes**.

Das **Kündigungsschreiben** ist in zwei Stücken und, falls sich die **Kündigung** gegen mehrere **Mieter, z. B. Eheleute, richtet, für jeden weiteren Mieter in einem weiteren Stück einzureichen**; bei einer **Kündigung** wegen Zahlungsverzugs ist außerdem noch ein weiteres Stück erforderlich.

Mit der Einreichung des Kündigungsschreibens bei Gericht werden für den Vermieter die Gerichtskosten fällig; es empfiehlt sich Zahlung in **Kostenmarken**, wo solche eingeführt sind.

**) Gilt auch für den Fall der Beendigung des Mietverhältnisses durch Zeitablauf.

[Seite 2]

Die **Kündigung** *) begründe(n) $\frac{\text{ich}}{\text{wir}}$ mit folgenden tatsächlichen Angaben:

Kündigungsgründe des Mieterschutzgesetzes:	
§ 2 (schuldhafte erhebliche Belästigung, Gefährdung des Mietraums oder des Gebäudes, Untervermietung ohne Erlaubnis).	....

§ 3 (Mietzinsrückstand für mehr als einen Monat; die Höhe des Rückstandes und des für einen Monat zu entrichtenden Mietzinses sowie der Zeitpunkt der Fälligkeit des rückständig gebliebenen Mietzinses müssen genau angegeben werden.

Bei Mietzinsen, die vierteljährlich, halbjährlich usw. zu zahlen sind, siehe unten)**).

[Anm. ** auf S. 151.]

[Seite 3]

§ 4 (Überwiegendes Interesse des Vermieters an dem Mietraum.

Für besondere Fälle siehe unten) *). ....

....

....

....

....

....

Die Kündigung erfolgt zum ....ten .... 19..........

(Tag, für den der Vermieter die Räumung verlangt.)

.............................., den ....ten .... 19..........

(Ort) (Datum)

....

....

(Unterschrift, Vor- und Zuname.)

*) Ein dem Mieterschutzgesetz unterliegendes Mietverhältnis kann zum Zwecke der Räumung nur aus den in den §§ 2, 3, 4 des Gesetzes bezeichneten Gründen gekündigt werden. Der Wortlaut dieser Vorschriften ist auf S. 4 abgedruckt.

Für Mietverhältnisse in Werkwohnungen, die dem Mieterschutz unterliegen, gilt der § 4 mit der Maßgabe, daß es genügt, wenn der Vermieter den Mietraum aus besonderen Gründen dringend braucht; dies ist namentlich der Fall, wenn der Vermieter den Mietraum für einen Nachfolger des Mieters in dem Dienst- oder Arbeitsverhältnis oder im Betriebsinteresse für einen anderen Angehörigen des Betriebs braucht, insbesondere bei Einstellung neuer Arbeitskräfte oder um einen Arbeitnehmer in der Nähe seiner Arbeitsstelle unterzubringen (§ 22 des Mieterschutzgesetzes). Bei betriebsfremden Inhabern von Werkwohnungen genügt es, daß der Vermieter den Raum für einen Angehörigen des Betriebs dringend braucht (§ 23 des Gesetzes). Die Herausgabe einer Werkwohnung kann auch dann verlangt werden, wenn sie im Verhältnis zur Bewohnerzahl übermäßig groß ist; der Unternehmer muß vorher mit dem Betriebsrat über die Angelegenheit verhandelt haben (§ 23a des Gesetzes). Hatte der ausländische Mieter am 1. Januar 1914 seinen Wohnsitz nicht im Inland, so gilt § 4 mit der Maßgabe, daß der Vermieter ein begründetes Interesse an der Erlangung des Mietraums haben muß (§ 35 des Gesetzes).

**) Ist der Mietzins in vierteljährlichen oder längeren Zeitabschnitten zu entrichten, so muß außer dem rückständigen Betrag und dem Zeitpunkt der Fälligkeit auch die Höhe des für ein Vierteljahr zu zahlenden Mietzinses vermerkt werden.

[Seite 4]

(Enthält den Wortlaut der §§ 2, 3, 4 Abs. 1 und 2 MietSchG.)

Geschäftsstelle des Amtsgerichts. ...., den .... 19.....

Geschäftsnummer ....

Rechtsbelehrung.

Beiliegendes Kündigungsschreiben wird Ihnen auf Gesuch des Vermieters hierdurch zugestellt.

Wenn Sie eine **gütliche Erledigung** der Sache für möglich halten, so empfiehlt es sich, daß Sie sich **schleunigst** an den Vermieter wenden und versuchen, mit ihm zu einer Einigung zu gelangen.

Halten Sie einen solchen Versuch für zwecklos oder hat der Einigungsversuch zu keinem Erfolg geführt, so müssen Sie **binnen zwei Wochen seit der Zustellung dieses Kündigungsschreibens gegen die Kündigung**

Widerspruch

erheben. Bei Unterlassung des Widerspruchs müssen Sie damit rechnen, daß das Gericht auf Gesuch des Vermieters einen Räumungsbefehl gegen Sie erläßt und daß Sie gezwungen werden, die Mieträume zu dem angegebenen Zeitpunkt zu verlassen.

Der Widerspruch wird erhoben

entweder schriftlich bei dem oben bezeichneten Amtsgericht (wobei sich die Angabe der oben vermerkten Geschäftsnummer empfiehlt)

oder mündlich zu Protokoll der Geschäftsstelle dieses Amtsgerichts werktags zwischen .... und .... Uhr.

Zum **schriftlichen Widerspruch** genügt es, daß Sie **auf die Rückseite dieses Blattes** den Vermerk setzen: „Ich erhebe Widerspruch", diesen mit Ihrer Unterschrift versehen und **das** Blatt frankiert **so frühzeitig** an das oben bezeichnete Amtsgericht zurücksenden, daß der Widerspruch binnen zwei Wochen seit Zustellung des Kündigungsschreibens beim Amtsgericht eingeht.

Wollen Sie **mündlich** Widerspruch erheben, so nehmen Sie zweckmäßig das Kündigungsschreiben zur Geschäftsstelle mit. Ein Beamter der Geschäftsstelle wird ihre Erklärungen entgegennehmen.

Der Widerspruch kann für Sie **auch von einem andern** (z. B. von Ihrem Ehegatten oder einem Angehörigen oder Bekannten) erhoben werden; eine schriftliche Vollmacht braucht dieser nicht vorzulegen.

Eine Kündigung wegen **Mietrückstandes** wird **hinfällig, wenn Sie den Vermieter binnen zwei Wochen seit Zustellung dieses Kündigungsschreibens befriedigen.** Fehlen Ihnen hierzu die Mittel, so wenden Sie sich **schleunigst** mit der Bitte um Unterstützung an die **Fürsorgebehörde** ....

.... Straße/Platz Nr. ....

Sind Sie bereit zu räumen, aber erst **zu einem späteren Zeitpunkt,** als es der Vermieter verlangt, so müssen Sie binnen zwei Wochen seit der Zustellung dieses Kündigungsschreibens eine

Räumungsfrist von bestimmter Dauer

beantragen. Der Antrag kann entweder schriftlich — z. B. **auf der Rückseite dieses Blattes** — oder mündlich zu Protokoll der Geschäftsstelle des Amtsgerichts gestellt werden. Ist der Vermieter, der von der Geschäftsstelle Nachricht erhält, mit der Frist einverstanden, so wird der Räumungsbefehl für den beantragten späteren Zeitpunkt erlassen; andernfalls beraumt das Gericht einen Verhandlungstermin an.

....

(Unterschrift und Dienstbezeichnung des Urkundsbeamten der Geschäftsstelle des Amtsgerichts.)

II.

Preußisches Recht.

G. Ausnahmen vom Zwangsrecht.

Ga.

Verordnung über die Bewirtschaftung möblierter Zimmer und übergroßer Wohnungen.

Vom 12. Dezember 1924 (GS. 760).

Auf Grund des § 22 des Reichsmietengesetzes vom 24. März 1922, des § 52 des Gesetzes über Mieterschutz und Mieteinigungsämter vom 1. Juni 1923 sowie der §§ 1 und 10 des Wohnungsmangelgesetzes vom 26. Juli 1923 ordne ich nach Anhörung und mit Zustimmung des Reichsarbeitsministers für das Gebiet des Preußischen Staates folgendes an:

§ 1. Die Vorschriften des Reichsmietengesetzes[1] und meiner sämtlichen dazu erlassenen Ausführungsbestimmungen sowie die Bestimmungen des 1. Abschnitts des Gesetzes über Mieterschutz und Mieteinigungsämter[2] mit

Ausnahme der des § 29, ferner die Vorschriften des Wohnungsmangelgesetzes[3] finden keine Anwendung auf möblierte Zimmer, die keine selbständige Wohnung[4] darstellen.

---

[1]) Oben zu Ae.

[2]) Oben zu Eg.

[3]) Oben zu Ca.

[4]) Dazu der erläuternde Erlaß v. 6. 2. 25, unten zu Gb.

§ 2. Eine Inanspruchnahme von Teilen einer Wohnung mit der Begründung, daß die Wohnung im Verhältnisse zur Zahl ihrer Bewohner als übergroß anzusprechen sei, ist nicht mehr zulässig.

§ 3. Soweit bis zum Inkrafttreten dieser Verordnung die Inanspruchnahme von Teilen übergroßer Wohnungen ausgesprochen oder durchgeführt worden ist, behält es bei den bisherigen Bestimmungen und dem durch die Inanspruchnahme geschaffenen Zustande sein Bewenden. Dies gilt auch bei einem Wechsel in der Person desjenigen, dem gegenüber die Inanspruchnahme ausgesprochen oder durchgeführt worden ist.

Desgleichen sind sämtliche vor dem Inkrafttreten dieser Verordnung anhängig gewordenen Streitigkeiten über die Höhe der gesetzlichen Miete für Räume der im § 1 bezeichneten Art sowie anhängige Streitigkeiten über deren Herausgabe nach den bisherigen Vorschriften zu erledigen.

Die Kommunalaufsichtsbehörden werden ermächtigt, auf Antrag von Gemeindebehörden für einzelne Fälle Ausnahmen von der Bestimmung des Abs. 1 Satz 2 zuzulassen.

§ 4. Sämtliche von mir erteilten Ermächtigungen, soweit sie mit dieser Verordnung in Widerspruch stehen, werden hiermit zurückgenommen.

Ich behalte mir vor, auf Antrag von Kommunalaufsichtsbehörden für einzelne Gemeinden Ausnahmen von den Bestimmungen der §§ 1 und 2 zuzulassen.

§ 5. Diese Verordnung tritt, soweit die Bestimmungen der §§ 2 und 3 Abs. 1 und 3 in Frage kommen, mit der Verkündung[1], im übrigen mit dem 1. Januar 1925 in Kraft.

[1]) Die die VO. enthaltende Nr. 62 der PrGS. ist am 20. 12. 24 ausgegeben.

Berlin, den 12. Dezember 1924.

Der Preußische Minister für Volkswohlfahrt.
Hirtsiefer.

Gb.

Erlaß des Preuß. Ministers für Volkswohlfahrt, betr. Bewirtschaftung möblierter Zimmer.

Vom 6. Februar 1925 (Volkswohlfahrt 77).

Gemäß § 1 meiner Verordnung über die Bewirtschaftung möblierter Zimmer und übergroßer Wohnungen vom 12. Dezember 1924 (PrGS. S. 760)[1] ist die Wohnungszwangswirtschaft für solche möblierten Zimmer aufgehoben, „die keine selbständige Wohnung darstellen". Zur Behebung von Zweifeln bei der Auslegung des Begriffs einer selbständigen Wohnung im Sinne dieser Bestimmung bemerke ich, daß als selbständige möblierte Wohnung nicht etwa nur eine abgeschlossene möblierte Wohnung zu verstehen ist. Auch möblierte Zimmer, die von den übrigen Räumen einer Wohnung nicht abgeschlossen sind, gelten als selbständige Wohnungen im Sinne meiner Verordnung vom 12. Dezember 1924, wenn der Untermieter das Recht hat, in den gemieteten Räumen einen selbständigen Haushalt zu führen. Das ist der Fall, wenn ihm das Recht der ständigen Benutzung der Küche eingeräumt worden ist oder er eine in den gemieteten Räumen vorhandene Kochgelegenheit mit Zustimmung des Hauptmieters ständig benutzt oder zur ständigen Benutzung sich selbst herrichten durfte. Ob der Untermieter von diesem Recht nicht oder nur selten Gebrauch gemacht hat, ist unerheblich; es kommt vielmehr lediglich auf die Art und den Umfang des ihm eingeräumten Rechtes zur Führung eines selbständigen Haushalts an. Eine selbständige Wohnung liegt dagegen nicht vor, wenn der Hauptmieter dem Untermieter nur gelegentlich die Mitbenutzung der Kücheneinrichtung stillschweigend oder ausdrücklich (bittweise) gestattet hat oder wenn der Untermieter in einem möblierten Zimmer sich selbst ohne Erlaubnis des Hauptmieters eine Kochgelegenheit eingerichtet hat.

Hirtsiefer.

---

[1]) Nach dem Eingang des Erlasses ist anzunehmen, daß er ohne Anhörung des Reichsarbeitsministers erlassen ist. Deshalb dürfte er unverbindlich sein, soweit er nicht wirklich nur eine Wiederholung der VO. v. 12. 12. 24, oben zu Ga, ist.

Gc.

(Erste) Verordnung über die Lockerung der Wohnungszwangswirtschaft.

Vom 11. November 1926 (PrGS. 300).

Auf Grund der §§ 1, 6 und 10 des Wohnungsmangelgesetzes vom 26. Juli 1923 (Reichsgesetzbl. I S. 754)[1], des § 52 Abs. 1 Satz 1 des Gesetzes über Mieterschutz und Mieteinigungsämter vom 30. Juni 1926 (Reichsgesetzbl. I S. 347)[2] sowie des § 22 Satz 3 des Reichsmietengesetzes vom 24. März 1922 (Reichsgesetzbl. S. 273)[3] wird nach Anhörung und, soweit erforderlich, mit Zustimmung des Reichsarbeitsministers unter Vorbehalt jederzeitigen Widerrufs folgendes angeordnet:

[1]) Oben zu Ca.
[2]) Oben zu Eg.
[3]) Oben zu Ae.

§ 1. Auf Wohnungen mit einer Jahresfriedensmiete von

a) 3000 ℳ und mehr in Berlin,
b) 2400 ℳ und mehr in den übrigen Orten der Sonderklasse,
c) 1800 ℳ und mehr in den Orten der Ortsklasse A,
d) 1300 ℳ " " " " " " " B,
e) 800 ℳ " " " " " " " C,
f) 500 ℳ " " " " " " " D

finden die Vorschriften des Wohnungsmangelgesetzes[1] mit Ausnahme der §§ 2 und 8 keine Anwendung; jedoch ist im Falle des § 8 die Genehmigung der beteiligten Gemeindebehörden nicht erforderlich.

[1] Oben zu Ca.

§ 2. Auf Geschäftsräume finden die Vorschriften des Wohnungsmangelgesetzes[1] keine Anwendung.

[1]) Oben zu Ca.

§ 3. (1) Geschäftsräume werden von den Vorschriften des ersten Abschnitts (§§ 1 bis 36) des Reichsgesetzes über Mieterschutz und Mieteinigungsämter[1] ausgenommen.

(2) Die Aufhebung des Mieterschutzes (Abs. 1) gilt nicht für Geschäftsräume, die Teile einer Wohnung bilden oder wegen ihres wirtschaftlichen Zusammenhanges mit Wohnräumen zugleich mit letzteren vermietet sind.

(3) Die Aufhebung des Mieterschutzes (Abs. 1) gilt ferner nicht für Kündigungen, die zu einem früheren Zeitpunkt als dem 31. März 1927 wirksam werden.

[1]) Oben zu Eg.

§ 4. (1) Geschäftsräume werden von den Bestimmungen des Reichsmietengesetzes[1] ausgenommen.

(2) Die Befreiung gilt nicht für die im § 3 Abs. 2 bezeichneten Geschäftsräume.

(3) Eine Änderung der für das Vertragsverhältnis geltenden Mietzinsregelung vor dem 1. April 1927 kann auf Grund des Abs. 1 nicht verlangt werden.

[1]) Oben zu Ae.

§ 5. (1) Soweit bis zum Inkrafttreten dieser Verordnung die Inanspruchnahme von Wohnungen der im § 1 bezeichneten Art oder von Geschäftsräumen rechtskräftig ausgesprochen oder durchgeführt worden ist, behält es bei den bisherigen Bestimmungen und dem durch die Inanspruchnahme geschaffenen Zustande sein Bewenden.

(2) Ein vor dem Inkrafttreten dieser Verordnung anhängig gewordener Rechtsstreit, welcher die Herausgabe eines vermieteten oder sonst zum Gebrauch überlassenen Geschäftsraums zum Gegenstande hat, ist nach den bisherigen Vorschriften zu erledigen.

§ 6. Als Geschäftsraum im Sinne dieser Verordnung gilt, was zur Zeit ihres Inkrafttretens nicht Wohnraum ist.

§ 7. Diese Verordnung tritt am 1. Dezember 1926 in Kraft[1].

[1]) Die die VO. enthaltende Nr. 44 der PrGS. ist am 24.11.26 ausgegeben.

Berlin, den 11. November 1926.

Der Preußische Minister für Volkswohlfahrt.
Hirtsiefer.

Gd.

Zweite Verordnung über die Lockerung der Wohnungszwangswirtschaft.

Vom 4. Oktober 1927 (PrGS. 192, Volkswohlfahrt 967).

Auf Grund der §§ 1, 6 und 10 des Wohnungsmangelgesetzes vom 26. Juli 1923 (Reichsgesetzbl. I S. 754)[1], des § 52 Abs. 1 Satz 1 des Gesetzes über Mieterschutz und Mieteinigungsämter vom 30. Juni 1926 (Reichsgesetzbl. I S. 347)[2] sowie des § 22 Satz 3 des Reichsmietengesetzes vom 24. März 1922 (Reichsgesetzbl. S. 273)[3] wird nach Anhörung und, soweit erforderlich, mit Zustimmung des Reichsarbeitsministers folgendes angeordnet:

¹) Oben zu Ca.
²) Oben zu Eg.
³) Oben zu Ae.

§ 1. (1) Werden durch Teilung einer unbenutzten Wohnung von fünf oder mehr Wohnräumen neue räumlich und wirtschaftlich selbständige Wohnungen hergestellt, so finden auf die neuen Wohnungen die Vorschriften des Wohnungsmangelgesetzes[1] mit Ausnahme der §§ 2, 8 und 17 Nr. 1 keine Anwendung; jedoch ist im Falle des § 8 die Genehmigung der beteiligten Gemeindebehörden nicht erforderlich.

(2) Das gleiche gilt, wenn im Einverständnis mit dem Mieter durch Teilung einer benutzten Wohnung der gleichen Größe neue räumlich und wirtschaftlich selbständige Wohnungen hergestellt werden.

(3) Als neue Wohnung gilt auch der Teil der bisherigen Wohnung, in dem eine Küche vorhanden war.

¹) Oben zu Ca.

§ 2. Die Gemeindebehörde hat von der Durchführung einer Beschlagnahme abzusehen, wenn der Verfügungsberechtigte sich bereit erklärt, innerhalb einer von der Gemeindebehörde zu bestimmenden Frist von mindestens vier Wochen durch Teilung einer Wohnung von fünf oder mehr Wohnräumen neue räumlich und wirtschaftlich selbständige Wohnungen herzustellen, und innerhalb der Frist die Arbeiten ausführt.

§ 3. Wohnungen, die in den Fällen des § 1 hergestellt sind, werden von den Vorschriften des ersten Abschnitts

(§§ 1 bis 36) des Reichsgesetzes über Mieterschutz und Mieteinigungsämter[1] sowie von den Bestimmungen des Reichsmietengesetzes[2] ausgenommen.

[1]) Oben zu Eg.
[2]) Oben zu Ae.

§ 4. Diese Verordnung tritt mit ihrer Verkündung in Kraft[1].

[1]) Die die VO. enthaltende Nr. 36 der PrGS. ist am 12. 10. 27 ausgegeben.

Berlin, den 4. Oktober 1927.

Der Preußische Minister für Volkswohlfahrt.
In Vertretung: Scheidt.

Ge.

Dritte Verordnung über die Lockerung der Wohnungszwangswirtschaft.

Vom 13. Oktober 1927
(PrGS. 195, ausgegeben am 22. 10. 27, Volkswohlfahrt 933).

Auf Grund der §§ 1 und 10 des Wohnungsmangelgesetzes vom 26. Juli 1923 (Reichsgesetzbl. I S. 754)[1] wird folgendes verordnet:

[1]) Oben zu Ca.

§ 1. In Gemeinden ohne Wohnungsmangel finden die Vorschriften des Wohnungsmangelgesetzes nebst den dazu erlassenen Ausführungsbestimmungen, soweit sich nicht aus dieser Verordnung etwas anderes ergibt, keine Anwendung.

§ 2. In Gemeinden ohne Wohnungsmangel finden Anwendung

a) die §§ 2, 8 und 17 Nr. 1 des Wohnungsmangelgesetzes mit der Maßgabe, daß im Falle des § 8 die Genehmigung der beteiligten Gemeindebehörden nicht erforderlich ist,

b) die Verordnung über die Bewirtschaftung des Wohnraums für Reichs- und unmittelbare Staatsbeamte und für Reichswehrangehörige vom 29. Mai 1925 (Gesetzsamml. S. 65)[1] sowie die zu ihrer Durchführung erforderlichen Vorschriften des Wohnungsmangelgesetzes.

[1]) Unten zu Kl.

§ 3. Die Aufsichtsbehörden können auf Antrag oder nach Anhörung der zuständigen Gemeindebehörde anordnen, daß in einzelnen Gemeinden, die nach § 5 als solche ohne Wohnungsmangel zu gelten hätten, die Vorschriften des Wohnungsmangelgesetzes nebst den dazu erlassenen Ausführungsbestimmungen Anwendung finden. Mit der Anordnung treten die auf Grund des Wohnungsmangelgesetzes für die betreffende Gemeinde erlassenen Vorschriften wieder in Kraft.

§ 4. Soweit bis zum Inkrafttreten dieser Verordnung die Inanspruchnahme von Wohnungen in Gemeinden ohne Wohnungsmangel rechtskräftig ausgesprochen oder durchgeführt worden ist, behält es bei den bisherigen Bestimmungen und dem durch die Inanspruchnahme geschaffenen Zustande sein Bewenden.

§ 5. Als Gemeinden ohne Wohnungsmangel im Sinne dieser Verordnung gelten:

a) die Gemeinden (Stadtgemeinden, Landgemeinden, Gutsbezirke) mit weniger als 4000 Einwohnern;

b) im übrigen die von der Aufsichtsbehörde auf Antrag oder nach Anhörung der zuständigen Gemeindebehörde bezeichneten Gemeinden (Stadtgemeinden, Landgemeinden, Gutsbezirke).

Berlin, den 13. Oktober 1927.

Der Preußische Minister für Volkswohlfahrt.
Hirtsiefer.

H. Mietzinsbildung.

Übersicht.

Das RMietG. ist zum wesentlichen Teile Rahmengesetz, das die nähere Ausfüllung den obersten Landesbehörden, in Preußen dem Minister für Volkswohlfahrt, überläßt. Dieser hat drei Ausführungsverordnungen erlassen, die sich zeitlich abgelöst haben:

a) die AusfVO. v. 12. 6. 22, unten zu IIa, die, als vor dem Höhepunkt der Inflation in Geltung gewesen, heute im wesentlichen nicht mehr zur Anwendung kommt, daher auch nicht ganz abgedruckt ist. Sie wurde abgelöst durch

b) die AusfBest. v. 4. 8. / 7. 11. 23, unten zu IIc, IId. Sie waren bis April 1924, also in die Zeit nach der Stabilisierung hinein, in Geltung und sind noch oft heranzuziehen. Schließlich kam

c) die MietzinsbildVO. v. 17. 4. 24, unten zu IIf, die noch heute gilt.

Während bis dahin die Bestimmung der Höhe der gesetzlichen Miete, wenn auch geregelt und überwacht durch ministerielle Anweisungen, in den Händen der Gemeinden lag, die zu diesem Zweck zahllose Verordnungen erließen (vgl. für Berlin die Übersicht vor Na), gab die 3. SteuernotVO. des Reichs, oben zu Ba, die Möglichkeit zur Vereinfachung des Rechts der gesetzlichen Miete, und der preuß.

Volkswohlfahrtsminister machte seit der eben zu c genannten VO. hiervon Gebrauch, indem er seitdem für ganz Preußen in Abweichung vom RMietG. die gesetzliche Miete in einem einheitlichen Hundertsatze der Friedensmiete in Gold-(Reichs-) Mark ausdrückte. Darauf beziehen sich im wesentlichen die übrigen unter H abgedruckten Verordnungen.

Eine Zusammenstellung der seit Februar 1924 geltenden Hundertsätze ergibt die nachfolgende Tabelle. Sie enthält neben dem Gesamthundertsatz auch seine Zerlegung in die einzelnen Bestandteile, aus denen sich die gesetzliche Miete zusammensetzt. Dazu sei aber zur Vermeidung von Mißverständnissen folgendes gesagt: Die Einzelhundertsätze für Februar bis April 1924 sind entnommen aus den Berliner Bekanntmachungen, unten zu N. Die Zerlegung der Miete für Mai 1924 ergibt sich aus Hg. Vom Juli 1924 ab sind Einzelhundertsätze amtlich nicht mehr bekanntgemacht mit Ausnahme des Satzes für laufende Instandsetzungsarbeiten, der also offiziell ist. Jedoch sind die Zerlegungszahlen für Juli 1924 bis einschließlich Juli 1926 meiner Kammer in einem Prozeß, der die Zerlegung der gesetzlichen Miete erforderte, auf ausdrückliche Anfrage durch Erlaß des Volkswohlfahrtsministers vom 26. März 1927 — II 6. 1528 — amtlich mitgeteilt worden, ergeben also einen zuverlässigen Anhalt dafür, wie das Ministerium zu der jeweils festgesetzten Gesamtzahl gekommen ist. Die Zahlen für April und Oktober 1927 schließlich beruhen auf einer mir gewordenen privaten Auskunft des Ministeriums. Es handelt sich natürlich durchweg nur um Näherungswerte, wie sich schon daraus ergibt, daß die für Hauszinssteuer eingesetzten Beträge für die einzelnen Häuser sehr erheblichen Schwankungen unterliegen.

Zu den Zahlen der Tabelle kommt hinzu der gemeindliche Zuschlag zur staatlichen Grundvermögenssteuer, der umlegbar ist, soweit er 100 v. H. der staatlichen Steuer übersteigt. Wegen der Sätze für Berlin vgl. die Tabelle vor Na.

Die gesetzliche Miete betrug in Goldprozenten der reinen Friedensmiete

seit	Verwaltungskosten	Betriebskosten	Laufende Instandsetzungen	Große Instandsetzungen	Zinsendienst	Hauszinssteuer	Abnutzungsrücklage Risikoprämie	zusammen
1. 2. 24...	5	15	6	Umlage				26
1. 3. 24...	5	15	8	"				28
1. 4. 24...	5	15	11	"		Umlage		31
1. 5. 24...	5	15	15	"		"		35*)
1. 7. 24...	6	18	15	3		20		62
1. 10. 24...	6	18	15	3		24		66
1. 4. 25...	7	18	15	3,6	4,4	28		76
1. 8. 25...	7	18	15	3,6	10,4	28		82
1. 1. 26...	7	18	15	3,6	12,4	28		84
1. 4. 26...	7	18	17	3,6	12,4	36		94
1. 7. 26...	7	18	17	5,5	12,5	40		100
1. 4. 27...	7	18	17	6	12,5	48	1,5	110
1. 10. 27...	7	19	17	6	21	48	2	120
....	....	....	....	....	....	....	....	....
....	....	....	....	....	....	....	....	....
....	....	....	....	....	....	....	....	....

*) Seit 1. 5. 24 vermindert sich der Hundertsatz für laufende Instandsetzungen und damit die Gesamtmiete um 4 v. H., wenn der Mieter die sogenannten Schönheitsreparaturen übernommen hat.

Ha.

Ausführungsverordnung zum Reichsmietengesetz.

Vom 12. Juni 1922 (PrGS. 129).

Aufgehoben durch die VO. v. 4. 8. 23, unten zu Hc, bis auf folgende Bestimmungen:

Zu § 18. In Gemeinden über 2000 Einwohner haben die Vermieter binnen sechs Wochen nach Inkrafttreten des Reichsmietengesetzes der Gemeindebehörde anzuzeigen, was ihnen über die Höhe der das Haus betreffenden Friedensmieten bekannt ist, soweit dies nicht bereits geschehen ist. Aus der Anzeige hat der Mietzins für jede Wohnung oder sonstigen Mietraum getrennt hervorzugehen. Die Anzeigen sind vor Absendung den Mietern oder der Mietervertretung zur Kenntnisnahme vorzulegen. Die Mieter oder die Mietervertretung haben die Kenntnisnahme zu bescheinigen. Die Gemeindebehörden haben die Anzeigen straßenweise geordnet aufzubewahren und sie den Mieteinigungsämtern auf Erfordern zur Ermittlung der ortsüblichen Miete zur Verfügung zu stellen.

Zu § 24. Das Reichsmietengesetz tritt in Preußen am 1. Juli 1922 in Kraft, die Verordnung vom 9. Dezember 1919 (Gesetzsamml. S. 187 ff.) mit Ablauf des 30. Juni 1922 außer Kraft[1].

---

[1]) „Anordnung, betr. Einführung einer Höchstgrenze für Mietzinssteigerungen durch die Gemeindevorstände", sog. Höchstmietenverordnung. Dazu Ausführungserlaß des preußischen Volkswohlfahrtsministers v. 9. 12. 19 (St. 4. 5618). — Wegen teilweiser Fortgeltung vgl. § 53 MSchG., oben zu Eg, und die VO. v. 29. 6. 23, unten zu IIb.

Hb.

Anordnung, betreffend Bewilligung von Mietzuschlägen für unverschuldete Zubußen.

Vom 29. Juni 1923 (PrGS. 304).

Auf Grund des § 53 des Gesetzes über Mieterschutz und Mieteinigungsämter vom 1. Juni 1923 (Reichsgesetzbl. I S. 364)[1] ordne ich hiermit mit Zustimmung des Reichsarbeitsministers an, daß

a) ein auf Grund des § 10 der außer Kraft getretenen preußischen Höchstmietenverordnung vom 9. Dezember 1919 (Gesetzsamml. S. 192)[2] bereits bewilligter Zuschlag neben der gesetzlichen Miete des Reichsmietengesetzes weiterzuzahlen ist;

b) ein noch nicht bewilligter Zuschlag für unverschuldete Zubußen unter den gleichen Voraussetzungen zugebilligt werden kann, wie dies nach den früheren Vorschriften zulässig gewesen wäre, wenn ein entsprechender Antrag vom Vermieter gestellt wird. Die Zubilligung darf sich jedoch nicht über die vor dem 1. Januar 1922 liegende Zeit erstrecken.

Der Antrag auf Bewilligung des Zuschlags ist nur binnen zwei Monaten nach dem Erlasse dieser Anordnung zulässig[3].

Berlin, den 29. Juni 1923.

Der Preußische Minister für Volkswohlfahrt.

In Vertretung: Scheidt.

[1]) Oben zu Eg.

[2]) „Im einzelnen Falle kann dem Vermieter auf Antrag für einen fest zu bestimmenden Zeitraum durch das Einigungsamt ein über den Höchstsatz der Miete hinausgehender Zuschlag zur Miete zugebilligt werden, wenn er nachweist, daß

a) er ohne solchen Zuschlag bei der Verwaltung des fraglichen Grundstücks unverschuldete Zubußen zu leisten haben würde, und außerdem

b) die Zubußen bei der Verwaltung nur entweder durch notwendige, im letzten Jahre ausgeführte oder im bevorstehenden Jahre auszuführende bauliche Instandsetzungsarbeiten oder durch Erhöhung der vom Grundstücke zu entrichtenden öffentlich-rechtlichen Abgaben verursacht sind.

Eine Verlängerung des Zeitraums, für welchen der besondere Zuschlag zur Miete zugebilligt ist, ist wegen derselben Instandsetzungsarbeiten unzulässig. Scheidet während des festgesetzten Zeitraums ein Mieter aus, so kann der auf die Mieträume entfallende Zuschlag dem nachfolgenden Mieter gegenüber anders festgesetzt werden. Die Kosten von baupolizeilichen oder sonstigen Gutachten, welche auf Grund dieser Vorschrift erforderlich werden, hat der Vermieter zu tragen."

[3]) Die die VO. enthaltende Nr. 38 der PrGS. ist am 14. 7. 23 ausgegeben.

Hc.

Ausführungsbestimmungen zum Reichsmietengesetz.*)

Vom 4. August 1923 (PrGS. 382).

In Kraft seit 17. 8. 23.

Zur Ausführung des Reichsmietengesetzes[1] bestimme ich unter Aufhebung meiner Ausführungsverordnung vom 12. Juni 1922, jedoch unter Aufrechterhaltung der Bestimmungen zu § 18 und § 24[2], was folgt:

[1]) Oben zu Ac.
[2]) Oben zu Ha.

A. Allgemeine Bestimmungen.

I. Gemeindebehörde im Sinne dieses Gesetzes ist der Gemeindevorstand (Magistrat oder Bürgermeister, Gemeindevorsteher), für Gemeinden unter 2000 Einwohner der Kreisausschuß (siehe aber XXX).

II. Das Mieteinigungsamt kann Mietzinsvereinbarungen über Gebäude oder Gebäudeteile auch von Amts wegen nachprüfen und, wenn der vereinbarte Mietzins im Vergleich zu der gesetzlichen Miete für einen Vertragsteil eine schwere Unbilligkeit darstellt, an Stelle des vereinbarten Mietzinses die gesetzliche Miete festsetzen.

Die Gemeindebehörde kann anordnen, daß der Vermieter Vereinbarungen über die Höhe des Mietzinses, nach denen eine andere als die gesetzliche Miete zu zahlen ist, binnen zwei Wochen nach Abschluß der Vereinbarung der Gemeindebehörde anzuzeigen hat.

*) Ersetzt durch die VO. v. 17. 4. 24, unten zu Hf.

III. (Aufgehoben durch VO. v. 7. 11. 23, unten zu Hd. [1])

[1]) Nr. III lautete: „Von den Bestimmungen des Reichsmietengesetzes werden nach Anhörung des Reichsarbeitsministers ausgenommen Räume in Gebäuden, die, abgesehen von den Wohnungen des für die Verwaltung, Bewachung und Beheizung des Gebäudes notwendigen hierfür angestellten Personals (Hausverwalter, Hauswart, Heizer, Nachtwächter), ausschließlich gewerblichen, geschäftlichen oder industriellen Zwecken dienen. Für die Verwaltung, Bewachung und Beheizung eines Hauses notwendig sollen im allgemeinen nicht mehr als zwei Angestellte angesehen werden.

Ob die Voraussetzungen vorliegen, entscheidet auf Anrufen eines Vertragsteils das Mieteinigungsamt."

B. Besondere Bestimmungen.

Berechnung der gesetzlichen Miete.

IV. Von der Friedensmiete sind in Häusern ohne Sammelheizung und Warmwasserversorgung bei jedem Mietraum, auf den die gesetzliche Miete Anwendung findet, abzurechnen:

1. für Instandsetzungskosten und die in der Friedensmiete enthalten gewesenen Betriebskosten 20 vom Hundert;
2. Vergütungen, die in der Friedensmiete enthalten sind:
   a) für Nebenleistungen des Vermieters, welche nicht die Raumbenutzung betreffen, aber neben der Raumbenutzung auf Grund des Mietvertrags gewährt werden (Bereitstellung von Wasserkraft, Elektrizität, Dampf, Preßluft u. dgl.);
   b) für Nebenleistungen des Vermieters, welche zwar die Raumnutzung betreffen, aber nur einzelnen Mietern zugute kommen (z. B. Spiegelglasversicherung);

c) für sonstige von der Gemeindebehörde mit Zustimmung der kommunalen Aufsichtsbehörde zu bestimmende Nebenleistungen (z. B. Fahrstuhlbenutzung).

Das gleiche gilt für Häuser mit Sammelheizung und Warmwasserversorgung mit der Maßgabe, daß bei jedem Mietraum, auf den die gesetzliche Miete Anwendung findet, zunächst für die Heizstoffe für Sammelheizung 9 vom Hundert, für die Heizstoffe für Warmwasserversorgung 3 vom Hundert abzuziehen sind.

V. Die Hundertsätze unter IV 2 sind von der Gemeindebehörde festzusetzen.

VI. Die Festsetzung des ortsüblichen Mietzinses vom 1. Juli 1914 lediglich auf Grund des abgeschätzten „Bauwerts vom 1. Juli 1914" oder auf Grund einer Abschätzung ohne Rücksicht auf die für Räume gleicher Art und Lage vereinbarten Mieten oder die Aufstellung von Durchschnittsmietpreisen für das Quadratmeter benutzter Fläche ist unzulässig. Der ortsübliche Mietzins ist im Einzelfalle durch Vergleich mit dem Mietzins zu ermitteln, „der für die mit dem 1. Juli 1914 beginnende Zeit in der Gemeinde für Räume gleicher Art und Lage regelmäßig vereinbart war".

VII. Der Vermieter sowie jeder Mieter können die Feststellung, Festsetzung oder den Ausgleich der Friedensmiete beim Mieteinigungsamt auch hinsichtlich solcher Räume beantragen, für welche nicht die gesetzliche Miete gezahlt wird.

VIII. Bei der Festsetzung oder Feststellung der Friedensmiete ist auch der Wert aller geldwerten Nebenleistungen, die der Mieter vertraglich vor dem 1. Juli 1914 übernommen hatte (z. B. Instandsetzungsarbeiten, Entrichtung des Mietzinses durch Naturalleistung), der Friedensmiete hinzuzurechnen.

Der Zuschlag für die Steigerung der Zinsen nach § 3 Abs. 1 Nr. 1.

IX. Der Zuschlag für die Steigerung der Zinsen und für die Steigerung der Kosten für die Erneuerung der Grundstücksbelastung (§ 3 Nr. 1) ist in einem Hundertsatz festzusetzen.

(Abs. 2 und 3, betr. Auswahl von Typenhäusern, sind nicht mehr von Interesse.)

Die Zinssteigerung und die Steigerung der Kosten für die Erneuerung der Grundstücksbelastung kann auf Antrag der Gemeindebehörde mit Zustimmung der Kommunalaufsichtsbehörde auf die Mieter umgelegt werden.

Der Zuschlag für die Betriebskosten nach § 3 Abs. 1 Nr. 2.

X. Als Betriebskosten gelten:

1. die für das Haus zu entrichtenden Grund- und Gebäudesteuern;
2. Entwässerungs-(Kanalisations-) Gebühren und Entgelt für Fäkalienabfuhr;
3. Straßenreinigungsgebühren;
4. Wassergeld;
5. Schornsteinfegergeld;
6. die Kosten für Müll- und Schlackenabfuhr;
7. die Kosten für die Treppen- und Flurbeleuchtung sowie für die Beleuchtung derjenigen Räume, die für die gemeinsame Benutzung der Mieter bestimmt sind (z. B. gemeinsamer Trockenboden, Waschküche, Keller);
8. die Kosten für Versicherung gegen Feuer-, Glas-, Wasserleitungs-, Sturm- und Aufruhrschäden sowie auch Haftpflichtversicherung in ortsüblicher Höhe;
9. die Kosten für Bürgersteig- und Straßenunterhaltung;

10. die Kosten für die von einer Behörde zur Beseitigung einer Ansteckungsgefahr getroffenen Maßnahmen (z. B. Rattenvertilgung);

11. die Verwaltungskosten einschließlich eines billigen Entgelts für die für das Haus aufgewandte Tätigkeit;

12. die Kosten, die dem Vermieter durch die Beschaffung des Reinigungsmaterials entstehen.

XI. Für die Betriebskosten ist ein allgemeiner Hundertsatz festzusetzen.

Die in IV 2 a, b und c genannten Nebenleistungen und die Kosten der Heizstoffe für Sammelheizung und Warmwasserversorgung, wozu auch die Kosten der Anfuhr gehören, sind in der Bekanntmachung betreffend die Festsetzung eines allgemeinen Hundertsatzes ausdrücklich auszunehmen. Sie sind nach § 12 getrennt von der gesetzlichen Miete zu berechnen. Soweit derartige Nebenleistungen (z. B. Glasversicherung) nur bei einzelnen Mietern entstehen, haben nur diese sie zu tragen. Die Kosten des Fahrstuhlbetriebs gehen mangels anderweitiger Vereinbarungen zu Lasten derjenigen Mieter, deren Mieträume an den Fahrstuhl angeschlossen sind, sofern nicht alle diese Mieter auf die Benutzung des Fahrstuhls verzichten.

Die Festsetzung eines Zuschlags für Abschreibung und Risikoprämie ist unzulässig.

XII. (Betr. Typenhäuser, nicht mehr von Interesse.)

XIII. Betriebskosten mit Ausnahme der unter X 11 und 12 aufgeführten Kosten können auf Anordnung der Gemeindebehörde auf die selbständigen Wohnungen oder die selbständigen Mieträume anderer Art umgelegt werden. Hierbei sind auch Räume, für die nicht die gesetzliche Miete zu zahlen ist oder die nicht vermietet sind, zu berücksichtigen.

XIV. Wird ein Grundstück veräußert, so ist die Umlegung der Betriebskosten insoweit unzulässig, als sie durch die Veräußerung entstanden sind.

Wird ein Grundstück veräußert und neu zur Grund- und Gebäudesteuer veranlagt, so ist die Umlage der hierdurch erhöhten Grund- und Gebäudesteuern zulässig.

XV. Wird die Umlegung der Betriebskosten angeordnet, so sind die Feuerversicherungsbeiträge in angemessener Höhe auf die selbständigen Wohnungen oder die selbständigen Mieträume anderer Art in Höhe von 95 vom Hundert umzulegen. Hierbei sind auch Räume, für die nicht die gesetzliche Miete zu zahlen ist oder die nicht vermietet sind, zu berücksichtigen.

Steht das Haus in einer besonderen Gefahrenklasse, so gehen die durch die Versicherung des Gebäudes in der höheren Gefahrenklasse entstehenden Mehrkosten zu Lasten desjenigen Mieters (oder Vermieters), der sie verursacht hat.

Bei Streit über die Angemessenheit der Versicherungsbeiträge entscheidet auf Anrufen eines Vertragsteils das Mieteinigungsamt.

XVI. Soweit die Höhe der Betriebskosten nicht durch Staat oder Gemeindebehörde oder durch einen anderen öffentlich-rechtlichen Verband bestimmt ist, hat die Gemeindebehörde die Höhe durch einen Hundertsatz zur Grundmiete zu begrenzen. Die Kommunalaufsichtsbehörde kann die Begrenzung ändern. Sie kann auch die Umlegung von Amts wegen anordnen.

XVII. Der Vermieter kann unbeschadet der Bestimmung des nächsten Absatzes die Zahlung der Betriebskosten erst verlangen, nachdem er die Belege den Mietern oder, wenn eine Mietervertretung vorhanden ist, dieser vorgelegt und gemeinschaftlich mit ihnen die Gesamtsumme der umzulegenden Betriebskosten in einen Hundertsatz der

Gesamtgrundmiete umgerechnet hat. Dieser Hundertsatz ist als Zuschlag zu jeder einzelnen Grundmiete des Hauses hinzuzurechnen.

XVIII. Die Gemeindebehörde kann einen angemessenen Hundertsatz der Grundmiete, höchstens jedoch in Höhe von vier Fünftel der im letzten Monat oder im letzten Vierteljahr entstandenen Betriebskosten, bestimmen, den der Vermieter als monatlichen oder vierteljährlichen Vorschuß auf die umzulegenden Betriebskosten von den Mietern außer der Grundmiete und den nach festen Zuschlagsätzen zu erhebenden Beträgen bei der Mietzahlung verlangen darf.

Die Abrechnung der von den Mietern geleisteten Vorschußzahlung erfolgt bei der Umlage.

Zu weiterer Vorschußzahlung ist der Mieter erst verpflichtet, wenn über die im letzten Monat oder Kalendervierteljahr geleistete Vorschußzahlung abgerechnet worden ist.

Der Zuschlag für die Kosten für laufende Instandsetzungsarbeiten nach § 3 Abs. 1 Nr. 3.

XIX. Für die Kosten für laufende Instandsetzungsarbeiten ist ein allgemeiner Hundertsatz festzusetzen.

Das Tapezieren und Anstreichen oder Kalken der Wände und Decken, das Streichen der Fußböden und der Fenster, das Anstreichen der Türen, die Instandhaltung der Badeeinrichtungen, der Wasserhähne (Neuauflegung von Scheiben), der Kochherde, der Öfen innerhalb der Wohnungen oder sonstiger Mieträume sowie das Instandhalten der Jalousien kann von dem allgemeinen Hundertsatz ausgenommen werden. Auf Antrag einer Gemeindebehörde kann die Kommunalaufsichtsbehörde die Herausnahme dieser Instandsetzungsarbeiten anordnen.

Soweit Kosten für laufende Instandsetzungsarbeiten aus dem allgemeinen Hundertsatz ausgenommen sind, hat jeder

Mieter nur die Kosten der in seinen Mieträumen tatsächlich gemachten Reparaturen gegen Vorzeigen der Belege zu tragen. Der Mieter ist vor der Vornahme der Reparaturen zur Bestimmung der Handwerker berechtigt, die die Arbeiten ausführen sollen. Er kann die Arbeiten selber ausführen, sofern er die erforderliche berufliche Ausbildung hierfür besitzt.

Bei Streit über die Notwendigkeit einer solchen Instandsetzungsarbeit und über die Eignung des Mieters zur Ausführung derselben entscheidet die im § 6 genannte Stelle, ob die Arbeit auszuführen ist.

Der Anspruch des Mieters (auch Zwangsmieters) gegen den Vermieter auf Überlassung und Erhaltung der vermieteten Sachen in einem zu dem vertragsmäßigen Gebrauch geeigneten Zustande gemäß §§ 536 ff. BGB. bleibt unberührt.

XIX a[1]. Die Gemeindebehörden sind — unbeschadet der Befugnis, die Mietzuschläge nach § 3 Abs. 2 des Reichsmietengesetzes nach Gruppen und Klassen von Mieträumen abzustufen — berechtigt und auf Verlangen der Kommunalaufsichtsbehörde verpflichtet, anzuordnen, daß der Vermieter gemäß § 10 Abs. 2 des Reichsmietengesetzes für Räume, die zu gewerblichen Zwecken im Sinne der Reichsgewerbeordnung hergestellt sind oder mit Zustimmung der Gemeindebehörde für gewerbliche Zwecke verwendet werden, einen weiteren Zuschlag bis zur Höhe von 50 vom Hundert des Zuschlags für laufende Instandsetzungsarbeiten erheben darf.

---

[1]) Zusatz der VO. v. 7. 11. 24, unten zu IId.

XX. Der Vermieter hat in der Zeit vom 1. bis 10. Februar und vom 1. bis 10. August eines jeden Jahres den Mietern (oder der Mietervertretung) auf Antrag die Verwendung der Gelder für laufende Instandsetzungsarbeiten nachzuweisen. Weigert sich der Vermieter, diesen Nachweis zu erbringen, so kann er auf Antrag der Mieter oder der Mietervertretung durch die Gemeindebehörde nach Maßgabe des § 132 des Gesetzes über die allgemeine Landesverwaltung vom 30. Juli 1883 hierzu angehalten werden.

XXI. Als „Stelle" im Sinne des § 6 Abs. 2[1] wird die Gemeindebehörde bestimmt. Diese ist befugt und auf Anordnung der Kommunalaufsichtsbehörde verpflichtet, eine paritätisch aus Vermietern und Mietern zusammengesetzte Schlichtungsstelle einzusetzen.

Die Vorsitzenden und die Beisitzer dieser Stelle werden von der Gemeindebehörde ernannt.

Das Nähere über die Einrichtung der Schlichtungsstelle und über das Verfahren bestimmt die Gemeindebehörde.

Sie ist berechtigt, für die durch das Verfahren entstehenden Kosten Gebühren zu erheben.

---

[1]) des Reichsmietengesetzes, oben zu Ae.

XXII. Die „Stelle" hat auf Antrag der Mieter oder der Mietervertretung die sachgemäße Ausführung aller notwendigen, zur Erhaltung des Hausbestandes, der Gebrauchsfähigkeit der Wohnungen und der Gesundheit der Mieter erforderlichen laufenden Instandsetzungsarbeiten zu sichern. Sie kann Instandsetzungsarbeiten dieser Art auch von Amts wegen anordnen. Zu diesem Zwecke kann sie insbesondere die Anordnung treffen, daß der Instandsetzungszuschlag von allen Mietern bis zur Höhe des erforderlichen Gesamtbetrages an eine von ihr zu bestimmende Stelle zu zahlen ist; sie kann die Mieter oder die Mietervertretung ermächtigen, die Arbeiten innerhalb einer bestimmten Frist ausführen zu lassen, oder auf andere Weise die Ausführung der Arbeiten anordnen.

XXIII. Soweit von der Stelle eine Anordnung nach XXII getroffen ist, können die Beträge von den Mietern wie Gemeindeabgaben beigetrieben werden.

Der Zuschlag für große Instandsetzungsarbeiten nach § 7.

XXIV. Als große Instandsetzungsarbeiten gelten nur die im § 5[1] aufgeführten Arbeiten.

---

[1]) des Reichsmietengesetzes, oben zu Ae.

a) Hauskonten.

XXV, XXVI. (Nicht mehr von Interesse.)

b) Zuschläge im Einzelfall.

XXVII.

1. Soweit Hauskonten nicht eingerichtet sind, ist auf Antrag eines Vertragsteils vom Mieteinigungsamt ein Zuschlag für die Verzinsung und Tilgung von Mitteln — nicht der Mittel — für die Kosten einer im Einzelfalle seit Oktober 1920 — nicht vorher — ausgeführten und notwendigen oder in den nächsten zwölf Monaten nach Stellung des Antrags auszuführenden notwendigen großen Instandsetzungsarbeit[1] unter Berücksichtigung der Bedürfnisse des Grundstücks, d. h. der Erhaltung seiner Bewohnbarkeit, für einen genau bestimmten Zeitraum festzusetzen.
2. Ist Zweifelsfällen hat das Mieteinigungsamt ein Gutachten der Handwerkskammer über die Angemessenheit der angesetzten Preise einzuholen.
3. Ist von der Gemeindebehörde ein Ausgleichsfonds nach § 7 Abs. 3 eingerichtet, so darf die Festsetzung des Sonderzuschlags nicht eher erfolgen, als bis feststeht, ob Mittel aus dem Ausgleichsfonds für die betreffenden großen

Instandsetzungsarbeiten bewilligt sind. Insoweit Mittel aus dem Ausgleichsfonds für die in Betracht kommenden Instandsetzungsarbeiten gewährt sind, sind Sonderzuschläge nicht zu bewilligen.

4. Die Gemeindebehörde hat einen Hundertsatz der Grundmiete festzusetzen, den das Mieteinigungsamt bei Festsetzung von Zuschlägen für große Instandsetzungsarbeiten nicht überschreiten darf.

Auf die persönlichen Verhältnisse der Parteien kann bei Festsetzung des Zuschlags in angemessener Weise Rücksicht genommen werden. Inwieweit der Vermieter an den Kosten der großen Instandsetzungsarbeiten zu beteiligen ist, bleibt dem Ermessen des Mieteinigungsamtes überlassen. Bei Vernachlässigung der Unterhaltung des Grundstücks, insbesondere bei Eingriff der Gemeindebehörde auf Grund des § 8², hat die Heranziehung des Vermieters zu den Kosten in einer der Vernachlässigung entsprechenden Weise zu geschehen.

5. Bei nach dem 1. Januar 1920 durch Veräußerung erworbenen Gebäuden sind Zuschläge für solche Mängel nicht zu bewilligen, die beim Erwerbe des Gebäudes bereits vorhanden waren und die der Vermieter gekannt hat oder kennen mußte.

6. Der im Einzelfall auf die Mieter entfallende Betrag ist auf die Mieträume nach dem Verhältnis der Grundmieten umzulegen. Hierbei sind auch Räume, für die nicht die gesetzliche Miete zu zahlen ist oder die nicht vermietet sind, zu berücksichtigen. Bei Herabsetzung des auf einen Mieter entfallenden Zuschlags ist die Ermäßigung auf die anderen Beteiligten entsprechend zu verteilen.

7. Das Mieteinigungsamt hat die Ausführung der großen Instandsetzungsarbeiten, für die ein Zuschlag bewilligt

ist, durch geeignete Anordnungen zu sichern (z. B. erforderlichenfalls die Anordnung zu treffen, daß die Zuschläge direkt an die Stelle abzuführen sind, die das Kapital für die Instandsetzungsarbeiten zur Verfügung gestellt hat).

[1]) In der VO. steht fälschlich „Arbeiten".
[2]) des Reichsmietengesetzes, oben zu Ac.

c) Ausgleichsfonds.

XXVIII. (Nicht mehr von Interesse.)

XXIX. Bei der Entscheidung über die Ergänzung der Zustimmung der Mieter zur Verwendung über das Hauskonto, über Bewilligung von Zuschlägen für große Instandsetzungsarbeiten im Einzelfall und bei der Entscheidung über Anträge auf Bewilligung von Mitteln aus dem Ausgleichsfonds ist von Amts wegen zu prüfen, ob der Tatbestand des § 9 Abs. 2[1] vorliegt. Soweit die Voraussetzungen des § 9 vorliegen, ist die Gemeindebehörde auf Antrag der Mieter oder Mietervertretung verpflichtet, die Beseitigung der Mängel auf dem im § 8[1] bezeichneten Wege herbeizuführen.

[1]) des Reichsmietengesetzes, oben zu Ac.

Das Verfahren bei der Festsetzung der Hundertsätze.

XXX. Die Festsetzung der unter IV 2, IX, XIX, XXV, XXVIII bezeichneten Hundertsätze wird für Gemeinden bis zu 2000 Einwohnern den Kreisausschüssen, für Gemeinden über 2000 Einwohner der Gemeindebehörde übertragen. Mit Genehmigung der Kommunalaufsichtsbehörde kann auch für Gemeinden bis zu 2000 Einwohnern diese

Befugnis von anderen Verwaltungsstellen (Amtmann, Landbürgermeister) ausgeübt werden.

Die Gemeindebehörden haben die Beschlüsse über die Festsetzung der Hundertsätze gegebenenfalls unter Beifügung der an den ausgesuchten Häusern aufgestellten Berechnungen sowie der mit den Interessentenvertretern gepflogenen Verhandlungen der Kommunalaufsichtsbehörde einzureichen. Dieser steht binnen zwei Wochen nach Eingang der Anzeige ein Einspruchsrecht zu. Wird innerhalb der genannten Frist der Einspruch nicht eingelegt oder verzichtet die Behörde schon vor Ablauf der Frist auf Einlegung des Einspruchs, so gelten die Beschlüsse als genehmigt. Eine Abänderung der Hundertsätze durch die Kommunalaufsichtsbehörde ist zulässig. Die genehmigten Beschlüsse sind in ortsüblicher Weise zu veröffentlichen.

Sammelheizung, Warmwasserversorgung und Nebenleistungen *).

XXXI. Die Umlegung der Kosten der Heizstoffe für Sammelheizung und Warmwasserversorgung oder eines von beiden soll nach Quadratmetern der Heizfläche erfolgen. Die Wahl anderer Maßstäbe durch die Gemeindebehörde ist zulässig. Die Kosten der Beheizung der gemeinsam benutzten Räume sind auf die Rauminhaber zu verteilen. Soweit Nebenleistungen nach § 12 Abs. 1 Satz 2[1] nur einzelne Mieter zu tragen haben, kann die Zahlung erst verlangt werden, nachdem die Rechnungen und sonstigen Belege vom Vermieter den betreffenden Mietern vorgelegt sind.

[1]) des Reichsmietengesetzes, oben zu Ae.

*) Diese Überschrift fehlt in der VO.

Die Berechnung der Untermiete.

XXXII. Die Untermiete ist in der Weise zu berechnen, daß zunächst der Gesamtbetrag der gesetzlichen Miete festzustellen ist, die der Untervermieter selbst für den leeren Raum zahlt. Zu diesem von dem Untervermieter für den leeren Raum zu entrichtenden Mietzins sind Zuschläge für die Überlassung von Einrichtungsgegenständen, Beleuchtung, Heizung, Bedienung und Hergabe der Wäsche nach näherer Anordnung der Gemeindebehörde zu zahlen. Die Festsetzung von Zuschlägen zur Hauptmiete wegen Untervermietung ist unzulässig.

Gemeinnützige Baugesellschaften *).

XXXIII. Ob die Voraussetzungen des Schlußsatzes des § 16 Abs. 1[1] zutreffen, entscheidet die zuständige Kommunalaufsichtsbehörde.

[1]) des Reichsmietengesetzes, oben zu Ac.

Die Mietervertretung.

XXXIV. Jeder Mieter ist berechtigt, die Wahl einer Mietervertretung zu betreiben. Von der vorzunehmenden Wahl sind sämtliche anderen Mieter in Kenntnis zu setzen. Die Wahl erfolgt formlos. Jede Mietpartei hat eine Stimme. Wahlberechtigt sind sämtliche Mieter. Wohnt der Hauptmieter nicht in der Wohnung, ist auch der Untermieter stimmberechtigt. Die Mietervertretung gilt als ordnungsmäßig gewählt, wenn sie die Mehrzahl der Stimmen der Mieter auf sich vereinigt. Das Wahlergebnis ist dem Vermieter mitzuteilen.

*) Diese Überschrift fehlt in der VO.

XXXV. Die Mieter von Mieträumen mit Sammelheizung beziehungsweise Warmwasserversorgung haben eine Mietervertretung von 1 bis 3 Personen zu wählen.

Bei Beschaffung, Lagerung und Verwendung der Heizstoffe hat die Mietervertretung ein Mitwirkungs- und Aufsichtsrecht. Im Streitfall entscheidet das Mieteinigungsamt.

XXXVI. Der Vermieter ist verpflichtet, über den Ankauf und über nach näherer Anordnung der Gemeindebehörde zu zahlende Vorschüsse und ihre Verrechnung genau Buch zu führen, die Berechnungsbelege geordnet aufzubewahren und der Mietervertretung jederzeit Einsicht zu gewähren.

Beschafft ein Vermieter die notwendigen Heizstoffe nicht rechtzeitig, so ist die Mietervertretung nach Ablauf einer von ihr dem Vermieter gestellten Frist befugt, die Heizstoffe allein einzukaufen.

Der Vermieter kann einen nach näherer Anordnung der Gemeindebehörde zu zahlenden Vorschuß für die Heizstoffe nur dann erheben, wenn die Mietervertretung das für die Heizstoffe erforderliche Einkaufsgeld nicht selbst aufbringt. Wohnt der Vermieter selber in dem Hause, so hat er die Kosten der Heizung anteilig zu tragen.

Schlußbestimmungen *).

XXXVII. Streitigkeiten über die Anwendung und Auslegung der bisherigen Bestimmungen zur Ausführung des Reichsmietengesetzes beziehungsweise über die auf Grund der bisherigen Ausführungsbestimmungen durch die Gemeindebehörde erlassenen Bekanntmachungen sind nach den bisherigen Vorschriften zu erledigen.

---

*) Diese Überschrift fehlt in der VO.

XXXVIII. Diese Ausführungsbestimmungen treten mit dem Tage der Verkündung[1] in Kraft.

[1]) Die die VO. enthaltende Nr. 47 der PrGS. ist am 17. 8. 23 ausgegeben.

Berlin, den 4. August 1923.

Der Preußische Minister für Volkswohlfahrt.
Hirtsiefer.

Hd.

Ausführungsanweisung zum Reichsmietengesetze.

Vom 7. November 1923 (PrGS. 509).

In Kraft seit 1. 12. 23.

Auf Grund des § 22 des Reichsmietengesetzes bestimme ich nach Anhörung des Reichsarbeitsministers unter Aufhebung von A III meiner Ausführungsbestimmung zum Reichsmietengesetze vom 4. August 1923 (Gesetzsamml. S. 382)[1], was folgt:

Hinter Ziffer XIX meiner Ausführungsbestimmung zum Reichsmietengesetze vom 4. August 1923 wird folgende Ziffer XIX a eingeschoben:

(Oben zu He in den Text eingefügt.)

Diese Verordnung tritt mit dem 1. Dezember 1923 in Kraft.

Berlin, den 7. November 1923.

Der Preußische Minister für Volkswohlfahrt.
Hirtsiefer.

[1]) Oben zu He.

He.

Erlaß des Preuß. Ministers für Volkswohlfahrt über die Umlegung der Hauszinssteuer.*)

Vom 15. April 1924 — II 6. 1583 — (Volkswohlfahrt 183, PrFinMinBl. 100).

Im Nachgang zu meinem Runderlaß über die Berechnung der gesetzlichen Miete vom 28. März 1924 — II 6. 1457 — ordne ich hiermit an, daß der Vermieter berechtigt ist, die von ihm auf Grund der Preußischen Steuernotverordnung vom 1. April 1924 (Gesetzsamml. S. 191)[1] zu zahlende „Hauszinssteuer" neben der gesetzlichen Miete nach dem Verhältnis der Friedensmieten auf die selbständigen Wohnungen oder die selbständigen Räume anderer Art umzulegen. Hierbei sind auch Räume zu berücksichtigen, für die nicht die gesetzliche Miete gezahlt wird oder die nicht vermietet sind.

In Häusern mit Sammelheizung und Warmwasserversorgung sind für die Berechnung der der Umlage zugrunde zu legenden Friedensmieten von der am 1. Juli 1914 vereinbart gewesenen Miete zunächst die Kosten für Sammelheizung mit 9 und für Warmwasserversorgung mit 3 vom Hundert abzuziehen. Das gleiche gilt für sonstige in der Friedensmiete enthaltene Vergütungen gemäß IV 2 a bis c meiner Ausführungsbestimmungen zum Reichsmietengesetz vom 4. August 1923[2].

Die „Hauszinssteuer" beträgt gemäß § 2 der Preußischen Steuernotverordnung[1] 400 vom Hundert der nach den Vorschriften des Gesetzes vom 14. Februar 1923 (Gesetzsamml. S. 29) und seiner Abänderungen veranlagten vorläufigen Steuer vom Grundvermögen[3].

*) Aufgehoben durch IIh.

Auch im Falle der Steuerminderung nach § 2 Abs. 3 oder nach den §§ 3 und 4 der Preußischen Steuernotverordnung[1] bleibt der Vermieter gemäß § 28 Ziffer 6 der Dritten Reichssteuernotverordnung[4] berechtigt, einen der vollen Steuer entsprechenden Betrag umzulegen.

In Vertretung: Scheidt.

---

[1]) Unten zu Ja.
[2]) Oben zu Hc.
[3]) Unten zu Jm.
[4]) Oben zu Ba.

Hf.

Verordnung über die Mietzinsbildung in Preußen.

Vom 17. April 1924 (PrGS. 474), mit Zusätzen vom 11. Juni 1924 (PrGS. 553).

In Kraft seit 1. 5. 24.

Auf Grund der §§ 21 und 22 des Reichsmietengesetzes[1] sowie der §§ 27 und 31 der Dritten Steuernotverordnung vom 14. Februar 1925[2] bestimme ich für das Gebiet des Preußischen Staates, was folgt:

---

[1]) Oben zu Ac.
[2]) Oben zu Ba.

§ 1. Gemeindebehörde im Sinne des Reichsmietengesetzes und dieser Verordnung ist der Gemeindevorstand (Magistrat, Bürgermeister, Gemeindevorsteher), für Gemeinden unter 2000 Einwohner der Kreisausschuß.

§ 2. (1) Bei der Berechnung der gesetzlichen Miete ist von dem Mietzins auszugehen, der für die mit dem 1. Juli 1914 beginnende Zeit vereinbart war (Friedensmiete).

(2) Hatte der Vermieter oder Mieter ihm nach dem Bürgerlichen Gesetzbuch nicht obliegende Nebenleistungen und Verpflichtungen vor dem 1. Juli 1914 vertraglich oder ortsüblich übernommen, und war dieses auf die Festsetzung der Höhe des Mietzinses offenbar von Einfluß, so sind diese Nebenleistungen und Verpflichtungen in Geld zu veranschlagen und bei der Bemessung der Friedensmiete zu berücksichtigen.

(3) Im Streitfall entscheidet das Mieteinigungsamt.

(4) Die Gemeindebehörde kann für Nebenleistungen und Verpflichtungen dieser Art einen Hundertsatz der Friedensmiete allgemein bestimmen. Mit Genehmigung der Kommunalaufsichtsbehörde kann auch für Gemeinden von nicht über 2000 Einwohnern (§ 1) diese Befugnis von anderen Verwaltungsstellen (Amtmann, Landbürgermeister) ausgeübt werden[1].

[1]) Der letzte Satz ist zugefügt durch VO. v. 11. 6. 24 (GS. 553, ausgegeben 18. 6. 24).

§ 3. (1) Von der Friedensmiete sind abzurechnen:

1. für die Heizstoffe für Sammelheizung 7 vom Hundert;
2. für die Heizstoffe für Warmwasserversorgung 3 vom Hundert;
3. Vergütungen für Nebenleistungen des Vermieters, die
   a) nicht die Raumnutzung betreffen, aber neben der Raumnutzung auf Grund des Mietvertrages gewährt werden (Bereitstellung von Wasserkraft, Elektrizität, Dampf, Preßluft und dergleichen),

b) zwar die Raumnutzung betreffen, aber nur einzelnen Mietern zugute kommen (Spiegelglasversicherung und dergleichen);

4. Vergütungen für sonstige von der Gemeindebehörde zu bestimmende Nebenleistungen (z. B. Fahrstuhlbenutzung).

(2) In den Fällen der Ziffer 3 und 4 hat die Gemeindebehörde den abzurechnenden Betrag in einem Hundertsatz der Friedensmiete festzusetzen.

§ 4. Wird auf Grund des § 2 Abs. 4 des Reichsmietengesetzes der ortsübliche Mietzins festgesetzt, so ist er durch Vergleich mit dem Mietzins zu ermitteln, der für die mit dem 1. Juli 1914 beginnende Zeit in der Gemeinde für Räume gleicher Art und Lage regelmäßig vereinbart war. Die Festsetzung lediglich auf Grund des abgeschätzten Bauwertes vom 1. Juli 1914 oder auf Grund einer Abschätzung ohne Rücksicht auf die für die Räume gleicher Art und Lage vereinbarten Mieten oder für[1] die Aufstellung von Durchschnittspreisen für das Quadratmeter benutzter Fläche ist unzulässig.

[1]) Das Wort „für" dürfte Druckfehler sein; vgl. oben zu IIe Nr. VI.

§ 5. Der Vermieter sowie jeder Mieter können die Feststellung, Festsetzung oder den Ausgleich der Friedensmiete beim Mieteinigungsamt auch hinsichtlich solcher Räume beantragen, für welche nicht die gesetzliche Miete gezahlt wird.

§ 6. Die gesetzliche Miete besteht, soweit nicht für einzelne Teile derselben eine besondere Regelung getroffen wird, aus Hundertsätzen der Friedensmiete, die sich nach Abrechnung der im § 3 dieser Verordnung unter Ziffer 1 bis 4 aufgeführten Nebenleistungen ergibt. Das Nähere hierüber wird von mir durch besondere Erlasse bestimmt.

§ 7. (1) Hat ein Mieter auf Grund ausdrücklicher oder stillschweigender Vereinbarung oder nach Ortsgebrauch die sogenannten Schönheitsreparaturen in seinen Mieträumen (das Tapezieren und Anstreichen oder Kalken der Wände und Decken, das Streichen der Fußböden und der Fenster und das Streichen der Türen) übernommen, so ist er berechtigt, den für laufende Instandsetzungsarbeiten bestimmten Teil der Miete um einen von mir zu bestimmenden Hundertsatz der Friedensmiete zu kürzen. In diesem Falle ist er verpflichtet, die Schönheitsreparaturen auf seine Kosten ausführen zu lassen.

(2) Genügt er dieser Pflicht nicht, so kann der Vermieter die Schönheitsreparaturen wieder selbst ausführen lassen und verlangen, daß der Mieter vom nächsten Zahlungstermin ab den vollen, für laufende Instandsetzungsarbeiten bestimmten Teil der Miete zahlt. Bei Streit hierüber entscheidet das Mieteinigungsamt. Weitergehende Ansprüche des Vermieters (z. B. auf Nachzahlung des Betrags von 4 vom Hundert, um den der Mieter seit dem 1. Februar 1924 wegen der übernommenen, aber nicht ausgeführten Schönheitsreparaturen den allgemeinen Hundertsatz für laufende Instandsetzungsarbeiten gekürzt hat) bleiben unberührt.

§ 8. (1) Die im § 3 dieser Verordnung genannten Nebenleistungen, wozu auch die Anfuhrkosten der Heizstoffe gehören, sind getrennt von der gesetzlichen Miete zu berechnen.

(2) Soweit Nebenleistungen nur bei einzelnen Mietern entstehen, haben nur diese sie zu tragen. Der Vermieter ist verpflichtet, dem Mieter auf Verlangen Auskunft über die Höhe der Kosten der Heizstoffe und der Nebenleistungen zu geben und die erforderlichen Belege vorzulegen.

§ 9. (1) Die Kosten des Fahrstuhlbetriebs sind mangels anderweitiger Vereinbarung nach dem Verhältnisse der Friedensmiete umzulegen, sofern nicht alle Mieter, die an den Fahrstuhl angeschlossen sind, auf die Benutzung des Fahrstuhls verzichten.

(2) Zu den Kosten des Fahrstuhlbetriebs gehören alle Aufwendungen, die erforderlich sind, um den Betrieb des Fahrstuhls ordnungs- und vorschriftsmäßig aufrechtzuerhalten, also auch die Kosten für Instandhaltung (z. B. Seilerneuerung, Motorreparatur und dergleichen).

(3) Der Vermieter ist berechtigt, die Kosten, die durch Wiederinbetriebsetzung eines auf Grund freier Vereinbarung, einer polizeilichen Anordnung oder aus sonstigen Gründen längere Zeit hindurch außer Betrieb gesetzten Fahrstuhls entstehen, zur Hälfte auf die an den Fahrstuhl angeschlossenen Mieter nach dem Verhältnisse der Friedensmiete umzulegen.

(4) Als an den Fahrstuhl angeschlossen gelten diejenigen Mieter, deren Mieträume einen unmittelbaren Zugang zum Fahrstuhl haben.

(5) Die Bewohner des Erdgeschosses können zu den Kosten für den Fahrstuhlbetrieb nicht herangezogen werden, wenn sie dem Vermieter gegenüber erklärt haben, daß sie auf die Benutzung des Fahrstuhls verzichten.

§ 10. Der Vermieter hat in der Zeit vom 1. bis 10. Februar und vom 1. bis 10. August eines jeden Jahres der Mietervertretung oder, wenn eine solche nicht besteht, den Mietern auf Verlangen die Verwendung der Gelder für laufende Instandsetzungsarbeiten nachzuweisen.

§ 11. (1) Erfüllt der Vermieter die ihm nach § 10 obliegende Verpflichtung nicht oder befindet er sich mit der

Ausführung notwendiger laufender Instandsetzungsarbeiten[1] im Verzuge, so hat auf Antrag der Mietervertretung oder eines Mieters die Gemeindebehörde festzustellen, ob laufende Instandsetzungsarbeiten notwendig sind, und hat bejahendenfalls das zur Sicherung der Ausführung solcher Arbeiten Erforderliche zu veranlassen.

(2) Die Gemeindebehörde kann insbesondere:

1. unbeschadet der Bestimmung des § 536 des Bürgerlichen Gesetzbuchs[2] dem Vermieter unter Androhung einer der Gemeindekasse zufallenden Strafe bis zu eintausend Goldmark eine Frist bestimmen, innerhalb deren er diese Arbeiten im Rahmen der ihm in den Mieten für laufende Instandsetzungsarbeiten zugeflossenen Mittel auszuführen hat;
2. anordnen, daß nach erfolglosem Ablauf einer dem Vermieter gesetzten Frist die Mietervertretung oder ein Mieter zur Vornahme notwendiger, bestimmt bezeichneter Arbeiten berechtigt ist. Mieter, die auf Grund solcher Anordnung Instandsetzungskosten bezahlen, sind in Höhe ihrer Zahlungen insoweit von der Mietzahlung befreit, als der für laufende Instandsetzungsarbeiten bestimmte Teil der gesetzlichen Miete beträgt. Diese Befreiung gilt auch gegenüber einem Rechtsnachfolger des Vermieters und bei Beschlagnahme des Grundstücks auf Grund der Vorschriften des Reichsgesetzes über die Zwangsversteigerung und Zwangsverwaltung;
3. anordnen, daß die Mieter den für laufende Instandsetzungsarbeiten bestimmten Teil der gesetzlichen Miete an eine von ihr zu bezeichnende Stelle abzuführen haben. Diese Beträge können wie Gemeindeabgaben beigetrieben werden. Die Gemeindebehörde hat dann

die notwendigen laufenden Instandsetzungsarbeiten ausführen zu lassen. Sobald die Kosten für die ausgeführten Arbeiten aus den abgeführten Mietbeträgen gedeckt sind, hat die Gemeindebehörde ihre Anordnung wieder aufzuheben. Die Bestimmung zu Ziffer 2 Satz 3 gilt entsprechend.

(3) Im übrigen regelt die Gemeindebehörde das Verfahren.

(4)[2] In der Stadtgemeinde Berlin kann die Gemeindebehörde (Magistrat) die ihr nach dieser Vorschrift obliegenden Aufgaben auf die Bezirksämter übertragen.

---

[1]) Dazu Erlaß des Volkswohlfahrtsministers v. 24. 4. 25 (Volkswohlfahrt 179, PrArchiv 444):

„Gemäß § 11 meiner Verordnung vom 17. April 1924 ist bei Verzug des Vermieters mit der Ausführung „notwendiger laufender Instandsetzungsarbeiten" die Gemeindebehörde auf Antrag verpflichtet, festzustellen, ob Instandsetzungsarbeiten notwendig sind. Bejahendenfalls hat sie das zur Sicherung solcher Arbeit Erforderliche zu veranlassen. Dabei sind als solche Arbeiten nicht alle Instandsetzungsarbeiten, sondern nur *laufende* Instandsetzungsarbeiten und von diesen nur wieder diejenigen zu verstehen, die *notwendig* sind, das sind solche, an deren Ausführung die Allgemeinheit aus Gründen der Erhaltung der Bewohnbarkeit, insbesondere der Gesundheit der Bewohner eines Hauses ein Interesse hat. Darunter fallen also alle diejenigen laufenden Instandsetzungsarbeiten, die zur Beseitigung eines Mangels erforderlich sind, der die Tauglichkeit des Raumes zu dem vertragsmäßigen Gebrauch aufhebt oder mindert. Die sogenannten Schönheitsreparaturen sind demnach von der Sonderregelung im § 11 meiner Verordnung vom 17. April 1924 ausgeschlossen. Es besteht auch an ihrer Ausführung kein öffentliches, sondern lediglich ein privates Interesse, mit deren Wahrnehmung die Gemeindebehörde nicht befaßt werden kann. Die Verpflichtung des Vermieters auch zur Ausführung nicht notwendiger Instandsetzungsarbeiten, insbesondere gemäß § 536 BGB., und das Recht des Mieters auf privatrechtliche Geltendmachung solcher Ansprüche im ordentlichen Rechtswege bleiben von dieser lediglich öffentlich-rechtlichen Regelung des § 11 a. a. O. unberührt."

²) „Der Vermieter hat die vermietete Sache dem Mieter in einem zu dem vertragsmäßigen Gebrauche geeigneten Zustande zu überlassen und sie während der Mietzeit in diesem Zustande zu erhalten."

³) Abs. 4 ist Zusatz der VO. v. 11. 6. 24 (PrGS. 553). Dazu Berliner Bek. v. 11. 7. 24, unten zu P.

§ 12. (Aufgehoben seit 1. 7. 24 durch die VO. v. 25. 6. 24, unten zu IIh.)[1]

---

¹) Der § 12 lautete:

„(1) Auf Antrag eines Vermieters kann das Mieteinigungsamt einen Hundertsatz der Friedensmiete für die Verzinsung und Tilgung von Mitteln für die Kosten einer im Einzelfalle seit Oktober 1920 ausgeführten und notwendigen oder in den nächsten zwölf Monaten nach Stellung des Antrags auszuführenden notwendigen großen Instandsetzungsarbeit für einen genau bestimmten Zeitraum festsetzen.

(2) Bei nach dem 1. Januar 1920 durch Veräußerung erworbenen Gebäuden ist ein Hundertsatz der Friedensmiete für solche Mängel nicht zu bewilligen, die beim Erwerbe des Gebäudes bereits vorhanden waren und die der Vermieter gekannt hat oder kennen mußte.

(3) Der im Einzelfall auf die Mieter entfallende Betrag ist nach dem Verhältnisse der Friedensmieten auf die selbständigen Wohnungen oder die selbständigen Räume anderer Art umzulegen. Hierbei sind auch Räume zu berücksichtigen, für die nicht die gesetzliche Miete gezahlt wird oder die nicht vermietet werden.

(4) Das Mieteinigungsamt hat die Ausführung der großen Instandsetzungsarbeiten, für die ein Hundertsatz der Friedensmiete bewilligt ist, durch geeignete Anordnungen zu sichern."

§ 13. Sonderzuschläge, die neben der gesetzlichen Miete auf Grund meiner Anordnung vom 29. Juni 1923 (Gesetzsamml. S. 304)[1] für unverschuldete Zubußen bewilligt worden sind, sind weiterzuzahlen.

[1]) Oben zu Hb.

§ 14. (1) Etwaige Mittel für große Instandsetzungsarbeiten, die nach § 7 Abs. 1 und 2 des Reichsmietengesetzes auf ein Hauskonto eingezahlt sind, sind dem Vermieter auf sein Verlangen herauszugeben. Einer Zustimmung der Mieter oder Mietervertretung bedarf es nicht.

(2) Mittel, die nach § 7 Abs. 3 des Reichsmietengesetzes auf einen Ausgleichsfonds eingezahlt sind, sind von der Gemeindebehörde für die gedachten Zwecke zu verwenden.

§ 15. Die Berechnung der Kosten der Heizstoffe für Sammelheizung und Warmwasserversorgung oder eines von beiden soll nach Quadratmetern der beheizten Fläche erfolgen. Die Wahl anderer Maßstäbe durch die Gemeindebehörde ist zulässig. Die Kosten der Beheizung gemeinsam benutzter Räume sind auf die Rauminhaber zu verteilen.

§ 16. In den Fällen, in denen durch Beschluß des Mieteinigungsamtes die Sammelheizung oder Warmwasserversorgung oder beide ganz oder teilweise eingestellt sind, kann das Mieteinigungsamt auf Anruf des Vermieters oder eines Mieters die Wiederinbetriebsetzung ganz oder teilweise anordnen und über die Kosten der Wiederinbetriebsetzung entscheiden.

§ 17. Die Untermiete ist in der Weise zu berechnen, daß zunächst der Gesamtbetrag der gesetzlichen Miete festzustellen ist, die der Untervermieter selbst für den leeren Raum zahlt. Zu diesem von dem Untervermieter für den leeren Raum zu entrichtenden Mietzins sind Zuschläge für die Überlassung von Einrichtungsgegenständen, Beleuchtung, Heizung, Bedienung, Hergabe der Wäsche usw. nach näherer Anordnung der Gemeindebehörde zu zahlen. Die Festsetzung von Zuschlägen zur Hauptmiete wegen Untervermietung ist unzulässig.

§ 18. Ob die Voraussetzungen des Schlußsatzes des § 16 Abs. 1 des Reichsmietengesetzes[1] zutreffen, entscheidet die zuständige Kommunalaufsichtsbehörde.

---

[1]) Oben zu Ae.

§ 19. (1) Jeder Mieter ist berechtigt, die Wahl einer Mietervertretung zu betreiben. Von der vorzunehmenden Wahl sind sämtliche Mieter in Kenntnis zu setzen. Die Wahl erfolgt formlos. Jede Mietpartei hat eine Stimme. Wahlberechtigt sind sämtliche Mieter. Wohnt der Hauptmieter nicht in der Wohnung, ist auch der Untermieter stimmberechtigt. Die Mietervertretung gilt als ordnungsmäßig gewählt, wenn sie die Mehrzahl der Stimmen der Mieter auf sich vereinigt. Das Wahlergebnis ist dem Vermieter mitzuteilen.

(2) Die Mieter von Mieträumen mit Sammelheizung beziehungsweise Warmwasserversorgung haben eine Mietervertretung von ein bis drei Personen zu wählen.

(3) Bei Beschaffung, Lagerung und Verwendung der Heizstoffe hat die Mietervertretung ein Mitwirkungs- und Aufsichtsrecht. Im Streitfalle entscheidet das Mieteinigungsamt.

(4) Der Vermieter ist verpflichtet, über den Ankauf und über nach näherer Anordnung der Gemeindebehörde zu zahlende Vorschüsse und ihre Verrechnung genau Buch

zu führen, die Berechnungsbelege geordnet aufzubewahren und der Mietervertretung jederzeit Einsicht zu gewähren.

(5) Beschafft ein Vermieter die notwendigen Heizstoffe nicht rechtzeitig, so ist die Mietervertretung nach Ablauf einer von ihr dem Vermieter gestellten Frist befugt, die Heizstoffe einzukaufen und an dazu bestimmten Stellen des Hausgrundstücks zu lagern.

(6) Der Vermieter kann einen nach näherer Anordnung der Gemeindebehörde zu zahlenden Vorschuß für die Heizstoffe nur dann erheben, wenn die Mietervertretung das für die Heizstoffe erforderliche Einkaufsgeld nicht selbst aufbringt. Wohnt der Vermieter in dem Hause, hat er die Kosten der Heizung anteilig zu tragen.

§ 20. Streitigkeiten, die sich auf Grund meiner bisherigen Bestimmungen zur Ausführung des Reichsmietengesetzes oder auf Grund der bisherigen Ausführungsbestimmungen der Gemeindebehörden ergeben haben oder noch ergeben, sind nach den bisherigen Vorschriften zu erledigen.

§ 21. Diese Verordnung, bei der die Vorschrift des § 27 Abs. 2 der Dritten Steuernotverordnung vom 14. Februar 1924[1] beachtet worden ist, tritt am 1. Mai 1924 in Kraft. Mit demselben Tage treten meine Ausführungsbestimmungen zum Reichsmietengesetze vom 4. August 1923 mit Ausnahme der Bestimmungen zu B X 1 bis 10[2] außer Kraft.

[1]) Oben zu Ba.

[2]) Oben zu IIc.

Berlin, den 17. April 1924.

Der Preußische Minister für Volkswohlfahrt.

Hirtsiefer.

Hg.

Erlaß des Preuß. Ministers für Volkswohlfahrt über die Mietzinsbildung.*)

Vom 24. April 1924 — II 6 Nr. 1697 — (nicht amtlich veröffentlicht).

Auf Grund des § 22 des Reichsmietengesetzes[1] in Verbindung mit § 27 der Dritten Steuernotverordnung vom 14. Februar 1924[2] und meiner Verordnung, betr. die Mietzinsbildung in Preußen, vom 17. April 1924[3] ordne ich nach Anhörung der im Ständigen Ausschuß für Mietzinsbildung vertretenen Vermieter und Mieter für alle Gemeinden, für die von mir keine andere Regelung getroffen wird, über die Berechnung der gesetzlichen Miete mit Wirkung vom 1. Mai 1924 **) folgendes an:

Die gesetzliche Miete beträgt 35 v. H. der reinen Friedensmiete (§§ 2, 3 meiner VO. vom 17. April 1924)[3]. Sie ist in Goldmark zu berechnen. Bei Zahlung in Papiermark ist der Umrechnung der am Tage vor der Zahlung amtlich festgestellte Berliner Goldmark-Mittelkurs zugrunde zu legen.

Von diesen 35 v. H. der Friedensmiete sind für die Kosten für laufende Instandsetzungsarbeiten 15 v. H. der Friedensmiete in Ansatz gebracht. Diese 15 v. H. kann der Mieter im Falle des § 7 Abs. 1 der erwähnten VO. vom 17. April 1924[3] um 4 v. H. auf 11 v. H. kürzen.

Bei Festsetzung eines besonderen Hundertsatzes für große Instandsetzungsarbeiten gemäß § 12 meiner Ver-

---

*) Aufgehoben durch Hh.

**) Unverändert für Juni 1924: Erl. v. 14. 5. 24 — II 6 Nr. 1847.

ordnung vom 17. April 1924[3] darf das Mieteinigungsamt 3 v. H. der Jahresfriedensmiete im Einzelfalle nicht überschreiten.

In dem Hundertsatz von 35 v. H. der Friedensmiete ist ferner enthalten für Verwaltungskosten einschließlich eines billigen Entgelts für die für das Haus aufgewandte Tätigkeit und für die Kosten, die dem Vermieter durch die Bezahlung des Reinigungsmaterials entstehen, ein Hundertsatz von 5 v. H. der Friedensmiete. In denjenigen Gemeinden, die bisher eine Umlage der Löhne für die Hausangestellten (Hausreiniger, Hauswart, Heizer, Fahrstuhlführer u. dgl.) in Geschäfts- und Industriehäusern angeordnet hatten, verbleibt es bei dieser Regelung. Dafür wird bei solchen Häusern der Hundertsatz für Verwaltungskosten um 2 v. H. gekürzt.

Zur Bestreitung der übrigen Betriebskosten (vgl. § 21 der VO. vom 17. April 1924)[3] sind 15 v. H. der Friedensmiete angesetzt, die in dem allgemeinen Hundertsatz von 35 v. H. der Friedensmiete enthalten sind. Hierbei wird unterstellt, daß in diesem Hundertsatz 3 v. H. der Friedensmiete für Wassergeld enthalten sind.

Reichen die 15 v. H. der Friedensmiete zur Deckung der Betriebskosten nicht aus, so kann der ungedeckte Mehrbetrag bis zur Höhe von weiteren 3 v. H. der Friedensmiete umgelegt werden. Weist ferner der Vermieter den Mietern oder der Mietervertretung nach, daß im letzten Zahlungsabschnitt mehr als 3 v. H. der Friedensmiete an Wassergeld verbraucht worden sind, und ist er im übrigen mit einem Betriebskostenzuschlag von 18 v. H. nicht ausgekommen, so kann er die Mehrkosten für Wassergeld umlegen.

Die Gemeindebehörden können das Wassergeld aus dem allgemeinen Hundertsatz herausnehmen und anordnen, daß der Vermieter berechtigt ist, das Wassergeld in voller

Höhe umzulegen. In diesem Falle ermäßigt sich der zur Bestreitung der Betriebskosten angesetzte Hundertsatz von 15 v. H. um 3 v. H.

In denjenigen Gemeinden, in denen der Zuschlag zur Grundvermögenssteuer (Grund- und Gebäudesteuer) mehr als 100 v. H. beträgt, sind die Vermieter berechtigt, den 100 v. H. übersteigenden Betrag umzulegen[4]. Gemeinden, in denen an Stelle eines Zuschlags zur staatlichen Grundvermögenssteuer eine selbständige Grundsteuer erhoben wird, haben den Satz dieser Grundsteuer bekanntzugeben, der einem Zuschlag von 100 v. H. zur staatlichen Grundvermögenssteuer entspricht. Soweit die selbständige Grundsteuer diesen Satz übersteigt, ist ihre Umlage gestattet.

Die Umlagen haben nach dem Verhältnis der Friedensmieten auf die selbständigen Wohnungen oder die selbständigen Räume anderer Art zu erfolgen. Hierbei sind auch Räume zu berücksichtigen, für die nicht die gesetzliche Miete gezahlt wird, oder die nicht vermietet sind.

Kommen in einem Zahlungsabschnitt Betriebskosten (vgl. § 21 meiner VO. vom 17. April 1924[3] in Verbindung mit B X 1 bis 10 der Ausführungsbestimmungen vom 4. August 1923[5]) nicht zur Erhebung, so sind die hierdurch gesparten Beträge bei der nächsten Mietzahlung auf eine vom Vermieter etwa vorzunehmende Umlage der Betriebskosten in Anrechnung zu bringen. Hat der Vermieter Betriebskosten für einen längeren Zeitraum im voraus zu entrichten, so muß er diese gleichmäßig für den Zeitraum, für den die Zahlung erfolgte, auf die einzelnen Mietzahlungstermine verteilen.

Bezüglich der Hauszinssteuer behält es bei meiner Anordnung vom 15. April 1924 — II 6 Nr. 1583[6] — sein Bewenden mit der Maßgabe, daß in Häusern mit Sammelheizung und Warmwasserversorgung zunächst die Kosten für Sammelheizung mit 7 v. H. und für Warmwasserversorgung mit 3 v. H. von der am 1. Juli 1914 vereinbarten Miete abzuziehen sind.

Hirtsiefer.

---

[1]) Oben zu Ac.

[2]) Oben zu Ba.

[3]) Oben zu Hf.

[4]) Vgl. dazu auch unten zu Hh Anm. 5.

[5]) Oben zu Hc.

[6]) Oben zu He.

Hh.

Verordnung über die Regelung der gesetzlichen Miete in Preußen für die Zeit vom 1. Juli 1924 ab.

Vom 25. Juni 1924 — II 6 Nr. 2140 — (PrGS. 570).

Auf Grund des § 22 des Reichsmietengesetzes[1] in Verbindung mit § 27 der Dritten Steuernotverordnung vom 14. Februar 1924[2] und meiner Verordnung über die Mietzinsbildung in Preußen vom 17. April 1924[3] ordne ich unter Aufhebung des § 12 der letztgenannten Verordnung und unter Aufhebung meines Erlasses vom 15. April 1924 — II 6 Nr. 15 83 —[4] nach Anhörung der im Ständigen Ausschusse für Mietzinsbildung vertretenen Mieter und Vermieter für alle Gemeinden, für die von mir keine andere Regelung getroffen wird, über die Berechnung der gesetzlichen Miete mit Wirkung vom 1. Juli 1924 *) folgendes an:

---

*) Unverändert für:

August 1924: Erl. v. 11. 7. 24 — II 6 Nr. 2263 —,
September 1924: Erl. v. 16. 8. 24 — II 6 Nr. 2538 —.

Die gesetzliche Miete beträgt 62 v. H. der reinen Friedensmiete (§ 2 und § 3 meiner Verordnung über die Mietzinsbildung in Preußen vom 17. April 1924[3]). Sie ist in Goldmark zu berechnen. Bei Zahlung in Papiermark ist der Umrechnung der am Tage vor der Zahlung amtlich festgestellte Berliner Goldmark-Mittelkurs zugrunde zu legen.

Bei der Festsetzung der gesetzlichen Miete auf 62 v. H. sind die großen Instandsetzungsarbeiten berücksichtigt worden. In denjenigen Fällen, in denen das Mieteinigungsamt auf Grund der bisherigen Vorschriften einen besonderen Zuschlag für große Instandsetzungsarbeiten festgesetzt hat, vermindert sich die gesetzliche Miete um den zugebilligten Betrag, soweit dieser am 1. Juli 1924 oder später fällig wird.

Von den 62 v. H. der reinen Friedensmiete sind ferner für die Kosten für laufende Instandsetzungsarbeiten 15 v. H. in Ansatz gebracht. Diese 15 v. H. kann der Mieter im Falle des § 7 Abs. 1 der Verordnung vom 17. April 1924[3] um 4 v. H. auf 11 v. H. kürzen.

In denjenigen Gemeinden, die bisher eine Umlage der Löhne für die Hausangestellten (Hausreiniger, Hauswart, Heizer, Fahrstuhlführer u. dgl.) in Geschäfts- und Industriehäusern angeordnet hatten, verbleibt es bei dieser Regelung. Dafür wird bei solchen Häusern die gesetzliche Miete um 2 v. H. gekürzt.

Aus der gesetzlichen Miete sind nunmehr neben den Betriebskosten (siehe § 21 letzter Satz meiner Verordnung vom 17. April 1924[3]) sämtliche auf dem Grundstücke ruhenden öffentlichen Lasten zu entrichten.

In Gemeinden, in denen der Zuschlag zur Grundvermögenssteuer mehr als 100 v. H. beträgt, ist der Vermieter berechtigt, den 100 v. H. übersteigenden Betrag umzulegen[5]. Gemeinden, in denen an Stelle eines Zuschlags zur staatlichen Grundvermögenssteuer eine selbständige

Grundsteuer erhoben wird, haben den Satz dieser Grundsteuer bekanntzugeben, der einem Zuschlag von 100 v. H. zur staatlichen Grundvermögenssteuer entspricht. Soweit die selbständige Grundsteuer diesen Satz übersteigt, ist ihre Umlage gestattet. Der Vermieter ist ferner berechtigt, denjenigen Betrag umzulegen, den die Gemeinde auf Grund des § 8 a Abs. 1 des Art. II der Zweiten Preußischen Steuernotverordnung in der Fassung vom 19. Juni 1924[6] erhebt.

Für das Wassergeld sind 3 v. H. der Friedensmiete in der gesetzlichen Miete in Ansatz gebracht. Der Vermieter ist berechtigt, das Wassergeld umzulegen. In diesem Fall vermindert sich die gesetzliche Miete um 3 v. H.[7]

Die Umlagen haben nach dem Verhältnisse der reinen Friedensmiete auf die selbständigen Wohnungen oder die selbständigen Räume anderer Art zu erfolgen. Hierbei sind auch Räume zu berücksichtigen, für die nicht die gesetzliche Miete gezahlt wird oder die nicht vermietet sind.

Mit dem Inkrafttreten dieser Verordnung treten meine Erlasse vom 24. April beziehungsweise vom 14. Mai 1924 — II 6 Nr. 1697, 1847 — außer Kraft[8].

Berlin, den 25. Juni 1924.

Der Preußische Minister für Volkswohlfahrt.
Hirtsiefer.

---

1) Oben zu Ae.

2) Oben zu Ba.

3) Oben zu Hf.

4) Oben zu He.

5) Nach dem Erl. des preuß. Volkswohlfahrtsministers v. 23. 12. 25 (Volkswohlfahrt 1926 S. 75) ist auch die Umlegung zulässig, wenn die Gemeinde den Zuschlag nachträglich mit rückwirkender Kraft erhöht.

[6]) Unten zu Ja, b; inzwischen aber ganz gestrichen, unten zu Jf § 13. Es gibt keine Gemeindezuschläge zur Hauszinssteuer mehr.

[7]) Die Kürzung muß aber sofort bei der Mieteinziehung erfolgen. Eine nachträgliche Umlegung des 3 v. H. der Friedensmiete übersteigenden Wassergeldes ist nicht zulässig. Erlaß des preuß. Volkswohlfahrtsministers v. 22. 11. 24 — II 6 Nr. 2926—.

[8]) Oben zu Hg.

Hi.

Erlaß des Preuß. Ministers für Volkswohlfahrt über die Mietzinsbildung.

Vom 17. September 1924 — II 6 Nr. 2670 — (nicht amtlich veröffentlicht).

In Abänderung meiner Verordnung vom 25. Juni d. J. — II 6 Nr. 2140 —[1] wird folgendes bestimmt: Die gesetzliche Miete für den Monat Oktober d. J. beträgt 66 v. H. der reinen Friedensmiete (§ 2 und § 3 meiner Verordnung über die Mietzinsbildung in Preußen vom 17. April 1924[2]). Im übrigen behält meine Verordnung vom 25. Juni 1924[1] auch für den Monat Oktober *) Gültigkeit.

J. V.: Scheidt.

---

[1]) Oben zu Hh.

[2]) Oben zu Hf.

---

*) Unverändert für:

November 1924: Erl. v. 23. 10. 24 — II 6 Nr. 2839 —,
Dezember 1924: Erl. v. 21. 11. 24 (Volkswohlf. 457),
Januar 1925: Erl. v. 18. 12. 24 (Volkswohlf. 18),
Februar 1925: Erl. v. 27. 1. 25 (Volkswohlf. 53),
März 1925: Erl. v. 25. 2. 25 (Volkswohlf. 78).

Hk.

Erlaß des Preuß. Ministers für Volkswohlfahrt, betreffend die Aprilmiete.

Vom 30. März 1925 – II 6 Nr. 434 – (Volkswohlfahrt 130).

In Abänderung meiner Verordnung vom 17. September 1924 — II 6 Nr. 2670 —[1] wird, auch in Gemäßheit des § 4 der Verordnung zur Ausführung der Dritten Steuernotverordnung des Reichs vom 14. Februar 1924[2] (Dritte Preußische Steuernotverordnung vom 28. März 1925[3]), folgendes bestimmt:

Die gesetzliche Miete für den Monat April 1925 beträgt 76 v. H. der reinen Friedensmiete (§ 2 und § 3 meiner Verordnung über die Mietzinsbildung in Preußen vom 17. April 1924[4]). Im übrigen behält meine Verordnung vom 25. Juni 1924 — II 6 Nr. 2140 —[5] auch für den Monat April Gültigkeit *).

Hirtsiefer.

---

[1]) Oben zu Hi.
[2]) Oben zu Ba.
[3]) Unten zu Jc.
[4]) Oben zu Hf.
[5]) Oben zu Hh.

---

*) Unverändert für:
Mai 1925: Erl. v. 25. 4. 25 (Volkswohlf. 156),
Juni 1925: Erl. v. 20. 5. 25 (Volkswohlf. 206),
Juli 1925: Erl. v. 25. 6. 25 (PrGS. 82).

Hl.

Verordnung über die gesetzliche Miete für den Monat August 1925.

Vom 27. Juli 1925 (PrGS. 98).

Auf Grund . . . wird . . . für alle Gemeinden, für die keine andere Regelung getroffen wird, über die Berechnung der gesetzlichen Miete mit Wirkung vom 1. August 1925 folgendes angeordnet:

Die gesetzliche Miete für den Monat August 1925 beträgt 82 vom Hundert der reinen Friedensmiete (§§ 2 und 3 der Verordnung des Ministers für Volkswohlfahrt über die Mietzinsbildung in Preußen vom 17. April 1924[1]).

Im übrigen behält die Verordnung des Ministers für Volkswohlfahrt vom 25. Juni 1924 (Gesetzsamml. S. 570)[2] auch für den Monat August Gültigkeit*).

Berlin, den 27. Juli 1925.

Das Preußische Staatsministerium.

Für den Ministerpräsidenten:

am Zehnhoff. Hirtsiefer. Höpker Aschoff.

---

[1]) Oben zu Hf.

[2]) Oben zu Hh.

---

*) Unverändert für:

September 1925: VO. v. 27. 8. 25 (PrGS. 110),

bis auf weiteres: VO. v. 26. 9. 25 (PrGS. 117).

Hm.

Verordnung über die gesetzliche Miete vom 1. Januar 1926 ab.

Vom 16. Dezember 1925 (PrGS. 177).

Auf Grund . . . wird . . . für alle Gemeinden, für die keine andere Regelung getroffen wird, über die Berechnung der gesetzlichen Miete folgendes verordnet:

Die gesetzliche Miete beträgt vom 1. Januar 1926 ab bis auf weiteres 84 vom Hundert der reinen Friedensmiete (§§ 2 und 3 der Verordnung des Ministers für Volkswohlfahrt über die Mietzinsbildung in Preußen vom 17. April 1924[1]).

Im übrigen behält die Verordnung des Ministers für Volkswohlfahrt vom 25. Juni 1924 (Gesetzsamml. S. 570)[2] Gültigkeit.

Berlin, den 16. Dezember 1925.

Das Preußische Staatsministerium.
Braun. Hirtsiefer.

---

[1]) Oben zu Hf.
[2]) Oben zu Hh.

Hn.

Verordnung über die gesetzliche Miete vom 1. April 1926 ab.

Vom 26. März 1926 (PrGS. 130).

Auf Grund . . . wird . . . für alle Gemeinden, für die keine andere Regelung getroffen wird, über die Berechnung der gesetzlichen Miete folgendes verordnet:

Die gesetzliche Miete beträgt vom 1. April 1926 ab bis auf weiteres 94 vom Hundert der reinen Friedensmiete (§§ 2 und 3 der Verordnung des Ministers für Volkswohlfahrt über die Mietzinsbildung in Preußen vom 17. April 1924[1]).

Von den 94 vom Hundert der reinen Friedensmiete sind für die Kosten für laufende Instandsetzungsarbeiten 17 vom Hundert in Ansatz gebracht.

Im übrigen behält die Verordnung des Ministers für Volkswohlfahrt vom 25. Juni 1924 (Gesetzsamml. S. 570)[2] Gültigkeit.

Berlin, den 26. März 1926.

Das Preußische Staatsministerium.

Braun. Hirtsiefer. Höpker Aschoff.

---

[1]) Oben zu Hf.

[2]) Oben zu Hh.

Ho.

Verordnung über die gesetzliche Miete vom 1. Juli 1926 ab.

Vom 25. Juni 1926 (PrGS. 185).

Auf Grund der §§ 11 und 22 des Reichsmietengesetzes[1], der §§ 2, 3 und 8 des Gesetzes über den Geldentwertungsausgleich bei bebauten Grundstücken vom 1. Juni 1926 (Reichsgesetzbl. I S. 251)[2] sowie der Verordnung des Ministers für Volkswohlfahrt über die Mietzinsbildung in Preußen vom 17. April 1924 (Gesetzsamml. S. 474)[3] wird nach Anhörung der im Ständigen Ausschusse für Mietzinsbildung vertretenen Mieter und Vermieter für alle Gemeinden, für die keine andere Regelung getroffen wird, über die Berechnung der gesetzlichen Miete folgendes verordnet:

Die gesetzliche Miete beträgt vom 1. Juli 1926 ab bis auf weiteres 100 vom Hundert der reinen Friedensmiete (§§ 2 und 3 der Verordnung des Ministers für Volkswohlfahrt über die Mietzinsbildung in Preußen vom 17. April 1924[3]).

Von den 100 vom Hundert der reinen Friedensmiete sind für die Kosten für laufende Instandsetzungsarbeiten 17 vom Hundert in Ansatz gebracht.

Im übrigen behält die Verordnung des Ministers für Volkswohlfahrt vom 25. Juni 1924 (Gesetzsamml. S. 570)[4] Gültigkeit.

Berlin, den 25. Juni 1926.

Das Preußische Staatsministerium.
Braun. Hirtsiefer. Höpker Aschoff.

---

[1]) Oben zu Ae.
[2]) Oben zu Bd.
[3]) Oben zu Hf.
[4]) Oben zu Hh.

Hp.

Verordnung über die gesetzliche Miete.

Vom 26. März 1927 (PrGS. 36).

Auf Grund der §§ 11 und 22 des Reichsmietengesetzes[1], der §§ 2, 3 und 8 des Gesetzes über den Geldentwertungsausgleich bei bebauten Grundstücken vom 1. Juni 1926 (Reichsgesetzbl. I S. 251)[2], der Verordnung über Festsetzung einer Mindesthöhe der gesetzlichen Miete vom 11. März

1927 (Reichsgesetzbl. I S. 72)[3] sowie der Verordnung des Ministers für Volkswohlfahrt über die Mietzinsbildung in Preußen vom 17. April 1924 (Gesetzsamml. S. 474)[4] wird nach Anhörung der im Ständigen Ausschusse für Mietzinsbildung vertretenen Mieter und Vermieter für alle Gemeinden, für die keine andere Regelung getroffen wird, über die Berechnung der gesetzlichen Miete folgendes verordnet:

Die gesetzliche Miete beträgt vom 1. April 1927 ab 110 v. H. und vom 1. Oktober 1927 ab 120 v. H. der reinen Friedensmiete (§§ 2 und 3 der Verordnung des Ministers für Volkswohlfahrt über die Mietzinsbildung in Preußen vom 17. April 1924[4]).

Von den 110 v. H. beziehungsweise 120 v. H. der reinen Friedensmiete sind für die Kosten für laufende Instandsetzungsarbeiten 17 v. H. in Ansatz gebracht.

Im übrigen behält die Verordnung des Ministers für Volkswohlfahrt vom 25. Juni 1924 (Gesetzsamml. S. 570)[5] Gültigkeit.

Berlin, den 26. März 1927.

Das Preußische Staatsministerium.

Zugleich für den Minister für Volkswohlfahrt:

Braun. Höpker Aschoff.

---

[1]) Oben zu Ae.

[2]) Oben zu Bd.

[3]) Oben zu Af.

[4]) Oben zu Hf.

[5]) Oben zu Hh.

Hq.

Verordnung über die Regelung der gesetzlichen Miete.

Vom 4. Januar 1928 (PrGS. 3, ausgegeben am 19. 1. 28).

Auf Grund des § 22 des Reichsmietengesetzes vom 24. März 1922 (Reichsgesetzbl. S. 273)[1] sowie der §§ 2 und 8 des Gesetzes über den Geldentwertungsausgleich bei bebauten Grundstücken vom 1. Juni 1926 (Reichsgesetzbl. I S. 251)[2] wird für alle Gemeinden, für die keine andere Regelung getroffen wird, mit Wirkung vom 1. April 1928 folgendes angeordnet:

Die Berechtigung des Vermieters zur Umlegung von Grundvermögenssteuerzuschlägen auf die Mieter gemäß der Verordnung des Ministers für Volkswohlfahrt vom 25. Juni 1924 (Gesetzsamml. S. 570)[3] erstreckt sich nicht auf solche Grundvermögenssteuerzuschläge, die als Abgeltung für die im § 21 der Verordnung über die Mietzinsbildung in Preußen vom 17. April 1924 (Gesetzsamml. S. 474)[4] in Verbindung mit Nr. X zu 2, 3 und 6 der Ausführungsbestimmungen zum Reichsmietengesetz vom 4. August 1923 (Gesetzsamml. S. 382)[5] bezeichneten Betriebskosten beschlossen und erhoben werden[6].

Berlin, den 4. Januar 1928.

Das Preußische Staatsministerium.
Braun. Hirtsiefer. Grzesinski.

---

[1]) Oben zu Aa, Ae.
[2]) Oben zu Bd.
[3]) Oben zu Hh.
[4]) Oben zu Hf.

[5]) Oben zu Hc.

[6]) Dazu der Erlaß des preuß. Volkswohlfahrtsministers v. 5. 1. 28 (Volkswohlfahrt 139):

„Zur Behebung von Zweifeln weise ich darauf hin, daß die Gemeindebehörde für die am 1. Juli 1914 in Abweichung vom BGB. vom Mieter getragenen Betriebskosten auf Grund des § 2 Abs. 4 der Verordnung über die Mietzinsbildung in Preußen vom 17. April 1924 (oben zu Hf) einen Hundertsatz der Friedensmiete bestimmen kann, um den die Friedensmiete zu erhöhen ist, wenn die Gebühren für diese Betriebskosten entsprechend den Vorschriften des BGB. nunmehr vom Vermieter zu entrichten sind (vgl. Rechtsentscheid des Kammergerichts vom 14. Mai 1926 — 17 Y 48/26 — [unten zu Sa Nr. 23]). Zu einer dahingehenden Anordnung der Gemeinde ist eine Ermächtigung meinerseits nicht erforderlich.

Bei der Bemessung der Zuschläge zur Friedensmiete ist die Leistung des Mieters in dem am 1. Juli 1914 bestehenden Umfang und mit ihrem damaligen Werte zu berücksichtigen (vgl. Rechtsentscheid des Kammergerichts vom 24. Januar 1927 — 17 Y 3/27 — [unten zu Sa Nr. 24)."

Hr.

Verordnung über Betriebskosten in der gesetzlichen Miete.

Vom 14. April 1928 (PrGS. 100).

[Abgedruckt unten S. 308.]

J. Steuerrecht.

Ja.

Verordnung zur Ausführung der Dritten Steuernotverordnung des Reichs (Preußische Steuernotverordnung).

Vom 1. April 1924 (PrGS. 191).

In Kraft seit 1. 4. 24.

Mit den Änderungen vom 19. Juni 1924 und 28. März 1925, unten zu Lb, Lc.

Das Staatsministerium erläßt gemäß Artikel 55 der Verfassung in Übereinstimmung mit dem Ständigen Ausschusse des Landtags die folgende Verordnung mit Gesetzeskraft:

I. Abschnitt.

Hauszinssteuer.

§ 1[1]. Zur Durchführung des Geldentwertungsausgleichs wird im Zusammenhange mit der Regelung des Mietwesens von den in Preußen belegenen bebauten Grundstücken, die nicht dauernd land- oder forstwirtschaftlichen oder gärtnerischen Zwecken zu dienen bestimmt sind, vom 1. April 1924 ab eine besondere Steuer (Hauszinssteuer) erhoben, die zur Förderung der Neubautätigkeit und zur Deckung der durch die Dritte Steuernotverordnung des Reichs[2] notwendig gewordenen Ausgaben, insbesondere für Aufgaben der Wohlfahrtspflege (§ 42 der Dritten Steuernotverordnung), verwendet werden soll.

---

[1]) Geändert unten zu Jc.

[2]) Oben zu Ba.

§ 2. (1) Die Steuer beträgt 400 v. H.[1] der nach den Vorschriften des Gesetzes vom 14. Februar 1923 (Gesetzsamml. S. 29) und seiner Abänderungen veranlagten vorläufigen Steuer vom Grundvermögen[2].

(2)[3] Von dem Aufkommen aus der Hauszinssteuer sind $^{7}/_{14}$ nach näherer Vorschrift des § 11 zur Förderung der Neubautätigkeit zu verwenden; $^{2}/_{14}$ fließen den Gemeinden (Gemeindeverbänden) nach näherer Vorschrift des § 12 zur Deckung der übrigen im § 1 genannten Ausgaben (Gemeindeanteil an der Hauszinssteuer), $^{5}/_{14}$ dem Lande zu.

(2 a)[4] Beträgt die Friedensmiete (der Friedensmietwert) des Grundstücks weniger als 6 v. H. des der Veranlagung zur vorläufigen Steuer vom Grundvermögen zugrunde liegenden Steuerwerts, so ist die Hauszinssteuer auf Antrag in der Weise herabzusetzen, daß sie von einer angenommenen Grundvermögenssteuer von 4 v. H. der Friedensmiete (des Friedensmietwerts) berechnet wird[5].

(3)[6] Steuereingänge aus zurückliegender Zeit werden nach dem zur Zeit des Eingangs geltenden Verteilungsmaßstabe verteilt.

---

[1]) Die Hundertsätze sind fortgesetzt erhöht worden:

Fassung	v. 1. 4. 24	ab	1. 4. 24	. . . .	400 v. H.,
"	" 19. 6. 24	"	1. 7. 24	. . . .	500 " ",
"	" 19. 6. 24	"	1. 10. 24	. . . .	600 " ",
"	" 28. 3. 25	"	1. 4. 25	. . . .	700 " ",
"	" 27. 3. 26	"	1. 4. 26	. . . .	900 " ",
"	" 2. 7. 26	"	1. 7. 26	. . . .	1000 " ",
"	" 27. 4. 27	"	1. 4. 27	. . . .	1200 " ".

²) Unten zu Jm.

³) Fassung des Abs. 2 v. 28. 3. 25, unten zu Jc. Früher wurde so geteilt: Fassung v. 1. 4. 24: $^1/_2$ für Neubau, $^1/_4$ für Gemeinden, $^1/_4$ für das Land; Fassung v. 19. 6. 24: $^2/_5$ für Neubau, $^1/_5$ für Gemeinden, $^2/_5$ für das Land; Fassung v. 21. 10. 24: $^5/_{12}$ für Neubau, $^2/_{12}$ für Gemeinden, $^5/_{12}$ für das Land.

Weitere Änderungen der Verteilung unten zu Jd, Jf, Jg.

⁴) Abs. 2 a ist Zusatz v. 19. 6. 24, unten zu Jb; geändert unten zu Jc.

⁵) Durch Ges. v. 2. 7. 26, unten zu Jc, ist hinter Abs. 2 a ein Abs. 2 b eingefügt worden.

⁶) Fassung des Abs. 3 v. 28. 3. 25, unten zu Jc. In der alten Fassung lautete Abs. 3:

„Bei Grundstücken, die am 1. Juli 1914 mit dinglichen privatrechtlichen Lasten nicht oder mit nicht mehr als 20 v. H. des Wertes belastet waren, ist die Steuer auf Antrag um ein Viertel herabzusetzen. Ist das Gebäude erst nach dem 1. Juli 1914 fertiggestellt worden, so tritt an Stelle dieses Tages der Zeitpunkt der Fertigstellung."

§ 2 a.

(Eingefügt durch Ges. v. 27. 3. 26, unten zu Jd.)

§ 3. (1)[1] Die Steuer vermindert sich auf Antrag um die laufende Geldverpflichtung, die sich ergibt aus einer am 13. Februar 1924 auf dem Grundstücke ruhenden privatrechtlichen wertbeständigen Last gemäß der Reichsverordnung über die Eintragung von Hypotheken in ausländischer Währung vom 13. Februar 1920 (Reichsgesetzbl. S. 231) oder dem Reichsgesetz über wertbeständige Hypotheken vom 23. Juni 1923 (Reichsgesetzbl. I S. 407) oder aus einer zum gleichen Zeitpunkt auf dem Grundstücke ruhenden

Reallast, bei der die in Geld zu entrichtende Leistung nach einem wertbeständigen Maßstabe im Sinne des genannten Reichsgesetzes bestimmt ist.

(2)[1] Entsprechendes gilt für laufende Geldverpflichtungen aus einer auf Grund des Reichsgesetzes über das Zusatzabkommen vom 6. Dezember 1920 zwischen dem Deutschen Reiche und der Schweizerischen Eidgenossenschaft, betreffend schweizerische Goldhypotheken in Deutschland und gewisse Arten von Frankenforderungen an deutsche Schuldner, vom 23. Juni 1923 (Reichsgesetzbl. II S. 284) aus der Umwandlung einer schweizerischen Goldhypothek entstandenen Frankengrundschuld. Zu den laufenden Geldverpflichtungen gehören auch Rücklagen, die zur Abtragung der Frankengrundschuld angesammelt werden. Der Finanzminister bestimmt, bis zu welcher Höhe Rücklagen als angemessen anzusehen sind[2].

(3)[3] Bei Grundstücken, die am 1. Juli 1914 mit dinglichen privatrechtlichen Lasten nicht oder mit nicht mehr als 20 v. H. des Wertes belastet waren, ist die Steuer auf Antrag auf 500 v. H. und, wenn Wohngrundstücke dieser Art ausschließlich vom Eigentümer bewohnt werden, auf 400 v. H. der Grundvermögenssteuer herabzusetzen. Ist das auf dem Grundstück errichtete Gebäude erst nach dem 1. Juli 1914 fertiggestellt worden, so tritt an die Stelle dieses Tages der Zeitpunkt der Fertigstellung[4].

---

[1]) Abs. 1 und 2 geändert unten zu Jd.

[2]) 2. VO. des PrFinMin. zur Durchf. der Pr. SteuernotVO. v. 30. 5. 24 (GS. 545).

[3]) Abs. 3 ist Zusatz v. 28. 3. 25, unten zu Jc. Später geändert, unten zu Je.

[4]) Weitere Abs. 4 bis 8 sind zugefügt durch Ges. v. 2. 7. 26, unten zu Je.

§ 3 a.

(Eingefügt durch Ges. v. 2. 7. 26, unten zu Je.)

§ 4[1]. Den Steuerpflichtigen ist durch eine Erhöhung der gesetzlichen Miete ein Betrag zu gewähren, mit dem eine nach den Grundsätzen des Artikels I der Dritten Steuernotverordnung des Reichs[2] aufgewertete Papiermarkhypothek zu verzinsen wäre, deren Nennbetrag dem Steuerwerte des Grundstücks entspricht. Für die Höhe der Verzinsung gilt der im § 5 der Dritten Steuernotverordnung des Reichs[2] vorgesehene Satz. Hierdurch sind die Steuerminderungsansprüche gemäß § 28 Abs. 3 letzter Satz der Dritten Steuernotverordnung des Reichs[2] mit abgegolten.

---

[1]) In der ältesten Fassung lautete § 4:

„Die Steuer vermindert sich auf Antrag um die laufende Geldverpflichtung, die sich daraus ergibt, daß eine auf dem Grundstücke ruhende nicht wertbeständige Last nach den Vorschriften des Artikels I der Dritten Steuernotverordnung des Reichs aufgewertet wird. Dabei bleibt eine über 15 v. H. des Goldmarkbetrags hinausgehende Aufwertung außer Betracht. Die laufende Geldverpflichtung wird nur insoweit berücksichtigt, als ihre Erfüllung nach § 5 der Dritten Steuernotverordnung des Reichs verlangt werden kann."

Die oben wiedergegebene Fassung ist die v. 28. 3. 25, unten zu Jc. Durch das Ges. v. 27. 3. 26, unten zu Jd, ist später § 4 ganz gestrichen worden.

§ 5. (1) Der Jahresbetrag der nach § 3 Abs. 1 und 2[1] dieser Verordnung zu berücksichtigenden laufenden Geldverpflichtungen wird nach näherer Bestimmung des Finanzministers[2] auf die monatlich zu entrichtenden Steuerbeträge verteilt[3].

(2) Bei Gesamthypotheken (§ 1132 des Bürgerlichen Gesetzbuchs) sind die Minderungen gemäß § 3 Abs. 1 und 2[4] auf die einzelnen Grundstücke nach dem Verhältnisse des ungeminderten Steuerbetrags zu verteilen.

---

[1]) Fassung v. 28. 3. 25, unten zu Jc. Früher hieß es: „nach den §§ 3 und 4".

[2]) § 1 der 1. VO. des PrFinMin. zur Durchf. der Pr. SteuernotVO. v. 26. 4. 24 (GS. 481) und 2. VO. v. 30. 5. 24 (GS. 545).

[3]) Der Satz endete zunächst mit den Worten „gleichmäßig verteilt". Das Wort „gleichmäßig" ist gestrichen worden durch die 2. Pr. SteuernotVO. v. 19. 6. 24, unten zu Jb.

[4]) Fassung v. 28. 3. 25, unten zu Jc. Früher hieß es: „gemäß §§ 3 und 4". Weitere Änderung des Abs. 2 unten zu Jc.

§ 6[1]. (1) Neubauten und durch Um- oder Einbauten neugeschaffene Gebäudeteile sind von der Steuer befreit, wenn der Bau nach dem 1. Juli 1918 bezugsfertig geworden ist.

(2) Die näheren Vorschriften über die Besteuerung der mit Beihilfen aus öffentlichen Mitteln ausgeführten Neu-, Um- und Einbauten und die Belastung der mit derartigen Neubauten besetzten Grundstücke mit einer Grundschuld gemäß § 29 der Dritten Steuernotverordnung des Reichs werden von den zuständigen Ministern getroffen[2]. Diese Vorschriften sind dem Landtage vorzulegen und auf sein Verlangen abzuändern oder außer Kraft zu setzen.

---

[1]) In § 6 ist durch Ges. v. 27. 3. 26, unten zu Jd, ein Abs. 1a eingeschoben, und er ist weiter geändert durch Ges. v. 2. 7. 26, unten zu Je.

[2]) 3. und 4. VO. zur Durchf. der Pr. SteuernotVO. v. 12. 7. und 20. 9. 24 (GS. 578, 605).

§ 7[1]. (1) Die Vorschriften des § 2 Abs. 3, der §§ 3 bis 14, des § 15 Abs. 1 und der §§ 16, 17 und 20 des Gesetzes über die Erhebung einer vorläufigen Steuer vom Grundvermögen vom 14. Februar 1923 (Gesetzsamml. S. 29) in der Fassung der Verordnung vom 22. Oktober 1923 (Gesetzsamml. S. 478) und des Gesetzes vom 28. Februar 1924 (Gesetzsamml. S. 119)[2] finden auf die Hauszinssteuer sinngemäß Anwendung.

(2) Die Steuerausschüsse und die Berufungsausschüsse für die Steuer vom Grundvermögen sind auch im Veranlagungs- und Rechtsmittelverfahren für die Hauszinssteuer zuständig.

(3) Eines besonderen Veranlagungsbeschlusses für die Hauszinssteuer bedarf es nicht. Der 15. April 1924 gilt als Tag der Zustellung des Veranlagungsbescheids im Sinne des § 231 der Reichsabgabenordnung. Wird dem Steuerpflichtigen ein Veranlagungsbescheid mitgeteilt, so beginnt die Frist zur Einlegung des Einspruchs erst mit Ablauf des Tages der Mitteilung.

(4) Rechtsmittel gegen die Veranlagung zur Hauszinssteuer dürfen nicht damit begründet werden, daß die zugrunde gelegte vorläufige Steuer vom Grundvermögen unrichtig veranlagt sei.

---

[1]) § 7 ist später geändert durch die Ges. v. 27. 3. und 2. 7. 26, unten zu Jd, Je.

[2]) Die Vorschriften über die Veranlagung der Steuer sind unten zu Jm nicht mit aufgenommen, weil sie nach obigem § 7 Abs. 4 hier ohne erhebliches Interesse sind.

§ 7 a.

(Eingefügt durch Ges. v. 27. 3. 26, unten zu Jd.)

§ 8. (1) Anträge gemäß § 2 Abs. 2a und gemäß § 3[1] dieser Verordnung sind beim Vorsitzenden des Steuerausschusses anzubringen. Gegen seine Entscheidung finden die gleichen Rechtsmittel wie gegen die Veranlagung statt.

(2) Der Finanzminister kann für die Anbringung der Anträge Fristen vorschreiben[2].

[1]) Zuerst hieß es: „gemäß § 2 Abs. 3 und den §§ 3 und 4". Alsdann wurde § 2 Abs. 2a durch die 2. Pr. SteuernotVO. v. 19. 6. 24, unten zu Jb, hinzugefügt. Die obige Fassung beruht auf der 3. Pr. SteuernotVO. v. 28. 3. 25, unten zu Jc. Weitere Änderung unten zu Je.

[2]) Vgl. die VO. in § 5 Anm. 2.

§ 8a[1]. (1) Die Gemeinden können die Erhebung von Zuschlägen zur Hauszinssteuer bis zur Höhe von 100 v. H. der vorläufigen Steuer vom Grundvermögen beschließen.

(2) (Weggefallen.)[2]

(3) Der Gemeindezuschlag vermindert sich auf Antrag um den Betrag, um den die gemäß § 3 Abs. 1 und 2[3] dieser Verordnung zu berücksichtigenden laufenden Geldverpflichtungen die Steuer übersteigen.

(4)[4] Übersteigt die gesetzliche Miete einschließlich des zur Überwälzung der Hauszinssteuer bestimmten Betrags 70 v. H. der Friedensmiete, so vermindert sich auf Antrag der Gemeindezuschlag insoweit, als die Hauszinssteuer einschließlich des Gemeindezuschlags über die im § 28 Abs. 4 der Dritten Steuernotverordnung des Reichs gezogene Grenze hinausgeht.

(5)[4] Gegen die Ablehnung von Anträgen gemäß Abs. 3 und 4 finden die gegen die Heranziehung zu den Gemeindeabgaben gegebenen Rechtsmittel statt.

(6) § 18 Abs. 2 und 3 des Gesetzes über die Erhebung einer vorläufigen Steuer vom Grundvermögen[5] finden entsprechende Anwendung.

---

[1]) § 8 a ist Zusatz v. 19. 6. 24, unten zu Jb. § 8 a ist später ganz gestrichen durch Ges. v. 2. 7. 26, unten zu Je.

[2]) Abs. 2 ist gestrichen durch die VO. v. 28. 3. 25, unten zu Jc. Abs. 2 lautete:

„Ist die Hauszinssteuer gemäß § 2 Abs. 3 dieser Verordnung herabgesetzt, so ist der Steuerschuldner von der Entrichtung des Gemeindezuschlags befreit."

[3]) Fassung v. 28. 3. 25, unten zu Jc. Früher hieß es: „gemäß den §§ 3 und 4".

[4]) Abs. 4 und 5 sind später geändert durch Ges. v. 27. 3. 26, unten zu Jd.

[5]) Unten zu Jm.

§ 9. Die Erhebung der Steuer gemäß den §§ 1 bis 8 dieser Verordnung endet mit dem im § 32 Abs. 1 der Dritten Steuernotverordnung des Reichs[1] angegebenen Zeitpunkte[2].

---

[1]) Oben zu Ba.

[2]) § 9 ist gestrichen durch Ges. v. 27. 3. 26, unten zu Jd.

II. Abschnitt.

Finanzausgleich.

§§ 10 bis 13. (Hier ohne Interesse.)

III. Abschnitt.

Schlußbestimmungen.

§ 14. (1) Diese Verordnung tritt mit dem 1. April 1924[1] in Kraft.

(2) Der Finanzminister wird ermächtigt, die Preußische Steuernotverordnung vom 1. April 1924 (Gesetzsamml. S. 191) in der durch die eingetretenen Abänderungen bedingten Fassung, soweit sie die Hauszinssteuer betreffen, unter der Bezeichnung „Hauszinssteuerverordnung" in fortlaufender Paragraphenfolge zu veröffentlichen[2].

[1]) Geändert in „1925" durch die VO. v. 28. 3. 25, unten zu Jc für die durch diese VO. gegebene Fassung.

[2]) Abs. 2 ist Fassung der VO. v. 28. 3. 25, unten zu Jc. Die Neubekanntmachung ist erst unten zu Jf erfolgt.

§ 15. Die Ausführung der Verordnung liegt den zuständigen Ministern ob[1].

[1]) Fassung v. 28. 3. 25, unten zu Jc. In der bisherigen Fassung waren die Minister der Finanzen und des Innern genannt.

Es sind ergangen:

1.	DurchfVO.	v. 26. 4. 24	(GS. 484),	aufgehoben	Jh,
2.	„	v. 30. 5. 24	(GS. 545),		
3.	„	v. 12. 7. 24	(GS. 578),	„	Ji,
4.	„	v. 20. 9. 24	(GS. 605),	„	Ji,
5.	„	v. 18. 12. 24	(GS. 763),	„	Jh,
6.	„	v. 23. 4. 25	(GS. 54),	„	Jh.
7.	„	v. 8. 10. 25	(GS. 138),	„	Jh
8.	„	v. 31. 3. 26	(GS. 134),	„	Jh

Berlin, den 1. April 1924.

Das Preußische Staatsministerium.

Braun. Severing. v. Richter.

Jb.

Zweite Preußische Steuernotverordnung.

Vom 19. Juni 1924 (PrGS. 555).

In Kraft seit 1. 7. 24.

Das Staatsministerium erläßt gemäß Artikel 55 der Verfassung in Übereinstimmung mit dem Ständigen Ausschusse des Landtags die folgende Verordnung mit Gesetzeskraft:

Art. I. (Hier ohne Interesse.)

Art. II. Die Preußische Steuernotverordnung vom 1. April 1924 (Gesetzsamml. S. 191) wird wie folgt geändert:

1. § 2 Abs. 1 erhält folgende Fassung:
   (Bereits oben zu Ja im Text eingefügt.)
2. § 2 Abs. 2 erhält folgende Fassung:
   (Geändert durch Art. I Nr. 1 Ges. zur Änderung der Preuß. Steuernotverordnungen v. 21. 10. 24, GS. 619, in Kraft mit Wirkung v. 1. 10. 24. Die jetzige Fassung ist bereits oben zu Ja im Text eingefügt.)
3. Im § 2 wird zwischen Abs. 2 und 3 folgender Abs. 2 a neu eingefügt:
   (Bereits oben zu Ja im Text eingefügt.)
4. Im § 5 Abs. 1 wird das Wort „gleichmäßig" gestrichen.
5. § 8 Abs. 1 Satz 1 erhält folgende Fassung:
   (Bereits oben zu Ja im Text eingefügt.)
6. Hinter § 8 wird folgender § 8 a neu eingefügt:
   (Bereits oben zu Ja im Text eingefügt.)
7. (Hier nicht interessierende Änderung des § 11.)

Art. III. (Enthaltend eine Hauszinssteuer v. 1. 10. 24 ab von den bebauten, dauernd land- oder forstwirtschaftlich oder gärtnerisch benutzten Grundstücken, ist wieder aufgehoben durch Art. I Nr. 2 Ges. zur Änderung der Preuß. Steuernotverordnungen v. 21. 10. 24, GS. 619, mit Wirkung v. 1. 10. 24, so daß die Steuer nie in Kraft getreten ist.)

Art. IV. (Hier ohne Interesse.)

Art. V. (1) Diese Verordnung tritt mit dem 1. Juli 1924 in Kraft.

(2) Ihre Ausführung liegt den zuständigen Ministern ob.

Berlin, den 19. Juni 1924.

Das Preußische Staatsministerium.

Für den Ministerpräsidenten: am Zehnhoff. Für den Minister des Innern: Boelitz.

v. Richter.

Jc.

Verordnung zur Ausführung der Dritten Steuernotverordnung des Reichs (Dritte Preußische Steuernotverordnung).

Vom 28. März 1925 (PrGS. 42).

In Kraft seit 1. 4. 25.

Das Staatsministerium erläßt gemäß Artikel 55 der Verfassung in Übereinstimmung mit dem Ständigen Ausschusse des Landtags die folgende Verordnung mit Gesetzeskraft:

Die Preußische Steuernotverordnung vom 1. April 1924 ... wird wie folgt geändert:

1 bis 13 ...

(Bereits oben zu Ja im Text eingefügt.)

Berlin, den 28. März 1925.

Das Preußische Staatsministerium.
Marx. Höpker Aschoff.

Jd.

Gesetz zur Änderung der Preußischen Steuernotverordnung.

Vom 27. März 1926 (PrGS. 127).

Art. I. Die Preußische Steuernotverordnung vom 1. April 1924 ... wird wie folgt geändert:

1[1]. § 2 Abs. 1 und 2 erhalten folgende Fassung:

(1) Die Steuer beträgt 900 vom Hundert der nach den Vorschriften des Gesetzes vom 14. Februar 1923 (Gesetzsamml. S. 29) und seiner Abänderungen veranlagten vorläufigen Steuer vom Grundvermögen[2].

(2) Von dem Aufkommen der Hauszinssteuer sind $^{18}/_{36}$ nach näherer Vorschrift des § 11 zur Förderung der Neubautätigkeit zu verwenden. Den Gemeinden (Gemeindeverbänden) werden $^{6}/_{36}$ des Aufkommens nach näherer Vorschrift des Preußischen Ausführungsgesetzes zum Finanzausgleiche zur Deckung der übrigen im § 1 genannten Ausgaben überwiesen (Gemeinde-

anteil an der Hauszinssteuer); $^{12}/_{36}$ fließen dem Lande zu.

---

[1]) Neu geändert durch Je.
[2]) Unten zu Jm.

2. Hinter § 2 wird folgender § 2 a eingefügt:
(Wörtlich unten zu Jf als § 3.)

3., 4.
(Änderungen des § 3 Abs. 1, 2; jetziger Wortlaut unten zu Jf als § 4 Abs. 1, 2.)

5. Der § 4 wird gestrichen.

6[1]. Im § 6 wird zwischen Abs. 1 und 2 als neuer Abs. 1 a eingefügt:

(1 a) Als Neubauten im Sinne des Abs. 1 gelten nicht Bauten, die als Ersatz für kriegsbeschädigte oder kriegszerstörte Gebäude ganz oder größtenteils aus öffentlichen Mitteln nach Maßgabe des Gesetzes über die Feststellung von Kriegsschäden im Reichsgebiete vom 3. Juli 1916 (Reichsgesetzbl. S. 675) errichtet worden sind. Sofern solche Gebäude nach dem 1. Juli 1918 bezugsfertig geworden sind, gilt für die Berechnung der Belastung als Wert der Wert des kriegszerstörten oder kriegsbeschädigten bebauten Grundstücks und als Belastung die dingliche privatrechtliche Last, die auf dem kriegszerstörten oder kriegsbeschädigten bebauten Grundstück am 1. Juli 1914 geruht hat.

---

[1]) Neu geändert durch Je.

7. Im § 7 Zeile 2 fallen weg die Worte „des § 15 Abs. 1 und".

8[1]. Hinter § 7 wird folgender § 7 a eingefügt:

§ 7 a. (1) Der Finanzminister hat die Steuer, deren Einziehung nach Lage der Sache unbillig wäre, ganz oder teilweise zu erlassen oder zu erstatten, sofern die Gründe für den Erlaß oder die Erstattung in dem Steuergegenstand selbst liegen, sowie die Steuer zu stunden und niederzuschlagen, insoweit ihre Einziehung eine unbillige Härte bedeutet.

(2) Insbesondere ist die Steuer zu stunden und niederzuschlagen:

1. bei Eigenwohnungen, falls der Eigentümer wegen einer vorübergehenden oder dauernden wirtschaftlichen Notlage zur Zahlung der Steuer nicht in der Lage ist;
2. bei Mietwohnungen, sofern Mieter Sozialrentner, Kleinrentner, Kriegsbeschädigte, Kriegshinterbliebene, Erwerbslose oder andere besonders bedürftige (namentlich kinderreiche Familien) Personen sind, welche die volle gesetzliche Miete nicht zahlen können;
3. bei gewerblich genutzten Gebäuden, deren Räume durch Betriebseinschränkungen, ungünstigen Geschäftsgang oder infolge schlechter Saison gegenüber der Vorkriegszeit erheblich geringer ausgenutzt werden.

(3) Auf Antrag des Steuerschuldners ist die Steuerschuld in Höhe der auf die im Mietbesitz befindlichen Räume entfallenden Steuer niederzuschlagen, wenn die Einziehung der Forderung auf Ersatz der Steuer gegen den Besitzer der Räume dem Eigentümer nach Lage der Sache nicht möglich ist oder mit Schwierigkeiten verbunden ist, die dem Eigentümer nach den Umständen nicht zugemutet werden können.

(4) Die Steuer ist niederzuschlagen, wenn Mieträume ohne Verschulden des Eigentümers leerstehen.

(5) Der Belastung der Eigentümer durch laufende Geldverpflichtungen aus solchen Hypotheken, die mit mehr als 25 vom Hundert aufgewertet worden sind (Restkaufgeldforderungen usw.), ist durch Stundung und Niederschlagung von Steuerbeträgen im Verhältnis zu den Mehraufwendungen für Zinsen gegenüber der 25 prozentigen Aufwertung in vollem Umfange Rechnung zu tragen.

(6) Der Finanzminister kann die im Abs. 1 ihm zustehenden Befugnisse auf die nachgeordneten Behörden übertragen. Er hat in diesem Falle die nachgeordneten Behörden mit entsprechender Anweisung zu versehen.

[1]) Neu geändert durch Je.

9. Im § 8 a werden Abs. 4 und im Abs. 5 die Worte „und 4" gestrichen.

10. Der § 9 wird gestrichen.

11. (Änderung des § 11; hier ohne Interesse.)

Art. II. § 1. (1) Dieses Gesetz tritt, soweit nicht in dem folgenden Absatz etwas anderes vorgeschrieben ist, mit dem 1. April 1926 in Kraft.

(2) Die Vorschriften des Artikels I Ziffern 3, 4, 5, 9 treten mit Wirkung vom 1. August 1925, die Vorschrift des Artikels I Ziffer 6 mit Wirkung vom 1. Juli 1925 in Kraft.

(3) Soweit über Steuerminderungsansprüche auf Grund des § 8 a Abs. 4 aus der Zeit vor dem 1. August 1925 noch nicht rechtskräftig entschieden ist, können diese Ansprüche nicht weiter verfolgt werden.

§ 2. (1) Die Ausführung dieses Gesetzes liegt den zuständigen Ministern ob.

(2) . . .

Je.

Gesetz zur Änderung der Preußischen Steuernotverordnung.

Vom 2. Juli 1926 (PrGS. 187).

Art. I. Die Preußische Steuernotverordnung vom 1. April 1924 . . . wird wie folgt geändert:

1. Im § 1 werden die Worte „der Neubautätigkeit" ersetzt durch die Worte „der Bautätigkeit auf dem Gebiete des Wohnungswesens".
2. § 2 Abs. 1 und 2 erhalten folgende Fassung:
   (Wörtlich unten zu Jf als § 2 Abs. 1, 2.)
3. Im § 2 Abs. 2 a letzte Zeile wird hinter den Worten „der Friedensmiete (des Friedensmietwerts)" eingeschaltet: „der Gebäude und der zugehörigen Hofräume".
4. Im § 2 wird folgender neuer Abs. 2 b eingefügt:
   (Wörtlich unten zu Jf als § 2 Abs. 4.)
5. § 3 Abs. 3 erhält folgende Fassung:
   (Siehe unten zu Jf § 4 Abs. 3.)
6. Dem § 3 werden folgende Absätze neu angefügt:
   (Wörtlich unten zu Jf als § 4 Abs. 4—8.)
7. Folgender neuer § 3 a wird eingefügt:
   (Siehe unten zu Jf § 5.)

8. Im § 5 wird Abs. 2 durch folgende neue Abs. 2 und 3 ersetzt:

(Wörtlich unten zu Jf als § 6 Abs. 2, 3.)

9., 10.

(Änderungen des § 6; jetziger Wortlaut unten zu Jf als § 7.)

11., 12., 13.

(Änderungen des § 7; jetziger Wortlaut unten zu Jf als § 8.)

14. Der § 7 a erhält folgende Fassung:

(Siehe unten zu Jf § 9.)

15. Im § 8 Abs. 1 werden die Worte „§ 2 Abs. 2 a und gemäß § 3" ersetzt durch die Worte „§ 2 Abs. 2 a, 2 b, § 3 und § 3 a").

16. Der § 8 a wird gestrichen.

17., 18.

(Änderungen des § 11; jetziger Wortlaut unten zu Jf als § 11.)

19.

(Änderung des § 12; jetziger Wortlaut unten zu Jf als § 12.)

Art. II. (1) Dieses Gesetz tritt mit dem 1. Juli 1926 in Kraft und mit dem 31. März 1928 außer Kraft. Für die Zeit nach dem 1. Juli 1926 dürfen gemeindliche Zuschläge zur Hauszinssteuer nicht mehr erhoben werden.

(2) Die Ausführung dieses Gesetzes liegt den zuständigen Ministern ob.

(3) Der Finanzminister wird ermächtigt, die Preußische Steuernotverordnung vom 1. April 1924 (Gesetzsamml. S. 191) in der durch die eingetretenen Abänderungen bedingten Fassung, soweit sie die Hauszinssteuer betreffen, unter der Bezeichnung „Hauszinssteuerverordnung" in fortlaufender Paragraphenfolge zu veröffentlichen[1].

[1]) Unten zu Jf.

Jf.

Hauszinssteuerverordnung.

Fassung der Bekanntmachung des Preußischen Finanzministers vom 2. Juli 1926 (PrGS. 214).

Mit den Änderungen des Gesetzes vom 27. April 1927, unten zu Jg, und des Gesetzes vom 22. März 1928 (PrGS. 29).

§ 1. Zur Durchführung des Geldentwertungsausgleichs wird im Zusammenhange mit der Regelung des Mietwesens von den in Preußen belegenen bebauten Grundstücken, die nicht dauernd land- oder forstwirtschaftlichen oder gärtnerischen Zwecken zu dienen bestimmt sind, vom 1. April 1924 ab eine besondere Steuer (Hauszinssteuer) erhoben, die zur Förderung der Bautätigkeit auf dem Gebiete des Wohnungswesens und zur Deckung der durch die Dritte Steuernotverordnung des Reichs notwendig gewordenen Ausgaben, insbesondere für Aufgaben der Wohlfahrtspflege (§ 42 der Dritten Steuernotverordnung), verwendet werden soll.

§ 2. (1) Die Steuer beträgt 1200 vom Hundert[1] der nach den Vorschriften des Gesetzes vom 14. Februar 1923 (Gesetzsamml. S. 29)[2] und seiner Abänderungen veranlagten vorläufigen Steuer vom Grundvermögen.

(2) Die eine Hälfte des Aufkommens der Hauszinssteuer ist nach näherer Vorschrift des § 11 zur Förderung der Bautätigkeit auf dem Gebiete des Wohnungswesens zu verwenden. Von der anderen Hälfte wird ein Drittel den Gemeinden (Gemeindeverbänden) nach näherer Vorschrift des Preußischen Ausführungsgesetzes zum Finanzausgleichsgesetze zur Deckung der übrigen im § 1 genannten Ausgaben überwiesen (Gemeindeanteil an der Hauszinssteuer); zwei

Drittel fließen dem Lande mit der Maßgabe zu, daß die durch die Hauszinssteuersteigerung vom 1. April 1927 an erzielten Mehrerträge gegenüber dem Rechnungsjahre 1926 zur Förderung der Bautätigkeit auf dem Gebiete des Wohnungswesens den Stadt- und Landkreisen nach Maßgabe des örtlichen Aufkommens im Rechnungsjahre 1926 zu überweisen sind[1].

(3) Beträgt die Friedensmiete (der Friedensmietwert) des Grundstücks weniger als 6 vom Hundert des der Veranlagung zur vorläufigen Steuer vom Grundvermögen zugrunde liegenden Steuerwerts, so ist die Hauszinssteuer auf Antrag in der Weise herabzusetzen, daß sie von einer angenommenen Grundvermögenssteuer von 4 vom Hundert der Friedensmiete (des Friedensmietwerts) der Gebäude und der zugehörigen Hofräume berechnet wird.

(4) Bei Grundstücken (Grundstücksteilen), die für gewerbliche Zwecke benutzt werden, ist die Steuer auf Antrag von einer angenommenen Grundvermögenssteuer von 4 vom Hundert des Gebäudesteuernutzungswerts zu berechnen. Als Gebäudesteuernutzungswert gilt der nach den Vorschriften des Gesetzes, betreffend Einführung einer allgemeinen Gebäudesteuer, vom 21. Mai 1861 (Gesetzsamml. S. 317) für gewerbliche Räume besonders festgestellte oder festzustellende Nutzungswert.

(5) Steuereingänge aus zurückliegender Zeit werden nach dem zur Zeit des Einganges geltenden Verteilungsmaßstabe verteilt.

---

[1]) An Stelle der ursprünglichen „1000 v. H." sind „1200 v. H." gesetzt durch Ges. v. 27. 4. 27, unten zu Jg.

[2]) Unten zu Jm.

[3]) Die gesperrten Worte sind durch Ges. v. 27. 4. 27, unten zu Jg, gesetzt an die Stelle der Worte: „und fließen zwei Drittel dem Lande zu".

§ 3. (1) Von der Steuer sind befreit:

a) die im Eigentum öffentlicher Körperschaften stehenden bebauten Grundstücke, sofern sie von öffentlichen Körperschaften für öffentliche Zwecke oder für die unter b genannten Zwecke benutzt werden;

b) die im Eigentum inländischer Personenvereinigungen und Vermögensmassen stehenden bebauten Grundstücke, wenn die Personenvereinigungen und Vermögensmassen nach der Satzung, Stiftung oder sonstigen Verfassung ausschließlich gemeinnützigen, mildtätigen, ethischen oder religiösen Zwecken dienen und die Grundstücke für diese Zwecke benutzt werden;

c) die im Eigentume des Entsendestaates stehenden bebauten Grundstücke der Botschaften, Gesandtschaften und Konsulate, die von ihnen für ihre Zwecke benutzt werden, sofern Gegenseitigkeit gewährt ist;

d) die Dienstwohnungen der Geistlichen und Kirchendiener;

e) diejenigen bebauten Grundstücke, die nach § 24 Abs. 1 c bis i des Kommunalabgabengesetzes[1] den Steuern vom Grundbesitze nicht unterliegen, sofern sie nicht bereits gemäß a bis c steuerfrei sind.

(2) Die Voraussetzungen für die Befreiungen gemäß Abs. 1 a sind nicht gegeben, soweit die Grundstücke Wohnzwecken oder werbenden Zwecken dienen. Dies gilt nicht für Kasernenquartiere der Wehrmacht, für Bereitschaftsräume der Schutzpolizei und des Reichswasserschutzes sowie für mit den Kasernenquartieren und den Bereitschafts-

räumen zusammenhängende oder in ihrer Nähe gelegene Wohnungen, die Angehörigen der Wehrmacht, der Schutzpolizei oder des Reichswasserschutzes im dienstlichen Interesse zugewiesen worden sind.

(3) Liegen nur für einen Teil des bebauten Grundstücks die vorstehenden Voraussetzungen vor, so bezieht sich die Befreiung nur auf diesen Teil.

---

[1]) Abgedruckt unten zu Jm § 15 Anm. 1.

§ 4. (1) Die Steuer vermindert sich auf Antrag um die laufende Geldverpflichtung, die sich ergibt aus einer am 13. Februar 1924 auf dem Grundstücke ruhenden privatrechtlichen wertbeständigen Last gemäß der Reichsverordnung über die Eintragung von Hypotheken in ausländischer Währung vom 13. Februar 1920 (Reichsgesetzbl. S. 231) oder dem Reichsgesetz über wertbeständige Hypotheken vom 23. Juni 1923 (Reichsgesetzbl. I S. 407) oder aus einer zum gleichen Zeitpunkt auf dem Grundstücke ruhenden Reallast[1], bei der die in Geld zu entrichtende wiederkehrende Leistung nach einem wertbeständigen Maßstab im Sinne des genannten Reichsgesetzes bestimmt ist, oder aus solchen Lasten, die der Grundstückseigentümer zur Ablösung derartiger wertbeständiger Lasten aufnimmt.

(2) Entsprechendes gilt für laufende Geldverpflichtungen aus einer auf Grund des Reichsgesetzes über das Zusatzabkommen vom 6. Dezember 1920 zwischen dem Deutschen Reiche und der Schweizerischen Eidgenossenschaft, betreffend schweizerische Goldhypotheken in Deutschland und gewisse Arten von Frankenforderungen an deutsche Schuldner, vom 23. Juni 1923 (Reichsgesetzbl. II S. 284) aus der Umwandlung einer schweizerischen Goldhypothek entstandenen Frankengrundschuld sowie aus solchen Hypotheken in in-

und ausländischer Währung, die der Grundstückseigentümer zur Ablösung dieser Frankengrundschuld aufnimmt. Zu den laufenden Geldverpflichtungen gehören auch Rücklagen, die zur Abtragung der Frankengrundschuld angesammelt werden. Der Finanzminister bestimmt, bis zu welcher Höhe Rücklagen als angemessen anzusehen sind.

(3) Bei Grundstücken, die am 31. Dezember 1918 mit dinglichen privatrechtlichen Lasten nicht oder mit einem Goldmarkbetrage von nicht mehr als 60 vom Hundert[2] des Friedenswerts belastet waren, ist der Betrag der Steuer auf Antrag des Eigentümers so weit herabzusetzen, daß er

bei unbelasteten Grundstücken 375 vom Hundert der Grundvermögenssteuer (§ 2 Abs. 1, 3, 4),

bei einer Belastung bis zu 10 vom Hundert des Friedenswerts 500 vom Hundert der Grundvermögenssteuer (§ 2 Abs. 1, 3, 4),

bei einer Belastung bis zu 20 vom Hundert des Friedenswerts 625 vom Hundert der Grundvermögenssteuer (§ 2 Abs. 1, 3, 4),

bei einer Belastung bis zu 30 vom Hundert des Friedenswerts 750 vom Hundert der Grundvermögenssteuer (§ 2 Abs. 1, 3, 4),

bei einer Belastung bis zu 40 vom Hundert des Friedenswerts 875 vom Hundert der Grundvermögenssteuer (§ 2 Abs. 1, 3, 4),

bei einer Belastung bis zu 45 vom Hundert des Friedenswerts 1000 vom Hundert der Grundvermögenssteuer (§ 2 Abs. 1, 3, 4)[3],

bei einer Belastung bis zu 50 vom Hundert des Friedenswerts 1050 vom

Hundert der Grundvermögenssteuer (§ 2 Abs. 1, 3, 4)[3],

bei einer Belastung bis zu 55 vom Hundert des Friedenswerts 1100 vom Hundert der Grundvermögenssteuer (§ 2 Abs. 1, 3, 4)[3],

bei einer Belastung bis zu 60 vom Hundert des Friedenswerts 1150 vom Hundert der Grundvermögenssteuer (§ 2 Abs. 1, 3, 4)[3]

beträgt. Als dingliche privatrechtliche Lasten gelten nicht Hypotheken, die gemäß den §§ 1187, 1190 BGB.[4] zur Sicherung von Schuldverschreibungen auf den Inhaber eingetragen worden sind. Das gleiche gilt von Hypotheken, Grundschulden, Rentenschulden, die zugunsten von Ehegatten oder von Personen, die mit dem Steuerschuldner bis zum dritten Grade verwandt sind, eingetragen worden sind.

(4) Bei der Berechnung der Belastung ist von dem Goldmarkbetrage der eingetragenen dinglichen privatrechtlichen Lasten auf Antrag der Goldmarkbetrag der bis zum 31. Dezember 1918 erfolgten Tilgung abzusetzen. Als Tilgung gilt insbesondere die Zahlung des Kapitals oder Ablösungsbetrags, die Vereinigung von Schuld und Forderung in einer Person, die Zahlung von Tilgungsraten.

(5) Bei denjenigen Grundstücken, deren dingliche privatrechtliche Lasten in der Zeit nach dem 31. Dezember 1918 zurückgezahlt worden sind, wird auf Antrag von dem Goldmarkbetrage der am 31. Dezember 1918 eingetragenen dinglichen privatrechtlichen Last der Goldmarkbetrag der Rückzahlung abgesetzt, soweit er mehr als 25 vom Hundert des Goldmarkbetrags der am 31. Dezember 1918 eingetragenen dinglichen privatrechtlichen Last beträgt.

(6) Ist das Eigentum an Grundstücken in der Zeit nach dem 31. Dezember 1919 bis zum 15. November 1923 durch Kauf zu einem Goldmarkpreise von nicht mehr als 50 vom Hundert des Friedenswerts erworben worden, so finden die vorstehenden Bestimmungen in dem Abs. 3 Satz 1 und 2 und in den Abs. 4 und 5 keine Anwendung. Ausgenommen ist der Erwerb durch Verwandte bis zum dritten Grade und der Erwerb durch verdrängte Grenzlands-, Auslands- und Kolonialdeutsche, die durch ihre Verdrängung ihre wirtschaftliche Lebensgrundlage ganz oder zum überwiegenden Teile verloren haben. Sind Grundstücke der im Satz 1 bezeichneten Art auf einen anderen übergegangen, so finden die vorstehenden Bestimmungen in dem Abs. 3 Satz 1 und 2 und in den Abs. 4 und 5 auch für die Rechtsnachfolger keine Anwendung, es sei denn, daß die Grundstücke von dem am 31. Dezember 1919 eingetragenen Eigentümer zurückerworben worden sind.

(7) Als Goldmarkbetrag im Sinne der Hauszinssteuerverordnung gilt bei den dinglichen privatrechtlichen Lasten, die vor dem 1. Januar 1918 eingetragen waren oder getilgt worden sind, der Nennbetrag der Last oder der Tilgung, im übrigen der Goldmarkbetrag, der sich unter sinngemäßer Anwendung des § 2 Abs. 1 des Gesetzes über die Aufwertung von Hypotheken und anderen Ansprüchen (Aufwertungsgesetz) vom 16. Juli 1925 (Reichsgesetzbl. I S. 117) berechnet.

(8) Als Friedenswert im Sinne der Hauszinssteuerverordnung gilt der gemäß § 21 Abs. 2 des Gesetzes über die Erhebung einer vorläufigen Steuer vom Grundvermögen vom 14. Februar 1923 (Gesetzsamml. S. 29) in der Fassung des Gesetzes vom 28. Februar 1924 (Gesetzsamml. S. 119)[5] festgesetzte Wert.

[1]) Dazu Runderl. des FinMin. v. 4. 12. 25 (FinMBl. 175).
[2]) An Stelle der ursprünglichen „40 v. H." sind „60 v. H." gesetzt durch Ges. v. 27. 4. 27, unten zu Jg.
[3]) Die gesperrten Zeilen (Belastungen bis 45, 50, 55, 60 v. H.) sind eingeschoben durch Ges. v. 27. 4. 27, unten zu Jg.
[4]) Oben zu Bd § 4 Anm. 1.
[5]) Unten zu Jm.

§ 4a[1]. Bei den über 45 vom Hundert des Friedenswerts belasteten Grundstücken, die vom Eigentümer bewohnt oder für seine gewerblichen Zwecke genutzt werden, ist auf Antrag des Eigentümers die auf die eigenbewohnten oder eigengenutzten gewerblichen Räume im Verhältnisse der Friedensmiete entfallende Steuer auf 1000 vom Hundert der Grundvermögensteuer (§ 2 Abs. 1, 3, 4) herabzusetzen. Dieselbe Herabsetzung findet auf Antrag statt für Grundstücke von Baugenossenschaften, die von Mitgliedern dieser Genossenschaften bewohnt werden.

[1]) § 4a ist zugefügt durch Ges. v. 27. 4. 27, unten zu Jg.

§ 5. (1) Für Einfamilienhäuser[1] mit einer Wohnfläche von nicht mehr als 90 Quadratmeter, die bis zum 1. Juli 1918 einschließlich bezugsfertig hergestellt waren und ausschließlich vom Eigentümer und seiner Familie bewohnt werden, ist auf Antrag des Steuerschuldners

a) Steuerbefreiung zu gewähren, sofern das Einfamilienhaus zu diesem Zeitpunkte mit dinglichen privatrechtlichen Lasten nicht oder mit einem Goldmarkbetrage von nicht mehr als 20 vom Hundert des Friedenswerts belastet war,

b)[2] die Steuer auf 500 vom Hundert der Grundvermögensteuer (§ 2 Abs. 1, 3, 4) herabzusetzen, sofern das Einfamilienhaus zu diesem Zeitpunkte bis zu einem Goldmarkbetrage von 30 vom Hundert des Friedenswerts belastet war,

c)[2] die Steuer auf 625 vom Hundert der Grundvermögensteuer (§ 2 Abs. 1, 3, 4) herabzusetzen, sofern das Einfamilienhaus zu diesem Zeitpunkte bis zu einem Goldmarkbetrage von 40 vom Hundert des Friedenswerts belastet war,

d)[2] die Steuer auf 750 vom Hundert der Grundvermögensteuer (§ 2 Abs. 1, 3, 4) herabzusetzen, sofern das Einfamilienhaus zu diesem Zeitpunkte mit einem Goldmarkbetrage von mehr als 40 vom Hundert des Friedenswerts belastet war.

(2) Die Freistellung oder Ermäßigung wird nicht dadurch ausgeschlossen, daß das Einfamilienhaus zum geringen Teil auf Grund behördlicher Maßnahmen vermietet worden ist oder einzelne Räume vom Eigentümer für seine gewerblichen Zwecke genutzt werden[3]. Für die Berechnung der Belastung gelten die Vorschriften des § 4 Abs. 3 bis 7 sinngemäß.

(3)[4] Den Eigentümern gleichgestellt sind die Mitglieder von Baugenossenschaften, die ein Einfamilienhaus der Genossenschaft mit der Anwartschaft auf spätere Eigentumsübertragung bewohnen.

---

[1]) VO. über die Berechnung der Wohnflächen in Einfamilienhäusern v. 24. 7. 26 (RMinBl. 841).

[2]) Abs. 1 zu b, c, d beruhen auf dem Ges. v. 27. 4. 27, unten zu Jg. Der frühere Text enthielt nur b in folgender Fassung:

„b) die Steuer um 250 vom Hundert der Grundvermögenssteuer (§ 2 Abs. 1, 3, 4), jedoch nicht unter 375 vom Hundert der Grundvermögenssteuer (§ 2 Abs. 1, 3, 4) herabzusetzen, sofern das Einfamilienhaus zu dem angegebenen Zeitpunkte mit einem Goldmarkbetrage von mehr als 20 vom Hundert des Friedenswerts belastet war."

[3]) Die gesperrten Worte sind Zusatz des Ges. v. 27. 4. 27, unten zu Jg.

[4]) Abs. 3 ist Zusatz des in Anm. 3 genannten Ges.

§ 6. (1) Der Jahresbetrag der nach § 4 Abs. 1 und 2 dieser Verordnung zu berücksichtigenden laufenden Geldverpflichtungen wird nach näherer Bestimmung des Finanzministers[1] auf die monatlich zu entrichtenden Steuerbeträge verteilt.

(2) Ruht eine dingliche privatrechtliche Last auf einem Grundstücke, von dem nur ein Teil zur Steuer veranlagt ist, so sind die zu erstattenden oder auf die Steuer anzurechnenden Beträge und die Lasten für die einzelnen Grundstücksteile nach dem Verhältnis ihres Friedenswerts festzustellen.

(3) Ruht eine dingliche privatrechtliche Last auf mehreren Grundstücken, so ist sie auf die einzelnen Grundstücke nach dem Verhältnis ihres Friedenswerts zu verteilen.

---

[1]) Unten zu Jh § 1.

§ 7. (1) Neubauten und durch Um- oder Einbauten neugeschaffene Gebäudeteile sind von der Steuer befreit, wenn der Bau nach dem 1. Juli 1918 bezugsfertig geworden ist.

(2) Als Neubauten im Sinne des Abs. 1 gelten nicht Bauten, die als Ersatz für kriegsbeschädigte oder kriegszerstörte Gebäude ganz oder größtenteils aus öffentlichen Mitteln nach Maßgabe des Gesetzes über die Feststellung von Kriegsschäden im Reichsgebiete vom 3. Juli 1916 (Reichsgesetzbl. S. 6chr7ie)r5tet worden sind. Sofern solche Gebäude nach dem 1. Juli 1918 bezugsfertig geworden sind, gilt für die Berechnung der Belastung als Friedenswert der Friedenswert des kriegszerstörten oder kriegsbeschädigten bebauten Grundstücks und als Belastung die dingliche privatrechtliche Last, die auf dem kriegszerstörten oder kriegsbeschädigten bebauten Grundstück am 31. Dezember 1918 geruht hat, jedoch höchstens bis zum Betrage der am 1. Juli 1914 auf dem Grundstück ruhenden dinglichen privatrechtlichen Last.

(3) Die näheren Vorschriften über die Besteuerung der mit Beihilfen aus öffentlichen Mitteln ausgeführten Neu-, Um- und Einbauten und die Belastung der mit derartigen Neubauten besetzten Grundstücke mit einer Grundschuld gemäß § 29 der Dritten Steuernotverordnung des Reichs werden von den zuständigen Ministern getroffen[1]. Diese Vorschriften sind dem Landtage vorzulegen und auf sein Verlangen abzuändern oder außer Kraft zu setzen.

---

[1]) Unten zu Ji.

§ 8. (1) Die Vorschriften des § 2 Abs. 3, der §§ 3 bis 14, der §§ 16, 17 und 20 des Gesetzes über die Erhebung einer vorläufigen Steuer vom Grundvermögen vom 14. Februar 1923 (Gesetzsamml. S. 29) in der Fassung der Verordnung vom 22. Oktober 1923 (Gesetzsamml. S. 478) und des Gesetzes vom 28. Februar 1924 (Gesetzsamml. S. 119)[1] finden auf die Hauszinssteuer sinngemäß Anwendung. Das Grundstück haftet nur für die zur Zeit der Anordnung der Zwangsversteigerung oder Zwangsverwaltung laufenden und die in den letzten sechs Monaten vor der Anordnung der Zwangsversteigerung oder Zwangsverwaltung fällig gewordenen Steuerbeträge.

(2) Die Steuerausschüsse und die Berufungsausschüsse für die Steuer vom Grundvermögen sind auch im Veranlagungs- und Rechtsmittelverfahren für die Hauszinssteuer zuständig.

(3) Eines besonderen Veranlagungsbeschlusses für die Hauszinssteuer bedarf es nicht. Als Tag der Zustellung des Veranlagungsbescheids im Sinne des § 231 der Reichsabgabenordnung gilt für die Fälle des § 3 der 15. September 1926, im übrigen der 15. April 1924. Wird dem Steuerpflichtigen ein Veranlagungsbescheid mitgeteilt, so beginnt die Frist der Einlegung des Einspruchs erst mit Ablauf des Tages der Mitteilung.

(4) Rechtsmittel gegen die Veranlagung zur Hauszinssteuer dürfen nicht damit begründet werden, daß die zugrunde gelegte vorläufige Steuer vom Grundvermögen oder der gemäß den Vorschriften des Gesetzes, betreffend Einführung einer allgemeinen Gebäudesteuer, vom 21. Mai 1861 (Gesetzsamml. S. 317) besonders festgestellte, einer rechtskräftigen Veranlagung zugrunde liegende Nutzungswert unrichtig sei.

---

[1]) Unten zu Jm.

§ 9. (1) Der Finanzminister hat die Steuer, deren Einziehung nach Lage der Sache unbillig wäre, ganz oder teilweise zu erlassen oder zu erstatten, sofern die Gründe für den Erlaß oder die Erstattung in dem Steuergegenstande selbst liegen, sowie die Steuer zu stunden und niederzuschlagen, insoweit ihre Einziehung eine unbillige Härte bedeutet.

(2) Insbesondere ist die Steuer zu stunden und niederzuschlagen:

1. bei Mietwohnungen oder Teilen von Mietwohnungen,
   a) soweit deren Nutzungsberechtigte und die ihren Haushalt teilenden Familienangehörigen zusammen nachweisbar einen Arbeitslohn oder ein sonstiges Einkommen von nicht mehr als 1200 Reichsmark beziehen. Sind neben dem Nutzungsberechtigten und seiner Ehefrau andere Familienangehörige vorhanden, so erhöhen sich die 1200 Reichsmark für jeden dieser Familienangehörigen um je 100 Reichsmark,
   b) sofern Sozialrentner, Kleinrentner, Kriegsbeschädigte, Kriegshinterbliebene, die eine öffentliche Unterstützung oder eine Zusatzrente erhalten, oder Erwerbslose oder andere bedürftige Personen (namentlich kinderreiche Familien), welche die volle gesetzliche Miete nicht zahlen können, Mieter sind,
   c) wenn die Einziehung der entsprechenden Mietbeträge dem Eigentümer nach Lage der Sache nicht möglich ist oder mit Schwierigkeiten verbunden ist, die dem Eigentümer nach den Umständen nicht zugemutet werden können;
2. bei Eigenwohnungen, falls der Eigentümer wegen einer vorübergehenden oder dauernden wirtschaftlichen Notlage zur Zahlung der Steuer nicht in der

Lage ist oder die Voraussetzungen unter Nr. 1 a oder b gegeben sind;

3. bei gewerblich genutzten Gebäuden, deren Räume durch Betriebseinschränkungen, ungünstigen Geschäftsgang oder infolge schlechter Saison gegenüber der Vorkriegszeit erheblich geringer ausgenutzt werden.

(3) Die Steuer ist niederzuschlagen, wenn Mieträume ohne Verschulden des Eigentümers leerstehen.

(4) Die auf einen gewerblichen Raum entfallende Steuer ist, wenn der Eigentümer den gewerblichen Raum in Wohnungen umwandelt, insoweit niederzuschlagen, als die Wohnungsmiete niedriger bemessen ist als die gewerbliche Miete.

(5) Der Belastung der Eigentümer durch laufende Geldverpflichtungen aus solchen Hypotheken, die mit mehr als 25 vom Hundert aufgewertet worden sind (Restkaufgeldforderungen usw.), ist durch Stundung und Niederschlagung von Steuerbeträgen im Verhältnisse zu den Mehraufwendungen für Zinsen gegenüber der 25 prozentigen Aufwertung in vollem Umfange Rechnung zu tragen.

(5 a)[1] Die Steuer ist um den Betrag zu ermäßigen, den der Eigentümer als Verzinsung und Tilgung für den Betrag aufwendet, den er als Hypotheken für notwendig gewordene Reparaturen (Reparaturhypotheken) aufgenommen hat.

(6) Der Finanzminister kann die im Abs. 1 ihm zustehenden Befugnisse auf die nachgeordneten Behörden übertragen. Er hat in diesem Falle die nachgeordneten Behörden mit entsprechender Anweisung zu versehen.

---

[1]) Abs. 5 a ist zugefügt durch Ges. v. 27. 4. 27, unten zu Jg.

§ 10. (1) Anträge gemäß § 2 Abs. 3, 4, § 4, § 4a[1] und § 5 dieser Verordnung sind beim Vorsitzenden des Steuerausschusses anzubringen. Gegen seine Entscheidung finden die gleichen Rechtsmittel wie gegen die Veranlagung statt.

(2) Der Finanzminister kann für die Anbringung der Anträge Fristen vorschreiben[2].

---

[1]) „§ 4 a" ist zugefügt durch Ges. v. 27. 4. 27, unten zu Jg.
[2]) Unten zu Jh § 2, Jk, Jl.

§ 11. (1) Der zur Förderung der Bautätigkeit auf dem Gebiete des Wohnungswesens bestimmte Teil der Hauszinssteuer (§ 2 Abs. 2 Satz 1) fällt zu drei Zehntel dem Lande, zu sieben Zehntel nach Maßgabe des örtlichen Aufkommens den Stadt- und Landkreisen zu. Der Regierungspräsident und im Bereiche des Siedlungsverbandes Ruhrkohlenbezirk der Verbandspräsident kann auf Antrag bestimmen, daß kreisangehörige Städte, Landgemeinden, Ämter und Landbürgermeistereien mit mehr als 10 000 Einwohnern im Umfang ihres örtlichen Aufkommens an die Stelle der Landkreise treten. Das gleiche gilt ohne Rücksicht auf die Einwohnerzahl für die Städte, die nach § 28 Abs. 1 der Kreisordnung für die Provinz Hannover vom 6. Mai 1884 (Gesetzsamml. S. 181) den Städten mit mehr als 10 000 Einwohnern gleichgestellt sind. Die beteiligten Minister können bestimmen, daß als Bevölkerungszahl an Stelle des Ergebnisses der letzten Volkszählung das Ergebnis späterer amtlicher Feststellungen zugrunde gelegt wird. Die zuständigen Minister werden ermächtigt, Richtlinien für die Verwendung des zur Förderung der Bautätigkeit auf dem Gebiete des Wohnungswesens bestimmten Teiles der Hauszinssteuer zu erlassen[1].

(2) Gemeinden und Gemeindeverbände, die die ihnen nach Abs. 1 zufließenden Beträge nicht innerhalb einer von

der Kommunalaufsichtsbehörde zu bestimmenden angemessenen Frist zur Förderung der Bautätigkeit auf dem Gebiete des Wohnungswesens verwenden, haben die nicht verwendeten Beträge an den Staat zur Verstärkung der ihm für den genannten Zweck zur Verfügung stehenden Mittel abzuführen.

[1]) Dazu Runderlaß des Volkswohlfahrts- und des Finanzministers v. 12. 7. 26 (Volkswohlfahrt 749).

§ 12. Über die Verteilung des Gemeindeanteils an der Hauszinssteuer (§ 2 Abs. 2) trifft das Preußische Ausführungsgesetz zum Finanzausgleichsgesetze Bestimmung, jedoch werden in dem § 39 des Preußischen Ausführungsgesetzes zum Finanzausgleichsgesetz in der Fassung der Bekanntmachung vom 5. Mai 1926 (Gesetzsamml. S. 137) mit Wirkung vom 1. Juli 1926 die Worte „ein Fünftel" durch „drei Zehntel" ersetzt.

§ 13. Die Hauszinssteuerverordnung tritt mit dem 1. Juli 1926 in Kraft *) und mit dem 31. März 1929[1] außer Kraft. Für die Zeit nach dem 1. Juli 1926 dürfen gemeindliche Zuschläge zur Hauszinssteuer nicht mehr erhoben werden.

[1]) Die Jahreszahl „1928" ist ersetzt durch „1929" durch Ges. v. 22. 3. 28 (PrGS. 29, ausgegeben am 27. 3. 28).

§ 14. Die Ausführung der Hauszinssteuerverordnung liegt den zuständigen Ministern ob.

*) Soweit nicht in den Abänderungsgesetzen (Verordnungen) für einzelne Bestimmungen ein anderer Zeitpunkt des Inkrafttretens bestimmt ist. (Amtl. Anm.)

Jg.

Gesetz zur Änderung der Hauszinssteuerverordnung.

Vom 27. April 1927 (PrGS. 61).

In Kraft seit 1. 4. 27.

Die Hauszinssteuerverordnung in der Fassung der Bekanntmachung vom 2. Juli 1926 (Gesetzsamml. S. 213) wird mit Wirkung vom 1. April 1927 an wie folgt geändert:

1 bis 11.

(Änderungen der §§ 2, 4, 5, 9, 10 und Zufügung des § 4 a, sämtlich oben zu Jf bereits aufgenommen.)

Jh.

Erste preuß. Verordnung zur Durchführung der Hauszinssteuerverordnung*).

Vom 2. Juli 1926 (PrGS. 217).

Auf Grund des § 6 Abs. 1 und des § 10 Abs. 2 der Hauszinssteuerverordnung vom 2. Juli 1926 (Gesetzsamml. S. 213) wird folgendes verordnet:

§ 1. (1) Die gemäß § 4 Abs. 1 und 2 der Hauszinssteuerverordnung zulässige Minderung aus einer laufenden Geldverpflichtung wird innerhalb des Zeitraums, für den die laufende Geldverpflichtung gilt, auf die monatlich zu entrichtenden Steuerbeträge verteilt.

*) Dazu Runderl. des PrFinMin., betr. HauszinssteuerVO., v. 16. 8. 26 (PrFinMinBl. 256).

(2) Weist der Steuerschuldner nach, daß die Summe der auf das vom 1. April bis zum 31. März laufende Steuerjahr entfallenden laufenden Geldverpflichtungen die Summe der nach Abs. 1 auf die monatlich entrichteten Steuerbeträge verteilten Minderungen übersteigt, so wird ihm der Unterschiedsbetrag nach Schluß des Steuerjahrs insoweit erstattet, als die gezahlte Jahressteuer die Summe der verteilten Minderungen übersteigt.

§ 2. (1) Anträge gemäß § 2 Abs. 3, 4, § 4 Abs. 3, 4, 5 und § 5 sind bis zum 31. Dezember 1926[1] zu stellen.

(2) Anträge gemäß § 4 Abs. 1 sind innerhalb von sechs Monaten nach Fälligkeit der laufenden Geldverpflichtung zu stellen.

[1]) Datum geändert unten zu Jk in „31. März 1927" und unten zu Jl in „1. Juli 1927".

§ 3. Diese Verordnung tritt mit dem 1. Juli 1926 in Kraft. Mit dem gleichen Tage treten außer Kraft die Erste Verordnung vom 26. April 1924 (Gesetzsamml. S. 484), die Fünfte Verordnung vom 18. Dezember 1924 (Gesetzsamml. S. 763), die Sechste Verordnung vom 23. April 1925 (Gesetzsamml. S. 54), die Siebente Verordnung vom 8. Oktober 1925 (Gesetzsamml. S. 138) und die Achte Verordnung vom 31. März 1926 (Gesetzsamml. S. 134) zur Durchführung der Preußischen Steuernotverordnung vom 1. April 1924 (Gesetzsamml. S. 191).

Berlin, den 2. Juli 1926.

Der Preußische Finanzminister.

Höpker Aschoff.

Ji.

Zweite preuß. Verordnung zur Durchführung der Hauszinssteuerverordnung*).

Vom 2. Juli 1926 (PrGS. 218, Volkswohlfahrt 780).

Auf Grund des § 7 Abs. 3 der Hauszinssteuerverordnung vom 2. Juli 1926 (Gesetzsamml. S. 213) wird folgendes verordnet:

Artikel I.

§ 1. Die mit Beihilfen aus öffentlichen Mitteln ausgeführten Neubauten, die nach dem 1. Juli 1918 bezugsfertig geworden sind, unterliegen vom 1. Juli 1926 ab der Hauszinssteuer nach Maßgabe der § 1, § 2 Abs. 3, 4, 5, § 3, § 4 Abs. 1 und 2, § 6, §§ 8, 9 und 10 der Hauszinssteuerverordnung vom 2. Juli 1926 (Gesetzsamml. S. 213) und der hier nachfolgenden Bestimmungen.

§ 2. Als Beihilfen aus öffentlichen Mitteln gelten solche, die gewährt worden sind auf Grund

a) der Bestimmungen des Bundesrats für die Gewährung von Baukostenzuschüssen aus Reichsmitteln vom 31. Oktober 1918 (Zentralblatt für das Deutsche Reich S. 1160),

b) der Bestimmungen des Reichsrats über die Gewährung von Darlehen aus Reichsmitteln zur Schaffung neuer Wohnungen vom 10. Januar 1920 (Zentralblatt für das Deutsche Reich S. 56),

c) der Ausführungsbestimmungen zu dem Gesetze vom 14. Januar 1921, betreffend die Bereitstellung

---

*) Dazu Runderl. des PrFinMin., betr. HauszinssteuerVO., v. 16. 8. 26 (PrFinMinBl. 256).

von Staatsmitteln zur Abbürdung der Baukostenüberteuerung, vom 25. Februar 1921, 28. Februar 1922, 17. April 1923 (Ministerialbl. „Volkswohlfahrt“ 1921 S. 131, 1922 S. 169 und 1923 S. 255).

§ 3. Die Steuer beträgt 500 vom Hundert der nach den Vorschriften des Gesetzes vom 14. Februar 1923 (Gesetzsamml. S. 29) und seiner Abänderungen veranlagten vorläufigen Steuer vom Grundvermögen.

§ 4. Bauten, für welche die von Reich, Staat oder Gemeinde gewährten Beihilfen (§ 2) mit wenigstens 40 vom Hundert ihres Goldmarkwerts gemäß § 3 der Dritten Verordnung zur Durchführung der Preußischen Steuernotverordnung vom 12. Juli 1924 (Gesetzsamml. S. 578) zurückgezahlt worden sind, sind von der Hauszinssteuer befreit.

§ 5. Der Ertrag der Steuer (§ 3), der ausschließlich zur Förderung der Bautätigkeit auf dem Gebiete des Wohnungswesens bestimmt ist, fließt zur Hälfte den Stadt- und Landkreisen und den kreisangehörigen Städten, Landgemeinden, Ämtern und Landbürgermeistereien mit mehr als 10 000 Einwohnern, denen nach § 11 der Hauszinssteuerverordnung vom 2. Juli 1926 (Gesetzsamml. S. 213) die Verwendung des zur Förderung der Bautätigkeit auf dem Gebiete des Wohnungswesens bestimmten Teiles der Hauszinssteuer übertragen ist, nach Maßgabe des örtlichen Aufkommens zu. Das gleiche gilt ohne Rücksicht auf die Einwohnerzahl für die Städte, die nach § 28 Abs. 1 der Kreisordnung für die Provinz Hannover vom 6. Mai 1884 (Gesetzsamml. S. 181) den Städten mit mehr als 10 000 Einwohnern gleichgestellt sind.

Artikel II.

(Hier ohne Bedeutung.)

Artikel III.

Diese Verordnung tritt mit dem 1. Juli 1926 in Kraft. Mit dem gleichen Tage tritt die Dritte Verordnung zur Durchführung der Preußischen Steuernotverordnung vom 12. Juli 1924 (Gesetzsamml. S. 578) und die Vierte Verordnung zur Durchführung der Preußischen Steuernotverordnung vom 20. September 1924 (Gesetzsamml. S. 605) außer Kraft.

Berlin, den 2. Juli 1926.

Der Preußische Minister für Volkswohlfahrt.
In Vertretung: Scheidt.

Der Preußische Finanzminister.
Höpker Aschoff.

Jk.

Dritte preuß. Verordnung zur Durchführung der Hauszinssteuerverordnung.

Vom 28. Dezember 1926 (PrGS. 1927 S. 8).

Auf Grund des § 10 Abs. 2 der Hauszinssteuerverordnung vom 2. Juli 1926 (Gesetzsamml. S. 213) wird folgendes verordnet:

Einziger Paragraph.

§ 2 Abs. 1 der Ersten Verordnung zur Durchführung der Hauszinssteuerverordnung vom 2. Juli 1926 (Gesetzsamml. S. 217)[1] wird wie folgt geändert:

Die Worte „31. Dezember 1926" werden ersetzt durch die Worte „31. März 1927".

Berlin, den 28. Dezember 1926.

Der Preußische Finanzminister.
In Vertretung: Schleusener.

[1]) Oben zu Jk.

Jl.

Vierte preuß. Verordnung zur Durchführung der Hauszinssteuerverordnung.

Vom 27. April 1927 (PrGS. 60).

Auf Grund der §§ 10 Abs. 2, 14 der Hauszinssteuerverordnung vom 2. Juli 1926 (Gesetzsamml. S. 213) in der Fassung des Gesetzes zur Änderung der Hauszinssteuerverordnung vom 27. April 1927 (Gesetzsamml. S. 61) wird folgendes verordnet:

§ 1. (1) Sofern ein Antrag gemäß § 2 Abs. 3 und 4, § 4 Abs. 3 bis 5, § 5 auf Grund der Hauszinssteuerverordnung in der Fassung vom 2. Juli 1926[1] gestellt worden ist, gilt der Antrag auf Gewährung der vom 1. April 1927 an geltenden entsprechenden Steuervergünstigung als gestellt und der Steuerbescheid als erteilt.

(2) Sofern ein Antrag gemäß § 2 Abs. 3 und 4, § 4 Abs. 3 bis 5, § 5 auf Grund der Hauszinssteuerverordnung in der Fassung vom 2. Juli 1926[1] bisher noch nicht gestellt worden ist, ist der Antrag bis zum 1. Juli 1927 zu stellen.

(3) Anträge, die auf Grund der Ziffer 4 bis 9 des Gesetzes zur Änderung der Hauszinssteuerverordnung vom

27. April 1927 (Gesetzsamml. S. 61)[2] gestellt werden können, sind bis zum 1. Oktober 1927 zu stellen.

[1]) Oben zu Jf.
[2]) Oben zu Jg.

§ 2. Die Verordnung tritt mit dem 1. April 1927 in Kraft.

Berlin, den 27. April 1927.

Der Preußische Finanzminister.
Höpker Aschoff.

Jm.

Gesetz über die Erhebung einer vorläufigen Steuer vom Grundvermögen.

Vom 14. Februar 1923 (PrGS. 29).

In Kraft seit 1. 4. 23.

Mit den Abänderungen der Gesetze vom 28. Februar 1924 (PrGS. 119) und 26. Juni 1925 (PrGS. 83), der Verordnung vom 28. Dezember 1925 (PrGS. 178) und der Gesetze vom 29. Juli 1926 (PrGS. 238), 22. April 1927 (PrGS. 60) und 28. März 1928 (PrGS. 51).

§ 1. (1) Von dem gesamten in Preußen belegenen Grundvermögen wird nach den Bestimmungen dieses Gesetzes vom 1. April 1923 ab eine Steuer erhoben.

(2) Als steuerbares Grundvermögen im Sinne dieses Gesetzes gelten die Grundstücke einschließlich aller Bestandteile. . . . Maschinen und andere Einrichtungen, die zu einem der Gewerbesteuer unterliegenden Betriebe ge-

hören (gemäß den Vorschriften des Gewerbesteuergesetzes und des Kommunalabgabengesetzes), bleiben unberücksichtigt, selbst wenn sie Bestandteile des Grundstücks sind.

(3) Als steuerbares Grundvermögen gelten auch Gebäude und Werke, die zu einem Erbbaurechte gehören oder auf Grund eines solchen Rechtes an einem fremden Grundstück oder nur zu einem vorübergehenden Zwecke mit dem Grund und Boden verbunden sind.

§ 2. (1) Die Steuer beträgt monatlich:

a) bei bebauten Grundstücken, die nicht dauernd land- oder forstwirtschaftlichen oder gärtnerischen Zwecken zu dienen bestimmt sind . . 0,20 Mark,

b) . . .

c) . . .

für je 1000 Mark des Wertes.

(2) Als Wert (Abs. 1) gilt der Wert, der für die Veranlagung zur Ergänzungssteuer nach dem Gesetze vom 14. Juli 1893 / 19. Juni 1906 / 26. Mai 1909 für den Veranlagungsabschnitt 1917/19 festgesetzt worden ist.

(3) Als bebaut gilt ein Grundstück nicht, wenn die Zweckbestimmung des darauf errichteten Gebäudes gegenüber der Zweckbestimmung des Grund und Bodens von untergeordneter Bedeutung ist.

(4) Der Wert der Grundstücke, deren Bestand sich seit der Ergänzungssteuerveranlagung für den Veranlagungsabschnitt 1917/19 (Abs. 2) geändert hat oder deren Wert für die Ergänzungssteuer nicht festgesetzt worden ist, ist nach den Grundsätzen und Werten festzusetzen, die bei der Veranlagung zur Ergänzungssteuer für den Veranlagungsabschnitt 1917/19 maßgebend waren.

(5) Eine Neufestsetzung des für die Ergänzungssteuerveranlagung fortgesetzten Wertes findet nicht statt, wenn die

Veränderungen im Bestande des Grundstücks zusammen diesen Wert um weniger als 5 v. H. erhöht oder vermindert haben.

(6) ...

§ 3. (1) Die gemäß § 2 Abs. 1 berechnete Steuer ist die Steuer in Goldwert.

(2) bis (4) ...

§ 4. (1) Schuldner der Steuer ist:

a) für das Grundstück einschließlich der Bestandteile ... der Eigentümer,

b) im Falle, daß Gebäude oder Werke auf fremdem Grund und Boden errichtet sind, für den auf die Gebäude oder Werke entfallenden Steueranteil ihr Eigentümer und

c) bei Ausnutzung eines Erbbaurechts der Erbbauberechtigte auch für das Erbbaugrundstück.

(2) Miteigentümer sind Gesamtschuldner.

(3) Der Nutznießer oder Nießbraucher haftet für die Steuer neben dem Eigentümer als Gesamtschuldner ...

§ 13. (1) Die Steuer ist am 15. eines jeden Monats fällig. Sie ist an den Vorstand der Gemeinde (Gutsbezirk), in der das Grundstück gelegen ist, unaufgefordert zu entrichten. Zahlungspflichtig für den vollen Kalendermonat ist derjenige, der zu Beginn des Monats Steuerschuldner war.

§ 14. (1) Der Finanzminister kann für einzelne Fälle die Steuer, deren Einziehung nach Lage der Sache unbillig wäre, ganz oder teilweise erlassen oder erstatten, insbesondere:

a) wenn der für die Ergänzungssteuerveranlagung festgesetzte Wert (§ 2 Abs. 2) des Grundvermögens infolge höherer Gewalt seit der Ergänzungssteuerveranlagung für 1917/19 um mehr als ein Viertel gemindert worden ist und wenn der entstandene Schaden nicht durch

Versicherung oder durch eine andere Entschädigung gedeckt ist,

b) wenn der Wert des Grundvermögens infolge von Eigentumsbeschränkungen gesetzlicher Art seit der Ergänzungssteuerveranlagung für 1917/19 gemindert worden ist,

c) wenn Gebäude, die wirtschaftlichen Zwecken zu dienen bestimmt sind, infolge der Einstellung des Betriebs mindestens ein Jahr lang nicht mehr benutzt worden sind.

§ 15. (1) Die Steuer wird nicht erhoben von allen denjenigen Grundstücken oder Grundstücksteilen, die nach § 24 Abs. 1 b bis k und Abs. 3 des Kommunalabgabengesetzes vom 14. Juli 1893 (Gesetzsamml. S. 152)[1] den Steuern vom Grundbesitze nicht unterliegen. Die Steuer wird ferner nicht erhoben von den nach dem 31. März 1924 fertiggestellten Wohnungsneubauten einschließlich des zugehörigen Hofraums für die Dauer von fünf Jahren nach Ablauf des Rechnungsjahres, in dem die Neubauten fertiggestellt worden sind. Für die im Rechnungsjahr 1924 fertiggestellten Neubauten beginnt die Freizeit am 1. April 1926.

(2) (Betr. gänzlichen oder teilweisen Erlaß der Steuer bei Kleinwohnungsneubauten für Minderbemittelte.)

(3) (Betr. Erlaß der Steuer für Siedlungen nach dem RSiedlungsGes.)

---

[1]) Diese Bestimmungen lauten:

„b) die einem fremden Staate gehörigen Grundstücke, auf denen Botschafts- oder Gesandtschaftsgebäude errichtet sind, einschließlich der auf ihnen errichteten Gebäude, sofern von dem fremden Staate Gegenseitigkeit gewährt wird;

c) die dem Staate, den Provinzen, den Kreisen, den Gemeinden oder sonstigen kommunalen Verbänden gehörigen Grundstücke und Gebäude, sofern sie zu einem öffentlichen Dienste oder Gebrauche bestimmt sind;

d) die Brücken, Kunststraßen, Schienenwege der Eisenbahnen sowie die schiffbaren Kanäle, welche mit Genehmigung des Staates zum öffentlichen Gebrauche angelegt sind;

e) die Deichanlagen der Deichverbände und der im öffentlichen Interesse staatlich unter Schau gestellten Privatdeiche sowie die im öffentlichen Interesse unterhaltenen Anlagen der Ent- und Bewässerungsverbände;

f) die Universitäts- und anderen zum öffentlichen Unterrichte bestimmten Gebäude;

g) die Kirchen, Kapellen und anderen dem öffentlichen Gottesdienste gewidmeten Gebäude sowie die gottesdienstlichen Gebäude der mit Korporationsrechten versehenen Religionsgesellschaften;

h) die Armen-, Waisen- und öffentlichen Krankenhäuser, die Gefängnis-, Besserungs-, Bewahr- und diejenigen Wohltätigkeitsanstalten, welche die Bewahrung vor Schutzlosigkeit oder sittlicher Gefahr bezwecken (Mägdehäuser und dergleichen), sowie die Gebäude, welche milden Stiftungen angehören und für deren Zwecke unmittelbar benutzt werden; durch Gemeindebeschluß können auch anderweitige Gebäude solcher milden Stiftungen, welche nicht bloß zugunsten bestimmter Personen und Familien bestehen, frei gelassen werden;

i) die Grundstücke der unter f, g, h aufgeführten Anstalten und Körperschaften, soweit die Grundstücke für deren Zwecke unmittelbar benutzt werden;

k) die Dienstgrundstücke und Dienstwohnungen der Geistlichen, Kirchendiener und Volksschullehrer, soweit ihnen bisher Steuerfreiheit zugestanden hat.

(3) Ist ein Grundstück oder Gebäude nur teilweise zu einem öffentlichen Dienste oder Gebrauche bestimmt, so bezieht sich die Befreiung nur auf diesen Teil."

§ 16. In den Fällen des § 14 a bis c und des § 15 kann der Finanzminister seine Befugnis auf die ihm unterstellten Behörden übertragen.

§ 18. (2) Die staatliche Steuer vom Grundvermögen ist, wenn dieses sich über mehrere Gemeinde- oder Gutsbezirke erstreckt und für die Staatssteuerzwecke als Ganzes veranlagt ist, auf die einzelnen Gemeinde- oder Gutsbezirke nach dem Verhältnisse des Wertes der in ihnen belegenen Grundstücksteile zu zerlegen. Die Zerlegung bildet einen Teil der Veranlagung und kann ebenso wie diese angefochten werden. Zur Einlegung der Rechtsmittel sind auch die Gemeinden befugt, in denen das Grundvermögen belegen ist. ...

(3) Die nach § 14 und § 15 Abs. 2 bewilligten Erlasse und Erstattungen gelten auch bei der Heranziehung der staatlichen Steuer vom Grundvermögen für die Zwecke der Besteuerung in kommunalen oder sonstigen öffentlich-rechtlichen Verbänden.

§ 20. (1) Dieses Gesetz gilt auch für den vormals zum Lande Waldeck-Pyrmont gehörigen Gebietsteil Pyrmont.

(2) Dieses Gesetz gilt nicht für die Insel Helgoland.

§ 23. Dieses Gesetz tritt mit dem 30. September 1928 außer Kraft.

K. Wohnungsmangel.

Ka.

Preuß. Ausführungsbestimmungen zum Wohnungsmangelgesetze.

Vom 11. September 1923 (PrGS. 432, Volkswohlfahrt 450).

In Kraft seit 14. 9. 23.

Auf Grund der §§ 9, 14 und 16 des Wohnungsmangelgesetzes vom 26. Juli 1923 (Reichsgesetzbl. I S. 751)[1] bestimme ich, was folgt:

[1]) Oben zu Ca.

§ 1. Zur Ausstellung der amtlichen Bescheinigung, durch welche die Eigenschaft als Vertriebener festgestellt wird, ist die Gemeinde- bezw. Polizeibehörde des bisherigen Wohnorts oder des ersten Aufenthaltsorts des Vertriebenen im Reichsgebiete tunlichst nach Benehmen mit dem Roten Kreuz und den von ihm bezeichneten Hilfsstellen berechtigt.

§ 2. Über die dem unmittelbar Betroffenen zustehende Beschwerde gegen eine auf Grund des Wohnungsmangelgesetzes getroffene Verfügung entscheidet das Mieteinigungsamt.

Im übrigen behalten meine Ausführungsbestimmungen vom 3. Juli 1920 (Gesetzsamml. S. 361)[1] entsprechende Gültigkeit.

¹) Die VO. ist unten zu Kb vollständig abgedruckt, um die Prüfung, was bei der „entsprechenden" Anwendung noch gilt, zu ermöglichen.

§ 3. Diese Verordnung tritt am Tage ihrer Veröffentlichung in Kraft[1].

¹) Die die VO. enthaltende Nr. 54 der PrGS. ist am 14. 9. 23 ausgegeben.

Berlin, den 11. September 1923.

Der Preußische Minister für Volkswohlfahrt.

Hirtsiefer.

Kb.

Preuß. Ausführungsvorschriften über das Verfahren vor den Einigungsämtern bei Einlegung von Beschwerden gegen Verfügungen der Gemeindebehörden gemäß Artikel 4b des Reichsgesetzes vom 11. Mai 1920 (Reichs-Gesetzbl. S. 949ff.).

Vom 3. Juli 1920 (PrGS. 361).

Auf Grund des Artikels 4 b des Reichsgesetzes vom 11. Mai 1920 (Reichsgesetzbl. S. 949 ff.) bestimme ich über das Verfahren vor dem Einigungsamte bei Einlegung von Beschwerden gegen Verfügungen der Gemeindebehörden, was folgt:

1. Die Beschwerde ist gemäß Artikel 4 b des Reichsgesetzes vom 11. Mai 1920[1] nur gegen diejenigen von den Ge-

meindebehörden getroffenen Verfügungen zulässig, welche auf Grund des § 9 der Wohnungsmangelverordnung vom 23. September 1918 (Reichsgesetzbl. S. 1143 ff.)[2] ergangen sind.

[1]) Jetzt § 16 WohnMangG., oben zu Ca.

[2]) Jetzt § 6 WohnMangG., oben zu Ca.

2. Die Beschwerde steht nur dem durch die Verfügung (den Eingriff) unmittelbar Betroffenen zu, also dem Inhaber der Räume, gegen den sich die Beschlagnahme richtet. Deswegen steht dem Zwangsmieter, der dem Wohnungsinhaber zugewiesen ist, oder dem nicht berücksichtigten Wohnungsuchenden die Beschwerde nicht zu.

3. Gegenstand der Beschwerde ist die Beschlagnahme benutzter Räume, die auf Grund des § 9 der Wohnungsmangelverordnung[1] den unbenutzten Räumen der in §§ 4 und 5 der Wohnungsmangelverordnung[2] bezeichneten Art gleichgestellt sind. Deswegen hat das Mieteinigungsamt ebenso wie in dem Falle des § 4 der Wohnungsmangelverordnung[3] bei Entscheidung der Frage, ob die Beschwerde abzuweisen und demgemäß ein Zwangsmietvertrag festzusetzen ist, zu prüfen, ob für den Verfügungsberechtigten ein unverhältnismäßiger Nachteil zu besorgen ist.

[1]) Jetzt § 6 WohnMangG., oben zu Ca.

[2]) Jetzt §§ 4, 5 WohnMangG., oben zu Ca.

[3]) Jetzt § 4 WohnMangG., oben zu Ca.

4. Nicht zu prüfen ist von dem Einigungsamte die Notwendigkeit und Zweckmäßigkeit derjenigen allgemeinen Anordnungen, auf Grund deren im Einzelfalle die mit der Beschwerde angegriffene Verfügung ergangen ist.

Das Einigungsamt kann also die im Einzelfall ergangene Verfügung nicht mit der Begründung aufheben, daß die staatliche Ermächtigung oder die allgemeine Anordnung unnötig, unzweckmäßig oder wegen der damit verbundenen Härten ungerechtfertigt erscheine.

5. Die Beschwerde ist binnen einer Woche bei derjenigen Stelle, die die Verfügung erlassen hat (Magistrat, Wohnungsamt, Gemeindevorsteher, Gemeindevorstand, Landbürgermeister, Amtmann, Kreisausschuß usw.), einzulegen. Die Behörde hat das Recht, die angegriffene Verfügung vor ihrer Weitergabe an das Einigungsamt zurückzuziehen oder abzuändern.

6. Wenn die angegriffene Verfügung nach dem Ermessen der Behörde, die sie erlassen hat, ohne Nachteil für das Gemeinwesen nicht ausgesetzt werden kann, hat die Einlegung der Beschwerde keine aufschiebende Wirkung. Gegen die Art der Durchführung der Verfügung, die im Wege des Artikels 4 des Reichsgesetzes vom 11. Mai 1920[1] erfolgen kann, ist die Beschwerde an das Einigungsamt nicht gegeben.

Gegen die polizeilichen Zwangsmaßnahmen bleiben vielmehr die bisherigen Rechtsmittel gegeben.

[1]) Jetzt § 11 WohnMangG., oben zu Ca.

7. Durch das Beschwerdeverfahren nach Artikel 4 b des Reichsgesetzes vom 11. Mai 1920[1] sind die Befugnisse der Kommunalaufsichtsbehörde, wie sie in §§ 7 und 24 des Zuständigkeitsgesetzes vom 1. August 1883 (Gesetzsamml. S. 237) abgegrenzt sind, nicht beseitigt worden. Die Kommunalaufsichtsbehörden sind daher innerhalb des Rahmens der ihnen gesetzlich zustehenden Befugnisse jederzeit einzugreifen berechtigt;

in das Verfahren bei Festsetzung eines Zwangsmietvertrags jedoch nur so lange, als das Einigungsamt den Zwangsmietvertrag noch nicht festgesetzt hat[2].

[1]) Jetzt § 16 WohnMangG., oben zu Ca.

[2]) Nachdem das Oberverwaltungsgericht mit Urteil v. 18. 12. 23 — II B 27/22 — (PrVerwaltBl. 1924 S. 164) die gesamte Wohnungszwangswirtschaft als Landesangelegenheit, nicht als Gemeindeangelegenheit bezeichnet hatte, entfällt die obige Einschränkung des Eingriffsrechts der Kommunalaufsichtsbehörde; denn dieses Recht ist bei staatlichen Auftragsangelegenheiten unbeschränkt. Durch Erlaß v. 4. 3. 24 (Volkswohlfahrt 139) an die Regierungspräsidenten usw. hat deshalb der preußische Volkswohlfahrtsminister angeordnet:

„Ich ersuche deshalb, nunmehr in Zukunft bei Beschwerden gegen Anordnungen und Maßnahmen der Gemeindebehörden und deren Wohnungsämter davon auszugehen, daß diese nicht nur auf etwaige Rechtsverletzungen hin, sondern auch in sachlicher Beziehung, insbesondere also nach der Seite der Zweckmäßigkeit und Billigkeit einer Nachprüfung unterliegen, und daß erforderlichenfalls der Beschwerde in diesem erweiterten Umfange durch Anweisung abgeholfen werden kann."

8. Auf das Verfahren findet die Anordnung des Reichskanzlers für das Verfahren vor den Einigungsämtern vom 23. September 1918 (Reichsgesetzbl. S. 1146)[1] Anwendung.

[1]) Inzwischen ersetzt durch die Anordnung der Reichsregierung v. 19. 9. 23 (RGBl. I 889), oben zu Fa.

Berlin, den 3. Juli 1920.

Der Minister für Volkswohlfahrt.

Stegerwald.

Kc.

Preuß. Verordnung, betr. Verwendung von Hotels.

Vom 5. Juli 1921 (PrGS. 442).

Auf Grund des § 9 der Wohnungsmangelverordnung in der Fassung des Reichsgesetzes vom 11. Mai 1920 (RGBl. S. 949 ff.)[1] ordne ich mit Zustimmung des Reichsarbeitsministeriums für den Umfang des Preußischen Staates an, daß die Verwendung von Hotels zu anderen Zwecken als denen des Hotelbetriebes, insbesondere zu Geschäfts- und Bürozwecken, der Genehmigung der zuständigen Kommunalaufsichtsbehörde bedarf.

Berlin, den 5. Juli 1921.

Der Preußische Minister für Volkswohlfahrt.

Stegerwald.

---

[1]) Jetzt § 6 WohnMangG., oben zu Ca.

Kd.

Preuß. Verordnung über Werkwohnungen.

Vom 26. Juni 1922 (PrGS. 161).

Auf Grund des § 9 der Bekanntmachung über Maßnahmen gegen Wohnungsmangel vom 23. September 1918 (Reichsgesetzbl. S. 1143 ff.) in der Fassung des Reichsgesetzes vom 11. Mai 1920 (Reichsgesetzbl. S. 949 ff.)[1] ordne ich mit Zustimmung des Reichsarbeitsministeriums für den Umfang des Preußischen Staates an, daß die Inanspruchnahme von Wohnungen, die zur Unterbringung von Angestellten und Arbeitern eines bestimmten gewerblichen oder landwirtschaftlichen Betriebes errichtet oder vor dem 1. Juli 1921 zu diesem Zwecke von dem Inhaber des Betriebes zu Eigentum erworben oder gemietet und tatsächlich benutzt sind, solange der Betrieb besteht und die Wohnungen tatsächlich dem angegebenen Zwecke dienen, nur zur Unterbringung von Arbeitern und Angestellten des betreffenden Betriebes zulässig ist.

Gemäß der Anordnung vom 2. November 1920 — II 6. 5774 — Reichsanzeiger Nr. 271 — unterliegen die nach dem 20. November 1920 fertiggestellten Neubauten vorstehender Anordnung nicht [2].

Der Preußische Minister für Volkswohlfahrt.
Stegerwald.

[1]) Jetzt § 6 WohnMangG., oben zu Ca.

[2]) Die die VO. enthaltende Nr. 27 der PrGS. ist am 19. 7. 22 ausgegeben.

Ke.

Preuß. Verfügung, betr. Anwendung polizeilichen Zwanges bei Durchführung von Wohnungsbeschlagnahmen.

Vom 30. November 1922 (PrGS. 444).

Auf Grund des § 9 der Bekanntmachung über Maßnahmen gegen Wohnungsmangel vom 23. September 1918 (Reichsgesetzbl. S. 1143)[1] . . . ordne ich mit Zustimmung des Reichsarbeitsministers für den Umfang des Preußischen Staates an, daß zur Räumung beschlagnahmter Wohnungen und sonstiger beschlagnahmter Räume sowie zur Durchführung eines Zwangsmietvertrages erforderlichenfalls unmittelbarer polizeilicher Zwang angewandt werden kann.

Berlin, den 30. November 1922.

Der Preußische Minister für
Volkswohlfahrt.

Im Auftrage: Conze.

---

[1]) Jetzt § 6 WohnMangG., oben zu Ca.

Kf.

Preuß. Anordnung, betr. Verlängerung von auf Grund des Wohnungsmangelgesetzes erlassenen Anordnungen.

Vom 19. September 1923 (PrGS. 446).

Auf Grund des § 6 des Wohnungsmangelgesetzes vom 26. Juli 1923[1] in Verbindung mit § 50 des Gesetzes über Mieterschutz und Mieteinigungsämter vom 1. Juni 1923[2] und dem Reichsgesetz über Verlängerung der Geltungsdauer des Wohnungsmangelgesetzes vom 26. Juni 1923 ordne ich mit Zustimmung des Reichsarbeitsministers für den Umfang des Preußischen Staates an, daß, vorbehaltlich von Änderungen, sämtliche auf Grund der Wohnungsmangelverordnung vom 23. September 1918 in der Fassung der Reichsgesetze vom 11. Mai 1920 (Reichsgesetzbl. S. 949) vom 11. Juli 1921 (Reichsgesetzbl. S. 933) und vom 28. Juni 1922 (Reichsgesetzbl. I S. 529) erlassenen Anordnungen, insbesondere auch die auf einen Endtermin befristeten, soweit sie nicht den Vorschriften des Wohnungsmangelgesetzes vom 26. Juli 1923[1] und des Mieterschutzgesetzes vom 1. Juni 1923[2] entgegenstehen, bis zum 31. Dezember 1923 in Kraft bleiben.

Berlin, den 19. September 1923.

Der Minister für Volkswohlfahrt.
Hirtsiefer.

[1]) Oben zu Ca.
[2]) Oben zu Ea, Eg.

Kg.

Preuß. Anordnung über Verlängerung von auf Grund der alten Mieterschutz- und Wohnungsmangelverordnungen erlassenen Anordnungen.

Vom 7. Januar 1924 (PrGS. 27).

Auf Grund von Artikel III der Verordnung zur Änderung des Mieterschutzgesetzes und des Wohnungsmangelgesetzes vom 24. Dezember 1923 (Reichsgesetzbl. I S. 1247)[1] ordne ich mit Zustimmung des Reichsarbeitsministers an, daß in den Teilen des Preußischen Staates, in denen die Durchführung des Gesetzes über Mieterschutz und Mieteinigungsämter vom 1. Juni 1923[2] und des Wohnungsmangelgesetzes vom 26. Juli 1923[3] nicht möglich oder besonders erschwert ist, die bis zum Inkrafttreten dieser Gesetze auf dem Gebiete des Wohnungsmangels und des Mieterschutzes bestehenden Vorschriften bis auf weiteres Geltung haben[4].

Berlin, den 7. Januar 1924.

Der Preußische Minister für Volkswohlfahrt.

In Vertretung: Scheidt.

---

[1]) Oben zu Eb.

[2]) Oben zu Ea, Eg.

[3]) Oben zu Ca.

[4]) Die die VO. enthaltende Nr. 5 der PrGS. ist am 17. 1. 24 ausgegeben.

Kh.

Preuß. Anordnung über Verlängerung von auf Grund des Wohnungsmangelgesetzes erlassenen Anordnungen.

Vom 11. Januar 1924 (PrGS. 27).

Um alle Zweifel über die Geltungsdauer der von den Gemeindebehörden erlassenen Anordnungen, betreffend den Mieterschutz und die Bekämpfung des Wohnungsmangels, zu beheben, ordne ich auf Grund der §§ 1 und 6 des Wohnungsmangelgesetzes vom 26. Juli 1923[1] in Verbindung mit § 50 des Gesetzes über Mieterschutz und Mieteinigungsämter vom 1. Juni 1923[2] mit Zustimmung des Reichsarbeitsministers für den Umfang des Preußischen Staates an, daß, vorbehaltlich von Änderungen, sämtliche auf Grund der Wohnungsmangelverordnung vom 23. September 1918 in der Fassung der Reichsgesetze vom 11. Mai 1920 (Reichsgesetzbl. S. 949), vom 11. Juli 1921 (Reichsgesetzbl. S. 933) und vom 28. Juni 1922 (Reichsgesetzbl. I S. 529) erlassenen Anordnungen, insbesondere auch die auf einen Endtermin befristeten, soweit sie nicht den Vorschriften des Wohnungsmangelgesetzes vom 26. Juli 1923[1] und des Mieterschutzgesetzes vom 1. Juni 1923[2] entgegenstehen, bis auf weiteres in Kraft bleiben[3].

Berlin, den 11. Januar 1924.

Der Preußische Minister für Volkswohlfahrt.

Hirtsiefer.

[1]) Oben zu Ca.

[2]) Oben zu Ea, Eg.

[3]) Die die VO. enthaltende Nr. 5 der PrGS. ist am 17. 1. 24 ausgegeben.

Ki.

Preuß. Anordnung über die Verwendung von Wohnräumen zu anderen Zwecken.

Vom 24. Mai 1925 (PrGS. 60).

Auf Grund der §§ 1, 6 und 10 des Wohnungsmangelgesetzes vom 26. Juli 1923 (Reichsgesetzbl. I S. 754 ff.)[1] ordne ich mit Zustimmung des Reichsarbeitsministers für das Gebiet des Preußischen Staates unter Aufhebung meiner Anordnung vom 1. August 1922 mit sofortiger Wirkung folgendes an:

Räume, die bis zum 1. Oktober 1918 zu Wohnzwecken bestimmt oder benutzt waren, dürfen zu anderen Zwecken, insbesondere als Fabrik-, Lager-, Werkstätten-, Dienst- oder Geschäftsräume, nicht verwendet werden. In besonderen Fällen kann die Gemeindebehörde mit Zustimmung der Aufsichtsbehörde Ausnahmen zulassen, wenn der Gemeindebehörde für die beanspruchten Räume gleichwertige Wohnräume oder entsprechende Geldbeträge zur Herstellung neuer Wohnräume überlassen werden.

Einzelne Räume einer Wohnung darf der Verfügungsberechtigte auch zu anderen als Wohnzwecken verwenden, sofern sie von den übrigen Räumen nicht abgetrennt werden und diese ihrer ursprünglichen Bestimmung als Wohnräume erhalten bleiben, so daß der Gesamtcharakter der Wohnung als solcher gewahrt bleibt[2].

Berlin, den 24. Mai 1925.

Der Preußische Minister für Volkswohlfahrt.

In Vertretung: Scheidt.

---

[1]) Oben zu Ca.

[2]) Die die AnO. enthaltende Nr. 13 der PrSG. ist am 6. 6. 25 ausgegeben.

Kk.

Preuß. Anordnung, betr. Unterbringung versetzter Beamter und Reichswehrangehöriger.*)

Vom 16. Juni 1923 (PrGS. 288, ausgegeben 29. 6. 23).

Auf Grund des § 9 des Gesetzes über Maßnahmen gegen Wohnungsmangel in der Fassung vom 11. Mai 1920 (Reichsgesetzbl. S. 949)[1] ordne ich mit Zustimmung des Reichsarbeitsministers unter Aufhebung meiner Verordnung vom 23. Juli 1921 (Gesetzsamml. S. 484) für den Umfang des Preußischen Staates folgendes an:

---

[1]) Jetzt § 6 WohnMangG., oben zu Ca.

---

*) Ersetzt durch Kl.

1. Die Wohnung eines versetzten Beamten[1] wird nur frei, sofern dem versetzten Beamten eine andere Wohnung am Orte seiner neuen Dienststelle zur Verfügung gestellt wird. Ist das nicht der Fall, so hat der Beamte[1] das Recht, seine bisherige Wohnung als Tauschobjekt zu benutzen[2]. Ein derartiger Tausch ist auf Verlangen der dem Beamten vorgesetzten Behörde zu genehmigen.

[1]) Verheirateter und unverheirateter: Erl. v. 26. 8. 24 — II 7. 819 — (nicht veröffentlicht).

[2]) Zeitlich unbegrenzt, bis der Beamte wirklich eine neue Wohnung erhalten hat: Erl. v. 10. 9. 24 — II 7. 1056 — (nicht veröffentlicht).

2. Über die durch Versetzung eines Beamten freiwerdende Wohnung kann die zuständige Behörde entweder zugunsten des Amtsnachfolgers oder eines oder mehrerer Beamten ihres Amtsbereichs verfügen[1]. Einer Versetzung gleichzustellen ist die Einberufung eines Beamten zur Dienstleistung in einen anderen Zweig der Reichs- oder Staatsverwaltung.

[1]) Mit derselben zeitlichen Begrenzung wie in Ziff. 3: Erl. v. 17. 7. 23 — II 6. 2820 — (nicht veröffentlicht).

3. Die durch Todesfall oder beim Ausscheiden eines Beamten aus dem Reichs- oder Staatsdienste freiwerdende Wohnung unterliegt nicht dem Zugriffe des Wohnungsamts, sofern die für den Beamten zuständige Behörde diese Wohnung innerhalb einer dreiwöchigen Frist für einen Beamten ihres Amtsbereichs in Anspruch nimmt. Die Gemeindebehörde (das Wohnungsamt) ist verpflichtet, der dem verstorbenen bezw. ausscheidenden Beamten vorgesetzten Behörde von dem Freiwerden der Wohnung Mitteilung zu machen. Die Frist

von drei Wochen beginnt mit dem Tage des Einganges dieser Mitteilung bei der vorgesetzten Behörde.

4. Weigert sich der Vermieter, die Zustimmung zu einem Tausche zu erteilen oder mit dem von der vorgesetzten Behörde bezeichneten Beamten einen Mietvertrag abzuschließen, so hat das Wohnungsamt die Festsetzung eines Zwangsmietvertrags beim Mieteinigungsamte zu beantragen.

5. Beamte sind den im § 9 c des Gesetzes über Maßnahmen gegen Wohnungsmangel in der Fassung vom 11. Mai 1920[1] aufgeführten Personen gleichzustellen und deshalb bezüglich der Zuteilung einer Wohnung von den Gemeinden vorzugsweise zu berücksichtigen. Waren diese Beamten vor ihrer Versetzung an dem Orte ihrer früheren Dienststellung in der Wohnungsliste als Wohnungsuchende eingetragen, so ist ihnen die Wartezeit bei der Eintragung in die Wohnungsliste ihres neuen Dienstorts anzurechnen.

[1]) Abgedruckt oben zu Ca § 8 Anm. 1.

6. Die Bestimmungen dieser Anordnung gelten in gleicher Weise für planmäßige wie für außerplanmäßige unmittelbare Reichs- und Staatsbeamte sowie Reichswehrangehörige.

7. Die Vorschriften dieser Anordnung finden auch Anwendung auf bereits versetzte Beamte, denen die Wohnung eines Amtsvorgängers nicht zugewiesen werden konnte oder denen ein Recht zum Tausche ihrer Wohnung nach den bisherigen Bestimmungen nicht zustand.

Berlin, den 16. Juni 1923.

Der Preußische Minister für Volkswohlfahrt.

Hirtsiefer.

K l.

Preuß. Verordnung über die Bewirtschaftung des Wohnraums für Reichs- und unmittelbare Staatsbeamte und für Reichswehrangehörige.

Vom 29. Mai 1925 (PrGS. 65).

In Kraft seit 10. 6. 25.

Auf Grund der §§ 1, 6 und 10 des Wohnungsmangelgesetzes vom 20. Juli 1923 (Reichsgesetzbl. I S. 754)[1] ordne ich mit Zustimmung des Reichsarbeitsministers für den Umfang des Preußischen Staates unter Aufhebung meiner Verordnung vom 16. Juni 1923 (Gesetzsamml. S. 288)[2] mit sofortiger Wirkung an[3,4]:

[1]) Oben zu Ca.

[2]) Oben zu Kk.

[3]) Die die VO. enthaltende Nr. 14 der PrGS. ist am 10. 6. 25 ausgegeben.

[4]) Dazu AllgJustMinVfg. v. 17. 8. 25 (JMBl. 284).

§ 1. Die Wohnung eines versetzten Beamten wird nur frei, sofern dem Beamten eine andere Wohnung am Orte seiner neuen Dienststelle zur Verfügung gestellt wird und der Beamte diese oder eine andere Wohnung bezieht.

Ist das nicht der Fall, so hat der Beamte das Recht, seine bisherige Wohnung als Tauschobjekt zu benutzen. Für den Wohnungstausch finden die Bestimmungen des § 8 des Wohnungsmangelgesetzes[1] Anwendung.

[1]) Oben zu Ca.

§ 2. Über die durch Versetzung oder den Übertritt in den einstweiligen Ruhestand freiwerdende Wohnung eines

Beamten kann die zuständige Behörde zugunsten eines oder mehrerer Beamten ihrer Verwaltung spätestens binnen vier Wochen nach Freiwerden der Wohnung verfügen[1]. Die zuständige Behörde kann dieses Verfügungsrecht auch zugunsten eines ausscheidenden oder bereits ausgeschiedenen Beamten ihrer Verwaltung dann ausüben, wenn er eine Wohnung innehat, die im Eigentum oder in der Verwaltung des Reichs oder Preußens steht.

Einer Versetzung gleichzustellen ist die Einberufung eines Beamten zur Dienstleistung in einem anderen Zweige der Reichs- oder Staatsverwaltung. Als „versetzt" im Sinne dieser Anordnung ist auch ein Beamter anzusehen, dessen Dienststelle verlegt wird und der dadurch am neuen Orte dieser Dienststelle seinen Wohnsitz nehmen muß, sowie ein Beamter, der seine Wohnung, ohne daß diese Voraussetzungen vorliegen, aufgibt.

---

[1]) Dazu

Erl. des Min. für Volkswohlfahrt, betr. Einschränkung der VO. über die Bewirtschaftung des Beamtenwohnraums.

Vom 8. Dezember 1926 (JMBl. 430, Volkswohlfahrt 1927 S. 18).

Auf Wohnungen der im § 1 der Verordnung v. 11. 11. 1926 [2] bezeichneten Art finden die Vorschriften des Wohnungsmangelgesetzes mit Ausnahme der §§ 2 und 8 keine Anwendung mehr. Damit entfällt in Zukunft auch das Recht der zuständigen Behörden, über eine freiwerdende Wohnung dieser Art, die bisher von einem Beamten bewohnt wurde, auf Grund der VO. v. 29. 5. 1925 zugunsten eines anderen Beamten zu verfügen. Die Erhaltung solcher Wohnungen als Beamtenwohnungen kann daher nur im Tauschwege angestrebt werden.

Hirtsiefer.

[2]) Oben zu Ge.

§ 3. „Zuständige" Behörde ist diejenige, welcher der Beamte bis zu seiner Versetzung oder seinem Übertritt in den einstweiligen Ruhestand oder bis zu seinem Ausscheiden oder bis zu seinem Tode angehört hat.

Trifft die zuständige Behörde über die freiwerdende Wohnung eines Beamten ihrer Verwaltung innerhalb der Frist des § 2 Abs. 1 keine Verfügung, so kann die Wohnung auch für einen Beamten einer anderen Reichs- oder Staatsbehörde binnen weiteren zwei Wochen beansprucht und auch von diesem Beamten zu Tauschzwecken verwendet werden.

§ 4. Die zuständige Behörde verfügt auch über Wohnungen, die dadurch frei werden, daß ein Beamter, Angestellter oder Arbeiter eine Dienstwohnung oder eine reichs- oder staatseigene Wohnung oder eine mit solchen Reichs- oder Staatsmitteln errichtete Wohnung zugewiesen erhält, die für die Wohnungsfürsorge für Beamte, Angestellte oder Arbeiter des Reichs oder eines Landes bestimmt sind. Die Fristen des § 2 Abs. 1, § 3 Abs. 2 gelten entsprechend[1].

---

[1]) Dazu BO. des VolkswohlfMin. v. 7. 9. 25 (PrJustMinBl. 357, Volkswohlfahrt 376):

„Zur Behebung von Zweifeln mache ich darauf aufmerksam, daß die Bestimmung des § 4 . . . auch Anwendung findet, wenn für die Errichtung einer einem Beamten, Angestellten oder Arbeiter zugewiesenen Wohnung neben solchen Reichs- oder Staatsmitteln, die für die Wohnungsfürsorge für Beamte, Angestellte oder Arbeiter des Reichs oder eines Landes bestimmt sind, auch noch andere Mittel, insbesondere solche aus dem Hauszinssteueraufkommen, gewährt worden sind. Das Verfügungsrecht über eine durch Neubau freiwerdende Beamtenaltwohnung steht deshalb der zuständigen Behörde auch bei nur anteiliger Gewährung von Reichs- oder Staatsmitteln im Sinne des § 4 a. a. O. zu."

§ 5. Die durch Todesfall oder Übertritt in den dauernden Ruhestand oder durch freiwilliges Ausscheiden eines Beamten aus dem Reichs- oder Staatsdienst innerhalb von sechs Monaten freiwerdende Wohnung unterliegt nicht dem Zugriff der Gemeindebehörde, sofern die zuständige Behörde diese Wohnung innerhalb einer vierwöchigen Frist für einen Beamten ihrer Verwaltung in Anspruch nimmt.

§ 6. Die Gemeindebehörde ist verpflichtet, der letzten vorgesetzten Behörde eines verstorbenen oder ausscheidenden Beamten von dem Freiwerden der Wohnung binnen drei Wochen Mitteilung zu machen. Die im § 2 Abs. 1, § 3 Abs. 2 und § 5 genannten Fristen beginnen am Tage des Eingangs dieser Mitteilung bei der vorgesetzten Behörde.

§ 7. Die Zuweisung der Wohnung an den von der zuständigen Behörde bezeichneten Beamten (auch Angestellten oder Arbeiter im Falle des § 4) erfolgt durch die Gemeindebehörde. Diese ist verpflichtet, dem Antrag der zuständigen Behörde auf Zuweisung einer Wohnung an den von ihr bezeichneten Beamten (auch Angestellten oder Arbeiter im Falle des § 4) zu entsprechen.

Weigert sich der Vermieter, mit dem Bezeichneten einen Mietvertrag abzuschließen, so hat die Gemeindebehörde die Festsetzung eines Mietvertrages beim Mieteinigungsamt zu beantragen. Dem in die Wohnung eingewiesenen Beamten ist die nach § 8 des Wohnungsmangelgesetzes[1] zum Wohnungstausch erforderliche Genehmigung von der Gemeindebehörde auch dann zu erteilen, wenn er die Wohnung nicht benutzt.

[1]) Oben zu Ca.

§ 8. Beamte sind den im § 14 des Wohnungsmangelgesetzes vom 26. Juli 1923[1] aufgeführten Personen gleichzustellen und deshalb bei der Zuteilung einer Wohnung von den Gemeindebehörden vorzugsweise zu berücksichtigen. Waren Beamte vor ihrer Versetzung an dem Ort ihrer früheren Dienststellung in der Wohnungsliste als Wohnungsuchende eingetragen, so ist ihnen die Wartezeit bei der Eintragung in die Wohnungsliste ihres neuen Dienstortes anzurechnen.

[1]) Oben zu Ca.

§ 9. Unter Beamten im Sinne dieser Verordnung sind planmäßige und nichtplanmäßige Beamte, Beamte im Vorbereitungsdienst und in den einstweiligen Ruhestand versetzte Beamte zu verstehen, sofern sie im Dienste des Reichs oder im unmittelbaren Dienste Preußens stehen. Ausgeschiedene Beamte im Sinne dieser Verordnung sind sowohl die freiwillig ausgeschiedenen als auch die in den dauernden Ruhestand versetzten Beamten.

Die Bestimmungen dieser Anordnung finden auch Anwendung auf Reichswehrangehörige sowie Beamte der Reichsbank und der Deutschen Reichsbahngesellschaft.

§ 10. Die Vorschriften dieser Anordnung gelten auch dann, wenn Anordnungen der Gemeindebehörde für den Verfügungsberechtigten, sei es allgemein, sei es in besonderen Fällen, ein Verfügungsrecht über freiwerdenden Wohnraum zulassen.

Berlin, den 29. Mai 1925.

Der Preußische Minister für Volkswohlfahrt.

Hirtsiefer.

Km.

Preuß. Anordnung über besondere Verpflichtung der Gemeinden zur Inanspruchnahme von Wohnungen.

Vom 30. Juni 1925 (PrGS. 87).

In Kraft seit 11. 7. 25.

Auf Grund der §§ 1 und 6 des Wohnungsmangelgesetzes vom 26. Juli 1923[1] ordne ich mit Zustimmung des Reichsarbeitsministers an:

Die Gemeindebehörden, welche dem Verfügungsberechtigten allgemein oder in besonderen Fällen ein Verfügungsrecht über freiwerdende oder freigewordene Wohnungen eingeräumt haben, sind verpflichtet, solche Wohnungen oder Teile einer solchen Wohnung, für deren Überlassung Vermögensvorteile irgendwelcher Art neben der gesetzlichen Miete zugunsten des Verfügungsberechtigten oder eines anderen gefordert, vereinbart oder gewährt werden, zu beschlagnahmen und einem Wohnungsuchenden zuzuweisen.

Bei der Zuweisung haben die Gemeindebehörden in erster Linie solche Wohnungsuchenden zu berücksichtigen, die zur Anmietung der betreffenden Wohnung berechtigt waren und sich um deren Erlangung erfolglos bemüht haben.

Kommt zwischen dem von der Gemeindebehörde Zugewiesenen und dem Verfügungsberechtigten innerhalb einer Woche, nachdem der Zugewiesene dem Verfügungsberechtigten bezeichnet worden ist, ein Mietvertrag nicht zustande, so setzt auf Anrufen der Gemeindebehörde das Mieteinigungsamt, falls für den Verfügungsberechtigten kein unverhältnismäßiger Nachteil aus der Vermietung an sich oder aus der Art des Mieters zu besorgen ist, einen Mietvertrag fest.

Diese Anordnung tritt mit dem Tage der Verkündung in Kraft[2].

Berlin, den 30. Juni 1925.

Der Preußische Minister für Volkswohlfahrt.

Hirtsiefer.

[1]) Oben zu Ca.

[2]) Die die AnO. enthaltende Nr. 18 der PrGS. ist am 11. 7. 25 ausgegeben.

Kn.

Preuß. Erlaß, betr. Berücksichtigung des Wohnbedürfnisses des Hauseigentümers.

Vom 17. Oktober 1926 (Volkswohlfahrt 995).

Die Novelle zum Mieterschutzgesetz hat die Aufhebung eines Mietverhältnisses bei Räumen, die zu gewerblichen Zwecken vermietet sind, besonders für den Fall erleichtert, daß der Vermieter beabsichtigt, den Raum selbst in Gebrauch zu nehmen oder ihn Angehörigen zum Gebrauch zu überlassen (§ 4 Abs. 1 Satz 4 und 5 des MSchG. in der Fassung vom 30. Juni 1926).

Dem Sinne dieser neuen Bestimmung des Mieterschutzgesetzes entspricht es, wenn in Zukunft dringenden Belangen des Hauseigentümers auch bei Anwendung der Vorschriften des Wohnungsmangelgesetzes in weiterem Maße Rechnung getragen wird, als das bisher gemeinhin der Fall war.

Unerfreuliche Verhältnisse zwischen Vermieter und Mieter, die naturgemäß zu gesteigerter Inanspruchnahme der Mieteinigungsämter und Gerichte geführt haben, sind insbesondere dort aufgetreten, wo Hauseigentümer trotz dringenden eigenen Wohnbedürfnisses zur Vermietung freiwerdender Wohnungen in ihrem Hause zwangsweise angehalten worden sind.

In Übereinstimmung mit einem Beschluß des Preußischen Landtags ersuche ich daher unter gleichzeitiger Aufhebung meines Runderlasses vom 22. Juni 1920 — II 6. 2085 —, die Gemeindebehörden anzuweisen, von der Inanspruchnahme freiwerdenden Wohnraums für sonstige Wohnungsuchende Abstand zu nehmen, sofern der Hauseigentümer eigenen dringenden Bedarf an Wohnraum nachweist und seit dem Erwerb des Grundstücks zwei Jahre verflossen sind[1]. Unter letzterer Voraussetzung sind weiterhin, soweit dadurch eine Benachteiligung sonstiger dringend Wohnungsbedürftiger nicht eintritt, bei der Zuweisung von Wohnungsuchenden verheiratete Kinder des Hauseigentümers in erster Linie zu berücksichtigen.

Berlin, den 17. Oktober 1926.

Der Preußische Minister für Volkswohlfahrt.

In Vertretung: Scheidt.

---

[1]) Die Vorschriften über die Bewirtschaftung der Beamtenwohnungen, oben zu Kk und Kl, gehen aber dem Eigenbedürfnis des Hauseigentümers und seiner Angehörigen vor. Erl. des Min. für Volkswohlfahrt v. 12. 11. 26.

L. Notgesetz.

La.

Ausführungsanweisung zu Artikel V des Notgesetzes vom 24. Februar 1923, betr. Unterbringung der Vertriebenen aus den besetzten rheinischen Gebieten und dem Einbruchsgebiete.

Vom 28. März 1923 (PrGS. 81).

Auf Grund des Artikels V des Notgesetzes vom 24. Februar 1923 (Reichsgesetzbl. S. 147)[1] wird hiermit in Ergänzung bezw. Abänderung des Erlasses I a II 44 vom 31. Januar 1923 angeordnet:

Die Gemeindebehörden des unbesetzten Gebiets haben jeden Reichsangehörigen, der nachweist, daß er aus den besetzten rheinischen Gebieten oder dem Einbruchsgebiet ausgewiesen ist, vor allen anderen Wohnungsuchenden unterzubringen.

Den Ausgewiesenen stehen gleich die durch unmittelbaren Zwang entfernten Personen.

Als ausreichender Nachweis für eine behauptete Ausweisung oder Entfernung durch unmittelbaren Zwang ist die amtliche Bescheinigung der Gemeinde- bezw. Polizeibehörde des bisherigen Wohnorts oder der Zentralhilfsstelle in Kassel oder einer der Hilfsstellen in Limburg, Frankfurt a. M., Münster, Minden und Arnsberg oder ein Ausweisbuch des Roten Kreuzes anzusehen.

Vor allen anderen Wohnungsuchenden unterzubringen ist auch die Familie des Ausgewiesenen, wenn sie ihm in das unbesetzte Gebiet folgt. Als „Familie" im Sinne dieser Bestimmung gelten alle Personen, die mit dem Ausgewiesenen bis zu seiner Ausweisung einen gemeinsamen Hausstand geführt haben und an dem bisherigen Wohnorte des Ausgewiesenen polizeilich gemeldet waren.

Neben den Gemeindebehörden ist erforderlichenfalls in kreisfreien Gemeinden der Regierungspräsident, für Berlin der Oberpräsident der Provinz Brandenburg, in kreisangehörigen Gemeinden der Landrat auf Anrufen eines Ausgewiesenen berechtigt, die den Gemeindebehörden (Wohnungsämtern) durch diese Anordnung übertragenen Befugnisse auszuüben. Nebenher haben die Regierungspräsidenten auch in Zukunft verfügbare Wohnungen gemäß Erlaß vom 31. Januar 1923 — I a II 44 — der Zentralhilfsstelle in Kassel auf deren Verlangen anzuzeigen, so daß diese Stelle in der Lage ist, den Ausgewiesenen und Vertriebenen bei der Auswahl eines Zufluchtsorts als Beratungs- und Auskunftsstelle behilflich zu sein. Die auf Grund des bezeichneten Erlasses der Haupthilfsstelle in Kassel übertragenen weitergehenden Befugnisse werden jedoch hiermit aufgehoben. Die Pflicht zur endgültigen Unterbringung der Ausgewiesenen liegt künftig lediglich bei den im Abs. 2 bezw. Abs. 6 dieser Anordnung genannten Stellen. Soweit jedoch bis zum Bekanntwerden dieser Anordnung nach den Übergangsbestimmungen des Erlasses vom 31. Januar 1923 von der Haupthilfsstelle in Kassel zugunsten von Angehörigen des darin näher bezeichneten Personenkreises über Wohnungen verfügt worden ist, behält es hierbei sein Bewenden. Bestehen bleiben auch die den Hilfsstellen durch Erlaß vom 31. Januar 1923 unter II b dd übertragenen Befugnisse zur Beschaffung von vorläufiger Unterkunft.

Bezüglich der Zuständigkeit[2] des Verfahrens und der Voraussetzungen für die Beschlagnahme von Räumen bleibt es bei den bisherigen Bestimmungen.

Aus der Tatsache, daß Wohnräume freiwillig zur Unterbringung von Ausgewiesenen zur Verfügung gestellt werden, dürfen allein nicht irgendwelche Schlüsse auf die Entbehrlichkeit dieser Räume für den Verfügungsberechtigten gezogen werden.

Berlin, den 28. März 1923.

Der Preußische Minister für Volkswohlfahrt.

Hirtsiefer.

---

[1]) Oben zu D.

[2]) Hier fehlt ein Komma.

L b.

Preuß. Ausführungsanweisung zu Artikel V des Notgesetzes vom 24. Februar 1923, betr. die Beschlagnahme von Räumen, die zu gesetzwidrigen Zwecken verwendet werden.

Vom 18. Mai 1923 (PrGS. 165).

Auf Grund des Artikels V Abs. 3 in Verbindung mit Artikel I § 3 Abs. 1 bis 3 des Notgesetzes vom 24. Februar 1923 (Reichsgesetzbl. S. 147)[1] ordnen wir hiermit, was folgt, an:

1. Außer den im Artikel V Abs. 3 Satz 1 ausdrücklich genannten Räumen sind insbesondere zu beschlagnahmen Räume, in denen entgegen bestehenden Vorschriften oder ohne die erforderliche Genehmigung Getränke ausgeschenkt, Speisen verabfolgt, Glücksspiele geduldet, Tanzvorführungen veranstaltet werden oder das Tanzen gestattet wird usw.

2. Die Beschlagnahme kann auch auf Räume erstreckt werden, die nur mittelbar zu gesetzwidrigen Zwecken oder für eine Gast- und Schankwirtschaft oder für den Kleinhandel mit Branntwein oder Spiritus verwendet worden sind oder die mit Räumen der im Artikel V Abs. 3 Satz 1 genannten Art im Zusammenhang stehen oder als ihre Nebenräume anzusehen sind.

3. Hat die Polizeibehörde die Schließung von Räumen der genannten Art angeordnet und die Räume dem zuständigen Wohnungsamte zur Verfügung gestellt, so hat das Amt sie je nach Eignung für einen Wohnungsuchenden oder Gewerbetreibenden unverzüglich in Anspruch zu nehmen. Suchen in der Gemeinde deutsche Reichsangehörige, die aus den rheinischen besetzten Gebieten oder dem Einbruchsgebiete ausgewiesen oder durch unmittelbaren Zwang entfernt worden sind, ein Unterkommen, so sind die Räume ihnen zuzuweisen, sofern ihnen nicht andere Wohnungen zur Verfügung gestellt werden können.

4. Die Räumung ist möglichst binnen 48 Stunden durchzuführen.

5. Die Gemeinde- und Polizeibehörden sind nicht verpflichtet, den Inhabern der beschlagnahmten Räume Ersatzraum zu verschaffen; sie dürfen diese Personen

nicht erneut in den beschlagnahmten Räumen unterbringen.

6. Von dem durchgeführten Verfahren ist in geeigneter Weise der Öffentlichkeit Kenntnis zu geben.

Berlin, den 18. Mai 1923.

Zugleich im Namen des Preußischen Ministers des Innern.

Der Preußische Minister für Volkswohlfahrt.
Hirtsiefer.

---

[1]) Oben zu I).

M. Mieterschutz.

Ma.

Erste Ausführungsverordnung des preuß. Justizministers zum Gesetz über Mieterschutz und Mieteinigungsämter vom 1. Juni 1923 (Reichsgesetzbl. I S. 353).

Vom 15. August 1923 (PrGS. 405).

Auf Grund der §§ 7 Abs. 7, 42 Abs. 3 des Mieterschutzgesetzes[1] wird folgendes bestimmt:

[1]) Oben zu Ea, Eg.

§ 1. Die Entscheidung über die durch das Gesetz über Mieterschutz und Mieteinigungsämter vom 1. Juni 1923 geregelten bürgerlichen Streitigkeiten (§§ 7, 27 des Gesetzes) erfolgt durch das Amtsgericht unter Zuziehung von zwei Beisitzern, von denen der eine Vermieter aus dem Kreise der Hausbesitzer, der andere Mieter oder Untermieter ist.

Die Bildung besonderer Abteilungen für bestimmte Arten von Streitigkeiten (z. B. für gewerbliche oder Untermiet- oder Werkwohnungsstreitigkeiten) ist zulässig.

§ 2. Die für jedes Amtsgericht erforderliche Zahl der Beisitzer und Stellvertreter wird durch den Präsidenten des Landgerichts bestimmt und bis zum 1. Mai jeden Jahres dem Amtsgerichte mitgeteilt. Für das Amtsgericht Berlin-Mitte tritt an Stelle des Präsidenten des Landgerichts der Amtsgerichtspräsident. Die Bestimmung der Zahl der Beisitzer erfolgt in der Art, daß voraussichtlich jeder höchstens zu zwölf ordentlichen Sitzungstagen im Geschäftsjahr herangezogen wird.

§ 3. Der Amtsrichter fordert im Mai jeden Jahres durch öffentliche Bekanntmachung die örtlichen Haus- besitzer- und Mietervereine seines Bezirks auf, Vorschlagslisten bis zum 31. August einzureichen. Hierbei ist die Zahl der Beisitzer und Stellvertreter, deren Bestellung für den Amtsgerichtsbezirk für das nächste Geschäftsjahr in Aussicht genommen ist, mitzuteilen. Gleichzeitig ist darauf hinzuweisen, daß

1. Personen, die nach § 32 des Gerichtsverfassungsgesetzes zum Schöffenamt unfähig sind, und Personen, die nach den §§ 33, 34 des Gerichtsverfassungsgesetzes, § 33 des Preußischen Ausführungsgesetzes zum Gerichtsverfassungsgesetze zum Schöffenamte nicht berufen werden sollen, ferner Personen, die nach § 7 Abs. 3 Satz 2 und 4 des Mieterschutzgesetzes zu Beisitzern nicht bestellt werden sollen oder dürfen, nicht vorzuschlagen sind, und daß auch die Benennung solcher Personen, die nach § 35 des Gerichtsverfassungsgesetzes in Verbindung mit § 4 dieser Verordnung die Berufung ablehnen dürfen, sich nicht empfiehlt;
2. wenn in die Listen auch Personen aufgenommen werden, die als Beisitzer bei einem Mieteinigungsamte tätig sind, dies bei den einzelnen Namen zu vermerken und gleichzeitig anzugeben ist, ob die Personen sich zur Übernahme des Amtes als Beisitzer beim Amtsgerichte neben ihrer Tätigkeit im Mieteinigungsamte bereit erklärt haben;

3. zugleich mit den Vorschlagslisten schriftliche Erklärungen der in die Liste eingetragenen Personen einzureichen sind, in denen sich diese verpflichten, für den Fall ihrer Wahl für Dritte keine berufliche oder ehrenamtliche Tätigkeit auszuüben, die sich auf Mietverhältnisse über Gebäude oder Gebäudeteile bezieht, und daß im Falle einer Geschäftsvereinigung der in die Liste eingetragenen Personen mit anderen auch die Verpflichtungserklärung dieser Personen, keine solche Tätigkeit im Bezirke des Gerichts gegen Vergütung auszuüben, einzureichen ist.

§ 4. Für die Beisitzer und Stellvertreter gilt der Ablehnungsgrund des § 35 Ziffer 2 des Gerichtsverfassungsgesetzes mit der Maßgabe, daß die Berufung zum Amte eines Beisitzers auch Personen ablehnen dürfen, welche im letzten Geschäftsjahre die Verpflichtung eines Beisitzers oder Stellvertreters an wenigstens zwölf Sitzungstagen erfüllt haben.

§ 5. Aus den eingereichten Listen wählt[1] der bei dem Amtsgerichte zur Wahl der Schöffen für die Schöffengerichte zusammentretende Ausschuß für das nächste Geschäftsjahr

1. die erforderliche Zahl von Beisitzern,
2. die erforderliche Zahl von Stellvertretern, welche in der von dem Ausschusse festzusetzenden Reihenfolge an die Stelle wegfallender Beisitzer treten; ihre Wahl ist auf Personen zu richten, welche am Sitze des Amtsgerichts oder in dessen nächster Umgebung wohnen.

Die eine Hälfte der Beisitzer und Stellvertreter ist dem Kreise der Vermieter, welche Hausbesitzer sind, die andere Hälfte dem Kreise der Mieter oder Untermieter zu entnehmen.

Jeder Stellvertreter gilt als zur Vertretung sämtlicher Beisitzer seiner Gruppe bestellt.

Personen, die schon für das gleiche Geschäftsjahr zu Schöffen ausgewählt oder zu Geschworenen vorgeschlagen sind, sollen nicht gewählt werden.

[1]) Dazu Erl. des JustMin. v. 16. 7. 27 — I 13582 — (amtlich nicht veröffentlicht):

„Der zur Auswahl der Beisitzer berufene Ausschuß hat nicht nur das Recht zur Prüfung, ob die allgemeinen Erfordernisse für die Beisitzereigenschaft vorliegen, er hat vielmehr auch zu prüfen, ob die in den Vorschlagslisten stehenden Personen für das Amt geeignet sind. Diese Befugnis des Ausschusses ergibt sich aus der Bestimmung des § 7 Abs. 3 Satz 1 des Mieterschutzgesetzes. Die Vorschrift des § 7 Abs. 2 Satz 2 dieses Gesetzes, wonach die Bestellung der Beisitzer „auf Grund von Vorschlagslisten" zu erfolgen hat, und die Bestimmung des § 5 Abs. 1 der AusfVO. v. 15. 8. 23, wonach die Beisitzer „aus den eingereichten Listen" zu wählen sind, stehen dem nicht entgegen. Denn sie bedeuten nur, daß der Ausschuß seiner Wahl die Vorschlagslisten zugrunde zu legen hat und daß er die Vorschläge nicht ohne Grund unberücksichtigt lassen darf. Bei der Prüfung der Eignung der zu wählenden Beisitzer hat sich der Ausschuß an die gesetzlichen Bestimmungen zu halten. Er darf die Eignung nur aus den aus § 7 Abs. 3 Satz 1 des Mieterschutzgesetzes ersichtlichen Gründen verneinen."

§ 6. Sind örtliche Hausbesitzer- oder Mietervereine nicht vorhanden oder reichen sie Vorschlagslisten nicht ein oder sind die eingegangenen Vorschlagslisten zur Auswahl der erforderlichen Zahl von geeigneten Beisitzern und Stellvertretern nicht ausreichend, so sind die Beisitzer und Stellvertreter oder die noch fehlende Anzahl aus den in die berichtigte Urliste (§§ 42 und 36 des Gerichtsverfassungsgesetzes in der Fassung des Gesetzes vom 11. Juli 1923 (Reichsgesetzbl. I S. 947)[1] aufgenommenen Personen zu wählen.

[1]) Jetzt in der Fassung v. 22. 3. 24 (RGBl. I 299).

§ 7. Die Namen der gewählten Beisitzer und Stellvertreter aus dem Kreise der Vermieter und der Mieter werden bei jedem Amtsgericht in vier gesonderte Verzeichnisse (Jahreslisten) aufgenommen.

§ 8. Der Amtsrichter hat die gemäß § 6 gewählten Beisitzer, von denen eine Verpflichtungserklärung im Sinne des § 3 Ziffer 3 der Verordnung nicht vorliegt, nach der Wahl alsbald aufzufordern, binnen einer bestimmten Frist die im § 3 Ziffer 3 bezeichnete Verpflichtungserklärung, für die ein Vordruck beizufügen ist, unterschrieben zurückzusenden. Geht die Erklärung innerhalb der gestellten Frist nicht ein, so ist der Beisitzer in der Jahresliste wieder zu streichen.

§ 9. Die Reihenfolge, in welcher die Beisitzer an den einzelnen ordentlichen Sitzungen des Amtsgerichts teilnehmen, wird durch Auslosung in öffentlicher Sitzung des Amtsgerichts bestimmt. Das Los zieht der Amtsrichter. Über die Auslosung wird von dem Gerichtsschreiber ein Protokoll aufgenommen.

Ist die Feststellung der Kalendertage der ordentlichen Sitzungen für das neue Geschäftsjahr im voraus nicht tunlich, so kann die Auslosung in der Weise erfolgen, daß die Beisitzer für die erste, zweite, dritte Sitzung und so fort ausgelost werden, bis die Zahl der in Aussicht genommenen ordentlichen Sitzungstage erreicht ist.

Die Auslosung wird für die beiden Gruppen von Beisitzern (§ 5 Abs. 2) gesondert vorgenommen.

§ 10. Die §§ 46 bis 50 des Gerichtsverfassungsgesetzes finden entsprechende Anwendung.

Der Eintritt der Stellvertreter an Stelle der zunächst berufenen Beisitzer (§ 49 des Gerichtsverfassungsgesetzes) erfolgt je nach ihrer Zugehörigkeit zu einer der beiden Gruppen von Beisitzern (§ 5 Abs. 2).

§ 11. Die Beisitzer und Stellvertreter erhalten eine angemessene Entschädigung für den ihnen durch ihre Dienstleistung entstehenden Verdienstausfall und für den mit der Dienstleistung verbundenen Aufwand sowie Ersatz der Fahrkosten nach den für Schöffen und Geschworene auf Grund des § 55 des Gerichtsverfassungsgesetzes in der Fassung des Gesetzes über die Entschädigung der Schöffen, Geschworenen und Vertrauenspersonen vom 4. Juli 1922 (Reichsgesetzbl. I S. 561)[1] jeweils bestimmten Sätzen.

[1]) Jetzt in der Fassung v. 22. 3. 24 (RGBl. I 299). Dazu AllgVfg. des JustMin. v. 22. 1. 26 (JMBl. 403) und 31. 5. 27 (JMBl. 193, ausgegeben am 17. 6. 27).

§ 12. Die Amtszeit der erstmalig gewählten Beisitzer erstreckt sich auf die Zeit vom 1. Oktober 1923 bis 31. Dezember 1924. Ihre Wahl soll durch den Ausschuß spätestens bis zum 15. September 1923, die Auslosung der Beisitzer durch den Amtsrichter binnen einer weiteren Woche vorgenommen werden.

§ 13. Die Rechtsbeschwerde gegen die Entscheidungen der Mieteinigungsämter (§§ 41 ff. des Gesetzes vom 1. Juni 1923) geht an das Landgericht, in dessen Bezirk das Mieteinigungsamt seinen Sitz hat.

Die Landgerichte entscheiden über die Rechtsbeschwerde durch eine Zivilkammer.

Berlin, den 15. August 1923.

Der Justizminister.
am Zehnhoff.

Mb.

Zweite Ausführungsverordnung des preuß. Justizministers zum Gesetz über Mieterschutz und Mieteinigungsämter vom 1. Juni 1923 (Reichsgesetzbl. S. 353).

Vom 22. Oktober 1923 (PrGS. 485).

Auf Grund des § 42 Abs. 3, § 45 Abs. 2, § 46 des Mieterschutzgesetzes[1] in Verbindung mit § 24 der Anordnung für das Verfahren vor dem Mieteinigungsamt und der Beschwerdestelle vom 19. September 1923 (Reichsgesetzbl. I S. 889)[2] wird folgendes bestimmt:

---

[1]) Oben zu Ea, Eg.

[2]) Oben zu Fa.

§ 1. Will das Beschwerdegericht bei der Entscheidung einer Rechtsfrage von der ihm bekannten Entscheidung eines anderen Landgerichts oder, falls über die Rechtsfrage bereits eine Entscheidung des Kammergerichts ergangen ist, von dieser abweichen, so hat es die Sache dem Kammergericht unter begründeter Darstellung der eigenen Rechtsansicht zur Vorabentscheidung über die Rechtsfrage (Rechtsentscheid) vorzulegen. Das gleiche kann geschehen, wenn es sich um eine vom Kammergericht noch nicht entschiedene Rechtsfrage von grundsätzlicher Bedeutung handelt. Der Rechtsentscheid des Kammergerichts ist in der Sache verbindlich.

§ 2. (1) Für das Verfahren vor der Beschwerdestelle werden Gebühren erhoben. Auf die Gebühren sind die für die Berufungsinstanz geltenden Vorschriften des Deutschen Gerichtskostengesetzes[1] in seiner jeweiligen Fassung entsprechend anzuwenden mit der Maßgabe, daß der Berechnung der Gebühren kein höherer Wert zugrunde gelegt werden darf als der Jahresbetrag der gesetzlichen Miete (§ 1 des Reichsmietengesetzes). Der Jahresbetrag ist auf Grund des Monatsbetrages der gesetzlichen Miete zu ermitteln, der für den der Entscheidung der Beschwerdestelle vorhergehenden Monat Geltung hatte. Der Gesamtgebührenbetrag darf das Fünffache der vollen Gebühr des § 8 des Deutschen Gerichtskostengesetzes[1] nicht übersteigen.

(2) Neben den Gebühren werden die in dem Verfahren entstandenen baren Auslagen erhoben. Auch für ihre Erhebung gelten die Vorschriften des Deutschen Gerichtskostengesetzes[1] in seiner jeweiligen Fassung sinngemäß.

(3) Der Ansatz und die Einziehung der Kosten richtet sich nach den für das Verfahren in bürgerlichen Rechtsstreitigkeiten geltenden Vorschriften, soweit nicht der § 46 Abs. 3 bis 5 des Gesetzes[2] ein anderes bestimmt.

---

[1]) Unten zu Ra.

[2]) Gemeint ist § 46 des Mieterschutzgesetzes, oben zu Eg.

§ 3. Soweit die Aufgaben des Mieteinigungsamts einem Amtsgericht übertragen sind, gelten außer der Vorschrift im § 29 der Anordnung für das Verfahren vor dem Mieteinigungsamt und der Beschwerdestelle vom 19. September 1923 (Reichsgesetzbl. I S. 889)[1] folgende weitere Vorschriften:

1. Die Feststellung der Sicherung eines Ersatzraums kann schon in dem Prozeßverfahren über die Aufhebung des Mietverhältnisses getroffen werden.
2. Das Gericht kann den Gerichtsschreiber mit der Abhaltung von Vorverhandlungen, insbesondere der Einnahme eines Augenscheins, beauftragen. Außerhalb

der Sitzungen kann diese Anordnung der Vorsitzende treffen.

3. Aus Vergleichen, die in einem vor dem Gerichtsschreiber stattfindenden Verfahren geschlossen sind, findet die gerichtliche Zwangsvollstreckung statt.

---

[1]) Oben zu Fa.

Berlin, den 22. Oktober 1923.

Der Justizminister.
am Zehnhoff.

Mc.

Ausführungsverordnung des preuß. Volkswohlfahrtsministers zum Gesetz über Mieterschutz und Mieteinigungsämter vom 1. Juni 1923.

Vom 25. September 1923 (PrGS. 449).

Auf Grund der §§ 30 Abs. 2, 37 Abs. 2, 38 Abs. 5, 39 Abs. 1 und 2 und 46 Abs. 1 des Mieterschutzgesetzes[1] bestimme ich, wie folgt:

---

[1]) Oben zu Ea, Eg.

§ 1. In den Fällen, in denen die gesetzliche Miete gilt, ist der Vermieter wie der Mieter berechtigt, zu verlangen, daß der Mietzins in Monatsabschnitten gezahlt wird.

§ 2. Die Mieteinigungsämter sind von den Gemeinden zu errichten. Die Einrichtung gemeinschaftlicher Mieteinigungsämter für mehrere Gemeinden, einen Amtsbezirk oder sonstige Kreisteile oder für den ganzen Kreis, gegebenenfalls mit Ausschluß von Gemeinden, ist zulässig.

§ 3. Das Mieteinigungsamt besteht aus dem Vorsitzenden und je einem Beisitzer aus dem Kreise der Vermieter und der Mieter.

§ 4. Die Beisitzer der Mieteinigungsämter sind von den Gemeindevertretungen oder Stadtverordnetenversammlungen (Bürgervorsteherkollegien), im Falle des § 2 Satz 2 vom Kreisausschusse zu wählen. Die §§ 2 bis 5 und §§ 7 bis 10 der Ausführungsverordnung des Preußischen Justizministers vom 15. August 1923 (Gesetzsamml. S. 405)[1] finden entsprechende Anwendung mit der Maßgabe, daß an Stelle des Landgerichtspräsidenten und des Amtsrichters beziehungsweise Amtsgerichts der Vorstand des Kommunalverbandes tritt.

Sind örtliche Hausbesitzer- oder Mietervereine nicht vorhanden, oder reichen sie Vorschlagslisten nicht ein, oder sind die eingegangenen Vorschlagslisten zur Auswahl der erforderlichen Zahl von geeigneten Beisitzern oder Stellvertretern nicht ausreichend, so sind die Beisitzer und Stellvertreter oder die noch fehlende Anzahl von der Gemeindevertretung oder Stadtverordnetenversammlung oder dem Kreisausschuß auf Vorschlag des Vorstandes des Kommunalverbandes unmittelbar zu wählen.

[1]) Oben zu Ma.

§ 5. Die Entschädigung der Beisitzer der Mieteinigungsämter wird von den Gemeinden geregelt.

§ 6. Die Amtszeit der erstmalig gewählten Beisitzer erstreckt sich auf die Zeit vom 1. Oktober 1923 bis zum 31. Dezember 1924. Ihre Wahl soll durch die Gemeindevertretung oder Stadtverordnetenversammlung spätestens bis zum 20. September 1923, ihre Auslosung durch den Vorstand des Kommunalverbandes binnen einer weiteren Woche vorgenommen werden.

§ 7. Der Vorsitzende des Mieteinigungsamts kann Vorverhandlungen abhalten, insbesondere einen Augenschein einnehmen und, falls nicht ein Vergleich zustande kommt, eine Entscheidung treffen, wenn sie sofort erfolgen kann und die Beteiligten es beantragen.

§ 8. Die Höhe der Gebühren setzt das Mieteinigungsamt nach freiem Ermessen unter Berücksichtigung der Bestimmung § 46 Abs. 1 des Mieterschutzgesetzes fest.

Bei der Festsetzung der Gebühren ist der Jahresbetrag der gesetzlichen Miete auf Grund des Monatsbetrags der gesetzlichen Miete zu ermitteln, der für den der Entscheidung des Mieteinigungsamts vorhergehenden Monat Geltung hatte.

Alle vor dem Erlasse dieses Gesetzes ergangenen Gebührenordnungen bleiben in Kraft, sofern sie den gesetzlichen Bestimmungen nicht entgegenstehen.

§ 9. Die Bestimmungen dieser Verordnung treten, soweit es die Vorbereitung der Durchführung des Gesetzes erfordert, sofort, im übrigen am 1. Oktober 1923 in Kraft.

Berlin, den 25. September 1923.

Der Minister für Volkswohlfahrt.
Hirtsiefer.

Md.

Zweite Ausführungsverordnung des preuß. Volkswohlfahrtsministers zum Gesetz über Mieterschutz und Mieteinigungsämter vom 1. Juni 1923.*)

Vom 7. April 1924 (PrGS. 220).

In Kraft seit 23. 4. 24.

Auf Grund des Art. I Ziff. 2 der VO. der Reichsregierung zur Änderung des Mieterschutzgesetzes vom 24. Dezember 1923 (Reichsgesetzbl. S. 1247)[1] ordne ich mit sofortiger Wirkung[2] an, daß die Vorschriften der §§ 1 bis 31 des Gesetzes über Mieterschutz und Mieteinigungsämter vom 1. Juni 1923 auch auf Neubauten oder durch Um- oder Einbauten neugeschaffene Räume Anwendung finden, die nach dem 1. Juli 1918 bezugsfertig geworden sind oder künftig bezugsfertig werden, und für die Zuschüsse aus öffentlichen Mitteln gegeben sind.

Berlin, den 7. April 1924.

Der Preußische Minister für Volkswohlfahrt.
Hirtsiefer.

---

1) Oben zu Eb.

2) Die die VO. enthaltende Nr. 29 der PrGS. ist am 23. 4. 24 ausgegeben.

---

*) Ersetzt durch Ml.

Me.

Preuß. Anordnung, betr. Übertragung der Geschäfte der Mieteinigungsämter auf die Amtsgerichte.

Vom 25. September 1923 (PrGS. 450).

Auf Grund des § 37 Abs. 2 des Gesetzes über Mieterschutz und Mieteinigungsämter vom 1. Juni 1923 (Reichsgesetzbl. I S. 353)[1] wird bestimmt, daß diejenigen Amtsgerichte, denen auf Grund der am 1. Oktober 1923 außer Kraft tretenden Bekanntmachung zum Schutze der Mieter vom 23. September 1918 / 22. Juni 1919 die Geschäfte der Mieteinigungsämter übertragen worden sind, diese Geschäfte auch über den 1. Oktober 1923 hinaus wahrnehmen mit der Maßgabe, daß sie, soweit für die Mieteinigungsämter die Zuziehung von Beisitzern vorgeschrieben ist, unter Zuziehung der nach den Vorschriften der ersten Ausführungsverordnung vom 15. August 1923 (Gesetzsamml. S. 405)[2] bestellten Beisitzer zu entscheiden haben.

Berlin, den 25. September 1923.

Zugleich im Namen des Justizministers:

Der Minister für Volkswohlfahrt.

In Vertretung: Scheidt.

---

[1]) Oben zu Ea, Eg.

[2]) Oben zu Ma.

Mf.

Allg. Verfügung des preuß. Justizministers über den Kostenansatz im Verfahren vor dem Mieteinigungsamt.

Vom 28. Januar 1924 (PrJMBl. 51).

Zur Behebung von Zweifeln wird darauf hingewiesen, daß die Vorschriften über die Erhebung von Gebühren im § 8 Abs. 1, 2 der Ausführungsverordnung des Ministers für Volkswohlfahrt zum Gesetz über Mieterschutz und Mieteinigungsämter vom 25. September 1923 (Gesetzsamml. S. 449)[1] auch in dem Verfahren vor den Amtsgerichten, soweit ihnen die Aufgaben des Mieteinigungsamtes übertragen sind, Anwendung finden. Für die Erhebung von baren Auslagen sind die Vorschriften des Deutschen Gerichtskostengesetzes in seiner jeweiligen Fassung[2] maßgebend.

---

[1]) Oben zu Mc.

[2]) Unten zu Ra.

Mg.

Allg. Verfügung des preuß. Justizministers über die Einsichtnahme in die Akten in dem Verfahren vor der Beschwerdestelle des Gesetzes über Mieterschutz und Mieteinigungsämter.

Vom 7. August 1925 (PrJMBl. 275).

Nach § 27 der Anordnung der Reichsregierung für das Verfahren vor dem Mieteinigungsamt und der Beschwerdestelle vom 19. September 1923 (RGBl. I S. 889)[1] gelten für das Verfahren vor der Beschwerdestelle die Vorschriften über das Verfahren vor dem Mieteinigungsamt entsprechend. Die Vorschriften der Zivilprozeßordnung können daher nur insoweit herangezogen werden, als sie für anwendbar erklärt sind. Das ist bezüglich des § 299 ZPO.[2] nicht der Fall.

Die Parteien haben in dem Verfahren vor der Beschwerdestelle daher keinen Anspruch darauf, daß ihnen Einsicht in die Akten oder die Beiakten gewährt wird, oder daß ihnen Ausfertigungen, Auszüge oder Abschriften daraus erteilt werden.

Werden dahingehende Anträge gestellt, so hat die Beschwerdestelle unter Würdigung aller Umstände darüber zu befinden, ob und inwieweit ihnen stattzugeben ist. Sofern es sich um Beiakten handelt, die von einer Behörde zu dem Verfahren überreicht sind, wird die Gestattung der Einsicht und die Erteilung von Abschriften regelmäßig nur insoweit sich rechtfertigen lassen, als die Behörde zuvor ihre Einwilligung dazu erteilt hat.

---

[1]) Oben zu Fa.

[2]) „Die Parteien können von den Prozeßakten Einsicht nehmen und sich aus denselben durch die Geschäftsstelle Ausfertigungen, Auszüge und Abschriften erteilen lassen.

Dritten Personen kann der Vorstand des Gerichts ohne Einwilligung der Parteien die Einsicht der Akten nur gestatten, wenn ein rechtliches Interesse glaubhaft gemacht wird.

Die Entwürfe zu Urteilen, Beschlüssen und Verfügungen, die zur Vorbereitung derselben gelieferten Arbeiten sowie die Schriftstücke, welche Abstimmungen oder Strafverfügungen betreffen, werden weder vorgelegt noch abschriftlich mitgeteilt."

Mh.

Verordnung über ein Schiedsverfahren vor dem Mieteinigungsamte.

Vom 28. März 1927 (PrGS. 36, Volkswohlfahrt 410).

In Kraft seit 8. 4. 27.

Auf Grund des § 52a des Gesetzes über Mieterschutz und Mieteinigungsämter vom 30. Juni 1926 (Reichsgesetzbl. I S. 347) in der Fassung des Gesetzes vom 17. März 1927 (Reichsgesetzbl. I S. 71)[1] wird folgendes angeordnet:

[1]) Oben zu Ee, Eg.

§ 1. Einer Klage, mit der die Herausgabe eines nach den §§ 3 und 6 der Verordnung über die Lockerung der Wohnungszwangswirtschaft vom 11. November 1926 (Gesetzsamml. S. 300)[1] von den Vorschriften des ersten Abschnitts des Gesetzes über Mieterschutz und Mieteinigungsämter ausgenommenen Geschäftsraums verlangt wird, hat ein Schiedsverfahren vor dem Mieteinigungsamte vorauszugehen.

[1]) Oben zu Gc.

§ 2. (1) Ein Termin zur mündlichen Verhandlung über die Räumungsklage darf erst bestimmt werden, wenn der Vermieter eine Bescheinigung des Mieteinigungsamts darüber beibringt, daß in einem Termin, in dem der Vermieter oder ein von ihm zum Vergleichsabschluß ermächtigter Vertreter erschienen war, ein gütlicher Ausgleich zwischen den Parteien erfolglos versucht oder daß der Mieter in dem Termin ausgeblieben ist.

(2) Ein bei dem Prozeßgericht angebrachter Güteantrag ist an das Mieteinigungsamt zu verweisen.

(3) Die Entscheidung auf eine vor dem Inkrafttreten dieser Verordnung erhobene Räumungsklage ist bis zur Erledigung des Schiedsverfahrens auszusetzen.

§ 3. Ein Schiedsverfahren kann auch von dem Mieter beantragt werden, der eine Räumungsklage befürchtet.

§ 4. (1) Das Schiedsverfahren ist gebührenfrei. Die Erstattung von Auslagen kann nicht gefordert werden.

(2) Auf das Schiedsverfahren finden im übrigen die Vorschriften für das Verfahren vor dem Mieteinigungsamt Anwendung, soweit sich nicht aus dem Wesen des Schiedsverfahrens, insbesondere daraus, daß eine Entscheidung nicht zu treffen ist, etwas anderes ergibt.

§ 5. Diese Verordnung tritt mit dem achten Tage nach der Verkündung in Kraft[1].

[1]) Die die VO. enthaltende Nr. 8 der PrGS. ist am 31. 3. 27 ausgegeben.

Berlin, den 28. März 1927.

Der Preußische Minister für Volkswohlfahrt.
Hirtsiefer.

Mi.

Allg. Verfügung des preuß. Justizministers über die Anerkennung der Mieteinigungsämter als Gütestellen nach § 495a Ziff. 1 ZPO.

Vom 25. Juli 1927 (JMBl. 233, ausgegeben am 29. 7. 27).

Es sind Zweifel darüber entstanden, ob auch nach Durchführung des durch die Verordnung des Preußischen Ministers für Volkswohlfahrt vom 28. März 1927 (Gesetzsamml.

S. 36)[1] angeordneten Schiedsverfahrens vor dem Mieteinigungsamte bei einer Klage auf Herausgabe von Geschäftsräumen, die nach den §§ 3 und 6 der Verordnung über die Lockerung der Wohnungszwangswirtschaft vom 11. November 1926 (Gesetzsamml. S. 300)[2] von den Vorschriften des ersten Abschnitts des Mieterschutzgesetzes[3] ausgenommen sind, noch ein Güteverfahren vor dem Prozeßgericht stattzufinden habe. Zur Vermeidung der sich hieraus ergebenden Schwierigkeiten bestimme ich, daß die Mieteinigungsämter hinsichtlich des durch die Verordnung vom 28. März 1927[1] angeordneten Schiedsverfahrens als Gütestellen im Sinne des § 495 a Ziff. 1 ZPO. anerkannt werden.

[1]) Oben zu Mh.
[2]) Oben zu Ge.
[3]) Oben zu Eg.

Mk.

Gemeinschaftliche Verfügung des Ministers für Volkswohlfahrt und des Justizministers über die Grundsätze für die Beurteilung der Angemessenheit des Mietzinses gemäß § 52 Abs. 3 des Mieterschutzgesetzes.

Vom 7. Dezember 1927 (JMBl. 387, Volkswohlfahrt 1109).

Nach § 52 Abs. 3 des Mieterschutzgesetzes in der Fassung des Gesetzes vom 17. März 1927 (Reichsgesetzbl. I S. 71)[1] hat die oberste Landesbehörde gewisse Grundsätze für die Auslegung des § 49 a des Gesetzes aufzustellen. Am Tage vor der Beschlußfassung des Reichstags hat der erste Strafsenat des Reichsgerichts sich in einem in der Amtlichen Sammlung dieses Gerichtshofs (Entscheidung in Straff.

Bd. 61 S. 130) veröffentlichten, auch in der Juristischen Wochenschrift 1927 S. 1155 abgedruckten Urteil vom 11. März d. Js. eingehend mit der Frage beschäftigt, unter welchen Voraussetzungen bei Überlassung von Mieträumen das Fordern und Annehmen der Gegenleistung das erlaubte Maß überschreitet. Das Reichsgericht geht zwar bei seiner Erörterung von § 4 der Preistreibereiverordnung aus, seine Ausführungen sind aber, wie das Urteil selbst hervorhebt, in weitgehendem Umfang auch für die Auslegung des Begriffes „angemessene Vergütung" im Sinne des § 49 a des Mieterschutzgesetzes maßgebend. Das Urteil bringt eine umfassende systematische Darstellung der in Frage kommenden wesentlichen Gesichtspunkte, wobei die einzelnen Teile, aus denen sich, wirtschaftlich gesehen, der Mietzins zusammensetzt, einer grundlegenden Prüfung unterzogen werden, z. B. die Frage der Verzinsung des eigenen und fremden Kapitals, der Betriebs- und Instandsetzungskosten, der Hauszinssteuer, besonderer vertraglicher Leistungen u. dgl.; besondere Erwähnung findet die Behandlung von sogenannten Abfindungssummen, eine Frage, mit der sich weiterhin ein neuerdings ergangenes Urteil des Reichsgerichts vom 13. Juni d. Js. (abgedruckt im Reichsarbeitsblatt Nr. 33 vom 20. November 1927 und im Justizministerialblatt vom 25. November 1927 S. 356) beschäftigt.

Die vorgenannten Entscheidungen bilden eine wertvolle Unterlage für die Feststellung der Angemessenheit des im freien Wirtschaftsleben vereinbarten Mietzinses. Sie enthalten nach Ansicht der obersten Landesbehörde allgemeine Grundsätze über die Gesichtspunkte, die unter Berücksichtigung der örtlichen Verhältnisse für die Beurteilung der Angemessenheit des Mietzinses von Bedeutung sind.

[1]) Oben zu Ee, Eg.

M 1.

Preuß. Verordnung über Mieterschutz bei Neubauten.

Vom 16. März 1928 (PrGS. 30).

Auf Grund des § 33 Abs. 3 des Gesetzes über Mieterschutz und Mieteinigungsämter in der Fassung der Bekanntmachung vom 17. Februar 1928 (Reichsgesetzbl. I S. 25) wird folgendes angeordnet:

§ 1. (1) Die Vorschriften der §§ 1 bis 31 des Gesetzes über Mieterschutz und Mieteinigungsämter[1] finden auf Neubauten oder durch Um- oder Einbauten neugeschaffene Räume Anwendung, die nach dem 1. Juli 1918 bezugsfertig geworden sind oder künftig bezugsfertig werden und für die Zuschüsse aus öffentlichen Mitteln gegeben sind.

(2) Dies gilt nicht für Räume der im § 33 Abs. 1 Satz 2 des Gesetzes über Mieterschutz und Mieteinigungsämter[1] bezeichneten Gesellschaften und Genossenschaften.

---

[1]) Oben zu Eg.

§ 2. Als Zuschüsse aus öffentlichen Mitteln gelten nur:

a) Baukostenzuschüsse auf Grund der Bestimmungen des Bundesrats für die Gewährung von Baukostenzuschüssen aus Reichsmitteln vom 31. Oktober 1918 (Zentralblatt für das Deutsche Reich S. 1160);

b) Darlehen auf Grund der Bestimmungen des Reichsrats über die Gewährung von Darlehen aus Reichsmitteln zur Schaffung neuer Wohnungen vom 10. Januar 1920 (Zentralblatt für das Deutsche Reich S. 56);

c) Darlehen auf Grund der Ausführungsbestimmungen zum Gesetze vom 14. Januar 1921, betreffend die

Bereitstellung von Staatsmitteln zur Abbürdung der Baukostenüberteuerung, vom 25. Februar 1921, 28. Februar 1922 und 17. April 1923 (MinBl. Volkswohlfahrt 1921 S. 131, 1922 S. 169 und 1923 S. 255);

d) Hypotheken aus dem für die Neubautätigkeit bestimmten Anteil des Aufkommens der besonderen Steuer, die zur Durchführung des Geldentwertungsausgleichs bei bebauten Grundstücken erhoben wird (Hauszinssteuerhypotheken).

§ 3. Diese Verordnung tritt am 1. April 1928 in Kraft. Mit dem gleichen Zeitpunkt tritt die Zweite Ausführungsverordnung zum Gesetz über Mieterschutz und Mieteinigungsämter vom 7. April 1924 (Gesetzsamml. S. 220)[1] außer Kraft.

---

[1]) Oben zu Md.

Berlin, den 16. März 1928.

Der Preußische Minister für Volkswohlfahrt.
Hirtsiefer.

Nachtrag
zu
H. Preußen. Mietzinsbildung.

Hr.
Verordnung über Betriebskosten in der gesetzlichen Miete.

Vom 14. April 1928 (PrGS. 100, ausgegeben am 20. 4. 28).

Auf Grund der §§ 21 und 22 des Reichsmietengesetzes vom 24. März 1922 (Reichsgesetzbl. S. 273)[1] sowie der §§ 2 und 8 des Gesetzes über den Geldentwertungsausgleich bei bebauten Grundstücken vom 1. Juni 1926 (Reichsgesetzbl. I S. 251)[2] wird folgendes angeordnet:

[1]) Oben zu Aa, Ac.

[2]) Oben zu Bd.

§ 1. Die Umlegung des Wassergeldes auf die Mieter ist nur zulässig, wenn der Vermieter vor dem Mietzahlungszeitpunkte die gesetzliche Miete für den betreffenden Mietzahlungsabschnitt entsprechend der Verordnung des Ministers für Volkswohlfahrt vom 25. Juni 1924 (Gesetzsamml. S. 570)[1] gekürzt hat.

[1]) Oben zu Hh.

§ 2. (1) Wurden die im § 21 der Verordnung über die Mietzinsbildung in Preußen vom 17. April 1924 (Gesetzsamml. S. 474)[1] in Verbindung mit Nummer X zu 2, 3 und 6 der Ausführungsbestimmungen zum Reichsmietengesetz vom 4. August 1923 (Gesetzsamml. S. 328)[2] bezeichneten Betriebskosten[3] am 1. Juli 1914 von der Gemeinde getragen und erhebt die Gemeinde nach diesem Zeitpunkte für die genannten Betriebskosten vom Vermieter Gebühren, so erhöht sich die gesetzliche Miete in der Gemeinde um einen der jeweiligen Höhe dieser Gebühren entsprechenden Hundertsatz der reinen Friedensmiete.

(2) Den Hundertsatz hat die Gemeindebehörde allgemein zu bestimmen[4].

---

[1]) Oben zu Hf.

[2]) Oben zu He.

[3]) Entwässerungsgebühren, Entgelt für Fäkalienabfuhr, Straßenreinigungsgebühren, Kosten für Müll- und Schlackenabfuhr.

[4]) Für Berlin ist die erforderliche Bek. des Magistrats am 24. Mai 1928, unten zu Nt, ergangen.

Berlin, den 14. April 1928.

Das Preußische Staatsministerium.
Braun. Hirtsiefer.

III.
Berliner Recht.

N. Mietzinsbildung.

Übersicht.

Die zahlreichen noch schwebenden Mietzinsstreitigkeiten, die ein Zurückgreifen auf alte Bestimmungen erfordern, lassen eine Zusammenstellung aller Berliner Bekanntmachungen nötig erscheinen, die sich auf die Mietzinsbildung beziehen. Es sind folgende Bekanntmachungen ergangen:

A. Zur preußischen Höchstmietenanordnung v. 9. 12. 19 (Gesetzsamml. 192) nebst AusfErlaß vom gleichen Tage — St. 4. 5618 —:

1. Bek. des Wohnungsverbandes Groß-Berlin v. 14. 4. 20 (GemBl. 165): Zuschlag für Wohnungen 20 v. H., für Fabrikräume in Wohngebäuden 30 v. H., für Geschäfts- und Industriehäuser 40 v. H., für Läden mit über 2400 Mark Mietwert 30 v. H.
2. Bek. des Wohnungsverbandes v. 21. 7. 20 (GemBl. 325): Zuschlag für Wohnungen 30 v. H., für Fabrikräume in Wohngebäuden 40 v. H., für Geschäfts- und Industriehäuser 50 v. H., für Läden mit über 2400 Mark Friedensmietwert 40 v. H.

3. Bek. des Magistrats Berlin v. 16. 6. 21 (GemBl. 300): Zuschlag für Wohnungen 45 v. H., für Fabrikräume in Wohngebäuden 60 v. H., für Geschäfts- und Industriehäuser 75 v. H., für Läden mit über 2400 Mark Friedensmietwert 60 v. H.
4. Bek. des Magistrats v. 30. 12. 21 (GemBl. 1922 S. 4): Zuschlag für Wohnungen, auch wenn mit gewerblichen Räumen verbunden, 70 v. H., für zu gewerblichen Zwecken im Sinne der GewO. hergestellte Räume bis 2000 Mark Friedensmiete 70 v. H., bis 5000 Mark Friedensmiete 90 v. H., darüber 120 v. H.
5. Bek. des Magistrats v. 29. 3. 22 (GemBl., Sonderausgabe v. 31. 3. 22): Zuschlag für Wohnungen 120 v. H., für zu gewerblichen Zwecken im Sinne der GewO. hergestellte Räume bis 2000 Mark Friedensmiete 120 v. H., bis 5000 Mark Friedensmiete 150 v. H., darüber 180 v. H.

B. Zum Reichsmietengesetz, sämtlich ausgehend vom Magistrat Berlin:

1. Bek. v. 8. 9. 22 (GemBl., Sonderausgabe v. 10. 9. 22, hinter S. 423), sofort in Kraft getreten.
2. AbändBek. v. 27. 10. 22 (GemBl. 524), in Kraft seit 1. 11. 22.
3. AbändBek. v. 30. 11. 22 (GemBl., Sonderausgabe v. 30. 11. 22, hinter S. 540), in Kraft seit 1. 12. 22.
4. AbändBek. v. 30. 12. 22 (GemBl., Sonderausgabe v. 30. 12. 22, hinter S. 596), in Kraft seit 1. 1. 23.
5. AbändBek. v. 28. 2. 23 (GemBl., Sonderausgabe v. 28. 2. 23, hinter S. 62), in Kraft seit 1. 3. 23.
6. Neufassung v. 30. 4. 23 (GemBl., Sonderausgabe v. 30. 4. 23, hinter S. 126), in Kraft seit 1. 5. 23.

7. AbändBek. v. 18. 5. 23 (GemBl. 139), in Kraft seit 1. 6. 23.
8. AbändBek. v. 28. 6. 23 (GemBl., Sonderausgabe v. 28. 6. 23, hinter S. 180), in Kraft seit 1. 7. 23.
9. AbändBek. v. 27. 7. 23 (GemBl., Sonderausgabe v. 30. 7. 23, hinter S. 216), in Kraft seit 1. 8. 23.
10. AbändBek. v. 29. 8. 23 (GemBl., Sonderausgabe v. 30. 8. 23, hinter S. 246), in Kraft seit 1. 9. 23.
11. AbändBek. v. 27. 9. 23 (GemBl. 283), in Kraft seit 1. 10. 23.
12. AbändBek. v. 29. 10. 23 (GemBl., Sonderausgabe v. 29. 10. 23, hinter S. 322), in Kraft seit 1. 11. 23.
13. AbändBek. v. 28. 11. 23 (GemBl., Sonderausgabe v. 29. 11. 23, hinter S. 348), in Kraft seit 1. 12. 23.
14. Neufassung v. 30. 1. 24 (GemBl., Sonderausgabe v. 30. 1. 24, hinter S. 18), in Kraft seit 1. 2. 24, unten zu Na.
15. AbändBek. v. 22. 2. 24 (GemBl. 37), in Kraft seit 1. 3. 24, unten zu Nb.
16. AbändBek. v. 29. 3. 24 (GemBl., Sonderausgabe v. 29. 3. 24, hinter S. 66), in Kraft seit 1. 4. 24, unten zu Nc.
17. AbändBek. v. 22. 4. 24 (GemBl., Sonderausgabe v. 23. 4. 24, hinter S. 90), in Kraft seit 23. 4. 24, unten zu Nd.
18. Neufassung v. 30. 4. 24 (GemBl., Sonderausgabe v. 30. 4. 24, hinter S. 96), in Kraft seit 1. 5. 24, unten zu Ne.
19. AbändBek. v. 28. 6. 24 (GemBl., Sonderausgabe v. 30. 6. 24, hinter S. 156), in Kraft seit 1. 7. 24, unten zu Nf.
20. AbändBek. v. 24. 9. 24 (GemBl. 241), in Kraft seit 1. 10. 24, unten zu Ng.

21. AbändBek. v. 24. 12. 24 (GemBl. 346), in Kraft seit 1. 1. 25, unten zu Nh.
22. Neufassung v. 2. 2. 25 (GemBl. 31, ausgegeben 8. 2. 25), in Kraft sofort, weil nur Neubek. ohne sachliche Änderungen, unten zu Ni.
23. AbändBek. v. 3. 4. 25 (GemBl. 108), in Kraft seit 1. 4. 25, unten zu Nk.
24. AbändBek. v. 31. 7. 25 (GemBl. 278), in Kraft seit 1. 8. 25, unten zu Nl.
25. AbändBek. v. 24. 12. 25 (GemBl. 1926 S. 1), in Kraft seit 1. 1. 26, unten zu Nm.
26. AbändBek. v. 26. 3. 26 (GemBl. 97, ausgegeben 28. 3. 26), in Kraft teils sofort, teils seit 1. 4. 26, unten zu Nn.
27. Neufassung v. 26. 3. 26 (GemBl. 110, ausgegeben 4. 4. 26), in Kraft sofort, weil nur Neubek. ohne sachliche Änderungen, unten zu No.
28. AbändBek. v. 1. 7. 26 (GemBl. 223), in Kraft seit 1. 7. 26, unten zu Np.
29. AbändBek. v. 26. 11. 26 (GemBl. 420), in Kraft seit 1. 12. 26, unten zu Nq.
30. AbändBek. v. 5. 4. 27 (GemBl. 136), in Kraft seit 1. 4. 27, unten zu Nr.
31. AbändBek. v. 24. 9. 27 (GemBl. 394), in Kraft seit 1. 10. 27, unten zu Ns.
32. AbändBek. v. 24. 5. 28 (GemBl. 315), in Kraft seit 1. 6. 28, unten zu Nt.

Abgedruckt sind im folgenden die Bek. von B 14 an, für Mieten aus der noch früheren Zeit läßt sich die maßgebende Bek. nach der Zusammenstellung leicht ermitteln.

Für April bis Juni 1924 ist zu der gesetzlichen Miete die Hauszinssteuer hinzuzurechnen. Für die Zeit seit Juli 1924 ist sie in der gesetzlichen Miete schon enthalten.

Seit Februar 1926 tritt in Berlin zur gesetzlichen Miete hinzu der 100 v. H. übersteigende städtische Zuschlag zur staatlichen Grundvermögenssteuer. Wegen deren vgl. unten zu Oaff.

Seit Februar 1924 ist die gesetzliche Miete in Hundertteilen der reinen Friedensmiete ausgedrückt. Es ergibt sich für Berlin folgende Tabelle:

Zeit seit	Vom Hundert der Friedensmiete	Besonderer Zuschlag
Februar 1924	26	
März 1924	28	als Hauszinssteuer:
April 1924	31	etwa 16 v. H.
Mai 1924	35	" 16 " "
Juli 1924	62	
Oktober 1924	66	
April 1925	76	
August 1925	82	
Januar 1926	84	als GrundvermSt.:
Februar 1926	84	etwa 4 v. H.
März 1926	84	" 2 " "
April 1926	94	" ½ " "
Juli 1926	100	" ½ " "
August 1926	100	" 6 " "
März 1927	100	" 4 " "
April 1927	110	" 4 " "
Oktober 1927	120	" 4 " "
Juni 1928	121	" 4 " "
....	....	....
....	....	....

Wegen der Zerlegung der gesetzlichen Miete in ihre einzelnen Bestandteile vgl. die Tabelle in der Übersicht vor Ha, S. 167.

Seit Mai 1924 ermäßigt sich der Hundertsatz um 4 v. H., wenn der Mieter die sogenannten Schönheitsreparaturen übernommen hat.

Für den Möblierungszuschlag bei möbliert vermieteten (Zimmern und) Wohnungen ergeben die Berliner Bekanntmachungen seit Februar 1924 folgende Höchstsätze:

Zeit seit	Bei einfacher Möblierung	Bei bürgerlicher Möblierung	Bei eleganter Möblierung
	Höchstens Hundertteile der Friedensmiete		
Februar 1924 . .	60	80	120
April 1924 . . .	40	60	100
	Höchstens Hundertteile der gesetzlichen Miete		
Mai 1924 . . .	120	180	300
Juli 1924 . . .	70	105	175
August 1925 . .	60	90	150
April 1926 . . .	50	75	125
Oktober 1927 . .	50	70	120
....	....	....	....
....	....	....	....
....	....	....	....
....	....	....	....

Na.

Bekanntmachung zum Reichsmietengesetz.

Vom 30. Januar 1924 (GemBl. hinter S. 18, Sonderausgabe v. 30. 1. 24).

In Kraft seit 1. 2. 24.

Auf Grund der Anordnungen des Preußischen Ministers für Volkswohlfahrt vom 12., 17. und 28. Januar 1924, des Reichsmietengesetzes vom 24. März 1922[1] und der hierzu unter dem 4. August 1923[2] ergangenen Preußischen Ausführungsbestimmungen erhält die Bekanntmachung des Magistrats zum Reichsmietengesetz unter Abänderung der Bekanntmachungen vom 30. April 1923 / 18. Mai 1923 / 27. Juli 1923 / 29. August 1923 / 27. September 1923 / 29. Oktober 1923 / 29. November 1923 folgende Fassung:

[1]) Oben zu Aa, Ac.

[2]) Oben zu Hc.

§ 1. Zur Berechnung der Grundmiete sind in Häusern ohne Sammelheizung oder Warmwasserversorgung von der Friedensmiete die folgenden, in Hundertsätzen der Friedensmiete angegebenen Beträge abzuziehen:

1. für Instandsetzungskosten und die in der Friedensmiete enthalten gewesenen Betriebskosten . . . . 20 v. H.,
2. Vergütungen, die in der Friedensmiete enthalten sind:
   a) für Nebenleistungen des Vermieters, welche nicht die Raumnutzung betreffen, aber neben der Raumnutzung auf Grund des Mietvertrages gewährt werden (Bereitstellung

von Wasserkraft, Elektrizität, Dampf, Preß-
luft u. dgl.) . . . . 2 v. H.,

b) für Nebenleistungen des Vermieters, welche zwar die Raumnutzung betreffen, aber nur einzelnen Mietern zugute kommen, z. B. Spiegelglasversicherung . . . . 2 „ „ ,

c) für Fahrstuhlbenutzung . . . . 2 „ „ .

In Häusern mit Sammelheizung bezw. Warmwasserversorgung sind zunächst

für die Heizstoffe für Sammelheizung . . . . 9 v. H.,
für die Heizstoffe für Warmwasserversorgung . 3 „ „

von der Friedensmiete abzuziehen. Der sich so ergebende Betrag ist alsdann um die im Abs. 1 unter Ziff. 1 und 2 a bis c genannten Hundertsätze zu kürzen.

§ 2. Zu der Papiermarkgrundmiete treten folgende, in Hundertsätzen der Friedensmiete ausgedrückte und in Goldmark zu berechnende Zuschläge:

1. für Verwaltungskosten, Zinssteigerung, Steigerung der Kosten für Erneuerung der Grundstücksbelastung . . . . 5 v. H.,
2. für die Kosten der laufenden Instandsetzungsarbeiten[1] . . . . 6 „ „ ,
3. für die Betriebskosten . . . . 15 „ „ .

Das Tapezieren bezw. Anstreichen oder Kalken der Wände und Decken, das Streichen der Fußböden und der Fenster und das Anstreichen der Türen in den Wohnungen oder sonstigen Mieträumen wird von dem Hundertsatz zu 2 ausgenommen.

Soweit Kosten für derartige Arbeiten entstehen, hat sie jeder Mieter gemäß den Preußischen Ausführungsbestimmungen, Ziffer XIX[2], selbst zu tragen, sofern die

Arbeiten nicht durch Naturereignisse, Rohrbrüche, Schwamm, Dachschäden oder durch Verschulden oder Verursachung des Vermieters oder dritter Personen notwendig geworden sind.

Der Vermieter hat in der Zeit vom 1. bis 10. Februar und vom 1. bis 10. August eines jeden Jahres den Mietern oder der Mietervertretung auf Antrag die Verwendung der Gelder für laufende Instandsetzungsarbeiten nachzuweisen.

---

[1]) Geändert unten zu Nb, Nc.

[2]) Oben zu IIc.

§ 3. In Geschäfts- und Industriehäusern sind die Löhne der Hausangestellten (Hausreiniger, Hauswart, Heizer, Fahrstuhlführer u. dgl.) auf die Inhaber der gewerblich, zu Büro-, Geschäfts- oder ähnlichen Zwecken genutzten Räume bis zu der Höhe, in der sie jeweils vom Demobilmachungskommissar für verbindlich erklärt werden, nach dem Verhältnis der Grundmieten umzulegen; das gleiche gilt für die vom Vermieter zu zahlenden Beiträge für die sozialen Versicherungen. Dafür wird der im § 2 für Verwaltungskosten, Zinssteigerung, Steigerung der Kosten für die Erneuerung der Grundstücksbelastung festgesetzte Zuschlag um 2 v. H. gekürzt, also auf 3 v. H. der Friedensmiete in Gold festgesetzt.

§ 4[1]. Weist der Vermieter den Mietern oder der Mietervertretung nach, daß der für die Betriebskosten festgesetzte Satz von 15 v. H. zur Deckung der von ihm zu zahlenden Beträge nicht ausgereicht hat, so ist er berechtigt, unter Vorlegung der Belege den fehlenden Betrag, höchstens jedoch weitere 3 v. H. der Friedensmiete, nach dem Verhältnis der Grundmieten bei der nächsten Mietzahlung umzulegen.

Wird der für die Betriebskosten festgesetzte Zuschlag von 15 v. H. in einem Zahlungsabschnitt nicht vollständig verbraucht, so ist der hierdurch ersparte Betrag bei der nächsten Mietzahlung in Anrechnung zu bringen. Hat der Vermieter nach XIII der Preußischen Ausführungsbestimmungen zum Reichsmietengesetz vom 4. August 1923[2] an sich „umlagefähige“ Betriebskosten für einen längeren Zeitraum im voraus zu entrichten, so muß er diese gleichmäßig für den Zeitraum, für den die Zahlung erfolgte, auf die einzelnen Mietzahlungstermine verteilen.

---

[1]) Geändert unten zu Nb, Nc.

[2]) Oben zu Hc.

§ 5. Die Kosten der Heizstoffe für Sammelheizung und Warmwasserversorgung sowie die Nebenleistungen der in § 1 Abs. 1 unter 2a bis c gedachten Art sind gemäß § 12 des Reichsmietengesetzes[1] getrennt von der gesetzlichen Miete zu berechnen.

Die im § 2 unter 1 bis 3 genannten Hundertsätze sind daher nicht von der vollen Friedensmiete zu berechnen, sondern es sind in Häusern mit Sammelheizung und Warmwasserversorgung von der Friedensmiete zunächst die darin enthaltenen Kosten der Heizstoffe für Sammelheizung mit 9 v. H. und für Warmwasserversorgung mit 3 v. H. abzuziehen. Erst von dem dann verbleibenden Betrage sind die Hundertsätze in Goldmark zu berechnen und der Papiermarkgrundmiete hinzuzuzählen.

Das gleiche gilt für die im § 1 Abs. 1 unter 2a bis c genannten Vergütungen.

---

[1]) Oben zu Aa, Ae.

§ 6. Die Kosten der Heizstoffe für Sammelheizung und Warmwasserversorgung, wozu auch die Kosten der Anfuhr gehören, werden auf die beteiligten Rauminhaber umgelegt, und zwar die Kosten für Sammelheizung oder Sammelheizung und Warmwasser, wenn beides geliefert wird, unter Zugrundelegung der Quadratmeterzahl der beheizten Fläche der Räume, die Kosten für Warmwasser, wenn dieses allein geliefert wird, unter Zugrundelegung der Quadratmeterzahl der Nutzungsfläche. Der auf die Wohnung des Hauswarts für die Sammelheizung entfallende Kostenanteil wird auf sämtliche Rauminhaber (außer dem Hauswart) nach dem Verhältnis der Grundmieten verteilt.

[1] Der Vermieter ist berechtigt, an jedem Vierteljahresersten — wenn die Mietervertretung bis dahin das für die Heizstoffe erforderliche Einkaufsgeld nicht selbst aufbringt — für den Einkauf der Heizstoffe folgende Vorschüsse zu erheben:

a) bei Sammelheizung und Warmwasserversorgung ein Viertel des Zentnerkokspreises für jedes Quadratmeter der beheizten Fläche,

b) bei Sammelheizung allein ein Sechstel des Zentnerkokspreises für jedes Quadratmeter der beheizten Fläche,

c) bei Warmwasserversorgung allein ein Dreizehntel des Zentnerkokspreises für jedes Quadratmeter Nutzungsfläche.

---

[1]) Geändert unten zu Nr.

§ 7. Als „Stellen" im Sinne des § 6 Abs. 2 RMG. werden bei jedem Bezirksamt Schlichtungskammern gebildet. Die Schlichtungskammern bestehen aus:

1. einem von dem Bezirksamt zu ernennenden Vorsitzenden der Mieteinigungsamtsabteilung als Vorsitzenden,

2. je einem Vermieter- und Mietervertreter als Beisitzer.

Der Schlichtungskammer wird ein vom Bezirksamt zu ernennender technisch und sozial vorgebildeter Beamter oder Festangestellter des Wohnungsamtes mit beratender Stimme beigeordnet.

§ 8[1]. Die nach § 7 Abs. 4 des Reichsmietengesetzes[2] gemäß den Preußischen Ausführungsbestimmungen vom Miteinigungsamt festzusetzenden Zuschläge dürfen insgesamt 3 v. H. der Friedensmiete in Gold nicht übersteigen.

---

[1]) Geändert unten zu Nb.

[2]) Oben zu Aa, Ae.

§ 9. Bei der Berechnung der gesetzlichen Untermiete ist zunächst die Miete festzustellen, die der Untervermieter unter Zugrundelegung der gesetzlichen Miete selbst für den leeren Raum zu zahlen hat. Die Höhe dieses Mietzinses muß, falls nur ein Teil des von dem Untervermieter gemieteten Raumes weitervermietet ist, im angemessenen Verhältnis zu dem Gesamtmietzins stehen.

Zu dem auf den leeren Raum entfallenden Mietzins tritt ein Zuschlag für die Überlassung und Abnutzung von Einrichtungsgegenständen, Wäsche, Gardinen, Geschirr usw. sowie für die Säuberung der Mieträume und Reinigung der Bettwäsche und Gardinen.

[1] Der Zuschlag darf folgende, in Goldmark zu berechnende Hundertsätze der auf den leeren Raum entfallenden Friedensmiete nicht übersteigen:

a) bei einfach möblierten Zimmern und Wohnungen 60 v. H.,

b) bei bürgerlich möblierten Zimmern und Wohnungen 80 v. H.,

c) bei elegant möblierten Zimmern und Wohnungen 120 v. H.

Für die Lieferung von Morgenkaffee, Heizung, Beleuchtung usw., für Bedienung, für Bad-, Telefonbenutzung u. dgl. sind die ortsüblichen Preise zu zahlen.

Bei Vorhandensein von Sammelheizung und Warmwasserversorgung hat der Untermieter die Kosten hierfür anteilig zu tragen, und zwar müssen die auf ihn entfallenden Kosten im angemessenen Verhältnis zu den auf den Hauptmieter entfallenden Kosten stehen.

Hat der Hauptmieter gemäß § 7 Abs. 4 RMG.[2] einen Zuschlag für große Instandsetzungsarbeiten zu zahlen, so ist der Untermieter verpflichtet, diesen Zuschlag anteilmäßig mitzutragen. Die Erhebung eines besonderen Zuschlages hierzu gemäß Abs. 2 dieses Paragraphen ist unzulässig.

Falls eine Einigung zwischen den Beteiligten nicht zustande kommt, entscheidet auf Anruf eines Vertragsteiles das Mieteinigungsamt[3].

---

[1]) Geändert unten zu Nc.

[2]) Oben zu Aa, Ac.

[3]) Weiterer neuer Absatz unten zu Nd.

§ 10. Erfolgt die Zahlung der in den §§ 2, 8 und 9 festgesetzten Zuschläge in Papiermark, so ist der Umrechnung der am Tage vor der Zahlung amtlich festgestellte Berliner Goldmarkmittelkurs zugrunde zu legen.

§ 11. Diese Bekanntmachung tritt mit dem 1. Februar 1924 in Kraft.

Berlin, den 30. Januar 1924.

Der Magistrat.

Nb.

Bekanntmachung zum Reichsmietengesetz.

Vom 22. Februar 1924 (GemBl. 37).

Auf Grund der Anordnung des Preußischen Ministers für Volkswohlfahrt vom 19. Februar 1924 wird die Bekanntmachung des Magistrats vom 30. Januar 1924[1] zum Reichsmietengesetz wie folgt geändert:

[1]) Oben zu Na.

I. In § 2 Abs. 1 zu 2 beträgt der Zuschlag für laufende Instandsetzungsarbeiten jetzt 8 v. H.

II. § 4 erhält folgende Fassung:

Als Betriebskosten gelten:

1. die für das Haus zu entrichtenden Grund- und Gebäudesteuern, wozu auch die Preußische Grundvermögenssteuer und der hierzu erhobene Gemeindezuschlag gehören,
2. Entwässerungs- (Kanalisations-) Gebühren und Entgelt für Fäkalienabfuhr,
3. Straßenreinigungsgebühren,
4. Wassergeld,
5. Schornsteinfegergeld,
6. die Kosten für Müll- und Schlackenabfuhr,
7. die Brennstoff- bezw. Stromkosten für die Treppen- und Flurbeleuchtung sowie für die Beleuchtung derjenigen Räume, die für die gemeinsame Benutzung der Mieter bestimmt sind (z. B. gemeinsamer Trockenboden, Waschküche, Keller),

8. die Kosten für Versicherung gegen Feuer-, Glas-, Wasserleitungs-, Sturm- und Aufruhrschäden sowie auch Haftpflichtversicherung in ortsüblicher Höhe,
9. die Kosten für Bürgersteig- und Straßenunterhaltung,
10. die Kosten für die von der Behörde zur Beseitigung einer Ansteckungsgefahr getroffenen Maßnahmen (z. B. Rattenvertilgung).

Es wird unterstellt, daß in dem Betriebskostenzuschlag von 15 v. H. für Wassergeld 3 v. H. der Friedensmiete enthalten sind. Weist der Vermieter den Mietern oder der Mietervertretung nach, daß er mit diesem Hundertsatz nicht ausgekommen ist, so kann er den 3 v. H. der Friedensmiete übersteigenden Betrag für Wassergeld auf die Mieter umlegen. Wenn der Gemeindezuschlag zur Preußischen Grundvermögenssteuer auf mehr als 100 v. H. festgesetzt wird, sind die Vermieter berechtigt, auch den 100 v. H. übersteigenden Betrag auf die Mieter umzulegen.

Reichen im übrigen die 15 v. H. der Friedensmiete zur Deckung der von den Vermietern geforderten Betriebskosten nicht aus, so kann der ungedeckte Mehrbetrag bis zur Höhe von 3 v. H. der Friedensmiete umgelegt werden.

Hat ferner der Vermieter im Monat Februar nachweisbar für Wassergeld mehr als 3 v. H. der Friedensmiete gezahlt und ist er im übrigen mit einem Betriebskostenzuschlag von 18 v. H. nicht ausgekommen, so kann er die Mehrkosten für Wassergeld auf die Mieter umlegen.

Die Umlage hat nach dem Verhältnis der Grundmieten zu erfolgen[1].

Kommen in einem Zahlungsabschnitte umlagefähige Betriebskosten nicht zur Umlage, so sind die hierdurch gesparten Beträge bei der nächsten Mietzahlung in Anrechnung zu bringen. Hat der Vermieter umlagefähige Betriebskosten für einen längeren Zeitraum im voraus zu entrichten, so muß er diese gleichmäßig für den Zeitraum, für den die Zahlung erfolgte, auf die einzelnen Mietzahlungstermine verteilen.

---

[1]) Geändert unten zu Nc.

III. § 8 erhält folgende Fassung:

Die nach § 7 Abs. 4 des Reichsmietengesetzes gemäß den Preußischen Ausführungsbestimmungen vom Mieteinigungsamt für große Instandsetzungsarbeiten festzusetzenden Zuschläge dürfen im Einzelfall 3 v. H. der Jahresfriedensmiete in Gold nicht übersteigen.

IV. Diese Bekanntmachung tritt mit dem 1. März 1924 in Kraft.

Berlin, den 22. Februar 1924.

Magistrat.

Nc.

Bekanntmachung zum Reichsmietengesetz.

Vom 29. März 1924 (GemBl. hinter S. 66, Sonderausgabe v. 29. 3. 24).

Auf Grund der Anordnung des Preußischen Ministers für Volkswohlfahrt vom 28. März 1924 wird die Bekanntmachung des Magistrats vom 30. Januar / 22. Februar 1924[1] wie folgt geändert:

---

[1]) Oben zu Na, Nb.

I. In § 2 Abs. 1 beträgt der Zuschlag für laufende Instandsetzungsarbeiten jetzt 11 v. H.

II. Der § 4 Abs. 5 lautet wie folgt:

Die Umlage hat nach dem Verhältnis der Grundmieten auf die selbständigen Wohnungen oder die selbständigen Mieträume anderer Art zu erfolgen, wobei auch Räume zu berücksichtigen sind, für die nicht die gesetzliche Miete zu zahlen ist oder die nicht vermietet sind.

III. Der § 6 Abs. 2 lautet wie folgt:

Der Vermieter ist berechtigt, an jedem Monatsersten, wenn die Mietervertretung bis dahin das für die Heizstoffe erforderliche Einkaufsgeld nicht selbst aufbringt, für den Einkauf der Heizstoffe folgende Vorschüsse zu erheben:

a) bei Sammelheizung und Warmwasserversorgung ein Zwölftel des Zentnerkokspreises für jedes Quadratmeter der beheizten Fläche,

b) bei Sammelheizung allein ein Achtzehntel des Zentnerkokspreises für jedes Quadratmeter der beheizten Fläche,

c) bei Warmwasserversorgung allein ein Neununddreißigstel des Zentnerkokspreises für jedes Quadratmeter Nutzungsfläche.

IV. Die in § 9 Abs. 3 unter a bis c festgesetzten Zuschläge werden zu a auf 40 v. H.,
zu b auf 60 v. H.,
zu c auf 100 v. H. ermäßigt.

V. Diese Bekanntmachung tritt mit dem 1. April 1924 in Kraft.

Berlin, den 29. März 1924.

Magistrat.

Nd.

Bekanntmachung.

Vom 22. April 1924 (GemBl. hinter S. 90, Sonderausgabe v. 23. 4. 24).

I. Hinter § 6 wird als § 6a folgende Bestimmung eingefügt:

Der Vermieter ist berechtigt, die von ihm auf Grund der Preußischen Steuernotverordnung vom 1. April 1924 (Gesetzsamml. S. 191)[1] zu zahlende „Hauszinssteuer" neben der gesetzlichen Miete nach dem Verhältnis der Friedensmieten auf die selbständigen Wohnungen oder die selbständigen Räume anderer Art umzulegen. Hierbei sind auch Räume zu berücksichtigen, für die nicht die gesetzliche Miete bezahlt wird oder die nicht vermietet sind.

In Häusern mit Sammelheizung und Warmwasserversorgung sind für die Berechnung der der Umlage zugrunde zu legenden Friedensmieten von der am 1. Juli 1914 vereinbart gewesenen Miete zunächst die Kosten für Sammelheizung mit 9 und für Warmwasserversorgung mit 3 v. H. abzuziehen. Das gleiche gilt für sonstige in der Friedensmiete enthaltene Vergütungen (§ 1 Ziffer 2a bis c der Bekanntmachung des Magistrats vom 30. Januar 1924[2]).

Die „Hauszinssteuer" beträgt gemäß § 2 der Preußischen Steuernotverordnung 400 v. H. der nach den Vorschriften des Gesetzes vom 14. Februar 1923 (Gesetzsamml. S. 29) und seinen Abänderungen veranlagten vorläufigen Steuer vom Grundvermögen[3].

Auch im Falle der Steuerminderung nach § 2 Abs. 3 und nach den §§ 3 und 4 der Preußischen Steuernotverordnung bleibt der Vermieter gemäß § 28 Ziffer 6 der Dritten

Reichssteuernotverordnung[4] berechtigt, einen der vollen Steuer entsprechenden Betrag umzulegen.

[1]) Oben zu Ja. [2]) Oben zu Na.
[3]) Oben zu Jm. [4]) Oben zu Ba.

II. Dem § 9 wird folgender Absatz angefügt:

Neben der gesetzlichen Untermiete ist der gemäß § 6 a auf den untervermieteten Raum entfallende Teil der Hauszinssteuer von dem Untermieter zu zahlen.

III. Die Bekanntmachung tritt mit dem Tage der Verkündung in Kraft.

Berlin, den 22. April 1924.

Magistrat.

Ne.

Bekanntmachung über die Mietzinsbildung.

Vom 30. April 1924 (GemBl. hinter S. 96, Sonderausgabe v. 30. 4. 24).

Mit den Abänderungen vom 28. Juni, 24. September, 24. Dezember 1924 (unten zu Nf, Ng, Nh).

Auf Grund der vom Preußischen Minister für Volkswohlfahrt unter dem 17. April 1924 erlassenen Verordnung, betreffend die Mietzinsbildung in Preußen[1], und seiner unter dem 24. April 1924 ergangenen Anordnung[2] erhält die Bekanntmachung des Magistrats vom 30. Januar / 22. Februar / 29. März und 22. April 1924 folgende Fassung:

[1]) Oben zu Hf. [2]) Oben zu Hg.

§ 1. Bei der Berechnung der gesetzlichen Miete ist von dem Mietzins auszugehen, der für die mit dem 1. Juli 1914 beginnende Zeit vereinbart war (Friedensmiete).

Hatte der Vermieter oder Mieter ihm nach dem Bürgerlichen Gesetzbuch nicht obliegende Nebenleistungen und Verpflichtungen vor dem 1. Juli 1914 vertraglich oder ortsüblich übernommen, und war dieses auf die Festsetzung der Höhe des Mietzinses von Einfluß, so sind diese Nebenleistungen und Verpflichtungen in Geld zu veranschlagen und bei der Bemessung der Friedensmiete zu berücksichtigen.

Im Streitfalle entscheidet das Mieteinigungsamt.

§ 2. Von der Friedensmiete sind abzurechnen:

1. für die Heizstoffe für Sammelheizung . . . . 7 v. H.,
2. für die Heizstoffe für Warmwasserversorgung . 3 „ „ ,
3. Vergütungen, die in der Friedensmiete enthalten sind:
   a) für Nebenleistungen des Vermieters, die nicht die Raumnutzung betreffen, aber neben der Raumnutzung auf Grund des Mietvertrages gewährt werden (Bereitstellung von Wasserkraft, Elektrizität, Dampf, Preßluft u. dgl.) 2 „ „ ,
   b) für Nebenleistungen des Vermieters, welche zwar die Raumnutzung betreffen, aber nur einzelnen Mietern zugute kommen (z. B. Spiegelglasversicherung) . . . . 2 „ „ ,
   c) für Fahrstuhlbenutzung . . . . 2 „ „ .

Der nach Abzug der unter 1 bis 3 aufgeführten Nebenleistungen errechnete Betrag stellt die „reine Friedensmiete“ dar.

Wenn nach den Bestimmungen dieses Paragraphen Abzüge von der Friedensmiete nicht zulässig sind, so gilt die am 1. Juli 1914 vereinbart gewesene Miete als „reine Friedensmiete".

§ 3[1]. Die gesetzliche Miete beträgt 66 v. H. der „reinen Friedensmiete". Sie ist in Goldmark zu berechnen.

Von den 62[2] v. H. sind für die Kosten der laufenden Instandsetzungsarbeiten 15 v. H. der „reinen Friedensmiete" in Ansatz gebracht.

Bei der Festsetzung der gesetzlichen Miete auf 62[2] v. H. sind die großen Instandsetzungsarbeiten berücksichtigt worden. In denjenigen Fällen, in denen das Mieteinigungsamt auf Grund der bisherigen Vorschriften einen besonderen Zuschlag für große Instandsetzungsarbeiten festgesetzt hat, vermindert sich die gesetzliche Miete um den zugebilligten Betrag, soweit er am 1. Juli 1924 oder später fällig wird.

Aus der gesetzlichen Miete sind nunmehr neben den Betriebskosten (§ 4) sämtliche auf dem Grundstück ruhenden öffentlichen Lasten zu entrichten.

---

[1]) § 3 ist mehrfach geändert:

1. Die Fassung der Bek. v. 30. 4. 24 lautete:

„Die gesetzliche Miete beträgt 35 v. H. der „reinen Friedensmiete".

Von den 35 v. H. der „reinen Friedensmiete" sind in Ansatz gebracht:

a) für Verwaltungskosten . . . . 5 v. H.,
b) für die Kosten der laufenden Instandsetzungsarbeiten . . . . 15 v. H.,
c) für die Betriebskosten . . . . 15 v. H."

2. Die Fassung der Bek. v. 28. 6. 24, unten zu Nf, in Kraft seit 1. 7. 24, entspricht dem obigen Text, nur 62 v. H. statt 66 v. H.
3. Die Fassung der Bek. v. 24. 9. 24, unten zu Ng, in Kraft seit 1. 10. 24, führte die obige Textfassung ein.

[2]) Es ist übersehen worden, hier „62" durch „66" zu ersetzen.

§ 4. Als Betriebskosten gelten:

1. die für das Haus zu entrichtenden Grund- und Gebäudesteuern, wozu auch die Preußische Grundvermögenssteuer und der hierzu erhobene Gemeindezuschlag gehören,
2. Entwässerungs- (Kanalisations-) Gebühren und Entgelt für Fäkalienabfuhr,
3. Straßenreinigungsgebühren,
4. Wassergeld,
5. Schornsteinfegergeld,
6. die Kosten für Müll- und Schlackenabfuhr,
7. die Brennstoff- bezw. Stromkosten für die Treppen- und Flurbeleuchtung sowie für die Beleuchtung derjenigen Räume, die für die gemeinsame Benutzung der Mieter bestimmt sind (z. B. gemeinsamer Trockenboden, Waschküche, Keller),
8. die Kosten für Versicherung gegen Feuer-, Glas-, Wasserleitungs-, Sturm- und Aufruhrschäden sowie auch Haftpflichtversicherung in ortsüblicher Höhe,
9. die Kosten für Bürgersteig- und Straßenunterhaltung,
10. die Kosten für die von der Behörde zur Beseitigung einer Ansteckungsgefahr getroffenen Maßnahmen (z. B. Rattenvertilgung).

§ 5. In Geschäfts- und Industriehäusern sind die Löhne der Hausangestellten (Hausreiniger, Hauswart, Heizer, Fahrstuhlführer u. dgl.) auf die Inhaber der gewerblichen, zu Büro-, Geschäfts- oder ähnlichen Zwecken genutzten Räume bis zu der Höhe, in der sie jeweils vom Schlichter für Groß-Berlin für verbindlich erklärt werden, nach dem Verhältnis der „reinen Friedensmieten" umzulegen; das gleiche gilt für die vom Vermieter zu zahlenden Beiträge für die sozialen Versicherungen. Dafür wird bei solchen

Häusern die gesetzliche Miete um 2 v. H. der „reinen Friedensmiete“ gekürzt[1].

---

[1]) Letzter Satz in der Fassung der Bek. v. 28. 6. 24, unten zu Nf, in Kraft seit 1. 7. 24. Bis dahin lautete der Satz:

„Dafür wird der im § 3 Abs. 2 unter a festgesetzte Zuschlag für Verwaltungskosten von 5 v. H. auf 3 v. H. der „reinen Friedensmiete“ herabgesetzt.“

§ 6. Hat ein Mieter auf Grund ausdrücklicher oder stillschweigender Vereinbarung die sogenannten Schönheitsreparaturen in seinen Mieträumen (das Tapezieren und Anstreichen oder Kalken der Wände und Decken, das Streichen der Fußböden und der Fenster und das Streichen der Türen) übernommen, so ist er berechtigt, den für laufende Instandsetzungsarbeiten bestimmten Teil der Miete um 4 v. H. der „reinen Friedensmiete“ zu kürzen. In diesem Falle ist er verpflichtet, die Schönheitsreparaturen auf seine Kosten ausführen zu lassen.

Genügt er dieser Pflicht nicht, so kann der Vermieter die Schönheitsreparaturen wieder selbst ausführen lassen und verlangen, daß der Mieter vom nächsten Zahlungstermin ab den vollen für laufende Instandsetzungsarbeiten bestimmten Teil der Miete zahlt. Bei Streit hierüber entscheidet das Mieteinigungsamt. Weitergehende Ansprüche des Vermieters (z. B. auf Nachzahlung des Betrags von 4 v. H., um den der Mieter seit dem 1. Februar 1924 wegen der übernommenen, aber nicht ausgeführten Schönheitsreparaturen den allgemeinen Hundertsatz für laufende Instandsetzungsarbeiten gekürzt hat) bleiben unberührt.

§ 7. Der Vermieter hat in der Zeit vom 1. bis 10. Februar und vom 1. bis 10. August eines jeden Jahres der Mietervertretung oder, wenn eine solche nicht besteht, den

Mietern auf Verlangen die Verwendung der Gelder für laufende Instandsetzungsarbeiten nachzuweisen.

§ 8. Erfüllt der Vermieter die ihm nach § 7 obliegende Verpflichtung nicht, oder befindet er sich mit der Ausführung notwendiger laufender Instandsetzungsarbeiten im Verzuge, so hat auf Antrag der Mietervertretung oder eines Mieters der Magistrat festzustellen, ob laufende Instandsetzungsarbeiten notwendig sind, und hat bejahendenfalls das zur Sicherung der Ausführung solcher Arbeiten Erforderliche zu veranlassen.

Der Magistrat kann insbesondere:

1. unbeschadet der Bestimmung des § 536 BGB.[1] dem Vermieter unter Androhung einer der Gemeindekasse zufallenden Strafe bis zu 1000 Goldmark eine Frist bestimmen, innerhalb der er diese Arbeiten im Rahmen der ihm in den Mieten für laufende Instandsetzungsarbeiten zugeflossenen Mittel auszuführen hat,
2. anordnen, daß nach erfolglosem Ablauf einer dem Vermieter gesetzten Frist die Mietervertretung oder ein Mieter zur Vornahme notwendiger, bestimmt bezeichneter Arbeiten berechtigt ist.

   Mieter, die auf Grund solcher Anordnung Instandsetzungskosten bezahlen, sind in Höhe ihrer Zahlungen insoweit von der Mietzahlung befreit, als der für laufende Instandsetzungsarbeiten bestimmte Teil der gesetzlichen Miete beträgt. Diese Befreiung gilt auch gegenüber einem Rechtsnachfolger des Vermieters und bei Beschlagnahme des Grundstücks auf Grund der Vorschriften des Reichsgesetzes über die Zwangsversteigerung und Zwangsverwaltung,
3. anordnen, daß die Mieter den für laufende Instandsetzungsarbeiten bestimmten Teil der gesetzlichen Miete

an eine von ihm zu bezeichnende Stelle abzuführen haben. Diese Beträge können wie Gemeindeabgaben beigetrieben werden. Der Magistrat hat dann die notwendigen laufenden Instandsetzungsarbeiten ausführen zu lassen. Sobald die Kosten für die ausgeführten Arbeiten aus den abgeführten Mietbeträgen gedeckt sind, hat der Magistrat seine Anordnung wieder aufzuheben. Die Bestimmung zu Ziffer 2 Satz 3 gilt entsprechend.

---

[1]) Abgedruckt oben zu Hf § 11 Anm. 2.

§ 9[1]. Der Vermieter ist berechtigt, den Betrag umzulegen, den die Gemeinde auf Grund des § 8 a Abs. 1 des Artikels II der Zweiten Preußischen Steuernotverordnung in der Fassung vom 19. Juni 1924[2] als Zuschlag zur Hauszinssteuer erhebt.

Für das Wassergeld sind in der gesetzlichen Miete 3 v. H. der „reinen Friedensmiete" in Ansatz gebracht. Der Vermieter ist berechtigt, das Wassergeld umzulegen. In diesem Falle vermindert sich die gesetzliche Miete um 3 v. H. der „reinen Friedensmiete"[3].

---

[1]) Fassung der Bek. v. 28. 6. 24, unten zu Nf, in Kraft seit 1. 7. 24. Bis dahin lautete § 9:

„Reichen die gemäß § 3 Abs. 2 unter c festgesetzten 15 v. H. zur Deckung der Betriebskosten nicht aus, so kann der ungedeckte Mehrbetrag bis zu weiteren 3 v. H. der „reinen Friedensmiete" umgelegt werden. Weist ferner der Vermieter den Mietern oder der Mietervertretung nach, daß im letzten Zahlungsabschnitt mehr als 3 v. H. der „reinen Friedensmiete" an Wassergeld verbraucht worden sind, und ist er im übrigen mit einem Betriebskostenzuschlag von 18 v. H. nicht ausgekommen, so kann er die Mehrkosten für Wassergeld umlegen."

[2]) Oben zu Jb. Berlin hat keinen Zuschlag erhoben.

[3]) Vgl. dazu oben zu Hh Anm. 7 und Hr (S. 308).

§ 10. (Gestrichen.)[1]

[1]) Gestrichen durch die Bek. v. 28. 6. 24, unten zu Nf, in Kraft seit 1. 7. 24. Der § 10 lautete:

„Kommen in einem Zahlungsabschnitt Betriebskosten nicht zur Erhebung, so sind die hierdurch gesparten Beträge bei der nächsten Mietzahlung auf eine vom Vermieter etwa vorzunehmende Umlage der Betriebskosten in Anrechnung zu bringen.

Hat der Vermieter Betriebskosten für einen längeren Zeitraum im voraus zu entrichten, so muß er diese gleichmäßig für den Zeitraum, für den die Zahlung erfolgte, auf die einzelnen Mietzahlungstermine verteilen."

§ 11. (Gestrichen.)[1]

[1]) Gestrichen durch die Bek. v. 28. 6. 24, unten zu Nf, in Kraft seit 1. 7. 24. Der § 11 lautete:

„Auf Antrag eines Vermieters kann das Mieteinigungsamt einen Hundertsatz der „reinen Friedensmiete" für die Verzinsung und Tilgung von Mitteln für die Kosten einer im Einzelfall seit Oktober 1920 ausgeführten und notwendigen oder in den nächsten zwölf Monaten nach Stellung des Antrages auszuführenden notwendigen großen Instandsetzungsarbeit für einen bestimmten Zeitraum festsetzen.

Bei der Festsetzung dieses Sonderzuschlages darf das Mieteinigungsamt 3 v. H. der „reinen Jahresfriedensmiete" im Einzelfalle nicht überschreiten.

Bei nach dem 1. Januar 1920 durch Veräußerung erworbenen Gebäuden ist ein Hundertsatz der „reinen Friedensmiete" für solche Mängel nicht zu bewilligen, die beim Erwerb des Gebäudes bereits vorhanden waren, und die der Vermieter gekannt hat oder kennen mußte.

Der im Einzelfall auf die Mieter entfallende Betrag ist umzulegen.

Das Mieteinigungsamt hat die Ausführung der großen

Instandsetzungsarbeiten, für die ein Hundertsatz der „reinen Friedensmiete“ bewilligt ist, durch geeignete Anordnungen zu sichern.“

§ 12. Die Kosten der Heizstoffe für Sammelheizung und Warmwasserversorgung sowie die Nebenleistungen der in dem § 2 unter 1 bis 3 gedachten Art sind getrennt von der gesetzlichen Miete zu berechnen. Soweit Nebenleistungen nur bei einzelnen Mietern entstehen, haben nur diese sie zu tragen. Der Vermieter ist verpflichtet, den Mietern auf Verlangen Auskunft über die Höhe der Kosten der Heizstoffe und der Nebenleistungen zu geben und die erforderlichen Belege vorzulegen.

§ 13. Die Kosten der Heizstoffe für Sammelheizung und Warmwasserversorgung, wozu auch die Kosten der Anfuhr gehören, werden auf die beteiligten Rauminhaber umgelegt, und zwar die Kosten für Sammelheizung oder Sammelheizung und Warmwasser, wenn beides geliefert wird, unter Zugrundelegung der Quadratmeterzahl der beheizten Fläche, die Kosten für Warmwasser, wenn dieses allein geliefert wird, unter Zugrundelegung der Quadratmeterzahl der Nutzungsfläche.

§ 14. Der Vermieter ist berechtigt, an jedem Monatsersten — wenn die Mietervertretung bis dahin das für die Heizstoffe erforderliche Einkaufsgeld nicht selbst aufbringt — für den Einkauf der Heizstoffe folgende Vorschüsse zu erheben:

a) bei Sammelheizung und Warmwasserversorgung ein Zwölftel des Zentnerkokspreises für jedes Quadratmeter der beheizten Fläche,

b) bei Sammelheizung allein ein Achtzehntel des Zentnerkokspreises für jedes Quadratmeter der beheizten Fläche,

c) bei Warmwasserversorgung allein ein Neununddreißigstel des Zentnerkokspreises für jedes Quadratmeter Nutzungsfläche.

Wohnt der Vermieter in dem Hause, so hat er diese Kosten anteilig zu tragen.

§ 15. Die Kosten des Fahrstuhlbetriebes sind mangels anderweitiger Vereinbarung umzulegen, sofern nicht alle Mieter, die an den Fahrstuhl angeschlossen sind, auf die Benutzung des Fahrstuhls verzichten.

Zu den Kosten des Fahrstuhlbetriebs gehören alle Aufwendungen, die erforderlich sind, um den Betrieb des Fahrstuhls ordnungs- und vorschriftsmäßig aufrechtzuerhalten, also auch die Kosten für Instandhaltung (z. B. Seilerneuerung, Motorreparatur u. dgl.).

Der Vermieter ist berechtigt, die Kosten, die durch Wiederinbetriebsetzung eines auf Grund freier Vereinbarung, einer polizeilichen Anordnung oder aus sonstigen Gründen längere Zeit hindurch außer Betrieb gesetzten Fahrstuhls entstehen, zur Hälfte auf die an den Fahrstuhl angeschlossenen Mieter nach dem Verhältnisse der Friedensmiete umzulegen.

Als an den Fahrstuhl angeschlossen gelten diejenigen Mieter, deren Mieträume einen unmittelbaren Zugang zum Fahrstuhl haben.

Die Bewohner des Erdgeschosses können zu den Kosten für den Fahrstuhlbetrieb nicht herangezogen werden, wenn sie dem Vermieter gegenüber erklärt haben, daß sie auf die Benutzung des Fahrstuhls verzichten.

§ 16. In den Fällen, in denen durch Beschluß des Mieteinigungsamtes die Sammelheizung oder Warmwasserversorgung oder beide ganz oder teilweise eingestellt sind, kann das Mieteinigungsamt auf Anruf des Vermieters oder eines Mieters die Wiederinbetriebsetzung ganz oder teilweise anordnen und über die Kosten der Wiederinbetriebsetzung entscheiden.

§ 17. Jeder Mieter ist berechtigt, die Wahl einer Mietervertretung zu betreiben. Von der vorzunehmenden Wahl sind sämtliche Mieter in Kenntnis zu setzen. Die Wahl erfolgt formlos. Jede Mietpartei hat eine Stimme. Wahlberechtigt sind sämtliche Mieter. Wohnt der Hauptmieter nicht in der Wohnung, ist auch der Untermieter stimmberechtigt. Die Mietervertretung gilt als ordnungsmäßig gewählt, wenn sie die Mehrzahl der Stimmen der Mieter auf sich vereinigt. Das Wahlergebnis ist dem Vermieter mitzuteilen.

Die Mieter von Mieträumen mit Sammelheizung beziehungsweise Warmwasserversorgung haben eine Mietervertretung von ein bis drei Personen zu wählen.

Bei Beschaffung, Lagerung und Verwendung der Heizstoffe hat die Mietervertretung ein Mitwirkungs- und Aufsichtsrecht. Im Streitfalle entscheidet das Mieteinigungsamt.

Der Vermieter ist verpflichtet, über den Ankauf und über die gemäß § 14 zu zahlenden Vorschüsse und ihre Verrechnung genau Buch zu führen, die Berechnungsbelege geordnet aufzubewahren und der Mietervertretung jederzeit Einsicht zu gewähren.

Beschafft ein Vermieter die notwendigen Heizstoffe nicht rechtzeitig, so ist die Mietervertretung nach Ablauf einer von ihr dem Vermieter gestellten Frist befugt, die Heizstoffe einzukaufen und an dazu bestimmten Stellen des Hausgrundstücks zu lagern.

Der Vermieter kann einen nach näherer Anordnung der Gemeindebehörde zu zahlenden Vorschuß für die Heizstoffe nur dann erheben, wenn die Mietervertretung das für die Heizstoffe erforderliche Einkaufsgeld nicht selbst aufbringt. Wohnt der Vermieter in dem Hause, hat er die Kosten der Heizung anteilig zu tragen.

§ 18. Bei der Berechnung der gesetzlichen Untermiete ist zunächst die Miete festzustellen, die der Untervermieter unter Zugrundelegung der gesetzlichen Miete selbst für den leeren Raum zu zahlen hat. Falls nur ein Teil des von dem Untervermieter gemieteten Raumes weitervermietet ist, muß der auf diesen Teil entfallende Betrag im angemessenen Verhältnis zu dem Gesamtmietzins stehen.

Die Vorschriften dieser Bekanntmachung finden keine Anwendung auf möblierte Zimmer. Bei möblierten Wohnungen tritt zu dem auf den leeren Raum entfallenden Mietzins ein Zuschlag[1] für die Überlassung und Abnutzung von Einrichtungsgegenständen, Wäsche, Gardinen, Geschirr usw. sowie für die Säuberung der Mieträume und Reinigung der Bettwäsche und Gardinen.

Der Zuschlag darf folgende Hundertsätze der gesetzlichen Miete, die der Untervermieter selbst für den leeren Raum zu zahlen hat, nicht übersteigen:

a) bei einfach möblierten Zimmern und Wohnungen . . . . 70 v. H.,

b) bei bürgerlich möblierten Zimmern und Wohnungen . . . . 105 „ „ ,

c) bei elegant möblierten Zimmern und Wohnungen . . . . 175 „ „ [2].

Für die Lieferung von Morgenkaffee, Heizung, Beleuchtung usw., für Bedienung, für Bad-, Telephonbenutzung u. dgl. sind die ortsüblichen Preise zu zahlen.

Bei Vorhandensein von Sammelheizung und Warmwasserversorgung hat der Untermieter die Kosten hierfür anteilig zu tragen, und zwar müssen die auf ihn entfallenden

Kosten im angemessenen Verhältnis zu den auf den Hauptmieter entfallenden Kosten stehen.

(Abs. 6 ist gestrichen.)[3]

Falls eine Einigung zwischen den Beteiligten nicht zustande kommt, entscheidet auf Anruf eines Vertragsteiles das Mieteinigungsamt.

Mit der gesetzlichen Untermiete ist ein gemäß § 9 Abs. 1 auf den untervermieteten Raum entfallender Teil des Gemeindezuschlages zur Hauszinssteuer[4] von dem Untermieter zu zahlen[5].

Sämtliche vor dem Inkrafttreten dieser Bekanntmachung anhängig gewordenen Streitigkeiten über die Höhe der gesetzlichen Miete für möblierte Zimmer, die keine selbständige Wohnung darstellen, sind nach den bisherigen Vorschriften zu erledigen[6].

---

[1]) Abs. 2 bis „Zuschlag" ist Fassung der Bek. v. 24. 12. 24, unten zu Nh, in Kraft seit 1. 1. 25. Bis dahin begann Abs. 2:

„Zu dem auf den leeren Raum entfallenden Mietzins tritt ein Zuschlag . . ."

[2]) Die Hundertsätze lauteten in der Bek. v. 30. 4. 24: 120—180—300 v. H. Durch die Bek. v. 28. 6. 24, unten zu Nf, in Kraft seit 1. 7. 24, wurde die Textfassung eingeführt.

[3]) Abs. 6 ist durch die Bek. v. 28. 6. 24, unten zu Nf, mit Wirkung v. 1. 7. 24 gestrichen. Er lautete:

„Hat der Hauptmieter einen Zuschlag für große Instandsetzungsarbeiten zu zahlen, so ist der Untermieter verpflichtet, diesen Zuschlag anteilig mitzutragen. Die Erhebung eines besonderen Zuschlages hierzu gemäß Abs. 2 dieses Paragraphen ist unzulässig."

[4]) § 8 a Pr. SteuernotVO., oben zu Ja. Kommt für Berlin nicht in Betracht.

[5]) Abs. 8 ist Fassung der Bek. v. 28. 6. 24, unten zu Nf, in Kraft seit 1. 7. 24. Bis dahin lautete Abs. 8:

„Neben der gesetzlichen Untermiete ist der gemäß § 19 auf den untervermieteten Raum entfallende Teil der Hauszinssteuer von dem Untermieter zu zahlen."

[6]) Dieser Absatz ist durch die Bek. v. 24. 12. 24, unten zu Nh, in Kraft seit 1. 1. 25, zugefügt. Er ist textlich verunglückt. Mit „dieser Bekanntmachung" ist die v. 24. 12. 24 gemeint. Es sollte also für am 1. 1. 25 schwebende Sachen über möblierte Zimmer der § 18 in der bisherigen Fassung weitergelten.

§ 19. (Gestrichen.)[1]

---

[1]) Gestrichen durch die Bek. v. 28. 6. 24, unten zu Nf, in Kraft seit 1. 7. 24. Der § 19 lautete:

„Der Vermieter ist berechtigt, die von ihm auf Grund der Preußischen Steuernotverordnung vom 1. April 1924 (Gesetzsamml. S. 191) zu zahlende „Hauszinssteuer" neben der gesetzlichen Miete umzulegen.

Die „Hauszinssteuer" beträgt gemäß § 2 der Preußischen Steuernotverordnung 400 v. H. der nach den Vorschriften des Gesetzes vom 14. Februar 1923 (Gesetzsamml. S. 29) und seiner Abänderungen veranlagten „vorläufigen Steuer vom Grundvermögen".

Auch im Falle der Steuerminderung nach § 2 Abs. 3 oder nach den §§ 3 und 4 der Preußischen Steuernotverordnung bleibt der Vermieter gemäß § 28 Ziffer 6 der Dritten Reichssteuernotverordnung berechtigt, einen der vollen Steuer entsprechenden Betrag umzulegen."

§ 20. In den Fällen der §§ 5, 11, 15[1] erfolgt die Umlage auf die selbständigen Wohnungen oder die selbständigen Räume anderer Art nach dem Verhältnis der „reinen Friedensmieten". Hierbei sind auch solche Räume zu berücksichtigen, für die nicht die gesetzliche Miete gezahlt wird oder die nicht vermietet sind.

[1]) So Fassung der Bek. v. 28. 6. 24, unten zu Nf, in Kraft seit 1. 7. 24. Vorher hieß es: „§§ 5, 9, 11, 15 und 19".

§ 21. Erfolgen Zahlungen auf Grund dieser Bekanntmachung in Papiermark, so ist der Umrechnung der am Tage vor der Zahlung amtlich festgestellte Berliner Goldmarkmittelkurs zugrunde zu legen.

§ 22. Diese Bekanntmachung tritt mit dem 1. Mai d. Js. in Kraft.

Berlin, den 30. April 1924.

Magistrat.

Nf.

Bekanntmachung über die Mietzinsbildung.

Vom 28. Juni 1924 (GemBl. hinter S. 156, Sonderausgabe v. 30. 6. 24).

In Kraft seit 1. 7. 24.

[Enthält Abänderungen der §§ 3, 5, 9, 10, 11, 18, 19, 20 der Bek. v. 30. 4. 24, oben zu Ne; sie sind dort aufgenommen.]

Ng.

Bekanntmachung über die Mietzinsbildung.

Vom 24. September 1924 (GemBl. 241).

In Kraft seit 1. 10. 24.

[Enthält eine Abänderung des § 3 der Bek. v. 30. 4. 24, oben zu Ne; sie ist dort aufgenommen.]

Nh.

Bekanntmachung über die Mietzinsbildung.

Vom 24. Dezember 1924 (GemBl. 346).

In Kraft seit 1. 1. 25.

[Enthält Abänderungen des § 18 der Bek. v. 30. 4. 24, oben zu Ne; sie sind dort aufgenommen.]

Ni.

Bekanntmachung über die Mietzinsbildung.

Neufassung vom 2. Februar 1925 (GemBl. 31, ausgegeben am 8. 2. 25).

Mit den Abänderungen vom 3. April, 31. Juli, 24. Dezember 1925, 26. März 1926 (unten zu Nk, Nl, Nm, Nn).

Auf Grund der Bekanntmachung vom 28. Juni 1924 (Sonderausgabe des GemBl. vom 30. Juni 1924), vom 24. September 1924 (GemBl. Nr. 39 vom 28. September 1924) und vom 24. Dezember 1924 (GemBl. Nr. 52 vom 28. Dezember 1924) hat die Bekanntmachung über die Mietzinsbildung vom 30. April 1924 (Sonderausgabe des GemBl. vom 30. April 1924) folgende Fassung:

§ 1. Bei der Berechnung der gesetzlichen Miete ist von dem Mietzins auszugehen, der für die mit dem 1. Juli 1914 beginnende Zeit vereinbart war (Friedensmiete).

Hatte der Vermieter oder Mieter ihm nach dem Bürgerlichen Gesetzbuch nicht obliegende Nebenleistungen und Verpflichtungen vor dem 1. Juli 1914 vertraglich oder ortsüblich übernommen, und war dieses auf die Festsetzung der Höhe des Mietzinses von Einfluß, so sind diese Nebenleistungen und Verpflichtungen in Geld zu veranschlagen und bei der Bemessung der Friedensmiete zu berücksichtigen.

Im Streitfalle entscheidet das Mieteinigungsamt.

§ 2. Von der Friedensmiete sind abzurechnen:

1. für die Heizstoffe für Sammelheizung . . . . 7 v. H.,
2. für die Heizstoffe für Warmwasserversorgung . 3 „ „ ,
3. Vergütungen, die in der Friedensmiete enthalten sind:
   a) für Nebenleistungen des Vermieters, die nicht die Raumnutzung betreffen, aber neben der Raumnutzung auf Grund des Mietvertrages gewährt werden (Bereitstellung von Wasserkraft, Elektrizität, Dampf, Preßluft u. dgl.) 2 „ „ ,
   b) für Nebenleistungen des Vermieters, welche zwar die Raumnutzung betreffen, aber nur einzelnen Mietern zugute kommen (z. B. Spiegelglasversicherung) . . . . 2 „ „ ,
   c) für Fahrstuhlbenutzung . . . . 2 „ „ .

Der nach Abzug der unter 1 bis 3 aufgeführten Nebenleistungen errechnete Betrag stellt die „reine Friedensmiete" dar.

Wenn nach den Bestimmungen dieses Paragraphen Abzüge von der Friedensmiete nicht zulässig sind, so gilt die am 1. Juli 1914 vereinbart gewesene Miete als „reine Friedensmiete".

§ 3. Die gesetzliche Miete beträgt 94 v. H.[1] der „reinen Friedensmiete". Sie ist in Goldmark zu berechnen.

Von den 94 v. H.[1] sind für die Kosten der laufenden Instandsetzungsarbeiten 17 v. H.[2] der „reinen Friedensmiete" in Ansatz gebracht.

Bei der Festsetzung der gesetzlichen Miete auf 94 v. H.[1] sind die großen Instandsetzungsarbeiten berücksichtigt worden. In denjenigen Fällen, in denen das Mieteinigungsamt auf Grund der bisherigen Vorschriften einen besonderen Zuschlag für große Instandsetzungsarbeiten festgesetzt hat, vermindert sich die gesetzliche Miete um den zugebilligten Betrag, soweit er am 1. Juli 1924 oder später fällig wird.

Aus der gesetzlichen Miete sind nunmehr neben den Betriebskosten sämtliche auf dem Grundstück ruhenden öffentlichen Lasten zu entrichten.

---

[1]) Der Hundertsatz ist mehrfach geändert:

a) Fassung der Bek. v. 2. 2. 25: 66 v. H.,

b) Fassung der Bek. v. 3. 4. 25, unten zu Nk, in Kraft seit 1. 4. 25: 76 v. H.,

c) Fassung der Bek. v. 31. 7. 25, unten zu Nl, in Kraft seit 1. 8. 25: 82 v. H.,

d) Fassung der Bek. v. 24. 12. 25, unten zu Nm, in Kraft seit 1. 1. 26: 84 v. H.,

e) Fassung der Bek. v. 26. 3. 26, unten zu Nn, in Kraft seit 1. 4. 26: 94 v. H.

[2]) Zunächst „15 v. H.". Die jetzige Fassung „17 v. H." beruht auf der Bek. v. 26. 3. 26, unten zu Nn, in Kraft seit 1. 4. 26.

§ 4. Als Betriebskosten gelten:

1. die für das Haus zu entrichtenden Grund- und Gebäudesteuern, wozu auch die Preußische Grundvermögenssteuer und der hierzu erhobene Gemeindezuschlag gehören,
2. Entwässerungs- (Kanalisations-) Gebühren und Entgelt für Fäkalienabfuhr,
3. Straßenreinigungsgebühren,
4. Wassergeld,
5. Schornsteinfegergeld,

6. die Kosten für Müll- und Schlackenabfuhr,
7. die Brennstoff- bezw. Stromkosten für die Treppen- und Flurbeleuchtung sowie für die Beleuchtung derjenigen Räume, die für die gemeinsame Benutzung der Mieter bestimmt sind (z. B. gemeinsamer Trockenboden, Waschküche, Keller),
8. die Kosten für Versicherung gegen Feuer-, Glas-, Wasserleitungs-, Sturm- und Aufruhrschäden sowie auch Haftpflichtversicherung in ortsüblicher Höhe,
9. die Kosten für Bürgersteig- und Straßenunterhaltung,
10. die Kosten für die von der Behörde zur Beseitigung einer Ansteckungsgefahr getroffenen Maßnahmen (z. B. Rattenvertilgung).

§ 5[1]. In Geschäfts- und Industriehäusern sind die Löhne der Hausangestellten (Hausreiniger, Hauswart, Heizer, Fahrstuhlführer und dergl.) auf die Inhaber der gewerblichen, zu Büro-, Geschäfts- und ähnlichen Zwecken benutzten Räume umzulegen; das gleiche gilt für die vom Vermieter zu zahlenden Beiträge für die Sozialversicherungen. Dafür wird bei solchen Häusern die gesetzliche Miete um 2 v. H. der „reinen Friedensmiete" gekürzt.

---

[1]) Fassung der Bek. v. 26. 3. 26, unten zu Nn, in Kraft seit 28. 3. 26. Bis dahin lautete § 5:

„In Geschäfts- und Industriehäusern sind die Löhne der Hausangestellten (Hausreiniger, Hauswart, Heizer, Fahrstuhlführer u. dgl.) auf die Inhaber der gewerblichen, zu Büro-, Geschäfts- oder ähnlichen Zwecken genutzten Räume bis zu der Höhe, in der sie jeweils vom Schlichter für Groß-Berlin für verbindlich erklärt werden, nach dem Verhältnis der „reinen Friedensmieten" umzulegen; das gleiche gilt für die vom Vermieter zu zahlenden Beiträge für die sozialen Versicherungen. Dafür wird bei solchen Häusern die gesetzliche Miete um 2 v. H. der „reinen Friedensmiete" gekürzt."

§ 6. Hat ein Mieter auf Grund ausdrücklicher oder stillschweigender Vereinbarung die sogenannten Schönheitsreparaturen in seinen Mieträumen (das Tapezieren und Anstreichen oder Kalken der Wände und Decken, das Streichen der Fußböden und der Fenster und das Streichen der Türen) übernommen, so ist er berechtigt, den für laufende Instandsetzungsarbeiten bestimmten Teil der Miete um 4 v. H. der „reinen Friedensmiete" zu kürzen. In diesem Falle ist er verpflichtet, die Schönheitsreparaturen auf seine Kosten ausführen zu lassen.

Genügt er dieser Pflicht nicht, so kann der Vermieter die Schönheitsreparaturen wieder selbst ausführen lassen und verlangen, daß der Mieter vom nächsten Zahlungstermin ab den vollen für laufende Instandsetzungsarbeiten bestimmten Teil der Miete zahlt. Bei Streit hierüber entscheidet das Mieteinigungsamt. Weitergehende Ansprüche des Vermieters (z. B. auf Nachzahlung des Betrages von 4 v. H., um den der Mieter seit dem 1. Februar 1924 wegen der übernommenen, aber nicht ausgeführten Schönheitsreparaturen den allgemeinen Hundertsatz für laufende Instandsetzungsarbeiten gekürzt hat) bleiben unberührt.

§ 7. Der Vermieter hat in der Zeit vom 1. bis 10. Februar und vom 1. bis 10. August eines jeden Jahres der Mietervertretung oder, wenn eine solche nicht besteht, den Mietern auf Verlangen die Verwendung der Gelder für laufende Instandsetzungsarbeiten nachzuweisen.

§ 8. Erfüllt der Vermieter die ihm nach § 7 obliegende Verpflichtung nicht, oder befindet er sich mit der Ausführung notwendiger laufender Instandsetzungsarbeiten im Verzuge, so hat auf Antrag der Mietervertretung oder eines Mieters der Magistrat festzustellen, ob laufende Instandsetzungsarbeiten notwendig sind, und hat bejahendenfalls das zur Sicherung der Ausführung solcher Arbeiten Erforderliche zu veranlassen.

Der Magistrat kann insbesondere:

1. unbeschadet der Bestimmung des § 536 BGB.[1] dem Vermieter unter Androhung einer der Gemeindekasse zufallenden Strafe bis zu 1000 Goldmark eine Frist bestimmen, innerhalb der er diese Arbeiten im Rahmen der ihm in den Mieten für laufende Instandsetzungsarbeiten zugeflossenen Mittel auszuführen hat,
2. anordnen, daß nach erfolglosem Ablauf einer dem Vermieter gesetzten Frist die Mietervertretung oder ein Mieter zur Vornahme notwendiger, bestimmt bezeichneter Arbeiten berechtigt ist.

   Mieter, die auf Grund solcher Anordnung Instandsetzungskosten bezahlen, sind in Höhe ihrer Zahlungen insoweit von der Mietzahlung befreit, als der für laufende Instandsetzungsarbeiten bestimmte Teil der gesetzlichen Miete beträgt. Diese Befreiung gilt auch gegenüber einem Rechtsnachfolger des Vermieters und bei Beschlagnahme des Grundstücks auf Grund der Vorschriften des Reichsgesetzes über die Zwangsversteigerung und Zwangsverwaltung,
3. anordnen, daß die Mieter den für laufende Instandsetzungsarbeiten bestimmten Teil der gesetzlichen Miete an eine von ihm zu bezeichnende Stelle abzuführen haben. Diese Beträge können wie Gemeindeabgaben beigetrieben werden. Der Magistrat hat dann die notwendigen laufenden Instandsetzungsarbeiten ausführen zu lassen. Sobald die Kosten für die ausgeführten Arbeiten aus den abgeführten Mietbeträgen gedeckt sind, hat der Magistrat seine Anordnung wieder aufzuheben. Die Bestimmung zu Ziffer 2 Satz 3 gilt entsprechend.

[1]) Abgedruckt oben zu Hf § 11 Anm. 2.

§ 9. Der Vermieter ist berechtigt, den Betrag umzulegen, den die Gemeinde auf Grund des § 8 a Abs. 1 des Artikels II der Zweiten Preußischen Steuernotverordnung in der Fassung vom 19. Juni 1924[1] als Zuschlag zur Hauszinssteuer erhebt.

Der Vermieter ist ferner berechtigt, den Gemeindezuschlag zur Grundvermögenssteuer umzulegen, soweit er 100 v. H. übersteigt[2].

Für das Wassergeld sind in der gesetzlichen Miete 3 v. H. der „reinen Friedensmiete" in Ansatz gebracht. Der Vermieter ist berechtigt, das Wassergeld umzulegen. In diesem Falle vermindert sich die gesetzliche Miete um 3 v. H. der „reinen Friedensmiete"[3].

---

[1]) Oben zu Jb. Berlin hat keinen Zuschlag erhoben.

[2]) Dieser jetzige Abs. 2 ist eingeschoben durch die Bek. v. 24. 12. 25, unten zu Nm, in Kraft seit 1. 1. 26. Wegen der Gemeindezuschläge zur Grundvermögenssteuer vgl. unten zu Oa ff. und die Übersicht vor Na.

[3]) Vgl. dazu oben zu IIh Anm. 7 und IIr (S. 308).

§ 10. Die Kosten der Heizstoffe für Sammelheizung und Warmwasserversorgung sowie die Nebenleistungen der in dem § 2 unter 1 bis 3 gedachten Art sind getrennt von der gesetzlichen Miete zu berechnen. Soweit Nebenleistungen nur bei einzelnen Mietern entstehen, haben nur diese sie zu tragen. Der Vermieter ist verpflichtet, den Mietern auf Verlangen Auskunft über die Höhe der Kosten der Heizstoffe und der Nebenleistungen zu geben und die erforderlichen Belege vorzulegen.

§ 11. Die Kosten der Heizstoffe für Sammelheizung und Warmwasserversorgung, wozu auch die Kosten der Anfuhr gehören, werden auf die beteiligten Rauminhaber umgelegt, und zwar die Kosten für Sammelheizung oder Sammelheizung und Warmwasser, wenn beides geliefert wird, unter Zugrundelegung der Quadratmeterzahl der beheizten Fläche, die Kosten für Warmwasser, wenn dieses allein geliefert wird, unter Zugrundelegung der Quadratmeterzahl der Nutzungsfläche.

§ 12. Der Vermieter ist berechtigt, an jedem Monatsersten — wenn die Mietervertretung bis dahin das für die Heizstoffe erforderliche Einkaufsgeld nicht selbst aufbringt — für den Einkauf der Heizstoffe folgende Vorschüsse zu erheben:

a) bei Sammelheizung und Warmwasserversorgung ein Zwölftel des Zentnerkokspreises für jedes Quadratmeter der beheizten Fläche,

b) bei Sammelheizung allein ein Achtzehntel des Zentnerkokspreises für jedes Quadratmeter der beheizten Fläche,

c) bei Warmwasserversorgung allein ein Neununddreißigstel des Zentnerkokspreises für jedes Quadratmeter Nutzungsfläche.

Wohnt der Vermieter in dem Hause, so hat er diese Kosten anteilig zu tragen.

§ 13. Die Kosten des Fahrstuhlbetriebes sind mangels anderweitiger Vereinbarung umzulegen, sofern nicht alle Mieter, die an den Fahrstuhl angeschlossen sind, auf die Benutzung des Fahrstuhls verzichten.

Zu den Kosten des Fahrstuhlbetriebes gehören alle Aufwendungen, die erforderlich sind, um den Betrieb des Fahrstuhls ordnungs- und vorschriftsmäßig aufrechtzuerhalten, also auch die Kosten für Instandhaltung (z. B. Seilerneuerung, Motorreparaturen u. dgl.).

Der Vermieter ist berechtigt, die Kosten, die durch Wiederinbetriebsetzung eines auf Grund freier Vereinbarung, einer polizeilichen Anordnung oder aus sonstigen Gründen längere Zeit hindurch außer Betrieb gesetzten Fahrstuhls entstehen, zur Hälfte auf die an den Fahrstuhl angeschlossenen Mieter umzulegen.

Als an den Fahrstuhl angeschlossen gelten diejenigen Mieter, deren Mieträume einen unmittelbaren Zugang zum Fahrstuhl haben.

Die Bewohner des Erdgeschosses können zu den Kosten für den Fahrstuhlbetrieb nicht herangezogen werden, wenn sie dem Vermieter gegenüber erklärt haben, daß sie auf die Benutzung des Fahrstuhls verzichten.

§ 14. In den Fällen, in denen durch Beschluß des Mieteinigungsamtes die Sammelheizung oder Warmwasserversorgung oder beide ganz oder teilweise eingestellt sind, kann das Mieteinigungsamt auf Anruf des Vermieters oder eines Mieters die Wiederinbetriebsetzung ganz oder teilweise anordnen und über die Kosten der Wiederinbetriebsetzung entscheiden.

§ 15. Jeder Mieter ist berechtigt, die Wahl einer Mietervertretung zu betreiben. Von der vorzunehmenden Wahl sind sämtliche Mieter in Kenntnis zu setzen. Die Wahl erfolgt formlos. Jede Mietpartei hat eine Stimme. Wahlberechtigt sind sämtliche Mieter. Wohnt der Hauptmieter nicht in der Wohnung, ist auch der Untermieter stimmberechtigt. Die Mietervertretung gilt als ordnungsmäßig gewählt, wenn sie die Mehrzahl der Stimmen der Mieter auf sich vereinigt. Das Wahlergebnis ist dem Vermieter mitzuteilen.

Die Mieter von Mieträumen mit Sammelheizung bezw. Warmwasserversorgung haben eine Mietervertretung von 1 bis 3 Personen zu wählen.

Bei Beschaffung, Lagerung und Verwendung der Heizstoffe hat die Mietervertretung ein Mitwirkungs- und Aufsichtsrecht. Im Streitfall entscheidet das Mieteinigungsamt.

Der Vermieter ist verpflichtet, über den Ankauf und über die gemäß § 12 zu zahlenden Vorschüsse und ihre Verrechnung genau Buch zu führen, die Berechnungsbelege geordnet aufzubewahren und der Mietervertretung jederzeit Einsicht zu gewähren.

Beschafft ein Vermieter die notwendigen Heizstoffe nicht rechtzeitig, so ist die Mietervertretung nach Ablauf einer von ihr dem Vermieter gestellten Frist befugt, die Heizstoffe einzukaufen und an dazu bestimmten Stellen des Hausgrundstücks zu lagern.

§ 16. Bei der Berechnung der gesetzlichen Untermiete ist zunächst die Miete festzustellen, die der Untervermieter unter Zugrundelegung der gesetzlichen Miete selbst für den leeren Raum zu zahlen hat. Falls nur ein Teil des von dem Untervermieter gemieteten Raumes weitervermietet st, muß der auf diesen Teil entfallende Betrag in angemessenem Verhältnis zu dem Gesamtmietzins stehen.

Bei möblierten Wohnungen tritt zu dem auf den leeren Raum entfallenden Mietzins ein Zuschlag für die Überlassung und Abnutzung von Einrichtungsgegenständen, Wäsche, Gardinen, Geschirr usw. sowie für die Säuberung der Mieträume und Reinigung der Bettwäsche und Gardinen.

Der Zuschlag darf folgende Hundertsätze der gesetzlichen Miete, die der Untervermieter selbst für den leeren Raum zu zahlen hat, nicht übersteigen:

a) bei einfach möblierten Wohnungen . . . . 50 v. H.,
b) bei bürgerlich möblierten Wohnungen . . . 75 „ „,
c) bei elegant möblierten Wohnungen . . . . 125 „ „[1].

Für die Lieferung von Morgenkaffee, Heizung, Beleuchtung usw., für Bedienung, für Bad-, Telephonbenutzung u. dgl. sind die ortsüblichen Preise zu zahlen.

Bei Vorhandensein von Sammelheizung und Warmwasserversorgung hat der Untermieter die Kosten hierfür anteilig zu tragen, und zwar müssen die auf ihn entfallenden Kosten im angemessenen Verhältnis zu den auf den Hauptmieter entfallenden Kosten stehen.

[2] Mit der gesetzlichen Untermiete sind die gemäß § 9 Abs. 1 und 2 auf den untervermieteten Raum entfallenden Teile der Gemeindezuschläge zur Hauszinssteuer[3] und Grundvermögenssteuer[4] von dem Untermieter zu zahlen.

Falls eine Einigung zwischen den Beteiligten nicht zustande kommt, entscheidet auf Anruf eines Vertragsteiles das Mieteinigungsamt.

Sämtliche vor dem 1. Januar 1925 anhängig gewordenen Streitigkeiten über die Höhe der gesetzlichen Miete für möblierte Zimmer, die keine selbständige Wohnung darstellen, sind nach den bis dahin geltenden Vorschriften zu erledigen.

---

[1]) Die Hundertsätze in Abs. 3 sind mehrfach geändert:

a) Fassung der Bek. v. 2. 2. 25: 70—105—175 v. H.,

b) Fassung der Bek. v. 31. 7. 25, unten zu Nl, in Kraft seit 1. 8. 25: 60—90—150 v. H.,

c) Fassung der Bek. v. 26. 3. 26, unten zu Nn, in Kraft seit 1. 4. 26: 50 — 75 — 125 v. H.

[2]) Obige Fassung des Abs. 6 beruht auf der Bek. v. 24. 12. 25, unten zu Nm, in Kraft seit 1. 1. 26. Bis dahin lautete Abs. 6: „Mit der gesetzlichen Untermiete ist ein gemäß § 9 Abs. 1 auf den untervermieteten Raum entfallender Teil des Gemeindezuschlages zur Haussteuer[3] von dem Untermieter zu zahlen."

[3]) Berlin hat keinen Zuschlag zur Hauszinssteuer erhoben.

[4]) Wegen der Zuschläge zur Grundvermögenssteuer vgl. Oa ff. und die Übersicht vor Na.

§ 17. In den Fällen der §§ 5, 9 und 13 erfolgt die Umlage auf die selbständigen Wohnungen oder die selbständigen Räume anderer Art nach dem Verhältnis der „reinen Friedensmieten". Hierbei sind auch solche Räume zu berücksichtigen, für die nicht die gesetzliche Miete gezahlt wird, oder die nicht vermietet sind.

§ 18. (Gestrichen.)[1]

---

[1]) Gestrichen durch die Bek. v. 26. 3. 26, unten zu Nn, in Kraft seit 1. 4. 26, weil § 18 durch die Stabilisierung der Währung überflüssig wurde. § 18 lautete:

„Erfolgen Zahlungen auf Grund dieser Bekanntmachung in Papiermark, so ist der Umrechnung der am Tage vor der Zahlung amtlich festgestellte Berliner Goldmarkmittelkurs zugrunde zu legen."

Berlin, den 2. Februar 1925.

Magistrat.

Nk.

Bekanntmachung über die Mietzinsbildung.

Vom 3. April 1925 (GemBl. 108).

In Kraft seit 1. 4. 25.

[Enthält eine Abänderung des § 3 der Bek. v. 2. 2. 25, oben zu Ni; sie ist dort aufgenommen.]

Nl.

Bekanntmachung über die Mietzinsbildung.

Vom 31. Juli 1925 (GemBl. 278).

In Kraft seit 1. 8. 25.

[Enthält Abänderungen der §§ 3, 16 der Bek. v. 2. 2. 25, oben zu Ni; sie sind dort aufgenommen.]

Nm.

Bekanntmachung über die Mietzinsbildung.

Vom 24. Dezember 1925 (GemBl. 1926 S. 1).

In Kraft seit 1. 1. 26.

[Enthält Abänderungen der §§ 3, 9, 16 der Bek. v. 2. 2. 25, oben zu Ni; sie sind dort aufgenommen.]

Nn.

Bekanntmachung über die Mietzinsbildung.

Vom 26. März 1926 (GemBl. 97, ausgegeben 28. 3. 26).

[Enthält Streichung des § 18 und Abänderungen der §§ 3, 5, 16 der Bek. v. 2. 2. 25, oben zu Ni; sie sind dort aufgenommen. Die Änderung des § 5 ist mit sofortiger Wirkung, im übrigen die Bek. am 1. 4. 26 in Kraft getreten.]

No.

Bekanntmachung über die Mietzinsbildung.

Neufassung vom 26. März 1926 (GemBl. 110, ausgegeben am 4. 4. 26).

Mit den Abänderungen vom 1. Juli, 26. November 1926, 5. April, 24. September 1927, 24. Mai 1928 (unten zu Np, Nq, Nr, Ns, Nt).

Auf Grund ... hat die Bekanntmachung über die Mietzinsbildung vom 2. Februar 1925 folgende Fassung:

§ 1. Bei der Berechnung der gesetzlichen Miete ist von dem Mietzins auszugehen, der für die mit dem 1. Juli 1914 beginnende Zeit vereinbart war (Friedensmiete).

Hatte der Vermieter oder Mieter ihm nach dem Bürgerlichen Gesetzbuch nicht obliegende Nebenleistungen und Verpflichtungen vor dem 1. Juli 1914 vertraglich oder ortsüblich übernommen, und war dieses auf die Festsetzung der Höhe des Mietzinses von Einfluß, so sind diese Nebenleistungen und Verpflichtungen in Geld zu veranschlagen und bei der Bemessung der Friedensmiete zu berücksichtigen. Im Streitfalle entscheidet das Mieteinigungsamt.

§ 2. Von der Friedensmiete sind abzurechnen:

1. für die Heizstoffe für Sammelheizung . . . . 7 v. H.,
2. für die Heizstoffe für Warmwasserversorgung . 3 „ „,
3. Vergütungen, die in der Friedensmiete enthalten sind:
   a) für Nebenleistungen des Vermieters, die nicht die Raumnutzung betreffen, aber neben der Raumnutzung auf Grund des Mietvertrages gewährt werden (Bereitstellung von Wasserkraft, Elektrizität, Dampf, Preßluft und dergl.) 2 „ „,

b) für Nebenleistungen des Vermieters, welche zwar die Raumnutzung betreffen, aber nur einzelnen Mietern zugute kommen (z. B. Spiegelglasversicherung) . . . . 2 v. H.,

c) für Fahrstuhlbenutzung . . . . 2 „ „.

Der nach Abzug der unter 1 bis 3 aufgeführten Nebenleistungen errechnete Betrag stellt die „reine Friedensmiete" dar.

Wenn nach den Bestimmungen dieses Paragraphen Abzüge von der Friedensmiete nicht zulässig sind, so gilt die am 1. Juli 1914 vereinbart gewesene Miete als „reine Friedensmiete".

§ 3. Die gesetzliche Miete beträgt 121 v. H.[1] der „reinen Friedensmiete". Sie ist in Goldmark zu berechnen.

[2] Von den 121 v. H. ist gemäß der Verordnung des Preuß. Staatsministeriums über Betriebskosten in der gesetzlichen Miete vom 14. April 1928[3] 1 v. H. zur Abgeltung der Straßenreinigungsbeiträge bestimmt.

Von den 121 v. H.[1] sind für die Kosten der laufenden Instandsetzungsarbeiten 17 v. H. der „reinen Friedensmiete" in Ansatz gebracht.

Bei der Festsetzung der gesetzlichen Miete auf 121 v. H.[1] sind die großen Instandsetzungsarbeiten berücksichtigt worden. In denjenigen Fällen, in denen das Mieteinigungsamt auf Grund der bisherigen Vorschriften einen besonderen Zuschlag für große Instandsetzungsarbeiten festgesetzt hat, vermindert sich die gesetzliche Miete um den zugebilligten Betrag, soweit er am 1. Juli 1924 oder später fällig wird.

Aus der gesetzlichen Miete sind nunmehr neben den Betriebskosten sämtliche auf dem Grundstück ruhenden öffentlichen Lasten zu entrichten.

---

[1]) Die Hundertsätze sind mehrfach geändert:

a) Fassung der Bek. v. 26. 3. 26: 94 v. H., b) Fassung der Bek. v. 1. 7. 26, unten zu Np, in Kraft seit 1. 7. 26: 100 v. H.,

c) Fassung der Bek. v. 5. 4. 27, unten zu Nr, in Kraft seit 1. 4. 27: 110 v. H., d) Fassung der Bek. v. 24. 9. 27, unten zu Ns, in Kraft seit 1. 10. 27: 120 v. H., e) Fassung der Bek. v. 24. 5. 28, unten zu Nt, in Kraft seit 1. 6. 28: 121 v. H.

²) Abs. 2 ist zugefügt durch die Bek. v. 24. 5. 28, unten zu Nt, in Kraft seit 1. 6. 28.

³) Oben zu Hr (S. 308).

§ 4. (Gestrichen.)[1]

¹) § 4 enthielt die Begriffsbestimmung der „Betriebskosten". Text vgl. oben zu Ni. § 4 ist gestrichen durch die Bek. v. 26. 11. 26, unten zu Nq, in Kraft seit 1. 12. 26.

§ 5. (Gestrichen.)[1]

¹) § 5 gestattete die Umlegung der Hausangestelltenlöhne in Geschäfts- und Industriehäusern. Text vgl. oben zu Ni. § 5 ist gestrichen durch die Bek. v. 26. 11. 26, unten zu Nq, in Kraft seit 1. 12. 26.

§ 6. Hat ein Mieter auf Grund ausdrücklicher oder stillschweigender Vereinbarung die sogenannten Schönheitsreparaturen in seinen Mieträumen (das Tapezieren und Anstreichen oder Kalken der Wände und Decken, das Streichen der Fußböden und der Fenster und das Streichen der Türen) übernommen, so ist er berechtigt, den für laufende Instandsetzungsarbeiten bestimmten Teil der Miete um 4 v. H. der „reinen Friedensmiete" zu kürzen. In diesem Falle ist er verpflichtet, die Schönheitsreparaturen auf seine Kosten ausführen zu lassen.

Genügt er dieser Pflicht nicht, so kann der Vermieter die Schönheitsreparaturen wieder selbst ausführen lassen und verlangen, daß der Mieter vom nächsten Zahlungstermin ab den vollen für laufende Instandsetzungsarbeiten bestimmten Teil der Miete zahlt. Bei Streit hierüber entscheidet das Mieteinigungsamt. Weitergehende Ansprüche des Vermieters (z. B. auf Nachzahlung des Betrages von 4 v. H., um den der Mieter seit dem 1. Februar 1924 wegen der übernommenen, aber nicht ausgeführten Schönheitsreparaturen den allgemeinen Hundertsatz für laufende Instandsetzungsarbeiten gekürzt hat) bleiben unberührt.

§ 7. Der Vermieter hat in der Zeit vom 1. bis 10. Februar und vom 1. bis 10. August eines jeden Jahres der Mietervertretung oder, wenn eine solche nicht besteht, den Mietern auf Verlangen die Verwendung der Gelder für laufende Instandsetzungsarbeiten nachzuweisen.

§ 8. Erfüllt der Vermieter die ihm nach § 7 obliegende Verpflichtung nicht, oder befindet er sich mit der Ausführung notwendiger laufender Instandsetzungsarbeiten im Verzuge, so hat auf Antrag der Mietervertretung oder eines Mieters der Magistrat festzustellen, ob laufende Instandsetzungsarbeiten notwendig sind, und hat bejahendenfalls das zur Sicherung der Ausführung solcher Arbeiten Erforderliche zu veranlassen.

Der Magistrat kann insbesondere:

1. unbeschadet der Bestimmung des § 536 BGB. dem Vermieter unter Androhung einer der Gemeindekasse zufallenden Strafe bis zu 1000 Goldmark eine Frist bestimmen, innerhalb der er diese Arbeiten im Rahmen der ihm in den Mieten für laufende Instandsetzungsarbeiten zugeflossenen Mittel auszuführen hat,
2. anordnen, daß nach erfolglosem Ablauf einer dem Vermieter gesetzten Frist die Mietervertretung oder ein Mieter zur Vornahme notwendiger, bestimmt bezeichneter Arbeiten berechtigt ist.

Mieter, die auf Grund solcher Anordnung Instandsetzungskosten bezahlen, sind in Höhe ihrer Zahlungen insoweit von der Mietzahlung befreit, als der für laufende Instandsetzungsarbeiten bestimmte Teil der gesetzlichen Miete beträgt. Diese Befreiung gilt auch gegenüber einem Rechtsnachfolger des Vermieters und bei Beschlagnahme des Grundstücks auf Grund der Vorschriften des Reichsgesetzes über die Zwangsversteigerung und Zwangsverwaltung,

3. anordnen, daß die Mieter den für laufende Instandsetzungsarbeiten bestimmten Teil der gesetzlichen Miete an eine von ihm zu bezeichnende Stelle abzuführen haben. Diese Beträge können wie Gemeindeabgaben beigetrieben werden. Der Magistrat hat dann die notwendigen laufenden Instandsetzungsarbeiten ausführen zu lassen. Sobald die Kosten für die ausgeführten Arbeiten aus den abgeführten Mietbeträgen gedeckt sind, hat der Magistrat seine Anordnung wieder aufzuheben. Die Bestimmung zu Ziffer 2 Satz 3 gilt entsprechend.

§ 9. [1] Der Vermieter ist berechtigt, den Gemeindezuschlag zur Grundvermögensteuer umzulegen, soweit er 100 v. H. übersteigt [2].

Für das Wassergeld sind in der gesetzlichen Miete 3 vom Hundert der „reinen Friedensmiete" in Ansatz gebracht. Der Vermieter ist berechtigt, das Wassergeld umzulegen. In diesem Falle vermindert sich die gesetzliche Miete um 3 vom Hundert der „reinen Friedensmiete". Die Umlegung des Wassergeldes auf die Mieter ist nur zulässig, wenn der Vermieter v o r dem Mietzahlungszeitpunkt die gesetzliche Miete für den betreffenden Mietzahlungsabschnitt gekürzt hat [3].

---

[1]) Die jetzigen Abs. 1 und 2 waren zunächst Abs. 2 und 3. Es ging ein Abs. 1 voraus, welcher die Umlegung von Gemeindezuschlägen zur Hauszinssteuer gestattete. Wegen des Textes vgl. oben zu Ni § 9. Berlin hat solchen Zuschlag nie erhoben. Neueinführung ist nicht mehr zulässig: oben zu Jf § 13 Satz 2.

Deshalb ist Abs. 1 durch die Bek. v. 26. 11. 26, unten zu Nq, mit Wirkung v. 1. 12. 26 ganz gestrichen.

²) Unten zu Oa ff.

³) Vgl. dazu oben zu Hh Anm. 7 und Hr (S. 308). Satz 2 ist zugefügt durch die Bek. v 24. 5. 28, unten zu Nt.

§ 10. Die Kosten der Heizstoffe für Sammelheizung und Warmwasserversorgung sowie die Nebenleistungen der in dem § 2 unter 1 bis 3 gedachten Art sind getrennt von der gesetzlichen Miete zu berechnen. Soweit Nebenleistungen nur bei einzelnen Mietern entstehen, haben nur diese sie zu tragen. Der Vermieter ist verpflichtet, den Mietern auf Verlangen Auskunft über die Höhe der Kosten der Heizstoffe und der Nebenleistungen zu geben und die erforderlichen Belege vorzulegen.

§ 11. Die Kosten der Heizstoffe für Sammelheizung und Warmwasserversorgung, wozu auch die Kosten der Anfuhr gehören, werden auf die beteiligten Rauminhaber umgelegt, und zwar die Kosten für Sammelheizung oder Sammelheizung und Warmwasser, wenn beides geliefert wird, unter Zugrundelegung der Quadratmeterzahl der beheizten Fläche, die Kosten für Warmwasser, wenn dieses allein geliefert wird, unter Zugrundelegung der Quadratmeterzahl der Nutzungsfläche.

§ 12. Der Vermieter ist berechtigt, an jedem Monatsersten — wenn die Mietervertretung bis dahin das für die Heizstoffe erforderliche Einkaufsgeld nicht selbst aufbringt — für den Einkauf der Heizstoffe folgende Vorschüsse zu erheben:

a) bei Sammelheizung und Warmwasserversorgung ein Zwölftel des Zentnerkokspreises für jedes Quadratmeter der beheizten Fläche,

b) bei Sammelheizung allein ein Achtzehntel des Zentnerkokspreises für jedes Quadratmeter der beheizten Fläche,

c) bei Warmwasserversorgung allein ein Neununddreißigstel des Zentnerkokspreises für jedes Quadratmeter Nutzungsfläche.

Wohnt der Vermieter in dem Hause, so hat er diese Kosten anteilig zu tragen.

§ 13. Die Kosten des Fahrstuhlbetriebes sind mangels anderweitiger Vereinbarung umzulegen, sofern nicht alle Mieter, die an den Fahrstuhl angeschlossen sind, auf die Benutzung des Fahrstuhls verzichten.

Zu den Kosten des Fahrstuhlbetriebes gehören alle Aufwendungen, die erforderlich sind, um den Betrieb des Fahrstuhls ordnungs- und vorschriftsmäßig aufrechtzuerhalten, also auch die Kosten für Instandhaltung (z. B. Seilerneuerung, Motorreparaturen und dergl.).

Der Vermieter ist berechtigt, die Kosten, die durch Wiederinbetriebsetzung eines auf Grund freier Vereinbarung, einer polizeilichen Anordnung oder aus sonstigen Gründen längere Zeit hindurch außer Betrieb gesetzten Fahrstuhls entstehen, zur Hälfte auf die an den Fahrstuhl angeschlossenen Mieter umzulegen.

Als an den Fahrstuhl angeschlossen gelten diejenigen Mieter, deren Mieträume einen unmittelbaren Zugang zum Fahrstuhl haben.

Die Bewohner des Erdgeschosses können zu den Kosten für den Fahrstuhlbetrieb nicht herangezogen werden, wenn sie dem Vermieter gegenüber erklärt haben, daß sie auf die Benutzung des Fahrstuhls verzichten.

§ 14. In den Fällen, in denen durch Beschluß des Mieteinigungsamts die Sammelheizung oder Warmwasserversorgung oder beide ganz oder teilweise eingestellt sind, kann das Mieteinigungsamt auf Anruf des Vermieters oder eines Mieters die Wiederinbetriebsetzung ganz oder teilweise anordnen und über die Kosten der Wiederinbetriebsetzung entscheiden.

§ 15. Jeder Mieter ist berechtigt, die Wahl einer Mietervertretung zu betreiben. Von der vorzunehmenden Wahl sind sämtliche Mieter in Kenntnis zu setzen. Die Wahl erfolgt formlos. Jede Mietpartei hat eine Stimme. Wahlberechtigt sind sämtliche Mieter. Wohnt der Hauptmieter nicht in der Wohnung, ist auch der Untermieter stimmberechtigt. Die Mietervertretung gilt als ordnungsmäßig gewählt, wenn sie die Mehrzahl der Stimmen der Mieter auf sich vereinigt. Das Wahlergebnis ist dem Vermieter mitzuteilen.

Die Mieter von Mieträumen mit Sammelheizung bezw. Warmwasserversorgung haben eine Mietervertretung von 1 bis 3 Personen zu wählen.

Bei Beschaffung, Lagerung und Verwendung der Heizstoffe hat die Mietervertretung ein Mitwirkungs- und Aufsichtsrecht. Im Streitfall entscheidet das Mieteinigungsamt.

Der Vermieter ist verpflichtet, über den Ankauf und über die gemäß § 12 zu zahlenden Vorschüsse und ihre Verrechnung genau Buch zu führen, die Berechnungsbelege geordnet aufzubewahren und der Mietervertretung jederzeit Einsicht zu gewähren.

Beschafft ein Vermieter die notwendigen Heizstoffe nicht rechtzeitig, so ist die Mietervertretung nach Ablauf einer von ihr dem Vermieter gestellten Frist befugt, die Heizstoffe einzukaufen und an dazu bestimmten Stellen des Hausgrundstücks zu lagern.

§ 16. Bei der Berechnung der gesetzlichen Untermiete ist zunächst die Miete festzustellen, die der Untervermieter unter Zugrundelegung der gesetzlichen Miete selbst für den leeren Raum zu zahlen hat. Falls nur ein Teil des von dem Untervermieter gemieteten Raumes weitervermietet ist, muß der auf diesen Teil entfallende Betrag in angemessenem Verhältnis zu dem Gesamtmietzins stehen.

[1] Sind bei der Untervermietung von leeren Wohnräumen einzelne Einrichtungsgegenstände überlassen worden, so tritt hierfür zu dem auf den leeren Raum entfallenden Mietzins ein angemessener Zuschlag.

Bei möblierten Wohnungen tritt zu dem auf den leeren Raum entfallenden Mietzins ein Zuschlag für die Überlassung und Abnutzung von Einrichtungsgegenständen, Wäsche, Gardinen, Geschirr usw. sowie für die Säuberung der Mieträume und Reinigung der Bettwäsche und Gardinen.

Der Zuschlag darf folgende Hundertsätze der gesetzlichen Miete, die der Untervermieter selbst für den leeren Raum zu zahlen hat, nicht übersteigen:

a) bei einfach möblierten Wohnungen . . . . 50 v. H.,
b) bei bürgerlich möblierten Wohnungen . . . 70 v. H.,
c) bei elegant möblierten Wohnungen . . . . 120 v. H.[2]

Für die Lieferung von Morgenkaffee, Heizung, Beleuchtung usw., für Bedienung, für Bad-, Telephonbenutzung und dergl. sind die ortsüblichen Preise zu zahlen.

Bei Vorhandensein von Sammelheizung und Warmwasserversorgung hat der Untermieter die Kosten hierfür anteilig zu tragen, und zwar müssen die auf ihn entfallenden Kosten im angemessenen Verhältnis zu den auf den Hauptmieter entfallenden Kosten stehen.

Mit der gesetzlichen Untermiete ist der gemäß § 9 auf den untervermieteten Raum entfallende Teil des Gemeindezuschlags zur Grundvermögenssteuer von dem Untermieter zu zahlen[3].

Falls zwischen den Beteiligten eine Einigung über die

nach den Bestimmungen dieses Paragraphen zu berechnende Untermiete[4] nicht zustande kommt, entscheidet auf Anruf eines Vertragsteiles das Mieteinigungsamt.

Sämtliche vor dem 1. Januar 1925 anhängig gewordenen Streitigkeiten über die Höhe der gesetzlichen Miete für möblierte Zimmer, die keine selbständige Wohnung darstellen, sind nach den bis dahin geltenden Vorschriften zu erledigen.

---

[1]) Dieser Absatz ist zugefügt durch die Bek. v. 26. 11. 26, unten zu Nq, in Kraft seit 1. 12. 26.

[2]) Die Hundertsätze betrugen zunächst zu b 75 und zu c 125 v. H. Die jetzige Fassung beruht auf der Bek. v. 24. 9. 27, unten zu Ns, in Kraft seit 1. 10. 27.

[3]) Der jetzige Abs. 7 lautete zunächst:

„Mit der gesetzlichen Untermiete sind die gemäß § 9 Abs. 1 und 2 auf den untervermieteten Raum entfallenden Teile der Gemeindezuschläge zur Hauszinssteuer und Grundvermögenssteuer von dem Untermieter zu zahlen."

Da Berlin nie Zuschläge zur Hauszinssteuer erhoben hat und es solche jetzt nicht mehr gibt (vgl. § 9 Anm. 1), so erhielt Abs. 7 die jetzige Fassung durch die Bek. v. 26. 11. 26, unten zu Nq, in Kraft seit 1. 12. 26. Wegen des Zuschlags zur Grundvermögenssteuer vgl. unten zu Oa ff.

[4]) Die Worte „über die nach den Bestimmungen dieses Paragraphen zu berechnende Untermiete" sind zugefügt durch die Bek. v. 26. 11. 26, unten zu Nq, in Kraft seit 1. 12. 26.

§ 17. In den Fällen der §§ 9 und 13[1] erfolgt die Umlage auf die selbständigen Wohnungen oder die selbständigen Räume anderer Art nach dem Verhältnis der „reinen Friedensmieten". Hierbei sind auch solche Räume zu berücksichtigen, für die nicht die gesetzliche Miete gezahlt wird, oder die nicht vermietet sind.

¹) Fassung der Bek. v. 26. 11. 26, unten zu Nq, in Kraft seit 1. 12. 26. Bis dahin es „§§ 5, 9 und 13“.

§ 18[1]. Geschäftsräume sind von den Bestimmungen dieser Bekanntmachung ausgenommen.

Diese Befreiung gilt nicht für die Geschäftsräume, die Teile einer Wohnung bilden oder wegen ihres wirtschaftlichen Zusammenhanges mit Wohnräumen zugleich mit letzteren vermietet sind.

Eine Änderung der für das Vertragsverhältnis geltenden Mietzinsregelung vor dem 1. April 1927 kann auf Grund des Absatzes 1 nicht verlangt werden.

Als Geschäftsraum gilt, was am 1. Dezember 1926 nicht Wohnraum ist.

¹) § 18 ist Zusatz der Bek. v. 26. 11. 26, unten zu Nq, in Kraft seit 1. 12. 26.

Berlin, den 26. März 1926.

Magistrat.

Np.

Bekanntmachung über die Mietzinsbildung.

Vom 1. Juli 1926 (GemBl. 223).

In Kraft seit 1. 7. 26.

[Enthält eine Abänderung des § 3 der Bek. v. 26. 3. 26, oben zu No; sie ist dort aufgenommen.]

Nq.

Bekanntmachung über die Mietzinsbildung.

Vom 26. November 1926 (GemBl. 420).

In Kraft seit 1. 12. 26.

[Enthält Streichung der §§ 4, 5, Abänderungen der §§ 9, 16, 17 und Hinzufügung des § 18 zu der Bek. v. 26. 3. 26, oben zu No; die Änderungen sind dort aufgenommen.]

Nr.

Bekanntmachung über die Mietzinsbildung.

Vom 5. April 1927 (GemBl. 136).

In Kraft seit 1. 4. 27.

[Enthält eine Abänderung des § 3 der Bek. v. 26. 3. 26, oben zu No; sie ist dort aufgenommen.]

Ns.

Bekanntmachung über die Mietzinsbildung.

Vom 24. September 1927 (GemBl. 394).

In Kraft seit 1. 10. 27.

[Enthält Abänderungen der §§ 3, 16 der Bek. v. 26. 3. 26, oben zu No; sie sind dort aufgenommen.]

Nt.

Bekanntmachung über die Mietzinsbildung.

Vom 24. Mai 1928 (GemBl. 315).

In Kraft seit 1. 6. 28.

[Enthält Abänderungen der §§ 3, 9 der Bek. v. 26. 3. 26, oben zu No; sie sind dort aufgenommen.]

O. Steuerrecht.

Oa.

Bekanntmachung über Grundvermögenssteuer, Erhöhung des Gemeindezuschlags, Nachzahlung.

Vom 29. Januar 1926 (GemBl. 37, ausgegeben 31. 1. 26).

Die städtischen Körperschaften haben unterm 17./23. Dezember 1925 folgenden Beschluß gefaßt:

„Der Steuerverteilungsbeschluß für 1925 wird dahin geändert, daß der Zuschlag zur Grundvermögenssteuer für das Rechnungsjahr 1925 von 100 v. H. auf 112½ v. H. erhöht wird."

Die Aufsichtsbehörde hat den vorstehenden Beschluß unterm 29. Januar 1926 — O. P. C. 399 — genehmigt.

Die Einziehung dieser Erhöhung sollte in der Weise erfolgen, daß die für die ersten drei Vierteljahre (1. April 1925 bis 31. Dezember 1925) nachzuzahlenden Beträge gleichmäßig auf die drei Monate des letzten Vierteljahrs (1. Januar 1926 bis 31. März 1926) verteilt wurden, so daß in den Monaten Januar, Februar und März 1926 ein Gemeindezuschlag von 150 v. H. der staatlichen Grundvermögenssteuer zur Erhebung käme. Da die Genehmigung jedoch erst jetzt erfolgt ist, muß der im Januar nicht mehr erhobene Teil der Erhöhung im Februar nacherhoben werden, so daß nunmehr tatsächlich

für den Monat Februar 1926 . . 200 v. H.,
für den Monat März 1926 . . . 150 v. H.

der staatlichen Grundvermögenssteuer als Gemeindezuschlag an den üblichen Zahlungsterminen in den städtischen Steuerkassen zu zahlen sind[1]. . . .

Berlin, den 29. Januar 1926.

Magistrat.

---

[1]) Nach der PrVO. v. 25. 6. 24, oben zu Hh, ist der gemeindliche Zuschlag zur Grundvermögenssteuer auf die Mieter umlegbar, soweit er 100 v. H. übersteigt. Berlin hat erst durch obige Bek. den Satz von 100 v. H. überschritten. Es konnten also umgelegt werden für Februar 1926: (200 — 100 =) 100 v. H. und für März 1926: (150 — 100 =) 50 v. H. des Betrags der monatlichen staatlichen Grundvermögenssteuer. Deren genaue Höhe (vgl. oben zu Jm) ist nur für jeden Einzelfall zu ermitteln. Die Praxis ist im allgemeinen davon ausgegangen, daß 100 v. H. Grundvermögenssteuer sich in den meisten Fällen etwa mit 4 v. H. der reinen Friedensmiete decken. Der umlegbare Grundvermögenssteuerteil betrug daher etwa im Februar 1926 4 v. H. und im März 1926 2 v. H. der reinen Friedensmiete. — Durch Erl. des Min. für Volkswohlfahrt v. 23. 12. 25 (Volkswohlfahrt 1926 S. 75) ist die nachträgliche Umlegung auf die Mieter ausdrücklich für zulässig erklärt worden.

Ob.

Bekanntmachung über Gemeindezuschlag zur staatlichen Grundvermögenssteuer für das Rechnungsjahr 1926.

Vom 20. Juli 1926 (GemBl. 248, ausgegeben 25. 7. 26).

Die städtischen Körperschaften haben durch Umlageverteilungsbeschluß vom 23./24. Juni 1926, genehmigt von der Aufsichtsbehörde unterm 5. Juli 1926 und öffentlich bekanntgemacht im Gemeindeblatt vom 11. Juli 1926, den Gemeindezuschlag zur staatlichen Grundvermögenssteuer für das Rechnungsjahr 1926 (umfassend die Zeit vom 1. April 1926 bis 31. März 1927) auf 200 v. H. der Staatssteuer festgesetzt.

Da bisher für die Monate April bis Juli 1926 nur der für das Vorjahr geltende Satz von 112,50 v. H. vorläufig forterhoben worden ist, ist für diese Zeit noch der Unterschiedsbetrag von 4 mal 87,50 v. H. nachzuzahlen. Die Zahlung dieses Rückstandes soll in der Weise erfolgen, daß in der Zeit vom 1. August ds. J. bis Februar 1927 einschließlich monatlich 250 v. H. des Monatssatzes der Staatssteuer zur Erhebung gelangen und für März 1927 sodann lediglich 200 v. H. des Monatssatzes der Staatssteuer eingezogen wird; d. h. für die Monate August 1926 bis Februar 1927 einschließlich ist das Zweieinhalbfache und für den Monat März 1927 das Zweifache des Monatssatzes der Staatssteuer als Gemeindezuschlag zu zahlen[1]. . . .

Berlin, den 20. Juli 1926.

Magistrat.

---

[1]) Wegen der Umlegungsfähigkeit und der Steuerhöhe vgl. oben zu Oa Anm. 1. Es konnten also umgelegt werden für April bis Juli 1926: je (112½ — 100 =) 12½ v. H., für August 1926 bis Februar 1927: je (250 — 100 =) 150 v. H., für März 1927: (200 — 100 =) 100 v. H. des Betrags der monatlichen staatlichen Grundvermögenssteuer, was etwa entsprach für April bis Juli 1926 je ½ v. H., für August 1926 bis Februar 1927 je 6 v. H. und für März 1927 4 v. H. der reinen Friedensmiete. — Wegen der Zulässigkeit nachträglicher Umlegung siehe oben zu Oa Anm. 1 am Ende.

Oc.

Gemeindezuschlag zur staatlichen Grundvermögenssteuer für das Rechnungsjahr 1927*).

Vom 9. September 1927 (GemBl. 366, ausgegeben 18. 9. 27).

Die städtischen Körperschaften haben durch Umlageverteilungsbeschluß vom 23. Juni / 6. Juli d. Js., genehmigt von der Aufsichtsbehörde unter dem 20. Juli / 5. August d. Js. und öffentlich bekanntgemacht im GemBl. vom 21. August d. Js. (S. 327), den Gemeindezuschlag zur staatlichen Grundvermögenssteuer für das Rechnungsjahr 1927 (umfassend die Zeit vom 1. April 1927 bis 31. März 1928) auf 200 v. H. der staatlichen Grundvermögenssteuer festgesetzt.

Da für das Rechnungsjahr 1927 bereits Vorauszahlungen in Höhe dieses Erhebungssatzes gefordert worden sind, ändert sich in der Erhebung der Steuer gegenüber dem bisherigen Verfahren nichts.

Die Eigentümer der der Zwangswirtschaft unterliegenden Grundstücke sind berechtigt, denjenigen Teil des Gemeindezuschlags, der 100 v. H. der staatlichen Grundvermögenssteuer übersteigt, auf die Mieter im Verhältnis der Gesamtfriedensmiete zur Einzelfriedensmiete umzulegen[1].

Berlin, den 9. September 1927.

Magistrat.

---

[1]) Vgl. Oa Anm. 1 und Ob Anm. 1. Umlagefähig während des ganzen Rechnungsjahres waren also je (200 — 100 =) 100 v. H. des Betrags der monatlichen staatlichen Grundvermögenssteuer, was etwa für jeden Monat 4 v. H. der reinen Friedensmiete entsprach.

---

*) Ein genehmigter Beschluß für das Rechnungsjahr 1928 liegt noch nicht vor. Es sind wieder 200 v. H. in Aussicht genommen und sie werden schon erhoben. Es gilt also dasselbe wie in Anm. 1.

P. Instandsetzungen.

P.

Bekanntmachung zur Sicherung der Ausführung laufender Instandsetzungsarbeiten.

Vom 11. Juli 1924 (GemBl. 171).

Auf Grund der Bestimmung unter Ziffer 2 der Verordnung vom 11. Juni 1924 (Gesetzsamml. S. 553) zur Änderung der Verordnung, betr. die Mietzinsbildung in Preußen, vom 17. April 1924 (Gesetzsamml. S. 474)[1] sind die der Gemeindebehörde in § 11 Abs. 1 und 2 Ziff. 1 bis 3 der Verordnung über die Mietzinsbildung in Preußen vom 17. April 1924[1] zugewiesenen Befugnisse (s. auch § 8 der Bekanntmachung über die Mietzinsbildung vom 30. April 1924)[2] den Bezirksämtern übertragen.

Anträge, die eine Sicherung der Ausführung notwendiger laufender Instandsetzungsarbeiten bezwecken, sind künftig nicht mehr an die bei den Abteilungen des Mieteinigungsamtes gebildeten Schlichtungskammern, sondern unmittelbar an das zuständige Bezirkswohnungsamt zu richten.

Berlin, den 11. Juli 1924.

Magistrat.

---

[1]) Oben zu Hk.

[2]) Oben zu Ne, inzwischen neu veröffentlicht am 2. 2. 25 (oben zu Ni) § 8 und am 26. 3. 26 (oben zu No) § 8.

Q. Wohnungsmangel.

Qa.

Bekanntmachung zum Schutze der Mieter und über Maßnahmen gegen den Wohnungsmangel für die neue Stadtgemeinde Berlin (Groß-Berliner Wohnungsnotrecht).

Vom 12. Mai 1921 (GemBl. 261).*)

In Kraft seit 15. 5. 21.

Mit den Abänderungen vom 17. September 1922 (GemBl. 467) und 10. April 1924 (GemBl. 82).

Der Magistrat gibt bekannt:

1. die im § 1 enthaltene Ermächtigung des Herrn Oberpräsidenten der Provinz Brandenburg und von Berlin vom 30. April 1921 an das Einigungsamt der neuen Stadtgemeinde Berlin,
2. die in den §§ 2 und 21 enthaltenen Anordnungen des Herrn Oberpräsidenten vom gleichen Tage,
3. seine in den übrigen Paragraphen enthaltenen Anordnungen auf Grund der Ermächtigung des Herrn Oberpräsidenten vom selben Tage, unter Zustimmung des Herrn Reichsarbeitsministers und des Herrn Preußischen Ministers für Volkswohlfahrt.

Es beruhen die §§ 1—3 auf der Bekanntmachung des Bundesrates zum Schutze der Mieter vom 23. 9. 1918

*) Ersetzt durch Qb.

(RGBl. S. 1140), 22. 6. 1919 (RGBl. S. 591), 11. 5. 1920 (RGBl. S. 951), die §§ 4—14 und 17—19 auf der Bekanntmachung über Maßnahmen gegen Wohnungsmangel vom 23. 9. 1918 (RGBl. S. 1143), 11. 5. 1920 (RGBl. S. 949), die §§ 15, 16 und 20 auf beiden vorgenannten Bekanntmachungen und § 14 Ziff. 3 auf der Bekanntmachung über Maßnahmen gegen Wohnungsmangel sowie der Anordnung über den Zuzug von ortsfremden Personen und von Flüchtlingen vom 23. 7. 1919 (RGBl. S. 1353).

Mieterschutz.

§ 1. Die Erlaubnis des Vermieters, den Gebrauch der gemieteten Sache einem Dritten zu überlassen, insbesondere die Sache weiter zu vermieten (§ 549 Abs. 1 BGB.), wird durch die Erlaubnis des Einigungsamtes ersetzt. Das Einigungsamt soll die Erlaubnis versagen, wenn der Vermieter sie aus einem wichtigen Grunde verweigert hat.

§ 2. Mieträume können vom Vermieter rechtswirksam nur mit vorheriger Zustimmung des Einigungsamtes gekündigt werden, insbesondere, wenn die Kündigung zum Zwecke der Mietsteigerung erfolgt.

Ein ohne Kündigung ablaufendes Mietverhältnis gilt als auf unbestimmte Zeit verlängert, wenn der Vermieter nicht vorher die Zustimmung des Einigungsamtes zu dem Ablauf erwirkt hat. Das Einigungsamt kann bei der Entscheidung die Fortsetzung oder die Verlängerung des Mietverhältnisses jeweils bis zur Dauer eines Jahres bestimmen. Die Vorschrift des § 2 Abs. 2 Mieterschutzverordnung findet Anwendung*).

---

*) Bei Kündigung von Werkwohnungen kommt die Mitwirkung des Mieteinigungsamtes nur dann in Frage, wenn es sich um Mietvertrag, also nicht um Werk- oder Dienstvertrag handelt. (Amtl. Anm.)

§ 3. Jeder Abschluß eines neuen Mietvertrages über Mieträume (auch möblierte) ist vom Vermieter binnen einer Woche nach Abschluß des Vertrages unter Vorlegung des Originalvertrages anzuzeigen. Die Anzeige hat zu enthalten:

a) den Friedensmietzins zum 1. 7. 14,

b) den letztgezahlten und

c) den neu vereinbarten Mietzins.

Übersteigt der vereinbarte Mietzins den Betrag, der für Wohnräume, Läden oder Werkstätten der gemieteten Art und Ausstattung unter Berücksichtigung der Nebenleistungen des Vermieters üblich und angemessen ist, so kann sowohl die Gemeindebehörde innerhalb einer Woche nach Eingang der Anzeige als auch der Mieter bis zum Ablauf zweier Wochen nach Abschluß des Vertrages bei dem Einigungsamt beantragen, daß der Mietzins auf die angemessene Höhe herabgesetzt wird. Etwaige Nebenleistungen des Mieters gelten als Teil des Mietzinses, ebenso eine für den Nachweis der Wohnräume gezahlte Belohnung, soweit sie dem Vermieter unmittelbar oder mittelbar zufließt. Aus einem Mietvertrag, der der Gemeindebehörde nicht angezeigt ist, können von dem Vermieter keine Ansprüche geltend gemacht werden. Der Vertrag wird auch in Ansehung der Ansprüche des Vermieters wirksam, wenn weder die Gemeindebehörde noch der Mieter innerhalb der Frist eine Herabsetzung des vereinbarten Mietzinses beantragt, wenn die Anträge auf Herabsetzung zurückgezogen werden oder wenn das Einigungsamt über die Anträge entscheidet.

Maßnahmen gegen Wohnungsmangel.
Erhaltung des verfügbaren Wohnraumes.

§ 4. Es ist untersagt, ohne vorherige Zustimmung der Gemeindebehörde

a) Gebäude oder Teile von Gebäuden abzubrechen,

b) Räume, die bis zum 1. Oktober 1918 zu Wohnzwecken bestimmt oder benutzt waren, zu anderen Zwecken, insbesondere als Fabrik-, Lager-, Werkstätten-, Dienst-, Bureau-, Geschäftsräume oder Läden zu verwenden,
c) mehrere Wohnungen zu einer zu vereinigen oder Wohnräume in Geschäftsräume zu verwandeln.

Die Zustimmung darf nur versagt werden, wenn das Einigungsamt sich mit der Versagung einverstanden erklärt hat.

Anzeige- und Auskunftspflicht.

a) im allgemeinen:

§ 5. Alle Hausbesitzer bezw. ihre Stellvertreter oder sonstige Verfügungsberechtigte haben

1. binnen drei Tagen Anzeige auf dem vom Wohnungsamt vorgeschriebenen Vordruck zu erstatten, sobald eine Wohnung oder vermietbare Räume anderer Art — also auch Fabrik-, Lager-, Werkstätten-, Dienst-, Bureau-, Geschäftsräume oder sonstige Räume — frei oder gekündigt sind, oder sobald feststeht, daß sie aus irgendeinem Grunde zu einem bestimmten Termin von dem bisherigen Inhaber verlassen werden,
2. auf Verlangen jederzeit über die Zahl, Lage und Größe der Räume zu 1, sowie über die Personenzahl des Haushaltes oder des gewerblichen Betriebes Auskunft zu erteilen,
3. dem mit Ausweis des Wohnungsamtes (Lichtbild und Dienstmarke) versehenen Beamten über Wohnungen und Räume zu 1, sowie über deren Vermietung unter Vorlegung der Mietverträge Auskunft zu erteilen und die Besichtigung zu gestatten.

Als unbenutzt gelten Wohnungen und Räume, wenn sie vollkommen leer stehen oder nur zur Aufbewahrung von

Sachen dienen, sofern dem Verfügungsberechtigten eine andere Aufbewahrung ohne Härte zugemutet werden kann*).

b) bei Doppelwohnungen.

Jeder, der mehrere Wohnungen in oder außerhalb Berlins besitzt, hat davon der zuständigen Gemeindebehörde Anzeige zu erstatten und dabei anzugeben, welche Wohnung als seine Hauptwohnung angesehen werden soll, die er zu behalten wünscht. Wird in der Anzeige keine Wohnung als Hauptwohnung bezeichnet oder wird die Anzeige unterlassen, so ist die Gemeindebehörde berechtigt, nach erfolgter Mahnung (mit Einschreibebrief) und gleichzeitiger Festsetzung einer angemessenen Frist nach Ablauf derselben zu bestimmen, welche Wohnung als Hauptwohnung anzunehmen ist.

Inanspruchnahme von Räumen.

§ 6. A. Zur Unterbringung wohnungsuchender Personen kann die Gemeindebehörde gemäß § 4 und 5 der Wohnungsmangelverordnung in Anspruch nehmen:

a) unbenutzte Wohnungen oder andere unbenutzte Räume, die zu Wohnzwecken geeignet sind,

b) Wohnungen, die nach § 5 b nicht als Hauptwohnungen anzusehen sind,

c) unbenutzte oder benutzte Fabrik-, Lager-, Werkstätten-, Dienst-, Bureau-, Geschäftsräume, Läden oder sonstige Räume, sowie Gasträume in Hotels, Fremdenheimen (Pensionen) und dergl.,

d) benutzte Räume oder Nebenräume solcher Wohnungen von mehr als zwei Zimmern und Küche, die im Ver-

*) Unbenutzt ist eine Wohnung insbesondere nicht schon wegen Todes des bisherigen Inhabers oder weil der Inhaber sich auf Reisen von nicht mehr als 3 Monaten ununterbrochener Dauer befindet. (Amtl. Anm.)

hältnis zur Zahl der Bewohner als übergroß anzusehen sind.

Räume der unter c genannten Art können auch zu dienstlicher, geschäftlicher, gewerblicher oder anderweitiger Verwendung in Anspruch genommen werden, wenn dadurch mittelbar Räume zu Wohnzwecken frei werden.

Die Einweisung von Personen, die eigene Hauswirtschaft führen, in Räume der unter c und d gedachten Art darf nur dann erfolgen, wenn eine vollständige räumliche und wirtschaftliche Trennung von den ihrem bisherigen Inhaber verbleibenden Räumen ohne erhebliche bauliche Änderung möglich ist.

Andernfalls dürfen nur Personen ohne eigene Hauswirtschaftsführung in diese Räume eingewiesen werden. Auch dies ist nur zulässig, wenn diese Personen tatsächlich auf die ihnen zugewiesenen Räume beschränkt werden können und eine Mitbenutzung weiterer Räume, abgesehen von Vorraum, Wasserzapfstelle und Abort, durch sie den örtlichen Verhältnissen nach nicht notwendig wird. Die Benutzung des Anschlusses an die Gashauptleitung für Beleuchtungs- und Kochzwecke (Gaskocher — nicht Gasherd) ist gegen angemessene Entschädigung zu gestatten, sofern eine Trennung der Leitungen und Aufstellen eines besonderen Gasmessers nicht möglich ist.

B. Öffentliche, in dem Eigentum oder der Verwaltung des Reichs oder eines Landes oder in dem Eigentum oder der Verwaltung einer Körperschaft des öffentlichen Rechts stehende oder religiösen oder anerkannt gemeinnützigen oder anerkannt mildtätigen Zwecken dienende Gebäude dürfen nur mit vorheriger Zustimmung der zuständigen obersten Reichs- oder Landesbehörde in Anspruch genommen werden.

Will die zuständige oberste Reichs- oder Landesbehörde die Zustimmung verweigern, so entscheidet bei Gebäuden, die zur Verfügung des Reichs stehen, die Reichsregierung, im übrigen die Landesregierung.

C. 1. Für die Inanspruchnahme gemäß A d sind die von dem Zentralamt für das Wohnungswesen zu erlassenden Grundsätze zu beachten.

2. Ist der Wohnungsinhaber durch seinen Beruf genötigt, Arbeiten auch in seiner Wohnung zu erledigen, so soll ihm ein besonderes Arbeitszimmer zu diesem Zwecke verbleiben.

3. Die Ausstattung der in Anspruch genommenen Räume mit Einrichtungsgegenständen kann von dem bisherigen Inhaber nicht verlangt werden.

4. Dem über die in Anspruch genommenen Räume Verfügungsberechtigten ist grundsätzlich die Möglichkeit zu gewähren, sich binnen zwei Wochen unter mehreren zugewiesenen Wohnungsuchenden aus der Dringlichkeitsliste des Wohnungsamts selbst einen Mieter für diese Räume auszuwählen. Die Zuweisung eines Mieters darf erst dann erfolgen, wenn eine derartige Einigung erfolglos versucht worden ist.

Wirkung der Inanspruchnahme.

§ 7. Die Inanspruchnahme bleibt auch bei einem Wechsel der Person des Verfügungsberechtigten wirksam.

Räumungspflicht.

§ 8. Die Inhaber der nach § 6 A d in Anspruch genommenen Räume sind innerhalb einer angemessenen, von der Gemeinde zu bestimmenden Frist zur Räumung verpflichtet. Die Frist ist so zu bemessen, daß der Wohnungsinhaber die Möglichkeit hat, die in den Räumen befindlichen

Gegenstände anderweit unterzubringen und die für die Umstellung seiner persönlichen Verhältnisse erforderlichen Maßnahmen zu treffen. Sie soll mindestens zwei Wochen betragen.

Bauliche Änderungen.

§ 9. Die Gemeindebehörde ist berechtigt, vorbehaltlich ihrer Verpflichtung zur Wiederherstellung des früheren Zustandes, in den in Anspruch genommenen Räumen auf eigene Kosten bauliche Änderungen durchzuführen, soweit diese erforderlich sind, um die Räume für den mit der Inanspruchnahme verfolgten Zweck herzurichten. Dem Verfügungsberechtigten ist von der beabsichtigten Änderung Mitteilung zu machen.

Vor der Vornahme baulicher Änderungen an Gebänden der in § 6 B gedachten Art hat die Gemeindebehörde die Zustimmung der obersten Reichs- oder Landesbehörde einzuholen.

Beendigung der Verfügungsbeschränkung.

§ 10. Der Verfügungsberechtigte darf über die nach § 5 a 1 anzeigepflichtigen Räume erst verfügen, wenn die Gemeindebehörde erklärt hat, daß sie einen Bewerber gemäß § 4 der Wohnungsmangelverordnung nicht zuweise, oder wenn zwei Wochen seit erfolgter Anzeige verstrichen sind, ohne daß die Gemeindebehörde sich erklärt hat.

Die Anzeige gilt insbesondere als erfolgt mit der Eintragung der Wohnung in die beim zuständigen Wohnungsamt geführte Liste. Die Eintragung muß am Tage des Einganges der Meldung erfolgen.

Verträge mit nicht zugewiesenen Personen über nicht freigegebene Räume sind nichtig.

Ausgenommen sind die Dienst- und Werkwohnungen. Die Verfügung über sie unterliegt der vorherigen Zustimmung des zuständigen Wohnungsamtes. Die Anzeigepflicht des Vermieters gemäß § 5 a 1 gilt auch für sie*).

Zwangsräumung. Entfernung widerrechtlich zugezogener Personen.

§ 11. Wer eine Wohnung oder sonstige Räume der in § 5 a 1 gedachten Art ohne die nach dieser oder den bisher gültigen Anordnungen erforderliche Genehmigung der Gemeindebehörde bezogen oder in Gebrauch genommen hat, kann von der Gemeindebehörde zwangsweise oder im Wege unmittelbaren polizeilichen Zwanges daraus entfernt werden. Die Vorschriften des § 8 Satz 2 und 3 finden Anwendung.

Verwertung in Anspruch genommener Räume.

§ 12[1]. a) Die Gemeindebehörde kann von ihr in Anspruch genommene Räume entweder selbst weitervermieten (§ 5 des Wohnungsmangelgesetzes) oder dem Verfügungsberechtigten einen Mietraumsuchenden zuweisen. Der Verfügungsberechtigte hat dem ihm zugewiesenen Mietraumsuchenden, sofern dieser einen Ausweis der Gemeindebehörde vorzeigt, die Besichtigung der Räume zu gestatten. § 6 C Ziff. 4 bleibt unberührt.

Kommt zwischen dem vom Magistrat (Wohnungsamt) bezeichneten Mietraumsuchenden und dem Verfügungsberechtigten innerhalb einer Woche, nachdem der Mietraumsuchende dem Verfügungsberechtigten bezeichnet worden ist, ein Mietvertrag nicht zustande, so setzt auf Anrufen des Magistrats (Wohnungsamtes) das Mieteinigungsamt, falls für den Verfügungsberechtigten kein unverhältnismäßiger

---

*) Pförtnerwohnungen gelten als Werkwohnungen, sofern die Gewährung freier Wohnung ein Bestandteil des mit dem Pförtner abgeschlossenen Dienstvertrags ist. (Amtl. Anm.)

Nachteil aus der Vermietung an sich oder aus der Art des Mieters zu besorgen ist, einen Mietvertrag fest. Der Vertrag gilt als geschlossen, wenn der Mietraumsuchende nicht innerhalb einer vom Mieteinigungsamte zu bestimmenden Frist bei diesem Widerspruch erhebt. Der Inhalt des Vertrags gilt den Parteien gegenüber als vereinbart. Das Mieteinigungsamt kann anordnen, daß die Stadt Berlin an Stelle des Mietraumsuchenden als Mieterin gilt und berechtigt ist, die Mieträume weiterzuvermieten.

b) Gemeinnützigen Baugesellschaften (Baugenossenschaften usw.) dürfen grundsätzlich nur Mitglieder als Wohnungsuchende zugewiesen werden.

---

[1]) Fassung der Bek. v. 10. 4. 24 (GemBl. 82), in Kraft seit 14. 4. 24. Die alte Fassung lautete:

„a) Die Gemeindebehörde kann von ihr in Anspruch genommene Räume entweder selbst weitervermieten (§ 5 der Wohnungsmangelverordnung) oder dem Verfügungsberechtigten einen Wohnungsuchenden dafür zuweisen. Der Verfügungsberechtigte hat dem ihm zugewiesenen Wohnungsuchenden, sofern dieser einen Ausweis der Gemeindebehörde vorzeigt, die Besichtigung der Räume zu gestatten. § 6 C Ziff. 4 bleibt unberührt. Kommt zwischen dem Verfügungsberechtigten und dem Wohnungsuchenden ein Mietvertrag nicht zustande, so setzt auf Anrufen der Gemeindebehörde das Einigungsamt einen Mietvertrag fest, falls für den Verfügungsberechtigten kein unverhältnismäßiger Nachteil daraus zu besorgen ist.

b) Gemeinnützigen Baugesellschaften (Genossenschaften usw.) dürfen grundsätzlich nur Mitglieder als Wohnungsuchende zugewiesen werden."

Verteilung des vorhandenen Wohnraumes.

§ 13. Der Zuzug in einen Verwaltungsbezirk darf nicht versagt werden, soweit nicht Sonderbestimmungen Platz greifen. Jeder Wohnungsuchende ist bei der Verteilung des vorhandenen Wohnraums vorbehaltlich der Bestimmungen des § 14 nach Maßgabe des Zeitpunktes seiner Anmeldung zu berücksichtigen.

Vorzugsweise zu berücksichtigende Wohnungsuchende.

§ 14. Bei der Unterbringung der Wohnungsuchenden sind vorzugsweise zu berücksichtigen:

1. Deutsche, die unter den Einwirkungen des Krieges aus dem Ausland oder aus einem besetzten oder infolge des Friedensschlusses aus dem Reichsgebiet ausscheidenden oder einer anderen Verwaltung unterstehenden Landesteile geflüchtet oder vertrieben sind, sowie Deutsche, die zur Erfüllung einer Wehrpflicht aus dem Auslande nach Deutschland zurückgekehrt sind und denen jetzt von der ausländischen Regierung die Rückkehr nach ihrem Wohnort verboten oder erschwert wird,
2. im Einvernehmen mit den Kriegsgefangenen-Heimkehrstellen zurückkehrende Kriegs- und Zivilgefangene.
3. Die unter 1 und 2 Genannten dürfen auch ohne räumliche und wirtschaftliche Abtrennung in die von der Gemeindebehörde in Anspruch genommenen Räume übergroßer Wohnungen vorübergehend gemäß den Bestimmungen des Kriegsleistungsgesetzes eingewiesen werden.

Räumungsklage.

§ 15[1]. Die Erhebung der Räumungsklage aus einem Mietverhältnis bedarf der vorherigen Zustimmung des Mieteinigungsamts.

---

[1]) Fassung der Bek. v. 17. 9. 22 (GemBl. 467), ausgegeben am 24. 9. 22. Die alte Fassung lautete:

„Klagen auf Räumung von Wohnungen dürfen nur mit vorheriger Zustimmung des Mieteinigungsamtes angestrengt werden.“

Vollstreckung von Räumungsurteilen.

§ 16[1]. Der vorherigen Zustimmung des Mieteinigungsamtes bedarf es:

a) zur Entsetzung eines Mieters aus dem Besitz gemieteter Räume auf Grund eines vollstreckbaren Titels,

b) bei Wohnungen, die nur mit Rücksicht auf ein bestehendes Dienst- oder Arbeitsverhältnis ohne Abschluß eines Mietvertrages überlassen worden sind, zur Durchführung eines auf Räumung lautenden Vollstreckungstitels.

Die Zustimmung muß erteilt werden, wenn der Mieter mit der Mietzahlung schuldhaft im Rückstande ist, wenn der Inhaber der Räume Leistungen auf Grund des Dienst- oder Arbeitsverhältnisses, auf Grund dessen ihm die Räume überlassen worden sind, nicht mehr erfüllt oder wenn für den Mieter oder den Inhaber der Räume anderweitige Unterkunft beschafft ist.

---

[1]) Fassung der Bek. v. 17. 9. 22 (GemBl. 467), ausgegeben am 24. 9. 22. Die alte Fassung lautete:

„Vollstreckung von Räumungsurteilen, einstweiligen Verfügungen und Vergleichen wegen Wohnungen ist von der vorherigen Zustimmung des Mieteinigungsamtes abhängig. Die Zustimmung muß erteilt werden, wenn Schuldner mit der Mietzinszahlung schuldhafterweise in Rückstand oder für ihn anderweit Unterkunft beschafft ist.“

Versuch gütlicher Einigung.

§ 17. Zwangseingriffe auf Grund dieser Anordnung sollen nur erfolgen, nachdem der Versuch einer gütlichen Einigung erfolglos geblieben ist.

Inseratverbot.
Gewerbsmäßiges Weitervermieten von Wohnungen.

§ 18. (Nicht mehr von Interesse.)

Neubauten.

§ 19. Auf Neubauten, die erst nach dem 1. Januar 1919 begonnen oder erst nach dem 29. November 1920 fertiggestellt sind, finden nur die Vorschriften der §§ 1 bis 3 Anwendung.

Als Fertigstellung gilt das Datum der über die baupolizeiliche Gebrauchsabnahme erteilten Urkunde.

Strafbestimmungen.

§ 20. (Nicht mehr von Interesse.)

§ 21. Diese Anordnung tritt mit ihrer Verkündung in Kraft[1]. Sämtliche Anordnungen, die die Magistrate (Gemeindevorstände usw.) der bisher selbständigen, nunmehr zu der neuen Stadtgemeinde Berlin zusammengeschlossenen Kommunen und Kommunalverbände, sowie der Wohnungsverband Groß-Berlin auf Grund von Ermächtigungen nach der Mieterschutzverordnung oder Wohnungsmangelverordnung erlassen haben, treten gleichzeitig hiermit außer Kraft.

[1]) Die die Bek. enthaltende Nr. 20 des GemBl. ist am 15. 5. 21 ausgegeben.

Berlin, den 12. Mai 1921.

Magistrat.

Böß. Wutzky.

Qb.

Berliner Wohnungsnotrecht.

Vom 18. August 1924 (GemBl. 202)*).

In Kraft seit 1. 9. 24.

Auf Grund der Ermächtigung des Preußischen Ministers für Volkswohlfahrt vom 26. Juli 1924 — II 7 Nr. 761 — folgendes bekanntgemacht:

§ 1. Erhaltung des verfügbaren Wohnraums.

Ohne vorherige Zustimmung des Magistrats (Wohnungsamtes) dürfen

a) Gebäude oder Teile von Gebäuden nicht abgebrochen,
b) mehrere Wohnungen zu einer nicht vereinigt oder Wohnräume in Geschäftsräume nicht verwandelt werden.

Räume, die bis zum 1. Oktober 1918 zu Wohnzwecken bestimmt oder benutzt waren, dürfen zu anderen Zwecken, insbesondere als Fabrik-, Lager-, Werkstätten-, Dienst-, Büro-, Geschäftsräume oder Läden nicht verwendet werden. In besonderen Fällen kann der Magistrat (Wohnungsamt) Ausnahmen zulassen, wenn für den beanspruchten Raum neuer Wohnraum hergestellt wird.

§ 2. Anzeige- und Auskunftspflicht. Unbenutzte Räume.

1. Hausbesitzer bezw. ihre Stellvertreter oder sonstige Verfügungsberechtigte haben

a) binnen 3 Tagen schriftlich Anzeige zu erstatten, sobald eine leere oder möblierte Wohnung, einzelne zur Vermietung bestimmte leere Zimmer oder Räume anderer

*) Ersetzt durch Qc.

Art — also auch Fabrik-, Lager-, Werkstätten-, Dienst-, Büro-, Geschäftsräume, Läden oder sonstige Räume — frei oder unbenutzt sind, oder sobald feststeht, daß sie zu einem bestimmten Termin von dem bisherigen Inhaber verlassen werden,

b) auf Verlangen den mit Lichtbildausweis versehenen Beauftragten des Magistrats (Wohnungsamtes) jederzeit über die Zahl, Lage und Größe der Räume zu a, sowie über die Personenzahl des Haushaltes oder den Umfang des gewerblichen Betriebes Auskunft zu erteilen,

c) auf Verlangen der[1] mit Lichtbildausweis versehenen Beauftragten des Magistrats (Wohnungsamtes) über Räume zu a, sowie über das Verfügungsrecht über diese Räume unter Vorlegung etwaiger Verträge Auskunft zu erteilen, und ihnen, sowie den vom Magistrat (Wohnungsamt) bezeichneten Wohnungsuchenden, sofern diese einen Besichtigungs- oder Zuweisungsschein des Magistrats (Wohnungsamtes) vorzeigen, die Besichtigung zu gestatten.

2. Die Anzeige zu 1 a gilt als erfolgt mit dem Tage des Eingangs bei dem zuständigen Wohnungsamt.

3. a) Als unbenutzt gelten Wohnungen und Räume der zu 1 a bezeichneten Art, wenn sie völlig leer stehen oder nur zur Aufbewahrung von Sachen dienen, sofern dem Verfügungsberechtigten eine andere Aufbewahrung ohne Härte zugemutet werden kann, oder wenn der Verfügungsberechtigte seinen Wohnsitz dauernd oder zeitweilig in das Ausland verlegt hat.

b) Als unbenutzt gelten untervermietete oder unentgeltlich abgegebene Räume, wenn der Hauptmieter die Wohnung (Mietsache) aufgibt oder länger als drei Monate nicht benutzt.

c) Wohnungen gelten auch dann als unbenutzt, wenn der Verfügungsberechtigte gestorben ist. Dies gilt nicht, wenn ein volljähriger Erbe zum Hausstande des Erblassers gehört hat oder wenn ein volljähriger Abkömmling des Verfügungsberechtigten Erbe geworden ist und als Wohnungsuchender in der Dringlichkeitsliste eines der Wohnungsämter Berlins eingetragen ist; die Bestimmungen unter a und b finden jedoch auch in diesen Fällen Anwendung.

---

[1] Druckfehler. Muß heißen: „den".

§ 3. Verfügungsrecht über unbenutzte und freiwerdende Räume.

1. Der Verfügungsberechtigte darf über unbenutzte oder freiwerdende Wohnungen oder Räume der zu § 2 Ziff. 1a bezeichneten Art erst verfügen, nachdem der Magistrat (Wohnungsamt) erklärt hat, daß er einen Mietraumsuchenden nicht bezeichnen will, oder seitdem zwei Wochen seit erfolgter schriftlicher Anzeige verstrichen sind, ohne daß der Magistrat (Wohnungsamt) dem Verfügungsberechtigten einen Mietraumsuchenden bezeichnet oder von dem ihm in § 7 dieser Bekanntmachung eingeräumten Recht Gebrauch gemacht hat. Die Frist beginnt nicht zu laufen, wenn die in der Anzeige gemachten Angaben unzutreffend sind.

2. Werden vor dem 1. Juli 1918 bezugsfertig gewordene Räume, die im Eigentum von Gesellschaften oder Genossenschaften der im § 16 Abs. 1 Satz 3 des Reichsmietengesetzes[1] bezeichneten Art stehen, von dem Magistrat (Wohnungsamt) für Mietraumsuchende in Anspruch genommen, so ist der Magistrat (Wohnungsamt) zu deren Bezeichnung erst dann berechtigt, wenn die Gesellschaft oder Genossenschaft die Räume nicht innerhalb einer Frist von 2 Wochen seit erfolgter schriftlicher Anzeige an einen Wohnungsuchenden

vergibt, der bereits seit mindestens einem Jahre der Gesellschaft oder der Genossenschaft als Mitglied angehört.

---

[1]) Oben zu Ac.

§ 4. Doppelwohnungen.

Jeder, der mehrere Wohnungen in Berlin oder innerhalb und außerhalb Berlins besitzt, hat davon dem Magistrat (Wohnungsamt) Anzeige zu erstatten und dabei anzugeben, welche Wohnung er als seine Hauptwohnung zu behalten wünscht. Wird in der Anzeige keine Wohnung als Hauptwohnung bezeichnet oder wird die Anzeige unterlassen, so ist der Magistrat (Wohnungsamt) berechtigt, nach Mahnung durch Einschreibebrief mit Rückschrift und gleichzeitiger Festsetzung einer angemessenen Frist nach Ablauf derselben zu bestimmen, welche Wohnung als Hauptwohnung anzusehen ist. Liegen die Wohnungen in mehreren Gemeinden, so hat, wenn das Wahlrecht nicht ausgeübt wird, die Entscheidung darüber, welche Wohnung als Hauptwohnung anzusehen ist, der über beide Gemeinden zuständige Regierungspräsident zu treffen. Falls die in Frage kommenden Gemeinden in verschiedenen Regierungsbezirken liegen, steht unter der gleichen Voraussetzung diese Entscheidung dem Preußischen Minister für Volkswohlfahrt und, falls die Gemeinden in verschiedenen Ländern des Deutschen Reiches liegen, dem Reichsarbeitsminister zu.

§ 5. Inanspruchnahme von Wohnräumen.

1. Zur Unterbringung wohnungsuchender Personen kann der Magistrat (Wohnungsamt) in Anspruch nehmen:

a) unbenutzte Wohnungen oder andere unbenutzte, zu Wohnzwecken geeignete Räume,

b) Wohnungen, die nach § 4 nicht als Hauptwohnungen gelten,

c) Räume oder Nebenräume solcher Wohnungen von mehr als zwei Zimmern und Küche, die im Verhältnis zur Zahl der Bewohner — wobei die Untermieter mitzurechnen sind — als übergroß anzusehen sind. Ist der Wohnungsinhaber durch seinen Beruf genötigt, Arbeiten auch in seiner Wohnung zu erledigen, so soll ihm ein besonderes Arbeitszimmer für diesen Zweck verbleiben. Zur Ausstattung der in Anspruch genommenen Räume mit Einrichtungsgegenständen ist der bisherige Inhaber nicht verpflichtet.

d) Räume, die zu unsittlichen oder gesetzwidrigen Zwecken benutzt werden[1]. Die Inanspruchnahme kann auch auf Räume erstreckt werden, die mit derartigen Räumen im Zusammenhange stehen oder als ihre Nebenräume anzusehen sind oder die nur mittelbar zu unsittlichen oder gesetzwidrigen Zwecken verwendet worden sind.

2. a) Im Falle der Ziff. 1 c ist — abgesehen von den Fällen der völligen räumlichen Abtrennung in Ziff. 2 b — dem Verfügungsberechtigten grundsätzlich die Möglichkeit zu gewähren, sich binnen zweier Wochen unter mehreren bezeichneten Wohnungsuchenden selbst einen Mieter für diese Räume auszuwählen. Trifft der Verfügungsberechtigte innerhalb dieser Frist keine Wahl, so weist der Magistrat (Wohnungsamt) einen Mieter zu.

b) Die Zuweisung von Personen, die eigene Hauswirtschaft führen, in Räume der unter 1 c gedachten Art darf nur dann erfolgen, wenn eine vollständige räumliche und wirtschaftliche Trennung von den ihren bisherigen Inhabern verbleibenden Räumen ohne erhebliche bauliche Änderung möglich ist. Andernfalls dürfen nur Personen ohne eigene

Wirtschaftsführung in diese Räume eingewiesen werden. Auch dies ist nur zulässig, wenn diese Personen tatsächlich auf die ihnen zugewiesenen Räume beschränkt werden können und eine Mitbenutzung weiterer Räume, abgesehen von Vorraum, Wasserzapfstelle und Abort, den örtlichen Verhältnissen nach nicht notwendig wird. Die Benutzung des Anschlusses an die Gas- und elektrische Hauptleitung für Beleuchtungs- und Kochzwecke kann nicht verlangt werden.

3. Der Magistrat (Wohnungsamt) ist berechtigt, vorbehaltlich der Verpflichtung zur Wiederherstellung des früheren Zustandes in den gemäß Abs. 1 a bis d in Anspruch genommenen Räumen auf eigene Kosten bauliche Veränderungen durchzuführen, soweit diese erforderlich sind, um die Räume für den mit der Inanspruchnahme verfolgten Zweck herzurichten. Dem Verfügungsberechtigten ist von der beabsichtigten Änderung Mitteilung zu machen. Die Anordnung baulicher Ve änderungen soll nur nach Anhörung des Verfügungsberechtigten erfolgen und nach Möglichkeit die Schaffung eines dauernd verwertbaren Zustandes anstreben.

4. Stellt der Verfügungsberechtigte dem Magistrat (Wohnungsamt) Wohnräume, die eine abgeschlossene Wohnung nicht darstellen, oder abgeschlossene Wohnungen, die durch Teilung oder Ausbau einer Wohnung gewonnen werden, freiwillig zur Verfügung, bevor eine Beschlagnahme erfolgt ist, so ist eine Inanspruchnahme der Räume gemäß Ziff. 1 unzulässig, wenn der Verfügungsberechtigte mit einem der auf der Wohnungsliste des Wohnungsamtes eingezeichneten Wohnungsuchenden, der vor dem 1. Januar 1914 in Deutschland seinen Wohnsitz hatte oder zu den im § 14 bezeichneten Personen gehört, einen Mietvertrag innerhalb einer Frist von einer Woche, nachdem die Räume zur Verfügung gestellt worden sind, abschließt. Der Magistrat

(Wohnungsamt) ist verpflichtet, dem Verfügungsberechtigten Einblick in die Wohnungsliste zu gewähren.

Diese Vorschriften gelten auch für den Fall, daß zur Verfügung gestellter Wohnraum durch Aufhebung des Mietvertrages wieder frei wird.

---

[1]) Vgl. dazu auch oben zu D und Lb.

§ 6. Dienst- und Werkwohnungen.

1. Die Inanspruchnahme von Räumen, die zur Unterbringung von Angehörigen eines Betriebes von dem Inhaber des Betriebes errichtet oder vor dem 1. Juli 1918 zu diesem Zwecke von ihm zu Eigentum erworben od r gemietet worden sind, ist nur zulässig, wenn solche Räume länger als vier Wochen nicht benutzt sind und keine sichere Aussicht auf die Benutzung innerhalb der nächsten vier Wochen besteht.

2. Die in Ziff. 1 bezeichneten Räume unterliegen der Anzeigepflicht gemäß § 2 Ziff. 1 a erst nach Ablauf der in Ziff. 1 genannten Frist von vier Wochen.

3. Soweit es sich um die Unterbringung von Personen handelt, die vor dem 1. Januar 1914 ihren Wohnsitz in Deutschland nicht hatten, oder zu den im § 14 genannten Personen nicht gehören, bedarf der Inhaber des Betriebes der Zustimmung des Magistrats (Wohnungsamtes), es sei denn, daß es sich um die Belegung von Räumen handelt, die für die besonderen Zwecke, als Unterbringung von Wanderarbeitern oder ähnlichen Personen, errichtet sind.

4. Pförtnerwohnungen, bei denen die Gewährung freier Wohnung ein Bestandteil des mit dem Pförtner abgeschlossenen Dienstvertrages ist, gelten als Werkwohnungen im Sinne der Ziff. 1 mit der Maßgabe, daß die Verfügung über sie der vorherigen Zustimmung des Magistrats (Wohnungsamtes) bedarf.

Als Pförtnerwohnungen kommen nur solche Wohnungen in Frage, die bis zu dem Augenblicke des Freiwerdens als Pförtnerwohnungen gedient haben.

§ 7. Inanspruchnahme von anderen als Wohnräumen.

1. Auf Anfordern des Magistrats (Wohnungsamtes) hat der Verfügungsberechtigte der Stadt Berlin unbenutzte Fabrik-, Lager-, Werkstätten-, Dienst-, Büro-, Geschäftsräume, Läden oder sonstige Räume (auch Dachgeschosse) zur Herrichtung als Wohnräume gegen Vergütung zu überlassen. Das Mieteinigungsamt bestimmt die Höhe der Vergütung und die Zahlungsbedingungen, wenn eine Einigung hierüber nicht zustande kommt. Die Stadt Berlin ist berechtigt, den Gebrauch der hergerichteten Räume einem Dritten zu überlassen, insbesondere sie zu vermieten.

Die Bestimmung des § 2 Ziff. 3 a sowie die Bestimmung des § 5 Ziff. 3 Satz 2 und 3 gilt entsprechend.

2. Nach Fortfall der dem Magistrat erteilten Ermächtigung sind dem Verfügungsberechtigten die Räume in angemessener Frist zurückzugeben. Die Frist bestimmt, wenn eine Einigung nicht zustande kommt, das Mieteinigungsamt. Auf Verlangen des Berechtigten hat die Stadt Berlin den der früheren Zweckbestimmung und Ausstattung entsprechenden Zustand der Räume wiederherzustellen, es sei denn, daß ein schriftliches Einvernehmen über die vorgenommenen Änderungen erzielt war.

3. Räume der in Abs. 1 bezeichneten Art können auch zu anderen als Wohnzwecken in Anspruch genommen werden, wenn dadurch mittelbar Räume zu Wohnzwecken frei werden.

§ 8. Wechsel in der Person des Verfügungsberechtigten.

Die Inanspruchnahme bleibt auch bei einem Wechsel der Person des Verfügungsberechtigten wirksam.

§ 9. Öffentliche Gebäude.

1. Die Inanspruchnahme von Gebäuden oder Räumen, die im Eigentum oder in der Verwaltung des Reiches oder eines Landes oder im Eigentum oder in der Verwaltung einer Körperschaft des öffentlichen Rechtes stehen und öffentlichen Zwecken oder zur Unterbringung von Angehörigen der Verwaltung des Reiches, des Landes oder der Körperschaft zu dienen bestimmt sind, ist nur zulässig, wenn von der zuständigen Reichs- oder Landesbehörde kein Einspruch erhoben wird. Diese Behörden entscheiden auch, ob die in Satz 1 erwähnten Voraussetzungen im Einzelfalle vorliegen. Ist Einspruch erhoben, so entscheidet bei Gebäuden oder Räumen, die zur Verfügung des Reiches stehen, die Reichsregierung, im übrigen die Landesregierung.

Die Bestimmungen des Abs. 1 finden auf Gebäude und Räume, die im Eigentum oder in der Verwaltung gemeinnütziger Anstalten und Stiftungen, sowie gemeinnütziger, nicht auf Erwerb gerichteter Organisationen stehen, oder die religiösen oder anerkannt gemeinnützigen oder mildtätigen Zwecken dienen, entsprechend Anwendung.

2. Die Bestimmungen zu Ziff. 1 Abs. 1 und 2 gelten auch für andere Anordnungen und Maßnahmen, die auf Grund dieser Bekanntmachung getroffen sind. Die Bestimmungen der §§ 1 und 2 gelten jedoch auch für die in Ziff. 1 Abs. 1 und 2 genannten Gebäude und Räume mit der Maßgabe, daß die Versagung nach § 1 unzulässig ist, wenn gleichwertiger neuer Wohnraum hergestellt wird.

§ 10. Zwangsmietvertrag.

Kommt zwischen dem vom Magistrat (Wohnungsamt) bezeichneten Mietraumsuchenden und dem Verfügungsberechtigten innerhalb einer Woche, nachdem der Mietraumsuchende

dem Verfügungsberechtigten bezeichnet worden ist, ein Mietvertrag nicht zustande, so setzt auf Anrufen des Magistrats (Wohnungsamtes) das Mieteinigungsamt, falls für den Verfügungsberechtigten kein unverhältnismäßiger Nachteil aus der Vermietung an sich oder aus der Art des Mieters zu besorgen ist, einen Mietvertrag fest. Der Vertrag gilt als geschlossen, wenn der Mietraumsuchende nicht innerhalb einer vom Mieteinigungsamte zu bestimmenden Frist bei diesem Widerspruch erhebt. Der Inhalt des Vertrages gilt den Parteien gegenüber als vereinbart. Das Mieteinigungsamt kann anordnen, daß die Stadt Berlin anstelle des Mietraumsuchenden als Mieterin gilt und berechtigt ist, die Mieträume weiterzuvermieten.

Im Falle des § 5 Ziff. 2b ist der Vertrag zwischen dem Hauseigentümer und dem Eingewiesenen oder bei der Beschlagnahme überzähliger Räume ohne Abtrennung zwischen dem Hauptmieter und dem Eingewiesenen abzuschließen.

§ 11. Wohnungstausch.

Wollen Personen, die vor dem 1. Januar 1914 in Deutschland ihren Wohnsitz hatten, oder Personen, bei denen die im § 14 genannten Voraussetzungen vorliegen (auf die bisherige Fassung des § 9 c in der Bekanntmachung über Maßnahmen gegen Wohnungsmangel vom 23. September 1918 [22. Juni 1919] / 11. Mai 1920 [Reichsgesetzbl. S. 949] in Verbindung mit § 18 des Wohnungsmangelgesetzes vom 26. Juli 1923 [Reichsgesetzbl. S. 754] wird verwiesen)[1], ihre selbständigen benutzten Wohnungen innerhalb des Reichsgebietes miteinander tauschen, so sind sie verpflichtet, die Genehmigung der beteiligten Gemeindebehörden unter Beifügung der schriftlich gegebenen Zustimmung der Vermieter vor Durchführung des Tausches einzuholen.

Wird die Zustimmung des Vermieters versagt, so entscheidet das Mieteinigungsamt. Ist die Zustimmung des Vermieters erteilt oder durch das Mieteinigungsamt ersetzt, so hat das Wohnungsamt nach Beibringung aller erforderlichen Unterlagen innerhalb einer Frist von 14 Tagen die Genehmigung zu erteilen; bei Überschreitung dieser Frist gilt die Genehmigung als erteilt. Die Vorschriften über die zulässige Belegung und Benutzung behalten Gültigkeit.

[1]) Abgedruckt oben zu Ca § 8 Anm. 1.

§ 12. Räumung in Anspruch genommener Räume.

Die Inhaber der nach § 5 Abs. 1 a bis d und § 7 in Anspruch genommenen Räume haben diese innerhalb einer angemessenen, von dem Magistrat (Wohnungsamt) zu bestimmenden Frist zu räumen. Die Frist ist so zu bemessen, daß der Inhaber die Möglichkeit hat, die in den Räumen befindlichen Gegenstände anderweit unterzubringen und die für die Umstellung seiner persönlichen Verhältnisse erforderlichen Maßnahmen zu treffen. Sie soll in der Regel zwei Wochen betragen.

§ 13. Zwangsräumung. Entfernung widerrechtlich zugezogener Personen.

Wer eine Wohnung oder sonstige Räume der im § 2 Ziff. 1 a gedachten Art unter Außerachtlassung der Bestimmungen dieser oder der bisher gültigen Anordnungen und Bekanntmachungen bezogen oder in Gebrauch genommen hat, sowie derjenige, der die Räume nach Fortzug des Hauptmieters weiterbenutzt, kann von dem zuständigen Wohnungsamt innerhalb einer angemessenen Frist zwangsweise oder im Wege unmittelbaren polizeilichen Zwanges daraus entfernt werden. Dies gilt auch für denjenigen, der unter Vorspiegelung eines Tausches eine Wohnung bezogen hat[1].

[1]) Dazu der an den Oberpräsidenten von Berlin gerichtete

Erlaß des preuß. Volkswohlfahrtsministers, betr. Durchführung der Bestimmung in § 13 des Berliner Wohnungsnotrechts vom 18. August 1924.

Vom 29. November 1924 — II 6 IIa 281 — (nicht amtlich veröffentlicht).

Nach obenbezeichneter Vorschrift kann das Wohnungsamt denjenigen, der eine Wohnung unter Vorspiegelung eines Tausches bezogen hat, aus dieser zwangsweise entfernen. Ich habe Veranlassung, darauf hinzuweisen, daß derjenige, dessen Tauschpartner die eingetauschte Wohnung aus irgendwelchen Gründen nicht bezogen hat, nicht ohne weiteres als bösgläubig im Sinne der angeführten Bestimmung anzusehen ist. Voraussetzung hierfür ist vielmehr, daß begründeter Verdacht einer Wohnungsschiebung besteht. Zur Vermeidung unnötiger Beschwerden ersuche ich ergebenst, den Magistrat Berlin hierauf besonders aufmerksam zu machen.

§ 14. Bevorzugte Berücksichtigung bei Verteilung des vorhandenen Wohnraums.

a) Deutsche, die aus dem Ausland oder aus einem besetzten oder infolge des Friedensschlusses aus dem Reichsgebiet ausgeschiedenen oder einem einer anderen Verwaltung unterstehenden Landesteile vertrieben worden sind, sind von den Gemeinden bei der Unterbringung der Wohnungsuchenden vorzugsweise zu berücksichtigen.

Als vertrieben im Sinne des Abs. 1 gelten nur

1. diejenigen, welche infolge Ausweisungsbefehls der fremden Macht das Gebiet verlassen mußten,
2. diejenigen, denen der Aufenthalt in den Gebieten durch sonstige Maßnahmen der Behörde oder andere gleichzwingende Gründe unmöglich gemacht worden ist,

3. diejenigen, welche bei Ausbruch oder während des Krieges in den Gebieten gewohnt, sie alsdann verlassen haben und infolge von Maßnahmen der dortigen Behörden nicht zurückkehren konnten.

Als ein gleichzwingender Grund im Sinne des Abs. 2 Nr. 2 ist der allgemeine Verfall des Wirtschaftslebens in diesen Gebieten nicht anzusehen.

Die Eigenschaft als Vertriebener ist durch eine amtliche Bescheinigung festzustellen. Die obersten Landesbehörden bestimmen die Stellen, welche zur Ausstellung der Bescheinigung berechtigt sind. Von der Beibringung der amtlichen Bescheinigung sind befreit alle Deutsche, die beim Inkrafttreten des Wohnungsmangelgesetzes vom 26. Juli 1923 im Besitze von amtlichen Flüchtlingspapieren waren.

Der Anspruch nach Abs. 1 erlischt, sobald der Vertriebene eine Wohnung bezogen hat, sofern es sich nicht lediglich um eine Notwohnung handelt.

b) Familien mit 3 oder mehr in der häuslichen Gemeinschaft lebenden Kindern sind ebenfalls als „vorzugsweise zu berücksichtigende" anzusehen.

c) Ferner die in der Verordnung des Ministers für Volkswohlfahrt vom 16. Juni 1923 genannten Personen[1].

[1]) Versetzte Beamte und Reichswehrangehörige, oben zu Kk; jetzt vom 29. 5. 25, oben zu Kl.

§ 15. Hotels.

Die Verwendung von Hotels zu anderen Zwecken als denen des Hotelbetriebes, insbesondere zu Geschäfts- und Bürozwecken bedarf der Genehmigung des Oberpräsidenten. Dies gilt nicht im Falle des § 5 Ziff. 1 d[1].

[1]) Vgl. auch oben zu Kc.

§ 16. Anzeigepflicht von Mietverträgen.

1. Jeder Abschluß eines neuen Mietvertrages (auch Untermietvertrages) über[1] leere oder möblierte Wohnungen, selbständige Wohnungsteile und über leere Zimmer, die zur Vermietung bestimmt sind, ist vom Mieter binnen einer Woche nach Abschluß des Vertrages unter Vorlegung des Originalvertrages dem Magistrat (Wohnungsamt) zur Genehmigung mitzuteilen. Die Anzeigepflicht des Mieters kann auch durch Anzeige des Vermieters erfüllt werden.

2. Verträge der im § 9 genannten Stellen über die Ermietung von Gebäuden oder Gebäudeteilen zu öffentlichen Zwecken sind hiervon ausgenommen.

---

[1]) So der Text laut „Berichtigung" des Magistrats v. 3. 9. 24 (GemBl. 213). In der ursprünglichen Fassung hieß es:

„Jeder Abschluß eines neuen Mietvertrages, auch Untermietvertrages über . . ."

§ 17. Gewerbsmäßige Vermittelung von Mieträumen.

Es ist verboten:

a) möblierte oder unmöblierte Wohnungen und Teile von Wohnungen, die sich als selbständige Wohngelegenheiten von der Hauptwohnung abtrennen lassen, sowie unmöblierte Zimmer und vermietbare Räume anderer Art, die der öffentlichen Bewirtschaftung unterliegen — also auch Werkstätten, Fabrik-, Lager-, Dienst-, Büro-, Geschäftsräume, Läden oder sonstige Räume —, ohne Genehmigung des Wohnungsamtes anderen Personen zu vermitteln oder die Vermittelung solcher Räume anzubieten,

b) das Mieten von leeren und möblierten Wohnungen zum Zwecke des gewerbsmäßigen Weitervermietens.

§ 18. Form der Verfügungen. Zwangsmittel.

Die zur Bekämpfung des Wohnungsmangels getroffenen Verfügungen sind mit schriftlicher, tatsächlicher und rechtlicher Begründung dem Betroffenen zuzustellen. Sie können im Wege unmittelbaren polizeilichen Zwanges durchgeführt werden.

§ 19. Strafbestimmungen.

Auf Grund des § 17 des Wohnungsmangelgesetzes vom 26. Juli 1923 und der Verordnung über Vermögensstrafen und Bußen vom 23. November 1923 (Reichsgesetzbl. I S. 1117) bezw. 6. Februar 1924 (Reichsgesetzbl. I S. 44) wird mit Geldstrafe und mit Gefängnis oder mit einer dieser Strafen bestraft:

1. wer den Bestimmungen des § 1 dieser Bekanntmachung zuwiderhandelt,
2. wer eine ihm gemäß § 2 Ziff. 1 a bis c dieser Bekanntmachung obliegende Verpflichtung vorsätzlich nicht oder nicht rechtzeitig erfüllt oder wissentlich unrichtige oder unvollständige Angaben macht,
3. wer den in dem § 3 Ziff. 1, § 4, § 6 Ziff. 2 und 4, § 16 Ziff. 1 und § 17 enthaltenen Anordnungen zuwiderhandelt.

§ 20. Neubauten.

1. Neubauten oder durch Um- oder Einbauten neugeschaffene Räume unterliegen den Bestimmungen dieser Bekanntmachung nicht, wenn sie nach dem 1. Juli 1918 bezugsfertig geworden sind oder künftig bezugsfertig werden.

2. Als Datum der Fertigstellung des Neubaues gilt das Datum der baupolizeilichen Gebrauchsabnahmebescheinigung.

§ 21. Inkrafttreten und Übergangsbestimmung.

1. Diese Bekanntmachung tritt am 1. September 1924 in Kraft. An demselben Tage erlischt die Bekanntmachung des

Magistrats zum Schutze der Mieter und über Maßnahmen gegen den Wohnungsmangel in der Fassung vom 12. Mai 1921 / 17. September 1922 / 10. April 1924[1] sowie sämtliche dieser Bekanntmachung entgegenstehenden Vorschriften, mit Ausnahme des § 16 der erwähnten Bekanntmachung des Magistrats[1], der für die Fälle des § 51 Abs. 2 des Gesetzes über Mieterschutz und Mieteinigungsämter vom 1. Juni 1923[2] weiter in Kraft bleibt.

2. Maßnahmen, die der Magistrat (Wohnungsamt) auf Grund der Bekanntmachung zum Schutze der Mieter und über Maßnahmen gegen den Wohnungsmangel (Groß-Berliner Wohnungsnotrecht) vom 12. Mai 1921 / 17. September 1922 / 10. April 1924[1] getroffen hat, sind nach den bisherigen Vorschriften zu erledigen.

---

[1]) Oben zu Qa. [2]) Oben zu Ea, Eg.

Berlin, den 18. August 1924.

Der Magistrat.

Wege.

Qc.

Berliner Wohnungsnotrecht.

Vom 30. Dezember 1924
(GemBl. Sonderausgabe v. 31. 12. 24)*).
In Kraft seit 1. 1. 25.

Auf Grund der Ermächtigung des Preußischen Ministers für Volkswohlfahrt vom 23. Dezember 1924 — II 7. 1910 — wird folgendes bekanntgemacht:

---

*) Ersetzt durch Qd.

§ 1. Erhaltung des verfügbaren Wohnraums.

Ohne vorherige Zustimmung des Magistrats (Wohnungsamtes) dürfen

a) Gebäude oder Teile von Gebäuden nicht abgebrochen,
b) mehrere Wohnungen zu einer nicht vereinigt oder Wohnräume in Geschäftsräume nicht verwandelt werden.

Räume, die bis zum 1. Oktober 1918 zu Wohnzwecken bestimmt oder benutzt waren, dürfen zu anderen Zwecken, insbesondere als Fabrik-, Lager-, Werkstätten-, Dienst-, Büro-, Geschäftsräume oder Läden nicht verwendet werden. In besonderen Fällen kann der Magistrat (Wohnungsamt) Ausnahmen zulassen, wenn für den beanspruchten Raum neuer Wohnraum hergestellt wird.

§ 2. Anzeige- und Auskunftspflicht. Unbenutzte Räume.

1. Hausbesitzer oder ihre Stellvertreter oder sonstige Verfügungsberechtigte haben

a) binnen drei Tagen schriftlich Anzeige zu erstatten, sobald eine leere oder möblierte Wohnung, auch wenn sie mit einem Laden oder anderen Räumen zusammenhängt, oder einzelne leere Zimmer, die nicht Teile einer selbständigen Wohnung sind, frei oder unbenutzt sind, oder sobald feststeht, daß sie zu einem bestimmten Termin von dem bisherigen Inhaber verlassen werden,

b) auf Verlangen den mit Lichtbildausweis versehenen Beauftragten des Magistrats (Wohnungsamtes) jederzeit über die Zahl, Lage und Größe der Räume zu a Auskunft zu erteilen,

c) auf Verlangen den mit Lichtbildausweis versehenen Beauftragten des Magistrats (Wohnungsamtes) über Räume zu a, sowie über das Verfügungsrecht über diese

Räume unter Vorlegung etwaiger Verträge Auskunft zu erteilen und ihm[1], sowie den vom Magistrat (Wohnungsamt) bezeichneten Wohnungsuchenden, sofern diese einen Besichtigungs- oder Zuweisungsschein des Magistrats (Wohnungsamtes) vorzeigen, die Besichtigung zu gestatten.

2. Die Anzeige zu 1 a gilt als erfolgt mit dem Tage des Eingangs bei dem zuständigen Wohnungsamt.

3. a) Als unbenutzt gelten Wohnungen und Räume der zu 1 a bezeichneten Art, wenn sie völlig leerstehen oder nur zur Aufbewahrung von Sachen dienen, sofern dem Verfügungsberechtigten eine andere Aufbewahrung ohne Härte zugemutet werden kann, oder wenn der Verfügungsberechtigte seinen Wohnsitz dauernd oder zeitweilig in das Ausland verlegt hat.

b) Als unbenutzt gelten untervermietete oder unentgeltlich abgegebene Räume, wenn der Hauptmieter die Wohnung (Mietsache) aufgibt oder länger als drei Monate nicht benutzt.

c) Wohnungen gelten auch dann als unbenutzt, wenn der Verfügungsberechtigte gestorben ist. Dies gilt nicht, wenn ein volljähriger Erbe zum Hausstande des Erblassers gehört hat oder wenn ein volljähriger Abkömmling des Verfügungsberechtigten Erbe geworden ist und in der Dringlichkeitsliste eines der Wohnungsämter Berlins eingetragen ist; die Bestimmungen unter a und b finden jedoch auch in diesen Fällen Anwendung.

[1]) Druckfehler; muß heißen: „ihnen".

§ 3. Verfügungsrecht über unbenutzte und freiwerdende Wohnräume.

1. Der Verfügungsberechtigte darf über unbenutzte oder freiwerdende Räume der im § 2 Ziff. 1 a bezeichneten Art erst verfügen, nachdem der Magistrat (Wohnungsamt) erklärt

hat, daß er die Räume für Wohnungsuchende nicht in Anspruch nehmen will, oder nachdem zwei Wochen seit erfolgter schriftlicher Anzeige verstrichen sind, ohne daß der Magistrat (Wohnungsamt) dem Verfügungsberechtigten gegenüber sich erklärt [oder von dem ihm im § 7 dieser Bekanntmachung eingeräumten Rechte Gebrauch gemacht][1] hat. Die Frist beginnt nicht zu laufen, wenn die in der Anzeige gemachten Angaben unzutreffend sind.

2a. Wohnungen, die — abgesehen von Küche, Nebengelaß und Mädchenkammer — 5 oder mehr Wohnräume enthalten, können für den Fall ihres Freiwerdens innerhalb eines Monats nach Erstattung der Anzeige (§ 2 Ziff. 1 a) von dem Verfügungsberechtigten an einen Wohnungsuchenden frei vermietet werden, der sich im Besitze einer von einem Berliner Wohnungsamt ausgestellten, auf die entsprechende Zimmerzahl lautenden Ausweiskarte befindet. Hat der Verfügungsberechtigte dem Wohnungsamt innerhalb dieser Frist von einem Monat den Abschluß eines Mietvertrages mit einem Mietberechtigten nicht angezeigt (§ 16), so hat das Wohnungsamt das Recht, die Räume für Wohnungsuchende in Anspruch zu nehmen.

2b. Die Anordnung des Ministers für Volkswohlfahrt vom 16. Juni 1923, betr. Unterbringung versetzter Beamter[2], wird von vorstehender Regelung nicht berührt. Daher steht das Verfügungsrecht auch über eine Wohnung von fünf oder mehr Zimmern, die durch Versetzung, Tod oder Ausscheiden eines planmäßigen oder außerplanmäßigen unmittelbaren Reichs- oder Staatsbeamten oder eines Reichswehrangehörigen frei wird, während der ersten drei Wochen, nachdem das Wohnungsamt der vorgesetzten Behörde des Beamten oder Reichswehrangehörigen von dem Freiwerden Mitteilung gemacht hat, der vorgesetzten Behörde zu. Erst nach Ablauf dieser dreiwöchigen Frist kommt, falls die vorgesetzte

Behörde über die Wohnung nicht verfügt hat, das Verfahren des Abs. a zur Anwendung.

3. Werden vor dem 1. Juli 1918 bezugsfertig gewordene Räume, die im Eigentum von Gesellschaften oder Genossenschaften der im § 16 Abs. 1 Satz 3 des Reichsmietengesetzes[3] bezeichneten Art stehen, von dem Magistrat (Wohnungsamt) für Wohnungsuchende in Anspruch genommen, so ist der Magistrat (Wohnungsamt) zu deren Bezeichnung erst dann berechtigt, wenn die Gesellschaft oder Genossenschaft die Räume nicht innerhalb einer Frist von 2 Wochen seit erfolgter schriftlicher Anzeige an einen Wohnungsuchenden vergibt, der bereits seit mindestens einem Jahre der Gesellschaft oder der Genossenschaft als Mitglied angehört.

---

[1]) Die umklammerten Worte sind durch „Berichtigung" des Magistrats v. 7. 1. 25 (GemBl. 9) gestrichen worden.

[2]) Oben zu Kk, jetzt Kl.

[3]) Oben zu Ac.

§ 4. Doppelwohnungen.

Jeder, der mehrere Wohnungen in Berlin oder innerhalb und außerhalb Berlins besitzt, hat davon dem Magistrat (Wohnungsamt) Anzeige zu erstatten und dabei anzugeben, welche Wohnung er als seine Hauptwohnung zu behalten wünscht. Wird in der Anzeige keine Wohnung als Hauptwohnung bezeichnet oder wird die Anzeige unterlassen, so ist der Magistrat (Wohnungsamt) berechtigt, nach Mahnung durch Einschreibebrief mit Rückschein und gleichzeitiger Festsetzung einer angemessenen Frist nach Ablauf derselben zu bestimmen, welche Wohnung als Hauptwohnung anzusehen ist. Liegt eine der Wohnungen nicht in Berlin, aber in der Provinz Brandenburg, so hat, wenn das Wahlrecht nicht ausgeübt wird, die Entscheidung darüber, welche Wohnung als Hauptwohnung anzusehen ist, der Oberpräsident der

Provinz Brandenburg und von Berlin zu treffen. Falls die außerhalb Berlins gelegene Wohnung nicht in der Provinz Brandenburg liegt, steht unter der gleichen Voraussetzung diese Entscheidung dem Preußischen Minister für Volkswohlfahrt und, falls sie nicht innerhalb des preußischen Staatsgebietes liegt, dem Reichsarbeitsminister zu.

§ 5. Inanspruchnahme von Wohnräumen.

1. Zur Unterbringung wohnungsuchender Personen kann der Magistrat (Wohnungsamt) in Anspruch nehmen:

a) unbenutzte Wohnungen oder unbenutzte Räume der im § 2 Ziff. 1 a bezeichneten Art,

b) Wohnungen, die nach § 4 nicht als Hauptwohnungen gelten,

c) Räume, die zu unsittlichen oder gesetzwidrigen Zwecken benutzt werden[1]. Die Inanspruchnahme kann auch auf Räume erstreckt werden, die mit derartigen Räumen im Zusammenhange stehen oder als ihre Nebenräume anzusehen sind oder die nur mittelbar zu unsittlichen oder gesetzwidrigen Zwecken verwendet worden sind.

2. Der Magistrat (Wohnungsamt) ist berechtigt, vorbehaltlich der Verpflichtung zur Wiederherstellung des früheren Zustandes in den gemäß Abs. 1 a bis c in Anspruch genommenen Räumen auf eigene Kosten bauliche Veränderungen durchzuführen, soweit diese erforderlich sind, um die Räume für den mit der Inanspruchnahme verfolgten Zweck herzurichten. Dem Verfügungsberechtigten ist von der beabsichtigten Änderung Mitteilung zu machen. Die Anordnung baulicher Veränderungen soll nur nach Anhörung des Verfügungsberechtigten erfolgen und nach Möglichkeit die Schaffung eines dauernd verwertbaren Zustandes anstreben.

---

[1]) Vgl. dazu auch oben zu D und Lb.

§ 6. Dienst- und Werkwohnungen.

1. Die Inanspruchnahme von Räumen, die zur Unterbringung von Angehörigen eines Betriebes von dem Inhaber des Betriebes errichtet oder vor dem 1. Juli 1918 zu diesen Zwecken von ihm zu Eigentum erworben oder gemietet worden sind, ist nur zulässig, wenn solche Räume länger als vier Wochen nicht benutzt sind und keine sichere Aussicht auf die Benutzung innerhalb der nächsten vier Wochen besteht.

2. Die in Ziff. 1 bezeichneten Räume unterliegen der Anzeigepflicht gemäß § 2 Ziff. 1 a erst nach Ablauf der in Ziff. 1 genannten Frist von vier Wochen.

3. Soweit es sich um die Unterbringung von Personen handelt, die vor dem 1. Januar 1914 ihren Wohnsitz in Deutschland nicht hatten, oder zu den im § 14 genannten Personen nicht gehören, bedarf der Inhaber des Betriebes der Zustimmung des Magistrats (Wohnungsamtes), es sei denn, daß es sich um die Belegung von Räumen handelt, die für die besonderen Zwecke, als Unterbringung von Wanderarbeitern oder ähnlichen Personen, errichtet sind.

4. Pförtnerwohnungen, bei denen die Gewährung freier Wohnung ein Bestandteil des mit dem Pförtner abgeschlossenen Dienstvertrages ist, gelten als Werkwohnungen im Sinne der Ziff. 1 mit der Maßgabe, daß die Verfügung über sie der vorherigen Zustimmung des Magistrats (Wohnungsamtes) bedarf.

Als Pförtnerwohnungen kommen nur solche Wohnungen in Frage, die bis zu dem Augenblicke des Freiwerdens als Pförtnerwohnungen gedient haben.

§ 7. Inanspruchnahme von anderen als Wohnräumen.

1. Auf Anfordern des Magistrats (Wohnungsamtes) hat der Verfügungsberechtigte der Stadt Berlin unbenutzte

Fabrik-, Lager-, Werkstätten-, Dienst-, Büro-, Geschäftsräume, Läden oder sonstige Räume (auch Dachgeschosse), falls sie länger als drei Monate leerstehen, zur Herrichtung als Wohnräume gegen Vergütung zu überlassen. Das Mieteinigungsamt bestimmt die Höhe der Vergütung und die Zahlungsbedingungen, wenn eine Einigung hierüber nicht zustande kommt. Die Stadt Berlin ist berechtigt, den Gebrauch der hergerichteten Räume einem Dritten zu überlassen, insbesondere sie zu vermieten.

Die Bestimmung des § 2 Ziff. 3 a und b sowie die Bestimmung des § 5 Ziff. 2 Satz 2 und 3 gilt entsprechend.

2. Nach Fortfall der dem Magistrat erteilten Ermächtigung sind dem Verfügungsberechtigten die Räume in angemessener Frist zurückzugeben. Die Frist bestimmt, wenn eine Einigung nicht zustande kommt, das Mieteinigungsamt. Auf Verlangen des Berechtigten hat die Stadt Berlin den der früheren Zweckbestimmung und Ausstattung entsprechenden Zustand der Räume wiederherzustellen, es sei denn, daß ein schriftliches Einvernehmen über die vorgenommenen Änderungen erzielt war.

§ 8. Wechsel in der Person des Verfügungsberechtigten.

Die Inanspruchnahme bleibt auch bei einem Wechsel der Person des Verfügungsberechtigten wirksam.

§ 9. Öffentliche Gebäude.

1. Die Inanspruchnahme von Gebäuden oder Räumen, die im Eigentum oder in der Verwaltung des Reiches oder eines Landes oder im Eigentum oder in der Verwaltung einer Körperschaft des öffentlichen Rechtes stehen und öffentlichen Zwecken oder zur Unterbringung von Angehörigen der Verwaltung des Reiches, des Landes oder der Körperschaft zu dienen bestimmt sind, ist nur zulässig, wenn von der

zuständigen Reichs- oder Landesbehörde kein Einspruch erhoben wird. Diese Behörden entscheiden auch, ob die im Satz 1 erwähnten Voraussetzungen im Einzelfalle vorliegen. Ist Einspruch erhoben, so entscheidet bei Gebäuden oder Räumen, die zur Verfügung des Reiches stehen, die Reichsregierung, im übrigen die Landesregierung.

Die Bestimmungen des Abs. 1 finden auf Gebäude und Räume, die im Eigentum oder in der Verwaltung gemeinnütziger Anstalten und Stiftungen sowie gemeinnütziger, nicht auf Erwerb gerichteter Organisationen stehen, oder die religiösen oder anerkannt gemeinnützigen oder mildtätigen Zwecken dienen, entsprechend Anwendung.

2. Die Bestimmungen zu Ziff. 1 Abs. 1 und 2 gelten auch für andere Anordnungen und Maßnahmen, die auf Grund dieser Bekanntmachung getroffen sind. Die Bestimmungen der §§ 1 und 2 gelten jedoch auch für die in Ziff. 1 Abs. 1 und 2 genannten Gebäude und Räume mit der Maßgabe, daß die Versagung nach § 1 unzulässig ist, wenn gleichwertiger neuer Wohnraum hergestellt wird.

§ 10. Zwangsmietvertrag.

Kommt zwischen dem vom Magistrat (Wohnungsamt) bezeichneten Wohnungsuchenden und dem Verfügungsberechtigten innerhalb einer Woche, nachdem der Wohnungsuchende dem Verfügungsberechtigten bezeichnet worden ist, ein Mietvertrag nicht zustande, so setzt auf Anrufen des Magistrats (Wohnungsamtes) das Mieteinigungsamt, falls für den Verfügungsberechtigten kein unverhältnismäßiger Nachteil aus der Vermietung an sich oder aus der Art des Mieters zu besorgen ist, einen Mietvertrag fest. Der Vertrag gilt als geschlossen, wenn der Wohnungsuchende nicht innerhalb einer vom Mieteinigungsamt zu bestimmenden Frist bei diesem Widerspruch erhebt. Der Inhalt des Vertrages gilt den Parteien gegenüber als vereinbart. Das Mieteinigungsamt kann anordnen, daß die Stadt Berlin an Stelle des Wohnungsuchenden als Mieterin gilt und berechtigt ist, die Mieträume weiter zu vermieten.

§ 11. Wohnungstausch.

Wollen Personen, die vor dem 1. Januar 1914 in Deutschland ihren Wohnsitz hatten, oder Personen, bei denen die im § 14 genannten Voraussetzungen vorliegen (auf die bisherige Fassung des § 9 c in der Bekanntmachung über Maßnahmen gegen Wohnungsmangel vom 23. September 1918 [22. Juni 1919] / 11. Mai 1920 [Reichsgesetzbl. S. 949] in Verbindung mit § 18 des Wohnungsmangelgesetzes vom 26. Juli 1923 [Reichsgesetzbl. S. 754] wird verwiesen)[1], ihre selbständigen benutzten Wohnungen innerhalb des Reichsgebietes miteinander tauschen, so sind sie verpflichtet, die Genehmigung der beteiligten Gemeindebehörden unter Beifügung der schriftlich gegebenen Zustimmung der Vermieter vor Durchführung des Tausches einzuholen.

Wird die Zustimmung des Vermieters versagt, so entscheidet das Mieteinigungsamt. Ist die Zustimmung des Vermieters erteilt oder durch das Mieteinigungsamt ersetzt, so hat das Wohnungsamt nach Beibringung aller erforderlichen Unterlagen innerhalb einer Frist von vierzehn Tagen die Genehmigung zu erteilen; bei Überschreitung dieser Frist gilt die Genehmigung als erteilt.

[1]) Abgedruckt oben zu Ca § 8 Anm. 1.

§ 12. Räumung in Anspruch genommener Räume.

Die Inhaber der nach § 5 Abs. 1 a bis c und § 7 in Anspruch genommenen Räume haben diese innerhalb einer angemessenen, von dem Magistrat (Wohnungsamt) zu bestimmenden Frist zu räumen. Die Frist ist so zu bemessen, daß der Inhaber die Möglichkeit hat, die in den Räumen befindlichen Gegenstände anderweit unterzubringen und die für die Umstellung seiner persönlichen Verhältnisse erforderlichen Maßnahmen zu treffen. Sie soll in der Regel zwei Wochen betragen.

§ 13. Zwangsräumung. Entfernung widerrechtlich zugezogener Personen.

Wer eine leere oder möblierte Wohnung oder leere Zimmer, die nicht Teile einer selbständigen Wohnung sind, unter Außerachtlassung der Bestimmungen dieser oder der bisher gültigen Anordnungen und Bekanntmachungen bezogen oder in Gebrauch genommen hat, sowie derjenige, der die Räume nach Fortzug des Hauptmieters weiterbenutzt, kann von dem zuständigen Wohnungsamt innerhalb einer angemessenen Frist zwangsweise oder im Wege unmittelbaren polizeilichen Zwanges daraus entfernt werden. Dies gilt auch für denjenigen, der unter Vorspiegelung eines Tausches eine Wohnung bezogen hat[1].

[1]) Vgl. dazu oben zu Qb § 13 Anm. 1.

§ 14. Bevorzugte Berücksichtigung bei Verteilung des vorhandenen Wohnraumes.

1. Deutsche, die aus dem Ausland oder aus einem besetzten oder infolge des Friedensschlusses aus dem Reichsgebiet ausgeschiedenen oder einem einer anderen Verwaltung unterstehenden Landesteile vertrieben worden sind, sind bei der Unterbringung der Wohnungsuchenden vorzugsweise zu berücksichtigen.

Als vertrieben im Sinne der Ziff. 1 Abs. 1 gelten nur:

a) diejenigen, welche infolge Ausweisungsbefehls der fremden Macht das Gebiet verlassen mußten,

b) diejenigen, denen der Aufenthalt in den Gebieten durch sonstige Maßnahmen der Behörde oder andere gleichzwingende Gründe unmöglich gemacht worden ist,

c) diejenigen, welche bei Ausbruch oder während des Krieges in den Gebieten gewohnt, sie alsdann verlassen haben und infolge von Maßnahmen der dortigen Behörden nicht zurückkehren konnten.

Als ein gleichzwingender Grund im Sinne des Abs. 2 Nr. 2 ist der allgemeine Verfall des Wirtschaftslebens in diesen Gebieten nicht anzusehen.

Die Eigenschaft als Vertriebener ist durch eine amtliche Bescheinigung festzustellen. Die obersten Landesbehörden bestimmen die Stellen, welche zur Ausstellung der Bescheinigung berechtigt sind. Von der Beibringung der amtlichen Bescheinigung sind befreit alle Deutschen, die beim Inkrafttreten des Wohnungsmangelgesetzes vom 26. Juli 1923[1] im Besitze von amtlichen Flüchtlingspapieren waren.

Der Anspruch nach Abs. 1 erlischt, sobald der Vertriebene eine Wohnung bezogen hat, sofern es sich nicht lediglich um eine Notwohnung handelt.

2. Als vorzugsweise zu berücksichtigende Wohnungsuchende sind ferner anzusehen:

a) Familien mit drei oder mehr in der häuslichen Gemeinschaft lebenden Kindern,

b) die in der Verordnung des Ministers für Volkswohlfahrt vom 16. Juni 1923 genannten Personen[2].

---

[1]) d. i. 1. 9. 23, oben zu Ca.

[2]) Versetzte Beamte und Reichswehrangehörige, oben zu Kk, jetzt vom 29. 5. 25, oben zu Kl.

§ 15. Hotels.

Die Verwendung von Hotels zu anderen Zwecken als denen des Hotelbetriebes, insbesondere zu Geschäfts- und Bürozwecken, bedarf der Genehmigung des Oberpräsidenten. Dies gilt nicht im Falle des § 5 Ziff. 1 c[1].

---

[1]) Vgl. auch oben zu Kc.

§ 16. Anzeige und Genehmigung von Mietverträgen.

1. Jeder Abschluß eines neuen Mietvertrages (auch Untermietvertrages) über leere oder möblierte Wohnungen und über leere Zimmer, die nicht Teile einer selbständigen Wohnung sind, ist vom Mieter binnen einer Woche nach Abschluß des Vertrages unter Vorlegung des Originalvertrages dem Magistrat (Wohnungsamt) zur Genehmigung mitzuteilen. Der Anzeigepflicht des Mieters wird durch Anzeige des Vermieters genügt.

2. Verträge der im § 9 genannten Stellen über die Ermietung von Gebäuden oder Gebäudeteilen zu öffentlichen Zwecken sind hiervon ausgenommen.

§ 17. Gewerbsmäßige Vermittlung von Wohnräumen.

Es ist verboten:

a) möblierte oder unmöblierte Wohnungen von weniger als fünf Zimmern sowie leere Zimmer, die nicht Teile einer selbständigen Wohnung sind, ohne Genehmigung des Wohnungsamtes anderen Personen gewerbsmäßig zu vermitteln oder die Vermittlung solcher Räume anzubieten,

b) das Mieten von leeren und möblierten Wohnungen zum Zwecke des gewerbsmäßigen Weitervermietens.

§ 18. Form der Verfügungen. Zwangsmittel.

Die zur Bekämpfung des Wohnungsmangels getroffenen Verfügungen sind mit schriftlicher, tatsächlicher und rechtlicher Begründung dem Betroffenen zuzustellen. Sie können zwangsweise oder im Wege unmittelbaren polizeilichen Zwanges durchgeführt werden.

§ 19. Strafbestimmungen.

Auf Grund des § 17 des Wohnungsmangelgesetzes vom 26. Juli 1923[1] und der Verordnung über Vermögensstrafen und Bußen von 23. November 1923 (Reichsgesetzbl. I S. 1117) bezw. 6. Februar 1924 (Reichsgesetzbl. I S. 44) wird mit Geldstrafe und mit Gefängnis oder mit einer dieser Strafen bestraft:

1. wer den Bestimmungen des § 1 dieser Bekanntmachung zuwiderhandelt,
2. wer eine ihm gemäß § 2 Ziff. 1 a bis c dieser Bekanntmachung obliegende Verpflichtung vorsätzlich nicht oder nicht rechtzeitig erfüllt oder wissentlich unrichtige oder unvollständige Angaben macht,
3. wer den in dem § 3 Ziff. 1, § 4, § 6 Ziff. 2 und 4, § 16 Ziff. 1 und § 17 enthaltenen Anordnungen zuwiderhandelt.

[1]) Oben zu Ca.

§ 20. Neubauten.

1. Neubauten oder durch Um- oder Einbauten neugeschaffene Räume unterliegen den Bestimmungen dieser Bekanntmachung nicht, wenn sie nach dem 1. Juli 1918 bezugsfertig geworden sind oder künftig bezugsfertig werden.

2. Als Datum der Fertigstellung des Neubaues gilt das Datum der baupolizeilichen Gebrauchsabnahmebescheinigung.

§ 21. Inkrafttreten und Übergangsbestimmungen.

1. Diese Bekanntmachung tritt mit dem 1. Januar 1925 in Kraft. Mit dem gleichen Zeitpunkt erlischt die Bekanntmachung des Magistrats vom 18. August 1924[1].

2. Maßnahmen, die der Magistrat (Wohnungsamt) auf Grund der Bekanntmachung zum Schutze der Mieter und über Maßnahmen gegen den Wohnungsmangel (Groß-Berliner Wohnungsnotrecht) vom 12. Mai 1921, 17. September 1922, 10. April 1924[2] oder auf Grund der Bekanntmachung des Magistrats vom 18. August 1924[1] getroffen hat, sind nach den bisherigen Vorschriften zu erledigen.

Soweit bis zum 20. Dezember 1924 die Inanspruchnahme von Teilen übergroßer Wohnungen ausgesprochen oder durchgeführt worden ist, behält es bei den bisherigen Bestimmungen und dem durch die Inanspruchnahme geschaffenen Zustand sein Bewenden. Dies gilt auch bei einem Wechsel in der Person desjenigen, dem gegenüber die Inanspruchnahme ausgesprochen oder durchgeführt worden ist.

3. § 16 der Bekanntmachung des Magistrats vom 12. Mai 1921, 17. September 1922, 10. April 1924[2] bleibt für die Fälle des § 51 Abs. 2 des Gesetzes über Mieterschutz und Mieteinigungsämter vom 1. Juni 1923[3] in Kraft.

[1]) Oben zu Qb.
[2]) Oben zu Qa.
[3]) Oben zu Ea, Eg.

Berlin, den 30. Dezember 1924.

Magistrat.

Qd.

Berliner Wohnungsnotrecht.

Vom 21. Mai 1927 (GemBl. 204).

In Kraft seit 1. 6. 27.

Mit der Abänderung vom 7. November 1927 (GemBl. 469).

Auf Grund der mit Zustimmung des Reichsarbeitsministers gemäß den §§ 1, 6 und 10 des Wohnungsmangelgesetzes vom 26. Juli 1923 (Reichsgesetzbl. I S. 754) erteilten Ermächtigung des Preußischen Ministers für Volkswohlfahrt vom 12. Mai 1927 — II 7. 422 — wird hiermit folgendes angeordnet:

§ 1. Erhaltung des Wohnraumes.

(1) Ohne vorherige Zustimmung des Wohnungsamtes dürfen

a) Gebäude oder Teile von Gebäuden nicht abgebrochen,
b) mehrere Wohnungen zu einer nicht vereinigt oder Wohnräume in Geschäftsräume nicht verwandelt werden.

(2) Räume, die bis zum 1. Oktober 1918 zu Wohnzwecken bestimmt oder benutzt waren, dürfen zu anderen Zwecken, insbesondere als Fabrik-, Lager-, Werkstätten-, Dienst- oder Geschäftsräume nicht verwendet werden. In besonderen Fällen kann das Wohnungsamt mit Zustimmung des Oberpräsidenten Ausnahmen zulassen, wenn dem Wohnungsamt für die beanspruchten Räume gleichwertige Wohnräume oder entsprechende Geldbeträge zur Herstellung neuer Wohnräume überlassen werden.

(3) Einzelne Räume einer Wohnung darf der Verfügungsberechtigte auch zu anderen als Wohnzwecken verwenden, sofern sie von den übrigen Räumen nicht abgetrennt werden

und diese ihrer ursprünglichen Bestimmung als Wohnräume erhalten bleiben, so daß der Gesamtcharakter der Wohnung als solcher gewahrt bleibt.

(4) Bei Zuwiderhandlungen ist der Verfügungsberechtigte verpflichtet, den früheren Zustand wiederherzustellen, sofern nicht auf Grund besonderen Antrages nach Abs. 2 Satz 2 verfahren wird.

§ 2. Umgrenzung des Begriffs der Wohnung.

(1) Den Bestimmungen dieser Bekanntmachung unterliegen Wohnungen auch dann, wenn sie mit einem Laden oder anderen Räumen zusammenhängen.

(2) Einzelne leere Zimmer, die nicht Teile einer selbständigen Wohnung sind, gelten als Wohnung.

§ 3. Anzeige- und Auskunftspflicht über Wohnungen.

(1) Hausbesitzer oder sonstige Verfügungsberechtigte oder ihre Stellvertreter haben

a) binnen 3 Tagen schriftlich Anzeige zu erstatten, sobald eine Wohnung unbenutzt ist, oder sobald feststeht, daß sie demnächst unbenutzt wird,

b) auf Verlangen den mit Lichtbildausweis versehenen Beauftragten des Wohnungsamtes über Wohnungen sowie über das Verfügungsrecht unter Vorlegung etwaiger Verträge Auskunft zu erteilen und ihnen sowie den vom Wohnungsamt bezeichneten Wohnungsuchenden, sofern diese einen Besichtigungs- oder Zuweisungsschein des Wohnungsamtes vorzeigen, die Besichtigung zu gestatten.

(2) Die Anzeige zu (1) a gilt als erfolgt mit dem Tage des Einganges bei dem zuständigen Wohnungsamt.

§ 4. Unbenutzte Wohnungen.

(1) Als unbenutzt gelten Wohnungen, wenn sie völlig leerstehen oder nur zur Aufbewahrung von Sachen dienen, sofern dem Verfügungsberechtigten eine andere Aufbewahrung ohne Härte zugemutet werden kann, oder wenn der Verfügungsberechtigte seinen Wohnsitz dauernd oder zeitweilig in das Ausland verlegt hat.

(2) Als unbenutzt gelten untervermietete, entgeltlich oder unentgeltlich abgegebene Wohnungen, wenn der Hauptmieter sie aufgegeben hat oder länger als 3 Monate nicht benutzt.

(3) Wohnungen gelten auch dann als unbenutzt, wenn der Verfügungsberechtigte gestorben ist. Dies gilt nicht, wenn ein volljähriger Erbe zum Hausstande des Erblassers gehört hat oder wenn ein volljähriger Abkömmling des Verfügungsberechtigten Erbe geworden ist, der in der Dringlichkeitsliste eines der Wohnungsämter Berlins eingetragen ist; die Bestimmungen in Abs. 1 bis 3 finden jedoch auch in diesen Fällen Anwendung.

§ 5. Verfügungsrecht über Wohnungen.

(1) Der Verfügungsberechtigte darf über eine unbenutzte oder unbenutzt werdende Wohnung erst verfügen, nachdem das Wohnungsamt erklärt hat, daß es die Wohnung für Wohnungsuchende nicht in Anspruch nehmen will, oder nachdem 2 Wochen seit der schriftlichen Anzeige (§ 3 Abs. 1) verstrichen sind, ohne daß das Wohnungsamt sich dem Verfügungsberechtigten gegenüber erklärt hat. Die Frist beginnt nicht zu laufen, wenn Angaben in der Anzeige unzutreffend sind.

(2) Wohnungen, die — abgesehen von Küche, Nebengelaß und Mädchenkammer — 5 oder mehr Wohnräume ent-

halten, können für den Fall ihres Unbenutztwerdens innerhalb eines Monats nach Erstattung der Anzeige (§ 3 Abs. 1) von dem Verfügungsberechtigten an einen Wohnungsuchenden vermietet werden, der sich im Besitz einer von einem Berliner Wohnungsamt ausgestellten, auf die entsprechende Zimmerzahl lautenden Ausweiskarte befindet. Hat der Verfügungsberechtigte dem Wohnungsamt binnen einer Woche nach Ablauf dieser Frist den Abschluß eines Mietvertrages mit einem Mietberechtigten nicht angezeigt, so kann das Wohnungsamt die Wohnung für Wohnungsuchende in Anspruch nehmen. Unberührt bleibt die Verordnung des Preußischen Ministers für Volkswohlfahrt, betr. Bewirtschaftung des Wohnraumes für Reichs- und unmittelbare Staatsbeamte und für Reichswehrangehörige, vom 29. Mai 1925 (GS. S. 65)[1].

(3) Werden vor dem 1. Juli 1918 bezugsfertig gewordene Wohnungen, die im Eigentum von Gesellschaften oder Genossenschaften der im § 16 Abs. 1 Satz 3 des Reichsmietengesetzes[2] bezeichneten Art stehen, von dem Wohnungsamt für Wohnungsuchende in Anspruch genommen, so ist das Wohnungsamt zur Bezeichnung der aufzunehmenden Wohnungsuchenden erst dann berechtigt, wenn die Gesellschaft oder Genossenschaft die Wohnung nicht innerhalb einer Frist von 2 Wochen nach schriftlicher Anzeige an einen Wohnungsuchenden vergibt, der bereits seit mindestens einem Jahre der Gesellschaft oder der Genossenschaft als Mitglied angehört.

[1]) Oben zu Kl.
[2]) Oben zu Ae.

§ 6. Doppelwohnungen.

Jeder, der über mehrere Wohnungen in Berlin oder innerhalb und außerhalb Berlins verfügungsberechtigt ist, hat davon dem Wohnungsamt Anzeige zu erstatten und dabei anzugeben, welche Wohnung er als seine Hauptwohnung zu behalten wünscht. Wird in der Anzeige keine Wohnung als Hauptwohnung bezeichnet, oder wird die Anzeige unterlassen, so ist das Wohnungsamt berechtigt, eine angemessene Frist zur Nachholung der Erklärung zu setzen. Nach Ablauf dieser Frist kann das Wohnungsamt bestimmen, welche Wohnung als Hauptwohnung anzusehen ist. Liegt eine der Wohnungen nicht in Berlin, aber in der Provinz Brandenburg, so hat, wenn das Wahlrecht von dem Verfügungsberechtigten nicht ausgeübt wird, die Entscheidung darüber, welche Wohnung als Hauptwohnung anzusehen ist, der Oberpräsident der Provinz Brandenburg und von Berlin zu treffen. Falls die außerhalb Berlins gelegene Wohnung nicht in der Provinz Brandenburg liegt, steht unter der gleichen Voraussetzung diese Entscheidung dem Preußischen Minister für Volkswohlfahrt und, falls sie nicht innerhalb des preußischen Staatsgebiets liegt, dem Reichsarbeitsminister zu.

§ 7. Inanspruchnahme von Wohnungen.

(1) Zur Unterbringung wohnungsuchender Personen kann das Wohnungsamt Wohnungen in Anspruch nehmen, die

a) unbenutzt sind oder von denen feststeht, daß sie demnächst unbenutzt werden, oder
b) nach § 6 nicht als Hauptwohnungen gelten, oder
c) ganz oder teilweise zu unsittlichen oder gesetzwidrigen Zwecken benutzt werden[1].

(2) Das Wohnungsamt ist berechtigt, in den gemäß Absatz (1) a bis c in Anspruch genommenen Wohnungen nach ihrem Unbenutztwerden Instandsetzungsarbeiten durchzuführen, um sie für den mit der Inanspruchnahme verfolgten Zweck verwenden zu können.

[1]) Vgl. dazu auch oben zu D und Lb.

§ 8. Dienst- und Werkwohnungen.

(1) Die Inanspruchnahme von Wohnungen, die zur Unterbringung von Angehörigen eines Betriebes von dem Inhaber des Betriebes errichtet oder vor dem 1. Juli 1918 zu diesen Zwecken von ihm zu Eigentum erworben oder gemietet worden sind, ist nur zulässig, wenn solche Wohnungen länger als 4 Wochen nicht benutzt sind und keine sichere Aussicht auf die Benutzung innerhalb der nächsten 4 Wochen besteht.

(2) Die in Abs. 1 bezeichneten Wohnungen unterliegen der Anzeigepflicht gemäß § 3 erst nach Ablauf der in Abs. 1 genannten Frist von 4 Wochen.

(3) Soweit es sich um die Unterbringung von Personen handelt, die vor dem 1. Januar 1914 ihren Wohnsitz in Deutschland nicht hatten oder zu den in den §§ 14 und 18 des Wohnungsmangelgesetzes vom 26. Juli 1923 genannten Personen nicht gehören, bedarf der Inhaber des Betriebes der Zustimmung des Wohnungsamtes, es sei denn, daß es sich um die Belegung von Wohnungen handelt, die für die besonderen Zwecke der Unterbringung von Wanderarbeitern oder ähnlichen Personen errichtet sind.

(4) Pförtnerwohnungen, bei denen die Gewährung freier Wohnung ein Bestandteil des mit dem Pförtner abgeschlossenen Dienstvertrages ist, gelten als Werkwohnungen im Sinne des Abs. 1 mit der Maßgabe, daß die Verfügung über sie der vorherigen Zustimmung des Wohnungsamtes bedarf. Als Pförtnerwohnungen gelten nur solche Wohnungen, die bis zu dem Augenblicke des Unbenutztwerdens als Pförtnerwohnungen gedient haben oder vom Wohnungsamt als solche anerkannt werden.

§ 9. Wechsel in der Person des Verfügungsberechtigten.

Die Inanspruchnahme bleibt auch bei einem Wechsel der Person des Verfügungsberechtigten wirksam.

§ 10. Öffentliche Gebäude.

(1) Die Inanspruchnahme von Wohnungen in Gebäuden, die im Eigentum oder in der Verwaltung des Reiches oder eines Landes oder im Eigentum oder in der Verwaltung einer Körperschaft des öffentlichen Rechtes stehen und öffentlichen Zwecken oder zur Unterbringung von Angehörigen der Verwaltung des Reiches, des Landes oder der Körperschaft zu dienen bestimmt sind, ist nur zulässig, wenn von der zuständigen Reichs- oder Landesbehörde kein Einspruch erhoben wird. Diese Behörden entscheiden auch, ob die im Satz 1 erwähnten Voraussetzungen im Einzelfalle vorliegen. Ist Einspruch erhoben, so entscheidet bei Wohnungen, die zur Verfügung des Reiches stehen, die Reichsregierung, im übrigen die Landesregierung.

(2) Die Bestimmungen des Abs. 1 finden auf Wohnungen in Gebäuden, die im Eigentum oder in der Verwaltung gemeinnütziger Anstalten und Stiftungen sowie gemeinnütziger, nicht auf Erwerb gerichteter Organisationen stehen, oder die religiösen oder anerkannt gemeinnützigen oder mildtätigen Zwecken dienen, entsprechend Anwendung.

(3) Die Bestimmungen der Abs. 1 und 2 gelten auch für andere Anordnungen und Maßnahmen, die auf Grund dieser Bekanntmachung getroffen sind. Das Recht des Wohnungsamtes aus den §§ 1 und 3 bleibt jedoch unberührt. Die Versagung nach § 1 ist unzulässig, wenn gleichwertiger Wohnraum oder entsprechende Geldbeträge zur Herstellung neuer Wohnräume dem Wohnungsamt überlassen werden.

§ 11. Zwangsmietvertrag.

Kommt zwischen dem vom Wohnungsamt bezeichneten Wohnungsuchenden und dem Verfügungsberechtigten innerhalb einer Woche, nachdem der Wohnungsuchende dem Verfügungsberechtigten bezeichnet worden ist, ein Mietvertrag nicht zustande, so setzt auf Anrufen des Wohnungsamtes das Mieteinigungsamt, falls für den Verfügungsberechtigten kein unverhältnismäßiger Nachteil aus der Vermietung an sich oder aus der Art des Wohnungsuchenden zu besorgen ist, einen Mietvertrag fest. Der Vertrag gilt als geschlossen, wenn der Wohnungsuchende nicht innerhalb einer vom Mieteinigungsamt zu bestimmenden Frist bei diesem Widerspruch erhebt. Der Inhalt des Vertrages gilt den Parteien gegenüber als vereinbart. Das Mieteinigungsamt kann anordnen, daß die Stadt Berlin an Stelle des Wohnungsuchenden als Mieterin gilt und berechtigt ist, die Wohnungen an den Wohnungsuchenden weiterzuvermieten.

§ 12. Wohnungstausch.

Wollen Personen, die vor dem 1. Januar 1914 in Deutschland ihren Wohnsitz hatten, oder Personen, bei denen die in den §§ 14 und 18 des Wohnungsmangelgesetzes vom 26. Juli 1923 genannten Voraussetzungen vorliegen, ihre selbständigen benutzten Wohnungen innerhalb des Reichsgebiets miteinander tauschen, so sind sie verpflichtet, die Genehmigung der beteiligten Gemeindebehörden unter Beifügung der schriftlich gegebenen Zustimmung der Vermieter vor Durchführung des Tausches einzuholen. Wird die Zustimmung versagt, so entscheidet das Mieteinigungsamt. Unter diesen Voraussetzungen ist die Genehmigung innerhalb einer Frist von 14 Tagen zu erteilen; bei Überschreitung dieser Frist gilt die Genehmigung als erteilt.

§ 13. Räumung in Anspruch genommener Wohnungen.

Die Inhaber einer nach § 7 Abs. 1 in Anspruch genommenen Wohnung haben diese innerhalb einer angemessenen, von dem Wohnungsamt zu bestimmenden Frist zu räumen. Die Frist ist so zu bemessen, daß die Inhaber die Möglichkeit haben, die in der Wohnung befindlichen Gegenstände anderweit unterzubringen und die für die Umstellung ihrer persönlichen Verhältnisse erforderlichen Maßnahmen zu treffen; sie soll in der Regel 2 Wochen betragen.

§ 14. Zwangsräumung, Entfernung widerrechtlich zugezogener Personen.

Wer eine Wohnung unter Außerachtlassung dieser oder früherer Vorschriften bezogen oder in Gebrauch genommen hat, oder wer eine Wohnung nach Fortzug oder Tod des Hauptmieters oder nach einer diesem gegenüber erfolgten Inanspruchnahme weiterbenutzt, kann unbeschadet der Vorschriften des § 4 Abs. 3 von dem zuständigen Wohnungsamt innerhalb einer angemessenen Frist zwangsweise oder im Wege unmittelbaren polizeilichen Zwanges daraus entfernt werden. Dies gilt auch für denjenigen, der unter Vorspiegelung eines Tausches eine Wohnung bezogen hat[1].

[1]) Vgl. dazu oben zu Qb § 13 Anm. 1.

§ 15. Anzeige und Genehmigung von Mietverträgen.

Jeder neue Mietvertrag (auch Untermietvertrag) über selbständige (leere oder möblierte) Wohnungen bedarf zu seiner Wirksamkeit der Genehmigung des Wohnungsamtes und ist daher vom Mieter binnen einer Woche nach Abschluß dem Wohnungsamt zur Genehmigung vorzulegen. Dieser Pflicht des Mieters wird auch dadurch genügt, daß der Vermieter den Vertrag zur Genehmigung vorlegt.

§ 16. Form der Verfügungen, Zwangsmittel.

Die zur Bekämpfung des Wohnungsmangels getroffenen Verfügungen sind mit schriftlicher, tatsächlicher und rechtlicher

Begründung dem Betroffenen zuzustellen. Sie können zwangsweise oder im Wege unmittelbaren polizeilichen Zwanges durchgeführt werden.

§ 17. Strafbestimmungen.

Auf Grund des § 17 des Wohnungsmangelgesetzes vom 26. Juli 1923[1] und der Verordnung über Vermögensstrafen und Bußen vom 23. November 1923 (Reichsgesetzbl. I S. 1117) bezw. 6. Februar 1924 (Reichsgesetzbl. I S. 44) wird mit Geldstrafe von mindestens 3 bis 10 000 RM. und mit Gefängnis oder mit einer dieser Strafen bestraft:

1. wer den Bestimmungen des § 1 dieser Bekanntmachung zuwiderhandelt,
2. wer eine ihm gemäß § 3 dieser Bekanntmachung obliegende Verpflichtung vorsätzlich nicht oder nicht rechtzeitig erfüllt oder wissentlich unrichtige oder unvollständige Angaben macht,
3. wer den in § 5 Abs. 1, § 6, § 8 Abs. 2 und 4 und § 15 enthaltenen Anordnungen zuwiderhandelt.

[1]) Oben zu Ca.

§ 18. Ausnahmen.

(1) Neubauten oder durch Um- oder Einbauten neugeschaffene Räume unterliegen den Bestimmungen dieser Bekanntmachung nicht, wenn sie nach dem 1. Juli 1918 bezugsfertig geworden sind oder künftig bezugsfertig werden. Als Datum der Fertigstellung des Neubaues gilt das Datum der baupolizeilichen Gebrauchsabnahmebescheinigung.

(2) Wohnungen mit einer Jahresfriedensmiete von 3000 M. und mehr unterliegen dieser Bekanntmachung mit Ausnahme der §§ 1 und 12 nicht; jedoch ist im Falle des § 12 die Genehmigung des Wohnungsamtes nicht erforderlich.

§ 19[1]. Wohnungsteilung.

(1) Werden durch Teilung einer unbenutzten Wohnung von 5 oder mehr Wohnräumen neue räumlich und wirtschaftlich selbständige Wohnungen hergestellt, so finden auf die neuen Wohnungen die Vorschriften dieser Bekanntmachung mit Ausnahme der §§ 1, 12 und 17 Nr. 1 keine Anwendung; jedoch ist im Falle des § 12 die Genehmigung der beteiligten Gemeindebehörden nicht erforderlich.

(2) Das gleiche gilt, wenn im Einverständnis mit dem Mieter durch Teilung einer benutzten Wohnung der gleichen Größe neue räumlich und wirtschaftlich selbständige Wohnungen hergestellt werden.

(3) Als neue Wohnung gilt auch der Teil der bisherigen Wohnung, in dem eine Küche vorhanden war.

(4) Das Wohnungsamt hat von der Durchführung einer Beschlagnahme abzusehen, wenn der Verfügungsberechtigte sich bereit erklärt, innerhalb einer von dem Wohnungsamt zu bestimmenden Frist von mindestens 4 Wochen durch Teilung einer Wohnung von 5 oder mehr Wohnräumen neue räumlich und wirtschaftlich selbständige Wohnungen herzustellen und innerhalb der Frist die Arbeiten ausführt.

---

[1]) Obige Fassung beruht auf der Bekanntmachung des Magistrats v. 7. 11. 27 (GemBl. 469, ausgegeben am 13. 11. 27) mit Wirkung v. 12. 10. 27. Bis dahin lautete § 19:

„(1) Wird durch Teilung einer unbenutzten Wohnung von 5 oder mehr Wohnräumen eine neue, räumlich und wirtschaftlich selbständige Wohnung gewonnen, so ist eine Beschlagnahme der neuen Wohnung nicht zulässig. Das gleiche gilt, wenn im Einverständnis mit den Mietern durch Teilung einer benutzten Wohnung der gleichen Größe eine neue, räumlich und wirtschaftlich selbständige Wohnung hergestellt wird. Als neue Wohnung gilt der Teil der bisherigen Wohnung, in dem eine Küche nicht vorhanden war.

(2) Der Mietvertrag bedarf der Genehmigung des Wohnungsamtes. Die Genehmigung darf nur versagt werden, wenn der Mieter nicht als dringlich Wohnungsuchender eingetragen ist; eine Versagung aus anderen Gründen ist nicht zulässig.

(3) Das Wohnungsamt hat von der Anordnung oder Durchführung einer Beschlagnahme abzusehen, wenn der Verfügungsberechtigte sich verpflichtet, innerhalb einer von dem Wohnungsamt zu bestimmenden Frist von mindestens 4 Wochen die Teilung einer Wohnung der im Abs. 1 bezeichneten Art vorzunehmen, und innerhalb der Frist die Arbeiten ausführt.

(4) Abs. 1 und 2 gelten auch, wenn die neue Wohnung durch Beendigung des Mietvertrages wieder frei wird."

§ 20. Inkrafttreten und Übergangsbestimmungen.

(1) Diese Bekanntmachung tritt am 1. Juni 1927 in Kraft. Mit dem gleichen Zeitpunkt tritt die Bekanntmachung des Magistrats vom 30. Dezember 1924[1], betr. das Berliner Wohnungsnotrecht, außer Kraft.

(2) Maßnahmen, die die Wohnungsämter auf Grund der Bekanntmachung zum Schutze der Mieter und über Maßnahmen gegen den Wohnungsmangel (Groß-Berliner Wohnungsnotrecht) vom 12. Mai 1921 / 17. September 1922 / 10. April 1924[2], des Berliner Wohnungsnotrechts vom 18. August 1924[3] und des vom 30. Dezember 1924[1] getroffen haben, sind nach den bisherigen Vorschriften zu erledigen.

(3) Soweit nach früheren Vorschriften die Inanspruchnahme von Räumen rechtskräftig ausgesprochen oder durchgeführt worden ist, behält es bei dem hierdurch geschaffenen Zustande sein Bewenden. Dies gilt auch bei einem Wechsel in der Person desjenigen, dem gegenüber die Inanspruchnahme ausgesprochen oder durchgeführt worden ist.

(4) § 16 der Bekanntmachung des Magistrats vom 12. Mai 1921 / 17. September 1922 / 10. April 1924[3] bleibt für die Fälle des § 51 Abs. 2 des Gesetzes über Mieterschutz und Mieteinigungsämter vom 30. Juni 1926[4] in Kraft.

[1]) Oben zu Qc.
[2]) Oben zu Qa.
[3]) Oben zu Qb.
[4]) Jetzt v. 17. 2. 28, oben zu Eg.

Berlin, den 21. Mai 1927.

Der Magistrat.

IV.

Kostenwesen.

Ra.

Gerichtskostengesetz.

Vom 5. Juli 1927 (RGBl. I 152).

§ 1. In den vor die ordentlichen Gerichte gehörigen Rechtssachen, auf welche die Zivilprozeßordnung ... Anwendung findet, werden Gebühren und Auslagen der Gerichte nur nach Maßgabe dieses Gesetzes erhoben.

§ 2. (1) Eine Erhebung von Stempeln und anderen Abgaben neben den Gebühren findet nicht statt[1].

[1]) Nach Tarifstelle 19 Abs. 7 zu a PrStempSteuerG. in der Fassung v. 27. 10. 24 (PrGS. 627) sind Vollmachten in allen durch die Zivilprozeßordnung geregelten Angelegenheiten, zu Verhandlungen vor den Mieteinigungsämtern sowie zur Vertretung vor Verwaltungsbehörden (z. B. den Wohnungsämtern) stempelfrei.

§ 4. Über Erinnerungen des Zahlungspflichtigen oder der Staatskasse gegen den Ansatz von Gebühren oder Auslagen entscheidet das Gericht der Instanz gebührenfrei. Die Entscheidung kann von dem Gerichte, welches dieselbe getroffen hat, sowie von dem Gerichte der höheren Instanz von Amts wegen geändert werden.

Gegen die Entscheidung findet Beschwerde nach Maßgabe des § 567 Abs. 3 und der §§ 568 bis 575 der Zivilprozeßordnung ... statt.

Die Einlegung von Erinnerungen oder Beschwerden kann durch Erklärung zum Protokoll der Geschäftsstelle oder schriftlich ohne Mitwirkung eines Anwalts erfolgen.

§ 6. (1) Gebühren und Auslagen, die bei richtiger Behandlung der Sache nicht entstanden wären, sind niederzuschlagen. Das gleiche gilt von Auslagen, die durch eine von Amts wegen veranlaßte Verlegung eines Termins oder Vertagung einer Verhandlung oder durch eine für begründet befundene Beschwerde entstanden sind. Für abweisende Bescheide sowie im Falle der Zurücknahme eines Antrags kann Gebühren- und Auslagenfreiheit gewährt werden, wenn der Antrag auf nicht anzurechnende Unkenntnis der Verhältnisse oder auf Unwissenheit beruht.

§ 7. Der Mindestbetrag einer Gebühr beträgt 0,50 Reichsmark.

Pfennigbeträge sind auf volle 10 Reichspfennig aufzurunden.

§ 8. In bürgerlichen Rechtsstreitigkeiten werden die Gebühren nach dem Werte des Streitgegenstandes erhoben.

Die volle Gebühr beträgt bei Gegenständen im Werte
bis zu 20 Reichsmark einschließlich . . 1 Reichsmark,
von mehr als 20 bis zu 60 Reichsmark einschließlich . . . . 2 Reichsmark.

Bei Gegenständen mit höherem Streitwert beträgt die volle Gebühr von dem Werte
bis zu 1000 Reichsmark einschließlich 3 vom Hundert,
von dem Mehrbetrage bis zu 2000 Reichsmark einschließlich . . 2 vom Hundert,

von dem Mehrbetrage bis zu
10 000 Reichsmark einschließlich . 1 vom Hundert,
von dem Mehrbetrage . . . . ½ vom Hundert.

Dabei ist der Wert auf die nächsthöheren 100 Reichsmark, bei Gegenständen mit einem Streitwert von mehr als 20 000 Reichsmark auf die nächsthöheren 1000 Reichsmark aufzurunden.

§ 9. Für die Wertberechnung sind die Vorschriften der Zivilprozeßordnung §§ 3 bis 9[1] und der Konkursordnung § 148 mit den nachstehenden Bestimmungen maßgebend.

Ist der Wert des Streitgegenstandes bei dem Erlasse des Urteils oder der anderweitigen Beendigung der Instanz höher als im Zeitpunkt der Erhebung der Klage oder der Einlegung des Rechtsmittels, so ist den in der Instanz entstandenen Gebühren der höhere Wert zugrunde zu legen. In der Zwangsvollstreckung ist für die Wertberechnung der Zeitpunkt der die Zwangsvollstreckung einleitenden Prozeßhandlung entscheidend.

---

[1]) Sie lauten, soweit hier von Interesse:

§ 3. Der Wert des Streitgegenstandes wird von dem Gerichte nach freiem Ermessen festgesetzt. . . .

§ 4. (1) Für die Wertberechnung ist der Zeitpunkt der Erhebung der Klage, in der Berufungs- und Revisionsinstanz der Zeitpunkt der Einlegung des Rechtsmittels, entscheidend; Früchte, Nutzungen, Zinsen und Kosten bleiben unberücksichtigt, wenn sie als Nebenforderungen geltend gemacht werden.

§ 5. Mehrere in einer Klage geltend gemachte Ansprüche werden zusammengerechnet. . . .

§ 6. Der Wert des Streitgegenstandes wird bestimmt: durch den Wert einer Sache, wenn deren Besitz, und durch den Betrag einer Forderung, wenn deren Sicherstellung oder ein Pfandrecht Gegenstand des Streits ist. Hat der Gegenstand des Pfandrechts einen geringeren Wert, so ist dieser maßgebend.

§ 8. Ist das Bestehen oder die Dauer eines Pacht- oder Mietverhältnisses streitig, so ist der Betrag des auf die gesamte streitige Zeit fallenden Zinses ... für die Wertberechnung entscheidend ... (vgl. aber § 10 GKG.).

§ 10. (1) Ist das Bestehen oder die Dauer eines Pacht- oder Mietverhältnisses für einen längeren als einjährigen Zeitraum streitig, so wird der Wert auf den Betrag des einjährigen Zinses berechnet[1].

[1]) Wegen des Streitwertes für Mietkündigungen vgl. oben zu Eg § 1 o Abs. 3, für Mietaufhebungsklagen vgl. oben zu Eg § 13 Abs. 5.

§ 13. Soweit Klage und Widerklage, welche nicht in getrennten Prozessen verhandelt werden, denselben Streitgegenstand betreffen, sind die Gebühren nach dem einfachen Werte dieses Gegenstandes zu berechnen. Soweit beide Klagen nicht denselben Streitgegenstand betreffen, sind die Gegenstände zusammenzurechnen.

Das gleiche gilt für wechselseitig eingelegte Rechtsmittel, welche nicht in getrennten Prozessen verhandelt werden.

§ 14. Für Akte, welche einen Teil des Streitgegenstandes betreffen, sind die Gebühren nur nach dem Werte dieses Teiles zu berechnen.

Sind von einzelnen Wertsteilen in derselben Instanz für gleiche Akte Gebühren zu berechnen, so darf nicht mehr erhoben werden, als wenn die Gebühr von dem Gesamtbetrage der Wertsteile zu berechnen wäre; treten für die Akte verschiedene Gebührensätze ein, so ist der höchste Satz maßgebend.

§ 15. Für Akte, welche Früchte, Nutzungen, Zinsen oder Kosten als Nebenforderungen ohne den Hauptanspruch betreffen, ist der Wert der Nebenforderungen insoweit maßgebend, als er den Wert des Hauptanspruchs nicht übersteigt.

Für Akte der Zwangsvollstreckung wegen einer Geldforderung werden die einzuziehenden Zinsen mitberechnet.

Für Akte, welche die Kosten des Rechtsstreits ohne den Hauptanspruch betreffen, ist der Betrag der Kosten maßgebend.

§ 18. Soweit ..., setzt das Prozeßgericht den Wert durch Beschluß fest, falls dies eine Partei beantragt oder das Gericht für angemessen erachtet. Auf den Antrag findet § 4 Abs. 3 entsprechende Anwendung. Bei der Zwangsvollstreckung tritt an die Stelle des Prozeßgerichts das Vollstreckungsgericht. Die Festsetzung kann von dem Gerichte, das sie getroffen hat, sowie von dem Gerichte der höheren Instanz im Laufe des Verfahrens von Amts wegen geändert werden.

Gegen den Beschluß findet Beschwerde nach Maßgabe des § 567 Abs. 3 und der §§ 568 bis 576 der Zivilprozeßordnung sowie des § 4 Abs. 3 dieses Gesetzes statt.

§ 20. Im Prozeßverfahren wird die volle Gebühr (§ 8) erhoben[1]:

1. für das Verfahren im allgemeinen (Prozeßgebühr),
2. für die Anordnung einer Beweisaufnahme (Beweisgebühr),
3. für ein auf Grund streitiger Verhandlung ergehendes End- oder Zwischenurteil (Urteilsgebühr).

[1]) Dazu EntlastungsVO. v. 13. 5. 24 (RGBl. I 552):

§ 7. Mit Einverständnis der Parteien kann das Gericht eine Entscheidung ohne mündliche Verhandlung treffen....

§ 8. Ein gemäß § 7 ohne mündliche Verhandlung geführtes Verfahren steht hinsichtlich der Gerichtskosten und der Anwaltsgebühren einem Verfahren mit mündlicher Verhandlung gleich. Wird nach einem Beweisaufnahmeverfahren ohne mündliche Verhandlung entschieden, so steht dem Rechtsanwalt in jedem Falle die erhöhte Verhandlungsgebühr (§ 17 der GebO. f. Rechtsanwälte) zu.

§ 18. (2) Die Gerichtskosten und Anwaltsgebühren bestimmen sich ... (in dem auf übereinstimmenden Antrag beider Parteien erfolgten Schiedsurteilsverfahren) nach den für das ordentliche Verfahren geltenden Vorschriften, jedoch werden die in dem Verfahren entstehenden Gerichtskosten mit Ausnahme der Prozeßgebühr nur zur Hälfte erhoben.

§ 20. Im amtsgerichtlichen Verfahren ist bei Streitigkeiten über vermögensrechtliche Ansprüche, sofern der Wert des Streitgegenstandes zur Zeit der Einreichung der Klage 50 Goldmark nicht übersteigt, ohne Rücksicht auf die Anträge der Parteien nach den Grundsätzen des § 18 zu verfahren....

Auf die in dem Gesetz über Mieterschutz und Mieteinigungsämter [2] geregelten bürgerlichen Rechtsstreitigkeiten finden die Vorschriften des Abs. 1 keine Anwendung.

[2]) Oben zu Ea, Eg.

§ 21. Die Urteilsgebühr wird auch für Urteile erhoben, die nach Lage der Akten erlassen werden (Zivilprozeßordnung §§ 251 a, 331 a).

§ 23. Wird ein Rechtsstreit durch einen vor Gericht abgeschlossenen oder dem Gerichte mitgeteilten Vergleich erledigt, so fällt eine bereits entstandene Beweisgebühr fort.

§ 25. Jede der im § 20 bezeichneten Gebühren wird in jeder Instanz rücksichtlich eines jeden Teiles des Streitgegenstandes nur einmal erhoben.

Ist ein Urteil unter Vorbehalt der Entscheidung über die

Aufrechnung ... erlassen worden, so wird durch die Gebühr für diese Entscheidung eine weitere Urteilsgebühr in derselben Instanz nicht ausgeschlossen.

§ 26. Wird die Ergänzung eines Urteils beantragt (Zivilprozeßordnung § 321), so findet, soweit der Antrag nicht zurückgewiesen wird, die Bestimmung des § 14 Anwendung; soweit der Antrag zurückgewiesen wird, wird die volle Gebühr (§ 8) erhoben.

§ 27. Wird ein Rechtsstreit an ein anderes Gericht verwiesen, so bildet das weitere Verfahren vor dem anderen Gerichte mit dem bisherigen Verfahren im Sinne des § 25 Abs. 1 eine Instanz.

Wird eine Sache zur anderweitigen Verhandlung an das Gericht der unteren Instanz zurückverwiesen, so bildet das weitere Verfahren mit dem früheren Verfahren vor diesem Gericht im Sinne des § 25 Abs. 1 eine Instanz.

§ 28. In der Berufungsinstanz erhöhen sich die im § 20 bestimmten Gebühren um die Hälfte, in der Revisionsinstanz auf das Doppelte.

§ 29. Die Prozeßgebühr wird nicht erhoben, wenn die Klage vor Bestimmung des Termins zur mündlichen Verhandlung zurückgenommen wird.

Sie ermäßigt sich auf ein Viertel der Gebühr, wenn die Klage nach diesem Zeitpunkt, jedoch vor Stellung eines Sachantrags in der mündlichen Verhandlung zurückgenommen wird.

§ 30. Wird die Berufung oder die Revision durch Beschluß als unzulässig verworfen, so ermäßigt sich die Prozeßgebühr für die Rechtsmittelinstanz auf die Hälfte der im § 8 bestimmten Gebühr. Das gleiche gilt, wenn das Rechtsmittel vor Bestimmung des Termins zur mündlichen Verhandlung zurückgenommen wird.

§ 31. Für das Mahnverfahren wird die Hälfte der Gebühr (§ 8) erhoben. Die Gebühr wird nicht erhoben, wenn der Antrag auf Erlaß des Zahlungsbefehls vor dessen Erlaß zurückgenommen wird.

Wird im Falle der Erhebung des Widerspruchs die Bestimmung eines Termins zur mündlichen Verhandlung beantragt oder gegen einen Vollstreckungsbefehl Einspruch eingelegt, so wird die Prozeßgebühr (§ 20 Nr. 1) nur zur Hälfte erhoben. . . .

§ 31 a. Für das Güteverfahren wird die Hälfte der Gebühr (§ 8) erhoben. § 29 findet entsprechende Anwendung.

Das Verfahren bleibt gebührenfrei, wenn ein Mahnverfahren vorausgegangen ist.

Für das dem Güteverfahren nachfolgende Prozeßverfahren wird, unbeschadet der Vorschriften im § 29, die Prozeßgebühr (§ 20 Nr. 1) nur zur Hälfte erhoben.

§ 32. (1) Die Hälfte der Gebühr (§ 8) wird erhoben für das Verfahren über Anträge auf Anordnung eines Arrestes oder einer einstweiligen Verfügung. Die Gebühr erhöht sich auf die volle Gebühr, wenn durch Urteil entschieden wird (Zivilprozeßordnung § 922 Abs. 1, §§ 925, 936). . . .

(4) In der Berufungsinstanz erhöhen sich die Gebühren um die Hälfte.

§ 33. Die Hälfte der Gebühr (§ 8) wird erhoben:

1. für das Verfahren über Anträge auf Sicherung des Beweises . . .

Die Gebühr wird nicht erhoben, wenn der das Verfahren einleitende Antrag vor einer gerichtlichen Verfügung zurückgenommen wird.

§ 34. Ein Viertel der Gebühr (§ 8) wird erhoben:

1. für das Verfahren über Anträge auf vorläufige Einstellung, Beschränkung oder Aufhebung der Zwangsvollstreckung ...

Die Gebühr wird nicht erhoben, wenn der das Verfahren einleitende Antrag vor einer gerichtlichen Verfügung zurückgenommen wird.

§ 35. Jedes Verfahren der in den §§ 32, 33, 34 bezeichneten Art gilt für die Gebührenerhebung als besonderer Rechtsstreit ...

§ 36. Wird in einem Rechtsstreit ein Vergleich vor dem Gerichte geschlossen, so wird ein Viertel der Gebühr (§ 8) erhoben, insoweit der Wert des Vergleichsgegenstandes den Wert des Streitgegenstandes übersteigt.

§ 38. Für das Verfahren über Beschwerden gemäß § 71 Abs. 2, § 99 Abs. 3 der Zivilprozeßordnung wird die volle Gebühr (§ 8) erhoben. Das gleiche gilt für Beschwerden über die Zurückweisung eines Antrags auf Anordnung eines Arrestes oder einer einstweiligen Verfügung.

Im übrigen wird für das Verfahren in der Beschwerdeinstanz die im Abs. 1 bestimmte Gebühr nur erhoben, soweit die Beschwerde als unzulässig verworfen oder zurückgewiesen wird.

§ 39. Ist außer dem Falle des § 335 der Zivilprozeßordnung durch Verschulden einer Partei oder eines Parteivertreters die Vertagung einer mündlichen Verhandlung oder die Anberaumung eines neuen Termins zur mündlichen Verhandlung veranlaßt, oder ist durch nachträgliches Vorbringen von Angriffs- oder Verteidigungsmitteln, Beweismitteln oder Beweiseinreden, welches zeitiger erfolgen konnte, die Erledigung des Rechtsstreits verzögert worden, so kann das Gericht der Partei von Amts wegen eine besondere Gebühr in Höhe der vollen Gebühr (§ 8) auferlegen. Die Gebühr kann bis zu einem Viertel ermäßigt werden.

Gegen den Beschluß findet Beschwerde nach Maßgabe des § 567 Abs. 3 und der §§ 568 bis 575 der Zivilprozeßordnung und des § 4 Abs. 3 dieses Gesetzes statt.

§ 71. Schreibgebühren werden für solche Ausfertigungen und Abschriften erhoben, die nur auf Antrag erteilt werden, oder die angefertigt werden, weil die Partei es unterläßt, einem von Amts wegen zuzustellenden Schriftsatz die erforderliche Zahl von Abschriften beizufügen, sowie für Ausfertigungen und Abschriften aller Art in den Fällen der persönlichen oder sachlichen Gebührenfreiheit.

Die Schreibgebühren bleiben jedoch außer Ansatz bei Erteilung von

1. Ausfertigungen von Urteilen, die unter Weglassung des Tatbestandes und der Entscheidungsgründe erfolgen, sowie solchen, die gemäß § 317 Abs. 4 der Zivilprozeßordnung unter Benutzung einer dem Gerichte vorgelegten beglaubigten Abschrift der Klage oder des Zahlungsbefehls gefertigt werden;
2. Ausfertigungen vor Gericht abgeschlossener Vergleiche.

Der Abs. 2 kommt bei Erteilung einer zweiten oder weiteren von derselben Partei beantragten Ausfertigung oder Abschrift nicht zur Anwendung.

Die Schreibgebühr beträgt für die Seite, welche zweiunddreißig Zeilen von durchschnittlich fünfzehn Silben enthält, 0,30 Reichsmark, auch wenn die Herstellung auf mechanischem Wege stattgefunden hat. Jede angefangene Seite wird als voll berechnet....

§ 72. An baren Auslagen werden ferner erhoben:

1. Postgebühren:
   a) für die Übersendung der auf Antrag erteilten Ausfertigungen und Abschriften,
   b) für Ladungen von Zeugen und Sachverständigen;
2. Telegraphengebühren und die im Fernverkehre zu entrichtenden Fernsprechgebühren;
3. die durch Einrückung einer Bekanntmachung in öffentliche Blätter entstehenden Kosten;
4. die an Zeugen und Sachverständige zu zahlenden Gebühren;
5. die bei Geschäften außerhalb der Gerichtsstelle den Gerichtsbeamten und den nicht beamteten Beisitzern zustehenden Tagegelder und Reisekosten sowie die Kosten für die Bereitstellung von Geschäftsräumen;
6. die an andere Behörden oder Beamte oder an Rechtsanwälte für deren Tätigkeit zu zahlenden Beträge;
7. die Kosten eines Transports von Personen ..., ferner die Kosten eines Transports von Tieren und Sachen sowie der Verwahrung von Sachen und der Verwahrung und Fütterung von Tieren;
8. die Haftkosten nach Maßgabe der für die Strafhaft geltenden landesgesetzlichen Vorschriften[1].

[1]) Für jeden Tag bei Selbstverpflegung 0,75, sonst 1,50 RM.: Pr. JustMinVfg. v. 18. 12. 23 (JMBl. 759).

§ 74. In bürgerlichen Rechtsstreitigkeiten ... wird die Gebühr mit Stellung des Antrags fällig, durch den das Verfahren bedingt ist; soweit die Gebühr eine Entscheidung oder sonstige gerichtliche Handlung voraussetzt, wird sie mit dieser fällig.

Der Termin zur mündlichen Verhandlung soll auf Grund der Klage erst nach Zahlung der erforderten Prozeßgebühr bestimmt werden. Das gleiche gilt im Mahnverfahren bei dem Antrag des Gläubigers auf Bestimmung eines Termins zur mündlichen Verhandlung nach Erhebung des Widerspruchs ... Im Falle der Erweiterung des Klagantrags soll vor Zahlung der erforderten Prozeßgebühr keine gerichtliche Handlung vorgenommen werden.

Der Zahlungsbefehl soll erst nach Zahlung der im § 31 Abs. 1 bestimmten Gebühr erlassen werden.

Die Vorschriften der Abs. 2, 3 finden keine Anwendung, soweit dem Kläger das Armenrecht bewilligt ist oder wenn ihm Gebührenfreiheit zusteht, ferner wenn glaubhaft gemacht wird, daß ihm die alsbaldige Zahlung der Gebühr mit Rücksicht auf seine Vermögenslage Schwierigkeiten bereiten würde. Das gleiche gilt, wenn glaubhaft gemacht wird, daß eine Verzögerung dem Kläger einen nicht oder nur schwer zu ersetzenden Schaden bringen würde; zur Glaubhaftmachung genügt in diesem Falle die Erklärung des zum Prozeßbevollmächtigten bestellten Rechtsanwalts.

§ 74a. Der Termin zur Güteverhandlung soll, sofern nicht dem Antragsteller Gebührenfreiheit zusteht oder die Voraussetzungen für die Bewilligung des Armenrechts vorliegen, erst nach Zahlung der erforderten Gebühr bestimmt werden, es sei denn, daß glaubhaft gemacht wird, daß dem Antragsteller die alsbaldige Zahlung der Gebühr mit Rücksicht auf seine Vermögenslage Schwierigkeiten bereiten würde. § 74 Abs. 2 Satz 2 gilt entsprechend.

Der Eintritt in das Streitverfahren oder die Anberaumung eines Termins hierzu ist erst nach Zahlung der erforderten Prozeßgebühr zulässig. Dies gilt nicht, wenn der Antrag auf Eintritt in das Streitverfahren oder auf Anberaumung eines Termins hierzu von dem Antragsgegner gestellt ist.

§ 75. (1) Im übrigen werden die Gebühren sowie die Auslagen fällig, sobald eine unbedingte Entscheidung über die Kosten ergangen ist oder das Verfahren oder die Instanz durch Vergleich, Zurücknahme oder anderweitige Erledigung beendigt ist.

§ 76. Die Schreibgebühren sowie die Postgebühren für die Übersendung auf Antrag erteilter Ausfertigungen und Abschriften werden sofort nach Aushändigung oder Absendung der Schriftstücke fällig.

Die Anfertigung kann von der vorherigen Zahlung eines die Kosten deckenden Betrags abhängig gemacht werden.

§ 77 (1) In bürgerlichen Rechtsstreitigkeiten ist Schuldner der Gebühren und Auslagen derjenige, der das Verfahren der Instanz beantragt hat.

§ 79. Schuldner der Gebühren und Auslagen ist ferner derjenige, dem durch eine unbedingte gerichtliche Entscheidung die Kosten des Verfahrens auferlegt sind, oder der sie durch eine vor dem Gericht abgegebene oder ihm mitgeteilte Erklärung übernommen hat.

§ 80. Schuldner der Schreibgebühren sowie der Postgebühren für die Übersendung auf Antrag erteilter Ausfertigungen und Abschriften ist der Antragsteller oder die Partei, die es unterlassen hat, einem von Amts wegen zuzustellenden Schriftsatz die erforderliche Zahl von Abschriften beizufügen.

§ 82. (1) Mehrere Kostenschuldner haften als Gesamtschuldner.

§ 84. (1) Bei jedem Antrag auf Vornahme einer Handlung, mit der bare Auslagen verbunden sind, hat der Antragsteller einen zu ihrer Deckung ausreichenden Vorschuß zu zahlen. Das Gericht kann die Vornahme der Handlung von der vorherigen Zahlung des Vorschusses abhängig machen.

§ 87. Besteht eine Partei aus mehreren Personen, so haften sie in Ermangelung einer gerichtlichen Entscheidung über die Kostenverteilung als Gesamtschuldner.

Rb.

Gebührenordnung für Rechtsanwälte.

Vom 5. Juli 1927 (RGBl. I 162).

§ 8. Der niedrigste Betrag einer jeden nach den Vorschriften der Abschnitte zwei bis vier zu berechnenden Gebühr wird auf eine Reichsmark bestimmt.

Nicht durch 5 teilbare Reichspfennigbeträge sind auf den nächsthöheren durch 5 teilbaren Betrag aufzurunden.

§ 9. In bürgerlichen Rechtsstreitigkeiten werden die Gebühren nach dem Werte des Streitgegenstandes erhoben.

Der Gebührensatz beträgt bei Gegenständen im Werte
bis zu 20 Reichsmark einschließlich . . 2 Reichsmark,
von mehr als 20 bis 60 Reichsmark einschließlich . . . . 4 Reichsmark,
von mehr als 60 bis 100 Reichsmark einschließlich . . . . 6 Reichsmark,
von mehr als 100 bis 150 Reichsmark einschließlich . . . . 8 Reichsmark,
von mehr als 150 bis 200 Reichsmark einschließlich . . . . 10 Reichsmark.

Bei Gegenständen mit höherem Streitwert beträgt die volle Gebühr von dem Werte

bis zu 500 Reichsmark einschließlich 5 vom Hundert,
von dem Mehrbetrage bis zu
1000 Reichsmark einschließlich . . 4 vom Hundert,
von dem Mehrbetrage bis zu
3000 Reichsmark einschließlich . . 3 vom Hundert,
von dem Mehrbetrage bis zu
6000 Reichsmark einschließlich . . 2 vom Hundert,
von dem Mehrbetrage bis zu
10 000 Reichsmark einschließlich . 1 vom Hundert,
von dem Mehrbetrage bis zu
100 000 Reichsmark einschließlich . ½ vom Hundert,
von dem Mehrbetrage bis zu
1 000 000 Reichsmark einschließlich ¼ vom Hundert,
von dem Mehrbetrage bis zu
5 000 000 Reichsmark einschließlich $^1/_5$ vom Hundert,
von dem Mehrbetrage . . . . . . $^1/_{10}$ vom Hundert.

Dabei ist der Wert auf die nächsthöheren 100 Reichsmark, bei Gegenständen mit einem Streitwert von mehr als 20 000 Reichsmark auf die nächsthöheren 1000 Reichsmark aufzurunden.

§ 10. Auf die Wertberechnung finden die Vorschriften der §§ 9 bis 15 des Gerichtskostengesetzes[1] Anwendung.

---

[1]) Oben zu Ra.

§ 11. Die für die Wertberechnung der Gerichtsgebühren maßgebende Festsetzung des Wertes ist für die Berechnung der Gebühren der Rechtsanwälte maßgebend.

§ 13. Die Sätze des § 9 stehen dem als Prozeßbevollmächtigten bestellten Rechtsanwalte zu:

1. für den Geschäftsbetrieb, einschließlich der Information (Prozeßgebühr);
2. für die mündliche Verhandlung (Verhandlungsgebühr)[1];
3. für die Mitwirkung bei einem zur Beilegung des Rechtsstreits abgeschlossenen Vergleiche (Vergleichsgebühr).

Die Sätze des § 9 stehen demselben zu fünf Zehnteilen zu:

4. für die Vertretung in dem Termine zur Leistung des durch ein Urteil auferlegten Eides sowie in einem Beweisaufnahmeverfahren, wenn die Beweisaufnahme nicht bloß in Vorlegung der in den Händen des Beweisführers oder des Gegners befindlichen Urkunden besteht (Beweisgebühr).

---

[1]) Vgl. dazu oben zu Ra § 21 Anm. 1 für schriftliche Entscheidung und Schiedsverfahren.

§ 16. Für eine nicht streitige Verhandlung steht dem Rechtsanwalte die Verhandlungsgebühr nur zu fünf Zehnteilen zu. Diese Minderung tritt nicht ein, wenn die Entscheidung nach Lage der Akten (Zivilprozeßordnung § 331 a) beantragt wird ... Sie tritt ferner nicht ein, wenn der Berufungskläger oder der Revisionskläger ein Versäumnisurteil beantragt.

§ 17. Insoweit sich in den Fällen des § 13 Nr. 4 die Vertretung auf die weitere mündliche Verhandlung erstreckt, erhöht sich die dem Rechtsanwalte zustehende Verhandlungsgebühr um fünf Zehnteile und, wenn die weitere mündliche Verhandlung eine nicht kontradiktorische ist, um die Hälfte dieses Betrags[1].

---

[1]) Vgl. dazu oben zu Ra § 21 Anm. 1 für schriftliche Entscheidung und Schiedsverfahren.

§ 22. Der Rechtsanwalt erhält die Prozeßgebühr und die Verhandlungsgebühr nur zu fünf Zehnteilen, wenn seine

Tätigkeit Anträge auf Sicherung des Beweises ... betrifft. Für die Vertretung bei der Beweisaufnahme erhält der Rechtsanwalt die Beweisgebühr (§ 13 Nr. 4).

§ 23. Drei Zehnteile der in den §§ 13 bis 17 bestimmten Gebühren erhält der Rechtsanwalt, wenn seine Tätigkeit betrifft:

2. die vorläufige Einstellung, Beschränkung oder Aufhebung der Zwangsvollstreckung;
3. die Festsetzung der vom Gegner zu erstattenden Prozeßkosten oder die Abänderung der Kostenfestsetzung;
15. die Berichtigung eines Urteils oder seines Tatbestandes;
18. die Zwangsvollstreckung.

§ 38a. Im Güteverfahren erhält der Rechtsanwalt die Sätze des § 9. Auf die in dem nachfolgenden Rechtsstreit zustehende Prozeßgebühr wird die Gebühr voll angerechnet.

Die gleiche Gebühr erhält der Rechtsanwalt für die Mitwirkung bei einem im Güteverfahren abgeschlossenen Vergleiche.

§ 41. Drei Zehnteile der in den §§ 13 bis 17 bestimmten Gebühren erhält der Rechtsanwalt:

1. in der Beschwerdeinstanz[1]; . . .

---

[1]) Wegen der Rechtsbeschwerdeinstanz vgl. den Rechtsentscheid Sa Nr. 416.

§ 52. Die Gebührensätze erhöhen sich in der Berufungs- und in der Revisionsinstanz um drei Zehnteile.

V.

Rechtsentscheide.

Es ist der entscheidende Teil sämtlicher bis Mitte Juni 1928 ergangenen Rechtsentscheide des 17. Zivilsenats des Kammergerichts und des Bayerischen Obersten Landesgerichts mit Aktenzeichen und Tag der Beschlußfassung wiedergegeben. Soweit sie wörtlich oder ihrem wesentlichen Inhalte nach abgedruckt sind, ist das vermerkt.

Die Abkürzungen bedeuten:

BayZ.	Zeitschrift für Rechtspflege in Bayern.
BuschsZ.	Zeitschrift für deutschen Zivilprozeß.
DJZ.	Deutsche Juristenzeitung.
DRZ.	Deutsche Richterzeitung.
DWA.	Deutsches Wohnungs-Archiv.
EA.	Einigungsamt und Mietschöffengericht.
GE.	Das Grundeigentum.
GuR.	Gesetz und Recht.
GW.	Die Grundstückswarte.
HessR.	Hessische Rechtsprechung.
HHR.	Höchstrichterliche Rechtsprechung, seit Anfang 1928 Beilage zur Juristischen Rundschau.
JFG.Erg. . . .	Entscheidungen des Kammergerichts in Miet- usw. Sachen, Ergänzungsbände zum Jahrbuch für Entscheidungen in Angelegenheiten der freiwilligen Gerichtsbarkeit.
JMBl.	Preußisches Justizministerialblatt.
JR.	Juristische Rundschau, Entscheidungshefte; seit Anfang 1928 siehe HHR.
JW.	Juristische Wochenschrift.
KGBl.	Blätter für Rechtspflege im Bezirk des Kammergerichts.
LZ.	Leipziger Zeitschrift für deutsches Recht.
MB.	Der Mieterbeisitzer.
MG.	Das Mietgericht.

OLG.	Die Rechtsprechung der Oberlandesgerichte, seit Anfang 1928 aufgegangen in HHR.
RArbBl.	Reichs-Arbeitsblatt.
Recht	Das Recht.
VBl.	Preußisches Verwaltungs-Blatt; seit Anfang 1928: Reichsverwaltungsblatt und Preußisches Verwaltungsblatt.

Sa.

Rechtsentscheide des Kammergerichts.

I. Allgemeines. Ausnahmen vom Zwangsrecht*).

1. Als durch Umbau oder Einbau neu geschaffen sind nur solche Räume anzusehen, die vor der baulichen Veränderung in ihrer jetzigen Gestalt und Verwendbarkeit nicht vorhanden waren.

(17. Y. 143/24. REntsch. v. 17. 3. 25. EA. 25, 374; JFG.Erg. 3, 11; JR. 25 Nr. 1351; JW. 26, 601; OLG. 44, 301.)

2. Neu geschaffen (§ 12 des Wohnungsmangelgesetzes) sind auch Räume, die an der Stelle von eingestürzten oder sonst vernichteten Räumen erbaut worden sind.

(17. Y. 26/26. REntsch. v. 31. 3. 26. DWA. 1, 480; EA. 26, 473; GE. 26, 826; HessR. 26, 144; JFG.Erg. 4, 8; JR. 26 Nr. 1371; JW. 26, 1674; MG. 26, 50; OLG. 45, 253; VBl. 47, 491.)

3. Neubauten und durch Umbau oder Einbau neu geschaffene Räume, die erst nach dem 1. Juli 1918 bezugsfertig geworden sind, können der öffentlichen Bewirtschaftung im Sinne des Wohnungsmangelgesetzes nicht durch Vereinbarung zwischen der Gemeindebehörde und dem Verfügungsberechtigten unterstellt werden.

---

*) Vgl. auch Nachtrag S. 563 Nr. 417.

(17. Y. 103/24. REntsch. v. 20. 2. 25. DWA. 1, 41; GE. 25, 1588; HessR. 25, 160; JFG.Erg. 3, 16; JR. 25 Nr. 489; JW. 27, 2486; OLG. 44, 300.)

3a. Für die Gültigkeit einer örtlichen Anordnung, die Ausnahmen von §§ 1 und 2 der preuß. Verordnung über die Bewirtschaftung möblierter Zimmer und übergroßer Wohnungen vom 12. Dezember 1924 bestimmt, ist der in § 4 Abs. 2 der Verordnung vorgesehene Antrag der Kommunalaufsichtsbehörde nicht erforderlich.

(17. Y. 34/28. REntsch. v. 23. 4. 28. MG. 28, 85.)

4. Eine räumlich und wirtschaftlich getrennte Wohnung ist eine abgeschlossene Wohnung, in der ein selbständiger Haushalt geführt werden kann, ohne daß die Mitbenutzung anderer Räume im Hause mehr als ortsüblich erfolgt.

(17. Y. 110/24. REntsch. v. 12. 1. 25. JFG.Erg. 3, 1; JR. 25 Nr. 200; JW. 25, 1127; OLG. 44, 284.)

5. Räume, in denen am 1. Dezember 1926 ein Bordell betrieben wurde, sind Geschäftsräume im Sinne der preuß. Verordnung über die Lockerung der Wohnungszwangswirtschaft vom 11. November 1926.

(17. Y. 1/28. REntsch. v. 23. 1. 28. GA. 28, 659; HHR. 28 Nr. 850; JFG.Erg. 7, 15; JW. 28, 917; MG. 28, 27; DWA. 28, 190.)

6. a) § 2 der preuß. Verordnung zur Lockerung der Wohnungszwangswirtschaft vom 11. November 1926 ist gültig.

b) Räume, die regelmäßig zum vorübergehenden Aufenthalt abgegeben werden, sind nicht Wohnräume (§ 6 derselben VO.).

c) Räume, die am 1. Dezember 1926 nicht zu Wohnzwecken bestimmt oder benutzt waren, sind Geschäftsräume im Sinne ders. Verordnung auch dann, wenn ihre Verwendung zu anderen als Wohnzwecken entgegen § 2 Abs. 2 des Wohnungsmangelgesetzes erfolgt ist.

d) Die Inanspruchnahme von Geschäftsraum kann, sofern sie nicht bis zum 1. Dezember 1926 rechtskräftig ausgesprochen oder durchgeführt war, auch demjenigen gegenüber nicht mehr erfolgen, der den Raum unbefugt innehat (§ 5 Abs. 1 ders. VO.).

(17. Y. 35/27. REntsch. v. 21. 4. 27. EA. 27, 565; IFG.Erg. 6, 3; MG. 27, 64; VBl. 49, 417.)

6a. Die Inanspruchnahme von Wohnräumen ist nicht deshalb unzulässig, weil sie mit Geschäftsräumen in wirtschaftlichem Zusammenhang (§ 3 Abs. 2 der preuß. Verordnung über die Lockerung der Wohnungszwangswirtschaft vom 11. November 1926) stehen.

(17. Y. 35/28. REntsch. v. 23. 4. 28. MG. 28, 87.)

7. a) Aufsichtsbehörde im Sinne der 3. preuß. Verordnung über die Lockerung der Wohnungszwangswirtschaft vom 13. Oktober 1927 ist bei nicht kreisfreien Gemeinden der Landrat.

b) Eine Anordnung auf Grund des § 3 dieser Verordnung ist nur gültig, wenn ihre Veröffentlichung erkennen läßt, daß sie auf Antrag oder nach Anhörung der zuständigen Gemeindebehörde ergangen ist.

(17. Y. 2/28. REntsch. v. 23. 1. 28. EA. 28, 659; HHR. 28 Nr. 849; IFG.Erg. 7, 1; IW. 28, 1066; MG. 28, 27; GE. 28, 689.)

II. Mietzinsbildung.

1. Allgemeines.

8. Die Gemeindebehörde ist nicht berechtigt, die Feststellung oder Festsetzung der Friedensmiete für eine von ihr in Anspruch genommene Wohnung zu beantragen.

(17. Y. 54/27. REntsch. v. 7. 7. 27. EA. 27, 597; IFG.Erg. 7, 59; IR. 27 Nr. 1900; IW. 27, 2229; KGBl. 28, 21; MG. 27, 115.)

9. Die Feststellung oder Festsetzung der Friedensmiete wirkt nur für das Mietverhältnis der an dem Verfahren Beteiligten und der künftig etwa als Vermieter oder Mieter in dasselbe Mietverhältnis eintretenden Personen.

(17. Y. 49/26. REntsch. v. 14. 5. 26. EA. 46, 487; GE. 26, 1156; HessR. 26, 230; JFG.Erg. 5, 64; JR. 26 Nr. 1615; JW. 26, 2583; KGBl. 27, 4; MG. 26, 67; OLG. 46, 142.)

10. Ist die Friedensmiete durch endgültige Entscheidung des Mieteinigungsamtes festgesetzt worden, so ist ein Antrag auf Feststellung der Friedensmiete unter denselben Parteien nicht mehr zulässig.

(17. Y. 16/26. REntsch. v. 31. 3. 26. DWA. 1, 523; EA. 26, 471; JFG.Erg. 4, 99; JR. 26 Nr. 1034; JW. 27, 589; MG. 26, 52.)

11. Ist die Friedensmiete vom Mieteinigungsamt endgültig festgesetzt worden, so kann das Verfahren nicht deshalb wiederholt werden, weil der Eigentümer des vermieteten Grundstücks gewechselt hat.

(17. Y. 10/26. REntsch. v. 31. 3. 26. EA. 26, 471; GE. 26, 1155; HessR. 26, 168; JFG.Erg. 4, 128; JR. 26 Nr. 1033; MG. 26, 53.)

12. Ist der Antrag auf Feststellung oder Festsetzung der Friedensmiete endgültig abgewiesen worden, weil bereits eine endgültige Entscheidung über die Friedensmiete vorliege, so wird dadurch die Wiederholung des Antrags nicht gehindert.

(17. Y. 47/27. REntsch. v. 25. 6. 27. DWA. 27, 462; EA. 27, 599; JFG.Erg. 7, 81; JR. 27 Nr. 1902; JW. 27, 2633; MG. 27, 115.)

12a. Hat das Mieteinigungsamt in dem rechtskräftig festgesetzten Zwangsmietvertrage die Friedensmiete für die Räume angegeben, so wird ein Verfahren auf Feststellung oder Festsetzung der Friedensmiete dadurch nicht gehindert.

(17. Y. 26/28. REntsch. v. 23. 4. 28. EA. 28, 691.)

13. Ist die Friedensmiete endgültig festgesetzt worden, so kann ihre Neufestsetzung nicht deshalb erfolgen, weil im früheren Verfahren keine Vergleichsräume herangezogen oder bei den Vergleichsräumen unrichtige Friedensmieten angenommen worden sind.

(17. Y. 64/26. REntsch. v. 9. 7. 26. DWA. 1, 666; EA. 26, 497; GE. 26, 1388; JFG.Erg. 5, 59; JR. 26 Nr. 1838; JW. 28, 515; MG. 26, 102; OLG. 45, 262.)

14. Das Mieteinigungsamt darf den Antrag auf Festsetzung der Friedensmiete für nicht vermietete Räume nur dann ablehnen, wenn die Darstellung des Antragstellers ergibt, daß das Gebäude keine mietweise abgegebenen Räume enthält und daß der Eigentümer auch nicht beabsichtigt, das Gebäude ganz oder teilweise zu vermieten.

(17. Y. 156/24. REntsch. v. 9. 2. 25. JFG.Erg. 3, 125; JR. 25 Nr. 488; OLG. 44, 268.)

14a. Das Mieteinigungsamt darf den Antrag auf Festsetzung der Friedensmiete für unvermietete Räume dann nicht ablehnen, wenn der Grundstückseigentümer der Festsetzung für Zwecke der Aufwertungssteuer bedarf (§ 7 Nr. 1 des Gesetzes über den Geldentwertungsausgleich vom 1. Juni 1926).

(17. Y. 88/27. REntsch. v. 23. 1. 28. JFG.Erg. 7, 69.)

15. a) Das Mieteinigungsamt und die Beschwerdestelle dürfen eine sachliche Entscheidung auf einen an sich zu ihrer Zuständigkeit gehörigen Antrag nicht deshalb ablehnen, weil die Entscheidung für das Rechtsverhältnis der Parteien nach ihrer Auffassung nicht in Betracht kommen kann. Insbesondere dürfen sie die Festsetzung der Friedensmiete nicht deshalb ablehnen, weil für das Rechtsverhältnis der Parteien die gesetzliche Miete nicht gilt und auch gar nicht in Geltung gesetzt werden kann.

b) Der § 5 der Verordnung über die Mietzinsbildung in Preußen vom 17. April 1924 ist rechtsgültig.

(17. Y. 140/24. REntsch. v. 8. 12. 24. JFG.Erg. 3, 155; JW. 25, 800; OLG. 44, 15; VBl. 46, 284.)

Aufrechterhalten.

(17. Y. 131/24. REntsch. v. 9. 2. 25. GE. 25, 1575; JFG.Erg. 3, 126; JW. 27, 587.)

Aufrechterhalten.

(17. Y. 142/25. REntsch. v. 25. 11. 25. DRZ. 26 Nr. 488; EA. 26, 443; JFG.Erg. 4, 153; JR. 26 Nr. 483; MB. 26, 3; MG. 26, 14.)

Aufrechterhalten.

(17. Y. 44/28. REntsch. v. 11. 6. 28.)

15a. Der Antrag auf Feststellung oder Festsetzung der Friedensmiete wird nicht dadurch ausgeschlossen, daß das Mietverhältnis beendet ist.

(17. Y. 36/28. REntsch. v. 23. 4. 28. MG. 28, 87.)

16. Bei Festsetzung oder Feststellung der gesetzlichen Miete hat das Mieteinigungsamt nicht zu entscheiden, von wann ab seine Entscheidung wirkt.

(17. Y. 115/24. REntsch. v. 19. 1. 25. EA. 25, 359; GE. 25, 906; HessR. 25, 159; JFG.Erg. 3, 109; JR. 25 Nr. 487; JW. 25, 1521; OLG. 44, 269.)

17. Ändert das Mieteinigungsamt seine vor dem 1. Oktober 1923 ergangene Entscheidung nach billigem Ermessen ab, weil sie unrichtig war, so hat es nicht zu bestimmen, von welchem Zeitpunkt ab die alte Entscheidung durch die neue ersetzt werden soll; vielmehr tritt die neue Entscheidung ohne weiteres völlig an die Stelle der alten. Dies gilt auch, wenn durch die erste Entscheidung die Friedensmiete festgesetzt worden war, die berichtigende Entscheidung aber die Friedensmiete feststellt.

(17. Y. 42/27. REntsch. v. 7. 7. 27. EA. 27, 598; GE. 27, 1176; JFG.Erg. 7, 77; JR. 27 Nr. 2012; JW. 28, 514; MG. 27, 116.)

18. Hat der Hauseigentümer oder ein ihm gleichgestellter Nutzungsberechtigter (§ 14 Abs. 2 des Reichsmietengesetzes) Teile des bis dahin von ihm allein benutzten Hauses vermietet, so ist nicht der Mietzins nach § 14 zu ermitteln, sondern die Friedensmiete nach § 2 des Reichsmietengesetzes festzustellen oder festzusetzen.

(17. Y. 101/26. REntsch. v. 22. 12. 26. DWA. 27, 173; EA. 27, 544; JFG.Erg. 6, 67; JR. 27 Nr. 925; JW. 27, 591; MG. 27, 20; OLG. 46, 138.)

19. Umfaßt der Mietvertrag Gebäude oder Gebäudeteile und einen Garten, so kann das Mieteinigungsamt die Friedensmiete nur für das Gebäude oder die Gebäudeteile, nicht aber auch für den Garten festsetzen.

(17. Y. 19/24. REntsch. v. 8. 5. 24. DJZ. 24, 741; EA. 24, 316; GE. 24, 570; JFG.Erg. 2, 52; JW. 24, 2005; LZ. 24, 475; OLG. 43, 216; Recht 24, 1098; ZBl. 45, 405.)

Aufrechterhalten.

(17. Y. 104/24. REntsch. v. 12. 1. 25. JFG.Erg. 3, 129.)

Aufrechterhalten.

(17. Y. 83/26. REntsch. v. 19. 11. 26. DWA. 2, 28; EA. 26, 523; JFG.Erg. 6, 78; JR. 27 Nr. 375; JW. 27, 591; MG. 26, 141; OLG. 46, 126.)

20. Sind Fabrikgebäude, Höfe und Lagerplätze einheitlich vermietet, so hat das Mieteinigungsamt die Friedensmiete nur für die Gebäude festzustellen oder festzusetzen.

(17. Y. 83/25. REntsch. v. 22. 6. 25. EA. 25, 393; GE. 25, 2226; HessR. 26, 15; JFG.Erg. 4, 103; JR. 25 Nr. 1427; JW. 26, 602; MB. 25, 38.)

2. Feststellung der Friedensmiete.

21. § 2 Abs. 2 der Verordnung über die Mietzinsbildung in Preußen wird durch die preuß. Verordnungen über die Regelung der gesetzlichen Miete nicht berührt.

(17. Y. 22/27. KEntsch. v. 21. 3. 27. EA. 27, 592; JFG.Erg. 6, 73; JR. 27 Nr. 1810; JW. 27, 1940; MG. 27, 65; OLG. 46, 127; BBl. 49, 254.)

22. Bei Mietverträgen mit gestaffeltem Mietzins, die am 1. Juli 1914 liefen, ist der Durchschnittsbetrag des Mietzinses, der für die ganze Dauer des Vertrages vereinbart ist, als Friedensmiete festzustellen.

(17. Y. 55/24. REntsch. v. 30. 6. 24. EA. 21, 334; GE. 24, 1345; JFG.Erg. 2, 56; JW. 24, 2006; OLG. 43, 334.)

Aufrechterhalten.

(17. Y. 88/26. REntsch. v. 4. 10. 26. DWA. 1, 668; EA. 26, 514; JFG.Erg. 5, 38; JR. 27 Nr. 251; MB. 26, 20; MG. 26, 128.)

23. Hatte der Vermieter oder Mieter ihm nach dem Bürgerlichen Gesetzbuche nicht obliegende Nebenleistungen oder Verpflichtungen vor dem 1. Juli 1914 übernommen, so war die Übernahme auf die Festsetzung der Höhe des Mietzinses offenbar von Einfluß, wenn sie einen Vermögenswert darstellt und nicht im Einzelfalle besondere Umstände den Einfluß ausschließen.

(17. Y. 48/26. REntsch. v. 14. 5. 26. EA. 26, 481; GE. 26, 1286; JFG.Erg. 5, 40; JR. 26 Nr. 1705; MG. 26, 67; OLG. 46, 123.)

24. Hatte der Mieter am 1. Juli 1914 ihm nach dem Bürgerlichen Gesetzbuche nicht obliegende mietrechtliche Nebenleistungen und Verpflichtungen übernommen, die auf die Vereinbarung der Höhe des Mietzinses offenbar von

Einfluß waren, so ist der damalige Wert dieser Leistungen und Verpflichtungen dem damals vereinbarten Mietzins hinzuzurechnen und der Gesamtbetrag als Friedensmiete festzustellen.

(17. Y. 3/27. REntsch. v. 24. 1. 27. DWA. 27, 218; GE. 27, 408; JFG.Erg. 6, 71; JR. 27 Nr. 710; MG. 27, 33; OLG. 46, 122.)

Aufrechterhalten. Eine solche Verpflichtung kann auch die Übernahme von Instandsetzungsarbeiten durch den Mieter sein. Der Fortfall einer dem Mieter nach dem Bürgerlichen Gesetzbuche nicht obliegenden Leistung nach dem 1. Juli 1914 ist unerheblich.

(17. Y. 22/27. REntsch. v. 21. 3. 27. EA. 27, 592; JFG. Erg. 6, 73; JR. 27 Nr. 1810; JW. 27, 1940; MG. 27, 65; OLG. 46, 127; BBl. 49, 254.)

25. Hatte der Mieter am 1. Juli 1914 neben der Raummiete für jeden Fall der Benutzung einer vom Vermieter gestellten Einrichtung, zum Beispiel einer Waschküche, Einzelbeträge zu zahlen, so ist ihr Gesamtbetrag in dem mit dem 30. Juni 1914 abschließenden Jahr für das Haus zu errechnen und bei Ermittlung der Friedensmiete der Raummiete anteilig hinzuzurechnen.

(17. Y. 151/25. REntsch. v. 7. 1. 26. EA. 26, 443; GE. 26, 455; JFG.Erg. 4, 106; JR. 26 Nr. 813; MB. 26, 4; MG. 26, 19; OLG. 46, 122.)

26. Neben der Raummiete am 1. Juli 1914 gezahlte Beträge für Betriebskosten, insbesondere für Wasserversorgung, sind bei Ermittelung der Friedensmiete der Raummiete hinzuzurechnen.

(17. Y. 44/25. REntsch. v. 4. 5. 25. GE. 25, 1884; JFG.Erg. 4, 104; JR. 25 Nr. 1233; JW. 26, 998; OLG. 44, 269.)

3. Festsetzung der Friedensmiete im allgemeinen und bei fehlender Friedensmiete *).

27. Der Antrag auf Festsetzung der Friedensmiete gemäß § 2 Abs. 4 des Reichsmietengesetzes wird nicht dadurch ausgeschlossen, daß sich die Parteien vorher über die Höhe der Friedensmiete vor dem Mieteinigungsamte oder anderweitig verglichen haben.

(17. Y. 42/24. REntsch. v. 12. 6. 24. EA. 24, 329; JFG.Erg. 2, 63; JW. 24, 2007; OLG. 43, 336; RArbBl. 24, 451.)

Aufrechterhalten.

(17. Y. 131/24. REntsch. v. 9. 2. 25. GE. 25, 1575; JFG.Erg. 3, 126; JW. 27, 587.)

Aufrechterhalten.

(17. Y. 3/28. REntsch. v. 23. 1. 28. EA. 28, 657; GE. 28, 393; HHR. 28 Nr. 720; JFG.Erg. 7, 60; JW. 28, 509; MG. 28, 47.)

28. Bei Festsetzung der Friedensmiete hat das Mieteinigungsamt zu entscheiden, welcher Art die Mieträume sind, um danach die Vergleichsräume zu bestimmen.

(17. Y. 38/26. REntsch. v. 22. 4. 26. DWA. 1, 571; EA. 26, 480; GE. 26, 999; JFG.Erg. 5, 56; JR. 26 Nr. 1509; JW. 26, 2455; MG. 26, 66; OLG. 46, 133.)

29. War am 1. Juli 1914 zusammen mit Gebäuden oder Gebäudeteilen ein Garten vermietet, so ist die Friedensmiete für die Gebäude oder Gebäudeteile nicht festzustellen, sondern festzusetzen.

(17. Y. 83/26. REntsch. v. 19. 11. 26. DWA. 2, 28; EA. 26, 523; JFG.Erg. 6, 78; JR. 27 Nr. 375; JW. 27, 591; MG. 26, 141; OLG. 46, 126.)

30. Waren am 1. Juli 1914 zusammen mit Gebäuden oder Gebäudeteilen ein Garten oder Einrichtungsgegenstände

---

*) Vgl. auch Nachtrag S. 563 Nr. 418.

vermietet, so ist die Friedensmiete für die Gebäude oder Gebäudeteile auch dann nicht festzustellen, sondern festzusetzen, wenn der Mietwert des Gartens oder der Einrichtungsgegenstände verhältnismäßig gering ist.

(17. Y. 62/27. REntsch. v. 3. 10. 27. EA. 27, 608; JFG.Erg. 7, 110; JR. 27 Nr. 2018; JW. 28, 730; MB. 27, 19; MG. 27, 134; BBl. 49, 465.)

31. Waren am 1. Juli 1914 Räume mit Einrichtungsgegenständen für einen Gesamtzins vermietet, so ist die Friedensmiete nicht festzustellen, sondern festzusetzen.

(17. Y. 106/26. REntsch. v. 22. 12. 26. DWA. 27, 172; EA. 27, 545; HessR. 27, 144; JFG.Erg. 6, 82; JR. 27 Nr. 708; JW. 27, 720; MG. 27, 20.)

32. Eine vereinbarte Friedensmiete (§ 2 Abs. 1 des Reichsmietengesetzes) liegt für die sämtlichen Räume eines zurzeit an einen Mieter vermieteten Hauses nicht vor, wenn diese Räume am 1. Juli 1914 an mehrere einzelne Mieter gesondert vermietet waren.

(17. Y. 13/25. REntsch. v. 7. 4. 25. GE. 25, 1228; JFG.Erg. 3, 111; JR. 25 Nr. 786; JW. 25, 1521; OLG. 44, 269.)

33. Die Friedensmiete für eine Wohnung, die aus der Vereinigung mehrerer Räume nach dem 1. Juli 1914 hervorgegangen ist, kann unter Umständen ebensohoch oder geringer festgesetzt werden als die Friedensmiete, die für einen Teil der vereinigten Räume am 1. Juli 1914 bestand.

(17. Y. 57/26. REntsch. v. 18. 6. 26. EA. 26, 487; JFG.Erg. 5, 48; JR. 26 Nr. 1836; MG. 26, 86; OLG. 46, 129.)

34. Die Friedensmiete für zwei Wohnungen, die aus einer einheitlichen Wohnung durch Teilung im Jahre 1922 hervorgegangen sind, ist, auch wenn für die Mutterwohnung am 1. Juli 1914 eine Friedensmiete bestand, durch Festsetzung des ortsüblichen Mietzinses und nicht durch Fest-

stellung des auf jede neu gebildete Wohnung entfallenden Anteils der Gesamtfriedensmiete zu ermitteln.

(17. Y. 73/24. REntsch. v. 23. 7. 24. EA. 24, 329; GE. 25, 136; IFG.Erg. 2, 58; JW. 24, 2006; OLG. 43, 335.)

35. Bei Festsetzung der Friedensmiete für eine Wohnung, die von einer einheitlichen Wohnung nach dem 1. Juli 1914 abgeteilt worden ist, ist die Friedensmiete der ungeteilten Wohnung nicht zu berücksichtigen.

(17. Y. 94/25. REntsch. v. 11. 7. 25. EA. 25, 403; GE. 26, 255; HessR. 26, 17; IFG.Erg. 4, 119; JR. 25 Nr. 1428; JW. 25, 2256; MB. 26, 1.)

36. Ist von einer Wohnung nach dem 1. Juli 1914 ein Teil abgetrennt worden, so ist die Friedensmiete für die Restwohnung nach § 2 Abs. 4 des Reichsmietengesetzes festzusetzen.

(17. Y. 110/25. REntsch. v. 12. 10. 25. EA. 25, 426; GE. 26, 78; HessR. 26, 53; IFG.Erg. 4, 121; JR. 26 Nr. 23; JW. 26, 999; OLG. 46, 128.)

37. Nach Nr. VI der preuß.Ausführungsbestimmungen vom 4. August 1923 zum Reichsmietengesetz darf die Festsetzung des ortsüblichen Mietzinses nicht durch Aufstellung von Durchschnittsmietpreisen für das Quadratmeter benutzter Fläche erfolgen.

(17. Y. 66/24. REntsch. v. 6. 10. 24. IFG.Erg. 2, 60; JW. 24, 2026; OLG. 44, 13; BBl. 46, 161.)

38. Bei der Festsetzung der Friedensmiete für gewerbliche Räume, für die eine vereinbarte Friedensmiete am 1. Juli 1914 nicht bestand, ist die jetzige Geschäfts- und Verkehrslage der Räume zu berücksichtigen.

(17. Y. 1/25. REntsch. v. 20. 2. 25. EA. 25, 368; GE. 25, 763; IFG.Erg. 3, 119; JR. 25 Nr. 1532; JW. 25, 2255; OLG. 44, 274.)

39. Eine Veränderung der Gegend ist bei der Festsetzung der Friedensmiete ohne Rücksicht auf die besonderen Verhältnisse des Mieters zu berücksichtigen, insoweit sie den ortsüblichen Mietzins (§ 2 Abs. 4 Satz 3 des Reichsmietengesetzes) beeinflußt.

(17. Y. 15/28. REntsch. v. 19. 3. 28. EA. 28, 691; HHR. 28 Nr. 1197; MB. 28, 5; MG. 28, 67.)

40. Bei Festsetzung der Friedensmiete für Räume, die schon vor dem 1. Juli 1914 fertiggestellt waren, an denen aber nach diesem Zeitpunkte bauliche Veränderungen vorgenommen worden sind, sind die gegen die Friedenszeit erhöhten Baukosten dieser Veränderungen zu berücksichtigen.

(17. Y. 45/26. REntsch. v. 18. 6. 26. EA. 26, 487; GE. 26, 1330; HessR. 27, 24; JFG.Erg. 5, 45; JR. 26 Nr. 1837; MG. 26, 87; OLG. 46, 134.)

41. Bei Festsetzung der Friedensmiete von Räumen in Bauten, deren Fertigstellung in der Zeit vom 1. Juli 1914 bis zum 30. Juni 1918 erfolgte, sind für die Prüfung der Frage, ob eine Erhöhung der Baukosten vorliegt, die im Einzelfalle entstandenen Kosten zugrunde zu legen.

(17. Y. 49/25. REntsch. v. 29. 5. 25. EA. 25, 393; GE. 26, 288; JFG.Erg. 4, 131; JR. 25 Nr. 1534; JW. 25, 2621.)

42. Bei Festsetzung der Friedensmiete von Räumen in Bauten, deren Fertigstellung in der Zeit vom 1. Juli 1914 bis zum 30. Juni 1918 erfolgte, ist nur die Erhöhung der Baukosten zu berücksichtigen, die nicht auf der gesunkenen Kaufkraft des Geldes beruht.

(17. Y. 68/25. REntsch. v. 29. 5. 25. JFG.Erg. 4, 133; JR. 25 Nr. 1533; JW. 25, 2622; MB. 25, 39.)

43. Auf Kosten des Mieters vorgenommene Veränderungen der Räume sind bei Festsetzung der Friedensmiete nicht zu berücksichtigen.

(17. Y. 25/26. REntsch. v. 31. 3. 26. DWA. 1, 524; EA. 26, 481; GE. 26, 1222; HessR. 26, 172; JFG.Erg. 4, 122; JR. 26 Nr. 1507; JW. 27, 590; KGBl. 26, 80; MG. 26, 52; OLG. 46, 134.)

44. a) Bei Entscheidung über einen Antrag auf Festsetzung der Friedensmiete für Räume, an denen Veränderungen vorgenommen worden sind, hat das Mieteinigungsamt zu entscheiden, wer und in welchem Umfang ein jeder von den Beteiligten zu den Kosten der Veränderungen beigetragen hat.

b) Haben Vermieter und Mieter zu den Kosten einer Verbesserung der Mieträume beigetragen, so ist der Unterschied zwischen der Friedensmiete für die Räume im bisherigen Zustand einerseits und im geänderten Zustand andrerseits nach dem Verhältnis zu teilen, in welchem die Beteiligten unmittelbar oder mittelbar zu dem Gesamtaufwand für die Veränderung beigetragen haben. Nur der auf den Vermieter entfallende Teil des Unterschieds ist bei der Prüfung der Frage, ob die Festsetzung der Friedensmiete zulässig ist, und hernach bei der Festsetzung selbst zu berücksichtigen. Sofern der Vermieter unmittelbar zu den Baukosten beigetragen hat und diese gegen die Friedenszeit erhöht sind, ist der maßgebliche Betrag gemäß § 2 Abs. 4 Satz 4 des Reichsmietengesetzes entsprechend zu erhöhen.

(17. Y. 15/27. REntsch. v. 21. 3. 27. EA. 27, 582; JFG.Erg. 6, 84; JW. 27, 1935; MG. 27, 50.)

45. Im Falle des § 21 des Mieterschutzgesetzes hat das Mieteinigungsamt das Entgelt für die weitere Überlassung des Raumes in Höhe der gesetzlichen Miete unter Beachtung des § 2 des Reichsmietengesetzes festzusetzen.

(17. Y. 101/25. REntsch. v. 12. 10. 25. EA. 25, 420; GE. 26, 196; HessR. 26, 20; JFG.Erg. 4, 139; JR. 25 Nr. 1773; JW. 26, 999; OLG. 45, 249.)

4. Neufestsetzung bei feststehender oder schon festgesetzter Friedensmiete.

46. Allgemeine Veränderungen der Gegend, die während eines laufenden Vertrags vor dem 1. Juli 1914 eingetreten sind, können eine Neufestsetzung der Friedensmiete nach § 2 Abs. 4 Satz 1 des Reichsmietengesetzes rechtfertigen.

(17. Y. 40/25. REntsch. v. 25. 5. 25. DJZ. 25, 1268; EA. 25, 387; GE. 25, 2035; HessR. 25, 255; JFG.Erg. 3, 115; JR. 25 Nr. 1235; JW. 25, 1769; MB. 25, 31; OLG. 44, 272.)

47. Nach dem 1. Juli 1914 in den äußeren Verhältnissen des Stadtteils eingetretene Veränderungen rechtfertigen nicht eine Abweichung von der aus § 2 Abs. 1 des Reichsmietengesetzes sich ergebenden Berechnung der Friedensmiete.

(17. Y. 82/24. REntsch. v. 17. 11. 24. EA. 24, 344; JW. 24, 2007; OLG. 44, 12; VBl. 46, 209.)

Aufgegeben durch:

Allgemeine Veränderungen der Gegend, die nach dem 1. Juli 1914 eingetreten sind, können eine Neufestsetzung der Friedensmiete nach § 2 Abs. 4 Satz 1 des Reichsmietengesetzes rechtfertigen.

(17. Y. 55/25. REntsch. v. 22. 6. 25. EA. 25, 387; GE. 25, 2035; HessR. 25, 277; JFG.Erg. 3, 117; JR. 25 Nr. 1236; MB. 25, 39; OLG. 44, 272.)

48. Allgemeine Veränderungen des ganzen Ortes, die nach dem 1. Juli 1914 eingetreten sind, z. B. Entstehung von Industrie in einer bisher rein ländlichen Ortschaft, können eine Neufestsetzung der Friedensmiete nach § 2 Abs. 4 Satz 1 des Reichsmietengesetzes rechtfertigen.

(17. Y. 5/26. REntsch. v. 4. 2. 26. DWA. 1, 330; GE. 26, 656; JFG.Erg. 4, 125; JR. 26 Nr. 577; JW. 26, 2929; MG. 26, 31; OLG. 46, 128.)

49. Die allgemeine Verschlechterung der wirtschaftlichen Lage des Gewerbes, dem der Gewerbebetrieb des Mieters angehört, kann die Neufestsetzung der Friedensmiete nach § 2 Abs. 4 Satz 1 des Reichsmietengesetzes nicht rechtfertigen.

(17. Y. 141/25. REntsch. v. 25. 11. 25. DWA. 1, 282; EA. 25, 426; GE. 26, 47; JFG.Erg. 4, 127; JR. 26 Nr. 24; JW. 26, 1838; MG. 26, 7.)

50. Festsetzung der Friedensmiete nach § 2 Abs. 4 des Reichsmietengesetzes kann nicht erfolgen wegen einer Verschlechterung des Mietraumes, deren Beseitigung der Mieter nach bürgerlichem Rechte beanspruchen kann.

(17. Y. 75/26. REntsch. v. 9. 7. 26. DWA. 1, 619; EA. 26, 497; GE. 26, 1534; HessR. 27, 98; JFG.Erg. 5, 51; JR. 26 Nr. 1839; JW. 27, 588; MG. 26, 101; OLG. 46, 131.)

50 a. Die allgemeine Verwahrlosung des Grundstücks, in dem sich die Mieträume befinden, ist bei der Festsetzung der Friedensmiete zu berücksichtigen, soweit nicht der Mieter die Beseitigung der Verwahrlosung nach bürgerlichem Rechte beanspruchen kann.

(17. Y. 49/27. REntsch. v. 25. 6. 27. DWA. 27, 463; EA. 27, 598; JFG.Erg. 7, 62; JR. 27 Nr. 1904; JW. 28, 71; MG. 27, 134.)

51. Die nach dem 1. Juli 1914 begonnene Verwendung einer Wohnung zum Betrieb eines Fremdenheims oder Untervermietung von Wohnräumen zu gewerblichen Zwecken kann die Festsetzung der Friedensmiete nach § 2 Abs. 4 Satz 2 des Reichsmietengesetzes rechtfertigen.

(17. Y. 99/26. REntsch. v. 22. 12. 26. EA. 27, 544; GE. 27, 368; GW. 27, 208; JFG.Erg. 6, 81; JR. 27 Nr. 711; JW. 27, 1319; MG. 27, 50; OLG. 46, 130.)

52. Der nach dem 1. Juli 1914 erfolgte Einbau einer Lichtanlage kann die Festsetzung des ortsüblichen Mietzinses als Friedensmiete nach § 2 Abs. 4 Satz 1 des Reichsmietengesetzes rechtfertigen.

(17. Y. 5/25. REntsch. v. 17. 3. 25. GE. 25, 1964; HessR. 26, 234; JFG.Erg. 3, 122; JR. 25 Nr. 787; JW. 25, 2256; OLG. 44, 271.)

53. Die nach dem 1. Juli 1914 geschaffene Einrichtung einer Entwässerungsanlage kann die Festsetzung der Friedensmiete nach § 2 Abs. 4 Satz 1 des Reichsmietengesetzes rechtfertigen.

(17. Y. 19/25. REntsch. v. 7. 4. 25. GE. 25, 1513; JFG.Erg. 3, 123; JR. 25 Nr. 1232; JW. 25, 2256.)

54. Die Herausnahme der Heizkörper der Sammelheizung aus einer Wohnung kann eine Neufestsetzung der Friedensmiete gemäß § 2 Abs. 4 des Reichsmietengesetzes rechtfertigen.

(17. Y. 61/25. REntsch. v. 25. 5. 25. EA. 25, 387; HessR. 25, 277; JFG.Erg. 4, 124; JR. 25 Nr. 1234; JW. 26, 602; MB. 25, 37; OLG. 44, 271.)

55. Die Einführung von Gebühren für die Straßenreinigung oder die Entwässerungsanlage rechtfertigt nicht die Festsetzung der Friedensmiete nach § 2 Abs. 4 des Reichsmietengesetzes.

(17. Y. 90/26. REntsch. v. 4. 10. 26. DWA. 1, 689; EA. 26, 514; JFG.Erg. 5, 55; JR. 26 Nr. 2349; JW. 27, 462; MB. 26, 17; MG. 26, 129.)

Aufrechterhalten.

(17. Y. 22/27. REntsch. v. 21. 3. 27. EA. 27, 592; JFG.Erg. 6, 73; JR. 27 Nr. 1810; JW. 27, 1940; MG. 27, 65; OLG. 46, 127; BBl. 49, 254.)

55a. Das Bestehen einer sogenannten Wohlfahrtsmiete kann die Festsetzung der Friedensmiete nach § 2 Abs. 4 des Reichsmietengesetzes rechtfertigen. Als Vergleichsräume zur Ermittelung der ortsüblichen Miete sind in diesem Falle solche Räume zu verwenden, die dem Einfluß der Wohlfahrtsmieten am 1. Juli 1914 nicht unterlagen.

(17. Y. 32/28. REntsch. v. 23. 4. 28. EA. 28, 691.)

56. Als Friedensmiete ist für Gebäude oder Gebäudeteile, die zu wesentlich anderen Zwecken verwendet werden (§ 2 Abs. 4 Satz 2 des Reichsmietengesetzes), der ortsübliche Mietzins auch dann festzusetzen, wenn er den Mietzins, der am 1. Juli 1914 bei anderer Verwendungsart vereinbart war, übersteigt und eine Vergleichung des damaligen und des jetzigen Verwendungszwecks nur eine Ermäßigung des Mietzinses rechtfertigen würde.

(17. Y. 59/26. REntsch. v. 18. 6. 26. DWA. 1, 617; EA. 26, 487; JFG.Erg. 5, 53; JR. 26 Nr. 2141; MG. 26, 86; OLG. 46, 130; BBl. 48, 131.)

5. Vergleichsräume.*)

57. Bei Festsetzung der Friedensmiete braucht das Mieteinigungsamt Vergleichsräume, auch wenn sie von den Beteiligten bezeichnet sind, nur insoweit zu berücksichtigen, als es zur völligen Aufklärung des Sachverhalts ohne Überschreitung des Rechtes zur freien Beweiswürdigung erforderlich ist. Vergleichsräume sind nicht deshalb unberücksichtigt zu lassen, weil ihre Friedensmiete streitig ist.

(17. Y. 41/27. REntsch. v. 16. 5. 27. DWA. 27, 415; EA. 27, 575; JFG.Erg. 6, 93; JR. 27 Nr. 1903; JW. 27, 1940; MB. 27, 12; MG. 27, 94.)

58. Als Vergleichsräume bei Festsetzung der Friedensmiete sind Räume möglichst gleicher Art und Lage geeignet.

(17. Y. 36/26. REntsch. v. 22. 4. 26. EA. 26, 480; JFG.Erg. 5, 42; JR. 26 Nr. 1508; JW. 26, 2302; KGBl. 26, 109; MG. 26, 67.)

58a. Das Bestehen einer sogenannten Wohlfahrtsmiete kann die Festsetzung der Friedensmiete rechtfertigen. Als

*) Vgl. auch Nachtrag S. 563 Nr. 419.

Vergleichsräume sind in diesem Falle solche Räume zu verwenden, die dem Einfluß der Wohlfahrtsmieten am 1. Juli 1914 nicht unterlagen.

(17. Y. 32/28. REntsch. v. 23. 4. 28. EA. 28, 691; MG. 28, 87.)

59. Zur Ermittelung des ortsüblichen Mietzinses kann die Heranziehung nur eines Vergleichsgegenstandes genügen.

(17. Y. 94/26. REntsch. v. 19. 11. 26. DWA. 27, 74; JFG.Erg. 6, 95; JR. 27 Nr. 376; JW. 27, 598; MG. 27, 8; OLG. 46, 132.)

60. Bei Festsetzung der Friedensmiete können ausnahmsweise auch solche Räume zum Vergleiche herangezogen werden, für die die Friedensmiete festgesetzt ist.

(17. Y. 54/26. REntsch. v. 14. 5. 26. EA. 26, 480; GE. 26, 1030; JFG.Erg. 5, 44; JW. 26, 2548; MB. 26, 12; MG. 26, 67; OLG. 46, 133.)

61. Bei Festsetzung der Friedensmiete für eine Wohnung, die durch Hinzunahme oder Abtrennung verhältnismäßig geringfügigen Raumes verändert ist, kann die Wohnung in ihrem früheren Zustand als Vergleichsraum nur verwendet werden, wenn besser geeignete Vergleichsräume nicht aufzufinden sind.

(17. Y. 67/27. REntsch. v. 3. 10. 27. EA. 27, 619; HHR. 28 Nr. 226; JFG.Erg. 7, 67; JW. 28, 510; MG. 27, 153.)

62. Bei Festsetzung der Friedensmiete ist als Mietzins der Vergleichsräume nicht nur der vom Mieter am 1. Juli 1914 bar gezahlte Jahresbetrag, sondern auch der Jahreswert der dem Mieter oder Vermieter in Abweichung vom Bürgerlichen Gesetzbuche damals obliegenden mietrechtlichen Nebenleistungen und Verpflichtungen durch Zurechnung oder Abzug zu berücksichtigen.

(17. Y. 58/27. REntsch. v. 3. 10. 27. DWA. 27, 554; EA. 27, 619; GE. 28, 10; HHR. 28 Nr. 225; JFG.Erg. 7, 65; JW. 28, 510; MB. 28, 1; MG. 27, 153.)

63. In der Begründung des Beschlusses, durch den das Mieteinigungsamt gemäß § 2 Abs. 4 des Reichsmietengesetzes die Friedensmiete festsetzt, müssen die zum Vergleiche herangezogenen Räume bezeichnet werden; auch muß angegeben werden, auf welchen Tatsachen die getroffene Festsetzung der Friedensmiete beruht.

(17. Y. 163/24. REntsch. v. 12. 1. 25. EA. 25, 360; GE. 25, 906; HessR. 25, 128; JFG.Erg. 3, 107; JW. 25, 1412; MB. 25, 11; OLG. 44, 259.)

Aufrechterhalten. Die Feststellung des Mieteinigungsamtes, daß geeignete Vergleichsräume nicht vorhanden seien, beruht stets auf einer Verletzung des Gesetzes.

(17. Y. 130/25. REntsch. v. 25. 11. 25. EA. 26, 432; GE. 26, 322; HessR. 26, 67; JFG.Erg. 4, 110; JR. 26 Nr. 482; JW. 26, 998; MB. 26, 7; MG. 26, 6.)

Obiger Zusatz aufrechterhalten.

(17. Y. 30/26. REntsch. v. 31. 3. 26. DWA. 1, 478; EA. 26, 471; JFG.Erg. 4, 112; JR. 26 Nr. 1035; MB. 26, 13; MG. 26, 52; OLG. 46, 133.)

6. Ausgleich der Friedensmieten.

64. Der Ausgleich der Friedensmiete gemäß § 2 Abs. 5 des Reichsmietengesetzes erstreckt sich auch auf nicht vermietete Räume. Für den Ausgleich muß die Friedensmiete und die ortsübliche Miete der einzelnen Wohnungen oder Räume ermittelt werden.

(17. Y. 47/25. REntsch. v. 4. 5. 25. EA. 25, 394; JFG.Erg. 4, 108; JR. 25 Nr. 1238.)

65. Friedensmieten im Sinne des § 2 Abs. 5 des Reichsmietengesetzes sind die zur Zeit der Ausgleichung geltenden Friedensmieten. Bei der Ausgleichung können auch bereits festgesetzte Friedensmieten verändert werden.

(17. Y. 17/28. REntsch. v. 19. 3. 28. MB. 28, 8; MG. 28, 88.)

7. Grundvermögenssteuer.

66. § 3 Abs. 1 des Reichsgesetzes über den Geldentwertungsausgleich bei bebauten Grundstücken vom 1. Juni 1926 (Reichsgesetzbl. I 251) steht der Umlegung des 100 v. H. übersteigenden Gemeindezuschlags zur Grundvermögenssteuer auf die Mieter nicht entgegen.

(17. Y. 96/26. REntsch. v. 19. 11. 26. DWA. 2, 27; EA. 26, 523; JFG.Erg. 6, 104; JR. 27 Nr. 380; JW. 27, 1025; MA. 27, 14; MG. 26, 140; VBl. 49, 93.)

67. Für die Entscheidung eines Streites zwischen Vermieter und Mieter, in welchem Verhältnis der Gemeindezuschlag zur Grundvermögenssteuer umzulegen ist, ist das Mieteinigungsamt zuständig. Umzulegen ist nur der Teil des Gemeindezuschlags, der auf das Gebäude und auf gemeinsam oder von dem Mieter allein benutzte Flächen entfällt.

(17. Y. 81/26. REntsch. v. 15. 10. 26. EA. 26, 514; GE. 26, 1616; JFG.Erg. 5, 65; JR. 27 Nr. 250; JW. 27, 586; MB. 26, 19; MG. 26, 128.)

68. Bei nachträglicher Erhöhung des Gemeindezuschlags zur Grundvermögenssteuer kann der Vermieter den erhöhten Zuschlag auch für die zurückliegende Zeit auf die Mieter umlegen.

(17. Y. 19/27. REntsch. v. 21. 3. 27. DWA. 27, 268; EA. 27, 583; GE. 27, 562; GW. 27, 188; JFG.Erg. 6, 106; JR. 27 Nr. 1811; JW. 28, 517; MG. 27, 66; OLG. 46, 141; VBl. 49, 220.)

8. Gewerbezuschlag.

69. Einen Antrag aus § 10 des Reichsmietengesetzes kann nur der Vermieter, nicht ein Mieter oder die Mietervertretung stellen.

(17. Y. 81/24. REntsch. v. 6. 10. 24. GE. 25, 55; JFG.Erg. 3, 132; OLG. 44, 14.)

70. Die Deutsche Reichspost ist ein gewerblicher Betrieb im Sinne des § 10 Abs. 1 des Reichsmietengesetzes.

(17. Y. 53/24. REntsch. v. 23. 6. 24. JFG.Erg. 2, 79; JW. 24, 2008; OLG. 43, 264.)

Aufrechterhalten.

(17. Y. 51/25. REntsch. v. 7. 4. 25. JFG.Erg. 3, 135.)

71. Eine Wohlfahrtsspeiseanstalt ist ein gewerblicher Betrieb im Sinne des § 10 Abs. 1 des Reichsmietengesetzes.

(17. Y. 81/24. REntsch. v. 6. 10. 24. GE. 25, 55; JFG.Erg. 3, 132; OLG. 44, 14.)

72. Ein Gericht ist ein gewerblicher Betrieb im Sinne des § 10 Abs. 1 des Reichsmietengesetzes.

(17. Y. 38/26. REntsch. v. 22. 4. 26. DWA. 1, 571; EA. 26, 480; GE. 26, 999; JFG.Erg. 5, 56; JR. 26 Nr. 1509; JW. 26, 2455; MG. 26, 66; OLG. 46, 133.)

9. Zusatzmiete.

72a. Die Zusatzmiete (§ 13 a des Reichsmietengesetzes) setzt nicht voraus, daß wegen der baulichen Veränderung eine Erhöhung der Friedensmiete nach § 2 Abs. 4 Satz 2 des Reichsmietengesetzes nicht möglich ist.

(17. Y. 29/28. REntsch. v. 23. 4. 28. MG. 28, 88.)

10. Sammelheizung. Warmwasserversorgung.

73. Der § 16 der Verordnung über die Mietzinsbildung in Preußen vom 17. April 1924 ist gültig.

(17. Y. 20/25. REntsch. v. 7. 4. 25. JFG.Erg. 3, 136; JR. 25 Nr. 1775; JW. 25, 1772; OLG. 44, 277.)

74. a) Das Mieteinigungsamt ist zur Entscheidung des Streites zwischen Vermieter und Mieter über die Höhe des

Anteils des Mieters an den Kosten der Sammelheizung zuständig.

b) Soweit Kosten der Sammelheizung, z. B. Nachtheizung in Geschäftsräumen, nur bei einzelnen Rauminhabern entstehen, haben nur diese sie zu tragen.

(17. Y. 13/27. REntsch. v. 21. 2. 27. DWA. 27, 266; EA. 27, 557; GE. 27, 529; GW. 27, 158; JFG.Erg. 6, 97; JR. 27 Nr. 1404; JW. 27, 2632; MG. 27, 50; OLG. 46, 124.)

75. Ist von mehreren zusammen vermieteten Räumen ein Teil, der nicht ortsüblich als Nebenraum gilt, an die Sammelheizung nicht angeschlossen, so ist bei Ermittelung der reinen Friedensmiete nur die Friedensmiete des angeschlossenen Teiles um 7 v. H. zu kürzen. Für den Abzug wegen der Warmwasserversorgung gilt eine entsprechende Beschränkung nicht.

(17. Y. 66/27. REntsch. v. 3. 10. 27. DWA. 28, 46; EA. 27, 619; GE. 28, 121; GW. 28, 16; HGR. 28 Nr. 227; JFG.Erg. 7, 72; MG. 27, 154.)

76. a) Beheizte Fläche im Sinne des § 15 der Verordnung über die Mietzinsbildung in Preußen vom 17. April 1924 ist die Bodenfläche der beheizten Räume.

b) Bei Umlegung der Kosten der Sammelheizung sind zur Ermittelung des Verteilungsmaßstabs alle durch die Anlage versorgten Räume zu berücksichtigen.

(17. Y. 44/27. REntsch. v. 25. 6. 27. DWA. 27, 461; JFG.Erg. 7, 70; JR. 27 Nr. 2019; JW. 28, 72; MG. 27, 133.)

77. a) Das Mieteinigungsamt kann einen Beschluß auf Zulassung der Einstellung der Sammelheizung nur mit Wirkung für die Zukunft erlassen.

b) Wenn das Mieteinigungsamt die Einstellung anordnet, so ist es nicht befugt, gleichzeitig über den weiter vom Mieter zu tragenden Heizungsbeitrag zu entscheiden.

(17. Y. 39/24. REntsch. v. 12. 6. 24. GE. 24, 1432; JFG.Erg. 2, 82; VBl. 46, 45.)

11. Fahrstuhl.

78. a) Bei Streit zwischen Vermieter und Mieter über die Höhe des Anteils des Mieters an den Kosten des Fahrstuhlbetriebs hat das Mieteinigungsamt zu entscheiden, wie die Berechnung nach § 9 der Verordnung über die Mietzinsbildung in Preußen vom 17. April 1924 zu erfolgen hat, insbesondere ob der Mieter an den Fahrstuhl angeschlossen ist, welche anderen Rauminhaber als angeschlossen zu berücksichtigen und welche Friedensmieten der Verteilung zugrunde zu legen sind.

b) Auch Mieter, die zur Benutzung des Fahrstuhls einen Teil der Treppen hinauf- oder hinuntergehen müssen, sind an den Fahrstuhl angeschlossen.

c) Sondervereinbarungen einzelner Mieter mit dem Vermieter über ihre Beteiligung an den Kosten des Fahrstuhls bleiben bei der Entscheidung des Mieteinigungsamtes aus § 9 der Verordnung über die Mietzinsbildung in Preußen vom 17. April 1924 — unbeschadet der Bestimmung in § 9 Abs. 5 — außer Betracht.

(17. Y. 39/27. REntsch. v. 16. 5. 27. DRZ. 27 Nr. 921; DWA. 27, 415; EA. 27, 583; GW. 27, 277; JFG.Erg. 6, 100; JR. 27 Nr. 1901; JW. 27, 1911; MB. 27, 15; MG. 27, 91.)

79. Eine anderweitige Vereinbarung im Sinne des § 9 der Verordnung über die Mietzinsbildung in Preußen liegt auch dann vor, wenn der Vermieter und alle an den Fahrstuhl angeschlossenen Mieter sich dahin geeinigt haben, daß nur einzelne Mieter die Fahrstuhlkosten tragen. Zur Feststellung einer solchen Vereinbarung ist im Streitfalle das Mieteinigungsamt zuständig.

(17. Y. 4/28. REntsch. v. 20. 2. 28. EA. 28, 667; GW. 28, 181; HHR. 28 Nr. 1107; JFG.Erg. 7, 75; MG. 28, 48; GE. 28, 688.)

80. a) Bei der Verteilung der Kosten des Fahrstuhlbetriebs (§ 9 der Verordnung über die Mietzinsbildung in

Preußen) hat das Mieteinigungsamt im Streitfalle zu entscheiden, ob alle Mieter, die an den Fahrstuhl angeschlossen sind, auf die Benutzung des Fahrstuhls verzichtet haben.

b) Haben alle Mieter, die an den Fahrstuhl angeschlossen sind, auf die Benutzung verzichtet, so brauchen sie auch solche Instandhaltungskosten nicht mehr zu bezahlen, deren Aufwendung vor dem Verzicht notwendig war, aber unterblieben ist.

(17. Y. 25/28. REntsch. v. 19. 3. 28. EA. 28, 691; GW. 28, 181; MG. 28, 67.)

12. Möblierung.

81. Ist in einem Verfahren zur Bestimmung des Mietzinses für Räume, die keine selbständige Wohnung darstellen, streitig, ob sie möbliert oder unmöbliert vermietet sind, so hat das Mieteinigungsamt seiner Entscheidung den Vortrag des Antragstellers zugrunde zu legen.

Sind die Räume als unmöbliert vermietet zu behandeln, so sind bei der Bestimmung des Mietzinses mitüberlassene Einrichtungsgegenstände nicht zu berücksichtigen.

(17. Y. 15/26. REntsch. v. 4. 3. 26. DWA. 1, 476; EA. 26, 455; JFG.Erg. 4, 115; JR. 26 Nr. 812; JW. 27, 598; MG. 26, 31.)

82. Ist in einem Verfahren zur Bestimmung des Mietzinses streitig, ob ganz oder teilweise möbliert vermietete Räume eine selbständige Wohnung darstellen, so hat das Mieteinigungsamt seiner Entscheidung den Vortrag des Antragstellers zugrunde zu legen.

(17. Y. 7/26. REntsch. v. 4. 3. 26. DRZ. 26 Nr. 934; JFG.Erg. 4, 117; JR. 26 Nr. 1031; JW. 27, 587; MG. 26, 38; OLG. 46, 137.)

83. Bei der Feststellung der Friedensmiete sind Möbel und sonstige Einrichtungsgegenstände, die sich am 1. Juli 1914 in den Räumen befanden und mitvermietet waren, nicht zu berücksichtigen. Der Mietzins ist vielmehr in der Weise zu bilden, daß zunächst die gesetzliche Miete für die leeren Räume und sodann neben dieser ein besonderes Entgelt für Nebenleistungen der bezeichneten Art, falls sie zur Zeit noch gewährt werden, festgesetzt wird.

(17. Y. 120/24. REntsch. v. 8. 10. 24. EA. 25, 353; HessR. 25, 76; JFG.Erg. 3, 112; JR. 25 Nr. 374; JW. 25, 2621; OLG. 44, 276.)

84. Bei der Bemessung des für die Überlassung von Einrichtungsgegenständen festzusetzenden Zuschlages zur Raummiete ist der vom Antragsteller behauptete Umfang der Einrichtung und ihr Zustand zur Zeit des Vertragsschlusses zugrunde zu legen.

(17. Y. 38/25. REntsch. v. 4. 5. 25. GE. 25, 2036; JFG.Erg. 4, 135; JR. 25 Nr. 1535; JW. 26, 999.)

13. Untermietzins.

85. Bei Ermittelung der gesetzlichen Untermiete sind nur die gesetzliche Hauptmiete und das Verhältnis der Untermieträume zur ganzen Wohnung, nicht aber eine Friedensmiete der Untermieträume zu berücksichtigen.

(17. Y. 71/27. REntsch. v. 31. 10. 27. EA. 27, 632; HHR. 28 Nr. 228; JFG.Erg. 7, 93; JW. 28, 511; MB. 27, 22; MG. 27, 170.)

86. Bei Berechnung der gesetzlichen Untermiete ist von der gesetzlichen Miete des Hauptmietverhältnisses auszugehen, auch wenn sie für dieses nicht gilt. Steht die gesetzliche Miete für das Hauptmietverhältnis nicht fest, so ist sie zu errechnen.

(17. Y. 2/26. REntsch. v. 4. 3. 26. DWA. 1, 479; EA. 26, 460; JFG.Erg. 4, 136; JR. 26 Nr. 814; MB. 26, 10; MG. 26, 39; OLG. 46, 136.)

87. Ist die Höhe der gesetzlichen Miete für die Hauptwohnung zwischen den Beteiligten unstreitig, so genügt es

bei der Entscheidung über die Höhe der gesetzlichen Untermiete, wenn das Mieteinigungsamt den auf die Untermieträume entfallenden Bruchteil der gesetzlichen Miete für die Hauptwohnung bestimmt. Andernfalls hat das Mieteinigungsamt die Höhe der gesetzlichen Untermiete ziffernmäßig anzugeben oder doch die Höhe der gesetzlichen Miete für die Hauptwohnung in die Entscheidung aufzunehmen.

(17. Y. 82/27. REntsch. v. 19. 12. 27. EA. 28, 648; HHR. 28 Nr. 616; JFG.Erg. 7, 95; JW. 28, 509; MG. 28, 26; DWA. 28, 237.)

88. Bei Festsetzung der gesetzlichen Untermiete ist die wirtschaftliche Lage der Vertragsteile nicht zu berücksichtigen.

(17. Y. 43/26. REntsch. v. 14. 5. 26. EA. 26, 481; JFG.Erg. 5, 61; JR. 26 Nr. 1365; JW. 27, 590; OLG. 46, 136.)

89. Bei der Errechnung der gesetzlichen Untermiete bleiben die zur gesetzlichen Hauptmiete gehörigen Kosten des Fahrstuhlbetriebs unberücksichtigt, wenn der Untermieter an den Fahrstuhl nicht angeschlossen oder zu seiner Benutzung nicht befugt ist.

(17. Y. 21/28. REntsch. v. 19. 3. 28. HHR. 28 Nr. 1198; MG. 28, 68.)

14. Verschiedenes.

90. Zur Entscheidung der Frage, ob nach Eintritt der gesetzlichen Miete die vertragliche Verpflichtung zu Nebenleistungen, insbesondere zur Flur- und Treppenreinigung, erloschen ist, ist das Mieteinigungsamt nicht zuständig.

(17. Y. 128/24. REntsch. v. 19. 1. 25. EA. 25, 359; GE. 25, 1229; HessR. 25, 129; JFG.Erg. 3, 131; JR. 25 Nr. 579; JW. 25, 799; MB. 25, 30; OLG. 44, 280; BBl. 46, 413.)

91. Die Kosten der Neubeschaffung von Glühkörpern zur Treppenbeleuchtung sind keine Betriebskosten.

(17. Y. 9/24. REntsch. v. 11. 2. 24. EA. 24, 303; JFG.Erg. 2, 69.)

92. a) Die Anwendung des § 4 A Nr. 8 der Berliner Bekanntmachung vom 27. September 1923 zum Reichsmietengesetz wird nicht dadurch ausgeschlossen, daß die Hypothekenzinssteigerung auf einer Vereinbarung des Vermieters mit dem Gläubiger beruht.

b) Für die Umlegung der Zinssteigerung auf die Mieter ist es nicht erforderlich, daß die Zinssteigerung im Grundbuch eingetragen ist.

(17. Y. 69/24. REntsch. v. 6. 10. 24. DJZ. 25, 586; GE. 25, 362; JFG.Erg. 2, 67; JW. 25, 1773; OLG. 44, 14; BBl. 46, 143.)

93. a) Über Ansprüche auf Zuschläge zu großen Instandsetzungsarbeiten ist nach dem früheren Recht zu entscheiden, wenn der Vermieter gegenüber dem Mieter den Anspruch vor dem Inkrafttreten der preuß. Ausführungsbestimmungen zum Reichsmietengesetz vom 4. August 1923 erhoben hatte.

b) Die oberste Landesbehörde ist befugt, bestimmte Arten von Teilarbeiten am Hause, deren Kosten mindestens einen bestimmten Hundertsatz der Grundmiete erfordern, als große Instandsetzungsarbeiten zu bezeichnen oder entsprechende Ermächtigungen zu erteilen.

c) Die Bestimmungen der preuß. Ausführungsverordnung zum Reichsmietengesetz vom 12. Juni 1922 Ziff. II 5 und 6 zu § 7 sind gültig.

(17. Y. 59/24. REntsch. v. 4. 7. 24. JFG.Erg. 2, 73; JW. 24, 2027; OLG. 43, 336.)

94. Eine große Instandsetzungsarbeit im Sinne des § 5 des Reichsmietengesetzes kann auch dann vorliegen, wenn nicht das ganze Dach des Hauses, sondern nur ein Teil des Daches umgedeckt werden muß.

(17. Y. 34/24. REntsch. v. 23. 6. 24. JFG.Erg. 2, 71; OLG. 43, 338.)

95. Das Mieteinigungsamt hat nicht abschließend zu entscheiden, ob ein Gebäude ein sogenanntes Geschäfts- und

Industriehaus im Sinne der Nr. III der preuß. Ausführungsbestimmungen vom 4. August 1923 zum Reichsmietengesetz ist.

(17. Y. 14/24. REntsch. v. 13. 3. 24. JFG.Erg. 2, 54; JW. 24, 841; OLG. 43, 248.)

III. Mieterschutz.

1. Ersatzraum.

96. Über Einwendungen gegen den Ersatzraum (§ 16 des Mieterschutzgesetzes) hat das Mieteinigungsamt auch dann zu entscheiden, wenn in einem vor dem Schiedsmann abgeschlossenen Vergleiche die Herausgabe des Raumes mit der Bestimmung vereinbart ist, daß die Zwangsvollstreckung aus dem Vergleiche von der Sicherung eines Ersatzraums für den Mieter abhängig sein soll.

(17. Y. 150/25. REntsch. v. 21. 12. 25. DWA. 1, 283; EA. 26, 431; JFG.Erg. 4, 91; JR. 26 Nr. 154; JW. 27, 592; OLG. 45, 249; PBl. 47, 410.)

97. Das Mieteinigungsamt hat über die Eignung des Ersatzraums nach § 16 des Mieterschutzgesetzes nur auf Antrag des Mieters, nicht auf Antrag des Vermieters zu entscheiden.

(17. Y. 25/25. REntsch. v. 31. 3. 25. EA. 25, 388; HessR. 25, 235; JFG.Erg. 3, 104; JR. 25 Nr. 1239; JW. 25, 2333; MW. 25, 21; OLG. 44, 250.)

98. Unterliegt der Ersatzraum nicht der Zwangswirtschaft, so ist das Mieteinigungsamt zur Entscheidung über die Einwendungen des Mieters nach § 16 des Mieterschutzgesetzes auch dann zuständig, wenn die Gemeindebehörde bei der Beschaffung des Ersatzraums nicht mitgewirkt hat*).

(17. Y. 2/25. REntsch. v. 9. 2. 25. EA. 25, 360; GE. 25, 760; JFG.Erg. 3, 100; JW. 25, 2482; OLG. 44, 251.)

*) Nach dem REntsch. d. OLG. Dresden 6 a Reg. 748/24 v. 25. 11. 24 (SächsJMBl. 25, 13) muß die Zuweisung des Ersatzraums stets durch das Wohnungsamt erfolgen.

99. Bei der Entscheidung über den Ersatzraum aus § 16 des Mieterschutzgesetzes hat das Mieteinigungsamt nicht zu prüfen, ob der Ersatzraum dem Mieter von der Gemeindebehörde oder von dem Vermieter angeboten worden ist. Es hat auch nicht zu prüfen, ob die Einwendungen des Mieters innerhalb der Wochenfrist des § 16 erhoben sind.

(17. Y. 145/25. REntsch. v. 4. 2. 26. DWA. 1, 329; EA. 26, 455; JFG.Erg. 4, 96; JR. 26 Nr. 578; JW. 27, 592; MB. 26, 7; MG. 26, 29; OLG. 45, 248; VBl. 47, 493.)

100. Ist die Vollstreckung des Räumungsurteils von der Sicherung eines Ersatzraums abhängig gemacht worden, so genügt es nicht, daß die Gemeindebehörde erklärt, die Zuweisung eines Ersatzraums sei überflüssig, weil der Mieter eines solchen nicht bedürfe.

(17. Y. 42/25. REntsch. v. 25. 5. 25. EA. 25, 380; HessR. 25, 275; JFG.Erg. 4, 93; JR. 25 Nr. 1240; JW. 26, 66; OLG. 44, 253, VBl. 47, 9.)

101. Auch über die Einwendung, daß der zugewiesene Ersatzraum in einer anderen Gemeinde liegt, entscheidet das Mieteinigungsamt nach § 16 Abs. 1 Satz 2 des Mieterschutzgesetzes endgültig.

(17. Y. 32/24. REntsch. v. 12. 6. 24. EA. 24, 337; GE. 25, 56; JFG.Erg. 2, 84; JW. 24, 2009; OLG. 43, 331; VBl. 46, 21.)

Aufrechterhalten.

(17. Y. 74/26. REntsch. v. 9. 7. 26. EA. 26, 497; GE. 27, 15; JFG.Erg. 5, 34; JR. 26 Nr. 1946; JW. 27, 1937; MG. 26, 102; OLG. 45, 264.)

102. Die Entscheidung des Mieteinigungsamtes über Einwendungen gegen den Ersatzraum (§ 16 des Mieterschutzgesetzes) ist auch dann endgültig, wenn der Ersatzraum nach Art oder Umfang nicht dem Raum entspricht, den der Mieter zu verlassen hat. Dies gilt auch, wenn die Entscheidung des

Gerichts Angaben über Art oder Umfang des Ersatzraums enthält.

(17. Y. 56/26. REntsch. v. 18. 6. 26. EA. 26, 488; JFG.Erg. 5, 30; JR. 26 Nr. 2144; JW. 28, 511; MG. 26, 85; OLG. 45, 249.)

103. Die Entscheidung des Mieteinigungsamtes über Einwendungen gegen den Ersatzraum (§ 16 des Mieterschutzgesetzes) ist auch dann endgültig, wenn das Mieteinigungsamt einen Teil der vom Mieter zu verlassenden Räume als Ersatzraum gebilligt hat.

(17. Y. 62/26. REntsch. v. 18. 6. 26. EA. 26, 488; JFG.Erg. 5, 32; JR. 26 Nr. 2145; MG. 26, 86; OLG. 45, 249.)

104. Die Entscheidung des Mieteinigungsamtes aus § 16 des Mieterschutzgesetzes unterliegt der Rechtsbeschwerde, wenn sie in einem unzulässigen Verfahren ergangen oder über die Einwendungen des Mieters nicht sachlich entschieden ist.

(17. Y. 42/25. REntsch. v. 25. 5. 25. EA. 25, 380; HessR. 25, 275; JFG.Erg. 4, 93; JR. 25 Nr. 1240; JW. 26, 66; OLG. 44, 253; WBl. 47, 9.)

2. Werkwohnung.

105. Im Falle des § 21 des Mieterschutzgesetzes hat das Mieteinigungsamt das Entgelt für die weitere Überlassung des Raumes in Höhe der gesetzlichen Miete unter Beachtung des § 2 des Reichsmietengesetzes festzusetzen.

(17. Y. 101/25. REntsch. v. 12. 10. 25. EA. 25, 420; GE 26, 196; HessR. 26, 20; JFG.Erg. 4, 139; JR. 25 Nr. 1773; JW. 26, 999; OLG. 45, 249.)

3. Genehmigung zur Untervermietung.

106. Zur Stellung des Antrags, die Erlaubnis des Vermieters zur Überlassung des Wohnraums an einen Dritten nach § 29 des Mieterschutzgesetzes durch die Erlaubnis des Mieteinigungsamtes zu ersetzen, ist nur der künftige Hauptmieter, nicht aber der künftige Untermieter befugt.

(17. Y. 133/24. REntsch. v. 8. 12. 24. EA. 25, 354; GE. 25, 177; HessR. 25, 111; JFG.Erg. 3, 85; JR. 25 Nr. 199; JW. 25, 1127; OLG. 44, 257.)

107. Auf Antrag des Wohnungsamtes kann die Zustimmung zur Untervermietung nach § 29 des Mieterschutzgesetzes nicht ersetzt werden.

(17. Y. 79/25. REntsch. v. 22. 6. 25. DWA. 1, 93; EA. 25, 394; GE. 25, 2227; HessR. 26, 16; JFG.Erg. 4, 80; JR. 25 Nr. 1431; JW. 25, 2798; BBl. 47, 40.)

108. Das Mieteinigungsamt kann die Erlaubnis des Vermieters zur Untervermietung auch dann ersetzen (§ 29 des Mieterschutzgesetzes), wenn die Erlaubnis zwar erteilt, aber trotzdem ein berechtigtes Interesse des Mieters an ihrer Ersetzung gegeben ist.

(17. Y. 93/27. REntsch. v. 23. 1. 28. EA. 28, 657; HHR. 28 Nr. 845; JFG.Erg. 7, 91; JW. 28, 1066; MG. 28, 46; GE. 28, 619.)

109. Ist der Antrag gestellt, die Erlaubnis des Vermieters zur Überlassung des Wohnraums an einen Dritten zu ersetzen (§ 29 des Mieterschutzgesetzes), und bestreitet der Antragsgegner das Bestehen eines Mietverhältnisses zwischen den Parteien, so hat das Mieteinigungsamt über den Bestand des Mietverhältnisses nicht zu entscheiden, sondern insoweit bei seiner Entscheidung den Sachvortrag des Antragstellers zugrundezulegen.

(17. Y. 6/26. REntsch. v. 4. 2. 26. DWA. 1, 430; JFG.Erg. 4, 78; JR. 26 Nr. 579; MG. 26, 30.)

110. Die Erlaubnis des Vermieters zur Weiterüberlassung von Wohnraum kann durch das Mieteinigungsamt nicht mehr ersetzt werden, wenn das Mietverhältnis, sei es auch unter Vorbehalt von Ersatzraum, aufgehoben ist.

(17. Y. 97/26. REntsch. v. 19. 11. 26. DWA. 27, 75; EA. 27, 535; HessR. 27, 267; JFG.Erg. 6, 57; JR. 27 Nr. 489; JW. 27, 593; MG. 27, 8; OLG. 46, 109.)

111. Die Erlaubnis des Vermieters, den Gebrauch des Wohnraums einem Dritten zu überlassen, insbesondere ihn unterzuvermieten, kann durch die Erlaubnis des Mieteinigungsamtes auch dann ersetzt werden, wenn die Befugnis zur Überlassung des Raumes an einen Dritten im Vertrage vor oder nach dem Inkrafttreten des Mieterschutzgesetzes ausgeschlossen worden ist (§ 29 des Mieterschutzgesetzes).

(17. Y. 84/24. REntsch. v. 23. 7. 24. EA. 24, 329; JFG.Erg. 2, 87; JW. 24, 2009; OLG. 43, 331.)

112. Die Erlaubnis des Vermieters, den Gebrauch des Wohnraums einem Dritten zu überlassen, kann nach § 29 des Mieterschutzgesetzes dann nicht durch das Mieteinigungsamt ersetzt werden, wenn die Überlassung von Wohnräumen an einen Dritten für andere als Wohnzwecke erfolgen soll.

(17. Y. 111/24. REntsch. v. 17. 11. 24. EA. 24, 345; GE. 25, 56, 135; JFG.Erg. 3, 92; JW. 24, 2010; OLG. 44, 3; VBl. 46, 174.)

113. Bei Geschäftsräumen kann die Erlaubnis des Vermieters, den Gebrauch des Raumes einem Dritten zu überlassen, insbesondere ihn unterzuvermieten, nicht nach § 29 des Mieterschutzgesetzes durch das Mieteinigungsamt ersetzt werden.

(17. Y. 80/24. REntsch. v. 17. 11. 24. EA. 24, 345; GE. 25, 57; JFG.Erg. 3, 91; JR. 25 Nr. 81; JW. 24, 2010; OLG. 44, 3; VBl. 46, 194.)

114. Die Erlaubnis des Vermieters, den Gebrauch einer Wohnung, die nicht nur Wohnzwecken, sondern zum Teil auch anderen Zwecken dient, einem Dritten zu überlassen, insbesondere sie weiter zu vermieten, kann nach § 29 des

Mieterschutzgesetzes nur dann durch das Mieteinigungsamt ersetzt werden, wenn der Wohnzweck überwiegt.

(17. Y. 14/25. REntsch. v. 7. 4. 25. EA. 25, 388; GE. 25, 1884; HessR. 25, 236; JFG.Erg. 3, 94; JR. 25 Nr. 1241; JW. 25, 2013; OLG. 44, 258.)

115. Die Erlaubnis des Vermieters, den Gebrauch eines zu Wohnzwecken vermieteten Raumes einem Dritten zu überlassen, kann durch das Mieteinigungsamt auch dann ersetzt werden, wenn die Überlassung zwar nicht nur zu Wohnzwecken erfolgen soll, der Wohnzweck aber überwiegt.

(17. Y. 61/27. REntsch. v. 3. 10. 27. DWA. 27, 508; EA. 27, 620; HHR. 28 Nr. 532; JFG.Erg. 7, 84; JW. 28, 513; MB. 28, 1; MG. 27, 153.)

116. Das Mieteinigungsamt kann die Erlaubnis des Vermieters, den Gebrauch von Wohnräumen einem Dritten zu überlassen, nicht allgemein, sondern nur für einen bestimmten Dritten ersetzen (§ 29 des Mieterschutzgesetzes).

(17. Y. 136/24. REntsch. v. 1. 12. 24. EA. 25, 351; GE. 25, 262; JFG.Erg. 3, 87; OLG. 44, 4; BBl. 46, 370.)

Aufrechterhalten. Der Rechtsentscheid gilt auch bei Untervermietung in Bade- und Erholungsorten.

(17. Y. 138/25. REntsch. v. 7. 1. 26. EA. 26, 444; GE. 26, 386; HessR. 26, 167; JFG.Erg. 4, 82; JR. 26 Nr. 815; JW. 26, 1000; MG. 26, 19.)

Aufrechterhalten.

(17. Y. 69/26. REntsch. v. 9. 7. 26. JFG.Erg. 5, 35; MG. 26, 102.)

117. Die Erlaubnis des Vermieters zur Untervermietung kann nach § 29 des Mieterschutzgesetzes auch dann ersetzt werden, wenn der Raum für besondere Zwecke zu vorübergehendem Gebrauche, z. B. an Sommergäste, überlassen werden soll.

(17. Y. 84/27. REntsch. v. 30. 11. 27. DWA. 28, 192; EA. 28, 648; GE. 28, 661; HHR. 28 Nr. 722; JFG.Erg. 7, 87; JW. 28, 512; MG. 28, 8.)

118. Ist im Verfahren betreffs Ersetzung der Erlaubnis des Vermieters zur Untervermietung (§ 29 des Mieterschutzgesetzes) streitig, ob in den unterzuvermietenden Räumen eine eigene Wirtschaft oder Haushaltung geführt werden soll, so hat das Mieteinigungsamt bei seiner Entscheidung vom Sachvortrage des Mieters auszugehen.

(17. Y. 100/26. REntsch. v. 22. 12. 26. DWA. 27, 75; EA. 27, 535; GW. 27, 208; JFG.Erg. 6, 58; JR. 27 Nr. 1032; JW. 27, 593; MG. 27, 52; OLG. 46, 110.)

119. Ist im Verfahren betreffs Ersetzung der Erlaubnis des Vermieters zur Untervermietung streitig, ob auf den Mietraum der § 29 des Mieterschutzgesetzes Anwendung findet, so hat das Mieteinigungsamt bei seiner Entscheidung vom Sachvortrage des Mieters auszugehen.

(17. Y. 53/27. REntsch. v. 25. 6. 27. EA. 27, 584; JFG.Erg. 6, 55; JR. 27 Nr. 2015; JW. 27, 1937; MG. 27, 95.)

120. a) Das Mieteinigungsamt kann die Erlaubnis des Vermieters zur Untervermietung nur ersetzen (§ 29 des Mieterschutzgesetzes), wenn der Sachvortrag des Mieters dessen Angabe rechtfertigt, daß in den Räumen eine eigene Wirtschaft oder Haushaltung geführt werden soll.

b) Daß der Untermieter die Hauptmahlzeiten regelmäßig nicht in den Räumen einnimmt, spricht gegen die Führung einer eigenen Wirtschaft oder Haushaltung, schließt sie aber nicht immer aus.

(17. Y. 38/27. REntsch. v. 16. 5. 27. DRZ. 27 Nr. 783; DWA. 27, 460; EA. 27, 575; JFG.Erg. 6, 60; JR. 27 Nr. 2014; JW. 27, 1938; MB. 27, 17; MG. 27, 95.)

121. Eigene Wirtschaft oder Haushaltung im Sinne des § 29 Abs. 2 des Mieterschutzgesetzes kann auch ein Untermieter führen, der dafür keine eigenen Angestellten hat oder sich der Unterstützung des Mieters bedient.

(17. Y. 36/27. REntsch. v. 21. 4. 27. EA. 27, 575; GuR. 27, 281; JFG.Erg. 6, 62; JR. 27 Nr. 1299; JW. 27, 1938; MB. 27, 13; MG. 27, 95; OLG. 46, 162.)

122. Die Erlaubnis des Vermieters, den Gebrauch des Wohnraums einem Dritten zu überlassen, kann mit zeitlicher Beschränkung ersetzt werden. Die Entscheidung des Mieteinigungsamtes oder der Beschwerdestelle erübrigt sich nicht durch den Ablauf der Zeit, für die die Ersetzung beantragt oder erfolgt ist.

(17. Y. 24/27. REntsch. v. 21. 3. 27. DWA. 27, 315; EA. 27, 575; JFG.Erg. 6, 64; JR. 27 Nr. 1657; JW. 27, 1938; MG. 27, 66; OLG. 46, 111.)

123. a) Das Mieteinigungsamt kann die Erlaubnis des Vermieters, den Gebrauch des Wohnraums einem Dritten zu überlassen, nach § 29 des Mieterschutzgesetzes nur für den leeren Raum, nicht für mitvermietete Möbel und ähnliche Gegenstände ersetzen.

b) Ist streitig, ob ein Raum leer vermietet oder ob der Mieter berechtigt ist, den Raum leer zu machen, so hat das Mieteinigungsamt bei seiner Entscheidung vom Sachvortrag des Mieters auszugehen.

(17. Y. 152/25. REntsch. v. 20. 1. 26. EA. 26, 444; GE. 26, 420; JFG.Erg. 4, 84; JR. 26 Nr. 816; JW. 26, 2456; MG. 26, 18; OLG. 45, 250.)

124. Das Mieteinigungsamt kann die Ersetzung der Erlaubnis des Vermieters zur Untervermietung (§ 29 des Mieterschutzgesetzes) nicht deshalb versagen, weil der Mieter Zahlung eines besonderen Entgelts für die erhöhte Abnutzung der Räume und die erhöhten Betriebskosten ablehnt.

(17. Y. 91/27. REntsch. v. 23. 1. 28. DWA. 28, 140; EA. 28, 657; HHR. 28 Nr. 721; JFG.Erg. 7, 89; JW. 28, 512; MG. 28, 26.)

125. Die Ersetzung der Erlaubnis des Vermieters zur Untervermietung (§ 29 des Mieterschutzgesetzes) wird nicht dadurch ausgeschlossen, daß der Untermieter gleichzeitig an anderer Stelle eine eigene Wirtschaft oder Haushaltung führt oder führen kann.

(17. Y. 79/27. REntsch. v. 30. 11. 27. EA. 28, 649; HHR. 28 Nr. 617; JFG.Erg. 7, 86; JW. 28, 512; MG. 28, 8; GE. 28, 620; DWA. 28, 192.)

126. Die Erlaubnis des Vermieters zur Untervermietung kann das Mieteinigungsamt nach § 29 des Mieterschutzgesetzes auch dann ersetzen, wenn Wohnungsinhaber sich ihre Wohnungen gegenseitig untervermieten wollen, obwohl sie sie nach § 8 des Wohnungsmangelgesetzes tauschen könnten.

(17. Y. 109/26. REntsch. v. 24. 1. 27. DWA. 27, 174; EA. 27, 546; HessR. 27, 145; JFG.Erg. 6, 53; JR. 27 Nr. 1031; JW. 27, 1163; MB. 27, 5; MG. 27, 21; OLG. 46, 110.)

127. Die Erlaubnis des Vermieters zur Übertragung der Mietrechte auf einen Dritten kann nach § 29 des Mieterschutzgesetzes nicht ersetzt werden.

(17. Y. 29/27. REntsch. v. 21. 3. 27. DWA. 27, 316; GE. 27, 962; JFG.Erg. 6, 52; JR. 27 Nr. 1656; JW. 27, 1653; MG. 27, 67; OLG. 46, 162.)

128. Die Rechtsbeschwerde gegen eine vor dem 1. Juli 1926 ergangene Entscheidung des Mieteinigungsamtes, durch welche die Erlaubnis des Vermieters zur Untervermietung ersetzt ist, kann nicht darauf gestützt werden, daß nach § 29 Abs. 2 des Mieterschutzgesetzes die Ersetzung der Erlaubnis nicht mehr zulässig sei. Wird aber die Entscheidung des Mieteinigungsamtes aus einem anderen Grunde aufgehoben, so ist § 29 Abs. 2 anzuwenden.

(17. Y. 91/26. REntsch. v. 15. 10. 26. EA. 26, 515; HessR. 27, 99; JFG.Erg. 5, 37; JR. 26 Nr. 2350; JW. 26, 2773; KGBl. 27, 7; MB. 26, 18; MG. 26, 129.)

4. §§ 50 bis 52e des Mieterschutzgesetzes.

129. Auf Grund der Wohnungsmangelgesetzgebung erlassene Anordnungen sind nach § 50 Abs. 2 des Mieterschutzgesetzes insoweit außer Kraft getreten, als nach ihnen zur Erhebung der Aufhebungsklage (§§ 1 ff. des Mieterschutzgesetzes) die Zustimmung des Mieteinigungsamtes erforderlich sein würde.

(17. Y. 31/24. REntsch. v. 12. 6. 24. JFG.Erg. 2, 92; JW. 24, 1617; OLG. 43, 257.)

130. Örtliche Anordnungen, nach denen zur Erhebung der Räumungs- oder Herausgabeklage die Zustimmung des Mieteinigungsamtes erfordert wird, sind nach § 50 Abs. 2 des Mieterschutzgesetzes unwirksam.

(17. Y. 157/24. REntsch. v. 9. 2. 25. JFG.Erg. 3, 96; JR. 25 Nr. 792; JW. 26, 1004; OLG. 44, 265.)

131. Anordnungen, welche die Vollstreckung von Räumungsurteilen von der Genehmigung des Mieteinigungsamtes abhängig machen, gelten für die Vollstreckung aus einem nach dem 1. Oktober 1923 erlassenen Räumungsurteil nicht.

(17. Y. 78/24. REntsch. v. 23. 7. 24. GE. 25, 361; JFG.Erg. 2, 95; JW. 24, 2012; OLG. 43, 334.)

132. Örtliche Anordnungen, nach denen zur Vollstreckung von Räumungs- oder Herausgabeurteilen die Zustimmung des Mieteinigungsamtes erfordert wird, sind nach § 50 Abs. 2 des Mieterschutzgesetzes unwirksam.

(17. Y. 41/25. REntsch. v. 7. 4. 25. GA. 25, 379; JFG.Erg. 3, 98; JR. 25 Nr. 1242; JW. 25, 2484; VBl. 46, 533.)

Aufrechterhalten. Der Rechtsentscheid gilt auch für Urteile auf Räumung oder Herausgabe von gepachteten Räumen.

(17. Y. 139/25. REntsch. v. 4. 2. 26. GA. 26, 455; JFG.Erg. 4, 89; JR. 26 Nr. 485; MG. 26, 20.)

133. Der § 51 Abs. 2 des Mieterschutzgesetzes bezieht sich auch auf Vergleiche, die vor dem 1. Oktober 1923 vor einem Gericht geschlossen sind.

(17. Y. 35/24. KEntsch. v. 12. 6. 24. JFG.Erg. 2, 107; OLG. 43, 263; Recht 24 Nr. 1572.)

134. Die Genehmigung des Mieteinigungsamtes nach § 51 Abs. 2 des Mieterschutzgesetzes darf nicht in bedingter Form ergehen.

(17. Y. 43/24. KEntsch. v. 12. 6. 24. GE. 24, 1434; JFG.Erg. 2, 106; JW. 24, 2013; OLG. 43, 333; Recht 24 Nr. 1572a; LBl. 46, 56.)

135. Eine Entscheidung des Mieteinigungsamtes, die eine vor dem 1. Oktober 1923 ergangene Entscheidung nach diesem Tage abändert, ist zulässig, sofern sie noch sachlich Bedeutung haben kann*).

(17. Y. 60/24. KEntsch. v. 30. 6. 24. JFG.Erg. 2, 137; JW. 24, 2011; OLG. 43, 332.)

136. Das Mieteinigungsamt kann die vor dem 1. Oktober 1923 erteilte Genehmigung zur Zwangsvollstreckung aus einem Urteil, welches zur Herausgabe eines vermieteten oder sonst zum Gebrauch überlassenen Raumes verpflichtet, bis zur Beendigung der ordnungsmäßig durchgeführten Zwangsvollstreckung zurücknehmen.

(17. Y. 8/24. KEntsch. v. 11. 2. 24. EA. 24, 303; JFG.Erg. 2, 97; JW. 24, 839.)

Aufrechterhalten.

(17. Y. 68/24. KEntsch. v. 23. 7. 24. JFG.Erg. 2, 103; OLG. 43, 333.)

---

*) Die dem Kammergericht vorgelegte Rechtsfrage ging dahin, ob das Mieteinigungsamt heute noch den die Kündigung eines Mietvertrages genehmigenden Beschluß im sog. Wiederaufnahmeverfahren aufheben könne. Das Landgericht wollte das verneinen, weil die Mieteinigungsämter damals nicht mehr mit Kündigungsgenehmigungen befaßt waren. Das Kammergericht ist diesem formalen Bedenken nicht beigetreten.

137. Die Rechtsbeschwerde ist auch gegen eine auf Grund des § 51 Abs. 2 des Mieterschutzgesetzes und des § 16 des Groß-Berliner Wohnungsnotrechts in der Fassung vom 17. September 1922 getroffene Entscheidung zulässig.

(17. Y. 35/24. REntsch. v. 12. 6. 24. JFG.Erg. 2, 107; OLG. 43, 263; Recht 24 Nr. 1572.)

137a. Die Verordnung des Preuß. Ministers für Volkswohlfahrt über ein Schiedsverfahren vor dem Mieteinigungsamt vom 28. März 1927 ist gültig.

(17. Y. 45/28. REntsch. v. 11. 6. 28.)

IV. Wohnungsmangel.

1. Allgemeines.

138. Anordnungen auf Grund des § 6 des Wohnungsmangelgesetzes sind nicht deshalb unwirksam, weil in ihnen die Zustimmung des Reichsarbeitsministers nicht erwähnt ist.

(17. Y. 23/27. REntsch. v. 21. 3. 27. EA. 27, 558; GW. 27, 178; JFG.Erg. 6, 1; JR. 27 Nr. 1744; JW. 28, 119; MG. 27, 48; OLG. 46, 144; VBl. 49, 269.)

139. Eine örtliche Anordnung zum Wohnungsmangelgesetz ist nur gültig, wenn die Ermächtigungen veröffentlicht worden sind, auf denen sie beruht. Es genügt, wenn die Anordnung auf die Ermächtigungen Bezug nimmt.

(17. Y. 108/25. REntsch. v. 11. 12. 25. EA. 26, 444; GE. 26, 419; JFG.Erg. 4, 1; JR. 26 Nr. 486; MB. 26, 6; OLG. 46, 143; VBl. 47, 398.)

140. Der Amtmann im Geltungsbereich der westfälischen Landgemeindeordnung ist zu Anordnungen auf Grund der Wohnungsmangelgesetzgebung befugt, wenn das Amt für die Wohnungszwangswirtschaft einen Kommunalbezirk mit den Rechten einer Gemeinde bildet. Er bedarf dann zu solchen Anordnungen nicht der Mitwirkung der Amtsversammlung.

(17. Y. 15/24. REntsch. v. 19. 5. 24. GE. 24, 657; JFG.Erg. 2, 48; JR. 25 Nr. 12; OLG. 43, 255; BBl. 45, 393.)

141. Eine auf Grund des § 9 der Wohnungsmangelverordnung vom 11. Mai 1920 erlassene Bekanntmachung ist nicht deshalb ungültig, weil sie von einem westfälischen Kreisausschuß und nicht von einem westfälischen Landrat erlassen ist.

(17. Y. 116/24. REntsch. v. 9. 2. 25. EA. 25, 369; JFG.Erg. 3, 139; JR. 25 Nr. 587; JW. 25, 2488; OLG. 44, 281.)

142. Auf Grund des § 6 des Wohnungsmangelgesetzes kann die oberste Landesbehörde eine Gemeindebehörde ermächtigen, eine Zwangsbewirtschaftung gewerblicher Räume unter der Voraussetzung anzuordnen, daß dadurch mittelbar Wohnraum verfügbar wird.

(17. Y. 46/24. REntsch. v. 12. 6. 24. EA. 24, 337; GE. 24, 871; JFG.Erg. 2, 34; JW. 24, 2022; OLG. 43, 344; BBl. 46, 68.)

143. Die Anordnung der Anzeige des Freiwerdens von gewerblichen Räumen, also auch Läden, das Verbot ihrer Vermietung vor Ablauf einer Frist nach der Anzeige, die Zulassung einer zwangsweisen Entfernung verbotswidrig zugezogener Inhaber gewerblicher Räume sind wirksam (§§ 5 a, 10, 11 der Berliner Bekanntmachung vom 12. Mai 1921, §§ 2, 3, 12 des Berliner Wohnungsnotrechts vom 18. August 1924).

(17. Y. 71/24. REntsch. v. 7. 11. 24. JFG.Erg. 3, 40; OLG. 44, 27; BBl. 46, 220.)

144. Den Bestimmungen des Wohnungsmangelrechts unterliegen auch solche Gebäude, die mit dem Grund und Boden verbunden, aber nach § 95 des Bürgerlichen Gesetzbuchs nicht Bestandteile des Grundstücks sind.

(17. Y. 77/27. REntsch. v. 30. 11. 27. EA. 27, 632; HHR. 28 Nr. 322; JFG.Erg. 7, 5; MG. 27, 169; BBl. 49, 563.)

145. Neubauten und durch Umbau oder Einbau neu geschaffene Räume, die erst nach dem 1. Juli 1918 bezugsfertig geworden sind, können der öffentlichen Bewirtschaftung im Sinne des Wohnungsmangelgesetzes nicht durch Vereinbarung zwischen der Gemeindebehörde und dem Verfügungsberechtigten unterstellt werden.

(17. Y. 103/24. REntsch. v. 20. 2. 25. DWA. 1, 41; GE. 25, 1588; HessR. 25, 160; JFG.Erg. 3, 16; JR. 25 Nr. 489; JW. 27, 2486; OLG. 44, 300.)

146. a) Als durch Umbau oder Einbau neu geschaffen sind nur solche Räume anzusehen, die vor der baulichen Veränderung in ihrer jetzigen Gestalt und Verwendbarkeit nicht vorhanden waren.

b) Der § 12 Abs. 1 des Wohnungsmangelgesetzes gilt nicht für Räume, die selbst nicht neu geschaffen sind, aber mit neu geschaffenen Räumen eine einheitliche Wohnung und dergl. bilden.

(17. Y. 143/24. REntsch. v. 17. 3. 25. EA. 25, 374; JFG.Erg. 3, 11; JR. 25 Nr. 1351; JW. 26, 601; OLG. 44, 301.)

147. Hat der Verfügungsberechtigte ein Gebäude mit Zuschüssen aus den für die Wiederherstellung der während des Krieges zerstörten Gebäude bereitgestellten Mitteln neugebaut, dabei aus eigenen Mitteln einen oder mehrere neue Räume geschaffen und sind diese nach dem 1. Juli 1918 bezugsfertig geworden, so finden auf sie die Vorschriften des Wohnungsmangelgesetzes vom 26. Juli 1923 keine Anwendung.

(17. Y. 1/24. REntsch. v. 31. 1. 24. JFG.Erg. 2, 43; JW. 24, 834; OLG. 43, 252.)

148. Eine räumlich und wirtschaftlich getrennte Wohnung ist eine abgeschlossene Wohnung, in der ein selbständiger Haushalt geführt werden kann, ohne daß die Mitbenutzung anderer Räume im Hause mehr als ortsüblich erfolgt.

(17. Y. 110/24. REntsch. v. 12. 1. 25. JFG.Erg. 3, 1; JR. 25 Nr. 200; JW. 25, 1127: OLG. 44, 284.)

149. Hat das Mieteinigungsamt eine Verfügung des Wohnungsamts nur wegen Nichtbeachtung des § 11 Satz 1 des Wohnungsmangelgesetzes aufgehoben, so hindert die Rechtskraft dieser Entscheidung nicht den erneuten Erlaß einer Verfügung auf Grund desselben Tatbestandes.

(17. Y. 2/27. REntsch. v. 24. 1. 27. EA. 27, 546; JFG.Erg. 6, 126; JR. 27 Nr. 1202; JW. 27, 1164; MG. 27, 33; OLG. 46, 115; VBl. 49, 156.)

2. § 2 des Wohnungsmangelgesetzes.

150. Das Verbot des § 2 des Wohnungsmangelgesetzes betrifft solche Räume nicht, die zwar bis zum 1. Oktober 1918 als Geschäftsräume, sodann vorübergehend als Wohnräume und nunmehr wieder als Geschäftsräume benutzt worden sind.

(17. Y. 150/24. REntsch. v. 12. 1. 25. GE. 25, 364; JFG.Erg. 3, 21; JR. 25 Nr. 148; JW. 25, 1127; LZ. 26, 500; OLG. 44, 282; VBl. 25, 391.)

151. Im Geltungsbereiche des Berliner Wohnungsnotrechts vom 18. August/30. Dezember 1924 können Räume, die bis zum 1. Oktober 1918 als Büro- oder Geschäftsräume und erst später zu Wohnzwecken benutzt wurden, zu anderen Zwecken verwendet werden, ohne daß es einer behördlichen Zustimmung dazu bedarf.

(17. Y. 39/25. REntsch. v. 4. 5. 25. GE. 25, 1589; JR. 25 Nr. 1881; JW. 25, 2488; OLG. 44, 282.)

152. Räume, die nach ihrer Bauart zwar Wohnräume sind, aber bis zum 1. Oktober 1918 zu anderen als Wohnzwecken benutzt waren, dürfen nach ihrem Freiwerden weiterhin in dieser Weise verwendet werden (§ 1 Abs. 2 des Berliner Wohnungsnotrechts vom 30. Dezember 1924).

(17. Y. 98/26. REntsch. v. 19. 11. 26. EA. 26, 524; JFG.Erg. 6, 8; JR. 27 Nr. 587; JW. 27, 1942; MG. 26, 140.)

153. Räume, die bis zum 1. Oktober 1918 teils zu Wohnzwecken, teils zu anderen Zwecken bestimmt oder benutzt waren, unterliegen dem Verbot des § 2 Abs. 2 des Wohnungsmangelgesetzes, wenn der Wohnzweck überwog.

(17. Y. 148/25. REntsch. v. 4. 2. 26. DWA. 1, 386; EA. 26, 472; JFG.Erg. 4, 179; JR. 26 Nr. 947; JW. 27, 593; MB. 26, 13; MG. 26, 40; OLG. 46, 144; VBl. 17, 446.)

154. a) Die Benutzung einer Wohnung, die bis zum 1. Oktober 1918 zu Wohnzwecken bestimmt oder benutzt war, ausschließlich zur Ausübung des ärztlichen Berufs verstößt gegen § 2 Abs. 2 des Wohnungsmangelgesetzes.

b) Zu einer Abweichung von § 2 Abs. 2 des Wohnungsmangelgesetzes ist das Mieteinigungsamt nicht befugt.*)

(17. Y. 86/25. REntsch. v. 22. 6. 25. EA. 25, 388; GE. 26, 168; HessR. 25, 278; JFG.Erg. 4, 12; JR. 25 Nr. 1346; JW. 25, 1881; OLG. 44, 281; VBl. 47, 29.)

155. Hat der Verfügungsberechtigte eine der in § 2 des Wohnungsmangelgesetzes nur mit vorheriger Zustimmung der Gemeindebehörde zugelassenen Veränderungen ohne diese Zustimmung vorgenommen, so kann die Gemeindebehörde die Wiederherstellung des früheren Zustandes weder von ihm verlangen noch gemäß § 11 des Wohnungsmangelgesetzes im Wege unmittelbaren polizeilichen Zwanges durchführen.

(17. Y. 60/27. REntsch. v. 31. 10. 27. DWA. 28, 92; EA. 27, 621; GE. 28, 94; GW. 28, 15; HHR. 28 Nr. 323; JFG.Erg. 7, 20; JW. 28, 515; MG. 27, 150; VBl. 49, 496.)

3. Inanspruchnahme im allgemeinen.**)

156. Waren für eine Beschlagnahme von Räumen bei ihrer Vornahme die rechtlichen Voraussetzungen nicht erfüllt, so wird die Verfügung nicht dadurch wirksam, daß ihre Voraussetzungen späterhin eintreten.

---

*) Vgl. auch Nachtrag S. 563 Nr. 420.

**) Vgl. auch Nachtrag S. 563 Nr. 421, 422.

(17. Y. 67/26. REntsch. v. 9. 7. 26. DWA. 1, 618; EA. 26, 499; JFG.Erg. 5, 6; JR. 26 Nr. 2032; MG. 26, 100; OLG. 46, 164; BBl. 48, 271.)

157. Die Inanspruchnahme einer Wohnung ist nicht deshalb unwirksam, weil die Verfügung des Wohnungsamtes den Zusatz enthält, daß dem Verfügungsberechtigten wegen seines Antrags auf Freigabe der Wohnung noch Bescheid zugehen werde. Erst mit der Zustellung dieses Bescheides beginnt der Lauf der Beschwerdefrist.

(17. Y. 12/28. REntsch. v. 20. 2. 28. EA. 28, 667; JFG.Erg. 7, 3; MG. 28, 45; HHR. 28 Nr. 1111.)

158. Ist vorgeschrieben, daß zur Beschlagnahme gewisser Räumlichkeiten die Genehmigung der Kommunalaufsichtsbehörde erforderlich ist, so bedarf es dieser Genehmigung auch dann, wenn die Räume in einer nicht kreisfreien Gemeinde liegen und die Aufgaben der Wohnungsbehörde nicht von der Gemeinde, sondern von dem Kreisausschuß als Kreiswohnungsamt wahrgenommen werden; für die Genehmigung ist alsdann der Landrat zuständig.

(17. Y. 134/24. REntsch. v. 19. 1. 25. GE. 25, 760; JFG.Erg. 3, 350; JR. 25 Nr. 256; JW. 25, 1651; OLG. 44, 291.)

159. Eine Vereinbarung zwischen dem Verfügungsberechtigten und dem Wohnungsamt, durch die an Stelle der in Anspruch genommenen Räume dem Wohnungsamt andere zur Verfügung gestellt werden, ist keine Inanspruchnahme dieser anderen Räume.

(17. Y. 32/25. REntsch. v. 22. 6. 25. EA. 25, 394; GE. 25, 1963; JFG.Erg. 4, 22; JR. 25 Nr. 1644; OLG. 44, 268.)

160. Neubauten und durch Umbau oder Einbau neu geschaffene Räume, die erst nach dem 1. Juli 1918 bezugsfertig geworden sind (§ 12 des Wohnungsmangelgesetzes), können der öffentlichen Bewirtschaftung im Sinne des Wohnungsmangelgesetzes nicht durch Vereinbarung zwischen der Gemeindebehörde und dem Verfügungsberechtigten unterstellt werden.

(17. Y. 103/24. REntsch. v. 20. 2. 25. DWA. 1, 41; GE. 25, 1588; HessR. 25, 160; JFG.Erg. 3, 16; JR. 25 Nr. 489; JW. 27, 2186; OLG. 44, 300.)

161. Die Vereinbarung zwischen der Gemeindebehörde und dem Verfügungsberechtigten, durch welche die Gemeindebehörde gegen eine Gegenleistung zusichert, Räume, die an sich der Inanspruchnahme unterliegen, nicht in Anspruch zu nehmen, ist nicht deshalb unwirksam, weil die Gemeindebehörde ihre Befugnis zur Inanspruchnahme von Räumen nicht aufgeben könnte.

(17. Y. 85/24. REntsch. v. 19. 1. 25. EA. 25, 374; GE. 25, 762; JFG.Erg. 3, 17; JR. 25 Nr. 375; JW. 25, 2258; OLG. 44, 296; WBl. 46, 444.)

162. Die Gemeindebehörde kann eine unbenutzte oder als unbenutzt geltende Wohnung beschlagnahmen, ohne gleichzeitig dem Verfügungsberechtigten Wohnungsuchende zum Abschlusse eines Mietvertrages zu bezeichnen.

(17. Y. 24/24. REntsch. v. 8. 5. 24. EA. 24, 317; JFG.Erg. 2, 13; JR. 25 Nr. 11; JW. 24, 2016; OLG. 43, 254; WBl. 45, 376.)

163. Die Inanspruchnahme von Räumen nach § 4 des Wohnungsmangelgesetzes kann unmittelbar durch Zuweisung eines Wohnungsuchenden geschehen. Eine davon gesonderte Beschlagnahme ist deshalb nicht Voraussetzung für den Abschluß eines Zwangsmietvertrages.

(17. Y. 129/24. REntsch. v. 19. 1. 25. GE. 25, 363; JFG.Erg. 3, 54; JR. 25 Nr. 149; JW. 25, 2797; OLG. 44, 292.)

164. Die Inanspruchnahme von Räumen kann nicht durch den Antrag auf Festsetzung eines Zwangsmietvertrags ersetzt werden.

(17. Y. 96/25. REntsch. v. 11. 7. 25. DWA. 1, 185; EA. 25,

403; GE. 25, 2111; HessR. 26, 16; JFG.Erg. 4, 25; JR. 25 Nr. 1645; JW. 25, 2622; OLG. 44, 300.)

165. Der Verzicht des Verfügungsberechtigten auf die Räume ersetzt nicht deren Inanspruchnahme durch die Gemeindebehörde.

(17. Y. 87/26. REntsch. v. 15. 10. 26. DWA. 1, 714; EA. 26, 515; JFG.Erg. 5, 3; JR. 27 Nr. 140; JW. 27, 2230; MG. 26, 127; VBl. 49, 43.)

166. § 2 der preuß. Verordnung vom 12. Dezember 1924 schließt die Inanspruchnahme einer selbständigen, d. h. räumlich und wirtschaftlich getrennten Wohnung nicht aus, die früher Teil einer übergroßen Wohnung war.

(17. Y. 9/26. REntsch. v. 4. 3. 26. DRZ. 26 Nr. 935; EA. 26, 472; GE. 26, 618; JFG.Erg. 4, 57; JR. 26 Nr. 1373; JW. 27, 277; MG. 26, 40; OLG. 46, 150; VBl. 47, 469.)

167. Auf Grund von § 4 Abs. 1 des Wohnungsmangelgesetzes ist es nicht zulässig, eine Wohnung zu teilen und über die Teile Zwangsmietverträge mit verschiedenen Wohnungsuchenden festzusetzen.

(17. Y. 10/27. REntsch. v. 21. 2. 27. DWA. 27, 220; EA. 27, 558; GE. 27, 436; GW. 27, 148; JFG.Erg. 6, 35; JR. 27 Nr. 1530; JW. 27, 1387; MG. 27, 33; OLG. 46, 150.)

168. Die Gemeindebehörde kann die Wohnung, die der Verfügungsberechtigte auf Grund eines von der Gemeindebehörde genehmigten Wohnungstausches innehat, nicht deshalb in Anspruch nehmen, weil der Verfügungsberechtigte seine frühere Wohnung in Widerspruch mit Bestimmungen des Wohnungsmangelrechts bezogen hatte. Dies gilt auch dann, wenn die Genehmigung des Tausches infolge Ablaufs der in § 8 des Wohnungsmangelgesetzes vorgesehenen Frist als erteilt gilt.

(17. Y. 75/27. REntsch. v. 31. 10. 27. EA. 27, 620; HHR. 28 Nr. 525; JFG.Erg. 7, 13; JW. 27, 2860; MG. 27, 151; VBl. 49, 482.)

169. Die Inanspruchnahme von Wohnungen als künftig freiwerdend wird nicht schon dadurch zulässig, daß eine örtliche Anordnung die Anzeige des bevorstehenden Freiwerdens vorschreibt.

(17. Y. 75/25. REntsch. v. 12. 10. 25. DWA. 1, 234; EA. 26, 433; GE. 26, 323; IFG.Erg. 4, 19; JR. 26 Nr. 157; JW. 26, 1005; OLG. 46, 149; VBl. 47, 197.)

170. Die Inanspruchnahme von Wohnungen als künftig freiwerdend ist nach § 4 des Wohnungsmangelgesetzes nicht zulässig. Der Rechtsentscheid (oben Nr. 169) gilt auch für Fälle, in denen das Freiwerden der Wohnung zu einem bestimmten Zeitpunkt feststeht.

(17. Y. 52/27. REntsch. v. 25. 6. 27. DWA. 27, 464; EA. 27, 599; IFG.Erg. 7, 11; JR. 27 Nr. 2091; JW. 27, 2718; MG. 27, 114.)

171. Die Inanspruchnahme von Räumen als künftig freiwerdend ist nach dem Berliner Wohnungsnotrecht vom 30. Dezember 1924 nicht zulässig*).

(17. Y. 87/26. REntsch. v. 15. 10. 26. DWA. 1, 714; EA. 26, 515; IFG.Erg. 5, 3; JR. 27 Nr. 140; JW. 27, 2230; MG. 26, 127; VBl. 49, 43.)

172. Bei der Entscheidung über die Beschwerde gegen eine Wohnungsbeschlagnahme hat das Mieteinigungsamt nicht nur die formellen Voraussetzungen der Beschlagnahme, sondern auch nachzuprüfen, ob sie unter Anwendung des billigen Ermessens aufrechtzuerhalten ist.

(17. Y. 102/24. REntsch. v. 6. 10. 24. GE. 25, 98; IFG.Erg. 2, 91; JW. 24, 2011; OLG. 44, 25; VBl. 46, 153.)

173. Auch im Geltungsbereiche der Anordnung des Verbandspräsidenten des Siedlungsverbandes Ruhrkohlenbezirk vom 25. September 1920 hat das Mieteinigungsamt

*) Wohl aber jetzt: unten Nr. 205.

bei Entscheidungen über Beschlagnahmeverfügungen des Wohnungsamtes und Festsetzung von Zwangsmietverträgen das billige Ermessen anzuwenden.

(17. Y. 99/24. REntsch. v. 8. 12. 24. JFG.Erg. 3, 34; JW. 25, 1650; OLG. 44, 25.)

174. Die Inanspruchnahme von Wohnungen ist nicht deshalb unzulässig, weil sie mit Geschäftsräumen in wirtschaftlichem Zusammenhang (§ 3 Abs. 2 der preuß. Verordnung über die Lockerung der Wohnungszwangswirtschaft vom 11. November 1926) stehen.

(17. Y. 35/28. REntsch. v. 23. 4. 28. MG. 28, 87.)

175. Ein Ausspruch des Gerichts über den Ausschluß der Beschlagnahme (§ 4 Abs. 7 des Mieterschutzgesetzes) hindert nur eine solche Inanspruchnahme durch die Gemeindebehörde, die infolge des Urteils möglich werden würde.

(17. Y. 41/26. REntsch. v. 14. 5. 26. EA. 26, 481; JFG.Erg. 5, 28; JR. 26 Nr. 1366; JW. 26, 2456; MG. 26, 65; OLG. 45, 244; BBl. 48, 119.)

175a. Hat der Verfügungsberechtigte die Befugnis zur freien Verfügung für eine unbenutzte Wohnung erlangt, weil das Wohnungsamt die Räume nicht innerhalb der in der örtlichen Anordnung vorgesehenen Frist in Anspruch genommen hat, so ist das Wohnungsamt nicht dadurch gehindert, dieselbe Wohnung wegen eines veränderten Tatbestandes in Anspruch zu nehmen.*)

(17. Y. 31/28. REntsch. v. 23. 4. 28.)

176. Die Inanspruchnahme einer Wohnung ist nicht deshalb aufzuheben, weil durch sie die Wohnung einem Untermieter als Hauptmieter zugewiesen wird.

(17. Y. 12/27. REntsch. v. 21. 3. 27. DWA. 27, 268; EA. 27, 558; JFG.Erg. 6, 29; JR. 27 Nr. 1533; JW. 27, 1426; MG. 27, 49; OLG. 46, 152.)

---

*) Vgl. auch Nachtrag S. 563 Nr. 421.

177. Nach § 6 A der Berliner Bekanntmachung vom 12. Mai 1921 unterlagen benutzte gewerbliche Räume, also auch Läden mit Wohnraum, nur dann der Beschlagnahme, wenn der gewerbliche Raum überwog.

(17. Y. 79/24. REntsch. v. 7. 11. 24. GE. 25, 509; JFG.Erg. 3, 42; BBl. 46, 230.)

178. Räume, die bis zum 1. Oktober 1918 nicht zu Wohnzwecken bestimmt oder benutzt waren, können nach § 5 Ziff. 1 a und 1 b des Berliner Wohnungsnotrechts vom 30. Dezember 1924 nicht mehr in Anspruch genommen werden.

(17. Y. 22/26. REntsch. v. 22. 4. 26. DWA. 1, 570; EA. 26, 482; GE. 26, 971; JFG.Erg. 4, 9; JR. 26 Nr. 1706; JW. 27, 599; MG. 26, 64; OLG. 46, 150; BBl. 48, 44.)

179. Räume, die bis zum 1. Oktober 1918 zu Wohnzwecken benutzt waren, können, auch wenn sie ihrer Bauart nach keine Wohnräume sind, nach ihrem Freiwerden als Wohnräume, insbesondere also auch nach § 5 Ziff. 1 a des Berliner Wohnungsnotrechts vom 30. Dezember 1924, in Anspruch genommen werden.

(17. Y. 6/27. REntsch. v. 21. 2. 27. DWA. 27, 174; JFG.Erg. 6, 27; JR. 27 Nr. 1033; JW. 27, 1387; MG. 27, 33.)

180. Können nach einer auf Grund des § 6 des Wohnungsmangelgesetzes erlassenen örtlichen Anordnung zur Unterbringung wohnungsuchender Personen unbenutzte Wohnungen oder andere unbenutzte Räume, die zu Wohnzwecken geeignet sind, in Anspruch genommen werden, so besteht diese Befugnis auch bei solchen Räumen, die bis zum 1. Oktober 1918 nicht zu Wohnzwecken bestimmt oder benutzt waren. Die Inanspruchnahme ist jedoch, falls sie nicht vor dem 1. Dezember 1926 rechtskräftig ausgesprochen oder durchgeführt worden ist, nur zulässig, wenn die Räume an diesem Tage zu Wohnzwecken bestimmt waren oder gemäß dem Mietvertrage zu Wohnzwecken benutzt wurden.

(17. Y. 27/27. REntsch. v. 21. 3. 27. DRZ. 27 Nr. 787; EA. 27, 559; IFG.Erg. 6, 23; IR. 27 Nr. 1748; IW. 27, 1939; MG. 27, 49; OLG. 46, 151; BBl. 49, 285.)

181. Räume, die bis zum 1. Oktober 1918 nicht zu Wohnzwecken bestimmt oder benutzt waren, können nach den Berliner Wohnungsnotrechten vom 30. Dezember 1924 und vom 21. Mai 1927 auch dann nicht mehr in Anspruch genommen werden, wenn sie auf Grund einer früheren Inanspruchnahme von anderen Räumen abgetrennt und seitdem zu Wohnzwecken benutzt worden sind.

(17. Y. 56/27. REntsch. v. 7. 7. 27. DWA. 27, 552; EA. 27, 599; GW. 27, 507; IFG.Erg. 7, 9; IR. 27 Nr. 2093; IW. 28, 518; MG. 27, 114.)

4. Verfügungsberechtigter.

182. Verfügungsberechtigter im Sinne des § 4 des Wohnungsmangelgesetzes ist derjenige, welcher auf Grund bürgerlichen Rechtes fähig ist, über die Wohnung zu verfügen: zunächst der Wohnungsinhaber und, wenn das Wohnungsamt dessen Verfügungsfähigkeit aufhebt, derjenige, von dem er sein Verfügungsrecht herleitete.

(17. Y. 22/24. REntsch. v. 30. 6. 24. GE. 25, 54; IFG.Erg. 2, 1; IW. 24, 2017; OLG. 43, 260; BBl. 46, 81.)

183. Als Verfügungsberechtigter im Sinne der Wohnungsmangelvorschriften ist nur derjenige anzusehen, der nach dem bürgerlichen Recht über die Wohnung verfügen kann. Gilt eine Wohnung nach der örtlichen Anordnung als unbenutzt, weil der bisherige Verfügungsberechtigte gestorben ist und in der Person des Erben die in der örtlichen Anordnung geforderten Vorbedingungen für eine weitere Benutzung der Wohnung durch den Erben nicht erfüllt sind, so ist trotzdem der Erbe der Verfügungsberechtigte hinsichtlich der Wohnung. Er ist der Verfügungsberechtigte insbesondere auch im Sinne der §§ 2 und 3 des Berliner Wohnungsnotrechts vom 30. Dezember 1924 (§§ 3 und 5 des Berliner Wohnungsnotrechts vom 21. Mai 1927).

(17. Y. 78/27. REntsch. v. 30. 11. 27. DWA. 28, 138; HHR. 28 Nr. 325; JFG.Erg. 7, 26; MG. 27, 170; BBl. 49, 579.)

Der Rechtsentscheid gilt auch, wenn der Erbe unbekannt oder der Fiskus gesetzlicher Erbe ist.*)

(17. Y. 16/28. REntsch. v. 19. 3. 28. HHR. 28 Nr. 1199; MG. 28, 68.)

184. Ein Mieter hört dadurch, daß er unter Vorbehalt der Sicherung eines Ersatzraumes zur Räumung verurteilt ist, noch nicht auf, Verfügungsberechtigter im Sinne des § 4 des Wohnungsmangelgesetzes zu sein.

(17. Y. 134/25. REntsch. v. 25. 11. 25. DWA. 1, 235; EA. 26, 433; JFG.Erg. 4, 6; JR. 26 Nr. 156; JW. 27, 596; MG. 26, 7; OLG. 46, 153.)

185. Der Untermieter ist nicht Verfügungsberechtigter über die ihm überlassenen Räume, wenn der Hauptmietvertrag beendet ist.

(17. Y. 155/25. REntsch. v. 4. 2. 26. DWA. 1, 476; EA. 26, 456; GW. 26, 198; JFG.Erg. 4, 4; JR. 26 Nr. 949; MB. 26, 8; MG. 26, 28; OLG. 16, 146.)

5. Unbenutztheit.

186. Eine Wohnung ist nicht schon deshalb unbenutzt im Sinne der §§ 3 und 4 der Wohnungsmangelverordnung vom 23. September 1918 und des Wohnungsmangelgesetzes vom 26. Juli 1923 sowie der §§ 5 und 6 des Groß-Berliner Wohnungsnotrechts vom 12. Mai 1921, weil der Verfügungs-

*) Vgl. auch Nachtrag S. 564 Nr. 422.

berechtigte gestorben ist und sein Erbe nicht zu seinem Hausstande gehört hat.

(17. Y. 7/24. REntsch. v. 11. 2. 24. EA. 24, 303; JFG.Erg. 2, 6; JW. 24, 837; OLG. 43, 249.)

Aufrechterhalten. Die Befugnis des Erben, die Wohnung zu beziehen, wird für Oppeln nicht durch die Verordnung des dortigen Magistrats über Maßnahmen gegen Wohnungsmangel vom 11. März 1921 ausgeschlossen.

(17. Y. 126/25. REntsch. v. 20. 1. 26. EA. 27, 594; JFG.Erg. 4, 27; JR. 26 Nr. 686; MG. 26, 15; OLG. 46, 146.)

187. Nach § 6 des Wohnungsmangelgesetzes kann angeordnet werden, daß Wohnräume, deren bisheriger Verfügungsberechtigter gestorben ist, dem Zugriffe der Gemeindebehörde nur dann nicht unterliegen, wenn ein volljähriger Erbe zum Hausstande des Erblassers gehört hat oder wenn ein volljähriger Abkömmling des Verfügungsberechtigten Erbe geworden ist und als Wohnungsuchender in der Dringlichkeitsliste des Wohnungsamtes eingetragen ist.

(17. Y. 3/26. REntsch. v. 4. 2. 26. DWA. 1, 284; EA. 26, 461; GE. 26, 654; JFG.Erg. 4, 30; JR. 26 Nr. 687; JW. 26, 2000; MG. 26, 28; OLG. 46, 158.)

188. Eine Wohnung, die der Mieter nicht selbst benutzt, sondern einem Dritten zur Untermiete überlassen hat, gilt im Sinne des § 3 des Wohnungsmangelgesetzes als unbenutzt, es sei denn, daß die Gemeindebehörde (das Wohnungsamt) ihr Beschlagnahmerecht — z. B. gemäß § 10 Abs. 1 des Groß-Berliner Wohnungsnotrechts vom 12. Mai 1921 — verloren hat.

(17. Y. 54/24. REntsch. v. 4. 7. 24. EA. 24, 336; JFG.Erg. 2, 11; JW. 24, 2015; OLG. 43, 339.)

189. Eine untervermietete Wohnung gilt nicht als unbenutzt im Sinne des § 2 Ziff. 3 b des Berliner Wohnungsnotrechts vom 30. Dezember 1924, solange der Hauptmieter eine bisher zu seiner Hausgemeinschaft gehörige Person in der Wohnung beläßt.

(17. Y. 33/27. RGntsch. v. 21. 4. 27. DWA. 27, 364; GA. 27, 566; JFG.Erg. 6, 22; JR. 27 Nr. 1742; JW. 27, 1943; KGBl. 27, 98; MG. 27, 80; OLG. 46, 147.)

190. Eine Wohnung gilt nicht als unbenutzt im Sinne des § 3 des Wohnungsmangelgesetzes, wenn sie, ohne daß der Verfügungsberechtigte selbst sie benutzt, von Personen benutzt wird, die die Benutzung entweder schon vor Beginn der Wohnungsbewirtschaftung ausübten oder später im Einklange mit den wohnungsrechtlichen Vorschriften begonnen haben.

(17. Y. 106/24. REntsch. v. 8. 12. 24. GA. 25, 354; JFG.Erg. 3, 22; JW. 25, 633; OLG. 44, 18; RArbBl. 25, 222; BBl. 46, 360.)

Aufrechterhalten. Der Rechtsentscheid bezieht sich jedoch nicht auf den Fall, daß der Verfügungsberechtigte seinen Wohnsitz dauernd oder zeitweilig in das Ausland verlegt hat.

(17. Y. 63/25. REntsch. v. 4. 5. 25. JFG.Erg. 3, 24.)

Rechtmäßig hat die Benutzung der Wohnung jeder begonnen, den der Verfügungsberechtigte oder sein gesetzlicher Vertreter in der Absicht, eine Hausgemeinschaft mit ihm zu begründen, in die Wohnung aufgenommen hat, bevor die Wohnung nach den wohnungsrechtlichen Vorschriften unbenutzt geworden war.

(17. Y. 102/25. REntsch. v. 25. 11. 25. GA. 26, 445; JFG.Erg. 4, 38; JR. 26 Nr. 487; JW. 27, 275; MB. 26, 5; MG. 26, 16; OLG. 46, 145; BBl. 47, 361.)

191. Als unbenutzt im Sinne der §§ 3 und 4 des Wohnungsmangelgesetzes sind auch solche Wohnungen und Räume zu betrachten, die auf Grund eines nach den Wohnungsmangelvorschriften rechtsunwirksamen Mietvertrages oder vom Hauseigentümer eigenmächtig in Benutzung genommen worden sind.

(17. Y. 62/24. REntsch. v. 4. 7. 24. EA. 24, 330; JFG.Erg. 2, 4; JR. 25 Nr. 82; JW. 24, 2014; OLG. 43, 340.)

192. Eine Wohnung, die völlig leer steht oder nur zur Aufbewahrung von Sachen dient, gilt im Sinne des § 3 des Wohnungsmangelgesetzes auch dann als unbenutzt, wenn der Verfügungsberechtigte ihrer als Tauschwohnung bedarf.

(17. Y. 145/24. REntsch. v. 19. 1. 25. EA. 25, 373; GE. 25, 907; JFG.Erg. 3, 36; JR. 25 Nr. 887; OLG. 44, 283.)

193. Wohnungen in Bade-, Kur- und ähnlichen Orten sind nicht schon deshalb benutzt im Sinne der §§ 3, 4 des Wohnungsmangelgesetzes, weil sie zur Unterbringung von Fremden bestimmt sind.

(17. Y. 70/25. REntsch. v. 22. 6. 25. GE. 25, 2110; HessR. 26, 15; JFG.Erg. 4, 33; JR. 25 Nr. 1347; JW. 25, 1770; OLG. 44, 283; BBl. 47, 40.)

194. Eine möbliert vermietete Wohnung kann, wenn der bisherige Inhaber sie verläßt, nach § 5 Ziff. 1 a des Berliner Wohnungsnotrechts vom 30. Dezember 1924 vom Wohnungsamt in Anspruch genommen werden.

(17. Y. 97/25. REntsch. v. 11. 7. 25. DJZ. 25, 1593; EA. 25, 403; GE. 26, 14; JFG.Erg. 4, 42; JR. 25 Nr. 1538; JW. 26, 716; OLG. 44, 290.)

195. Eine von dem bisherigen Mieter geräumte und von der Polizeiverwaltung mit oder ohne Zustimmung des Wohnungsamts zur Unterbringung obdachloser Personen beschlagnahmte Wohnung wird nicht dadurch zu einer benutzten Wohnung im Sinne der §§ 3, 4 des Wohnungsmangelgesetzes, daß der Hauseigentümer sie mit Zustimmung der Polizeiverwaltung bezieht, selbst wenn er der Polizeiverwaltung andere Räume zur Verfügung gestellt hat.

(17. Y. 154/25. REntsch. v. 4. 2. 26. DWA. 1, 431; EA. 26, 456; JFG.Erg. 4, 35; JR. 26 Nr. 488; MG. 26, 16; OLG. 46, 147; VBl. 47, 458.)

196. Die Inanspruchnahme einer Altsitzerwohnung nach dem Tode des Altsitzers wird nicht dadurch ausgeschlossen, daß die Wohnung von Personen weiter benutzt wird, die der Altsitzer aufgenommen hatte.

(17. Y. 128/25. REntsch. v. 25. 11. 25. DRZ. 26 Nr. 490; EA. 26, 432; GE. 26, 488; JFG.Erg. 4, 31; JR. 26 Nr. 28; JW. 27, 276; OLG. 46, 146; VBl. 47, 303.)

Aufrechterhalten.

(17. Y. 47/26. REntsch. v. 14. 5. 26. EA. 26, 489; JFG.Erg. 5, 8; JR. 26 Nr. 1367; JW. 26, 2641; MG. 26, 64; OLG. 46, 146.)

197. § 2 Ziff. 3 b des Berliner Wohnungsnotrechts vom 30. Dezember 1924 ist auch dann anwendbar, wenn die Nichtbenutzung der Räume durch den Verfügungsberechtigten (Hauptmieter) nicht auf seinem freien Willen beruht.

(17. Y. 89/26. REntsch. v. 19. 11. 26. EA. 26, 523; JFG.Erg. 6, 20; JR. 27 Nr. 139; MG. 26, 139; VBl. 49, 43.)

198. Wohnräume sind nicht deshalb benutzt, weil der Verfügungsberechtigte sich vorübergehend darin aufhält, um ihre Inanspruchnahme zu verhindern.

(17. Y. 108/26. REntsch. v. 22. 12. 26. DWA. 27, 131; EA. 27, 545; JFG.Erg. 6, 18; JR. 27 Nr. 1034; JW. 27, 1426; KGBl. 27, 35; MG. 27, 20; OLG. 46, 148.)

6. Zweiwochenfrist.*)

199. Nur die Anzeige des Verfügungsberechtigten vom Freiwerden von Wohnraum setzt die Frist in Lauf, binnen der sich das Wohnungsamt über die Inanspruchnahme des freiwerdenden Wohnraums zu erklären hat (§ 10 Abs. 1 der

*) Vgl. auch Nr. 249, 250.

Berliner Bekanntmachung vom 12. Mai 1921, § 3 Nr. 1 des Berliner Wohnungsnotrechts vom 18. August / 30. Dezember 1924).

(17. Y. 107/24. REntsch. v. 12. 1. 25. GE. 25, 710; JFG.Erg. 3, 45; JR. 25 Nr. 205; JW. 27, 600; OLG. 44, 286.)

200. Die im § 3 Nr. 1 des Berliner Wohnungsnotrechts bezeichnete Frist wird nur durch schriftliche Anzeige des Verfügungsberechtigten oder seines Vertreters in Lauf gesetzt.

(17. Y. 106/25. REntsch. v. 12. 10. 25. DWA. 1, 144; EA. 25, 421; GE. 26, 222; JR. 25 Nr. 1882; JW. 26, 1012.)

201. Ist in einer Anordnung aus § 6 des Wohnungsmangelgesetzes vorgesehen, daß der Verfügungsberechtigte über Räume frei verfügen darf, wenn das Wohnungsamt über die Inanspruchnahme nicht innerhalb einer bestimmten Frist entschieden hat, so kann angeordnet werden, daß die Frist nur läuft, wenn der Verfügungsberechtigte die Anzeige vom Freisein oder Freiwerden der Räume auf dem vom Wohnungsamte vorgeschriebenen Vordruck erstattet hat.

(17. Y. 8/26. REntsch. v. 4. 2. 26. DWA. 1, 431; EA. 26, 445; GE. 26, 386; JFG.Erg. 4, 17; JR. 26 Nr. 817; MG. 26, 15; LBl. 47, 434.)

202. Das Wohnungsamt verliert sein Verfügungsrecht nach § 10 der Berliner Bekanntmachung vom 12. Mai 1921 (jetzt § 3 des Berliner Wohnungsnotrechts) nur dann, wenn es innerhalb zweier Wochen seit der schriftlichen Anzeige die in dieser Bestimmung bezeichneten Voraussetzungen nicht erfüllt hat; erledigt sich die Zuweisung des Mieters, so beginnt nicht der Lauf einer neuen Frist.

(17. Y. 126/24. REntsch. v. 19. 1. 25. EA. 25, 362; JFG.Erg. 3, 47; JR. 25 Nr. 255; JW. 25, 2336; OLG. 44, 287.)

203. Die in § 3 Abs. 1 des Berliner Wohnungsnotrechts vom 30. Dezember 1924 vorgesehene Frist von zwei Wochen wird nur dadurch gewahrt, daß das Wohnungsamt dem Verfügungsberechtigten eine dem § 11 Satz 1 des Wohnungsmangelgesetzes entsprechende Inanspruchnahmeverfügung zustellt.

(17. Y. 17/26. REntsch. v. 31. 3. 26. DWA. 1, 525; EA. 26, 482; JR. 26 Nr. 1700; JW. 26, 2459; MG. 26, 50.)

204. Die in § 3 Abs. 1 des Berliner Wohnungsnotrechts vom 30. Dezember 1924 vorgesehene Frist von zwei Wochen wird auch dadurch in Lauf gesetzt, daß der Hausbesitzer vor dem Auszuge des Rauminhabers anzeigt, daß ein Raum zu einem bestimmten künftigen Termin von dem bisherigen Inhaber verlassen werden wird. Die Frist läuft aber keinesfalls früher als zwei Wochen seit dem Freiwerden des Raumes ab.

(17. Y. 37/27. REntsch. v. 21. 4. 27. JFG.Erg. 6, 10; JR. 27 Nr. 1743; JW. 27, 2528; MG. 27, 64; OLG. 46, 149.)

205. Die in § 5 Abs. 1 des Berliner Wohnungsnotrechts vom 21. Mai 1927 vorgesehene Frist wird durch die Anzeige des Hausbesitzers oder sonstigen Verfügungsberechtigten, daß eine Wohnung demnächst unbenutzt werde, in Lauf gesetzt. Der Ablauf der Frist ist unabhängig davon, wann die Wohnung frei wird.

(17. Y. 18/28. REntsch. v. 19. 3. 28. EA. 28, 692; GE. 28, 565; JW. 28, 1514; MG. 28, 68.)

7. Doppelwohnung.

206. Der Fall der Doppelwohnung setzt voraus, daß jemand über mehrere Wohnungen verfügungsberechtigt ist.

(17. Y. 106/24. REntsch. v. 8. 12. 24. EA. 25, 354; JFG.Erg. 3, 22; JW. 25, 633; OLG. 44, 18; RArbBl. 25, 222; BBl. 16, 360.)

207. Doppelwohnung im Sinne der Berliner Wohnungsnotrechte liegt nicht schon dann vor, wenn jeder der beiden Ehegatten eine Wohnung hat.

(17. Y. 50/25. REntsch. v. 22. 6. 25. DJZ. 25, 1440; EA. 25, 396; GuR. 25, 332; JFG.Erg. 4, 40; JR. 25 Nr. 1883; JW. 25, 2141.)

208. Wohnungen, auf die nach der preuß. Verordnung über die Lockerung der Wohnungszwangswirtschaft vom 11. November 1926 die Vorschriften des Wohnungsmangelgesetzes keine Anwendung finden, sind bei der Prüfung, ob eine Doppelwohnung vorliegt, zu berücksichtigen.

(17. Y. 7/27. REntsch. v. 21. 2. 27. DWA. 27, 220; EA. 27, 559; JFG.Erg. 6, 26; JR. 27 Nr. 1534; JW. 27, 1942; MG. 27, 49; OLG. 46, 164.)

8. Gesetzwidriger Zweck.

209. Gesetzwidrig im Sinne des § 5 Nr. 1 c des Berliner Wohnungsnotrechts ist nur ein Zweck, der selbst gegen das Gesetz verstößt, nicht aber ein an sich erlaubter, zu dessen Erfüllung die benutzten Räume nicht verwendet werden dürfen.

(17. Y. 105/25. REntsch. v. 12. 10. 25. DWA. 1, 186; EA. 26, 434; GE. 26, 287; JR. 26 Nr. 34; JW. 26, 1469; OLG. 46, 152; VBl. 47, 198.)

9. Übergröße. Teilinanspruchnahme. Teilbestätigung.

210. Bei Prüfung der Frage, ob eine Wohnung übergroß ist, sind durch Neubau (§ 12 des Wohnungsmangelgesetzes) gewonnene Räume außer Betracht zu lassen.

(17. Y. 37/24. REntsch. v. 12. 6. 24. DJZ. 24, 833; EA. 24, 337; GE. 24, 1053; JFG.Erg. 2, 39; JW. 24, 2023; OLG. 43, 345; VBl. 46, 33.)

211. Bei der Beschlagnahme übergroßer Wohnungen ist der Untermieter als Verfügungsberechtigter über seine Räume selbständig zu berücksichtigen.

(17. Y. 45/24. REntsch. v. 4. 7. 24. EA. 24, 330; JFG.Erg. 2, 36; JW. 24, 2028; OLG. 43, 341; Recht 24 Nr. 1573; PBl. 46, 103.)

212. a) Auf Grund örtlicher Anordnung kann von einer übergroßen Wohnung Wohnraum auch zur Vergrößerung einer Nachbarwohnung in Anspruch genommen werden.

b) Kann der beschlagnahmte Raum nur zur Vergrößerung einer bestimmten Nachbarwohnung verwendet werden, so ist der Inhaber dieser Wohnung als Wohnungsuchender zuzuweisen.

(17. Y. 89/24. REntsch. v. 8. 12. 24. EA. 25, 355; OLG 44, 27.)

213. Für die Inanspruchnahme von Teilen übergroßer Wohnungen gelten die bisherigen Bestimmungen nur, soweit die Inanspruchnahme beim Inkrafttreten des § 3 der preuß. Verordnung über die Bewirtschaftung möblierter Zimmer und übergroßer Wohnungen vom 12. Dezember 1924 durchgeführt oder rechtskräftig ausgesprochen war.

(17. Y. 26/25. REntsch. v. 2. 3. 25. EA. 25, 362; GE. 25, 1395; JFG.Erg. 3, 8; JR. 25 Nr. 589; JW. 25, 1016; PBl. 46, 551.)

214. Sind Teile übergroßer Wohnungen nach örtlichen Bestimmungen für entbehrlich erklärt worden, so liegt darin noch nicht die Inanspruchnahme im Sinne des § 3 Abs. 1 der preuß. Verordnung vom 12. Dezember 1924.

(17. Y. 53/25. REntsch. v. 4. 5. 25. GE. 25, 1588; JFG.Erg. 4, 54; JR. 25 Nr. 1780; JW. 25, 1652.)

215. Die Inanspruchnahme von Teilen einer Wohnung mit der Begründung, daß die Wohnung übergroß sei, ist nach dem Inkrafttreten der preuß. Verordnung vom 12. Dezember

1924 auch dann nicht mehr zulässig, wenn diese Wohnungsteile schon nach den früheren Bestimmungen wirksam in Anspruch genommen oder freiwillig vermietet waren, später aber durch Wegzug des darin untergebrachten Wohnungsuchenden oder auf andere Weise wieder frei geworden sind.

(17. Y. 65/25. REntsch. v. 4. 5. 25. GE. 25, 1749; JFG.Erg. 4, 48; JR. 25 Nr. 1778; JW. 25, 1521; BBl. 46, 489.)

Aufrechterhalten.

(17. Y. 120/25. REntsch. v. 31. 10. 25. DWA. 1, 187; GE 26, 658; JFG.Erg. 4, 51; JR. 26 Nr. 32; JW. 26, 1008; BBl. 47, 251.)

216. Teile einer Wohnung werden nicht schon dadurch zu einer selbständigen Wohnung, daß der Verfügungsberechtigte sie einem anderen längere Zeit auf Grund eines Mietverhältnisses überlassen hat.

(17. Y. 84/25. REntsch. v. 22. 6. 25. DWA. 1, 42; GE. 25, 2036; JFG.Erg. 4, 43; JR. 25 Nr. 1779; JW. 26, 717; OLG. 44, 285.)

217. a) Sind Räume gegenüber dem Mieter wegen Übergröße der Wohnung in Anspruch genommen worden, so ist auch der Vermieter unmittelbar betroffen im Sinne des § 16 des Wohnungsmangelgesetzes, wenn die Inanspruchnahme auch ihm gegenüber ausgesprochen worden ist.

b) Durch die Beschwerde des Vermieters wird die Rechtskraft der Verfügung gegenüber dem Mieter nicht berührt.

c) Der Inanspruchnahme gegenüber dem Vermieter steht die preuß. Verordnung vom 12. Dezember 1924 nicht entgegen.

(17. Y. 87/25. REntsch. v. 11. 7. 25. JFG.Erg. 4, 46; JR. 25 Nr. 1647; JW. 26, 1006.)

218. Ist die Beschlagnahme von Teilen einer Wohnung wegen Übergröße vor dem Inkrafttreten der preuß. Verordnung vom 12. Dezember 1924 ohne Festsetzung des Zwangsmietvertrages rechtskräftig ausgesprochen, so hindert diese Verordnung nicht die Festsetzung des Zwangsmietvertrages. Gegen diese Festsetzung kann der Verfügungsberechtigte nur noch geltend machen, daß für ihn aus der Vermietung an sich oder der Art des Mieters ein unverhältnismäßiger Nachteil zu besorgen sei.

(17. Y. 119/25. REntsch. v. 12. 10. 25. EA. 26, 433; GE. 26, 656; JFG.Erg. 4, 60; JR. 26 Nr. 162; JW. 26, 1009; BBl. 47, 211.)

218 a. Gegen den Willen des Verfügungsberechtigten dürfen nach § 4 des Wohnungsmangelgesetzes und nach dem Berliner Wohnungsnotrecht von der Inanspruchnahme einer Wohnung einzelne Räume, die räumlich oder ortsüblich zu der Wohnung gehören, nicht ausgenommen werden.

(17. Y. 90/27. REntsch. v. 23. 1. 28. DWA. 28, 140; EA. 28, 658; GE. 28, 299; HHR. 28 Nr. 723; JFG.Erg. 7, 18; JW. 28, 916; MG. 28, 26.)

218 b. § 2 der preuß. Verordnung vom 12. Dezember 1924 schließt die Inanspruchnahme einer selbständigen, d. h. räumlich und wirtschaftlich getrennten Wohnung nicht aus, die früher Teil einer übergroßen Wohnung war.

(17. Y. 9/26. REntsch. v. 4. 3. 26. DRZ. 26 Nr. 935; EA. 26, 472; GE. 26, 618; JFG.Erg. 4, 57; JR. 26 Nr. 1010; JW. 27, 277; MG. 26, 40; OLG. 46, 150; BBl. 47, 469.)

218 c. Die Inanspruchnahme von Teilen einer Wohnung ist nach der preuß. Verordnung vom 12. Dezember 1924 auch dann unzulässig, wenn aus ihnen eine selbständige Wohnung hergestellt werden kann.

(17. Y. 77/25. REntsch. v. 22. 6. 25. DWA. 1, 92; EA. 25, 389; JFG.Erg. 4, 56; JR. 25 Nr. 1777; JW. 26, 1010; OLG. 44, 284; BBl. 47, 29.)

218d. § 2 der preuß. Verordnung vom 12. Dezember 1924 schließt die Inanspruchnahme von Teilen einer Wohnung nur aus, soweit sie erfolgen soll, weil die Wohnung im Verhältnis zur Zahl ihrer Bewohner als übergroß anzusprechen ist. Soweit die Inanspruchnahme auf Grund örtlicher Vorschriften aus einem anderen Grunde erfolgen soll, ist ihre Zulässigkeit durch die Verordnung nicht berührt worden.

(17. Y. 85/25. REntsch. v. 22. 6. 25. DWA. 1, 43; EA. 25, 389; JFG.Erg. 4, 59; JR. 25 Nr. 1776; JW. 26, 1011; OLG. 44, 286.)

218e. Das Mieteinigungsamt ist mangels einer örtlichen Anordnung nicht befugt, die Inanspruchnahme einer Wohnung gegen den Willen des Verfügungsberechtigten teilweise zu bestätigen.

(17. Y. 33/28. REntsch. v. 23. 4. 28. GW. 28, 224; MG. 28, 87.)

10. Fünfzimmerwohnung.

219. a) Die Inanspruchnahme von Wohnungen, die — abgesehen von Küche, Nebengelaß und Mädchenkammer — fünf oder mehr Wohnräume enthalten, ist gemäß § 5 Ziff. 1, § 3 Ziff. 2 a des Berliner Wohnungsnotrechts vom 30. Dezember 1924 nur zulässig:

1. falls der Verfügungsberechtigte bis zur Inanspruchnahme die in § 2 Ziff. 1 a vorgeschriebene Anzeige nicht erstattet hat und die dreitägige Frist für diese Anzeige verstrichen ist,
2. oder falls der Verfügungsberechtigte die Anzeige gemäß § 2 Ziff. 1 a vorher, wenn auch nicht innerhalb der Frist von drei Tagen, erstattet hatte, aber dem Wohnungsamt innerhalb eines Monats seit dieser Anzeige den Abschluß eines Mietvertrages mit einem nach § 3 Ziff. 2 a Mietberechtigten nicht angezeigt hat.

b) Eine Anzeige gemäß § 2 Ziff. 1 a, die erst nach zulässiger Inanspruchnahme der Wohnung erfolgt, hat die in § 3 Ziff. 2 a vorgesehene Wirkung nicht mehr.

c) Bei den in § 3 Ziff. 2 a bezeichneten Wohnungen gilt § 3 Ziff. 1 mit der Maßgabe, daß die Frist von zwei Wochen erst mit dem Ablaufe der Monatsfrist aus Ziff. 2 a zu laufen beginnt.

(17. Y. 71/25. REntsch. v. 22. 6. 25. JW. 26, 260; OGL. 44, 288.)

11. Wohnungsuchender. Zuweisung. Vertragsgenehmigung.

220. Eine juristische Person, die Mitglied einer Gesellschaft oder Genossenschaft der im § 16 Abs. 1 des Reichsmietengesetzes bezeichneten Art ist, kann nicht Wohnungsuchender im Sinne des § 13 des Wohnungsmangelgesetzes sein.

(17. Y. 165/24. REntsch. v. 17. 3. 25. EA. 25, 374; GE. 25, 967; JFG.Erg. 3, 52; JR. 25 Nr. 893; JW. 25, 2013; OLG. 44, 374.)

221. Das Wohnungsamt kann die ordnungsmäßig erfolgte Zuweisung einer Wohnung nicht mehr zurücknehmen, wenn sie dem Wohnungsuchenden zugegangen ist.

(17. Y. 95/24. REntsch. v. 17. 11. 24. GE. 25, 177, 856; JFG.Erg. 3, 5; JW. 25, 1412; OLG. 44, 19.)

222. Das Wohnungsamt kann die durch Täuschung veranlaßte Zuweisung einer Wohnung nach Abschluß des Mietvertrags nur zurücknehmen, wenn der Mieter beim Vertragsschluß die Täuschung kannte.

(17. Y. 80/26. REntsch. v. 22. 12. 26. DWA. 27, 129; JFG.Erg. 6, 30; JR. 27 Nr. 1123; JW. 27, 2859; KGBl. 27, 96; MG. 27, 18; OLG. 46, 112; VBl. 49, 139.)

223. Das Wohnungsamt kann die durch Täuschung veranlaßte Genehmigung zu einem abgeschlossenen Mietvertrage nur zurücknehmen, wenn der Mieter bei der Erteilung der Genehmigung die Täuschung kannte.

(17. Y. 92/26. REntsch. v. 22. 12. 26. EA. 27, 536; JFG.Erg. 6, 43; JR. 27 Nr. 1122; MB. 27, 8; MG. 27, 20.)

224. Seit Inkrafttreten des Wohnungsmangelgesetzes vom 26. Juli 1923 darf das Mieteinigungsamt erst dann einen Zwangsmietvertrag festsetzen, wenn die Gemeindebehörde — vorbehaltlich noch weiter gehender örtlicher Bestimmungen — dem Verfügungsberechtigten wenigstens zwei Wohnungsuchende bezeichnet hatte, die zum Abschluß eines Mietvertrages bereit waren.

(17. Y. 3/24. REntsch. v. 31. 1. 24. EA. 24, 303; JFG.Erg. 2, 16; JW. 24, 836; OLG. 43, 251.)

Aufrechterhalten.

(17. Y. 77/24. REntsch. v. 23. 7. 24. EA. 24, 330; JFG.Erg. 2, 19.)

225. Eine Anordnung, daß die Zuweisung nur eines Wohnungsuchenden vor Abschluß des Zwangsmietvertrages genügt, ist gegenüber dem § 4 des Wohnungsmangelgesetzes nur wirksam, wenn sie nach Inkrafttreten des Wohnungsmangelgesetzes erlassen ist.

(17. Y. 17/25. REntsch. v. 9. 2. 25. GE. 25, 1014; JFG.Erg. 3, 71; JR. 25 Nr. 584; JW. 26, 259; MB. 25, 24; OLG. 44, 291.)

226. Im Geltungsbereich der Berliner Bekanntmachung vom 10. April 1924 zur Abänderung des § 12 des Groß-Berliner Wohnungsnotrechts vom 12. Mai 1921 ist dem Erfordernis des § 4 des Wohnungsmangelgesetzes genügt, wenn die Gemeindebehörde dem Verfügungsberechtigten auch nur e i n e n Wohnungsuchenden zugewiesen hat.

(17. Y. 63/24. REntsch. v. 4. 7. 24. GE. 24, 742; JFG.Erg. 2, 20; JW. 24, 2019; OLG. 43, 342; PBl. 46, 127.)

227. Die Nichteinhaltung der Bestimmungen des § 4 Abs. 1 Satz 1 des Wohnungsmangelgesetzes über die Zuweisung mehrerer Wohnungsuchender ist im Verfahren auf Festsetzung eines Zwangsmietvertrages nur auf die Rüge des Verfügungsberechtigten zu beachten. Der Verfügungsberechtigte kann auf die Rüge verzichten. § 295 der Zivilprozeßordnung gilt dafür nicht.

(17. Y. 75/24. REntsch. v. 7. 11. 24. EA. 24, 345; JFG.Erg. 3, 58; JW. 24, 2020; OLG. 44, 22.)

228. Die Gemeinde kann sich darauf beschränken, dem Verfügungsberechtigten nur e i n e n Wohnungsuchenden zu bezeichnen, wenn

a) nur ein Wohnungsuchender innerhalb der Gemeinde für die beanspruchte Wohnung überhaupt in Frage kommt, oder

b) der bezeichnete einzige Wohnungsuchende zu den Personen gehört, die bei Zuteilung einer Wohnung von den Gemeinden vorzugsweise zu berücksichtigen sind, insbesondere nach § 14 des Wohnungsmangelgesetzes, § 36 des Mieterschutzgesetzes oder nach Ziff. 5 der Anordnung des Preußischen Ministers für Volkswohlfahrt betreffend Unterbringung versetzter Beamter und Reichswehrangehöriger vom 16. Juni 1923, und er der einzige Wohnungsuchende dieser Art in der Gemeinde überhaupt oder für eine Wohnung der Art und Größe der verfügbaren ist.

(17. Y. 75/24. REntsch. v. 7. 11. 24. EA. 24, 345; JFG.Erg. 3, 58; JW. 24, 2020; OLG. 44, 22.)

228a. a) Das Erfordernis des § 4 des Wohnungsmangelgesetzes, daß dem Verfügungsberechtigten mindestens zwei Wohnungsuchende vom Wohnungsamte zur Verfügung gestellt werden müssen, besteht nicht in den Fällen der Ziff. 1 bis 3 der Anordnung des preuß. Ministers für Volkswohlfahrt, betr. Unterbringung versetzter Beamter und Reichswehrangehöriger, vom 16. Juni 1923, es sei denn, daß die Frist aus Ziff. 3 verstrichen ist.

b) Die Anordnung vom 16. Juni 1923 findet keine Anwendung, wenn ein Beamter in demselben Orte in einen mit Arbeitgeberzuschüssen der Behörde errichteten Neubau zieht. In solchem Falle bedarf es, falls nicht örtliche Anordnungen aus § 6 des Wohnungsmangelgesetzes entgegenstehen, bezüglich der Altwohnung der Zuweisung mehrerer Wohnungsuchender gemäß § 4 desselben Gesetzes.

(17. Y. 87/24. REntsch. v. 8. 12. 24. JFG.Erg. 3, 64; JW. 25, 1882; MB. 25, 33; OLG. 44, 20; BBl. 46, 432.)

12. Zwangsmietvertrag im allgemeinen.

229. Die Festsetzung eines Zwangsmietvertrages über Räume, die zum eingebrachten Gute der Ehefrau gehören, kann nur gegenüber beiden Ehegatten erfolgen.

(17. Y. 63/27. REntsch. v. 3. 10. 27. DWA. 27, 507; EA. 27, 620; HHR. 28 Nr. 324; JFG.Erg. 7, 29; JW. 28, 915; MG. 27, 152.)

230. Auf Grund von § 4 Abs. 1 des Wohnungsmangelgesetzes ist es nicht zulässig, eine Wohnung zu teilen und über die Teile Zwangsmietverträge mit verschiedenen Wohnungsuchenden festzusetzen.

(17. Y. 10/27. REntsch. v. 21. 2. 27. DWA. 27, 220; EA. 27, 558; GE. 27, 436; GW. 27, 148; JFG.Erg. 6, 35; JR. 27 Nr. 1530; JW. 27, 1387; MG. 27, 33; OLG. 46, 150.)

231. Der Festsetzung eines Zwangsmietvertrages mit dem Verfügungsberechtigten steht es nicht entgegen, wenn dieser trotz der ihm gegenüber erfolgten Inanspruchnahme die Räume einem Dritten überlassen hat.

(17. Y. 78/26. REntsch. v. 9. 7. 26. EA. 26, 498; JFG.Erg. 5, 12; JR. 26 Nr. 2031; MB. 26, 36; MG. 26, 100; OLG. 46, 153.)

232. Hatte der Verfügungsberechtigte nach § 4 Abs. 1 des Wohnungsmangelgesetzes in der ursprünglichen Fassung gegen den Zwangmietvertrag Widerspruch erhoben, so konnte das Mieteinigungsamt entscheiden und einen neuen Zwangsmietvertrag mit demselben Mieter festsetzen. Diese Befugnis steht ihm dagegen nicht zu, wenn der Widerspruch von dem Wohnungsuchenden erhoben worden ist.

(17. Y. 48/24. REntsch. v. 12. 6. 24. EA. 24, 323; JFG.Erg. 2, 24; JW. 24, 2018; OLG. 43, 258.)

Satz 2 aufrechterhalten. Der Rechtsentscheid gilt auch für den Fall, daß der Wohnungsuchende unter Vorbehalt von Ersatzraum zur Räumung seiner bisherigen Wohnung verurteilt ist.

(17. Y. 76/26. REntsch. v. 9. 7. 26. EA. 26, 498; JFG.Erg. 5, 13; JR. 26 Nr. 2033; JW. 27, 1652; MG. 26, 101; OLG. 46, 156.)

233. Die Rechtsbeschwerde des Vermieters gegen den Zwangsmietvertrag kann damit begründet werden, daß das Mieteinigungsamt die Behauptung nicht geprüft habe, der Zwangsmieter erstrebe die Wohnung nur zu gewinnsüchtigen Zwecken und wolle sie alsbald verkaufen.

(17. Y. 129/24. REntsch. v. 19. 1. 25. GE. 25, 363; JFG.Erg. 3, 54; JR. 25 Nr. 149; JW. 25, 2797; OLG. 44, 292.)

234. Nach § 12 der Berliner Bekanntmachung vom 12. Mai 1921 in der Fassung vom 10. April 1924 können Zwangsmietverträge auch über gewerbliche Räume, insbesondere Läden, geschlossen werden, wenn dadurch Raum zu Wohnzwecken frei wird.

(17. Y. 83/24. REntsch. v. 7. 11. 24. GE. 25, 510; JFG.Erg. 3, 44; LBl. 46, 230.)

235. Bei Festsetzung des Zwangsmietvertrages hat das Mieteinigungsamt den Mietraum und den Mietzins anzugeben. Als Mietzins genügt ein bestimmbarer Betrag, etwa die gesetzliche Miete. Sonstige Bestimmungen, z. B. über den Beginn des Mietverhältnisses oder Vorauszahlung des Mietzinses, kann das Mieteinigungsamt nach billigem Ermessen treffen.

(17. Y. 68/26. REntsch. v. 18. 6. 26. EA. 26, 489; HessR. 27, 23; JFG.Erg. 5, 9; JW. 27, 596; KGBl. 26, 113; MB. 27, 1; MG. 26, 85; OLG. 46, 157; BBl. 48, 166.)

236. Ohne Zustimmung des Verfügungsberechtigten und des Wohnungsuchenden darf das Mieteinigungsamt im Zwangsmietvertrag über Höhe des Mietzinses, Vertragsdauer, Kündigungsfrist und Instandhaltungspflicht keine vom gesetzlichen Inhalt eines Mietvertrages abweichenden Bestimmungen treffen.

(17. Y. 43/27. REntsch. v. 16. 5. 27. DWA. 27, 365; EA. 27, 576; JFG.Erg. 6, 39; JR. 27 Nr. 2092; JW. 27, 1939; MB. 27, 18; MG. 27, 81; BBl. 49, 434.)

237. a) In dem Zwangsmietvertrage kann dem Mieter das Recht zur Mitbenutzung eines Aborts oder einer Wasserstelle im ortsüblichen Umfang auch dann eingeräumt werden, wenn Abort und Wasserstelle in der Inanspruchnahmeverfügung des Wohnungsamtes nicht erwähnt sind.

b) Die Inanspruchnahme eines Aborts oder einer Wasserstelle zwecks Benutzung durch den Inhaber einer Wohnung ist jedenfalls nach endgültiger Festsetzung des Zwangsmietvertrages über diese Wohnung nicht mehr zulässig, ebensowenig die entsprechende Abänderung des Zwangsmietvertrages.

(17. Y. 5/27. REntsch. v. 21. 2. 27. DRZ. 27 Nr. 786; EA. 27, 558; JFG.Erg. 6, 36; JR. 27 Nr. 1532; JW. 27, 1652; KGBl. 27, 109; MG. 27, 48; OLG. 46, 158.)

238. a) Das Mieteinigungsamt kann bei Festsetzung des Zwangsmietvertrages ohne Zustimmung der Gemeinde oder der Gemeindebehörde anordnen, daß die Gemeinde an Stelle des Wohnungsuchenden als Mieter gilt.

b) Ist die Gemeinde im Zwangsmietvertrag als Mieter bezeichnet, so steht ihr ein Widerspruch gegen den Zwangsmietvertrag nicht zu.

(17. Y. 70/26. REntsch. v. 9. 7. 26. DWA. 1, 667; EA. 26, 498; JFG.Erg. 5, 18; JR. 26 Nr. 2030; MG. 26, 101; BBl. 48, 301.)

239. Nach § 4 des Wohnungsmangelgesetzes darf der Zwangsmietvertrag nicht schlechthin mit der Gemeinde geschlossen, sondern diese nur an Stelle eines bestimmten Wohnungsuchenden als Mieterin mit der Befugnis eingesetzt werden, an denselben Wohnungsuchenden die Wohnung weiter zu vermieten.

(17. Y. 67/24. REntsch. v. 6. 10. 24. DJZ. 25, 670; JFG.Erg. 2, 30; JW. 24, 2023; OLG. 44, 9; BBl. 46, 162.)

240. Nach § 6 des Wohnungsmangelgesetzes kann nicht angeordnet werden, daß die Gemeinde durch den Zwangsmietvertrag berechtigt ist, die Mieträume einem beliebigen Wohnungsuchenden weiter zu vermieten.

(17. Y. 3/25. REntsch. v. 17. 3. 25. EA. 25, 373; GE. 25, 1059; HessR. 25, 233; JFG.Erg. 3, 89; JR. 25 Nr. 890; JW. 25, 2485; LZ. 26, 239; OLG. 44, 296; BBl. 46, 522.)

13. Unverhältnismäßiger Nachteil.*)

241. Der Verfügungsberechtigte kann, wenn er gegen eine nach § 4 des Wohnungsmangelgesetzes ergangene Verfügung der Gemeindebehörde mit Bezeichnung von Wohnungsuchenden nicht oder erfolglos Beschwerde eingelegt hat, in dem Verfahren auf Festsetzung eines Zwangsmietvertrages noch geltend machen, daß für ihn aus der Vermietung an sich oder aus der Art des Mieters ein unverhältnismäßiger

*) Vgl. auch Nr. 252, 253, 396.

Nachteil zu besorgen sei. Dagegen kann er Einwendungen gegen die Zulässigkeit der Verfügung nicht mehr erheben.

(17. Y. 67/25. REntsch. v. 4. 5. 25. GE. 25, 1883; HessR. 25, 254; JFG.Erg. 4, 63; JR. 25 Nr. 1348; JW. 25, 2484; OLG. 44, 292; BBl. 46, 504.)

242. Das Mieteinigungsamt hat auf Beschwerde gegen eine Inanspruchnahme, auch wenn die Festsetzung eines Zwangsmietvertrages nicht beantragt ist, zu prüfen, ob aus der Vermietung an sich für den Verfügungsberechtigten ein unverhältnismäßiger Nachteil zu besorgen ist.

(17. Y. 21/26. REntsch. v. 31. 3. 26. EA. 26, 481; JFG.Erg. 4, 172; JR. 26 Nr. 1618; JW. 27, 595; KGBl. 26, 80; MG. 26, 51; OLG. 46, 154.)

243. Bei Prüfung der Frage, ob für den Verfügungsberechtigten ein unverhältnismäßiger Nachteil im Sinne des § 4 des Wohnungsmangelgesetzes zu besorgen ist, sind sowohl die Verhältnisse des Verfügungsberechtigten und des Wohnungsuchenden als auch die Lage des Wohnungsmarktes zu berücksichtigen.

(17. Y. 78/25. REntsch. v. 29. 5. 25. DWA. 1, 91; EA. 25, 395; HessR. 26, 14; JFG.Erg. 4, 66; JR. 25 Nr. 1540; OLG. 44, 295.)

244. Ein unverhältnismäßiger Nachteil im Sinne des § 4 des Wohnungsmangelgesetzes kann für den Verfügungsberechtigten namentlich dann zu besorgen sein, wenn er die Räume zur Befriedigung des eigenen Wohnbedürfnisses gebraucht.

(17. Y. 76/25. REntsch. v. 29. 5. 25. EA. 25, 395; GE. 25, 1883; JFG.Erg. 4, 70; JR. 25 Nr. 1541.)

Aufrechterhalten.

(17. Y. 33/26. REntsch. v. 22. 4. 26. EA. 26, 489; GE. 26, 1123; JFG.Erg. 5, 16; JR. 26 Nr. 1699; JW. 27, 596; MG. 26, 65.)

245. Ein unverhältnismäßiger Nachteil im Sinne des § 4 des Wohnungsmangelgesetzes kann für den Verfügungsberechtigten unter Umständen auch dann zu besorgen sein, wenn er die Räume nicht zur Befriedigung des eigenen Wohnbedürfnisses braucht.

(17. Y. 16/25. REntsch. v. 7. 4. 25. DJZ. 25, 1126; GA. 25, 380; HessR. 25, 234; JFG.Erg. 3, 72; JR. 25 Nr. 1349; JW. 25, 2141; OLG. 44, 294.)

Aufrechterhalten.

(17. Y. 33/26. REntsch. v. 22. 4. 26. GA. 26, 489; GE. 26, 1123; JFG.Erg. 5, 16; JR. 26 Nr. 1699; JW. 27, 596; MG. 26, 65.)

246. Bei der in § 4 des Wohnungsmangelgesetzes vorgeschriebenen Prüfung, ob für den Verfügungsberechtigten durch die Festsetzung des Zwangsmietvertrages ein unverhältnismäßiger Nachteil zu besorgen ist, können auch solche Umstände berücksichtigt werden, die auf einem Verstoß des Verfügungsberechtigten gegen wohnungsrechtliche Vorschriften beruhen.

(17. Y. 36/25. REntsch. v. 7. 4. 25. GA. 25, 380; GE. 25, 1883; JFG.Erg. 3, 74; JR. 25 Nr. 888; JW. 25, 1653; LZ. 26, 238; OLG. 44, 294.)

247. Die Besorgnis, daß für den Verfügungsberechtigten ein unverhältnismäßiger Nachteil im Sinne des § 4 des Wohnungsmangelgesetzes entsteht, kann dadurch ausgeschlossen sein, daß ihm Räume zur Verfügung stehen, auf die das Wohnungsmangelgesetz nach § 12 keine Anwendung findet.

(17. Y. 118/25. REntsch. v. 12. 10. 25. DJZ. 25, 1811; DWA. 1, 185; GA. 25, 421; GE. 26, 47; HessR. 26, 19; JFG.Erg. 4, 72; JR. 25 Nr. 1878; JW. 26, 1006; OLG. 46, 154.)

248. Ein unverhältnismäßiger Nachteil (§ 4 des Wohnungsmangelgesetzes) liegt nicht darin, daß der Verfügungsberechtigte durch den Zwangsmietvertrag verhindert wird, die Wohnräume entgegen der preuß. Verordnung vom 24. Mai 1925 (Gesetzsamml. S. 60) zu anderen als Wohnzwecken zu verwenden.

(17. Y. 8/27. REntsch. v. 21. 2. 27. EA. 27, 558; JFG.Erg. 6, 41; JR. 27 Nr. 1531; JW. 27, 1387; KGBl. 27, 81; MG. 27, 34.)

14. Beamtenwohnung.*)

249. a) Soweit nach den geltenden Bestimmungen der Verfügungsberechtigte das Recht zu freier Verfügung über Wohnräume erhält, falls das Wohnungsamt diese Räume nicht innerhalb bestimmter Frist in Anspruch genommen hat, ist daran auch durch Ziff. 3 der Anordnung des Preußischen Ministers für Volkswohlfahrt betreffend Unterbringung versetzter Beamter und Reichswehrangehöriger vom 16. Juni 1923 (Gesetzsamml. S. 288) nichts geändert.

b) Der Ablauf der in Ziff. 3 dieser Anordnung bestimmten Frist hat nicht zur Folge, daß der Verfügungsberechtigte das Recht zur freien Verfügung erlangt. Dagegen erhält das Wohnungsamt durch den Fristablauf die Befugnis, über die Wohnung ohne Einvernehmen mit der Behörde zu verfügen. Von diesem Zeitpunkt ab gibt ihm die Anordnung vom 16. Juni 1923 jedoch nicht mehr die Befugnis, von dem Erfordernis der Zuweisung mehrerer Wohnungsuchender (§ 4 des Wohnungsmangelgesetzes) abzusehen.

(17. Y. 152/24. REntsch. v. 8. 12. 24. GE. 25, 710; JFG.Erg. 3, 69; JR. 25 Nr. 203; JW. 25, 860; OLG. 44, 287.)

250. Nach § 10 der preuß. Verordnung über die Bewirtschaftung des Wohnraums für Beamte vom 29. Mai 1925 wird die Inanspruchnahme von Wohnraum nach Maßgabe dieser Verordnung nicht dadurch ausgeschlossen, daß das

---

*) Vgl. auch Nr. 375.

Wohnungsamt die Räume nicht innerhalb der durch örtliche Bekanntmachung bestimmten Frist in Anspruch genommen hat.

(17. Y. 48/27. REntsch. v. 25. 6. 27. EA. 27, 599; GE. 28, 13; HHR. 28 Nr. 133; IFG.Erg. 7, 20; MG. 27, 133; BBl. 49, 451.)

250a. Die Gemeinde kann sich darauf beschränken, dem Verfügungsberechtigten nur einen Wohnungsuchenden zu bezeichnen, wenn der bezeichnete einzige Wohnungsuchende zu den Personen gehört, die bei Zuteilung einer Wohnung von den Gemeinden vorzugsweise zu berücksichtigen sind, insbesondere nach Ziff. 5 der Anordnung des Preußischen Ministers für Volkswohlfahrt, betr. Unterbringung versetzter Beamter oder Reichswehrangehöriger, vom 16. Juni 1923 *), und er der einzige Wohnungsuchende dieser Art in der Gemeinde überhaupt oder für eine Wohnung der Art und Größe der verfügbaren ist.

(17. Y. 75/24. REntsch. v. 7. 11. 24. EA. 24, 345; IFG.Erg. 3, 58; IW. 24, 2020; OLG. 44, 22.)

251. a) Das Erfordernis des § 4 des Wohnungsmangelgesetzes, daß dem Verfügungsberechtigten mindestens zwei Wohnungsuchende vom Wohnungsamte zur Verfügung gestellt werden müssen, besteht nicht in den Fällen der Ziff. 1 bis 3 der Anordnung des Preußischen Ministers für Volkswohlfahrt betreffend Unterbringung versetzter Beamter und Reichswehrangehöriger vom 16. Juni 1923, es sei denn, daß die Frist aus Ziff. 3 verstrichen ist.

b) Die Anordnung vom 16. Juni 1923 findet keine Anwendung, wenn ein Beamter in demselben Orte in einen mit Arbeitgeberzuschüssen der Behörde errichteten Neubau zieht. In solchem Falle bedarf es, falls nicht örtliche An-

---

*) In den Gründen des Rechtsentscheides ist auch die Gültigkeit dieser Anordnung geprüft und bejaht.

ordnungen aus § 6 des Wohnungsmangelgesetzes entgegenstehen, bezüglich der Altwohnung der Zuweisung mehrerer Wohnungsuchender gemäß § 4 desselben Gesetzes.

(17. Y. 87/24. REntsch. v. 8. 12. 24. JFG.Erg. 3, 64; JW. 25, 1882; MB. 25, 33; OLG. 44, 20; BBl. 46, 432.)

252. Auch in den Fällen, auf welche sich die Anordnung des Preußischen Ministers für Volkswohlfahrt betreffend Unterbringung versetzter Beamter und Reichswehrangehöriger vom 16. Juni 1923 bezieht, hat das Mieteinigungsamt zu prüfen, ob durch den beantragten Zwangsmietvertrag für den Verfügungsberechtigten ein unverhältnismäßiger Nachteil erwachsen würde.

(17. Y. 164/24. REntsch. v. 9. 2. 25. GE. 25, 762; JFG.Erg. 3, 56; JR. 25 Nr. 204; JW. 25, 634; OLG. 44, 295; BBl. 46, 402.)

253. Auch in den Fällen, auf die sich die preuß. Verordnung über die Bewirtschaftung des Wohnraums für Beamte vom 29. Mai 1925 bezieht, hat das Mieteinigungsamt zu prüfen, ob aus dem beantragten Zwangsmietvertrage für den Verfügungsberechtigten ein unverhältnismäßiger Nachteil zu besorgen ist.

(17. Y. 146/25. REntsch. v. 25. 11. 25. DWA. 1, 328; EA. 26, 433; GE. 26, 353; JFG.Erg. 4, 73; JR. 26 Nr. 161; JW. 27, 276; MG. 26, 17; BBl. 47, 328.)

15. Räumungsaufforderung.

254. Durch eine auf Grund von § 6 des Wohnungsmangelgesetzes erlassene Bekanntmachung kann nicht ausgeschlossen werden, daß das Mieteinigungsamt bei der Entscheidung über eine Räumungsaufforderung des Wohnungsamtes billiges Ermessen anwendet.

(17. Y. 110/26. REntsch. v. 24. 1. 27. EA. 27, 584; JFG.Erg. 6, 117; JR. 27 Nr. 1124; MB. 27, 7; MG. 27, 34; BBl. 49, 190.)

255. Das Mieteinigungsamt darf eine auf § 11 des Groß-Berliner Wohnungsnotrechts vom 12. Mai 1921 gestützte Räumungsaufforderung des Wohnungsamtes aufheben, wenn das billige Ermessen dazu führt, den Betroffenen weiter wohnen zu lassen.

(17. Y. 41/24. REntsch. v. 19. 5. 24. EA. 24, 337; GE. 24, 657, 1475; JFG.Erg. 2, 89; OLG. 43, 255; Recht 24 Nr. 1574; LBl. 45, 424.)

256. Das Mieteinigungsamt kann die Räumungsaufforderung des Wohnungsamtes nach billigem Ermessen auch dann aufheben, wenn der Verfügungsberechtigte dem zur Räumung Aufgeforderten die Räume nicht vermieten will.

(17. Y. 27/26. REntsch. v. 31. 3. 26. DRZ. 26 Nr. 713; EA. 26, 472; JFG.Erg. 4, 200; JR. 26 Nr. 1259; JW. 27, 595; MG. 26, 51; OLG. 46, 155; LBl. 47, 541.)

257. Die Aufhebung der Räumungsverfügung gegen einen Schwarzmieter kann nach billigem Ermessen auch noch nach rechtskräftiger Festsetzung des Zwangsmietvertrages mit einem Dritten erfolgen. Das Bestehen dieses Zwangsmietvertrages ist aber bei der Anwendung des billigen Ermessens zu berücksichtigen.

(17. Y. 11/28. REntsch. v. 20. 2. 28. EA. 28, 667; JFG.Erg. 7, 56; MG. 28, 46; HRR. 28 Nr. 1112.)

258. Das Mieteinigungsamt darf eine Räumungsverfügung des Wohnungsamtes mit der Maßgabe bestätigen, daß eine Räumungsfrist gewährt wird.

(17. Y. 18/26. REntsch. v. 15. 3. 26. DRZ. 26 Nr. 714; EA. 26, 456; JFG.Erg. 4, 170; JR. 26 Nr. 1372; JW. 27, 597; MB. 26, 9; MG. 26, 29; OLG. 46, 164.)

16. Tauschgenehmigung.

259. Der § 8 des Wohnungsmangelgesetzes findet auch Anwendung, wenn der Wohnungstausch innerhalb einer Gemeinde erfolgt.

(17. Y. 6/25. REntsch. v. 9. 2. 25. EA. 25, 369; GE. 25, 856; JFG.Erg. 3, 78; JR. 25 Nr. 585; JW. 25, 2798; OLG. 44, 298.)

260. § 8 des Wohnungsmangelgesetzes findet auch Anwendung, wenn nur eine der Tauschwohnungen diesem Gesetz unterliegt.

(17. Y. 31/26. REntsch. v. 22. 4. 26. DWA. 1, 525; EA. 26, 482; HessR. 26, 204; JFG.Erg. 5, 22; JR. 26 Nr. 1701; MB. 26, 14; MG. 26, 65; OLG. 46, 160; BBl. 48, 22.)

Aufrechterhalten.

(17. Y. 64/27. REntsch. v. 3. 10. 27. EA. 27, 620; HHR. 28 Nr. 526; JFG.Erg. 7, 34; JW. 28, 516; MG. 27, 151.)

261. Auf einen Tausch zwischen einer Wohnung und Geschäftsraum findet § 8 des Wohnungsmangelgesetzes keine Anwendung.

(17. Y. 34/27. REntsch. v. 21. 4. 27. DWA. 27, 316; GE. 27, 700; JFG.Erg. 6, 47; JR. 27 Nr. 1746; JW. 27, 1705; MG. 27, 67.)

262. § 8 des Wohnungsmangelgesetzes findet auf den Wohnungstausch auch Anwendung, wenn eine der zu tauschenden Wohnungen nur mit Rücksicht auf ein zwischen den Vertragsteilen bestehendes Dienst- oder Arbeitsverhältnis überlassen ist und die Überlassung einen Teil der für die Leistung der Dienste zu gewährenden Vergütung darstellt. Die Zustimmung des Dienstherrn oder Arbeitgebers zu dem Tausche kann jedoch nicht ersetzt werden.

(17. Y. 57/27. REntsch. v. 3. 10. 27. DWA. 27, 553; EA. 27, 608; GE. 28, 43; JFG.Erg. 7, 16; JR. 27 Nr. 2094; MG. 27, 132.)

263. Die Genehmigung der beteiligten Vermieter und des Wohnungsamtes zum Wohnungstausch kann auch nach Durchführung des Tausches ersetzt werden.

(17. Y. 17/27. REntsch. v. 21. 2. 27. DWA. 27, 267; EA. 27, 559; IFG.Erg. 6, 48; IR. 27 Nr. 1535; IW. 27, 1164; MB. 27, 6; MG. 27, 152; OLG. 46, 161.)

264. Die nach § 8 des Wohnungsmangelgesetzes zum Wohnungstausch erforderliche Genehmigung der Gemeindebehörde kann durch das Mieteinigungsamt ersetzt werden.

(17. Y. 74/24. REntsch. v. 23. 7. 24. EA. 24, 330; GE. 25, 54; IFG.Erg. 2, 41; IW. 24, 2022; OLG. 43, 345; BBl. 46, 91.)

265. Die Genehmigung des Wohnungsamtes zum Wohnungstausch (§ 8 des Wohnungsmangelgesetzes) kann wirksam nur durch Zustellung einer mit schriftlicher, tatsächlicher und rechtlicher Begründung versehenen Verfügung versagt werden.

(17. Y. 87/27. REntsch. v. 23. 1. 28. HHR. 28 Nr. 848; IFG.Erg. 7, 32; IW. 28, 1065; MG. 28, 47.)

266. Das Mieteinigungsamt darf die Ersetzung der Genehmigung der Gemeindebehörde zum Wohnungstausch (§ 8 des Wohnungsmangelgesetzes) nicht deshalb ablehnen, weil ein Vermieter seine Zustimmung widerrufen hat.

(17. Y. 4/26. REntsch. v. 4. 3. 26. DWA. 1, 477; EA. 26, 461; IFG.Erg. 4, 76; IR. 26 Nr. 1369; IW. 26, 2000; MG. 26, 39; OLG. 46, 159; BBl. 47, 554.)

267. Das Mieteinigungsamt kann die Genehmigung des Wohnungsamtes zum Wohnungstausch (§ 8 des Wohnungsmangelgesetzes) auch dann ersetzen, wenn der eine Tauschpartner Vermieter der Wohnung des anderen ist, und wenn diese Wohnung den Vorschriften des Mieterschutzgesetzes nicht unterliegt.

(17. Y. 7/28. REntsch. v. 20. 2. 28. EA. 28, 668; HHR. 28 Nr. 1109; IFG.Erg. 7, 35; MB. 28, 5; MG. 28, 47.)

268. Die Genehmigung des Wohnungsamtes zum Wohnungstausch ist nicht deshalb unwirksam, weil ein Tauschpartner die ihm in Tausch gegebenen Wohnräume nicht in Benutzung genommen hat, es sei denn, daß er überhaupt nicht die Absicht der Benutzung hatte und dies dem anderen Tauschpartner bei Erteilung der Genehmigung bekannt war. An dieser Rechtslage kann das Wohnungsamt durch Vorbehalte bei Erteilung der Genehmigung nichts ändern.

(17. Y. 44/26. REntsch. v. 14. 5. 26. EA. 26, 482; JFG.Erg. 5, 24; JR. 26 Nr. 1370; MG. 26, 66; BBl. 48, 106.)

269. Die Gemeindebehörde kann die Wohnung, die der Verfügungsberechtigte auf Grund eines von der Gemeindebehörde genehmigten Wohnungstausches innehat, nicht deshalb in Anspruch nehmen, weil der Verfügungsberechtigte seine frühere Wohnung im Widerspruch mit Bestimmungen des Wohnungsmangelrechts bezogen hatte. Dies gilt auch dann, wenn die Genehmigung des Tausches infolge Ablaufs der in § 8 des Wohnungsmangelgesetzes vorgesehenen Frist als erteilt gilt.

(17. Y. 75/27. REntsch. v. 31. 10. 27. EA. 27, 620; HHR. 28 Nr. 525; JFG.Erg. 7, 13; JW. 27, 2860; MG. 27, 151; BBl. 49, 482.)

270. Den Antrag, die Zustimmung des Vermieters zum Wohnungstausch zu ersetzen (§ 8 des Wohnungsmangelgesetzes) kann, auch wenn mehrere Personen gemeinschaftlich Mieter der Tauschwohnung sind, jeder der Mieter für sich allein stellen.

(17. Y. 83/27. REntsch. v. 23. 1. 28. EA. 28, 658; HHR. 28 Nr. 724; JFG.Erg. 7, 37; JW. 28, 917; MB. 28, 3; MG. 28, 24.)

271. Auf Antrag des Wohnungsamtes kann die Zustimmung eines Vermieters zum Wohnungstausch (§ 8 des Wohnungsmangelgesetzes) nicht ersetzt werden.

(17. Y. 29/26. REntsch. v. 22. 4. 26. DWA. 1, 571; EA. 26, 489; GE. 26, 913; HessR. 26, 204; JFG.Erg. 5, 20; JR. 26 Nr. 1619; JW. 27, 597; MG. 26, 65; OLG. 46, 160; BBl. 48, 21.)

272. Bei Geschäftsräumen kann die Zustimmung des Vermieters zum Tausch nicht nach § 8 des Wohnungsmangelgesetzes durch das Mieteinigungsamt ersetzt werden. Die Zustimmung des Vermieters zum Tausch einer Wohnung, die sowohl Wohn- wie Geschäftszwecken dient, kann durch das Mieteinigungsamt nur dann ersetzt werden, wenn der Geschäftszweck hinter dem Wohnzweck wesentlich zurücktritt.

(17. Y. 159/24. REntsch. v. 17. 3. 25. GE. 25, 1472; JFG.Erg. 3, 83; JR. 25 Nr. 891; JW. 25, 1883; OLG. 44, 257; BBl. 46, 463.)

273. Bei Räumen, die im Eigentum von Gesellschaften und Genossenschaften der im § 16 Abs. 1 Satz 3 des Reichsmietengesetzes bezeichneten Art stehen, kann die Zustimmung der Eigentümerin zum Wohnungstausch nicht durch das Mieteinigungsamt ersetzt werden.

(17. Y. 147/24. REntsch. v. 20. 2. 25. EA. 25, 369; GE. 26, 322; JFG.Erg. 3, 81; JR. 25 Nr. 586; JW. 25, 2481; MB. 25, 19; OLG. 44, 299.)

274. Die Zustimmung des Vermieters zum Wohnungstausch nach § 8 des Wohnungsmangelgesetzes kann durch das Mieteinigungsamt nicht mehr ersetzt werden, wenn das Mietverhältnis des abziehenden Mieters zur Zeit der Entscheidung durch rechtskräftiges Gerichtsurteil aufgehoben ist.

(17. Y. 148/24. REntsch. v. 19. 1. 25. EA. 25, 373; GE. 25, 608; HessR. 25, 158; JFG.Erg. 3, 79; BBl. 46, 326.)

275. Die Zustimmung des Vermieters zum Wohnungstausch kann das Mieteinigungsamt nicht ersetzen (§ 8 des Wohnungsmangelgesetzes), wenn der Mieter sich dem Vermieter gegenüber zur sofortigen Räumung verpflichtet und gleichzeitig oder nachträglich mit ihm vereinbart hat, daß er die Wohnung tauschen dürfe.

(17. Y. 89/27. REntsch. v. 23. 1. 28. EA. 28, 658; GE. 28, 392; HHR. 28 Nr. 847; JFG.Erg. 7, 44; JW. 28, 916; MG. 28, 25.)

276. Ist das Mietverhältnis durch rechtskräftiges Urteil aufgehoben, so kann das Mieteinigungsamt die Zustimmung des Vermieters zum Wohnungstausch nach § 8 des Wohnungsmangelgesetzes auch dann nicht ersetzen, wenn die Vollstreckung des Urteils von der Sicherung eines Ersatzraums abhängig gemacht ist.

(17. Y. 19/28. REntsch. v. 19. 3. 28. EA. 28, 692; MG. 28, 86.)

277. Die Zustimmung des Vermieters zum Wohnungstausch kann das Mieteinigungsamt nach § 8 des Wohnungsmangelgesetzes nur ersetzen, wenn alle Tauschbewerber selbständige benutzte Wohnungen haben.

(17. Y. 143/25. REntsch. v. 25. 11. 25. DWA. 1, 329; EA. 26, 433; GE. 26, 357; HessR. 26, 68; JFG.Erg. 4, 75; JR. 26 Nr. 159; JW. 26, 1584; OLG. 46, 159; VBl. 47, 352.)

278. Benutzt ist eine Tauschwohnung auch dann, wenn der Verfügungsberechtigte sie nicht bezogen hat, aber der Einzug seines Tauschgegners in Aussicht steht.

(17. Y. 31/26. REntsch. v. 22. 4. 26. DWA. 1, 525; EA. 26, 482; HessR. 26, 204; JFG.Erg. 5, 22; JR. 26 Nr. 1701; MB. 26, 14; MG. 26, 65; OLG. 46, 160; VBl. 48, 22.)

279. Im Verfahren betreffs Ersetzung der Zustimmung des Vermieters zum Wohnungstausch (§ 8 des Wohnungsmangelgesetzes) hat das Mieteinigungsamt zu prüfen, ob der Tausch ernstlich gewollt ist, insbesondere ob der Mieter die einzutauschende Wohnung benutzen will.

(17. Y. 104/26. REntsch. v. 22. 12. 26. DWA. 27, 75; EA. 27, 536; JFG.Erg. 6, 49; JR. 27 Nr. 1201; JW. 27, 597; MG. 27, 20; OLG. 46, 159; VBl. 49, 127.)

280. Bei der Prüfung, ob die Zustimmung des Vermieters zum Wohnungstausch zu ersetzen ist (§ 8 des Wohnungsmangelgesetzes), hat das Mieteinigungsamt nach billigem Ermessen auch zu berücksichtigen, daß der Vermieter ohne den Wohnungstausch leichter seinen eigenen Raumbedarf befriedigen könnte.

(17. Y. 40/27. REntsch. v. 16. 5. 27. DWA. 27, 365; EA. 27, 566; JFG.Erg. 6, 51; JR. 27 Nr. 1745; MG. 27, 81.)

281. Nimmt der Mieter, der Räume seiner Wohnung untervermietet hat, einen Wohnungstausch nach § 8 des Wohnungsmangelgesetzes vor, so ist bei der Entscheidung über die Ersetzung der Zustimmung des Vermieters zu dem Tausch nach billigem Ermessen zu berücksichtigen, daß das Recht des Untermieters an den ihm bereits überlassenen Räumen durch den Tausch allein nicht berührt wird.

(17. Y. 8/28. REntsch. v. 20. 2. 28. EA. 28, 668; GE. 28, 476; HHR. 28 Nr. 1110; JFG.Erg. 7, 41; MG. 28, 46.)

282. Durch einen Wohnungstausch, bei dem das Mieteinigungsamt die Zustimmung des Vermieters zum Wohnungstausch gemäß § 8 des Wohnungsmangelgesetzes ersetzt hat, tritt der anziehende Mieter in die Rechte und Pflichten des abziehenden Mieters dessen Vermieter gegenüber ein; ein Zwangsmietvertrag zwischen dem Vermieter und dem anziehenden Mieter kann daher nicht geschlossen werden.

(17. Y. 98/24. REntsch. v. 5. 1. 25. EA. 25, 374; JFG.Erg. 3, 76; JR. 25 Nr. 201; JW. 25, 1127; MB. 25, 23; OLG. 44, 297; RArbBl. 25, 241.)

17. Werkwohnung.

283. Eine Wohnung kann Werkwohnung im Sinne des § 15 des Wohnungsmangelgesetzes auch dann sein, wenn sie nicht durch ihre Lage und Art als solche gekennzeichnet ist.

(17. Y. 13/28. REntsch. v. 20. 2. 28. EA. 28, 692; GW. 28, 164; JFG.Erg. 7, 55; MG. 28, 68.)

284. Der § 15 des Wohnungsmangelgesetzes findet auch dann Anwendung, wenn der Inhaber des Betriebes die Räume zwar nicht selbst errichtet, wohl aber vor dem 1. Juli 1918 zu Eigentum erworben und zunächst noch nicht, aber später, und zwar noch vor dem 1. Juli 1918, zur Unterbringung von Betriebsangehörigen bestimmt und auch verwendet hat.

(17. Y. 149/24. REntsch. v. 12. 1. 25. EA. 25, 355; HessR. 25, 113; JFG.Erg. 3, 30; JW. 25, 2334; MB. 25, 22; OLG. 44, 28; RArbBl. 25, 240; BBl. 46, 296.)

285. § 15 des Wohnungsmangelgesetzes findet auch dann Anwendung, wenn der Inhaber des Betriebs die Räume zur Unterbringung von Angehörigen des Betriebs zu Eigentum erworben oder gemietet hat, sie aber vor dem 1. Juli 1918 zur Unterbringung von Betriebsangehörigen nicht verwenden konnte.

(17. Y. 68/27. REntsch. v. 3. 10. 27. EA. 27, 609; GW. 27, 457; HHR. 28 Nr. 15; JFG.Erg. 7, 49; JW. 28, 284; MG. 27, 132.)

286. Räume verlieren ihre Eigenschaft als Werkräume im Sinne des § 15 des Wohnungsmangelgesetzes nicht dadurch, daß sie durch Betriebsfremde benutzt werden.

(17. Y. 139/24. REntsch. v. 20. 2. 25. EA. 25, 374; GE. 25, 815; JFG.Erg. 3, 32; JR. 25 Nr. 490; JW. 25, 1883; OLG. 44, 303.)

287. Nimmt das Wohnungsamt eine Werkwohnung, die noch nicht vier Wochen unbenutzt ist (§ 15 des Wohnungsmangelgesetzes), in Anspruch, so ist der Lauf dieser Vierwochenfrist bis zur endgültigen Aufhebung der Inanspruchnahme gehemmt.

(17. Y. 69/27. REntsch. v. 3. 10. 27. DWA. 28, 91; EA. 27, 621; GE. 27, 1593; GW. 27, 487; HHR. 28 Nr. 527; JFG.Erg. 7, 52; JW. 28, 517; MG. 27, 150.)

288. Räume, die zur Unterbringung eines Hausmeisters (Hauswarts) dienen, sind Werkwohnungen im Sinne des § 15 Abs. 1 des Wohnungsmangelgesetzes.

(17. Y. 69/27. REntsch. v. 3. 10. 27. DWA. 28, 91; EA. 27, 621; GE. 27, 1593; GW. 27, 487; HHR. 28 Nr. 527; JFG.Erg. 7, 52; JW. 28, 517; MG. 27, 150.)

289. Zur Weiterbenutzung von Dienstwohnungen durch den Dienstpflichtigen nach Aufhebung des Dienstvertrages bedarf es keiner Genehmigung des Wohnungsamtes.

(17. Y. 122/24. REntsch. v. 20. 2. 25. GE. 25, 1057; JFG.Erg. 3, 28; JR. 25 Nr. 894; JW. 26, 604; OLG. 44, 256; PBl. 46, 465.)

290. Bei der Verfügung über Pförtnerwohnungen darf das Wohnungsamt seine nach § 10 Abs. 4 der Berliner Bekanntmachung vom 12. Mai 1921, jetzt § 6 Nr. 4 des Berliner Wohnungsnotrechts vom 18. August / 30. Dezember 1924 erforderliche Zustimmung aus einem in der Person des Bewerbers liegenden Grunde nur deshalb versagen, weil er nicht vor dem 1. Januar 1914 deutschen Wohnsitz hatte und nicht zu den Vertriebenen und Heimkehrern (§ 9 c der Wohnungsmangelverordnung) gehörte.

(17. Y. 119/24. REntsch. v. 19. 1. 25. GE. 25, 1471; JFG.Erg. 3, 38; JR. 25 Nr. 895; JW. 25, 1774; PBl. 46, 445.)

V. Verfahrens- und Beschwerderecht.

1. Wohnungsamt.

291. Verfügungen und Anträge der Gemeindebehörden in Angelegenheiten der Wohnungszwangswirtschaft bedürfen zu ihrer Rechtswirksamkeit nicht der Unterschrift des Vorstandes der Gemeinde oder seines Stellvertreters, sondern können auch von einer hierzu beauftragten Person unterzeichnet werden.

(17. Y. 62/25. REntsch. v. 22. 6. 25. JFG.Erg. 4, 143; JR. 25 Nr. 1643.)

292. Verfügungen der Gemeindebehörden in Wohnungsmangelsachen bedürfen zu ihrer Wirksamkeit der Unterschrift des zuständigen Beamten. Ist die Urschrift der Verfügung von diesem Beamten mit seinem vollen oder abgekürzten Namen unterschrieben, so ist der Schriftform dadurch nicht genügt, daß die Reinschrift von einem Bürobeamten ausgefertigt oder beglaubigt wird. Die Angabe, daß die Urschrift unterschrieben ist, genügt nicht; die Reinschrift muß vielmehr den Namen des verfügenden Beamten ergeben.

(17. Y. 14/26. REntsch. v. 31. 3. 26. EA. 26, 489; JFG.Erg. 4, 141; JR. 26 Nr. 1702; JW. 27, 463; KGBl. 26, 112; OLG. 46, 163; BBl. 47, 565.)

293. Zur Rechtswirksamkeit einer Beschlagnahmeverfügung genügt nicht der allgemeine Hinweis auf ein Gesetz oder eine Verordnung; aus der Verfügung muß sich vielmehr deutlich ergeben, auf welchen Sachverhalt und auf welche einzelne Gesetzesbestimmung sie sich gründet.

(17. Y. 125/24. REntsch. v. 19. 1. 25. EA. 25, 363; GE. 25, 607; JFG.Erg. 3, 2; JR. 25 Nr. 376; JW. 25, 1414; OLG. 44, 299.)

294. Auf die im § 11 des Wohnungsmangelgesetzes vorgeschriebene tatsächliche und rechtliche Begründung der Verfügungen der Gemeindebehörde kann der Betroffene nicht verzichten.

(17. Y. 131/25. REntsch. v. 31. 10. 25. EA. 26, 433; GE. 26, 658; JFG.Erg. 4, 20; JR. 26 Nr. 160; JW. 26, 1468; BBl. 47, 260.)

295. a) Auf die Zustellung der zur Bekämpfung des Wohnungsmangels getroffenen Verfügungen der Gemeindebehörde (§ 11 des Wohnungsmangelgesetzes) an den Betroffenen finden die Vorschriften der Zivilprozeßordnung über Zustellungen, die von Amts wegen erfolgen, Anwendung. Die dem Gerichtsschreiber und dem Gerichtsdiener obliegenden Geschäfte werden von den dazu bestimmten

Beamten der Gemeindebehörde wahrgenommen. Die Ersatzzustellung ist zulässig. Für die Zustellung durch öffentliche Bekanntmachung ist § 12 der preuß. Verordnung, betr. das Verwaltungszwangsverfahren, vom 15. November 1899 in Verbindung mit Art. 29 der Anweisung zur Ausführung dieser Verordnung vom 28. November 1899 maßgebend.

b) Eine Empfangsbestätigung des Betroffenen genügt zum Nachweise der Zustellung.

(17. Y. 79/26. REntsch. v. 19. 11. 26. JFG.Erg. 6, 13; MG. 26, 138; LBl. 49, 109.)

296. Vorlegung einer Verfügung der Gemeindebehörde ist keine Zustellung im Sinne des § 11 des Wohnungsmangelgesetzes.

(17. Y. 87/26. REntsch. v. 15. 10. 26. DWA. 1, 714; EA. 26, 515; JFG.Erg. 5, 3; JR. 27 Nr. 140; JW. 27, 2230; MG. 26, 127; LBl. 49, 43.)

2. Beschwerde gegen Wohnungsamt. Form, Frist, Zulässigkeit und Beschwerderecht.*)

297. Die Beschwerde gegen eine auf Grund des Wohnungsmangelgesetzes getroffene Verfügung (§ 16 des Wohnungsmangelgesetzes) kann schriftlich nur durch eine vom Beschwerdeführer oder seinem Vertreter eigenhändig unterzeichnete Eingabe eingelegt werden.

(17. Y. 65/27. REntsch. v. 3. 10. 27. EA. 27, 609; GE. 28, 11; HHR. 28 Nr. 16; JFG.Erg. 7, 100; JW. 28, 730; MG. 27, 134.)

298. Gegen die Versäumung der in den preuß. Ausführungsvorschriften über das Verfahren vor den Einigungsämtern usw. vom 3. Juli 1920 Ziff. 5 bestimmten Frist ist die Wiedereinsetzung in den vorigen Stand unter den für die Wiedereinsetzung in bürgerlichen Rechtsstreitigkeiten bestimmten Voraussetzungen zulässig.

(17. Y. 142/24. REntsch. v. 19. 1. 25. GE. 25, 364; JFG.Erg. 3, 151; JR. 25 Nr. 202; JW. 25, 1128; OLG. 44, 262.)

---

*) Vgl. auch Nr. 157.

299. Die Zurücknahme der nach § 16 des Wohnungsmangelgesetzes zugelassenen Beschwerde gegen Verfügungen des Wohnungsamtes wird erst wirksam, wenn die Zurücknahmeerklärung dem Mieteinigungsamt zugegangen ist.

(17. Y. 15/25. REntsch. v. 9. 2. 25. EA. 25, 363; GE. 25, 608; JFG.Erg. 3, 149; JR. 25 Nr. 257; JW. 25, 799; OLG. 44, 304.)

300. Gegen jede auf Grund des Wohnungsmangelgesetzes im Einzelfalle getroffene Verfügung des Wohnungsamtes steht dem unmittelbar Betroffenen in Preußen die Beschwerde an das Mieteinigungsamt zu.

(17. Y. 37/25. REntsch. v. 4. 5. 25. EA. 25, 380; GE. 25, 1882; JFG.Erg. 4, 163; JR. 25 Nr. 1352; JW. 25, 2259; MB. 25, 45; OLG. 44, 304; BBl. 46, 504.)

301. Gegen eine Verfügung des Wohnungsamtes, durch die dem Räumungspflichtigen die Instandsetzung der geräumten Wohnung unter Berufung auf das Wohnungsmangelgesetz aufgegeben wird, ist die Beschwerde an das Mieteinigungsamt zulässig.

(17. Y. 33/25. REntsch. v. 7. 4. 25. EA. 25, 389; GE. 25, 1271; JFG.Erg. 3, 106; JR. 25 Nr. 896; JW. 25, 2335; OLG. 44, 304.)

302. Gegen eine Verfügung der Gemeindebehörde, die dem Verfügungsberechtigten, weil er durch Verwendung von Wohnräumen zu geschäftlichen Zwecken gegen § 2 des Wohnungsmangelgesetzes verstoßen habe, unter Androhung unmittelbaren polizeilichen Zwanges die Wiederherstellung des früheren Zustandes aufgibt, ist die Beschwerde (§ 16 des Wohnungsmangelgesetzes) zulässig. Das Mieteinigungsamt hat die Zulässigkeit der Verfügung rechtlich und tatsächlich nachzuprüfen.

(17. Y. 60/27. REntsch. v. 31. 10. 27. DWA. 28, 92; EA. 27, 621; GE. 28, 94; GW. 28, 15; HHR. 28 Nr. 323; JFG.Erg. 7, 20; JW. 28, 515; MG. 27, 150.)

303. Die Entscheidung der Gemeindebehörde über die Zulassung einer Ausnahme von der Bestimmung des § 2 Abs. 2 des Wohnungsmangelgesetzes unterliegt nicht der Beschwerde nach § 16 des Wohnungsmangelgesetzes.

(17. Y. 88/25. REntsch. v. 11. 7. 25. DWA. 1, 142; EA. 25, 403; JFG.Erg. 4, 14; JR. 25 Nr. 1537; JW. 26, 1006; OLG. 44, 305; PVBl. 47, 50.)

304. Gegen die Entscheidungen der Gemeindebehörde aus § 2 des Wohnungsmangelgesetzes ist die Beschwerde an das Mieteinigungsamt (§ 16 des Wohnungsmangelgesetzes) nicht zulässig.

(17. Y. 20/26. REntsch. v. 17. 3. 26. DWA. 1, 478; EA. 26, 461; GE. 26, 700; JFG.Erg. 4, 16; JR. 26 Nr. 948; JW. 26, 1584; MG. 26, 40; PVBl. 47, 470.)

305. Hat die Gemeindebehörde dem Abbruche von Gebäuden oder Gebäudeteilen zugestimmt (§ 2 des Wohnungsmangelgesetzes), so steht den Rauminhabern die Beschwerde nach § 16 des Wohnungsmangelgesetzes nicht zu.

(17. Y. 85/26. REntsch. v. 4. 10. 26. DWA. 1, 713; EA. 26, 515; JFG.Erg. 5, 1; JR. 26 Nr. 2147; JW. 28, 72; MG. 26, 113; PVBl. 48, 350.)

306. Gegen die Zuweisung einer Wohnung durch die Gemeindebehörde hat der Wohnungsuchende keine Beschwerde an das Mieteinigungsamt.

(17. Y. 125/25. REntsch. v. 12. 10. 25. DWA. 1, 186; EA. 25, 427; HessR. 26, 65; JFG.Erg. 4, 173; JR. 26 Nr. 30; JW. 26, 1007; MG. 26, 8; OLG. 46, 165; PVBl. 47, 231.)

307. Hat das Wohnungsamt bei der Zuweisung einer Wohnung dem § 7 der preuß. Verordnung über die Bewirtschaftung des Wohnraums für Beamte vom 29. Mai 1925 zuwidergehandelt, so hat die zuständige Behörde (§ 3 Abs. 1 dieser VO.) gegen die Zuweisung keine Beschwerde nach § 16 des Wohnungsmangelgesetzes.

(17. Y. 129/25. REntsch. v. 31. 10. 25. EA. 25, 421; GE. 26, 618; JFG.Erg. 4, 175; JMBl. 25, 417; JR. 25, 1880; JW. 26, 2459; MG. 26, 17; BBl. 47, 270.)

308. Versagt eine Gemeindebehörde die Genehmigung zum Wohnungstausche, so steht die Beschwerde nach § 16 des Wohnungsmangelgesetzes auch den Tauschpartnern zu, deren Wohnungen im Bezirk anderer Gemeindebehörden liegen.

(17. Y. 60/26. REntsch. v. 18. 6. 26. EA. 26, 490; HessR. 27, 23; JFG.Erg. 5, 26; JR. 26 Nr. 2148; JW. 27, 464; MG. 26, 85; OLG. 46, 162; BBl. 48, 190.)

309. Versagt das Wohnungsamt die nach der örtlichen Anordnung erforderliche Genehmigung eines Mietvertrages, den ein Wohnungsuchender auf Grund eines Mietberechtigungsscheins geschlossen hat, so steht dagegen dem Wohnungsuchenden die Beschwerde nach § 16 des Wohnungsmangelgesetzes nicht zu.

(17. Y. 31/27. REntsch. v. 21. 4. 27. DWA. 27, 317; EA. 27, 566; JFG.Erg. 6, 45; JR. 27 Nr. 1747; JW. 27, 1940; MG. 27, 80; OLG. 46, 166.)

310. Gegen Maßnahmen zur Durchführung einer rechtskräftigen Räumungsverfügung des Wohnungsamtes ist eine Beschwerde an das Mieteinigungsamt in Preußen nicht zugelassen.

(17. Y. 35/26. REntsch. v. 22. 4. 26. EA. 26, 473; GE. 26, 855; JFG.Erg. 4, 164; JR. 26 Nr. 1703; JW. 26, 2303; MG. 26, 50; OLG. 46, 165.)

311. Gegen eine Anordnung auf Grund des Art. V des Notgesetzes vom 24. Februar 1923 und der preuß. Ausführungsanweisung vom 28. März 1923 ist eine Beschwerde an das Mieteinigungsamt auch nicht mit der Begründung zulässig, daß der Wohnungsuchende nicht zu den in diesen Bestimmungen bezeichneten Personen gehöre.

(17. Y. 56/25. REntsch. v. 16. 4. 25. GE. 25, 2149; JFG.Erg. 4, 177; JR. 25 Nr. 793; BBl. 46, 489.)

3. Besetzung des Mieteinigungsamtes.*)

312. Sitz des Mieteinigungsamtes (§ 13 der Ausf.VO. des preuß. Justizministers zum Mieterschutzgesetz vom 15. August 1923, Gesetzsamml. S. 405) ist das Gebäude, in dem die Hauptverwaltung der Gemeinde geführt wird, die das Mieteinigungsamt errichtet hat.

(17. Y. 93/26. REntsch. v. 19. 11. 26. JFG.Erg. 6, 108; JR. 27 Nr. 588; JW. 27, 599; KGBl. 27, 78; MG. 27, 8; BBl. 49, 75.)

313. Zum Vorsitzenden eines Mieteinigungsamtes darf nur bestellt werden, wer sich in der aus § 3 Ziff. 3 der 1. Ausführungsverordnung des preuß. Justizministers vom 15. August 1923 zum Mieterschutzgesetz ersichtlichen Form verpflichtet, für Dritte keine berufliche oder ehrenamtliche Tätigkeit auszuüben, die sich auf Mietverhältnisse über Gebäude oder Gebäudeteile bezieht.

(17. Y. 166/24. REntsch. v. 20. 2. 25. EA. 25, 359; GE. 25, 555; JFG.Erg. 4, 145; JR. 25 Nr. 580; JW. 25, 800; OLG. 44, 254; BBl. 46, 464.)

313a. Das Mieteinigungsamt ist nicht vorschriftsmäßig besetzt, wenn ein Mitglied die nach § 38 Abs. 3, § 7 Abs. 3 Satz 5 des Mieterschutzgesetzes erforderliche Verpflichtung nicht übernommen hat.

(17. Y. 30/28. REntsch. v. 23. 4. 28. JW. 28, 1511.)

313b. Der Vorsitzende des Mieteinigungsamtes kann auch dann für mindestens ein Jahr bestellt werden, wenn er für diese Tätigkeit von einer anderen Behörde zunächst nur für weniger als ein Jahr beurlaubt ist.

(17. Y. 30/28. REntsch. v. 23. 4. 28.)

314. Ein Landrat kann in Preußen nicht Vorsitzender eines Mieteinigungsamtes sein.

(17. Y. 29/25. REntsch. v. 17. 3. 25. DWA. 1, 42; EA. 25, 372; GE. 25, 1453; JFG.Erg. 3, 144; JR. 25 Nr. 788; JW. 25, 2484; OLG. 44, 254; BBl. 46, 540.)

---

*) Vgl. auch Nachtrag S. 564 Nr. 423.

315. Ein von der Verwaltungsbehörde bestellter Vertreter des Landrats darf Mitglied eines Mieteinigungsamtes sein, wenn sich die ihm übertragene Vertretungsbefugnis von vornherein auf Wohnungsmangelsachen nicht erstreckt hat.

(17. Y. 58/26. REntsch. v. 9. 7. 26. JFG.Erg. 5, 68; JR. 26 Nr. 1945; JW. 26, 2302; MB. 26, 15; MG. 26, 103; OLG. 45, 264; BBl. 48, 260.)

316. Mitglieder von Magistraten im Gebiete der Städteordnung für die östlichen Provinzen Preußens vom 30. Mai 1853 können nicht Mitglieder eines Mieteinigungsamtes sein.

(17. Y. 21/27. REntsch. v. 21. 3. 27. GE. 27, 671; JFG.Erg. 6, 111; JR. 27 Nr. 1659; JW. 27, 2229; MG. 27, 67; BBl. 49, 236.)

Aufrechterhalten.

(17. Y. 70/27. REntsch. v. 31. 10. 27. HHR. 28 Nr. 534; JFG.Erg. 7, 97; JW. 28, 513; MG. 27, 169.)

316a. Der Vertreter eines rheinischen Oberbürgermeisters kann nur dann Mitglied eines Mieteinigungsamtes sein, wenn sich die ihm übertragene Vertretungsbefugnis auf Wohnungsmangelsachen nicht erstreckt.

(17. Y. 28/28. REntsch. v. 23. 4. 28. EA. 28, 692; MG. 28, 86.)

317. Als Mitglied des Mieteinigungsamtes ist nach § 38 Abs. 3 in Verbindung mit § 7 Abs. 3 Satz 4 des Mieterschutzgesetzes jeder ausgeschlossen, der Mitglied irgendeines Wohnungsamtes ist.

(17. Y. 113/24. REntsch. v. 12. 1. 25. EA. 25, 372; GE. 25, 318; HessR. 25, 129; JFG.Erg. 3, 142; JR. 25 Nr. 147; JW. 25, 2257; MB. 25, 14; OLG. 44, 255.)

318. Mitglieder einer Wohnungskommission, die bei der Raumzwangswirtschaft mitwirkt, können nicht Beisitzer eines Mieteinigungsamtes sein.

(17. Y. 73/27. REntsch. v. 31. 10. 27. DWA. 28, 47; GE. 28, 93; HHR. 28 Nr. 533; JFG.Erg. 7, 99; JW. 28, 513; MG. 27, 169.)

319. Bei Entscheidungen des Kreismieteinigungsamtes über Beschlagnahmen, die der Kreisausschuß oder ein diesem angegliedertes Kreiswohnungsamt vorgenommen hat, insbesondere über Anträge dieser Stellen auf Abschluß von Zwangsmietverträgen, darf der Landrat desselben Kreises nicht mitwirken.

(17. Y. 108/24. REntsch. v. 8. 12. 24. EA. 25, 354; JFG.Erg. 3, 147; JW. 25, 2483; OLG. 44, 6; PBl. 46, 383.)

320. Bei der Entscheidung des Mieteinigungsamtes in Sachen, in denen die Gemeindebehörde Partei ist, insbesondere bei der Festsetzung von Zwangsmietverträgen, darf kein früheres oder jetziges Mitglied des die Gemeindebehörde nach außen vertretenden Organs mitwirken.

(17. Y. 30/23. REntsch. v. 31. 1. 24. DJZ. 24, 915; JFG.Erg. 2, 112; JW. 24, 835; OLG. 43, 211.)

Aufrechterhalten.

(17. Y. 72/24. REntsch. v. 3. 11. 24. EA. 25, 355; JFG.Erg. 3, 140; JW. 24, 2021; OLG. 44, 6.)

321. Seit dem 1. Oktober 1923 dürfen die Mieteinigungsämter nur mit Beisitzern tagen, die gemäß der Ausführungsverordnung des preuß. Volkswohlfahrtsministers vom 25. September 1923 zum Mieterschutzgesetz neu gewählt sind.

(17. Y. 16/24. REntsch. v. 13. 3. 24. JFG.Erg. 2, 109; JW. 24, 841; OLG. 43, 237.)

322. Ein Verfahren, nach dem die Beisitzer des Kreismieteinigungsamtes vom Kreisausschuß nicht aus der Gesamtheit der auf den Vorschlagslisten enthaltenen tauglichen Personen ausgewählt werden und nach dem die Reihenfolge der Gewählten an den einzelnen Sitzungen nicht durch Auslosung bestimmt wird, sondern nach dem vom Kreisausschuß für jeden zum Geschäftsbereiche des Kreismieteinigungsamtes gehörigen Ort zwei besondere Beisitzer gewählt werden, die an jeder Angelegenheiten ihres Ortes betreffenden Mieteinigungsamtssitzung teilnehmen, entspricht nicht dem Gesetz und ist daher unzulässig.

(17. Y. 109/24. REntsch. v. 17. 11. 24. EA. 24, 345; GE. 25, 215; JFG.Erg. 3, 146; JW. 24, 2010; OLG. 44, 7; VBl. 46, 263.)

323. Das Mieteinigungsamt ist nicht ordnungsmäßig besetzt, wenn ein mitwirkender Beisitzer auf Grund einer Vorschlagsliste gewählt ist, die eine zur Vertretung des Hausbesitzer- oder Mietervereins nicht befugte Persönlichkeit eingereicht hat. Die nach der Wahl erfolgte Genehmigung der Einreichung durch das vertretungsberechtigte Organ des Vereins heilt den Mangel nicht.

(17. Y. 32/27. REntsch. v. 21. 4. 27. EA. 27, 584; GE. 27, 738; JFG.Erg. 6, 112; JR. 27 Nr. 1660; JW. 27, 1938; MB. 27, 9; MG. 27, 93; VBl. 49, 301.)

324. Das Mieteinigungsamt ist nicht vorschriftsmäßig besetzt, wenn bei der Wahl der Beisitzer die Vorschlagsliste einer Vereinigung berücksichtigt ist, die nicht ausschließlich oder überwiegend Vermieter- oder Mieterinteressen verfolgt.

(17. Y. 34/26. REntsch. v. 14. 5. 26. DWA. 1, 572; EA. 26, 481; JFG.Erg. 5, 70; JR. 26 Nr. 1616; JW. 26, 2459; MG. 26, 63; OLG. 45, 216; VBl. 48, 71.)

325. Örtliche Hausbesitzer- und Mietervereine im Sinne der Vorschriften über die Beisitzerauswahl sind nur solche örtliche Vereinigungen, die ausschließlich oder überwiegend Vermieter- oder Mieterinteressen verfolgen.

(17. Y. 99/25. REntsch. v. 11. 7. 25. DWA. 1, 143; EA. 25, 403; GE. 25, 2149; JFG.Erg. 4, 147; JR. 25 Nr. 1536; JW. 26, 185; OLG. 45, 246; VBl. 47, 104.)

326. Die Beisitzer des Mieteinigungsamtes dürfen als solche nur während des Geschäftsjahrs tätig sein, für das sie gewählt sind.

(17. Y. 11/26. REntsch. v. 4. 3. 26. DRZ. 26 Nr. 715; EA. 26, 461; GE. 26, 659; JFG.Erg. 4, 150; JR. 26 Nr. 946; JW. 26, 2458; MG. 26, 41; OLG. 45, 247; VBl. 47, 469.)

326a. Die Beisitzer des Mieteinigungsamtes dürfen in Preußen nur für ein Jahr gewählt werden. Bleiben sie nach Ablauf des Jahres tätig, so ist das Mieteinigungsamt nicht vorschriftsmäßig besetzt, selbst wenn sie für länger als ein Jahr gewählt sind.

(17. Y. 30/28. REntsch. v. 23. 4. 28.)

326b. Beisitzer des Mieteinigungsamtes, die als Zeugen oder Sachverständige vernommen sind, sind kraft Gesetzes von der Mitwirkung als Beisitzer des Mieteinigungsamtes in der betreffenden Sache ausgeschlossen.

(17. Y. 52/25. REntsch. v. 4. 5. 25. EA. 25, 387; GE. 25, 2150; HessR. 25, 252; JFG.Erg. 4, 156; JR. 25 Nr. 1434; MB. 25, 43; OLG. 44, 255; BBl. 46, 580.)

327. Auf den Schriftführer des Mieteinigungsamtes ist § 49 der Zivilprozeßordnung anzuwenden.

(17. Y. 124/25. REntsch. v. 12. 10. 25. DWA. 1, 93; EA. 25, 420; GE. 26, 488; HessR. 26, 19; JFG.Erg. 4, 151; JR. 25 Nr. 1879; JW. 26, 1585; OLG. 45, 247; BBl. 47, 115.)

4. Verfahren des Mieteinigungsamtes im allgemeinen.

328. Das Mieteinigungsamt und die Beschwerdestelle dürfen eine sachliche Entscheidung auf einen an sich zu ihrer Zuständigkeit gehörigen Antrag nicht deshalb ablehnen, weil die Entscheidung für das Rechtsverhältnis der Parteien nach ihrer Auffassung nicht in Betracht kommen kann.

(17. Y. 140/24. REntsch. v. 8. 12. 24. JFG.Erg. 3, 155; JW. 25, 800; OLG. 44, 15; BBl. 46, 284.)

Aufrechterhalten.

(17. Y. 131/24. REntsch. v. 9. 2. 25. GE. 25, 1575; JFG.Erg. 3, 126; JW. 27, 587.)

Aufrechterhalten.

(17. Y. 142/25. REntsch. v. 23. 11. 25. DRZ. 26 Nr. 488, EA. 26, 443; JFG.Erg. 4, 153; JR. 26 Nr. 483; MB. 26, 3; MG. 26, 14.)

329. Hat das Mieteinigungsamt die sachliche Entscheidung auf einen zu seiner Zuständigkeit gehörigen Antrag deshalb abgelehnt, weil die Entscheidung für das Rechtsverhältnis der Parteien nach seiner Auffassung nicht in Betracht kommen kann, so hindert die Rechtskraft dieser Entscheidung nicht die Wiederholung des Antrages.

(17. Y. 113/25. REntsch. v. 12. 10. 25. EA. 25, 426; GE. 26, 254; JFG.Erg. 4, 161; JR. 26 Nr. 155; JW. 26, 1003; MG. 26, 6; OLG. 45, 261; BBl. 47, 220.)

330. Die Befugnis des Mieteinigungsamtes, seine vor dem Inkrafttreten des Mieterschutzgesetzes ergangene Entscheidung nach billigem Ermessen abzuändern, besteht nicht mehr, wenn es die Abänderung nach dem Inkrafttreten dieses Gesetzes bereits rechtskräftig abgelehnt hat.

(17. Y. 64/26. REntsch. v. 9. 7. 26. DWA. 1, 666; EA. 26, 497; GE. 26, 1388; JFG.Erg. 5, 59; JR. 26 Nr. 1838; JW. 28, 515; MG. 26, 102; OLG. 45, 262.)

Aufrechterhalten. Der Rechtsentscheid gilt auch, wenn die Ablehnung ohne Sachprüfung aus formellen Gründen erfolgt ist.

(17. Y. 24/28. REntsch. v. 19. 3. 28. HHR. 28 Nr. 1200; MG. 28, 66.)

331. Hat die Beschwerdestelle die Sache zur nochmaligen Verhandlung und Entscheidung an das Mieteigungsamt zurückverwiesen, so hat dieses die rechtliche Beurteilung, die der Aufhebung der Entscheidung zugrunde liegt, seiner Entscheidung zugrunde zu legen, und zwar auch dann, wenn sie von einem Rechtsentscheide des Kammergerichts abweicht. Das gleiche gilt für die Beschwerdestelle, wenn sie auf wiederholte Rechtsbeschwerde nochmals in der Sache zu entscheiden hat.

(17. Y. 112/25. REntsch. v. 29. 12. 25. EA. 26, 443; JFG.Erg. 4, 191; JW. 26, 1002.)

332. Das Mieteinigungsamt, an das die Sache von der Beschwerdestelle zurückverwiesen wird, muß die rechtliche Beurteilung, die der Aufhebung der Entscheidung zugrunde liegt, seiner Entscheidung nur zugrunde legen, wenn diese Beurteilung aus der Entscheidung der Beschwerdestelle klar zu erkennen ist.

(17. Y. 62/27. REntsch. v. 3. 10. 27. EA. 27, 608; IFG.Erg. 7, 110; IR. 27 Nr. 2018; IW. 28, 730; MB. 27, 19; MG. 27, 134; VBl. 49, 465.)

333. Ist die Sache auf die Rechtsbeschwerde an das Mieteinigungsamt zurückverwiesen worden, so kann die erneute Sachentscheidung auch zuungunsten des Rechtsbeschwerdeführers ergehen.

(17. Y. 107/25. REntsch. v. 7. 11. 25. EA. 26, 432; HessR. 26, 65; IFG.Erg. 4, 188; IR. 26 Nr. 25; IW. 26, 1000; KGBl. 26, 8; OLG. 45, 260; VBl. 47, 280.)

334. Die Notwendigkeit der Beeidigung von Zeugen und Sachverständigen, die im Verfahren vor dem Mieteinigungsamt und der Beschwerdestelle vernommen worden sind, bestimmt sich nach den Vorschriften der Zivilprozeßordnung.

(17. Y. 112/25. REntsch. v. 29. 12. 25. EA. 26, 443; IFG.Erg. 4, 191; IW. 26, 1002.)

335. Beisitzer des Mieteinigungsamtes, die als Zeugen oder Sachverständige vernommen werden, müssen wie jeder andere Zeuge oder Sachverständige grundsätzlich beeidigt werden und sind kraft Gesetzes von der Mitwirkung als Beisitzer des Mieteinigungsamtes in der betreffenden Sache ausgeschlossen.

(17. Y. 52/25. REntsch. v. 4. 5. 25. EA. 25, 387; GE. 25, 2150; HessR. 25, 252; IFG.Erg. 4, 156; IR. 25 Nr. 1434; MB. 25, 43; OLG. 44, 255; VBl. 46, 580.)

336. Ein Eid der in § 426 der Zivilprozeßordnung bezeichneten Art ist im Verfahren vor dem Mieteinigungsamt und der Beschwerdestelle unzulässig.

(17. Y. 156/25. REntsch. v. 4. 2. 26. DWA. 1, 283; HessR. 26, 169; JFG.Erg. 4, 159; JR. 26 Nr. 688; JW. 26, 831; MG. 26, 29; OLG. 45, 255.)

337. § 320 der Zivilprozeßordnung gilt nicht für das Verfahren vor dem Mieteinigungsamt und der Beschwerdestelle.

(17. Y. 24/27. REntsch. v. 21. 3. 27. DWA. 27, 315; EA. 27, 575; JFG.Erg. 6, 64; JR. 27 Nr. 1657; JW. 27, 1938; MG. 27, 66; OLG. 46, 111.)

338. Das Mieteinigungsamt kann seine nach dem Inkrafttreten des Mieterschutzgesetzes ergangenen Entscheidungen nicht abändern oder aufheben, es sei denn, daß es der Rechtsbeschwerde gemäß § 42 Abs. 1 dieses Gesetzes abhilft.

(17. Y. 48/24. REntsch. v. 12. 6. 24. EA. 24, 323; JFG.Erg. 2, 24; JW. 24, 2018; OLG. 43, 258.)

339. Auf Rechtsbeschwerde darf das Mieteinigungsamt seine angefochtene Entscheidung nur dann abändern, wenn diese Entscheidung auf einer Gesetzesverletzung beruht, nicht aber nur auf Grund neuen tatsächlichen Vorbringens.

(17. Y. 130/24. REntsch. v. 2. 3. 25. EA. 25, 368; GE. 25, 1472; HessR. 25, 180; JFG.Erg. 3, 163; JR. 25 Nr. 791; JW. 26, 258; OLG. 44, 262.)

340. Das Mieteinigungsamt darf der Rechtsbeschwerde auch teilweise abhelfen. Auch dann hat es die Rechtsbeschwerde der Beschwerdestelle vorzulegen. Die Beschwerdestelle hat über diese Rechtsbeschwerde nur insoweit zu entscheiden, als ihr das Mieteinigungsamt nicht abgeholfen hat.

(17. Y. 19/26. REntsch. v. 31. 3. 26. DRZ. 26 Nr. 933; EA. 26, 472; HessR. 26, 170; JFG.Erg. 4, 183; JR. 26 Nr. 1138; MG. 26, 54; OLG. 45, 260.)

341. Die Wiederaufnahme des rechtskräftig abgeschlossenen Verfahrens vor dem Mieteinigungsamt ist unter den gleichen Voraussetzungen wie im bürgerlichen Rechtsstreit zulässig.

(17. Y. 161/24. REntsch. v. 17. 3. 25. EA. 25, 375; GE. 25, 1667; JFG.Erg. 3, 153; JR. 25 Nr. 790; JW. 25, 2336; OLG. 44, 263; BBl. 46, 571.)

5. Verfahren des Mieteinigungsamtes in Mietzinssachen.

342. An der Verpflichtung des Mieteinigungsamts und der Beschwerdestelle zur Entscheidung über die Höhe der Friedensmiete ist durch die preuß. Verordnung über die Lockerung der Wohnungszwangswirtschaft vom 11. November 1926 nichts geändert worden.

(17. Y. 9/27. REntsch. v. 21. 2. 27. DWA. 27, 219; EA. 27, 557; GE. 27, 501; GW. 27, 137; JFG.Erg. 6, 69; JR. 27 Nr. 1408; JW. 27, 1164; MB. 27, 3; MG. 27, 32; OLG. 46, 124.)

343. An der Verpflichtung des Mieteinigungsamtes und der Beschwerdestelle zur Entscheidung über die Höhe der gesetzlichen Miete (§ 1 Abs. 2 des Reichsmietengesetzes) ist durch die preuß. Verordnung über die Lockerung der Wohnungszwangswirtschaft vom 11. November 1926 nichts geändert worden.

(17. Y. 13/27. REntsch. v. 21. 2. 27. DWA. 27, 266; EA. 27, 557; GE. 27, 529; GW. 27, 158; JFG.Erg. 6, 97; JR. 27 Nr. 1404; JW. 27, 2632; MG. 27, 50; OLG. 46, 124.)

344. Das Mieteinigungsamt kann seine Entscheidung, durch welche die Friedensmiete vor dem Inkrafttreten des Mieterschutzgesetzes festgesetzt worden ist, auch nach dem Inkrafttreten dieses Gesetzes abändern, wenn es die Abänderung nach billigem Ermessen für erforderlich hält.

(17. Y. 50/24. REntsch. v. 5. 6. 24. EA. 24, 323; GE. 24, 944; JFG.Erg. 2, 65; JW. 24, 2013; OLG. 43, 262; BBl. 45, 435.)

345. Das Mieteinigungsamt kann seine Entscheidung über die Friedensmiete nicht deshalb abändern, weil sie auf Grund des Einverständnisses der Parteien erlassen ist.

(17. Y. 102/26. REntsch. v. 22. 12. 26. EA. 27, 535; JFG.Erg. 6, 124; JR. 27 Nr. 486; JW. 27, 1319; MB. 27, 10; MG. 27, 8; OLG. 46, 114.)

346. Das Mieteinigungsamt darf das Verfahren auf Festsetzung der Friedensmiete nicht aussetzen, weil streitig ist, ob seine Entscheidung für die Parteien erheblich ist.

(17. Y. 52/25. REntsch. v. 4. 5. 25. EA. 25, 387; GE. 25, 2150; HessR. 25, 252; JFG.Erg. 4, 156; JR. 25 Nr. 1434; MB. 25, 43; OLG. 44, 255; VBl. 46, 580.)

347. Das Mieteinigungsamt darf den Antrag auf Feststellung oder Festsetzung der Friedensmiete nicht deshalb zurückweisen, weil der Antragsteller einen von ihm erforderten Auslagenvorschuß für die Zuziehung eines Sachverständigen nicht gezahlt hat.

(17. Y. 105/26. REntsch. v. 22. 12. 26. DWA. 27, 173; EA. 27, 535; HessR. 27, 267; JFG.Erg. 6, 120; JR. 27 Nr. 709; JW. 27, 598; MG. 27, 21; OLG. 46, 125.)

348. Das Mieteinigungsamt braucht die Vergleichsräume, die zur Ermittlung des ortsüblichen Mietzinses herangezogen werden, nicht in Augenschein zu nehmen. Werden die Vergleichsräume vom Mieteinigungsamt in Augenschein genommen, so ist den Beteiligten Gelegenheit zu geben, dieser Beweiserhebung beizuwohnen.

(17. Y. 1/27. REntsch. v. 24. 1. 27. EA. 27, 545; JFG.Erg. 6, 121; JR. 27 Nr. 926; JW. 27, 1273; MG. 27, 21; OLG. 46, 132.)

349. Die Einholung einer gutachtlichen Äußerung des Wohnungsamtes über die ortsübliche Friedensmiete ist nicht grundsätzlich ausgeschlossen.

(17. Y. 20/28. REntsch. v. 19. 3. 28. EA. 28, 692; MB. 28, 7; MG. 28, 86.)

6. Verfahren des Mieteinigungsamtes in Wohnungsmangelsachen.

350. Das Mieteinigungsamt darf dem Wohnungsamte durch einstweilige Anordnung untersagen, seine Verfügungen vor eingetretener Rechtskraft zu vollstrecken.

(17. Y. 44/24. REntsch. v. 5. 6. 24. EA. 24, 322; JFG.Erg. 2, 116; JW. 24, 2025; OLG. 43, 265.)

351. Hatte der Verfügungsberechtigte nach § 4 Abs. 1 des Wohnungsmangelgesetzes in der ursprünglichen Fassung gegen den Zwangsmietvertrag Widerspruch erhoben, so konnte das Mieteinigungsamt entscheiden und einen neuen Zwangsmietvertrag mit demselben Mieter festsetzen. Diese Befugnis steht ihm dagegen nicht zu, wenn der Widerspruch von dem Wohnungsuchenden erhoben worden ist.

(17. Y. 48/24. REntsch. v. 12. 6. 24. EA. 24, 323; JFG.Erg 2, 24; JW. 24, 2018; OLG. 43, 258.)

Satz 2 aufrechterhalten. Der Rechtsentscheid gilt auch für den Fall, daß der Wohnungsuchende unter Vorbehalt von Ersatzraum zur Räumung seiner bisherigen Wohnung verurteilt ist.

(17. Y. 76/26. REntsch. v. 9. 7. 26. EA. 26, 498; JFG.Erg. 5, 13; JR. 26 Nr. 2033; JW. 27, 1652; MG. 26, 101; OLG. 46, 156.)

352. Die Beschwerde gegen die Inanspruchnahme von Räumen durch das Wohnungsamt darf das Mieteinigungsamt nicht mit der Maßgabe zurückweisen, daß die Durchführung der Inanspruchnahme nur zulässig sei, wenn dem Betroffenen Ersatzraum gestellt werde. Eine solche Entscheidung unterliegt der Rechtsbeschwerde.

(17. Y. 74/25. REntsch. v. 6. 7. 25. EA. 25, 396; JFG.Erg. 4, 166; JR. 25 Nr. 1646; JW. 25, 2799; LBl. 47, 49.)

352a. Das Mieteinigungsamt ist mangels einer örtlichen Anordnung nicht befugt, die Inanspruchnahme einer Wohnung gegen den Willen des Verfügungsberechtigten teilweise zu bestätigen.

(17. Y. 33/28. REntsch. v. 23. 4. 28. GW. 28, 224; MG. 28, 87.)

7. Rechtsbeschwerde. Form, Frist, Zulässigkeit und Beschwerderecht.

353. Die schriftliche Einlegung der Rechtsbeschwerde erfordert nach § 21 der Anordnung der Reichsregierung für das Verfahren vor dem Mieteinigungsamt und der Beschwerdestelle vom 19. September 1923, daß die Beschwerdeschrift von der Partei oder einer zu ihrer Vertretung befugten Persönlichkeit handschriftlich unterzeichnet ist.

(17. Y. 135/24. REntsch. v. 9. 2. 25. EA. 25, 362; HessR. 25, 130; JFG.Erg. 3, 160; JR. 25 Nr. 257a; JW. 25, 1414; OLG. 44, 260.)

354. Zur schriftlichen Einlegung der Rechtsbeschwerde genügt es nicht, daß die Beschwerdeschrift mit einem Unterschriftsstempel unterzeichnet ist.

(17. Y. 74/27. REntsch. v. 31. 10. 27. HHR. 28 Nr. 535; JFG.Erg. 7, 102; MG. 27, 154; VBl. 49, 514.)

355. Die Rechtsbeschwerde kann nicht durch Erklärung zum Sitzungsprotokoll des Mieteinigungsamts eingelegt werden.

(17. Y. 133/25. REntsch. v. 25. 11. 25. DRZ. 26 Nr. 489; EA. 25, 427; GE. 26, 288; HessR. 26, 66; JFG.Erg. 4, 181; JR. 26 Nr. 31; JW. 26, 1586; MB. 26, 4; OLG. 45, 256; VBl. 47, 375.)

356. Auf Beginn und Ende der Rechtsbeschwerdefrist hat es keinen Einfluß, wenn der in § 40 Abs. 4 des Mieterschutzgesetzes vorgeschriebene Hinweis auf die zulässigen Rechtsbehelfe unterbleibt oder unrichtig erfolgt.

(17. Y. 30/25. REntsch. v. 7. 4. 25. GE. 25, 1471; HessR. 25, 235; JFG.Erg. 3, 161; JR. 25 Nr. 789; JW. 25, 2334; OLG. 44, 260.)

357. Der Lauf der Frist zur Einlegung der Rechtsbeschwerde in Mieterschutzsachen beginnt für den Beschwerdeführer, der bei Verkündung der angefochtenen Entscheidung gegenwärtig oder vertreten war, mit der Verkündung der Entscheidung.

(17. Y. 30/24. REntsch. v. 8. 5. 24. JFG.Erg. 2, 121.)

358. Gegen einen nicht in Gegenwart des Beteiligten oder seines Bevollmächtigten verkündeten Beschluß des Mieteinigungsamtes beginnt für diesen Beteiligten die Frist zur Einlegung der Rechtsbeschwerde erst mit der Mitteilung der Entscheidung zu laufen.

(17. Y. 25/24. REntsch. v. 28. 4. 24. JFG.Erg. 2, 119; OLG. 43, 245.)

359. Gegen einen Beteiligten, der sich vor Beendigung der Verkündung der Entscheidung des Mieteinigungsamtes entfernt hat, beginnt die Frist zur Einlegung der Rechtsbeschwerde erst mit der Mitteilung der Entscheidung zu laufen.

(17. Y. 67/24. REntsch. v. 6. 10. 24. DJZ. 25, 670; JFG.Erg. 2, 30; JW. 24, 2023; OLG. 44, 9; BBl. 46, 162.)

360. Weist das Mieteinigungsamt einen Antrag, eine vor dem 1. Oktober 1923 erlassene Entscheidung nach diesem Tage abzuändern, zurück, so ist gegen diese Entscheidung die Rechtsbeschwerde zulässig.

(17. Y. 167/24. REntsch. v. 20. 2. 25. EA. 25, 368; GE. 25, 856; JFG.Erg. 3, 164; JR. 25 Nr. 582; JW. 25, 2257.)

361. Wenn das Mieteinigungsamt eine vor dem 1. Oktober 1923 ergangene Entscheidung nach diesem Tage abändert, ist gegen die abändernde Entscheidung die Rechtsbeschwerde zulässig.

(17. Y. 60/24. REntsch. v. 30. 6. 24. JFG.Erg. 2, 137; JW. 24, 2011; OLG. 43, 332.)

362. Personen, die, ohne Partei zu sein, vom Mieteinigungsamt nur zu hören sind (§ 5 Abs. 2 Satz 2 der Verfahrensanordnung) oder zur Verhandlung zugelassen werden können (§ 7 Abs. 1 Satz 4), sind zur Einlegung der Rechtsbeschwerde in dem Verfahren nicht berechtigt.

(17. Y. 51/27. REntsch. v. 25. 6. 27. EA. 27, 599; GE. 27, 1320; JFG.Erg. 7, 104; JR. 27 Nr. 2017; MG. 27, 115.)

363. Einstweilige Anordnungen des Mieteinigungsamtes (§ 40 Abs. 5 des Mieterschutzgesetzes) unterliegen nicht der Rechtsbeschwerde.

(17. Y. 52/26. REntsch. v. 14. 5. 26. BuschsZ. 52, 232; EA. 26, 481; HessR. 26, 229; JFG.Erg. 5, 74; JR. 26, 1617; JW. 26, 2458; MG. 26, 63; OLG. 45, 255; BBl. 48, 83.)

364. Ein Beschluß, durch den das Mieteinigungsamt einer Partei eine Auflage macht, ist auch dann nicht mit der Rechtsbeschwerde anfechtbar, wenn durch Erfüllung der Auflage der Sachverhalt verändert werden würde und die Auflage erkennen läßt, wie das Mieteinigungsamt zu entscheiden gedenkt.

(17. Y. 86/27. REntsch. v. 23. 1. 28. EA. 28, 658; GW. 28, 103; HHR. 28 Nr. 846; JFG.Erg. 7, 106; JW. 28, 1066; MG. 28, 48.)

365. Sind bei einem Mietverhältnis mehrere Personen als Vermieter oder Mieter beteiligt, so kann jede von ihnen gegen die Entscheidung des Mieteinigungsamtes über die Friedensmiete die Rechtsbeschwerde einlegen. Die Vorschriften der Zivilprozeßordnung über die notwendige Streitgenossenschaft gelten entsprechend.

(17. Y. 122/25. REntsch. v. 11. 12. 25. DRZ. 26 Nr. 491; EA. 26, 455; HessR. 26, 165; JFG.Erg. 4, 185; JR. 26 Nr. 484; JW. 26, 1583; OLG. 45, 257.)

366. Wenn das Mieteinigungsamt den Antrag des Vermieters auf Erhöhung der Friedensmiete durch Beschluß zurückgewiesen und die Entscheidung über den Antrag des Mieters auf Festsetzung der Friedensmiete einer Schlußentscheidung vorbehalten hat, so kann der zurückweisende Beschluß selbständig mit der Rechtsbeschwerde angefochten werden.

(17. Y. 121/24. REntsch. v. 17. 11. 24. JFG.Erg. 3, 166; JW. 24, 2012; OLG. 44, 9.)

367. Eine Entscheidung, die das Mieteinigungsamt als Stelle im Sinne des § 6 des Reichsmietengesetzes getroffen hat, kann durch Rechtsbeschwerde nicht angefochten werden, und zwar auch nicht mit der Begründung, daß die Gemeindebehörde die Entscheidung dem Mieteinigungsamte nicht habe übertragen dürfen oder daß das Mieteinigungsamt seine Befugnisse überschritten habe.

(17. Y. 16/27. REntsch. v. 21. 2. 27. EA. 27, 557; JFG.Erg. 6, 128; JR. 27 Nr. 1405; JW. 27, 1273; MB. 27, 11; MG. 27, 34; OLG. 46, 139; BBl. 49, 205.)

367a. Die Entscheidung des Mieteinigungsamtes aus § 16 des Mieterschutzgesetzes unterliegt der Rechtsbeschwerde, wenn sie in einem unzulässigen Verfahren ergangen oder über die Einwendungen des Mieters nicht sachlich entschieden ist *).

(17. Y. 42/25. REntsch. v. 25. 5. 25. EA. 25, 380; HessR. 25, 275; JFG.Erg. 4, 93; JR. 25 Nr. 1240; JW. 26, 66; OLG. 44, 253; BBl. 47, 9.)

---

*) Wegen der Unanfechtbarkeit von Entscheidungen aus § 16 MSchG. vgl. im übrigen Nr. 101 bis 103.

368. Gegen die Weigerung des Mieteinigungsamtes, zu bescheinigen, daß der Mieter gegen den Ersatzraum keine Einwendungen erhoben hat (§ 16 des Mieterschutzgesetzes), ist die Rechtsbeschwerde nicht zulässig.

(17. Y. 109/25. REntsch. v. 12. 10. 25. DJZ. 26, 317; HessR. 26, 18; JFG.Erg. 4, 198; JR. 25 Nr. 1772; JW. 26, 1585; OLG. 45, 248.)

369. Hat das Mieteinigungsamt die Erteilung der in § 2 der Verordnung über ein Schiedsverfahren vor dem Mieteinigungsamt vom 28. März 1927 vorgesehenen Bescheinigung abgelehnt, so ist dagegen die Rechtsbeschwerde zulässig *).

(17. Y. 55/27. REntsch. v. 7. 7. 27. EA. 27, 598; GE. 27, 1205; JFG.Erg. 7, 108; JR. 27 Nr. 2096; JW. 27, 2633; MG. 27, 115.)

369a. Die Rechtsbeschwerde ist auch gegen eine auf Grund des § 51 Abs. 2 des Mieterschutzgesetzes und des § 16 des Groß-Berliner Wohnungsnotrechts in der Fassung vom 17. September 1922 getroffene Entscheidung zulässig **).

(17. Y. 35/24. REntsch. v. 12. 6. 24. JFG.Erg. 2, 107; OLG. 43, 263; Recht 24 Nr. 1572.)

370. Seit Inkrafttreten des Mieterschutzgesetzes ist gegen die auf Grund von § 9 d der Wohnungsmangelverordnung und von § 16 des Wohnungsmangelgesetzes ergehenden Beschwerdeentscheidungen der Mieteinigungsämter dem unmittelbar Betroffenen die Rechtsbeschwerde an das Landgericht gegeben.

(17. Y. 11/24. REntsch. v. 20. 3. 24. JFG.Erg. 2, 122; JW. 24, 842; OLG. 43, 238.)

---

*) Wegen der Gültigkeit der VO. vgl. Nr. 137a.

**) Vgl. auch Nr. 129 ff.

371. Gegen die Beschwerdeentscheidung des Mieteinigungsamtes in Wohnungsmangelangelegenheiten kann auch die Gemeindebehörde Rechtsbeschwerde einlegen.

(17. Y. 10/24. REntsch. v. 20. 3. 24. JFG.Erg. 2, 126; JW. 24, 843; OLG. 43, 240.)

372. Dem Verfügungsberechtigten steht die Rechtsbeschwerde gegen die Festsetzung eines Zwangsmietvertrages durch das Mieteinigungsamt zu.

(17. Y. 58/24. REntsch. v. 30. 6. 24. EA. 24, 337; JFG.Erg. 2, 131; JW. 24, 2011; OLG. 43, 332.)

373. In dem auf den Abschluß eines Zwangsmietvertrages gerichteten Verfahren ist die Gemeindebehörde (das Wohnungsamt) Partei und deshalb berechtigt, Rechtsbeschwerde einzulegen.

(17. Y. 17/24. REntsch. v. 6. 3. 24. GE. 24, 809; JFG.Erg. 2, 130; JW. 24, 840.)

374. Dem Wohnungsamt steht gegen den Zwangsmietvertrag die Rechtsbeschwerde nicht deshalb zu, weil das Mieteinigungsamt angeordnet hat, daß die Gemeinde als Mieter gilt.

(17. Y. 76/27. REntsch. v. 31. 10. 27. DWA. 28, 47; EA. 28, 649; HHR. 28 Nr. 326; JFG.Erg. 7, 31; JW. 28, 516; MG. 28, 7; GE. 28, 620; BBl. 49, 533.)

375. Hat das Mieteinigungsamt den Antrag des Wohnungsamtes auf Festsetzung des Zwangsmietvertrags für eine Beamtenwohnung abgelehnt, so steht der zuständigen Behörde (§ 3 Abs. 1 der preuß. Verordnung über die Bewirtschaftung des Wohnraums für Beamte vom 29. Mai 1925) die Rechtsbeschwerde nicht zu.

(17. Y. 144/25. REntsch. v. 25. 11. 25. EA. 26, 434; GE. 26, 785; JFG.Erg. 4, 196; JR. 26 Nr. 33; MG. 1, 17; BBl. 47, 875.)

376. Gegen die Entscheidungen der Mieteinigungsämter als Kleingartenschiedsgerichte findet eine Rechtsbeschwerde nicht statt*).

(17. Y. 21/24. REntsch. v. 14. 4. 24. EA. 24, 313; JFG.Erg. 1, 54; JMBl. 24, 222; JW. 24, 843; LZ. 24, 475; Recht 24, 1097.)

8. Besetzung der Beschwerdestelle.

377. Die Mitglieder der Beschwerdestelle dürfen auch nicht stellvertretende Mitglieder eines Mieteinigungsamtes sein.

(17. Y. 55/26. REntsch. v. 9. 7. 26. GE. 26, 1389; JFG.Erg. 5, 72; JW. 26, 2459; MG. 26, 103; OLG. 45, 261; VBl. 49, 13.)

378. Hat bei der Entscheidung der Beschwerdestelle ein Mitglied mitgewirkt, das gleichzeitig Mitglied eines Mieteinigungsamtes war, so begründet dieser Umstand die Wiederaufnahme des Verfahrens in entsprechender Anwendung des § 579 Abs. 1 Nr. 1 der Zivilprozeßordnung.

(17. Y. 11/27. REntsch. v. 21. 2. 27. EA. 27, 558; JFG.Erg. 6, 130; JR. 27 Nr. 1406; JW. 27, 1387; MG. 27, 34; OLG. 46, 114.)

9. Verfahren der Beschwerdestelle.

379. Die Beschwerdestelle darf eine sachliche Entscheidung auf einen an sich zu ihrer Zuständigkeit gehörigen Antrag nicht deshalb ablehnen, weil die Entscheidung für das Rechtsverhältnis der Parteien nach ihrer Auffassung nicht in Betracht kommen kann.

(17. Y. 140/24. REntsch. v. 8. 12. 24. JFG.Erg. 3, 155; JW. 25, 800; OLG. 44, 15; VBl. 46, 284.)

Aufrechterhalten.

(17. Y. 131/24. REntsch. v. 9. 2. 25. GE. 25, 1575; JFG.Erg. 3, 126; JW. 27, 587.)

---

*) Ebenso REntsch. d. OLG. Dresden 6 Reg. 143/24 v. 18. 11. 24 (SächsJMBl. 25, 1).

Aufrechterhalten.

(17. Y. 142/25. REntsch. v. 25. 11. 25. DRZ. 26 Nr. 488; EA. 26, 443; JFG.Erg. 4, 153; JR. 26 Nr. 483; MB. 26, 3; MG. 26, 14.)

380. Hat das Mieteinigungsamt der Rechtsbeschwerde teilweise abgeholfen und sie dann der Beschwerdestelle vorgelegt, so hat diese über die Rechtsbeschwerde nur insoweit zu entscheiden, als ihr das Mieteinigungsamt nicht abgeholfen hat.

(17. Y. 19/26. REntsch. v. 31. 3. 26. DRZ. 26 Nr. 933; EA. 26, 472; HessR. 26, 170; JFG.Erg. 4, 183; JR. 26 Nr. 1138; MG. 26, 54; OLG. 45, 260.)

381. Hat die Beschwerdestelle auf wiederholte Rechtsbeschwerde nochmals in der Sache zu entscheiden, so hat sie die rechtliche Beurteilung, die der früheren Aufhebung der Entscheidung des Mieteinigungsamtes zugrunde liegt, auch der neuen Entscheidung zugrunde zu legen, und zwar auch dann, wenn sie von einem Rechtsentscheide des Kammergerichts abweicht.

(17. Y. 112/25. REntsch. v. 29. 12. 25. EA. 26, 443; JFG.Erg. 4, 191; JW. 26, 1002.)

382. Die Beschwerdestelle ist nicht befugt, ihre Entscheidung über die Rechtsbeschwerde nach der Bekanntgabe an die Parteien abzuändern.

(17. Y. 47/24. REntsch. v. 5. 6. 24. JFG.Erg. 2, 139; OLG. 43, 262.)

383. a) Die Beschwerdestelle darf vor ihrer Entscheidung einstweilige Anordnungen erlassen.

b) Die Beschwerdestelle darf dem Wohnungsamt durch einstweilige Anordnung untersagen, seine Verfügungen vor eingetretener Rechtskraft zu vollstrecken.

(17. Y. 44/24. REntsch. v. 5. 6. 24. EA. 24, 322; JFG.Erg. 2, 116; JW. 24, 2025; OLG. 43, 265.)

384. Die Beschwerdestelle hat zu prüfen, ob die Beisitzer des Mieteinigungsamtes vorschriftsmäßig gewählt sind.

(17. Y. 99/25. REntsch. v. 11. 7. 25. DWA. 1, 143; EA. 25, 403; GE. 25, 2149; IFG.Erg. 4, 147; IR. 25 Nr. 1536; IW. 26, 185; OLG. 45, 246; BBl. 47, 104.)

385. Die Beschwerdestelle kann einen Beschluß des Mieteinigungsamtes nur dann wegen Fehlens der Begründung aufheben, wenn ihr eine schriftliche Begründung zur Zeit ihrer Entscheidung nicht vorliegt.

(17. Y. 148/25. REntsch. v. 4. 2. 26. DWA. 1, 386; EA. 26, 472; IFG.Erg. 4, 179; IR. 26 Nr. 947; IW. 27, 593; MB. 26, 13; MG. 26, 40; OLG. 46, 144; BBl. 47, 446.)

386. Das Landgericht darf — abgesehen von der Nachprüfung von Verfahrensmängeln — nur dann tatsächliche Feststellungen des Mieteinigungsamtes nachprüfen oder ergänzen, wenn es eine Gesetzesverletzung festgestellt hat und der neuen Tatsachen für die eigene Entscheidung bedarf.

(17. Y. 5/24. REntsch. v. 13. 3. 24. IFG.Erg. 2, 133; IW. 24, 840; OLG. 43, 242.)

387. Auf die Rechtsbeschwerde kann die Beschwerdestelle nur dann in der Sache selbst entscheiden oder sie zur nochmaligen Verhandlung und Entscheidung an das Mieteinigungsamt zurückverweisen, wenn die angefochtene Entscheidung des Mieteinigungsamtes auf einer Verletzung des Gesetzes beruht, die den Rechtsbeschwerdeführer beschwert.

(17. Y. 107/25. REntsch. v. 7. 11. 25. EA. 26, 432; HessR. 26, 65; IFG.Erg. 4, 188; IR. 26 Nr. 25; IW. 26, 1000; KGBl. 26, 8; OLG. 45, 260; BBl. 47, 280.)

388. Die unrichtige Anwendung des billigen Ermessens verletzt das Gesetz. Die Beschwerdestelle muß deshalb nicht nur prüfen, ob das Mieteinigungsamt billiges Ermessen überhaupt angewendet hat, sondern auch, ob die Anwendung richtig erfolgt ist*).

(17. Y. 137/24. REntsch. v. 20. 2. 25. GE. 25, 907; HessR. 25, 133; JFG.Erg. 3, 167; JR. 25 Nr. 581; JW. 26, 1001; OLG. 44, 261; BBl. 46, 464.)

389. § 320 der Zivilprozeßordnung gilt nicht für das Verfahren vor der Beschwerdestelle.

(17. Y. 24/27. REntsch. v. 21. 3. 27. DWA. 27, 315; EA. 27, 575; JFG.Erg. 6, 64; JR. 27 Nr. 1657; JW. 27, 1938; MG. 27, 66; OLG. 46, 111.)

390. Die Notwendigkeit der Beeidigung von Zeugen und Sachverständigen, die im Verfahren vor der Beschwerdestelle vernommen worden sind, bestimmt sich nach den Vorschriften der Zivilprozeßordnung.

(17. Y. 112/25. REntsch. v. 29. 12. 25. EA. 26, 443; JFG.Erg. 4, 191; JW. 26, 1002.)

391. Ein Eid der in § 426 der Zivilprozeßordnung bezeichneten Art ist im Verfahren vor der Beschwerdestelle unzulässig.

(17. Y. 156/25. REntsch. v. 4. 2. 26. DWA. 1, 283; HessR. 26, 169; JFG.Erg. 4, 159; JR. 26 Nr. 688; JW. 26, 831; MG. 26, 29; OLG. 45, 255.)

392. An der Verpflichtung der Beschwerdestelle zur Entscheidung über die Friedensmiete ist durch die preuß.

---

*) Dazu REntsch. d. OLG. Dresden 6 a Reg. 846/24 v. 20. 1. 25 (SächsJMBl. 15):

„Die Rechtsbeschwerde nach § 41 des Mieterschutzgesetzes kann darauf gestützt werden, daß das Mieteinigungsamt nicht nach billigem Ermessen entschieden hat. Die Entscheidung ist dann nicht nach billigem Ermessen getroffen, wenn sie sich infolge Unterlassung der gebotenen Abwägung der Belange der Beteiligten ohne weiteres als offenbar unbillig darstellt."

Verordnung über die Lockerung der Wohnungszwangswirtschaft vom 11. November 1926 nichts geändert worden.

(17. Y. 9/27. REntsch. v. 21. 2. 27. DWA. 27, 219; EA. 27, 557; GE. 27, 501; GW. 27, 137; JFG.Erg. 6, 69; JR. 27 Nr. 1408; JW. 27, 1164; MB. 27, 3; MG. 27, 32; OLG. 46, 124.)

393. An der Verpflichtung der Beschwerdestelle zur Entscheidung über die Höhe der gesetzlichen Miete (§ 1 Abs. 2 des Reichsmietengesetzes) ist durch die preuß. Verordnung über die Lockerung der Wohnungszwangswirtschaft vom 11. November 1926 nichts geändert worden.

(17. Y. 13/27. REntsch. v. 21. 2. 27. DWA. 27, 266; EA. 27, 557; GE. 27, 529; GW. 27, 158; JFG.Erg. 6, 97; JR. 27 Nr. 1404; JW. 27, 2632; MG. 27, 50; OLG. 46, 124.)

394. Die Rechtsbeschwerde gegen eine vor dem 1. Juli 1926 ergangene Entscheidung des Mieteinigungsamtes, durch welche die Erlaubnis des Vermieters zur Untervermietung ersetzt ist, kann nicht darauf gestützt werden, daß nach § 29 Abs. 2 des Mieterschutzgesetzes die Ersetzung der Erlaubnis nicht mehr zulässig ist.

(17. Y. 91/26. REntsch. v. 15. 10. 26. EA. 26, 515; HessR. 27, 99; JFG.Erg. 5, 37; JR. 26 Nr. 2350; JW. 26, 2773; KGBl. 27, 7; MB. 26, 18; MG. 26, 129.)

395. Hat das Mieteinigungsamt die Beschwerde gegen die Inanspruchnahme von Räumen durch das Wohnungsamt mit der Maßgabe zurückgewiesen, daß die Durchführung der Inanspruchnahme nur zulässig sei, wenn dem Betroffenen Ersatzraum gestellt werde, so unterliegt eine solche Entscheidung der Rechtsbeschwerde.

(17. Y. 74/25. REntsch. v. 6. 7. 25. EA. 25, 396; JFG.Erg. 4, 166; JR. 25 Nr. 1646; JW. 25, 2799; VBl. 47, 49.)

396. Die Beschwerdestelle hat nachzuprüfen, ob nach dem Tatbestande, der dem Mieteinigungsamte vorlag, für den

Verfügungsberechtigten ein unverhältnismäßiger Nachteil im Sinne des § 4 des Wohnungsmangelgesetzes zu besorgen ist. Dabei kann die Beschwerdestelle die in § 41 Abs. 3 des Mieterschutzgesetzes vorgesehenen Anordnungen treffen.

(17. Y. 80/25. REntsch. v. 29. 5. 25. EA. 25, 395; JFG.Erg. 4, 68; JR. 25 Nr. 1432; JW. 25, 2485; OLG. 44, 295.)

397. Die Rechtsbeschwerde des Vermieters gegen den Zwangsmietvertrag kann damit begründet werden, daß das Mieteinigungsamt die Behauptung nicht geprüft habe, der Zwangsmieter erstrebe die Wohnung nur zu gewinnsüchtigen Zwecken und wolle sie alsbald verkaufen.

(17. Y. 129/24. REntsch. v. 19. 1. 25. GE. 25, 363; JFG.Erg. 3, 54; JR. 25 Nr. 149; JW. 25, 2797; OLG. 44, 292.)

398. Hat der Vermieter gegen die Festsetzung des Zwangsmietvertrages Rechtsbeschwerde eingelegt, so hat die Beschwerdestelle den Widerspruch des Wohnungsuchenden gegen den Zwangsmietvertrag (§ 4 Abs. 1 Satz 3 des Wohnungsmangelgesetzes) zu berücksichtigen.

(17. Y. 27/26. REntsch. v. 31. 3. 26. DRZ. 26 Nr. 713; EA. 26, 472; JFG.Erg. 4, 200; JR. 26 Nr. 1259; JW. 27, 595; MG. 26, 51; OLG. 46, 155; PBl. 47, 541.)

10. Rechtsentscheid.

399. Die abweichende Entscheidung einer außerpreußischen Beschwerdestelle verpflichtet das Landgericht nicht zur Einholung eines Rechtsentscheides des Kammergerichts.

(17. Y. 18/24. REntsch. v. 13. 3. 24. EA. 24, 308; JW. 24, 840; OLG. 43, 244.)

400. Wenn bei einem Landgericht mehrere Rechtsbeschwerdekammern bestehen und eine Kammer von der ihr bekannten Entscheidung einer anderen Kammer abweichen will, so hat sie die Sache dem Kammergericht zum Rechtsentscheide vorzulegen.

(17. Y. 96/24. REntsch. v. 6. 10. 24. EA. 24, 345; GE. 25, 135, JFG.Erg. 3, 170; JW. 25, 801; OLG. 44, 7.)

401. Hat eine Beschwerdestelle einen Rechtsentscheid nachgesucht, weil sie bei der Entscheidung einer Rechtsfrage von der ihr bekannten Entscheidung einer anderen Beschwerdestelle abweichen will, so darf sie, solange der Rechtsentscheid aussteht, über Rechtsbeschwerden nicht nach ihrer von der anderen Beschwerdestelle abweichenden Rechtsauffassung entscheiden.

(17. Y. 23/25. REntsch. v. 9. 2. 25. EA. 25, 361; GE. 25, 556; JFG.Erg. 3, 169; JR. 25 Nr. 588; JW. 25, 801; OLG. 44, 262.)

402. Rechtsentscheide können nur in Mieteinigungs-, nicht in Mietschöffensachen eingeholt werden.

(17. Y. 101/24. REntsch. v. 7. 11. 24. JFG.Erg. 3, 180; JW. 24, 2025; OLG. 44, 10.)

11. Kosten.

403. Gegen eine nach Erledigung der Hauptsache ergangene Kostenentscheidung des Mieteinigungsamtes ist die Rechtsbeschwerde nicht zulässig *).

(17. Y. 96/24. REntsch. v. 6. 10. 24. EA. 24, 345; GE. 25, 135; JFG.Erg. 3, 170; JW. 25, 801; OLG. 44, 7.)

404. Gegen eine nach der rechtskräftigen Entscheidung der Hauptsache ergangene Kostenentscheidung des Mieteinigungsamtes ist, auch wenn sie unzulässig ist, kein Rechtsmittel zugelassen.

(17. Y. 26/27. REntsch. v. 21. 3. 27. EA. 27, 584; JFG.Erg. 6, 132; JR. 27 Nr. 1661; JW. 27, 1495; MB. 27, 10; MG. 27, 53; OLG. 46, 114.)

*) Vgl. auch Nachtrag S. 564 Nr. 424.

405. Durch das Mieteinigungsamt vorgenommene Streitwertfestsetzungen und Festsetzungen der Kostenhöhe sind durch Rechtsbeschwerde nicht anfechtbar.

(17. Y. 114/24. REntsch. v. 17. 11. 24. JFG.Erg. 3, 179; OLG. 44, 7.)

Aufrechterhalten.

(17. Y. 48/25. REntsch. v. 22. 6. 25. EA. 25, 388; JFG.Erg. 4, 203.)

406. Die Beschwerdestelle kann die Kostenentscheidung des Mieteinigungsamtes auch dann abändern, wenn die Rechtsbeschwerde in der Hauptsache unbegründet ist.

(17. Y. 65/26. REntsch. v. 18. 6. 26. EA. 26, 488; HessR. 27, 230; JFG.Erg. 5, 80; JR. 26 Nr. 2146; JW. 26, 2458; KGBl. 26, 109; MB. 26, 35; MG. 26, 85; OLG. 45, 258.)

407. Wenn das Landgericht einen Beschluß des Mieteinigungsamtes aufhebt und die Sache an dieses zur anderweiten Verhandlung zurückverweist, so ist grundsätzlich die Kostenentscheidung auch für die landgerichtliche Instanz dem Mieteinigungsamte zu überlassen.

(17. Y. 38/24. REntsch. v. 19. 5. 24. DJZ. 24, 832; JFG.Erg. 2, 143; OLG. 43, 242.)

408. Für das Rechtsbeschwerdeverfahren sind die Gebühren auch dann zu erheben, wenn es sich an ein Verfahren nach § 2 der preuß. Verordnung über ein Schiedsverfahren vor dem Mieteinigungsamt vom 28. März 1927 anschließt.

(17. Y. 9/28. REntsch. v. 20. 2. 28. EA. 28, 668; GW. 28, 123; HHR. 28 Nr. 968; JFG.Erg. 7, 117; JW. 28 1145; MG. 28, 49.)

409. Hat das Mieteinigungsamt die Genehmigung des Vermieters zur Untervermietung von Räumen ersetzt, weil in diesen Räumen nach der Angabe des Mieters eine eigene Wirtschaft oder Haushaltung geführt werden soll, so ist es für die Kostenentscheidung ohne Bedeutung, ob diese Angabe zutrifft.

(17. Y. 72/27. REntsch. v. 31. 10. 27. GE. 28, 92; HHR. 28 Nr. 531; JFG.Erg. 7, 115; JW. 28, 512; MG. 27, 152.)

410. a) Der § 15 der Anordnung der Reichsregierung für das Verfahren vor dem Mieteinigungsamt und der Beschwerdestelle vom 19. September 1923 ist gültig.

b) Die Beschwerdestelle hat selbst die Höhe der zu ersetzenden baren Auslagen in ihrem Beschlusse anzugeben.

c) Zu den baren Auslagen, die erstattungsfähig sind, können auch die gesetzlichen Gebühren eines Rechtsanwalts gehören.

d) Der § 15 der Verfahrensanordnung findet auch Anwendung, wenn das Wohnungsamt im Verfahren Partei ist. Im Falle seines Unterliegens sind die baren Auslagen der Gemeinde aufzuerlegen.

(17. Y. 117/24. REntsch. v. 19. 1. 25; EA. 25, 361; HessR. 25, 156; JFG.Erg. 3, 176; JW. 25, 1770; OLG. 44, 264.)

411. Die baren Auslagen, deren Erstattung einem Beteiligten auferlegt wird, brauchen in dem die Erstattung anordnenden Beschlusse nicht sogleich ziffernmäßig angegeben zu werden. Die Beschwerdestelle kann die Bestimmung der Höhe durch einen späteren Beschluß nachholen.

(17. Y. 4/27. REntsch. v. 24. 1. 27. EA. 27, 545; JFG.Erg. 6, 133; JR. 27 Nr. 1301; JW. 27, 594; KGBl. 27, 55; MG. 27, 53; OLG. 46, 115.)

412. a) Über einen Antrag auf Kostenerstattung kann auch dann in einem Ergänzungsbeschluß entschieden werden, wenn der Antrag erst nach der Sachentscheidung des Mieteinigungsamtes oder der Beschwerdestelle gestellt worden ist.

b) Gebühren eines Rechtsanwalts in eigener Sache sind keine baren Auslagen im Sinne des § 15 der Verfahrensanordnung.

(17. Y. 28/26. REntsch. v. 31. 3. 26. BuschsZ. 53, 235; EA. 26, 488; HessR. 26, 203; JFG.Erg. 5, 76; JR. 26 Nr. 1704; KGBl. 26, 113; MG. 26, 63; OLG. 45, 256.)

413. Der Antrag, durch Ergänzungsbeschluß Kosten zur Erstattung festzusetzen (oben Nr. 412), muß binnen einer Woche seit Bekanntgabe der Sachentscheidung des Mieteinigungsamtes oder der Beschwerdestelle gestellt werden.

(17. Y. 86/26. REntsch. v. 4. 10. 26. EA. 26, 515; JFG.Erg. 5, 78; JR. 27 Nr. 138; JW. 27, 598; MB. 26, 17; MG. 26, 129.)

414. Die Frist für den Antrag, durch Ergänzungsbeschluß Kosten zur Erstattung festzusetzen (oben Nr. 413), ist nur gewahrt, wenn der Antrag innerhalb der Frist bei der Stelle eingegangen ist, die über ihn zu entscheiden hat.

(17. Y. 50/27. REntsch. v. 25. 6. 27. EA. 27, 598; JFG. Erg. 7, 120; JR. 27 Nr. 2016; KGBl. 28, 10; MG. 27, 116.)

415. Im Verfahren vor dem Mieteinigungsamt und der Beschwerdestelle gilt die Deutsche Gebührenordnung für Rechtsanwälte.

(17. Y. 103/25. REntsch. v. 31. 10. 25. EA. 25, 427; JFG.Erg. 4, 204; JR. 26 Nr. 26; JW. 26, 997; KGBl. 26, 10; MB. 26, 35; OLG. 45, 262.)

416. Dem Rechtsanwalt stehen für die Vertretung im Rechtsbeschwerdeverfahren die in der Deutschen Gebührenordnung für Rechtsanwälte für die Vertretung in der Berufungsinstanz vorgesehenen Gebühren zu.

(17. Y. 4/27. REntsch. v. 24. 1. 27. EA. 27, 545; JFG.Erg. 6, 133; JR. 27 Nr. 1301; JW. 27, 594; KGBl. 27, 55; MG. 27, 53; OLG. 46, 115.)

VI. Nachtrag

(bis Juli 1928 einschl.).

417. Eine Wohnküche ist kein Wohnraum im Sinne der Zweiten preußischen Verordnung über die Lockerung der Wohnungszwangswirtschaft vom 4. Oktober 1927.

(17. Y. 39/28. KEntsch. v. 14. 5. 28. EA. 28, 709; MG. 28, 112.)

418. Ist die Befugnis des Mieters zur Mitbenutzung einer Waschküche nach dem 1. Juli 1914 fortgefallen, so ist die Friedensmiete nicht festzustellen, sondern festzusetzen.

(17. Y. 41/28. KEntsch. v. 14. 5. 28. EA. 28, 706; MG. 28, 111.)

419. Bei Festsetzung der Friedensmiete für einen Laden, der ganz oder zum Teil zu Wohnzwecken vermietet ist, sind als Vergleichsräume möglichst zum gleichen Zwecke vermietete Läden oder Wohnungen heranzuziehen.

(17. Y. 40/28. KEntsch. v. 14. 5. 28. EA. 28, 707; MG. 28, 112.)

420. Das billige Ermessen darf nicht dazu führen, daß das Mieteinigungsamt ohne Zustimmung der Gemeindebehörde eine Ausnahme von den Verboten des § 2 des Wohnungsmangelgesetzes zuläßt.

(17. Y. 37/28. KEntsch. v. 14. 5. 28. EA. 28, 707; MG. 28, 112.)

421. Hat das Wohnungsamt auf die Beschwerde des Verfügungsberechtigten die Inanspruchnahme einer Wohnung zurückgenommen und ihm die Wohnung ganz oder teilweise zur eigenen freien Verfügung überlassen, so ist es nicht gehindert, die Wohnung auf Grund eines geänderten Sachverhalts erneut in Anspruch zu nehmen.

(17. Y. 38/28. KEntsch. v. 14. 5. 28. EA. 28, 708; MG. 28, 113.)

422. Ohne Inanspruchnahme gegenüber den Erben des verstorbenen Wohnungsinhabers kann das Wohnungsamt eine Wohnung auch dann nicht zur Unterbringung von Wohnungsuchenden benutzen, wenn die Wohnung leer und vom Hauseigentümer als frei gemeldet worden ist. Daran ändert es nichts, daß die Erben unbekannt sind.

(17. Y. 37/28. REntsch. v. 14. 5. 28. EA. 28, 707; MG. 28, 112.)

423. a) Das Mieteinigungsamt ist nicht schon deshalb unvorschriftsmäßig besetzt, weil die in § 4 der Verordnung des Preußischen Ministers für Volkswohlfahrt vom 25. September 1923 (§ 3 der Verordnung des Preußischen Justizministers vom 15. August 1923) vorgeschriebene öffentliche Bekanntmachung nicht im Mai und nicht mit Frist bis zum 31. August erfolgt ist.

b) Die Auslosung der Beisitzer eines städtischen Mieteinigungsamtes kann durch ein dazu bestimmtes Mitglied des Magistrats vorgenommen werden.

c) Das Mieteinigungsamt ist nicht vorschriftsmäßig besetzt, wenn die Beisitzer nicht für jeden einzelnen Sitzungstag durch das Los bestimmt sind.

(17. Y. 46/28. REntsch. v. 11. 6. 28.)

424. Die Rechtsbeschwerde bleibt, wenn sich nach ihrer Einlegung die Hauptsache erledigt, wegen der Kostenentscheidung des Mieteinigungsamtes zulässig.

(17. Y. 43/28. REntsch. v. 11. 6. 28.)

425. Ein Grund zur Festsetzung der Friedensmiete nach § 2 Abs. 4 des Reichsmietengesetzes kann schon dadurch gegeben sein, daß ein einziges industrielles Unternehmen errichtet worden ist und das Bestehen dieses Unternehmens am 1. Juli 1914 die Höhe des Mietzinses wesentlich beeinflußt haben würde. Dabei ist es ohne Bedeutung, ob die Entwicklung der Gegend von der in entsprechenden Stadtbezirken abweicht.

(17. Y. 49/28. REntsch. v. 3. 7. 28.)

426. Erfolgt die Festsetzung der Friedensmiete aus einem nach dem 1. Juli 1922 eingetretenen Grunde, so hat das Mieteinigungsamt den Zeitpunkt anzugeben, in dem dieser Grund eingetreten ist.

(17. Y. 59/28. REntsch. v. 3. 7. 28.)

427. Die Kosten der Sammelheizung und Warmwasserversorgung für die Pförtnerwohnung dürfen auf die übrigen Rauminhaber nicht umgelegt werden.

(17. Y. 52/28. REntsch. v. 3. 7. 28.)

428. Ein Mieter gilt nicht deshalb als an einen Fahrstuhl angeschlossen (§ 9 Abs. 4 der Verordnung über die Mietzinsbildung in Preußen), weil dieser Fahrstuhl mit einem anderen, an den der Mieter angeschlossen ist, eine gemeinsame Betriebsanlage hat.

(17. Y. 53/28. REntsch. v. 3. 7. 28.)

429. a) Andere Stelle im Sinne des § 22 Satz 1 des Reichsmietengesetzes kann auch eine Gemeindebehörde sein.

b) Eine auf Grund des § 13 a Abs. 3 des Reichsmietengesetzes erlassene Verordnung ist nicht deshalb ungültig, weil sie die Festsetzung der Höhe der Zusatzmiete nicht selbst vornimmt, sondern dem Mieteinigungsamt überläßt.

(17. Y. 54/28. REntsch. v. 3. 7. 28.)

430. Die Inanspruchnahme der Wohnung gegenüber dem Erben des verstorbenen Wohnungsinhabers ist nicht mehr erforderlich, wenn der Erbe seine Rechte aus dem Mietverhältnis aufgegeben hat. Die Aufgabe dieser Rechte liegt nicht in Erklärungen gegenüber dem Wohnungsamt.

(17. Y. 50/28. REntsch. v. 3. 7. 28.)

431. Doppelwohnungen (§ 6 des Berliner Wohnungsnotrechts vom 21. Mai 1927) liegen auch dann vor, wenn selbständige Wohnungen ohne die nach § 2 des Wohnungsmangelgesetzes (§ 1 Berliner Wohnungsnotrechts) erforderliche Zustimmung der Gemeindebehörde zu einer Wohnung vereinigt worden sind.

(17. Y. 48/28. REntsch. v. 3. 7. 28.)

432. Soll ein vollzogener Wohnungstausch wegen Nichtigkeit des Tauschvertrages rückgängig gemacht werden, so kann das Mieteinigungsamt die Genehmigung des Wohnungsamtes und die Zustimmung des Vermieters erst dann ersetzen, wenn das Einverständnis der Tauschpartner mit der Rückgängigmachung erklärt oder durch rechtskräftiges Urteil ersetzt ist.

(17. Y. 42/28. REntsch. v. 3. 7. 28.)

433. Das Mieteinigungsamt ist nicht vorschriftsmäßig besetzt, wenn die in § 4 der Verordnung des Preußischen Ministers für Volkswohlfahrt vom 25. September 1923 (§ 3 Abs. 1 der Verordnung des Preußischen Justizministers vom 15. August 1923) vorgeschriebene Aufforderung nicht öffentlich bekanntgemacht worden ist.

(17. Y. 47/28. REntsch. v. 30. 6. 28.)

434. Das Mieteinigungsamt hat der Rechtsbeschwerde nicht abgeholfen, wenn es nach erneuter Sachprüfung, vielleicht auch nach neuen Ermittlungen, eine mit dem angefochtenen Beschluß übereinstimmende Entscheidung trifft. Einer neuen Rechtsbeschwerde bedarf es in diesem Falle nicht; vielmehr ist die Sache zur Entscheidung auf die Rechtsbeschwerde der Beschwerdestelle vorzulegen.

(17. Y. 51/28. REntsch. v. 3. 7. 28.)

Sb.

Rechtsentscheide des Bayerischen Obersten Landesgerichts.

1. Die deutsche Mieterschutzgesetzgebung, insbesondere das Reichsmietengesetz vom 24. März 1922, findet auch auf Ausländer Anwendung, die nach dem 1. Juli 1914 in Deutschland ihren Wohnsitz genommen haben.

(VII 3/25. REntsch. v. 8. 4. 25. BayZ. 25, 188; OLG. 44, 249.)

2. Die Feststellung oder Festsetzung der Friedensmiete durch das Mieteinigungsamt wirkt nicht für den Mietgegenstand, sondern nur für und gegen die Parteien des Mietstreits.

(VII 9/25. REntsch. v. 27. 11. 25. BayZ. 26, 32; GE. 26, 419.)

3. Gegenüber einer Entscheidung des Mieteinigungsamtes über die Festsetzung der Friedensmiete, die der Rechtsbeschwerde nicht unterliegt, können die Parteien nur dann eine abweichende Festsetzung beantragen, wenn sie den Antrag auf neue Tatsachen zu gründen imstande sind, die sie in dem früheren Verfahren nicht geltend machen konnten. Solche Anträge sind vom Mieteinigungsamt sachlich zu würdigen. Gegen die Entscheidungen des Mieteinigungsamtes ist die Rechtsbeschwerde zulässig.

(VII 6/24. REntsch. v. 20. 12. 24. BayZ. 25, 87.)

4. Die Festsetzung der Friedensmiete gemäß § 2 Abs. 4 des Reichsmietengesetzes kann bei dem Mieteinigungsamt ohne Vortrag neuer Tatsachen beantragt werden, auch wenn das Mieteinigungsamt bereits durch eine vor dem Inkraft-

treten des Reichsmietengesetzes erlassene Entscheidung die „Grundmiete, Friedensmiete“ zwischen denselben Parteien auf Grund landesrechtlicher Bestimmung festgesetzt hat.

(VII 3/27. REntsch. v. 7. 1. 28. BayZ. 28, 98.)

5. Eine neuerliche Festsetzung des ortsüblichen Mietzinses als Friedensmiete ist grundsätzlich ausgeschlossen, wenn die Parteien über die Höhe der gesetzlichen Miete eine Vereinbarung getroffen haben. [S. aber auch Nr. 6.]

(VII 2/24. REntsch. v. 28. 6. 24. BayZ. 24, 248; OLG. 44, 11.)

6. Die nach § 1 des Reichsmietengesetzes zulässige Erklärung, daß die Höhe des Mietzinses nach den Vorschriften des Reichsmietengesetzes berechnet werden soll, ist auch dann zulässig, wenn durch eine nach dem Inkrafttreten des Reichsmietengesetzes getroffene Vereinbarung die Höhe der Friedensmiete festgesetzt worden ist. Dies gilt jedoch nicht für einen vor dem Mieteinigungsamte, dem Vorsitzenden des Mieteinigungsamtes oder der Beschwerdestelle geschlossenen Vergleich.

(VII 5/24. REntsch. v. 10. 1. 25. BayZ. 25, 86; OLG. 44, 266.)

7. Werden von mehreren Räumen, die am 1. Juli 1914 einheitlich zu einem Gesamtmietpreise vermietet waren, in der Folge Mieträume abgetrennt, so ist für die verbleibenden Räume die Miete neu festzusetzen.

(VII 8/25. REntsch. v. 10. 10. 25. BayZ. 25, 399.)

8. Wird von zwei demselben Eigentümer gehörenden Grundstücken, die zu einem einheitlichen Mietzins vermietet sind, eines veräußert, so ist jeder Eigentümer der Grundstücke berechtigt, die Festsetzung der Friedensmiete für sein Grundstück auch dann zu verlangen, wenn die Friedensmiete für die zusammen vermieteten Grundstücke schon vor der Veräußerung festgesetzt war.

(VII 3/26. REntsch. v. 25. 9. 26. BayZ. 26, 362; MG. 26, 143.)

9. Wird ein Familienhaus an mehrere Parteien vermietet, so liegt in der Regel eine „Verwendung zu wesentlich anderen Zwecken" im Sinne des § 2 Abs. 4 Satz 2 des Reichsmietengesetzes nicht vor.

(VII 4/24. REntsch. v. 28. 11. 24. BayZ. 25, 15; OLG. 44, 273.)

10. Der Umstand, daß Räume, die am 1. Juli 1914 zu Wohnzwecken und zu gewerblichen Zwecken vermietet waren, nunmehr lediglich als Wohnräume vermietet sind, rechtfertigt eine anderweitige Festsetzung der Friedensmiete nach § 2 Abs. 4 des Reichsmietengesetzes.

(VII 1/25. REntsch. v. 14. 2. 25. BayZ. 25, 188.)

11. Wenn Räume, die nach dem 1. Juli 1918 bezugsfertig geworden sind, mit Räumen, die unter das Reichsmietengesetz fallen, als einheitliches Mietobjekt vermietet werden, so finden die Bestimmungen des Reichsmietengesetzes Anwendung, sofern nicht die unter das Reichsmietengesetz fallenden Räume ihrer Größe und Bedeutung nach hinter den übrigen in besonderem Maße zurückstehen.

(VII 7/24. REntsch. v. 10. 1. 25. BayZ. 25, 88.)

12. Unter Um- und Einbauten im Sinne des § 16 des Reichsmietengesetzes und § 33 des Mieterschutzgesetzes sind nur solche Bauvornahmen zu verstehen, durch die Räume für eine Verwendung neu geschaffen werden, für die sie vorher nicht geeignet waren.

(VII 3/24. REntsch. v. 11. 10. 21. BayZ. 24, 296; OLG. 44, 5.)

13. Die die Friedensmiete festsetzende Entscheidung des Mieteinigungsamtes muß in den Fällen des § 2 Abs. 4 des Reichsmietengesetzes ersehen lassen, daß und welche Mieten für Räume gleicher Art und Lage zum Vergleich herangezogen wurden. Im übrigen hängt es von den Umständen

des einzelnen Falles ab, wieweit in der Entscheidung die Unterlagen für sie angeführt werden müssen, damit die Entscheidung des Mieteinigungsamtes im Sinne des § 40 des Mieterschutzgesetzes als begründet gelten kann.

(VII 6/25. REntsch. v. 24. 7. 25. BayZ. 25, 314.)

13a. Wenn zusammen mit Gebäuden oder Gebäudeteilen Höfe oder Gärten, welche dem wirtschaftlichen Zwecke des vermieteten Gebäudes oder Gebäudeteils dienen, in einem einheitlichen Mietvertrage vermietet sind, fallen auch diese Höfe und Gärten unter die Bestimmungen des Reichsmietengesetzes.

(VII 1/28. REntsch. v. 21. 1. 28.)

14. a) Das Mieteinigungsamt ist zur Entscheidung der Frage zuständig, was als Betriebskosten im Sinne des § 4 des Reichsmietengesetzes anzusehen ist.

b) Ist eine unbebaute Fläche mit einem Gebäude oder Gebäudeteile vermietet, so zählt die für die unbebaute Fläche geschuldete Grundwertabgabe nicht zu den Betriebskosten im Sinne des § 4 des Reichsmietengesetzes.

(VII 2/25. REntsch. v. 21. 3. 25. BayZ. 25, 235; OLG. 44, 259; GE. 25, 1708.)

15. Gegen Entscheidungen des Mieteinigungsamtes auf Grund des § 27 Abs. 2 der (Bayerischen) Bekanntmachung vom 14. Juni 1922 zur Ausführung des Reichsmietengesetzes (betr. Umlegung der Sammelheizungskosten) ist die Rechtsbeschwerde zulässig.

(VII 8/24. REntsch. v. 2. 1. 25. BayZ. 25, 88.)

16. Die Erlaubnis des Vermieters zur Untervermietung kann durch das Mieteinigungsamt nicht nur für einen bestimmten Untermieter, sondern allgemein ersetzt werden.

(VII 1/26. REntsch. v. 9. 4. 26. BayZ. 26, 160.)

17. Auf dem Gebiete des Wohnungsmangelgesetzes ist die Rechtsbeschwerde nach § 41 des Mieterschutzgesetzes unzulässig.

(VII 1/24. REntsch. v. 21. 6. 24. BayZ. 24, 175.)

18. In einem Verfahren vor dem Mieteinigungsamte kann die Ladung zur Verhandlung auch durch Zustellung an den nicht durch schriftliche Vollmacht ausgewiesenen Bevollmächtigten erfolgen.

(VII 4/25. REntsch. v. 28. 4. 25. BayZ. 25, 203.)

19. Die Erlassung eines Sachentscheids auf Grund einer Verhandlung, zu der die nicht erschienene Partei ohne Einhaltung der Ladungsfrist geladen war, begründet für die nicht erschienene Partei ohne weiteres die Rechtsbeschwerde wegen Verletzung einer Vorschrift über das Verfahren.

(VII 4/25. REntsch. v. 28. 4. 25. BayZ. 25, 203.)

20. Bei einem vor dem Mieteinigungsamte geschlossenen Vergleiche müssen die Vorschriften des § 12 Abs. 3 der Anordnung für das Verfahren vom 19. September 1923 eingehalten werden, um den Vergleich zu einer endgültigen Erledigung des Rechtsstreits zu machen.

(VII 2/26. REntsch. v. 9. 4. 26. BayZ. 26, 326.)

21. Der für die Berufung im Zivilprozeß geltende Grundsatz, daß das Urteil der ersten Instanz nur insoweit abgeändert werden darf, als eine Abänderung beantragt ist (Verbot der reformatio in peius), findet auch auf die Beschwerdestelle in Mietsachen Anwendung.

(VII 5/25. REntsch. v. 22. 5. 25. BayZ. 25, 235.)

22. Der Vorsitzende einer landgerichtlichen Beschwerdestelle kann die Erteilung eines Rechtsentscheides nicht beantragen.

(VII 1/27. REntsch. v. 8. 3. 27. BayZ. 27, 131.)

VI.

Schlagwortregister.

Es bedeuten: die großen und kleinen Buchstaben: die Gesetze usw. gemäß dem Inhaltsverzeichnisse; die Zahlen: die Artikel, Paragraphen oder Nummern; die Exponenten: die Absätze oder sonstige Unterteilung; ein Stern mit Exponent: die Anmerkung

---

A.

D.

E.

F.

G.

H.

J.

K.

L.

M.

P.

Q.

R.

S.

Guttentagsche Sammlung

Deutscher Reichs- und Preußischer Gesetze

einschließlich

de Gruytersche Sammlung Deutscher Gesetze

(Handkommentare)

Systematisches Verzeichnis

Juni 1928

Walter de Gruyter & Co., Berlin W 10 und Leipzig

Bürgerliches Recht

Bürgerliches Gesetzbuch

Band — **Reichsgesetze:**

38/39. **Bürgerliches Gesetzbuch nebst Einführungsgesetz.** Von A. Achilles. In Verbindung mit F. André, O. Meyer, O. Strecker, K. v. Unzner herausgegeben von M. Greiff. 12. Auflage. — 1926. 24.—

84. **Sammlung kleinerer privatrechtlicher Reichsgesetze.** Von G. Müller. — 1903. 5.50

129. **Zivilrechtkriegsgesetze.** Von Fischer. — 1918. 1.50

116. **Kriegs-Zivil- und Finanzgesetze.** 3. Auflage. — 1915. 1.50

116 a. Desgl. Zweite Folge: Jahr 1915. — 1916. 1.20

Preußische Gesetze:

23. **Ausführungsgesetze zum Bürgerlichen Gesetzbuche.** Von P. Siméon. 3. Auflage. — 1914. 2.20

Textausgaben:

Bürgerliches Gesetzbuch. 15. Auflage. — 1928. 5.—

Schuldverhältnisse insbesondere

Reichsgesetze:

34. **Die Abzahlungsgeschäfte.** 3. Auflage von E. Wilke. — 1910. 1.20

93. **Sicherung der Bauforderungen.** Von E. Harnier. 3. Auflage. — 1912. 1.50

55. **Beschlagnahme von Lohn- und Gehaltsforderungen.** Von G. Meyer. 6. Auflage. — 1927. Mit Nachtrag 1928. 4.50

70. **Das Reichshaftpflichtgesetz.** Von G. Eger. — 1903. Vergriffen.
Als Ersatz: Seligsohn, **Haftpflichtgesetz.** — 1920. (Außerhalb der Sammlung.) 8.—, geb. 9.50

94. **Die Beamtenhaftpflichtgesetze des Reiches und der Länder.** Von H. Delius. 3. Auflage. — 1921. 3.20

52. **Rechte der Besitzer von Schuldverschreibungen.** Von H. Göppert. 2. Auflage von E. Trendelenburg. — 1915. 1.50

50. **Der Viehkauf (Viehgewährschaft).** Von H. Stölzle. 6. Auflage. — 1926. 15.—

Band

90. **Das Internationale Privatrecht.** Die Haager Abkommen über. Von G. Bogeng. — 1908. 2.—

98. **Sechs Haager Abkommen über Internationales Privatrecht.** H. Dungs. — 1910. 1.50

Preußische Gesetze:

37. **Enteignung von Grundeigentum.** Von O. Meyer. 3. Auflage. — 1927. 5.50

Sachenrecht insbesondere

de Gruyterſche Sammlung Deutscher Gesetze (Handkommentare):

Aufwertungsrecht von Michaelis. — 1926. Mit Nachtrag 1927. 16.—

Nachtrag einzeln —.30

Reichsgesetze:

135. **Erbbaurecht.** Von H. Günther. — 1919. 2.—

42. **Grundbuchordnung.** Von O. Fischer und R. Fischer. 9. Auflage. — 1927. 5.—

156. **Mietrecht und Wohnungsmangelgesetz.** Von Krieg. 4. Auflage. — 1928. 10.—

Textausgaben:

Aufwertungsgesetze mit Einleitung. Von Michaelis. — 1925. Mit Nachtrag 1927. 1.50

Reichsmietengesetz. — 1922. —.50

Familienrecht und Erbrecht

Reichsgesetze:

45. **Entmündigungsrecht.** Von P. Koll. — 1900. 1.20

58. **Recht der unehelichen Kinder.** Von H. Jastrow. — 1901. Mit Nachtrag 1925. 1.60

47. **Deutsches Vormundschaftsrecht.** Von M. Schultzenstein und P. Köhne. 2. Auflage. — 1901. Vergriffen.

124. **Todeserklärung Kriegsverschollener.** Von J. Partsch. — 1917. 2.—

59. **Beurkundung des Personenstandes und die Eheschließung.** Von F. Fidler. 2. Auflage. — 1912. 2.30

Preußische Gesetze:

3. **Nottestamente.** Von E. Kurtz. — 1904. 1.50

Handelsrecht

Band **Reichsgesetze:**

4. **Handelsgesetzbuch** ohne Seerecht. Von Litthauer und Mosse. 17. Auflage. Von E. Heymann. — 1926. 14.—
162. **Handelsrechtliche Nebengesetze.** Von Schreiber. — 1926. 14.—
169. **Bank- und Börsengesetze.** Von Arthur Nußbaum. — 1927. 11.—
41. **Börsengesetz.** Von Th. Hemptenmacher. 3. Auflage von O. Meyer. — 1915. 3.50
26. **Münz- und Notenbankwesen.** Von R. Koch. 7. Auflage von Schacht. — 1925. 14.—
117. **Darlehnskassengesetz.** Von H. Salomon u. K. Bud. — 1915. 1.80
40. Gesetz, betr. die **Pflichten der Kaufleute bei Aufbewahrung fremder Wertpapiere (Depotgesetz).** Von F. Lusensky. 3. Auflage. — 1916. Mit Nachtrag 1924. 1.—
24. **Aktiengesellschaft und Kommanditgesellschaften auf Aktien.** Von H. Keyßner und H. Veit Simon. 7. Auflage. In Bearbeitung.
32. **Gesellschaften mit beschränkter Haftung.** Von L. Parisius und H. Crüger. 17. Auflage. — 1926. 3.50
29. **Erwerbs- und Wirtschaftsgenossenschaften.** Von L. Parisius und H. Crüger. 19. Auflage. — 1928. 4.—
51. **Hypothekenbankgesetz.** Von H. Göppert. 2. Auflage von Seibel. — 1911. Mit Nachtrag 1926. 2.20
100. **Kaligesetz.** Von B. Voelkel. — 1910. 2.40
167. **Verordnung gegen Mißbrauch wirtschaftlicher Machtstellungen** (Kartellgesetz). Von Staffel. — 1927. 3.50
115. **Das vertragliche Wettbewerbsverbot (Konkurrenzklausel).** Von G. Baum. — 1914. 3.—
113. **Postscheckgesetz.** Von J. Weiland. — 1914. Mit Nachtrag 1918. Vergriffen.
113 a. **Postscheckordnung.** Von J. Weiland. — 1914. Mit Nachtrag 1918. 1.50
85. **Scheckgesetz.** Von M. Apt. Vergriffen. Neue Auflage von W. Schmidt. In Bearbeitung.
    Kommentar von Michaelis. — 1927. (Außerhalb der Sammlung.) 16.—, geb. 18.—
5. **Wechselordnung.** Von J. Stranz und M. Stranz. 12. Auflage. — 1923. Mit Nachtrag 1926, enthaltend **Wechselstempelgesetz und Scheckgesetz.** 3.50
    Nachtrag einzeln —.60

Band

36. **Privatrechtliche Verhältnisse der Binnenschiffahrt und Flößerei.** Von E. Löwe. 6. Auflage. — 1923. 4.—

19. **Die Seegesetzgebung.** Von W. E. Knitschky. 5. Auflage von O. Rudorff. — 1913. 8.—

Preußische Gesetze:

54. **Anlegung von Sparkassenbeständen in Inhaberpapieren.** Von H. Döhring. — 1914. 2.80

21. **Handelskammern.** Von F. Lusensky. 2. Aufl. — 1909. 3.—

Textausgaben:

Handelsgesetzbuch mit **Seerecht.** 11. Auflage. — 1924. 2.60

Wechselordnung. — 1908. Mit Anhang: Wechselprozeß und Ausführungsanweisung. — 1920. —.50

Versicherungsrecht

Reichsgesetze:

62. **Private Versicherungsunternehmungen.** Von H. Koenige. 3. Auflage von Koenige und Petersen. — 1927. 20.—

83. **Versicherungsvertrag.** Von P. Hager und E. Bruck. 5. Auflage. — 1926. 14.—

164. **Aufwertung von Versicherungsansprüchen.** Teil I: **Lebensversicherungen.** Von Berliner und Pfaffenberger. — 1926. 6.50

164 a. Desgl. Teil II: **Sach-** (Feuer-, Glas-, Wasser- usw.) **und Transportversicherung, Unfall- und Haftpflichtversicherung.** — 1926. Mit Nachtrag 1927. 3.50

Nachtrag einzeln —.30

Gewerberecht

Reichsgesetze:

6. **Reichsgewerbeordnung** nebst Ausführungsbestimmungen. Von Fr. Hiller und H. Luppe. 21. Auflage. — 1928. 11.—

64. **Handel mit Drogen und Giften,** Gesetzsammlung, betr. den. Von H. Sonnenfeld. 3. Auflage. — 1926. 12.—

Band

48. **Drogen-, Gift- und Farbenhandel außerhalb der Apotheken,** Gesetze, betr. den. Von J. Broh. — 1899. 1.20

130. **Ersatzlebensmittelverordnung.** Von H. E. Wendel. — 1918. 1.50

54. **Nahrungsmittelgesetze** mit Erläuterungen. Von Georg Lebbin. 2. Auflage in zwei Bänden.

a) I. **Lebensmittelgesetz** vom 5. Juli 1927 mit Nebengesetzen (Margarine, Fleisch, Milch, Süßstoff, Essigsäure usw.). Von Lebbin und Gießner. — 1928. 8.50

b) II. **Getränkegesetze und Getränkesteuergesetze** (Wein, Bier, Branntwein, Mineralwasser). Unter Mitarbeit von Kniebe. — 1926. 10.—

65. **Weingesetz.** Von G. Lebbin. 2. Auflage. — 1909. Vergriffen.

71. **Kinderarbeit in gewerblichen Betrieben.** Von H. Spangenberg. 2. Auflage. — 1904. 1.20

Preußische Gesetze:

16. **Konzessionierung gewerblicher Anlagen.** Von W. v. Rüdiger. 2. Auflage. — 1901. Vergriffen.

Textausgaben:

Gewerbeordnung, Preußische Ausführungsanweisung zur. — 1904. 1.—

Arbeitsrecht

Reichsgesetze:

138 a. **Arbeiterschutz und Arbeitsrecht.** Von A. Günther. 2. Auflage. Teil I: **Arbeitszeitschutz.** Von Günther und Schneider. — 1927. 7.50

138 b. **Betriebsrätegesetz.** Von A. Günther. — 1920. Vergriffen.

168. **Arbeitsgerichtsgesetz.** Von Depène. — 1927. 3.60

74. **Die Kaufmannsgerichte.** Von M. Apt. 3. Auflage. — 1904. Vergriffen.

112. **Kaufmannsgerichtsgesetz.** Von H. Depène. — 1914. 2.60

112 a. **Kaufmanns- und Gewerbegerichtsgesetz nebst Schlichtungsordnung.** (Ergänzungsband zu Bd. 112.) Von H. Depène. 1924. 3.50

Die Bde. 112 und 112 a enthalten zusammen den vollständigen Text des Gewerbegerichtsgesetzes.

Preußische Gesetze:

58. **Arbeitsnachweis.** Von P. Wölbling. — 1920. 1.—

Sozialpolitische Gesetze

Band **Reichsgesetze:**

106—109. **Reichsversicherungsordnung.** Von F. Caspar und A. Spielhagen. 1913—1922. 4 Bände. Komplett. 18.—

161. **Reichsversicherungsordnung.** Von Lippmann. — 1925. 11.—

161 a. Desgl. **Ergänzungsband,** enthaltend die neue Fassung des **Unfallversicherungsgesetzes** sowie die Änderungen der übrigen Bücher der RVO. Von Lippmann. — 1926. 4.—

161 b. Desgl. **Zweiter Ergänzungsband,** enthaltend die im ersten Halbjahr 1926 ergangenen Änderungen der RVO. — 1926. —.80

155. **Reichsknappschaftsgesetz.** Von Max Reuß und Fritz Hense. 2. Auflage. — 1926. Mit Nachtrag 1927. 12.—

152. **Wohlfahrtsgesetze.** Von Behrend und Stranz-Hurwitz. Teil I. — 1923. 5.—

152 a. Desgl. Teil II. — 1925. 9.—

152 und 152 a zusammen bezogen 12.—

165. **Handbuch der Erwerbslosenfürsorge.** Von Schmeißer. 2. Auflage. — 1926. Mit Nachtrag 1927. 13.—

Nachtrag einzeln 2.50

160. **Fürsorgepflicht.** Von Sandré. — 1925. 6.—

154. **Jugendwohlfahrtsgesetz und Jugendgerichtsgesetz.** Von Drewes und Sandré. — 1923. Mit Nachtrag, enthaltend die Ergänzungen bis April 1924. 6.—

Textausgaben:

Versicherungsgesetz für Angestellte. 2. Auflage. — 1927. 2.50

Geistig-gewerblicher Rechtsschutz

Reichsgesetze:

81. **Urheberrecht an Werken der bildenden Künste und der Photographie.** Von L. Fuld. 2. Auflage. — 1926. 6.—

60. **Das Urheberrecht an Werken der Literatur und der Tonkunst.** Von O. Lindemann. 4. Auflage. — 1921. 1.80

102. **Urheberrecht an Mustern und Modellen** und Schutz von **Gebrauchsmustern.** Von J. Neuberg. — 1911. 2.40

95. Die Berner Übereinkunft über **Internationales Urheberrecht.** Von H. Dungs. — 1910. 1.—

61. **Verlagsrecht.** Von B. Marwitz. 3. Auflage. — 1922. 1.60

Band

22. **Patentgesetz.** Von R. Lutter. 8. Auflage. — 1920. Mit Nachtrag 1927. 4.—

Nachtrag einzeln 1.—

87 a. **Das deutsche Warenzeichenrecht.** Von Freund und Magnus. 6. Auflage von Jüngel und Magnus. Teil I: **Die internationalen Verträge.** — 1924. 9.—
Teil II: In Bearbeitung.

37. **Unlauterer Wettbewerb.** Von A. Pinner und A. Elster. 8. Auflage. — 1927. 5.—

Zivilprozeß

de Gruyterſche Sammlung Deutscher Gesetze (Handkommentare):

Zivilprozeßordnung. Von Sydow-Busch-Krantz. 19. Auflage. — 1926. 25.—

Reichsgesetze:

14. **Gerichtsverfassungsgesetz.** Von R. Sydow. Fortgeführt von L. Busch. 10. Auflage. — 1925. 6.—
15. **Das deutsche Gerichtskostengesetz.** Von R. Sydow. Fortgeführt von L. Busch und Krieg. 11. Auflage. 7.50
17. **Gebührenordnung für Rechtsanwälte usw.** Von R. Sydow. Fortgeführt von L. Busch und O. Krieg. 13. Auflage. In Bearbeitung.
16. **Rechtsanwaltsordnung.** Von R. Sydow. 5. Auflage von M. Jacobsohn. — 1907. Mit Nachtrag 1910. Vergriffen.
80. **Gerichtliche Registerführung.** Von O. Lindemann. — 1906. 2.40

Preußische Gesetze:

17. **Preußisches Gerichtskostengesetz.** Von P. Siméon. 8. Auflage von O. Lindemann. 8.—
35. **Geschäftsordnung für Gerichtsvollzieher.** Von E. Exner. — 1904. 3.—

Textausgaben:

Zivilprozeßordnung mit **Gerichtsverfassungsgesetz** und **Einführungsgesetzen.** — 1924. 3.50

Freiwillige Gerichtsbarkeit

Band **Reichsgesetze:**

46. **Freiwillige Gerichtsbarkeit.** Von H. Jastrow. 6. Auflage von Herm. Günther. — 1921. 4.50
76. **Die Rechtshilfe im Verkehr mit den ordentlichen Gerichten.** Von A. Friedländer. — 1906. 1.50
163. **Notariatsrecht.** Von Szkolny und L. Kober. — 1925. 8.50

Preußische Gesetze:

4. **Gebührenordnung für Notare** vom 28. Oktober 1922. Von Rausnitz. 6. Auflage. — 1925. 7.—
29. **Ärztliche Ehrengerichte, das Umlagerecht und die Kassen der Ärztekammern.** Von F. Fidler. — 1901. 1.50

Textausgaben:

Freiwillige Gerichtsbarkeit. — 1920. 1.—

Konkursordnung und Zwangsvollstreckung

Reichsgesetze:

13. **Konkursordnung und Anfechtungsgesetz.** Von R. Sydow. Fortgeführt von L. Busch und O. Krieg. 14. Auflage. — 1926. Mit Nachtrag 1927, enthaltend die **Vergleichsordnung.** 10.—
Nachtrag einzeln —.80
127. **Geschäftsaufsicht zur Abwendung des Konkurses.** Von G. Klien und Ernst Jaeger. — 1917. Durch Nachträge ergänzt. 3.—
43. **Zwangsvollstreckung.** Von J. Krech und O. Fischer. 9. Auflage von O. Fischer. — 1922. 3.50

Textausgaben:

Konkursordnung. 2. Auflage. — 1915. Mit Nachtrag 1925. 1.—

Strafrecht

Band **Reichsgesetze:**

2. **Strafgesetzbuch.** Von Fr. v. Liszt und E. Delaquis. 27. Auflage von E. Kohlrausch. — 1927. 8.—
9. **Sammlung kleinerer strafrechtlicher Reichsgesetze.** Von N. H. Kriegsmann. 3. Auflage. — 1910. 4.—
53. **Reichspreßgesetz.** Von A. Born. 3. Auflage. — 1924. 4.—
133. **Reichswuchergesetzgebung.** Von Ad. Lobe. — 1918. 2.80
67. **Militärstrafgesetzbuch.** Von A. Romen und E. Rissom. 3. Auflage. — 1918. Vergriffen.

Preußische Gesetze:

34. Sammlung der wichtigsten **preußischen Strafgesetze.** Von Lindemann. 2. Auflage. — 1912. 3.50
36. **Polizeiverordnungen in Preußen.** Von O. Lindemann. 2. Auflage. — 1912. 2.50

Textausgaben:

Strafgesetzbuch. — 1925. 3.—

Strafprozeß

de Gruyter'sche Sammlung Deutscher Gesetze (Handkommentare):

Strafprozeßordnung von Feisenberger. — 1926. Mit Nachtrag 1927. 17.—
Nachtrag einzeln —.80

Reichsgesetze:

12. **Strafprozeßordnung und Gerichtsverfassungsgesetz.** Von E. Kohlrausch. 21. Auflage. — 1927. 7.50
158. **Strafprozeßordnung.** Alte und neue Fassung synoptisch gegenübergestellt. Von Feisenberger. — 1924. Mit Nachtrag 1927. 4.50
3. **Militärstrafgerichtsordnung.** Von A. Romen und E. Rissom. 2. Auflage. — 1918. 5.—
128. **Verhaftung und Aufenthaltsbeschränkung.** Von A. Romen. — 1917. 1.20
73. **Entschädigung für unschuldig erlittene Verhaftung und Bestrafung.** Von A. Romen. — 1904. 1.70

Textausgaben:

Strafprozeßordnung. 5. Auflage. — 1924. Mit Nachtrag 1927. 2.50

Öffentliches Recht

Staatsrecht

Band — **Reichsgesetze:**

137. **Reichsverfassung.** Von Arndt. 3. Auflage. — 1927. 8.—
166. **Das deutsche Ausländerrecht.** Von Fraustädter und Kreutzberger. — 1927. 9.—
86. **Die Auslieferungsverträge des Deutschen Reiches.** Von A. Cohn. — 1908. 4.—
44. **Auswanderungswesen.** Von F. Stoerk. — 1899. 2.—
134. **Der Ostfrieden.** Von Karl Strupp. — 1918. 3.—
111. **Reichs- und Staatsangehörigkeitsgesetz.** Von A. Romen. 2. Auflage. In Bearbeitung.
141. **Sozialisierungsgesetze.** Von Reier. — 1920. 2.20
99. **Die Abkommen der Haager Friedenskonferenz.** Vergriffen. Jetzt: Wehberg, **Völkerbundakte.** — 1919. (Außerhalb der Sammlung.) 4.—

Preußische Gesetze:

1. **Die Verfassung des Freistaats Preußen.** Von A. Arndt. — 1921. 2.—
   Ausführlicher Kommentar von Stier-Somlo. — 1921. (Außerhalb der Sammlung.) 3.—

Textausgaben:

Verfassung des Freistaates Preußen. — 1921. —.60

Verwaltungsrecht

a) Reichsrecht

Reichsgesetze:

82. **Reichsbeamtengesetz.** Von A. Arndt. 3. Auflage. — 1923. Mit Nachtrag, enthaltend die Änderungen bis 1924. 3.50
122. **Belagerungszustand.** Von H. Pürschel. — 1916. 3.50
35. **Die Reichs-Eisenbahngesetzgebung.** Von W. Coermann. — 1895. Vergriffen.
66. **Die Eisenbahngesetzgebung.** Von W. Pietsch. 2. Auflage. — 1913. Vergriffen.
91. **Eisenbahn-Verkehrsordnung.** Von E. Blume. 3. Auflage von Weirauch. — 1926. 12.—

Band

147. **Filmzensur.** Von Szczesny. — 1920. 1.50

68. **Fleischbeschaugesetz.** Von G. Lebbin und G. Baum. — 1903. 2.80

27. **Gesundheitswesen im Deutschen Reich.** — 1888. Vergriffen.

56. **Bekämpfung gemeingefährlicher Krankheiten.** Von B. Burkhardt. — 1900. 1.20

63. **Gesetzestafel des deutschen Reichsrechts.** Von H. Bruhns. 2. Auflage. — 1913. 3.—

49. **Deutsche Kolonialgesetzgebung.** Von Ph. Zorn. 2. Auflage von Sassen. — 1913. 5.—

21. **Die Konsulargesetzgebung.** Von Ph. Zorn. 8. Auflage von K. Zorn. — 1911. 4.50

75. **Konsulargerichtsbarkeit.** Von A. F. Vorwerk. — 1908. 1.60

92. **Verkehr mit Kraftfahrzeugen.** Von R. Kirchner. 3. Auflage. — 1915. Mit Nachtrag 1926. 5.—
Nachtrag einzeln 1.50

119. **Kriegsleistungsgesetz.** Vergriffen.

118. **Militärhinterbliebenengesetz.** Von Reh. — 1915. 2.20

79. **Die Militärpensionsgesetze.** Von A. Romen. Vergriffen.

136. **Militärversorgungsgesetz.** Von H. Günther. — 1919. 2.30

7. **Post- und Telegraphen-Gesetzgebung.** Vergriffen

120. **Telegraphenwegegesetz.** Von Wolf. — 1916. 1.—

148. **Reichsausgleichsgesetz.** Von Decke. — 1920. 1.50

150. **Reichsschädengesetze.** Von Adolf Hohenstein und Wenzel Goldbaum. — 1922. 4.—

97. **Schutzgebietsgesetz.** Von J. Gerstmeyer. — 1910. 2.50

105. **Das Geldwesen in den deutschen Schutzgebieten.** Von W. Hintze. — 1912. 1.80

140. **Die Siedelungsgesetzgebung im Reich und in Preußen.** Von W. Holzapfel. — 1920. 3.—

125. **Vaterländischer Hilfsdienst.** 3. Auflage. — 1917. 1.—

88. **Vereinsgesetz.** Von A. Romen. 5. Auflage. In Bearbeitung.

33. **Vereins- und Versammlungsrecht.** Von E. Ball. 2. Auflage von F. Friedenthal. — 1907. 2.—

103. **Reichs-Viehseuchengesetz.** Von W. v. Hippel. 2. Auflage. — 1913. 4.—

Band

89. **Vogelschutzgesetz.** Von L. v. B o x b e r g e r. — 1909. 1.—
69. Reichsgesetz über die **Naturalleistungen der bewaffneten Macht im Frieden.** Von W. v. H i p p e l. — 1903. 1.—
114. **Waffengebrauch und Festnahmerecht des Militärs.** Von A. R o m e n und C. R i s s o m. — 1914. 1.80
142. **Wirtschaftliche Demobilmachung.** Von Gg. F i s ch b a ch. — 1920. 1.—
170. **Luftrecht.** Von R. B u s s e. 1928. 10.—
171. **Seewasserstraßenordnung.** Von Jul. S e b b a. — 1928. 8.50

Preußische Gesetze:

48. **Zweckverbandsgesetz für Groß-Berlin.** Von L. B r ü h l, K. G o r d a n und W. L e d e r m a n n. — 1912. 4.—

b) Landesrecht

Preußische Gesetze:

50. **Gesetz, betr. die Anlegung und Veränderung von Straßen und Plätzen in Städten und ländlichen Ortschaften.** Von O. M e y e r. — 1913. 3.—
46. **Austritt aus der Landeskirche.** Von H. C a r o. — 1911. 2.40
2. **Preußische Beamtengesetzgebung.** Von K. P f a f f e r o t h. 5. Auflage. — 1916. 2.40
51. **Das preußische Disziplinargesetz für die nichtrichterlichen Beamten.** Von E. v. D u l t z i g. — 1914. 4.20
25. **Preußische Kommunalbeamtengesetzgebung.** Von F. K r e m s k i. — 1901. 3.—
22. **Anstellung und Versorgung der Kommunalbeamten.** Von W. L e d e r m a n n. 2. Auflage von L. B r ü h l. — 1914. 2.—
26. **Diensteinkommen der Lehrer und Lehrerinnen.** Von E. C r e m e r. — 1900. 2.20
12. **Allgemeines Berggesetz.** Von S ch l ü t e r und H e n s e. 4. Auflage. In Vorbereitung.
47. **Feuerbestattung.** Von W. L o h m a n n. — 1912. 1.50
28. **Die Fürsorgeerziehung Minderjähriger.** Von P. F. A s ch r o t t. 3. Auflage. — 1917. 2.80
31a/b. **Die preußischen Gesindeordnungen.** Zwei Bände. Von St. G e r h a r d. 5.50
24. **Die Hinterlegungsordnung (1879).** Von G. B a r t e l s. 2. Auflage. — 1908. 2.—
53. **Hinterlegungsordnung** von 1913. Von H a g e m a n n. — 1914. 2.20

Band

41. **Die preußischen Jagdpolizeigesetze**, siehe Nr. 63.

19. **Jagdscheingesetz.** Von F. Kunze. 2. Auflage. — 1899. 2.—

45. **Rechtsverhältnisse der Juden in Preußen.** Von M. Kollenscher. — 1910. 2.40

15. **Die Kreisordnungen.** Von O. Kolisch. — 1894. Vergriffen.

57. **Landeskulturbehörden.** Von W. Holzapfel. — 1919. 2.—

42. **Allgemeine Landesverwaltung** und **Zuständigkeit der Verwaltungs- und Verwaltungsgerichtsbehörden.** Von K. Friedrichs. 3. Auflage. — 1927. 5.—

44. **Quellenschutzgesetz.** Von C. Voelkel. — 1909. 1.—

33. **Rentenguts- und Anerbenrechtsgesetzgebung.** Vergriffen.

30. **Preußisches Staatsschuldbuch** und **Reichsschuldbuch.** Von J. Mücke. — 1902. 2.—

59. **Bildung der neuen Stadtgemeinde Berlin.** Von P. Wölbling. 2. Auflage. — 1920. 1.40

32. **Städteordnung.** Von W. Ledermann und L. Brühl. 2. Auflage. — 1913. 6.—

56. **Das preußische Tumultschadengesetz.** Von Bruno Friedländer. — 1919. —.80

60. **Umlegungsordnung.** Von W. Holzapfel. — 1921. 1.80

43. **Verschuldungsgrenze** für land- und forstwirtschaftlich benutzte Grundstücke. Von R. Leweck. — 1908. 2.40

49. **Gesetze gegen die Verunstaltung landschaftlich hervorragender Gegenden.** Von O. Goldschmidt. — 1912. 2.40

40. **Verwaltungsstrafverfahren.** Von R. Katzenstein. — 1907. 3.50

39. **Unterhaltung der öffentlichen Volksschulen.** Von A. Marcks. — 1906. 1.80

52. **Preußisches Wassergesetz.** Von G. Wulff und F. Herold. 2. Auflage **von G. Wulff.** — 1928. 12.—

55. **Preußisches Wohnungsgesetz.** Von B. Schmittmann. — 1918. 2.60

62. **Das preußische Fischereigesetz.** Von A. Born. — 1928. 7.50

63. **Die preußischen Jagdgesetze.** Von A. Born. — 1928. 8.—

64. **Die preußischen Baupolizeigesetze.** Von H. Heine. — 1928. 8.—

Steuerrecht

Band **Reichsgesetze:**

143. **Reichsabgabenordnung.** Von Nieberl. 2. Auflage. — 1927. Mit Nachtrag 1928. 12.—
126. **Besitzsteuergesetz.** Von A. Mrozek. Vergriffen.
151. **Einkommensteuer und Körperschaftsteuer.** Von Hollaender. — 1926. Mit Nachtrag, enthaltend die Änderungen vom 22. Dezember 1927. 24.—
77. **Das Erbschaftssteuergesetz.** Von B. Henckel. 1920. Vergriffen. Neue Fassung von H. Schachian. 4. Auflage. — 1926. (Außerhalb der Sammlung.) 2.50
54 b. **Nahrungsmittelgesetze** mit Erläuterungen. Von Georg Lebbin. 2. Auflage in zwei Bänden. II. **Getränkegesetze und Getränkesteuergesetze** (Wein, Bier, Branntwein, Mineralwasser). Unter Mitwirkung von Kniebe. — 1926. 10.—
139. **Grunderwerbsteuergesetz.** Von Otto Lindemann. 2. Auflage. — 1926. Mit Nachtrag 1927. 4.—
Nachtrag einzeln —.30
159. **Industriebelastungsgesetz.** Von Höpker. — 1925. 4.—
121. **Direkte Kriegssteuer.** Von A. Mrozek. — 1916. 3.50
131 a. **Reichsfinanzgesetzgebung 1918.** Bd. I: **Getränkesteuern.** Von G. Mayer. — 1918. 2.50
131 b. **Reichsfinanzgesetzgebung 1918.** Bd. II: **Einkommen, Umsatz** usw. Von G. Mayer. — 1919. 1.50
149. **Reichsnotopfergesetz.** Von Friedmann und Wrzeszinsky. — 1921. 4.—
18. **Reichsstempelgesetz.** Von P. Loeck. Vergriffen. Wird durch Kapitalverkehrssteuergesetz ersetzt. Erläuterte Ausgabe in Bearbeitung.
145. **Steuer- und Kapitalflucht.** Von E. H. Meyer. 2. Auflage. — 1921. 1.60
157. **Dritte Steuernotverordnung vom 14. Februar 1924** mit den Vorschriften über **Aufwertung.** 2. Auflage unter dem Titel: **Aufwertungsgesetze.** Von Michaelis. — 1925. 16.—
132. **Umsatzsteuergesetz.** Von Otto Lindemann. 4. Auflage. — 1926. 10.—
110. **Wehrbeitragsgesetz.** Von A. Fernow. 2. Auflage. — 1913. 1.60
146. **Tabaksteuergesetz.** Von Wündisch. — 1920. Mit Nachtrag 1925. 4.—
Nachtrag einzeln 1.50

Band

78. **Zigarettensteuergesetz.** Von Cuno. Vergriffen.
101. **Zuwachssteuergesetz.** Von W. Cuno. Vergriffen.
153. **Zwangsanleihegesetz.** Von Simon und Beutner. — 1923. 8.—

Preußische Gesetze:

20. **Die preußischen Erbschaftssteuergesetze.** Von U. Hoffmann. — 1905. 3.—
13. **Ergänzungssteuergesetz.** Von A. Fernow. 5. Auflage. 1914. 3.—
11. **Gewerbesteuergesetz.** Von A. Fernow. Vergriffen.
14. **Kommunalabgabengesetz.** Von F. Adickes. 6. Auflage von Falk. — 1922. 3.50
38. **Kreis- und Provinzialabgabengesetz.** Von F. Schmidt. — 1906. 1.20
18. **Preußisches Stempelsteuergesetz.** Von P. Loeck und W. Seyffarth. 10. Auflage von Eiffler. In Bearbeitung.
61. **Preußische Verwaltungsgebührenordnung.** Von K. Eiffler. — 1925. Mit Nachtrag 1925. 6.—
27. **Warenhaussteuer.** Von G. Strutz. — 1900. 1.20

Textausgaben:

Erbschaftsteuergesetz. Neue Fassung von H. Schachian. 4. Auflage. — 1926. 2.50

Reichssteuergesetze 1925 (Steuerüberleitungsgesetz mit Durchführungsbestimmungen — Einkommensteuer, Körperschaftssteuer, Reichsbewertungsgesetz, Vermögensteuer, Erbschaftsteuer). — 1925. 4.—

Wehrbeitrag und **Besitzsteuer.** — 1913. —.50

Zuwachssteuergesetz. — 1911. —.50

—, **Ausführungsbestimmungen.** — 1911. —.40

FSC
www.fsc.org
MIX
Papier | Fördert gute Waldnutzung
FSC® C083411

Kolibri 360 GmbH
Ferdinand-Jühlke-Straße 7
99095 Erfurt, Deutschland
produktsicherheit@kolibri360.de